# 萝岗年鉴

# LUOGANG YEARBOOK

# 2011

广州开发区、萝岗区地方志编纂委员会 编

中華書局

图书在版编目（CIP）数据

萝岗年鉴. 2011 / 广州开发区、萝岗区地方志编纂委员会编. —北京：中华书局, 2011.9
ISBN 978-7-101-08195-4

Ⅰ. 萝… Ⅱ. ①广… ②萝… Ⅲ. 区（城市）-广州市-2011-年鉴
Ⅳ. Z526.51

中国版本图书馆CIP数据核字（2011）第186416号

责任编辑：朱　慧

# 萝岗年鉴

## 2011

广州开发区、萝岗区地方志编纂委员会　编
※
中华书局出版
（北京市丰台区太平桥西里38号　100073）
http://www.zhbc.com.cn
E-mail:zhbc@zhbc.com.cn
深圳市精典印务有限公司印装
（0755-8374 8727）

889×1194毫米　16开本　28.5印张　40插页　900千字
2011年9月第1版　2011年9月第1次印刷
印数：1~2000册
ISBN 978-7-101-08195-4
定价：180.00元

# 编辑说明

一、《萝岗年鉴》是广州开发区党工委、管委会，萝岗区委、区政府主办，萝岗区地方志办公室组织编纂的年度资料性文献。2007年创刊，逐年编纂出版，旨在全面、系统、准确地反映萝岗区域自然、政治、经济、文化和社会各项事业的基本情况，为社会各界了解和研究萝岗提供权威性的资料。

二、《萝岗年鉴·2011》着重反映2010年度广州开发区、萝岗区自然政治、经济、文化、社会发展的基本情况。全书设大事记、特载、萝岗概貌、党政机关、群众团体和社会组织、政法军事、经济管理、城镇规划建设与管理、财政税收金融、环境保护与气象、农业林业水利、工业商贸流通和服务业、交通能源信息业、对外经济贸易、国有企业民营经济、科学技术、教育文化、卫生体育、社会生活、街道镇、部分驻区口岸单位、人物与荣誉、附录等篇目23个，分目133个，条目879条。

三、《萝岗年鉴·2011》采用分类编辑法，主体内容设篇目、分目、条目三个结构层次，以条目为表现内容的基本形式。条目标题统一加方头括号（【 】），少数分目下设次分目，少数条目包含内容较多时，则在文内增设子条目（子条目前后各用“·”标示）。设有目录、索引等检索系统。

四、广州开发区为广州经济技术开发区、广州高新技术产业开发区、广州出口加工区、广州保税区四个国家级经济功能区的简称。除广州高新技术产业开发区的天河科技园、黄花岗科技园、广州民营科技园和南沙资讯科技园外，其他经济功能区均位于萝岗区；开发区党工委、管委会亦为这四区党工委和管委会的简称；本年鉴中提到的西区、东区、永和区为广州经济技术开发区历史习惯称呼，分别为现在的夏港街、东区街、永和街所在地。年鉴中的“开萝”为广州开发区、萝岗区的简称。

五、本年鉴统计数据采用法定计量单位，主要统计数据均经撰稿单位核对，如统计口径有不同，使用时请以区统计局公布的数据为准。

六、本年鉴的编辑出版得到全区各级党政部门、社会团体、企事业单位和驻区单位的支持与合作，谨此致谢。疏漏之处，敬请批评指正。

《萝岗年鉴》编辑部

2011年7月

# 广州开发区、萝岗区
# 地方志编纂委员会



# 《萝岗年鉴·2011》编辑部

# 《萝岗年鉴·2011》主要撰稿人

（按姓氏笔画为序）

丁　迎　丁长青　刁永平　万　丽　万　霞　万志国　于　珊　马克莎　马黎红
尹　路　尹小毛　尹晓飞　文玉萍　方松坤　方健明　毛红芬　毛丽丽　毛晓芹
毛新丽　牛永庆　王　丽　王　晶　王　锐　王丹丹　王四化　王竹仙　王杰烽
王恩福　邓志华　邓宜辉　邓泽林　丘乐乐　乐安桂　付　博　兰　庆　田　果
冯志炜　冯承云　冯铭新　卢伟勇　卢晓烽　叶　国　叶广富　叶伟昊　左展林
龙　婕　龙志艳　伦永基　关　儒　刘　东　刘　杰　刘　波　刘　静　刘文玺
刘永锋　刘汉均　刘伟军　刘华祥　刘顺玉　刘晓敏　刘海清　孙　婷　朱乔冲
朱源浪　江军辅　江海潮　池碧清　许　逊　许丽璇　许美群　阳国生　何　研
何柳青　何淑清　何雪萍　何懿甫　余　飞　余　前　余东波　吴　朝　吴土富
吴文娟　吴玉桃　吴立霞　吴庆庆　吴志浩　吴轶松　吴振茂　吴鸿博　吴频频
宋　欣　张　丹　张　平　张　旭　张　晟　张　骏　张　敏　张　强　张仪良
张华志　张国强　张宝林　张海鸥　张锦虹　张静怡　李　凌　李　莎　李　婧
李　静　李世安　李东红　李伟良　李池明　李昀燕　李晓芳　李课书　李惠玲
李景红　李鉴才　李德鑫　杜山鹰　杜传亮　杨　波　杨方芳　杨伟荣　杨思求
杨飘扬　汪汉樑　肖　元　邱素芬　邵静波　陆　灵　陆嘉斌　陈　卫　陈　坚
陈　凯　陈　潇　陈文静　陈柳华　陈振华　陈淑兰　陈菊芳　陈翕羽　陈静韵
麦剑锋　单宁伟　周　韬　周育纯　周挹渊　周益民　周绮云　周锦高　孟　婷
巫开华　易怀宇　林　娀　林　骏　林　萍　林文佳　林伟珊　林兴良　林良俊
林冠贤　林春涛　林晓旭　林蔚峰　罗　华　罗子奕　罗延平　罗旭晖　罗江良
罗志芳　罗青云　罗南鹏　罗春燕　罗婉纯　郑广辉　郑君燕　郑钦泽　金贞顺
姚　宇　姚　霞　姚海斌　姚燕奇　姜兆晖　段晓讷　胡丽纯　胡周兰　胡楷丽
赵　爽　钟　里　钟　莉　钟秀云　钟秋颖　钟梓坚　夏　坚　夏竟宾　徐　丹
徐　扬　徐　虹　徐　曼　徐秋白　徐翠华　徐燕妮　晏　冰　翁妙贤　袁　煜
郭川舟　郭志祥　郭法友　郭海辉　郭福伟　陶　颖　宿军杰　常瑞品　康文斌
曹　韵　梁　杰　梁月梅　梁宇君　梁柏谦　梁硕研　梅　花　符　唐　第五纪红
麻　凯　黄　华　黄　茵　黄　琳　黄　韵　黄子斌　黄侈才　黄宗超　黄柳婵
黄倩卿　黄晓龙　黄晓亮　黄爱和　黄楚锋　彭丽玲　彭凌云　彭艳梅　曾君娜
曾奕群　曾献阳　温锐锋　童　玲　葛　娟　蒋仪玲　谢小江　谢荣波　谢映望
谢惠玲　韩　芸　韩　晗　韩宇建　简小方　雷　敏　熊　文　缪小丽　蔡　兵
蔡丹宁　蔡伟斌　蔡秋婉　黎妍珺　戴鉴雄

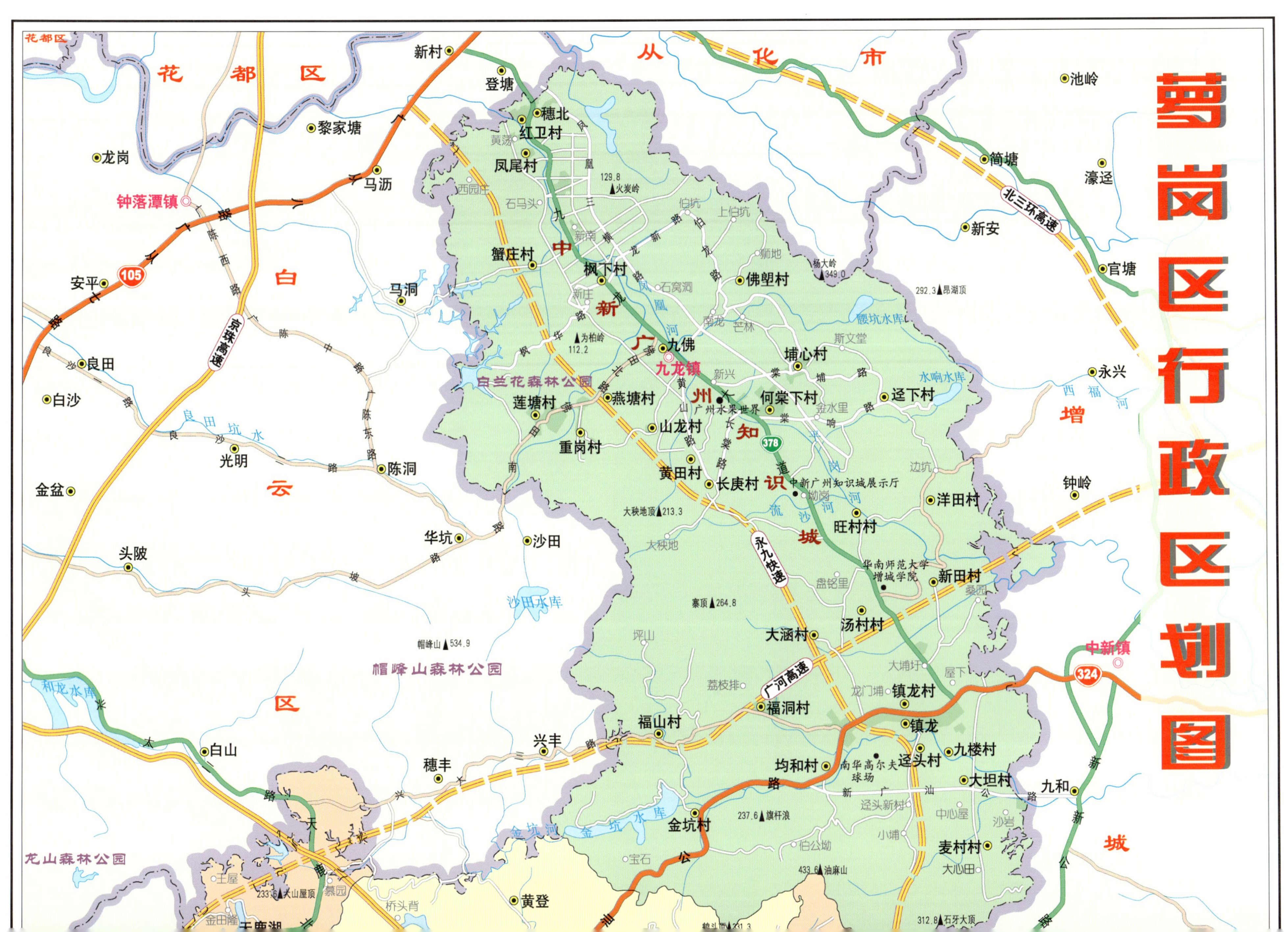
萝岗区行政区划图
花都区
从化市
白云区
增城
九龙镇
中新镇
钟落潭镇
中新广州知识城
穗北
红卫村
凤尾村
蟹庄村
枫下村
九佛
佛塱村
埔心村
何棠下村
迳下村
燕塘村
莲塘村
山龙村
重岗村
黄田村
长庚村
洋田村
旺村村
新田村
汤村村
大涵村
福洞村
镇龙村
镇龙
福山村
均和村
迳头村
九楼村
大坦村
金坑村
麦村村
九和
登塘
新村
黎家塘
龙岗
马沥
安平
良田
白沙
光明
金盆
陈洞
马洞
华坑
沙田
头陂
白山
穗丰
兴丰
黄登
池岭
简塘
濠迳
新安
官塘
永兴
钟岭
白兰花森林公园
帽峰山森林公园
龙山森林公园
沙田水库
水响水库
腰坑水库
金坑水库
和龙水库
广州水果世界
中新广州知识城展示厅
华南师范大学增城学院
南华高尔夫球场
北三环高速
京珠高速
永九快速
广河高速
帽峰山▲534.9
寨顶▲264.8
大秧地顶▲213.3
杨大岭▲349.0
292.3▲昂湖顶
129.8▲火炭岭
为柏岭▲112.2
237.6▲旗杆浪
433.6▲油麻山
312.8▲石牙大顶
233.6▲大山屋顶
105
324
378

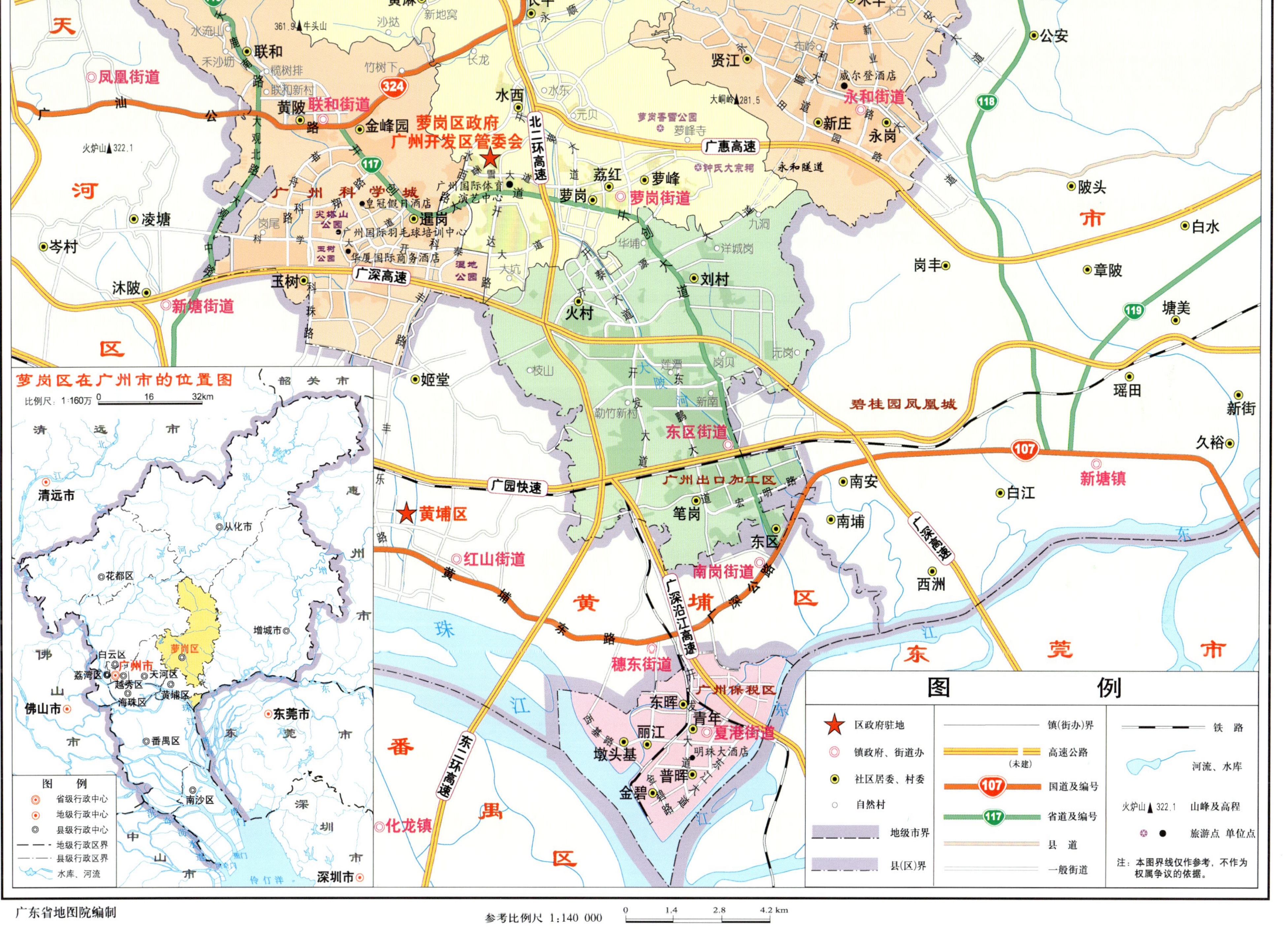


广东省地图院编制

参考比例尺 1:140 000

2010年11月12日，中共中央政治局常委、国务院总理温家宝（中）视察广州开发区（贾自豪 摄）

2010年7月11日，中共中央政治局常委、全国政协主席贾庆林（中）视察广州开发区（区档案馆供稿）

①2010年10月27日，中共中央政治局委员、国务院副总理张德江（中）视察广州开发区（贾自豪 摄）

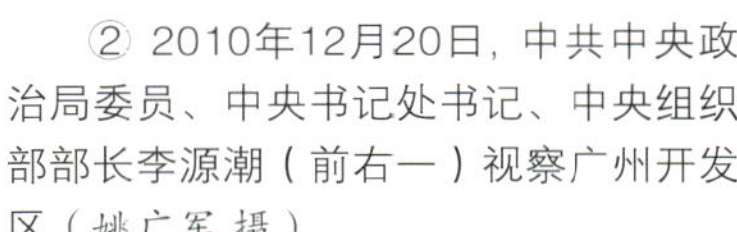

②2010年12月20日，中共中央政治局委员、中央书记处书记、中央组织部部长李源潮（前右一）视察广州开发区（姚广军 摄）

③2010年7月19日，中共中央政治局委员、广东省委书记汪洋（右）视察广东知识产权服务中心（广东省知识产权研究与发展中心供稿）

① 2010年4月10日，全国人大常委会副委员长、民建中央主席陈昌智（中）视察广州开发区（贾自豪 摄）

② 2010年5月30日，全国人大常委会副委员长、农工党中央主席桑国卫（前左二）视察广州开发区（贾自豪 摄）

③ 2010年6月28日，国务委员、公安部部长孟建柱（前左二）视察广州开发区、萝岗区（贾自豪 摄）

④ 2010年9月10日，全国政协副主席、国家科学技术部部长万钢（前右三）视察广州国际生物岛（贾自豪 摄）

① 2010年11月24日，广东省委副书记、省长黄华华（左四）视察广惠高速萝岗出口安检站（创业导报供稿）
② 2010年11月7日，广东省委常委、广州市委书记张广宁（中）视察广州禾信分析仪器有限公司（贾自豪 摄）
③ 2010年10月8日，广州市委副书记、市长万庆良（前左一）带队到广州国际生物岛调研（贾自豪 摄）

① 2010年3月3日，赞比亚总统鲁皮亚·班达（左三）考察联众（广州）不锈钢有限公司（贾自豪 摄）

② 2010年4月2日，杭州娃哈哈集团有限公司董事长宗庆后（左）来访，广州市委常委、广州开发区党工委书记、管委会主任、萝岗区委书记薛晓峰（右）会见客人（刘美华 摄）

③ 2010年4月4日，澳大利亚众议院议长哈里·詹金斯（左四）考察广州市华德工业有限公司后合影（贾自豪 摄）

④ 2010年4月8日，老挝人民革命党中央委员会总书记、国家主席朱马利·赛雅贡（前左四）与夫人考察广州市香雪制药股份有限公司（贾自豪 摄）

①2010年4月30日，四川省委书记刘奇葆（左二）率四川省党政代表团考察广东省电力设计研究院（贾自豪 摄）

②2010年5月22日，广州市委常委、广州开发区党工委书记、管委会主任、萝岗区委书记薛晓峰（左六）率广州开发区、萝岗区代表团考察中新天津生态城（王又锋 摄）

③2010年7月5日，广州市委常委、广州开发区党工委书记、管委会主任、萝岗区委书记凌伟宪（前右四）率广州开发区、萝岗区代表团考察增城市（王又锋 摄）

④2010年7月9日至18日，广州开发区党工委副书记、管委会副主任、萝岗区委副书记、区长石奇珠与广东出入境检验检疫局领导率队访问美国、墨西哥。图为石奇珠（右）与美国加州纳帕市市长彼得（左）交换纪念品（创业导报供稿）

⑤2010年7月27日，宝洁公司大中华区总裁施文圣（左）来访。广州市委常委、广州开发区党工委书记、管委会主任、萝岗区委书记凌伟宪（右）会见客人（贾自豪 摄）

①2010年8月27日，湖南省委书记周强（左一）率湖南省党政代表团考察广州广电运通金融电子股份有限公司（贾自豪 摄）

②2010年10月18日，顶新集团董事长魏应州（左）来访。广州市委常委、广州开发区党工委书记、管委会主任、萝岗区委书记凌伟宪（右）会见客人（贾自豪 摄）

③2010年11月12日，越南副总理张勇仲（中）考察广东威创视讯科技股份有限公司（姚广军 摄）

④2010年12月9日，各国驻穗领馆官员团考察广州广电运通金融电子股份有限公司（贾自豪 摄）

⑤2010年12月18日，诺贝尔奖获得者赫什科（左三）考察广州国际生物岛（贾自豪 摄）

①2010年1月8日，广州阳普医疗科技股份有限公司举行阳普医疗IPO成功暨新大楼落成典礼（贾自豪 摄）

②2010年2月1日，广州科学城总部经济区启用（刘美华 摄）

③2010年2月25日，广东知识产权服务中心在广州科学城创新大厦启用，国家知识产权局局长田力普（中），广东省委副书记、省长黄华华（左二）等出席启用仪式（贾自豪 摄）

④2010年3月25日，国家环境保护部华南环境科学研究所（华南环境保护督查中心）综合楼奠基仪式在广州科学城举行。国家环境保护部部长周生贤（右七），广东省委副书记、省长黄华华（右六）等出席仪式（贾自豪 摄）

⑤2010年3月26日，广东省北斗应用技术支持中心在广州科学城创意大厦揭幕（贾自豪 摄）

①2010年4月28日，广州开发区3D产业发展战略研讨会在广州科学城举行（贾自豪 摄）

②2010年6月1日，美赞臣婴幼儿营养科研中心（中国）奠基（贾自豪 摄）

③2010年6月13日，广州开发区、中国南方电网合作签约仪式在广州科学城举行（贾自豪 摄）

④2010年6月24日，区内企业广州朗圣生物科技有限公司、广东冠昊生物科技有限公司、广州康盛生物科技有限公司接受国务院侨办“重点华侨华人创业团队”创业资助费用发放仪式在区行政服务中心举行（贾自豪 摄）

## 广州ABB微联牵引设备有限公司开业典礼
## ABB Microunion Traction Equipment Ltd Opening Ceremony

①2010年7月28日，广东高新兴通信股份有限公司在深圳证券交易所创业板上市，广州市委常委、广州开发区党工委书记、管委会主任、萝岗区委书记凌伟宪（右一）等领导敲响上市钟（创业导报供稿）

②2010年9月9日，广州宝洁有限公司广州分销中心开业（贾自豪 摄）

③2010年12月2日，广州ABB微联牵引设备有限公司开业（贾自豪 摄）

④2010年12月15日，广州市香雪制药股份有限公司在深圳证券交易所创业板上市，广州市副市长甘新（左三）等领导敲响上市钟（创业导报供稿）

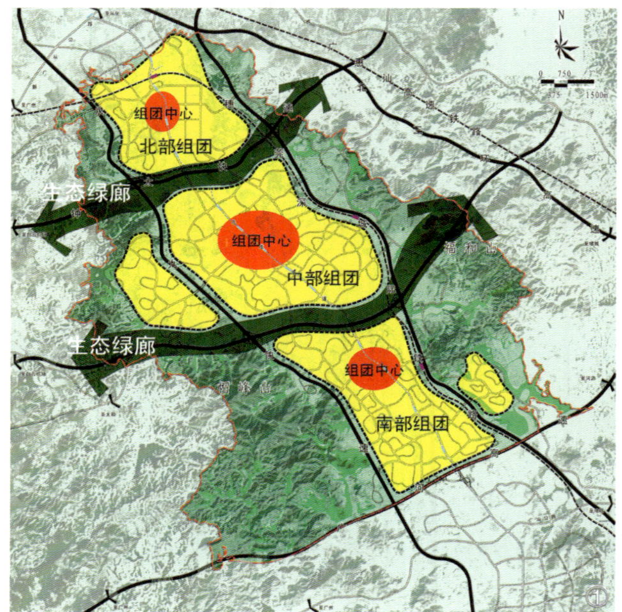

① 中新广州知识城规划结构图（创业导报供稿）
② 2010年5月31日，中新广州知识城规划展示厅举行落成典礼（赵 爽 摄）
③ 2010年新建成的中新广州知识城规划展示厅外景（赵 爽 摄）
④ 2010年6月30日，中新广州知识城奠基（贾自豪 摄）
⑤ 中共中央政治局委员、广东省委书记汪洋（右三），新加坡国务资政吴作栋（右四）等出席奠基仪式（贾自豪 摄）
⑥ 广州市人民政府、广州知识城投资开发有限公司、星桥国际新加坡私人有限公司签订知识城三方合作总体协议（贾自豪 摄）
⑦ 广州开发区管委会、广州知识城投资开发有限公司、星桥国际新加坡私人有限公司签订知识城三方合作总体协议（贾自豪摄）

① 2010年6月30日，中新广州知识城奠基仪式场景（贾自豪 摄）
② 2010年8月3日，中新广州知识城总体发展规划暨政策体系研讨会在广州举行（姚广军 摄）
③ 2010年9月14日，广州市推进粤新合作知识城项目建设领导小组第一次会议在萝岗会议中心举行（贾自豪 摄）
④ 2010年11月12日，中新广州知识城投资开发有限公司合资合同签约仪式在广州市委2号楼举行（贾自豪 摄）
⑤ 2010年11月25日，中新广州知识城“中山大学国际健康医疗研究中心”签约仪式在广州科学城举行（贾自豪 摄）

①2010年12月25日，中新广州知识城管理委员会揭牌（贾自豪 摄）

②中新广州知识城南起步区道路指示系统鸟瞰图（创业导报供稿）

③中新广州知识城南安置区规划鸟瞰图（创业导报供稿）

④2010年12月21日，中新广州知识城安置区暨道路系统建设举行开工仪式（贾自豪 摄）

① 2010年3月25日，第16届亚运会广州国际体育演艺中心团队第一次工作会议召开（贾自豪 摄）

② 2010年4月19日，广州亚运会广州国际体育演艺中心团队总部启用，图为总部办公场地一角（杨华琦 摄）

③ 2010年9月13日，广州开发区、萝岗区迎接亚运会、当好东道主全民动员大会在广州国际体育演艺中心举行。全区各界1.3万名干部群众参加活动（贾自豪 摄）

④ 2010年9月30日，广州开发区、萝岗区“全城行动搞卫生，干干净净迎亚运”活动在广州国际体育演艺中心举行（贾自豪 摄）

⑤ 2010年11月5日，广州国际体育演艺中心志愿者团队举行授旗动员大会（钟淑梅 摄）

⑥ 值勤中的亚运志愿者（张毅飞 摄）

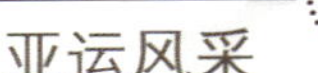

① 荔红路迎亚运“人居环境综合整治工程”装饰的样板房（刘美华 摄）
② “人居环境综合整治工程”后整齐美观的楼房（贾自豪 摄）
③ 位于广州国际体育演艺中心附近的广州亚运新生活驿站（蔡丹宁 摄）
④ 2010年7月1日启用的广州国际羽毛球培训中心，是广州亚运会羽毛球训练场馆（蔡丹宁 摄）
⑤ 2010年10月16日启用的广州国际体育演艺中心，是广州亚运会篮球比赛场馆（蔡丹宁 摄）

① 2010年10月16日，广东省委常委、广州市委书记张广宁（右六），市委副书记、市长万庆良（右四），NBA总裁大卫·斯特恩（右八）等出席广州国际体育演艺中心启用仪式 （贾自豪 摄）

② 2010年10月16日晚，2010NBA中国赛广州站（休斯敦火箭队对阵新泽西篮网队）在广州国际体育演艺中心举行，休斯敦火箭队以95：85战胜新泽西篮网队，全场1.8万人观看比赛（区档案馆供稿）

③ 2010年10月28日，区公安分局亚运安保反恐处突演练在广州国际体育演艺中心举行（贾自豪 摄）

④ 反恐演练场景（贾自豪 摄）

⑤ 2010年亚运期间，区公安分局成立临时骑警队加强亚运场馆周边的安保巡逻（区公安分局供稿）

① 2010年11月7日，第16届亚洲运动会火炬传递在广州开发区、萝岗区行政服务中心举行。广州市委常委、广州开发区党工委书记、管委会主任、萝岗区委书记凌伟宪（左）点燃亚运火炬“潮流”（贾自豪 摄）

② 本次亚运火炬传递以萝岗区市民广场舞台为始点和终点，16名亚运火炬手接力绕跑亚运篮球比赛主场馆——广州国际体育演艺中心一周，全程1500米，每名火炬手约跑95米。图为火炬手在交接圣火（贾自豪 摄）

③ 萝岗区1600多名干部群众参加火炬传递仪式（贾自豪 摄）

④ 2010年11月25日，第16届亚运会女子篮球决赛在广州国际体育演艺中心举行（钟淑梅 摄）

⑤ 中国女子篮球队战胜韩国队，获得第16届亚运会女子篮球比赛冠军（贾自豪 摄）

⑥ 广州市委常委、广州开发区党工委书记、管委会主任、萝岗区委书记凌伟宪为中国女子篮球队颁奖（贾自豪 摄）

① 2010年11月26日，第16届亚运会男子篮球决赛在广州国际体育演艺中心举行（钟淑梅 摄）
② 中国男子篮球队战胜韩国队，获得第16届亚运会男子篮球比赛冠军（钟淑梅 摄）
③ 中国男子篮球队队员们将自己的金牌挂在表现出色的老将王治郅脖子上（钟淑梅 摄）

①2010年12月6日，广州亚残运会火炬传递广州第二站在萝岗区举行。图为在广州科学城绿轴广场点火仪式现场，广州市委常委、广州开发区党工委书记、管委会主任、萝岗区委书记凌伟宪（右）将火炬交给首棒火炬手、广州亚残运会爱心大使、军旅歌手南欣（左）（贾自豪 摄）

②100名火炬手接力10公里路程，穿行于科技企业云集的广州科学城。图为最后一棒火炬手广东省残联副理事长孙俊明（中）跑进区行政服务中心广场（贾自豪 摄）

③收火仪式在区行政服务中心举行。图为广州市政协副主席潘胜燊（右）与最后一棒火炬手广东省残联副理事长孙俊明共同展示火炬（贾自豪 摄）

④沿途热情的群众（贾自豪 摄）

① 2010年3月8日，萝岗区食品药品监督管理体制改革交接仪式在区行政服务中心举行，区委常委、区委组织部部长刘晓光（前右）代表区政府在交接文件上签字（区档案馆供稿）

② 2010年10月14日，东区街刘村社区与区土地储备交易中心在萝岗会议中心签订村经济发展用地返购协议，刘村1165公顷土地将由区政府出资回购并统筹开发（区规划国土局供稿）

③ 2010年12月8日，东区街笔岗社区笔村“三旧”改造第一期签约仪式在笔岗社区举行。涉及改造首期工程——“两纵两横”路网建设的252户居民与笔岗社区成立的广州中荔美投资有限公司正式签订拆迁补偿协议。笔村村民区瑞全（右一）成为首个签约户主（丁 珊 摄）

④ 2010年12月23日，九龙镇红卫村与广州市时代地产投资有限公司签订“三旧”改造合作协议（禤文帅 摄）

① 在2008年黄埔“3·13”爆炸事故中，位于萝岗区的康慧苑小区杜鹃楼被炸成危房。受萝岗区政府委托，康慧苑开发商宏康公司在清拆的危楼原址按原规模、原标准重建杜鹃楼。2010年1月13日，杜鹃楼业主回迁新杜鹃楼（郭哲涵 摄）

② 重建后的杜鹃楼（郭哲涵 摄）

③ 杜鹃楼业主代表向区政府送锦旗（丁 珊 摄）

④ 2010年4月9日，九龙镇举行山龙村新村移民安置房摇珠现场会，42户山龙新村水库居民喜获新村现有安置房。山龙新村水库移民是1956年建设沙田水库时从原居地沙田良坑村迁至九佛片山龙村横山脚居住的农业户籍人口，现归九龙镇山龙村村委会管辖（张毅飞 摄）

⑤ 九龙镇首次以公开摇珠的形式分配房屋。为确保公平、公正、公开，区公证处公证员监督摇珠分房全过程（张毅飞 摄）

⑥ 山龙村新村移民安置房外景（张毅飞 摄）

①2010年1月29日，夏港街举行自主创业工作经验交流会。图为会后合影（创业导报供稿）

②2010年2月26日上午，联和街出租屋管理中心玉树工作站发出萝岗区首张广东省居住证（杨传华 摄）

③2010年8月18日，在东区街笔岗流动办证点，流动人员办理广东省居住证（东区街供稿）

④2010年10月19日，联和街社区综合服务中心——“联和一家”揭牌成立，是萝岗区首家建成使用的社区综合服务中心，也是国内首家由专业社工参与研发、设计、监理的社区综合服务中心。图为揭牌仪式后合影（联和街供稿）

⑤2010年11月8日，联和街金峰园社区党支部、居委会揭牌成立（联和街供稿）

⑥2010年12月30日，区举行2010年度劳动保障工作年会暨区工资集体协议签约仪式（区社区管理局供稿）

①2010年1月15日上午，一群来自萝岗街线坑村童心幼儿园的小朋友在老师的带领下到区行政服务中心前的市民公园游玩（丁 珊 摄）

②2010年6月8日，区首个“妇女创业就业基地”在萝岗街道萝岗社区的广州市合心意家政服务有限公司揭牌成立（区妇联供稿）

③2010年7月26日，广州机场快线萝岗专线开通仪式在永和街威尔登酒店举行。该线路始发于威尔登酒店，途经翡翠皇冠假日酒店和华夏国际商务酒店后直达白云机场（贾自豪 摄）

④2010年8月21日，区青年志愿者协会成立两周年之际，协会部分成员在区行政服务中心前广场合影（丁 珊 摄）

①2010年8月20日，区综合应急救援大队挂牌成立（贾自豪 摄）

②2010年8月27日，区综治信访维稳中心揭牌成立（贾自豪 摄）

③2010年9月25日，区检察院新办公大楼启用（贾自豪 摄）

④2010年11月5日，区城管分局依法拆除广汕路长安收费站（蔡诗安 摄）

⑤2010年12月1日，区2010年“法治萝岗宣传教育周”系列活动启动仪式在区检察院新办公大楼前举行（贾自豪 摄）

① 2010年2月3日，萝岗区污水治理四大工程建成暨黄陂水质净化厂投产仪式举行（贾自豪 摄）

② 黄陂水质净化厂外景（联和街供稿）

③ 2010年5月27日，九龙镇九佛污水处理系统交接仪式在九佛污水处理厂举行，移交萝岗区后更名为九龙水质净化一厂（贾自豪 摄）

④ 九龙水质净化一厂外景（高大康 摄）

① 南岗河整治施工现场（区农林水利局供稿）
② 2010年南岗河整治后局部外景（李连银 摄）
③ 笔岗涌整治前原貌（姚杰浩 摄）
④ 2010年笔岗涌整治后新貌（毛恩平 摄）

①墩头涌整治前原貌（姚杰浩 摄）
②2010年墩头涌整治后新貌（姚杰浩 摄）
③生物岛堤岸整治前原貌（生物岛建设办供稿）
④2010年生物岛堤岸整治后新貌（姚杰浩 摄）
⑤鹤子坦支涌堤围整治前原貌（冯炳林 摄）
⑥2010年鹤子坦支涌堤围整治后新貌（李连银 摄）

① 区内绿道地图（创业导报供稿）
② 广州科学城绿道标识（蔡丹宁 摄）
③ 2010年8月18日，省、市领导骑单车体验生物岛绿道（创业导报供稿）
④ 生物岛绿道驿站（贾自豪 摄）
⑤ 市民在体育公园山体绿道骑车（焦婵娟 摄）

# 科学城夜景

①广州科学城A组团（许 文 摄）
②开创大道与科丰路交界处的灯光树（丁 珊 摄）
③广州开发区、萝岗区行政服务中心（蔡丹宁 摄）
④广州国际体育演艺中心（创业导报供稿）
⑤广州翡翠皇冠假日酒店（创业导报供稿）

① 2010年6月26日，第七届萝岗香雪荔枝文化节开幕（熊从华 摄）
② 2010年12月18日，第三届萝岗香雪文化旅游节暨广州开发区工业科技游启动仪式在萝岗香雪公园举行（姚广军 摄）
③ 工业科技游首发团合影（焦婵娟 摄）
④ 2010年2月9日，萝岗区迎春花市在夏港街青年路开幕（熊从华 摄）
⑤ 2010年11月24日，“情系农民工·共筑南粤梦”农民工电影月活动省市联合启动仪式在夏港街社区影院举行（贾自豪 摄）

①2010年7月6日，“安全、健康、和谐”2010年夏港街创建“全国安全社区”广场文艺演出在街道文化广场举行（熊燕 摄）

②2010年12月13日，广州亚运美食文化节“萝岗区活动周”在广州保税区举行（姚广军 摄）

③2010年12月18日，区少年宫揭牌启用（熊从华 摄）

④2010年，萝岗区选送的舞蹈《传》获第九届中国艺术节舞蹈类“群星奖”（创业导报供稿）

⑤2010年，萝岗区选送的戏剧小品《局长家事》获第九届中国艺术节戏剧小品类“群星奖”（创业导报供稿）

⑥2010年，萝岗香雪女声合唱团参加“大地情深”全国第十五届“群星奖”合唱决赛（创业导报供稿）

① 2010年广州开发区新年音乐会于2009年12月31日晚在萝岗会议中心举行，由俄罗斯国立模范托木斯克交响乐团进行演奏（蔡丹宁 摄）

② 2010年1月18日，广州远田生物科技有限公司举行拔河比赛（陈静韵 摄）

③ 2010年2月26日，萝岗街举行“岭头会景”醒狮表演（莫 兴 摄）

④ 2010年，在广州天麓骑术场地障碍赛中，天麓骑术俱乐部骑手吉日格拉图夺得超高赛冠军（创业导报供稿）

⑤ 2010年11月29日，潘鹤、潘旭、徐彬雕塑展在中国艺术家村举行。图为区人大常委会主任赖新华（右）与潘鹤合影（区档案馆供稿）

①2010年4月15日19时左右，中共中央政治局常委、国务院总理温家宝（中）到青海省玉树州结古镇受灾现场慰问受灾群众和正在参加救援的萝岗区公安消防大队官兵（来源于新华网）

②2010年4月14日7时49分，青海省玉树藏族自治州玉树县发生里氏7.1级地震。14时57分，广州市萝岗区公安消防大队接到上级命令后，立即挑选萝岗特勤中队1名干部，9名战士集结，奔赴玉树灾区救灾（萝岗消防大队供稿）

③2010年4月15日8时左右，萝岗消防官兵乘坐飞机到达玉树地震灾区。官兵们克服余震、高原、寒冷、缺氧等不利因素，随即投入紧张的抗震救援中（萝岗消防大队供稿）

④2010年4月27日，广州开发区、萝岗区在管委会大楼举行向青海玉树地震灾区捐款仪式（贾自豪 摄）

# 目录
# CONTENTS

## 图片专辑
## PICTURE COLLECTION



## 大事记
## CHRONICLE OF EVENTS



## 特 载
## FEATURED ARTICLES



## 萝岗概貌
## LUOGANG OVERVIEW

## 党政机关
## PARTY AND GOVERNMENT ORGANS

## 广州市萝岗区人民政府
## People's Government of Luogang, Guangzhou



## 中国人民政治协商会议广州市萝岗区委员会
## CPPCC Guangzhou Luogang Committee



## 中共萝岗区纪律检查委员会
## Discipline Inspection Council of CPC Guangzhou Luogang



## 民主党派
## Democratic Parties



## 人事和机构编制
## Personnel & Agencies



# 群众团体和社会组织
# MASSES AND SOCIAL ORGANIZATIONS

## 广州开发区群众工作部
## Guangzhou Development District Mass Organs



## 萝岗区总工会
## Luogang General Labor Union

## 政法工作综述
## Political and Legal Affairs



## 审判
## Trials



## 检 察
## Procuration



## 公 安
## Public Security



## 司法行政
## Justice



## 人民防空
## People Air Defense



## 人民武装
## People Defense



## 武警广东省总队第二支队
## The Armed Police Guangdong Province Unit Second Crew



## 广州市萝岗区公安消防大队
## Guangzhou Luogang District Fire Detachment of Public Security



# 经济管理
# ECONOMY MANAGEMENT

发展规划与体制改革

Development Planning and System Reform



国有资产监督管理

State-owned Asset Supervision and Managemen



统计

Statistics



审计

Auditing



工商行政管理

Industry & Commerce Administration



价格管理

Price Management



质量技术监督

Quality and Technology Supervision



食品药品监督管理

Food & Pharmacy Supervision

### 安全生产监督管理
### Production Safety Supervision



## 城镇规划建设与管理
## TOWNSHIP PLANNING, CONSTRUCCTION & MANAGEMENT

### 城镇规划
### Town Layout



### 国土资源管理
### National Land Resource



### 市政建设
### Municipal Construction



### 建设建筑业管理
### Building Construction Management



### 房地产业
### Real Estate



### 新农村建设
### New Countryside Development



### 萝岗新城建设
### Luogang New Town Construction



### 广州国际生物岛建设

### 通信业
### Telecommunications



### 信息化建设
### Informationization



## 对外经济贸易
## FOREIGN ECONOMY & TRADE

### 对外经济
### Foreign Economy



### 出口贸易
### Export



### 进口贸易
### Import



### 企业筹建
### Enterprise Preparation



### 保税业务
### Bonded Business



### 出口加工
### Export Processing



## 国有企业 民营经济
## STATE-OWNED ENTERPRISES, PRIVATE ENTERPRISES

### 广州开发区工业发展集团有限公司
### Industrial Development Group Ltd, GDD



### 广州开发区建设发展集团有限公司
### Construction Development Group Ltd, GDD

## 科学技术
## SCIENCE & TECHNOLOGY

## 教育 文化
## EDUCATION & CULTURE

## 卫生 体育
## SANITATION & SPORTS

### 医疗卫生
### Healthcare and Sanitation



### 爱国卫生工作
### Patriotism & Sanitation



### 疾病预防控制
### Disease Prevention & Control



### 卫生监督
### Health Supervision



### 体育
### Sports



### 广州亚（残）运会萝岗赛区工作
### Guangzhou Asian (Pala) Games Luogang Division Work



## 社会生活
## LIVELIHOOD

### 计划生育
### Family Planning



### 民政
### Civil Administration

### 劳动和社会保障
### Labor & Social Security



### 劳动监察执法
### Labor Supervision Law Enforcement



### 人才交流服务
### Human Resource Service



### 救助管理
### Salvage Management



## 街道 镇
## STREET &TOWN

### 夏港街道
### Xiagang Street



### 萝岗街道
### Luogang Street



### 联和街道
### Lianhe Street

## 人物与荣誉
## CHARACTERS& HONOR



## 附 录
## APPENDIX

## 新闻选载
## Selected News and Reports



## 文献法规选载
## Selected Documents, Laws & Regulations



## 索引
## Index

# 大事记

## 1月

**3日**

全国政协副主席、民进中央常务副主席罗富和到萝岗香雪公园视察。

**7日**

区政务服务中心揭牌。

**8日**

萝岗街综治信访维稳中心、联和街综治信访维稳中心揭牌。至此，全区五街一镇的综治信访维稳中心全部启用。

△ 广州阳普医疗科技股份有限公司阳普科技大厦落成。

**13日**

2010年全区招商工作会议在萝岗会议中心召开。会议提出2010年招商工作以“抓机遇、调结构、促转型”为总要求。

△ 广东威创视讯科技股份有限公司、广东汇香源生物科技股份有限公司和广州医学院第一附属医院呼吸疾病国家重点实验室获国家2009年度科技进步二等奖。

**18日**

区举行第三届广州跨国公司论坛暨广州跨国公司联谊会五周年答谢会。这是区首次以“知识经济引领区域新发展”为主题召开的论坛。国务院发展研究中心技术经济部研究室主任马名杰、IBM中国有限公司华南西南地区总经理张少刚、马莎罗株式会社社长木下泰彦先后作主题演讲。国家部委有关领导、跨国公司高层以及有关专家学者参加活动。

**19日**

广东省副省长万庆良率出席省对外口有关部门（外经贸、外事、侨务等8个部门）2009年工作总结会的130名代表到区考察。

△ 在全国安全生产工作会议上，区安监局王瑞珍作为广东省唯一代表，被国家安全监管总局、国家煤矿安全监察局评为“全国安全生产监管监察先进个人”。

**21日**

区实施《珠江三角洲地区改革发展规划纲要（2008～2020）》领导小组第一次会议召开。

**25日**

广东省“首批海内外科研团队和领军人物”评选结果揭晓，百奥泰生物医药有限公司首席科学官李胜峰入选。

**26～31日**

广州开发区·国际青少年网球巡回赛在广州国际网球中心举行。

**28日**

广州开发区党工委、管委会2010年工作会议暨萝岗区委一届十次全会在萝岗会议中心举行。

**是月**

国家民政部、卫生部、中国残疾人联合会授予萝岗区“全国残疾人社区康复示范区”。

## 2月

**1日**

广州开发区总部经济区在广州科学城启用。

△ 国家民政部批准萝岗区辅警支队九佛中队原辅警何永根为革命烈士，为建区以来第一位革命烈士。

**2日**

国家工业和信息化部在北京举行“首批国家新型工业化产业示范基地创建工作座谈会暨授牌仪式”，为全国首批62个示范基地授牌。广州开发区被授予国家新型工业化产业示范基地牌匾。广州开发区管委会副主任蔡刚强与会并作专题发言。

**3日**

区举行四大污水治理工程建成暨黄陂水质净化厂投产仪式。四大污水治理工程包括西区水质净化厂二期工程、萝岗中心区水质净化厂、黄陂水质净化厂和九龙镇长庚村、黄田村农村治污工程。

**5日**

区2010年建设工作会议在广州科学城创新基地召开，会议部署2010年建设工作任务及迎亚运工程建设工作。

△ 国务院副秘书长焦焕成一行8人到区视察京信通信系统（中国）有限公司、中新广州知识城沙盘和区容。

**8日**

“道德的力量——第四届广州市道德模范评选表彰颁奖典礼”在广州电视台演播厅举行。萝岗区的刘桦、罗戍波、肖炎富、钟艳芬4人分别获选助人为乐类、见义勇为类、诚实守信类、敬业奉献类道德模范称号。

△ 区红会医院、康宁医院同时更名挂牌，红会医院更名为萝岗区中医医院、康宁医院更名为萝岗区红十字会医院。

**9日**

广州开发区非公经济组织党工委、萝岗区社会组织党工委揭牌。

**20日**

《人民日报》头版以“实施‘双转移’，推进‘双提升’广州开发区6项指标全国夺冠”为题，报道广州开发区在国际金融危机背景下转型升级，推动科学发展。

**21日**

中共中央政治局委员、广东省委书记汪洋，省委常委、广州市委书记、市人大常委会主任朱小丹分别会见韩国乐金显示公司社长权暎寿一行。省发改委主任李妙娟，广州市委常委、市委秘书长凌伟宪，市委常委、广州开发区党工委书记、管委会主任、萝岗区委书记薛晓峰等陪同。

**21～23日**

新加坡星桥公司董事长林子安、总裁许庆和一行到区考察中新广州知识城项目事宜。广东省委副书记、省长黄华华，省委常委、广州市委书记、市人大常委会主任朱小丹分别会见林子安一行，市委常委、广州开发区党工委书记、管委会主任、萝岗区委书记薛晓峰等陪同。

**25日**

广东省知识产权局与广州开发区管委会签署《关于合作共建"广东知识产权服务中心"的协议书》，并举行"广东知识产权服务中心"揭牌仪式。广东知识产权服务中心在广州科学城创新大厦启用。国家知识产权局局长田力普，广东省委副书记、省长黄华华等出席仪式。

△ 广州开发区党风廉政建设工作暨萝岗区纪委一届六次全体（扩大）会议召开。

△ 在全省林业工作会议上，萝岗区被授予"林业生态县（区）"称号。

**28日**

国务院发展研究中心原副主任陈清泰，国务院发展研究中心研究员吴敬琏率国务院发展研究中心调研组在广州市委常委、常务副市长邬毅敏的陪同下，到区就"调整经济结构、转变发展方式"做专题调研。区领导石奇珠、陈小华陪同。

**是月**

广州市政府对2008年度科技创新领域有突出成绩的单位及个人进行通报表彰。广州开发区、萝岗区14家单位及个人获表彰。其中，广东威创视讯科技股份有限公司的卢如西获全市唯一的科学技术突出贡献奖，广钢集团珠江钢铁企业自主创新体系建设获科学技术进步一等奖，新邮通信设备有限公司TD—SCDMA室内型宏基站等3家企业项目获科学技术进步二等奖，广州达意隆包装机械股份有限公司智能化全自动热收缩膜包装生产线研制等9个项目获科学技术进步 三等奖。

△ 广东省名牌产品评价中心公布，广州开发区内企业生产的阿波罗沐浴房、保嘉乐器鼓乐、广电运通自动柜员机、七喜电脑机箱、宏仁电子阻燃型覆铜箔层压板和多层印制板用粘结片预浸材料6个产品荣获广东省名牌产品称号。

## 3月

**1日**

在广州市两年一度的政务公开考评中，萝岗区在区（县级市）中以总分排名第一的成绩被评定为"政务公开优秀单位"。

**3日**

赞比亚共和国总统鲁皮亚·班达在广州市副市长甘新的陪同下到区内企业联众不锈钢（广州）公司考察。副区长陈杰陪同。

**4日**

区召开2010年安全生产工作会议暨第一季度防范重特大安全事故工作会议。全区各单位、生产性企业和重点建设工程项目的近千名安全生产有关负责人参加会议。

**8日**

广州市食品药品监督管理局与萝岗区人民政府在区行政服务中心举行食品药品监管体制改革交接仪式。区食品药品监督局成建制正式移交萝岗区政府管理。

**16～17日**

萝岗区被全国残疾人康复工作办公室授予"全国白内障无障碍区"称号。

**16～18日**

中国人民政治协商会议第一届广州市萝岗区委员会第七次会议在萝岗会议中心举行。会议同意蔡文光、黄泽标、杜暖根辞去区政协副主席职务；选举雷新国、杨柏、张作和为区政协副主席，石磊华为区政协秘书长。

**17～19日**

萝岗区第一届人民代表大会第七次会议在萝岗会议中心举行。

**18日**

在全省人口计生工作电视电话会议上，区被省政府授予"广东省2009年度人口与计划生育先进单位"称号。

**24日**

区科学技术协会一届六次常委会在区行政服务中心召开。会议选举产生新一任区科协主席，开发区管委会副主任蔡刚强当选。

**25日**

国家环境保护部华南环境科学研究所、华南环境保护督察中心综合楼在广州科学城奠基。国家环保部部长周生贤，广东省委副书记、省长黄华华为综合楼命名，并培土奠基。

△ 挪威工党总书记雷蒙德·约翰森一行在中共中央对外联络部副局长马辉陪同下到区考察广州

华德企业公司，了解企业原创节能工艺及劳动关系保护情况。

26日

北斗民用产业化高层研讨会暨广东省北斗应用技术支持中心揭幕仪式在广州科学城创意大厦举行。全国人大外事委员会副主任委员、广东省科学技术协会主席、广东省宋庆龄基金会主席卢钟鹤等出席。

30日

在第三届广东省“人民满意的公务员（集体）”表彰大会暨全省公务员管理工作会议上，区工商分局萝岗工商所朱应池被评为广东省“人民满意的公务员”。

是月

区金钱麻鸡1号配套系顺利通过国家畜禽资源委员会终审，标志着该区畜牧业首个国家级品种正式面世。

△ 区法院被最高人民法院授予“首批全国法院文化建设示范单位”称号，是广东省唯一获此殊荣的基层人民法院。

△ 经国家中央人才工作协调小组批准，区推荐申报第三批中央“千人计划”人选中，许嘉森、韩蓝青、张必良、周治明等4人成功获选。

△ 广东省政府发布《关于表彰2008年度广东省节能先进地区先进单位和先进个人的通报》。区内4家企业荣获“2008年度广东省节能先进单位”称号，分别是广州珠江钢铁有限责任公司、广州恒运企业集团股份有限公司、广州顶津食品有限公司、联众（广州）不锈钢有限公司。区企业建设局林加源获“2008年度广东省节能先进个人”称号。

△ 由中国社会科学院信息化研究中心与国脉互联政府网站评测研究中心联合主办的2009年中国政府网站绩效评估暨第四届中国特色政府网站评选中，广州开发区、萝岗区政府门户网站成为广州市各区（县级市）政府网站中唯一获得“服务创新奖”的单位，全国各区县级政府网站仅3家获此荣誉。

## 4月

1日

区2010年农村工作会议暨人口和计划生育工作会议在萝岗会议中心召开。

△ “2009年度广东纳税百强企业排行榜”公布。区内企业广州宝洁有限公司、安利（中国）日用品有限公司、箭牌糖果（中国）有限公司、中国南方航空股份有限公司、南方电网超高压公司、百事（中国）有限公司、美赞臣营养品（中国）有限公司7家企业上榜。

2日

广州市委常委、广州开发区党工委书记、管委会主任、萝岗区委书记薛晓峰在区行政服务中心会见娃哈哈集团董事长宗庆后一行。双方就娃哈哈集团2010年发展情况及销售高峰保障用电等问题进行交流。管委会副主任、秘书长崔新宇陪同。

4日

澳大利亚联邦众议长哈里·詹金斯率澳大利亚众议院代表团一行16人在全国人大常委会委员、外事委员会副主任委员查培新陪同下考察广州华德企业公司。区人大常委会主任赖新华陪同。

7日

广东省委常委、常务副省长、广州市委书记、市人大常委会主任朱小丹在白云国际机场铂尔曼酒店会见新加坡国务资政吴作栋一行12人。双方就进一步推进中新广州知识城项目进行交流。市委常委、广州开发区党工委书记、管委会主任、萝岗区委书记薛晓峰，副市长甘新，管委会副主任、秘书长崔新宇等陪同。

△ 区首个社工站——广州市大同社会工作服务中心驻永和街社工站揭牌，标志着区社会工作试点项目正式启动。

8日

老挝人民革命党中央委员会总书记、国家主席朱马利·赛雅贡偕夫人率代表团一行50人在中共中央对外联络部副部长陈凤翔，中国驻老挝大使布建国，广东省委常委、纪委书记朱明国的陪同下到区考察广东威创视讯科技股份有限公司、广州市香雪制药股份有限公司。广州市委常委、广州开发区党工委书记、管委会主任、萝岗区委书记薛晓峰接待客人，广州开发区纪工委书记、萝岗区委常委、纪委书记赵春华陪同。

10日

全国人大常委会副委员长、民建中央主席陈昌智一行38人在广州市人大常委会副主任陶子基、市政协副主席潘胜燊的陪同下到区考察广州华德企业公司。广州开发区党工委副书记、萝岗区委副书记、区党政办主任陈小华，区人大常委会副主任陈卓宁陪同。

16日

在第一次全国污染源普查总结表彰电视电话会议上，区污普办获“第一次全国污染源普查先进集体”称号。

18日

中央党校常务副校长李景田一行10人到区考察广东威创视讯科技股份有限公司、广州市香雪制药股份有限公司、广州益善生物技术有限公司和广州科学城。广州市委常委、广州开发区党工委书记、管委会主任、萝岗区委书记薛晓峰陪同并介绍区落实“千人计划”情况。广州开发区党工委副书记、萝岗区委副书记、区党政办主任陈小华陪同。

21日

最高人民法院副院长景汉朝率中共中央办公厅、中央政法委联合督察组，在广东省委政法委秘书长朱穗生，广州市委常委、市委秘书长凌伟宪的陪同下到萝岗法庭视察。区委常委、区委政法委书记赵伟国陪同。

21～22日

广州市委常委、广州开发区党工委书记、管委会主任、萝岗区委书记薛晓峰率队赴新加坡进行中新广州知识城第15轮商业谈判。

26～28日

全省国土资源系统党风廉政建设工作会议在区永和街威尔登酒店召开。全省各市级国土局局长、纪检书记、监察室主任以及省国土资源厅处级以上干部、直属单位约200人与会。

27日

中国—新加坡投资促进委员会第二次联席会议在北京召开。广州开发区管委会副主任、秘书长崔新宇向大会汇报中新广州知识城项目进展情况。

△ 在2010年全国劳模和先进工作者表彰大会上，广州珠江钢铁有限责任公司副总经理、总工程师毛新平被评为全国劳动模范。

28日

“广州开发区3D产业发展战略研讨会”在广州科学城召开。广东省首个区域3D产业联盟——广州开发区区域3D产业联盟宣告成立，这标志着广州市3D产业发展正式启动。

△ 第十二届“广东省青年五四奖章”揭晓，首次设立集体奖。区企业建设局荣获“广东省青年五四奖章集体”奖。是8个获奖单位中唯一一个政府单位。

30日

四川省委书记刘奇葆、省长蒋巨峰率四川省党政代表团一行50人在中共中央政治局委员、广东省委书记汪洋，省委副书记、省长黄华华，省委常委、省委秘书长徐少华，省委常委、广州市委书记张广宁，副省长、广州市委副书记、市长万庆良，广州市委常委、市委秘书长凌伟宪的陪同下到区考察广东威创视讯科技股份有限公司、广东省电力设计研究院和阳普医疗股份有限公司。

△ 南方电网公司党组书记、董事长赵建国率南方电网公司和广东电网公司一行到区调研，就南方电网公司在中新广州知识城建立中国首个现代化电力示范区的建设构想进行初步交流。广州市委常委、广州开发区党工委书记、管委会主任、萝岗区委书记薛晓峰会见客人。区领导石奇珠、陈小华、李红卫陪同。

## 5月

4日

广东省委常委、广州市委书记张广宁一行25人到科韵路云溪路施工现场调研东部地区交通建设情况。广东省副省长、广州市委副书记、市长万庆良，市领导薛晓峰、苏泽群、王东、简文豪，区领导石奇珠、陈小华、李红卫陪同。

7日

广东省质监局公布全省首批10家先进制造业标准化试点企业名单，区内企业金发科技股份有限公司、广州本田汽车有限公司成为广州市仅有的2家入选企业。

12日

区青年联合会成立。林艳（团区委）当选区青联主席。刘石、许嘉森、陈小华（区委组织部）、陈杰波、莫丽娜、谢飞鹏当选副主席。

△ 市委常委、广州开发区党工委书记、管委会主任、萝岗区委书记薛晓峰在区行政服务中心会见创维集团CEO张学斌一行。管委会副主任蔡刚强陪同。

14日

区内发生强降水。九龙镇、联和街、萝岗街受灾情况较为严重，出现水浸、塌方等险情。

20日

国家环保部副部长吴晓青一行46人到区调研广州科学城规划及乐金显示公司建设情况。广州市委常委、广州开发区党工委书记、管委会主任、萝岗区委书记薛晓峰，广州开发区党工委副书记、萝岗区委副书记、区党政办主任陈小华，广州开发区管委会副主任、萝岗区委常委、常务副区长李红卫参加汇报会。

22日

广州市委常委、广州开发区党工委书记、管委会主任、萝岗区委书记薛晓峰带队考察中新天津生态城、唐山曹妃甸国际生态城，双方就生态城谈判经验、管理机构设置等问题进行探讨。区领导陈小华、李红卫、郭粤明等参加考察。

△ 广东省发展改革委、省经济和信息化委、省科技厅、省农业厅、省国土资源厅、省统计局6部门联合发文，正式公布广东省现代产业500强项目名单。区有20个项目入选。

24日

“大地情深、星耀花城”第九届中国艺术节“群星奖”颁奖晚会在广州中山纪念堂举行。萝岗区选送的小品《局长家事》和舞蹈《传》首次分获戏剧小品类和舞蹈类“群星奖”。

**26日**

全国政协经济委员会副主任李德水率全国政协专题调研组一行30人在广州市政协主席林元和、副主席平欣光的陪同下到区考察广东威创视讯科技股份有限公司和广州毅昌科技有限公司，并举行座谈会。

**27日**

九佛污水处理系统由广州市水务投资集团整体移交萝岗区管理。移交后更名为“九龙水质净化一厂”。

**28日**

广东省委常委、广州市委书记张广宁，广东省副省长、广州市委副书记、市长万庆良会见新加坡星桥公司董事长林子安一行10人。双方就进一步加快推进中新广州知识城项目进行交流。

**30日**

全国人大常委会副委员长桑国卫一行10人在省科技厅副厅长钟小平的陪同下到区内企业华南新药创制中心、中科院生物医药与健康研究院，就“2009年国家科技重大专项（民口）组织实施推进会”总体目标的落实情况，对区部分课题进行实地检查评估。管委会副主任蔡刚强、区人大常委会副主任葛振亭陪同。

**31日**

中新广州知识城规划展示厅举行落成典礼。

**是月**

国家科技部发布《关于认定2009年度国家高新技术产业化基地和现代服务业产业化基地的通知》，广州高新区获批成为“国家现代服务业产业化基地”。这是科技部首次认定“国家现代服务业产业化基地”，全国仅9家。

## 6月

**1日**

美赞臣营养品公司婴幼儿营养科研中心奠基，在中国设立的首个科研中心，投入1.4亿元。

△ 由广州开发区管委会与中国雕塑院、全国城雕委艺委会主办，英国皇家雕塑家协会协办的“与科学·大师对话——广州科学城国际雕塑优秀作品巡展”在区行政服务中心市民广场举行。

△ 广州毅昌科技股份有限公司在深圳证券交易所中小板挂牌上市。

**2日**

统一俄罗斯党总委员会主席团副书记、俄罗斯国家杜马副主席斯·谢·茹洛娃率青年干部考察团一行11人到区考察。区人大常委会主任赖新华接待客人并举行座谈会。

**4日**

第三批科技领军人才候选人出炉。经区科技领军人才工作领导小组会议审议认定李强、王玉强、田军、王祥槐、刘春伟5位申请人为区第三批科技领军人才候选人。

**5～7日**

广东省委常委、市委书记张广宁率广州代表团到新加坡考察。新加坡国务资政吴作栋等会见张广宁一行。双方就加快推进中新广州知识城项目等方面作交流。市领导凌伟宪、薛晓峰、苏泽群、李力、徐志彪、陈国、王东等参加考察。

**8日**

美国箭牌糖果（中国）有限公司永和工厂在永和街奠基，前期总投资额约1.8亿美元。

**10日**

广东农村信息直通车工程“现代都市农业示范区”项目暨萝岗区农村信息化建设（二期）项目启动仪式在九龙镇埔心村举行。九龙镇10家企业被授予“广东农村信息直通车工程重点信息服务站建设工作示范点”称号。

**11日**

生物岛环岛道路（市政一标）工程被评为“2009年度全国市政金杯示范工程”。

**13日**

广州开发区、中国南方电网合作签约仪式在广州科学城翡翠皇冠假日酒店举行。

**18日**

广州市人大常委会主任张桂芳率市人大常委会视察组一行18人到区内企业恒运电厂视察空气环境综合整治情况，要求亚运期间空气污染整治实行“零容忍”。广州开发区党工委副书记、管委会副主任、萝岗区委副书记、区长石奇珠介绍区开展环境保护和节能减排工作的有关情况。区领导陈小华、李红卫、陈卓宁陪同视察。

△ 接中共广州市委组织部通知（穗组干〔2010〕229号文），市委同意：凌伟宪任中共广州经济技术开发区、广州高新技术产业开发区、广州出口加工区、广州保税区工作委员会委员、书记；免去薛晓峰中共广州经济技术开发区、广州高新技术产业开发区、广州出口加工区、广州保税区工作委员会书记、委员职务。根据广州市委穗委〔2010〕53号文件通知，经省委批准，免去薛晓峰的萝岗区委书记职务。

**21日**

接广州市人力资源和社会保障局通知（穗人社任免〔2010〕70号文），广州市人民政府党组会议决定：凌伟宪任广州经济技术开发区、广州高新技术产业开发区、广州出口加工区、广州保税区管理委员会主任；免去薛晓峰广州经济技术开发区、广州高新技术产业开发区、广州出口加工区、广州保税区管理委员会主任职务。

**26日**

“萝岗荔香迎亚运”第七届香雪荔枝文化节在区行政服务中心广场开幕。

△ 萝岗区龙舟队卓兴企业传统龙队获得2010年广州国际龙舟邀请赛传统龙决赛第一名，夺得四连冠。

**28日**

国务委员、公安部部长孟建柱率全国公安系统250人到区视察广东威创视讯科技股份有限公司、联和街综治信访维稳中心，了解街镇综治信访维稳中心在社会矛盾化解、社会管理创新方面的做法。中共中央政治局委员、广东省委书记汪洋，省委常委、广州市委书记张广宁，市委副书记、市纪委书记苏志佳，市委常委、广州开发区党工委书记、管委会主任、萝岗区委书记凌伟宪，市委常委、市委政法委书记、市公安局局长吴沙，副市长陈国，区领导石奇珠、陈小华、郑锡雄、崔新宇、赵伟国陪同。

△ 广州开发区、萝岗区召开干部大会，宣布广东省委、广州市委关于广州开发区、萝岗区主要领导调整的决定。广州市委常委、市委组织部部长方旋出席会议并代表市委作讲话。市委组织部副部长李瑾受市委委托，宣读市委有关人事任免通知：广州市委报广东省委批准决定，凌伟宪任广州开发区党工委书记、管委会主任、萝岗区委书记，免去薛晓峰广州开发区党工委书记、管委会主任、萝岗区委书记职务。广州开发区党工委副书记、管委会副主任、萝岗区委副书记、区长石奇珠主持会议。广州开发区党工委、管委会、萝岗区委、区人大、区政府、区政协、区纪委领导及区中层正职领导干部出席会议。

△ 区首家小额贷款公司——广州萝岗金发小额贷款股份有限公司开业。

**30日**

中新广州知识城在萝岗区九龙大道举行奠基仪式。中共中央政治局委员、广东省委书记汪洋，新加坡国务资政吴作栋出席仪式并致辞。广东省副省长、广州市委副书记、市长万庆良代表广州市人民政府与广州知识城投资开发有限公司负责人、新加坡知识城私人有限公司总裁签订知识城总体协议；广州市委常委、市委秘书长、广州开发区党工委书记、管委会主任、萝岗区委书记凌伟宪，新加坡星桥国际公司总裁许庆和，广州开发区管委会副主任、秘书长崔新宇签订知识城实施协议。

## 7月

**5日**

广州市委常委、广州开发区党工委书记、管委会主任、萝岗区委书记凌伟宪率广州开发区、萝岗区党政考察团赴增城市考察学习落实科学发展观经验。

**7日**

区内企业金发科技股份有限公司、广州毅昌科技有限公司入选2008～2009年广东省百强民营企业。

**11日**

中共中央政治局常委、全国政协主席贾庆林率全国政协视察团80人在国家和省市领导汪洋、黄华华、黄龙云、徐少华、梁伟发、张广宁、陈如桂等陪同下，到区视察广州视睿电子科技有限公司、中国科学院广州生命与健康研究院、联众（广州）不锈钢有限公司和广州科学城。广州市委常委、广州开发区党工委书记、管委会主任、萝岗区委书记凌伟宪汇报区情。区领导官展平、陈小华陪同视察。

**12～15日**

广东省副省长、广州市委副书记、市长万庆良率广东省政府代表团赴新加坡考察访问。广州市委常委、广州开发区党工委书记、管委会主任、萝岗区委书记凌伟宪，广州市副市长陈明德陪同考察。期间，广州开发区与星桥国际新加坡私人有限公司合作举办中新广州知识城项目推介会，万庆良出席并致辞，凌伟宪作主题发言。广州开发区管委会副主任、萝岗区委常委、常务副区长李红卫，管委会副主任、秘书长崔新宇出席推介会。

**13日**

广州开发区创新驿站被国家科技部火炬中心确定为“中国创新驿站”首批试点省（市、区）之一，是全国唯一一家以高新区为建设单位的区域性创新驿站站点。

**16～18日**

第五届广东国际酒饮博览会在广州保税区国际酒类交易中心举行。展出葡萄酒品种达7000多种，120多个国外葡萄酒厂商和国内代理商参展，参观人数近2万人次。

**19日**

中共中央政治局委员、广东省委书记汪洋到位于广州科学城创新大厦的广东知识产权服务中心进行专题调研。副省长宋海、省知识产权局局长陶凯元等陪同。

**26日**

机场快线萝岗专线开通。

**27日**

2010年广州开发区党工委管委会工作会议暨萝岗区委一届十一次全会在萝岗国际会议中心召开。

△ 由100多名华人华侨科学家组成的第六届世界华人论坛考察团到区了解创新创业情况、对科技创新的奖励情况和领军人才政策，考察广东威创视讯科技股份有限公司、中国科学院生物医药与健康研究院。广州开发区党工委副书记、萝岗区委副书记、区党政办主任陈小华接待客人。

**28日**

区内企业广东高新兴通信股份有限公司在深圳证券交易所创业板挂牌上市。

**是月**

广东省知识产权局发布通知，确定全省50家企业为2010年广东省“知识产权优势企业”，区内企业广州益善生物技术有限公司上榜。

## 8月

**5日**

广东产品质量监督检验研究院新总部在广州科学城举行奠基仪式。新总部建设项目占地面积3.8万平方米，计划投资3亿元。

**9日**

广州市委常委，广州开发区党工委书记、管委会主任，萝岗区委书记凌伟宪率区领导班子、区各职能部门、街道主要负责人70余人到越秀区、海珠区和荔湾区考察学习城市建设经验。

**13日**

广州市政协主席林元和一行26人到区调研区自主创新以及金融业发展情况，并考察广州市香雪制药股份有限公司和中国科学院广州生物医药与健康研究所。市委常委、广州开发区党工委书记、管委会主任、萝岗区委书记凌伟宪介绍区产业发展情况。区领导石奇珠、官展平、蔡刚强、杜丽霞陪同调研。

**16日**

广州开发区外国语学校（原广州市第八十三中学）揭牌。

**17日**

新华社副社长、中国政府网总编辑周锡生一行9人在新华社广东分社社长杨春南的陪同下到区考察广东威创视讯科技股份有限公司、广州视睿电子科技有限公司、广州毅昌科技有限公司、中心商务区A2组团和广州科学城区容。

△ 区与广州市社会科学院、广州社科联共同主办的“以改革开放文化为引领、以萝岗香雪文化为支撑——‘开萝’品牌文化之路探讨”论坛在区行政服务中心举行。这是区首次邀请省市专家把脉品牌文化建设。

**20日**

区综合应急救援大队挂牌。

△ 中新广州知识城首批用地挂牌出让，3幅为科研设计用地，1幅为住宅用地。

**24日**

接广州市人力资源和社会保障局通知（穗人社任免〔2010〕89号文）：郭粤明任职试用期满，同意其任广州经济技术开发区、广州高新技术产业开发区、广州出口加工区、广州保税区管理委员会副主任，任职时间从2009年5月11日起计算。

**25日**

区一届人大常委会第四十七次会议任命彭建军、刘光平、贺雁青、唐挺、秦智勇、朱江、徐文忠、陈科8人为区法院审判委员会委员。

**26日**

在佛山市顺德区召开的广东省促进高端新型电子信息产业发展现场会上，举行广东省第一批战略性新兴产业基地授牌仪式。广州开发区有2个基地获牌，分别是广州新一代通信设备和终端制造产业基地、广州物联网产业基地，是获得授牌数最多的区（县）。

**27日**

湖南省委书记周强率湖南省党政代表团50多人到区考察广州视睿电子科技有限公司和广州广电运通金融电子股份有限公司。广东省政协主席黄龙云，广东省委常委、副省长肖志恒，广东省委常委、省委秘书长徐少华，广州市委副书记、市长万庆良，广州市委常委、广州开发区党工委书记、管委会主任、萝岗区委书记凌伟宪，广州开发区党工委副书记、管委会副主任、萝岗区委副书记、区长石奇珠陪同考察。

△ 区综治信访维稳中心揭牌，标志着区综治信访维稳三级工作平台（区级–街镇–村）全面建成。

**31日**

广州海格通信集团股份有限公司在深圳证券交易所中小企业板挂牌上市。

## 9月

**6日**

接中共广州市委组织部通知（穗组干〔2010〕

380号文），市委批准：孙秀清为市正局级干部。接第16届广州亚运会组委会通知（亚组委〔2010〕37号文），经第16届亚运会组委会党组同意：孙秀清任第16届亚运会组委会外联部部长（广州市正局级），免去其第16届亚运会组委会宣传部副部长职务。

8日

广州开发区管委会、萝岗区人民政府与台商中秋联谊会暨广州开发区、萝岗区台资企业协会第九届理事就职典礼在广州科学城翡翠皇冠假日酒店举行。联众（广州）不锈钢有限公司董事长李必贤就任区台资企业协会第九届理事长。

△ 全球生活包装容器行业的龙头企业日本东洋制罐株式会社投资兴建的东罐（广州）高科技容器有限公司举行开业典礼，标志着世界最先进制罐技术——TULC罐生产线首次引入中国并正式投产。

9日

宝洁公司亚洲第一、世界第二大物流集散中心——宝洁公司广州分销中心在广州开发区枝山村规划十路举行开业庆典并投入使用。

10日

全国政协副主席、国家科技部部长万钢在广东省科技厅厅长李兴华、广州市副市长贡儿珍的陪同下视察广州国际生物岛。广州市委常委、广州开发区党工委书记、管委会主任、萝岗区委书记凌伟宪介绍广州国际生物岛的定位、规划、建设与招商情况以及区华南新药创制中心、中科院广州生物医药与健康研究院等重大新药创新平台建设情况。区领导官展平、蔡刚强、李红卫陪同考察。

11日

第16届广州亚运会广州开发区、萝岗区赛区运行指挥系统第一次会议召开。

11～19日

由中国网球协会、广州市体育局主办，广州市网球协会承办，广州凯得体育文化发展有限公司协办的“良业照明杯·2010广州国际女子网球公开赛”在广州国际网球中心举行。

13日

区全民迎亚运动员大会在广州国际体育演艺中心举行，全区各界1.3万人参加活动。

14日

广州市推进中新广州知识城项目建设领导小组第一次会议在萝岗会议中心召开。广东省委常委、广州市委书记、中新广州知识城项目领导小组组长张广宁主持并作讲话。广州市委副书记、市长、中新广州知识城项目领导小组副组长万庆良作具体部署。市政协主席林元和，市领导方旋、凌伟宪、邬毅敏、苏泽群、陈如桂、陶子基、陈明德、甘新、王东以及市直有关部门负责人，区领导石奇珠、赖新华、官展平、陈小华，广州开发区党工委、管委会、萝岗区委、人大、政府、政协、纪委领导，区有关部门负责人参加会议。

15日

由广州市政协和区政协联合主办的“迎国庆贺中秋书画雅集”活动在广州科学城翡翠皇冠假日酒店举行。来自穗港澳各界的100多位书画名家现场题字作画。广州市政协主席林元和，广州市委常委、广州开发区党工委书记、管委会主任、萝岗区委书记凌伟宪，区政协主席官展平出席并致辞。区领导陈小华、杜丽霞等出席活动。

25日

区检察院办案和专业技术大楼启用。

26日

广州国际体育演艺中心举行广州亚运会篮球项目测试赛暨2010年广州市男子篮球联赛决赛。

28日

区一届人大常委会第四十八次会议决定接受葛振亭、李潮迅辞去区一届人大常委会副主任职务。

△ 投资5亿元的广东省重点建设项目——金发科技碳纤维项目基地在九龙镇枫下村动工。

30日

科学大道大观路隧道建成通车。

## 10月

12日

广州开发区管委会、萝岗区政府2010年第十三次常务会议审议并原则通过《中新广州知识城条例》。

14日

东区街刘村社区与区土地储备交易中心在萝岗会议中心签订村经济发展用地返购协议。根据协议，刘村1165公顷土地将由区政府出资回购并统筹开发。

16日

广州国际体育演艺中心启用，并举行美国男子篮球职业联赛（NBA）季前赛（休斯敦火箭队对阵新泽西网队）。

19日

据广州开发区工委组织部、萝岗区委组织部通知（穗开组干〔2010〕20号文），广州开发区党工委、萝岗区委研究决定：王春华任广州开发区管委会秘书长，广州开发区驻北京办事处主任职务因机构撤销自然免除；免去崔新宇广州开发区管委会秘书长职务。

△ 区综合服务中心建设现场会暨联和街社区

综合服务中心——“联和一家”举行揭牌仪式。这是国内首家由专业社工参与研发、设计、监理的社区综合服务中心，也是区向社会中介购买专业服务的一次重要尝试。

**25日**

区迎亚运男子篮球赛暨首届万村农民篮球赛（萝岗分区赛）决赛在广州国际体育演艺中心举行。

**27日**

中共中央政治局委员、国务院副总理张德江在中共中央政治局委员、广东省委书记汪洋，国务院副秘书长肖亚庆，工业和信息化部副部长苗圩，以及省、市领导朱小丹、徐少华、张广宁、万庆良、陈如桂的陪同下到区视察广州唯思软件有限公司、广州益善生物技术有限公司、广州市儒兴科技股份有限公司和广州华德工业有限公司等4家科技创新企业。广州市委常委，广州开发区党工委书记、管委会主任，萝岗区委书记凌伟宪汇报全区经济社会发展情况。区领导陈小华陪同视察。

**是月**

萝岗区中医医院改扩建一期工程完工，包括住院楼、医技楼、行政办公楼在内的3栋新大楼全部投入使用。

△ 最高人民法院印发《关于确定司法公开示范法院的决定》，在全国范围内确定100家法院为“司法公开示范法院”，萝岗区法院成为广州市唯一获此殊荣的法院。

△ 广州海莎生物科技有限公司正式投产。项目位于广州科学城，占地面积为10177平方米，总建筑面积为17953平方米。投产后年产值预计可达3.9亿元。

## 11月

**1日**

广电运通金融电子股份有限公司筹备的中国首个ATM研究院在广州科学城挂牌成立。同日，广电运通产业园全面启用。

**4日**

广州金蟾软件研发中心有限公司获得国家新闻出版总署颁发的“电子书出版物总发行”、“电子书复制”2项电子书从业资质，是广东省首家获取新闻出版总署电子书业务资质的企业。

**5日**

“情随香雪·陈坚樵书法展”暨“迎亚运·当代艺术家实力派作品展”在中国艺术家村举行。

**7日**

广州亚运会火炬传递活动在区行政服务中心市民广场举行。

**8日**

萝岗区成立后第一个全部由新开发楼盘小区组成的新社区——联和街金峰园社区挂牌成立。

**10日**

国务委员、公安部部长孟建柱在广东省委常委、省委政法委书记、公安厅党委书记、厅长梁伟发，市委副书记、市纪委书记苏志佳，市委常委、市委政法委、市公安局局长吴沙的陪同下到区广惠高速萝岗出口检查站视察亚运安保工作。市、区领导凌伟宪、石奇珠、魏待征陪同视察。

**12日**

中共中央政治局常委、国务院总理温家宝在中共中央政治局委员、广东省委书记汪洋，广东省委副书记、省长黄华华，广东省委常委、广州市委书记张广宁，广东省委常委、省委秘书长徐少华等陪同下，到区视察高新科技企业，并与科技工作者亲切交谈。温家宝一行视察广电运通金融电子股份有限公司、中国科学院广州生物医药与健康研究院、广州禾信分析仪器有限公司，鼓励企业加强自主创新，努力在激烈的市场竞争中立于不败之地。广州市委常委、广州开发区党工委书记、管委会主任、萝岗区委书记凌伟宪汇报区高新技术产业发展情况。广州开发区党工委副书记、管委会副主任、萝岗区委副书记、区长石奇珠，广州开发区党工委副书记、萝岗区委副书记、区党政办主任陈小华陪同视察。

△ 贵州省省长赵克志一行15人到区考察联众（广州）不锈钢公司、广州国际体育演艺中心、广电运通金融电子股份有限公司。广州市委常委，广州开发区党工委书记、管委会主任，萝岗区委书记凌伟宪接待客人。区领导石奇珠、官展平、陈小华、李红卫陪同。

△ 中新广州知识城投资开发有限公司合资合同正式签署。

△ 越南政府副总理张永仲率越南党政代表团一行20人到区考察广东威创视讯科技股份有限公司。副区长陈杰陪同并介绍区情。

**14～15日**

由中国体育场馆协会主办的体育场馆建设与运营论坛在区召开。来自全国各地体育领域的专家学者300多人探讨大型体育场馆赛后利用、体育建筑设计、体育产品开发、体育场馆运营模式改革等焦点话题。区获得“中国优秀体育场馆综合优秀奖”。

**15日**

来自美国、新加坡的科技、金融等领域的32名企业家组成的硅谷高科技商务代表团到区考察。广东省委常委、广州市委书记张广宁会见客人。

市、区领导凌伟宪、邬毅敏、贡儿珍、石奇珠、蔡刚强、崔新宇、庄凡夫陪同。是日下午，代表团考察广州科学城区容和创新基地沙盘，并与区有关部门座谈。副区长庄凡夫出席座谈会。

16日

广州国际体育演艺中心举行亚运会首场男子篮球比赛。中国队以91比46战胜蒙古队。

△ 在第二届中国（深圳）创新创业大赛颁奖典礼上，区内企业广州索答信息科技有限公司的“基于摘要式答案引擎的互联网消费决策系统”（Goo5网）获“创新”大奖，为广州市唯一一家获得创新大奖的企业。

18日

萝岗中心区公交站场投入使用。

19日

区高层次人才协会成立，是广州首个高层次人才协会。区委常委、区委组织部部长刘晓光当选为首任会长。

22日

全国政协港澳台侨委员会副主任林树森一行到区考察广州科学城广州海格通信集团股份有限公司、乐金显示（广州）有限公司等企业和广州国际体育演艺中心。广州市委常委、广州开发区党工委书记、管委会主任、萝岗区委书记凌伟宪，广州开发区党工委副书记、萝岗区委副书记、区党政办主任陈小华陪同。

24日

广东省委副书记、省长黄华华一行20人在广东省委常委、公安厅厅长梁伟发陪同下到区广惠高速萝岗出口检查站慰问公安干警。市、区领导凌伟宪、石奇珠、魏待征陪同。

△ “情系农民工，共筑南粤梦”农民工电影月省市联合启动仪式在夏港街社区影剧院举行。广东省委常委、副省长、省农民工工作联席会议总召集人肖志恒宣布农民工电影月活动启动。

25日

中国科学院院士、中山大学肿瘤防治中心主任、肿瘤医院院长曾益新，泰和诚医疗集团有限公司首席执行官杨建宇，湛江市泰中投资有限公司董事长李敏共同签署中山大学国际健康医疗研究中心项目合作协议，标志着中新广州知识城在生命健康产业领域引进的首个高端项目正式进驻。广州市委常委、广州开发区党工委书记、管委会主任、萝岗区委书记凌伟宪，区领导石奇珠、蔡刚强、崔新宇出席签约仪式。

△ 广州亚运会女子篮球决赛在广州国际体育演艺中心举行，中国队战胜韩国队，获得冠军。广州市委常委、广州开发区党工委书记、管委会主任、萝岗区委书记凌伟宪为获得冠军、亚军、季军的队员颁奖。

26日

广州亚运会男子篮球决赛在广州国际体育演艺中心举行，中国队战胜韩国队，获得冠军。全国人大常委会副委员长司马义·铁力瓦尔地，国家体育总局副局长肖义，国家计生委副主任崔丽，国务院港澳办副主任周波，广东省政协主席黄龙云，省委副书记、省纪委书记朱明国，省委常委、副省长肖志恒，副省长雷于蓝，省政府副秘书长、省计生委主任张枫，市领导方璇、凌伟宪、苏泽群、陈如桂等到场观赛。区领导石奇珠、官展平、马正勇、成潘流陪同。

28日

国家商务部副部长陈健率队到区视察中新广州知识城项目进展情况。广州市委常委、广州开发区党工委书记、管委会主任、萝岗区委书记凌伟宪介绍区2010年经济社会发展情况及知识城项目的最新进展。广东省外经贸厅厅长梁耀文、广州开发区管委会副主任崔新宇、管委会秘书长王春华等陪同视察。

## 12月

1日

2010年“法治萝岗宣传教育周”系列活动暨“法庭开放日”、“检察开放日”、“公安开放日”启动仪式在区检察院举行。

2日

国家环保部副部长周建在广东省环保厅厅长李清、广州市环保局局长丁红都的陪同下到区视察国家环境保护部华南环境科学研究所、联众（广州）不锈钢有限公司。广州市委常委、广州开发区党工委书记、管委会主任、萝岗区委书记凌伟宪，广州开发区管委会副主任、萝岗区委常委、常务副区长李红卫陪同。

6日

广州亚残运会火炬传递广州第二站在区举行。

8日

东区街笔岗社区笔村“三旧”改造第一期签约仪式在笔岗社区举行。涉及改造首期工程——“两纵两横”路网建设的252户居民与笔岗社区成立的广州中荔美投资有限公司正式签订拆迁补偿协议。

9日

广州开发区管委会印发通知，同意朱托夫、贾鹏程、石岩峰、梁国锦、敖海、徐小平、叶建山7人为广州开发区科技领军人才，最高可享受1500万元的资助。

10日

接广州市人力资源和社会保障局通知（穗人社任免〔2010〕137号文），广州市人民政府决定：凌伟宪兼任中新广州知识城管理委员会主任；石奇珠兼任中新广州知识城管理委员会副主任、中新广州知识城社会事务办公室主任；李红卫兼任中新广州知识城管理委员会副主任、中新广州知识城建设办公室主任；崔新宇兼任中新广州知识城管理委员会副主任、中新广州知识城项目办公室主任。

同日，区委组织部发出任免通知：胡志军（市副局级）、谢鸿滨（正处级）任中新广州知识城建设办公室副主任；谭均乐（市副局级）、李新强（正处级）任中新广州知识城社会事务办公室副主任；申平（市副局级）、傅文波（正处级）任中新广州知识城项目办公室副主任。

△ 广东省政府发布《关于表彰2009年度广东省节能先进地区先进单位和先进个人的通报》。区内6家企业荣获“2009年度广东省节能先进单位”称号，分别是广州珠江钢铁有限责任公司、广州恒运企业集团股份有限公司、联众（广州）不锈钢有限公司、广州顶津食品有限公司、广州恒运东区热力有限公司、广州添利电子科技有限公司。广州恒运企业集团股份有限公司谢雄荣获“2009年度广东省节能先进个人”称号。

14日

由区高层次人才协会主办的“开萝人才讲坛”在广州创新基地开讲。全国民盟副主席、广东省政协副主席温思美为协会会员作题为《“十二五”规划与当前经济形势》的演讲。区高层次人才协会近百名会员参加。

15日

广州市创建“全国安全社区”授牌大会在夏港街召开。夏港街获得国家安全生产监督管理总局和中国职业安全健康协会授予的“全国安全社区”称号。夏港街是广州市第一个通过“全国安全社区”评审的单位，也是全国第一个成功建设安全社区的工业园型街道。

△ 广州香雪制药股份有限公司在深圳证券交易所创业板挂牌上市。

18日

诺贝尔奖获得者赫什科教授（Dr. Avram Hershko）及其夫人，华南生物芯片研究中心首席科学家郑文玲一行考察广州国际生物岛，市、区领导凌伟宪、蔡刚强、李红卫陪同。

△ 区少年宫揭牌。

△ 第三届萝岗香雪文化旅游节暨工业科技游在萝岗香雪公园开幕。

20日

中共中央政治局委员、中央书记处书记、中央组织部部长李源潮在广东省委常委、省委组织部部长李玉妹，省委常委、广州市委书记张广宁，广州市委常委、市委组织部部长方旋等陪同下，视察区内企业广州禾信分析仪器有限公司，广州市委常委、广州开发区党工委书记、管委会主任、萝岗区委书记凌伟宪汇报区经济社会发展情况。区领导石奇珠、陈小华、刘晓光、王春华陪同视察。

21日

中新广州知识城安置区暨道路系统开工仪式在知识城南起步区举行。

23日

区青少年科技教育协会成立。

△ 九龙镇红卫村与广州市时代地产投资有限公司签订“三旧”改造合作协议。

25日

中新广州知识城管委会揭牌暨重点项目签约仪式在广州花园酒店举行。

27日

广州市人大常委会主任张桂芳率广州市人大代表法制专业小组一行35人到区视察。广州市委常委、广州开发区党工委书记、管委会主任、萝岗区委书记凌伟宪，区领导石奇珠、赖新华、李红卫、马正勇、王春华等陪同。

31日 湖南卫视“给力2011”跨年演唱会在广州国际体育演艺中心举行。

是月

“广东十大创新人物”、“广东十大创新企业”和获提名奖的10名创新人物、10家创新企业出炉，广东威创视讯科技股份有限公司、金发科技股份有限公司入选“十大创新企业”，中山大学达安基因股份有限公司、中国电器科学研究院获“十大创新企业”提名奖。

△ 萝岗街萝岗社区被授予“全国妇联基层组织建设示范社区”称号。

# 特载

# 在2011年中共广州开发区工委管委会工作会议暨中共萝岗区第一届委员会第十二次全体会议上的报告

广州市委常委，广州开发区党工委书记、管委会主任，中新广州知识城管委会主任，萝岗区委书记
凌伟究

（2011年1月20日）

同志们：

这次全会的主要任务是，高举中国特色社会主义伟大旗帜，以邓小平理论和“三个代表”重要思想为指导，深入贯彻科学发展观，认真学习贯彻党的十七届五中全会、中央经济工作会议以及省委十届八次全会、市委九届十次全会精神，总结2010年工作，部署2011年工作，审议《中共广州开发区工委萝岗区委关于制定国民经济和社会发展第十二个五年规划的建议》等文件，为加快转型升级，建设幸福萝岗谋新篇布新局。现在，我受开发区党工委和萝岗区委常委会委托，向全会报告工作，请予审议。

## 一、全面完成2010年工作任务和“十一五”规划目标

刚刚过去的2010年，是我们巩固和扩大应对国际金融危机成果、加快转变经济发展方式的一年，是抓住亚运机遇、改善城市环境的一年，全区经济社会发展保持又好又快发展势头，超额完成了全年工作任务和“十一五”规划预期目标，在争当转型升级先行区、科学发展示范区进程中迈出了更加坚实的步伐。

### （一）深入贯彻中央和省市重大部署，进一步增强科学发展的动力和信心。

去年以来，我们认真组织学习胡锦涛总书记在深圳经济特区建立30周年庆祝大会上的重要讲话精神，立足更高标准，对今后一个时期全区的工作努力方向作了系统谋划，提出了力争到“十二五”期末，打造若干个千亿级产业集群、地区生产总值力争比2010年翻一番的目标。温家宝总理、张德江副总理、李源潮部长等领导同志先后到我区视察，充分肯定了我区的发展成绩，也对今后发展提出了指导意见，给我们以很大的鼓舞。我们认真贯彻学习十七届五中全会精神，进一步把思想行动统一到中央对形势的分析判断和决策部署上来，科学编制我区“十二五”规划《建议》和《纲要》。新的奋斗目标和发展任务，激发了广大党员干部新的创业激情，进一步凝聚了创业发展的合力。

### （二）加快调结构、促转型步伐，经济发展实现新跨越。

2010年广州开发区预计实现地区生产总值1600亿元以上，同比增长18%以上，比2005年增长1.46倍，“十一五”期间（下同）年均增长19.4%；工业总产值4227.52亿元，同比增长21.26%，比2005年增长1.6倍，年均增长21.32%；财政收入388.56亿元，同比增长24.78%，比2005年增长1.48倍，年均增长19.91%；实际利用外资12.26亿美元，同比增长5.23%；出口总额预计完成136亿美元，同比增长33.67%；完成固定资产投资317.81亿元，同比增长20.12%，其中财政基础设施投资107.41亿元，同比增长6.11%；“十一五”期间累计完成基础设施投资389亿元，是“十五”期间的2.36倍。萝岗区实现地区生产总值1362亿元，同比增长16.6%，增速名列全市第一。各项主要经济指标全面超额完成“十一五”规划目标，主要经济指标在国家级开发区继续保持领先。我区基本实现了从原来比较单一的工业园区，向以先进制造业、高新技术产业和现代服务业为主导的综合经济园区的转变，为“十二五”时期转型升级、科学发展奠定了良好的基础。

去年经济发展主要呈现出以下几个显著特征：一是重大产业基地和项目建设成效显著。被批准成为国家新型工业产业化（工业设计）示范基地、国家现代服务业产业化基地、广东省新一代通信设备和终端制造产业基地、物联网产业基地、平板显示产业基地、广州市信息化和工业化融合示范区。国家级产业基地累计达到13个。LG 8.5代液晶面板项目获得国家核准。金发科技等20个项目入选广东省现代产业500强，威创等30家企业入选广州战略性新兴产业重点企业。新增世界500强投资项目4个。“一企一策”扶持的29家企业合计产值占全区37%，增速高于全区工业总产值增速8个百分点；出口总额占全区49%，增速高于全区出口增速19个百分点。91家企业顺利投产。经我区与有关驻

区单位协调及企业努力，全区有海关A类以上企业89家，用电优保和A类企业196家，有力地保证了重点企业的生产和进出口贸易。二是区域自主创新能力进一步提升。全年财政安排科技资金2.5亿元，全区R&D经费占GDP的比重预计达到3.6%。新成立内资科技项目317项，同比增长20%。新增6名中央“千人计划”创业人才，累计达到8人，全市入选“千人计划”创业人才全部落户我区，占全省总数的42%；新增领军人才11名，累计20人。新增企业博士后工作站2家，累计达13家。成立了高层次人才服务区和高层次人才协会，强化了人才服务工作。区内创业投资总规模扩大到130亿元。推动了毅昌科技等4家企业成功上市，融资规模达到52亿元，全区上市企业累计达22家。企业获得上级技术改造、技术创新及进出口专项扶持金共1.12亿元。慧谷化学等13家企业成功申报市级以上企业技术中心。全区经认定的省级研发中心14家，占全市21%；市级研发中心32家，占全市26%；省级企业技术中心15家，占全市的16%；市级企业技术中心13家，占全市的32%。实现高新技术产品产值1750亿元以上，同比增长25%以上，比2005年增长2倍以上，年均增长25%，占全区工业总产值比重每年提高1个百分点，达到42%。专利申请量2206件，同比增长26.3%；专利授权1196件，同比增长81%。获得1项中国专利金奖，累计达3项，占广州市的60%。广州科学城预计实现营业总收入1900亿元以上，同比增长30%左右，是2005年的5倍，年均增长40%，成为我区重要经济增长极。三是服务业发展进一步加快。服务业实际利用外资4.31亿美元，同比增长6.1%。新引进11个总部项目。保税区实现进出区货值126.74亿美元，同比增长97.8%，是2005年的3倍，其中，保税物流园区实现进出区货值90.4亿美元，同比增长1.9倍。全区第三产业实现增加值419.9亿元，占地区生产总值比重26.19%。四是低碳发展、绿色增长成效明显。国家生态工业园区建设顺利推进。扎实推进循环经济国家示范园区建设，推动实施了一批节能技术改造和循环经济重点项目。鼓励企业清洁生产，推动公共部门带头节能减排，100家企业签订自愿清洁生产承诺书并启动清洁生产，23家重点能耗企业完成年度节能量42045吨标准煤，完成计划节能量162.8%。加强重点工业企业排污和机动车排气污染治理。全年共清理涉及土地闲置企业39家，收回闲置土地约15.4万平方米。全年主要污染物排放量继续下降，其中化学需氧量（COD）排放量7495.5吨，同比下降18.7%；二氧化硫（$SO_2$）排放5872吨，同比下降34.19%，完成了市下达控制指标。“十一五”期间万元GDP能耗下降20%，实现了绿色增长。

（三）坚持“迎接亚运会、创造新生活”，城市建设展现新面貌。

高标准、高效率、高质量建成了广州国际体育演艺中心，圆满完成了亚运筹备和亚运篮球比赛的各项组织工作，顺利完成了亚运食品药品保障任务。通过帮助企业申办亚运期间货车单双号通行证、开放西区港口通道及科学城部分路段交通管制，开辟“绿色通道”，确保我区工业经济在亚运期间正常发展。推动实施亚运城市行动计划，提前完成一批道路建设，促成长安收费站搬迁，困扰我区多年的交通瓶颈得以打通，改善了对外交通条件。环境综合整治取得显著成效，高标准建设了8个水质净化厂，完成了165公里污水管网建设任务以及5条河涌整治工程，全面推进了农村地区的截污和雨污分流工程，全区污水处理能力由2008年的5.5万吨/日提高到32.5万吨/日，河涌水质明显改善，获得了全市治水工作金奖。顺利完成了市下达的拆违整治任务。建成绿道141公里和20个驿站，完成主干道沿线绿地美化亮化工程。获得省政府授予“林业生态区”称号。

（四）全面启动知识城开发建设，科学城和生物岛创新创业载体建设取得新突破。

积极争取国家和省市政策支持，高效率完成《中新广州知识城起步区项目申请报告》，获专家组高度认可，正向国家发改委申报。市委、市政府出台了加快推进知识城开发建设的决定，批准成立知识城管委会及内设机构，市政府授予知识城管委会市一级管理权限，为知识城的高效运作提供了体制和政策保障。高标准编制了知识城系列规划。完成《中新广州知识城条例》初稿起草工作，并列入2011年市立法正式项目。积极争取并落实了一批用地指标，知识城道路系统和安置区已动工，征地拆迁和土地出让工作稳步推进。中新双方签署合资合同并成立工作小组加快组建合资公司。加快推进40多个高端产业项目及中新合作项目的洽谈工作，中山大学国际健康医疗研究中心等11个项目落实用地。广州科学城科技企业加速器一期11万平方米已建成，一批优质项目已进驻，二、三、四期工程已动工建设。顺利推进广州国际生物岛13万平方米标准产业二、三单元建设，全面展开招商引资工作，储备了一批高端项目。

（五）加快社会事业发展，民生福祉再上新台阶。

全面启动“三旧”改造工程，实施区领导包干推进23个社区（村）的“三旧”改造。制定了1.8亿元的财政扶持政策，支持推动笔岗社区率先纳入全市“三旧”改造计划，制定了改造方案，进入签约阶段。全区城镇居民人均纯收入达31362元，同比增长11.1%；农民人均纯收入达14593元，同比增长14.91%。就业创业取得新突破，全年成功推荐就业约1.8万人，其中户籍人员6462人；成功建立起5个市级创业示范基地，累计自主创业人员2500户，带动就业3500人。实现社保政策城乡居民全覆盖，新型农村合作医疗人均筹资标准由每年200元提高到340元，住院报销最高封顶额从2009年5万元提高到10万元；城镇低保救济标准提高到410元/月，农村低保救济标准提高到335元/月，农村散居五保供养标准提高到469元/月，救济标准均为全市最高。义务教育学校规范化建设成效显著，全区有26所公办中小学达到规范化学校标准，占公办学校的85.72%。高考成绩突出，重点上线率以及本A、本B上线率连续两年位列全市第一，全区高考上线率位列全市第二。我区选送的一批文艺节目在国内外比赛获得金奖，为我区赢得了荣誉，擦亮了萝岗文化品牌。改善了社区文体设施，新建了27条健身路径和17个标准灯光篮球场。实施社区（农村）卫生机构一体化管理。启动全科医师规范化培训。实施村（居）卫生站减免收费，让群众获得了实惠。积极开展第六次人口普查，摸清全区人口现状。深化提升人口计生工作基础和优质服务水平，被授予“全国计划生育优质服务先进单位”荣誉称号。进一步完善公共交通线网，全年共新开公交线路14条，增加公交车辆100多辆，完成西区18个公交车站港湾式改造和全区4个公交站场建设，改善了居民出行条件。创文工作取得显著成绩，顺利通过了“国检”，在2010年全市开展的8次公共文明指数测评中4次获得第一，总评成绩在全市各区排名第一。创建省双拥模范区工作通过了市考评，并上报省审批。深入开展扶贫开发“双到”工作，筹措“双到”工作帮扶资金2135万元，年内实现扶贫对象脱贫率61.9%，年度考核六条村全部达到优秀等级。组织开展捐款活动，支援抗旱救灾和玉树地震灾区。

（六）全力确保“平安亚运”，平安和谐萝岗建设取得新进展。

全区政法、维稳、综治战线和各街镇、各相关职能部门把“平安亚运”作为压倒一切的任务，紧紧围绕“六个不发生”的工作目标，周密部署，顽强拼搏，以决战决胜的姿态，扎实严谨的作风和最高的工作标准，圆满地完成了亚运会、亚残运会安保防护期的各项任务，确保了亚运安保维稳万无一失。亚运期间，全区共动员各类防控力量26000多人，排查化解各类矛盾纠纷150多宗，清理整治治安重点隐患近千宗，社会面整体联防联控工作形成了专群结合、齐抓共管的新局面。全区治安保持低发案态势，刑事立案同比下降8.5%。市综治委组织的民意调查显示，我区群众社会治安的满意度达到98.8%，高出全市平均值6.9个百分点。区、街镇综治信访维稳中心和村居综治信访维稳工作站全面建成运作，矛盾纠纷成功调处率、稳控率均达到100%。基层平安创建取得新成效，五个街道全部通过“平安街道”达标验收，“平安社区（村）”创建达标率90%。及时妥善处理了群体性劳资纠纷事件，劳资关系总体保持和谐稳定。全年未发生较大以上安全生产事故，夏港街成为广州市首批唯一通过“全国安全社区”考评验收的街道。进一步加强了交通、消防、质量技术、食品药品等监督管理，切实保障人民群众生命财产安全。森林防火、“三防”工作和重大动植物疫病防控工作取得显著成效。

（七）大力推进体制机制改革创新，科学管理迈出新步伐。

全面实施《广州国家级开发区创新发展模式改革试验总体方案》，围绕重点领域，制定《创新发展模式三年行动计划》，推动体制机制创新。积极推进《广州开发区行政事业性收费综合改革试点方案》取得阶段性成果。积极开展区融资体制改革，探索新融资平台建设。开展学习借鉴新加坡成功发展经验专题研究，在城市规划、生态建设、社会管理、知识经济等方面推动研究成果向政策措施转化。全面启动各街镇7个社区家庭服务中心建设，首家由专业社工参与建设的社区综合服务中心“联和一家”正式投入运营。创新考核评价体系，健全对区直部门和街镇领导班子及领导干部的考核机制和奖惩机制，尤其强化对街镇工作的量化考核，在工作重心向基层下移的同时，推动激励措施向街道、镇倾斜，推动资源向一线聚集。积极推行模块化、精细化管理，提高质量体系运行效能，着力优化工作要素，提高工作效率。完成全区行政审批、备案事项的清理工作，总精简率达到56.51%。进一步提高行政审批效率，对48项审批事项缩减时限297个工作日，平均减少6.39个工作日。不断加深与企业的联系沟通，深化区六大支柱行业协会作用，完善“企业网”功能，组建企业信息员队伍，组织区自主创新企业产品展。进一步完善用地项目评审机制，优化招商奖励机制。理顺国有资产管理权限，经营性国企经营效益明显增长。积极引进高端管理运营主体，积极谋划后亚运时期的场馆运营新模式。稳步推进集体林权制度改革，如期完成了主体改革任务。

（八）努力维护社会公平正义，民主法治建设取得新成效。

区委定期听取人大、政协党组工作汇报，制定了区人大讨论决定重大事项办法，促进决策的科学化、民主化、法制化；区委制定了关于政治协商规程的实施意见，就“十二五”规划及人才住房政策等议题开展政治协商。区政府认真办理人大代表议案、建议和政协提案，办结率均为100%。获得全市依法治市“四五”规划综合考评第一名，萝岗区委被评为“广东省依法治省先进单位”。区法院、检察院、公安分局、司法局等政法机关围绕“平安亚运、和谐萝岗”总体目标，依法履行职责，促进了社会和谐稳定。区总工会积极推进外企和行业工会组建，维护和谐劳动关系。团区委、区妇联围绕“迎亚运”、“创文”等重点工作，开展志愿者服务、巾帼文明行动等形式多样的活动。企业建设局荣获“广东青年五四奖章”，区行政服务管理中心荣获“广州市青年文明号标兵”、“广东省青年文明号”。萝岗社区荣获“全国妇联基层组织建设示范社区”称号。区残联大力开展扶弱助残活动，我区被评为“全国残疾人社区康复示范区”。人民武装部出色完成亚运安保各项工作任务，武装工作、民兵预备役工作取得新进展。民族、宗教、侨务、对台、港澳、档案等工作取得新成效。发挥知识分子联谊会、跨国公司联谊会、科协、青年联合会等人民团体的作用，加强了跨国公司和科技人员的沟通和交流。

（九）深入开展创先争优活动，党的建设得到新加强。

全区730多个基层党组织、1.2万名党员以“争当转型升级、科学发展先锋”为活动总载体，基层党组织突出“爱岗敬业，开拓创新”，非公企业党组织突出志愿者服务活动，各机关党组织突出提高执行力，分层分类部署和开展创先争优活动。加强党委中心组理论学习和干部队伍的培训工作。落实基层党建责任制，针对非公经济组织和社会组织出台了党建工作的实施意见，全年新组建非公经济组织党支部43个。积极推动干部选拔任用工作制度化、规范化，有效预防和治理用人上的不正之风。扎实开展以“加强制度教育、构筑拒腐防线”为主题的纪律教育学习月活动，领导干部作风进一步好转。创新机制，稳步推进惩治和预防腐败体系建设。以党风廉政责任制考核和岗位廉政风险防范工作为着力点，围绕项目建设规范化管理，扎实推进工程建设领域突出问题专项治理，问题整改率在全市率先达到100%。强化廉洁办亚运监督，保障“三个安全”。保持查办案件高压态势，严肃查处了一批违纪违法案件。加强案后管理，针对案件反映问题，完善相关领域制度三十余项。进一步发挥行政监察职能作用，以开展政风行风评议活动为契机，解决了一批关系群众切身利益的热点难点问题。国有企业党风廉政建设不断深化，损害群众利益的突出问题得到有效解决。扎实推进纪检监察派驻机构统一管理工作，纪检监察队伍整体水平进一步提高。在全区机关组织开展“深化服务促发展”主题实践活动，提高机关服务企业、服务农村、服务基层、服务群众的水平。组织开展2010年度评议机关活动，完善了机关文明办公、工作目标责任考核制度，以嘉奖、表扬和批评、扣罚等奖惩措施为抓手，有力推进了各项工作落实。

过去一年我区的发展成绩来之不易，这是市委、市政府正确领导的结果，是全区各部门、街镇和广大干部群众团结一心、共同奋斗、扎实工作的结果。区人大、区政协、各民主党派、人民团体和各驻区单位都为此做出了积极的贡献。各位萝岗区委委员、候补委员和各位党代表对我们的工作给予了真诚的帮助和大力支持。在此，我代表区党工委、管委会和萝岗区委表示衷心的感谢！

二、关于形势和任务

在“十二五”的开局之年，我区迈上了新一轮创业的新征程。站在新的起点上，必须科学研判形势，谋划发展大局、掌握工作主动权。

（一）科学研判发展形势。

国家和省市领导对我区提出了很高的期望。温家宝总理去年11月12日视察我区时寄语我区有光辉的未来；汪洋书记2008年视察我区时也指出广州科学城代表了广东的未来。对照科学发展观，对照社会主义幸福观，对照上级提出的工作标准以及世界发达国家的做法，我们的工作还有很大的差距。随着发展环境的变化，我区一些长期累积的深层次矛盾和问题正逐步显现出来，在很多方面面临一些新的挑战。对此，我们务必保持清醒的认识。

一是自主创新能力和产业竞争力有待提升。与国内外一流科技园区相比，我区支撑创新的高端人才等核心要素集聚不足，能够占领国际产业前沿、引领相关产业发展的旗舰式科技项目较少，高端科研机构和科技龙头企业不多，缺乏具有较强内生性和创新能力、辐射带动能力的产业集群。

二是支撑经济持续高速增长的项目储备不足。我区服务业占地区生产总值的比重仍然偏低，经济发展主要依靠外商投资工业企业，但这些企业产能挖潜的空间不是无穷尽的，而是越来越有限。在一般制造业领域吸引跨国公司投资的空间趋小，招商引资的难度和成本增大。如果我们的招商引资策略不作大的调整，不能在先进制造业、现代服务业和战略性新兴产业方面开辟新的领域，就很可能在招商引资和项目建设上出现“青黄不接”的隐忧。引进内资和第三产业缺乏具有带动能力的重大项目，引进总部经济受区位、配套和政策约束，在短期内很难全面体现到经济增长上来。无论是从总量还是效益上来看，我区保持领先优势的压力很大。

三是资源环境约束趋紧。一方面新增用地规模和用地指标难度越来越大，另一方面是部分土地、厂房、物业出现闲置。早期开发的西区、东区、永和组团的环境容量瓶颈已经基本饱和，萝岗新城、知识城的水环境十分敏感，限制了新增项目引进和现有项目扩产。在经济总量迅速扩张和主要依靠工业的情况下，要在原有基础上进一步降低能耗难度很大。

四是实现基本公共服务均等化任务艰巨。拉动农民增收的主要因素还是靠拆迁补偿等方面的收入，农村自我积累和自我良性发展的机制还没有真正建立起来。无论是在教育、医疗、交通等公共服务上，还是在住房、就业、养老等社会保障上，我们的民生工作都还有不少薄弱环节，尤其突出地表现在硬件设施普遍上去了，但是专业人员的素质还跟不上；公共服务中的优质资源还偏少，普惠性差，不能很好地满足群众需求。

五是重点领域的改革创新力度不够。今年中央明确要实行稳健货币政策，宏观政策总的取向是收紧，我区基础设施建设投入不断扩张，但投融资渠道单一，融资压力很大。我们普遍推行的以政府为主导的建设管理模式，在成本控制、工程质量监控、招商运营等方面也很有必要改进；从社会管理来看，今后较长的一段时期，我区在社会矛盾凸显的情况下，要更好地维护社会和谐稳定，必须在创新社会管理上有所突破。

六是干部队伍思想观念和精神状态还有差距。开发区建设虽然只有二十六年的历史，萝岗区成立只有短短的五年时间，却经历了改革开放最为火红的年代。我们过去办开发区，在计划经济的重围中和僵化体制的束缚下，在千难万险中杀出一条血路来，靠的是干事创业的激情和敢为人先的勇气。现在，我们的事业发展壮大了，工作生活条件改善了，我们一定要格外警惕在干部队伍中滋生图享受、怕艰苦，图安稳、怕风险，创业精神消退，重既得利益轻变革进取的倾向。开拓伴随风险，奋斗就有艰辛。现在最大的对手就是我们自己，就看我们能不能挑战自我，超越自我。

总结历史经验，任何机遇都在挑战中，没有挑战就没有机遇。我们要勇于直面挑战，勇于迎接挑战并积极寻求发展的良好机遇。当前，这些机遇突出表现在：

一是广州后亚运时代的战略部署，为我区加快发展带来了新机遇。成功举办亚运会，提升了广州在全球城市体系中的地位和影响力。在广州建设国家创新型城市、打造东部高新技术产业带和东部山水新城的进程中，我区优势地位将更加突显，在重大基础设施配套和产业项目布局上有条件争取更加有利的地位。

二是珠三角《规划纲要》加快实施，为我们争取政策、创新发展带来了新机遇。知识城、生物岛等重大项目进入国家和省市发展战略视野，开发区、高新区申报扩区，国家创新型科技园区、创新发展模式试验等重大举措加快实施，将进一步拓展我区的发展空间、创新空间和政策空间。

三是国际科技创新和产业转移步伐加快，为我们承接跨国公司高端产业提供了新机遇。当前，全球科技创新进入密集期，新兴产业领域正在酝酿新的突破，人才、技术等国际高端要素加速流动，并正向中国的区域中心城市加速聚集，这为我们适应跨国公司产业结构调整和战略布局优化的趋势，率先承接研发、设计、营销服务等高端要素和高端环节带来重大机遇。

四是“三旧”改造全面推进，为加速城市化进程提供了新机遇。“三旧”改造是省向国家争取的一项重大的先行先试政策，通过实施“三旧”改造，不仅能够从根本上改变居民的生活居住环境，而且有助于一揽子解决长期困扰我们的社会管理难题，有利于促进土地节约集约利用，拓展发展空间，加速城市功能优化转型。

只要我们牢牢把握这些机遇，积极应对挑战，就一定能够增创新的竞争优势。

（二）突出“加快转型升级、建设幸福萝岗”这一核心任务。

省委十届八次全会提出了“加快转型升级、建设幸福广东”这一未来五年发展的战略核心任务。市委九届十次全会把建设低碳广州、智慧广州、幸福广州作为建设国家中心城市的主攻方向。我区党员干部必须把思想统一到省市的工作部署上来，把“加快转型升级、建设幸福萝岗”作为一条主线，贯穿到各项工作中去。

增进民生福祉，是经济增长的根本目的和最终归宿。我们提出建设转型升级先行区、科学发展示范区，这些都只是手段，根本的目的还是在于改善和保障民生。“为人民谋幸福”，是我们共产党人的根本宗旨，是每一个党员干部应有的政治自觉。我们要坚持宜业、宜商、宜居相互统一、相得益彰，以人的最实际、最迫切的需求为导向来规划和建设新城区，以优环境、聚人气为目标来改善公共服务的质量和效率，通过改善民生，让人民群众分享到开发区、萝岗区建设的成果，增强大家对开发区、萝岗区的归属感和认同感，共同建设幸福萝岗，营造幸福家园。

（三）正确处理若干重大关系。

要实现加快转型升级、建设幸福萝岗的奋斗目标，必须解放思想、改革创新、先行先试、统筹兼顾，处理好几个重大关系。

一是处理好发展速度与质量的关系。我区作为广州经济发展的重要引擎，在“十二五”时期，不保持相对较高的发展速度，就难以支撑广州速度，保持广州优势，也难以在全国开发区的激烈竞争中继续保持领先地位。但在土地、环境等硬约束增强、宏观经济环境发生重大变化的情况下，固守原来的发展模式实现较高发展速度，客观上也不可能。唯一的出路就是转变发展方式，着力提供高端服务、汇聚高端人才、聚焦高端产业，推动产业由价值链的低端向高端升级。在新旧发展模式的转换过程中，也许会经历暂时的“换挡期”，速度有所减慢，但只要坚持在提升内涵质量上下工夫，就能为将来更长时期的持续增长奠定坚实基础。

二是处理好要素驱动与创新驱动的关系。要增强经济发展后劲，固然需要我们千方百计筹集更多的建设资金，千方百计争取更多的建设用地指标。但从长远来看，要实现经济的可持续发展，不走创新驱动、内生增长的路子是没有前途的。没有今天创新的“星星之火”，就没有未来发展的“燎原之势”。开发区搞了二十多年，我们对引进外资建工厂驾轻就熟，但是对于如何培育具有自主知识产权的创新型企业，还不够熟悉。我们对创新的价值认识还不是很足，对知识经济的领悟还有片面性，对创新型经济的后劲还不是很有信心，对如何服务创新型企业还不是很懂。为此，我们要加快打造创新载体，优化创新服务，完善创新政策，把长期积累的外向型经济优势转化为创新优势，营造有全球竞争力的开放型创新体系，让一切有利于创新发展的因素竞相迸发，真正把开发区打造成为创新之区、智慧之园。只有这样，才能把握未来发展的战略主动权，才能具备向世界一流高科技园区叫板的实力。

三是处理好建设与管理的关系。这些年来，我区建设规模逐年扩大，在大规模开发建设的同时，如何实现科学管理，就成了摆在我们面前的一道难题。管理跟不上，不仅会造成浪费，还有可能出大问题。从目前情况看，一些党政机关的服务有衙门化倾向，服务效率有所降低，有些国有资产的效益发挥不好，建成后使用率不高，甚至出现了管理真空，个别人因此栽了跟头。建设是短期的，管理是长期的，管理比建设往往难度更大。我们必须高度重视管理问题，以效率、效益、效果为标准，进一步提高科学管理水平。要创新管理监督方式，既不能因为监督束缚了我们干事创业的手脚，更不能片面追求效率而忽视了监督。要将监督寓于服务之中，在服务之中更好地监督。任何事情都要算成本账，算效益账。不仅要看一个干部是否想干事、会干事，还要看付出多少代价、投入多少资源干成事，要看投入和产出的比率，以此为标准来看贡献、比高下、论成败。

四是处理好聚焦重点与协同发展的关系。在区域发展的每个阶段，总有其发展重点，整合优势资源，实现重点突破，以形成由点到面、滚动发展的格局。这是一条实践证明的成功发展经验，必须坚持，但同时又要注意统筹兼顾其他区域的均衡发展。从区内各组团来看，现阶段既要突出“两城一岛”核心组团的重点发展，也要注重西区、东区、永和等老区的改造提升。尤其是知识城，前五年主要是投入期，其资源及管理主要应立足于依靠已建成区的贡献，我们决不能放弃其他组团的发展提升。从与周边区域的关系来看，不仅我区要争当排头兵，还要联合天河、黄埔、增城等东部区市，创新合作机制，实现优势互补、协同发展，共同推进广州东部高新技术产业带和东部山水新城建设。我们最近签署的东部三区一市合作协议，标志着开发区从依托母城起步，到成立行政区带动周边发展，再到更大范围内发挥辐射作用，迈出了历史性的新步伐。从经济发展与社会发展的关系来看，在加大开发建设投入、提升投资环境的同时，也要不断加强公共设施投入，提升社会事业发展水平，促进经济与社会协调发展。

（四）进一步明确发展目标。

今年我区工作的总体要求是：深入贯彻落实党的十七届五中全会和中央经济工作会议精神，把握科学发展这一主题，扭住加快转变经济发展方式这一主线，围绕“加快转型升级、建设幸福萝岗”这一核心，着力推进经济结构战略性调整，着力推进国际化生态型新城区建设，着力推进基本公共服务均等化，着力推进创新发展模式试验，着力推进民主法治建设，着力推进新形势下党的建设，努力推进“十二五”开好局，起好步，以优异的成绩迎接建党90周年。

今年我区经济社会发展主要预期目标是：全区地区生产总值增长15%，力争达到17%；财政总收入增长15%；狠抓重大项目引进后续工作，引进内外资项目质量进一步提高；单位土地产出效益持续增长；自主创新能力显著提高，全社会R&D投入占地区生产总值的比重为3.75%，现代服务业加速发展；万元GDP能耗下降量、化学需氧量（COD）和二氧化硫（$SO_2$）排放量按照广州市下达的目标进行控制；萝岗新城商业配套和服务功能明显改善，中新广州知识城起步区建设取得初步成效；和谐社会建设全面推进，社会治安与法治环境不断改善，城镇居民年人均可支配收入增长11%，农村居民人均纯收入增长13%，城镇登记失业率控制在3.5%以内。

力争通过5年时间的努力，到“十二五”期末，开发区经济实力和总体发展实现新跨越，主要经济指标力争实现5年翻番，地区生产总值年均增长15%左右，到2015年达到3000亿元，并力争提前实现，继续保持在全国国家级开发区中的领先地位。基本建成40平方公里的萝岗新城，知识城首期10平方公里基本完成开发，成为与主城区有机衔接、生活配套设施完善、生态环境优美、富于岭南特色的山水生态新城。全面建立覆盖城乡居民的基本公共服务体系，城乡居民收入水平、社会保障和就业水平大幅提高，初步建成低碳萝岗、创新萝岗、健康萝岗、幸福萝岗。

三、2011年工作部署

今年是“十二五”起步之年，要聚焦重点、狠抓落实，全力推进以下六个方面的重点工作，确保“十二五”的良好开局。

（一）加快推进中新广州知识城开发建设，打造知识经济发展的新引擎。

加快推进起步区建设。积极落实用地指标，做好土地出让工作。完成起步区控制性详细规划报批工作。组建广州知识城投融资主体，推动基础设施投融资体制改革。实施污水处理系统、供水系统、信息网络、电力主干网、河道整治和景观水体、生态绿廊和休闲绿道以及农民安置区等基础设施建设，推进知识大道等道路建设及广州市地铁14号线支线、21号线和穗莞深轨道交通线的立项和建设。

加快推进高端项目引进和建设。制定知识城产业发展政策，充分利用新加坡的国际招商网络，启动全球招商，努力引进更多符合知识经济要求的高端项目，加快推进在谈项目的入驻落地。借鉴先进国家发展创新型经济的经验，编制知识城的创新发展指标体系，作为知识城实现科学发展的指南。

争取国家政策支持。跟进知识城项目核准，争取将知识城纳入国家和省、市的“十二五”规划重大建设项目。推进知识城起步区纳入广州经济技术开发区范围的报批工作。争取上级部门支持，争取完成知识城地方立法工作。在知识城开展土地管理综合改革试点。在知识城设立创新知识经济发展模式综合改革试验区。积极跟进知识城起步区项目核准和适时启动总体规划的报批工作。组建合资公司全面负责知识开发建设。

（二）加快推进产业结构调整，构建现代产业体系。

大力发展战略性新兴产业。加强政策支持和规划引导，以“两城一岛”为核心载体，引进和培育一批新兴产业项目。实施新兴产业行动计划，梳理建立战略性新兴产业重点企业项目库，“一企一策”落实跟踪服务。做大做强电子信息、生物、环保新材料等国家级高新技术产业基地，加快建设广州新一代通信设备和终端制造产业基地、广州物联网产业基地和广州平板显示产业基地。以建设国家循环经济试点园区为契机，加快发展节能环保、新能源产业。加强新材料开发、标准制定、生产制造和产品应用，形成完整的新材料产业链。在卫星应用、下一代通信、个体化医疗、LED照明、新能源、环保低碳、生物医药、物联网、云计算等战略性新兴产业领域培育一批发展态势良好的创新企业。

推动提升先进制造业。抓住世界制造业转移高端化、跨国公司研发本土化的机遇，重点引进发展核心零部件、关键材料制造以及研发、设计、检测等环节的项目。加快信息化和工业化融合示范区建设，带动制造业流程改造，提升产业核心竞争力。推动现有支柱产业延伸产业链条，支持企业扩大生产规模、加强技术研发和产品创新。以引进LG 8.5代液晶面板生产线为龙头，推动液晶平板显示产业链由模组制造向更高端的面板生产和设计研发延伸，加速形成具有国际竞争力的平板显示产业集群。

发展壮大服务业。坚持知识密集型服务业与生活配套服务业并重，以现代服务业集聚区建设为抓手，重点发展总部经济、科技研发、金融服务、工业设计、文化创意、网游动漫、检测认证、现代物流、地理信息服务、电子商务等高端服务业，积极培育教育培训、生命健康、服务外包等新兴服务业。大力发展房地产业、社区服务、商贸和旅游休闲等生活配套服务业。充分发挥政策优势，加快引进总部经济项目，支持企业提升为区域总部。加快广州金融创新服务区、国家新型工业化（工业设计）产业示范基地、国家音乐创意产业基地等现代服务业基地建设，积极申报广东国家数字出版基地。加快清理广州保税区历史遗留问题，以广州保税区、广州保税物流园区为载体，大力发展国际分拨物流，做大做强国际酒类交易中心和国际食品展示中心。

大力引进和培育人才。树立创新发展以人才论输赢理念，制定人才发展专项规划，大力实施“百千万人才计划”和海外高层次人才引进“213”工程，建立面向全球招才引智网络，以强有力的高含金量政策集聚人才。加强机关干部和公共管理型人才培养。积极开展与新加坡等发达国家的教育合作，引进世界一流的大学、研究机构，推动人才培养国际化。支持跨国公司设立培训中心，加快区高技能人才实训基地建设，打造高素质的技能型人才队伍。

完善开放型创新体系。全面完成科学城科技企业加速器二、三、四期工程及生活配套设施建设，引进一批高成长性企业和国家重大创新成果转化项目。加快推进生物岛科技产业单元建设，建立与生物产业发展相适应的管理运营体制，加大产业招商力度，年内引进一批重点生物研发机构和企业。加大财政对科技的投入，大力发展科技金融。新建一批共性和关键技术公共服务平台，进一步提高科技创新服务水平。加强区域创新协作，完善高新区“五园一岛”协同创新机制。吸引外资企业设立研发中心，鼓励开展技术合作，支持技术创新产业联盟发展，促进跨国企业技术溢出。

加强企业筹建与服务。紧紧围绕企业生产运营需求，深化研究“一企一策”个性化扶持政策。进一步畅顺绿色通道，积极协调解决企业筹建过程遇到的诸多问题，促使乐金显示公司协力厂等重点企业顺利建成投产；力争乐金面板、金发科技碳纤维等重点项目早日投产。加快翟洞征地拆迁、土地平整，加大处理闲置用地力度，督促空置厂房企业尽快投入使用。积极协调解决我区电力供应紧张、供电配网建设管理模式较慢、供电工程建设程序优化等问题，大力推进变电站和筹建企业永久用电工程建设，保障企业建成投产用电。推进六大支柱产业工业设计中心建设，推广信息数字技术应用，推进项目技术改造和清洁生产。继续发挥驻区单位联席会议制度、重大企业联系机制、支柱产业行业协会等互助平台作用，及时为企业提供政策、信息、技术等方面的服务。大力发展循环经济，探索开展企业建筑节能评比，积极引导企业节能节水和开展清洁生产。

加强区域协作。根据广州城市发展“东进”战略部署，联合天河、黄埔、增城等区（市），在发展规划、科技创新、基础设施、社会管理、环境保护等方面开展合作，探索建立区域合作长效机制，共同推进广州东部高新技术产业带建设。

（三）加快建设国际化生态型新城区，完善城市综合服务功能。

加快推进萝岗中心城区建设。加快完善萝岗中心城区40平方公里规划方案，强化萝岗中心城区行政服务、商业服务、金融服务和生产性服务四大功能。加快推进房地产项目建设，积极引进超市、综合商场、专卖店等各类大中型商业网点和一批便利店、餐饮连锁店及肉菜市场，完善商业配套设施。

大力实施“三旧”改造。用好用足“三旧”改造政策，本着应改尽改、能改尽改的原则，制定奖励和扶持政策，抓好宣传发动、方案编制、项目上报、拆迁安置，着力加快全区23个社区的“三旧”改造工作，力争年内启动山下、黄陂、萝峰、萝岗、长平、笔岗、刘村等社区的改造工程。推动闲置、低效用地节约挖潜，探索通过土地回购、物业置换等方式盘活农村集体经济用地。

完善道路交通路网。坚持以道路交通规划和建设带动城市发展、加快建设以轨道交通为先导的公共交通体系，协调推进地铁六号线二期工程建设，积极配合做好地铁五号线延长线、十四号线知识城支线、二十一号线东部新城线、穗莞深城际线建设各项前期工作。积极推进花莞高速（机场-知识城-增城-东莞）知识城段建设、广汕路快速化改造、广深高速大观路出入口改造、珠吉路吉山村路段拓宽及与广园东互通式立交完善工程、云溪路西延长线建设工程、西区保税区与东区开创大道连接工程，进一步完善对外道路系统。加快智能交通建设，提升交通管理水平。

提升城市管理精细化水平。积极推动城市管理“重心下移”、“关口前移”，加快建立城乡联动的一体化管理模式，提升城市管理精细化、数字化水平。加大城管执法和综合管理力度，治理影响市容环境的突出问题。加强食品药品监管，开展高风险药品企业的驻厂监管，建立产品质量、食品安全管理长效机制。

加强环境保护和生态建设。学习借鉴新加坡“花园城市”建设经验，完善城市公园绿地系统。充分利用我区山水生态资源，大力推进城市绿化景观建设，实施森林围城工程。巩固和提升水环境综合治理成果，重点加大村（居）污水治理工作。加大环境监察力度，强化工业废弃物、生活垃圾和建设余泥渣土的排放监测与管理。加快环卫基础设施建设，逐步开展垃圾分类及无害化处理工作，提升区域环境卫生管理水平。大力发展循环经济，推进节能减排，强化污染治理，建设成为国家生态工业示范园区。

（四）努力保障和改善民生，切实增强人民群众幸福感。

办好民生十件实事。一是启动萝岗新城新图书馆、文化馆、社区文体中心等文化设施建设；二是启动萝岗中心区幼儿园和九龙镇中心幼儿园建设；三是组建国际网球学校，新建一批社区公共体育设施；四是全面完成中小学规范化建设工程；五是建成中山大学岭南医院并投入使用，建设区域卫生信息系统，启动夏港、东区、萝岗街独立设置社区卫生服务中心，全面提高医疗卫生服务水平；六是启动区社会福利院、养老院等民政设施建设，基本完成知识城安置区首期建设，继续提高社会保障水平；七是建成人力资源市场和技能人才实训鉴定基地；八是启动萝岗客运站建设，继续完善公交线路；九是完成各街镇社区家庭服务中心建设；十是启动保障性住房建设，实施人才安居工程。

努力建设文化强区。继续推动规范化学校建设，强力推动中小学新建、改扩建工程，改革完善校长和教师考核机制，着力引进和培养优秀校长和骨干教师。增加学前教育的财政投入，加快发展学前教育。健全基层文化设施网络，充实基层文化工作力量。深入挖掘萝岗历史文化底蕴，对玉岩书院、钟氏祠堂等文物进行修缮和合理开发。建设一批名村名街名镇，夏港街要突出跨国公司聚集特色，东区街突出城乡一体化示范特色，萝岗街突出中心区综合服务特色，联和街突出创新生态特色，永和街突出文化旅游特色，九龙镇突出知识经济和生态宜居特色。发挥跨国企业聚集的优势，办好跨国企业文化交流活动，打造中西交融、开拓创新的特色文化名片。加大创建全国文明城市力度，加强建筑外观管理，协调区域建筑风格，形成有地域特色的形象识别系统。

努力打造健康萝岗。加快推进医疗卫生体制改革。推进基层医疗卫生机构一体化，带动基本医疗卫生服务均等化。加强公共卫生服务体系建设，提高群众健康意识和健康水平。推进公立医院管理体制、运行机制和监督机制改革，继续开展第二批62名全科医生招聘培训，充实基层医疗卫生人才队伍。进一步提升居民医保和新农合保障水平。全面推进全民健身计划，加快建设一批群众体育设施，丰富群众体育生活。依托我区三大体育场馆，加快发展体育产业，支持运营企业引进和举办一批在国际上有影响力的体育赛事。积极发展竞技体育，认真备战广州市第十五届运动会。全面落实新计生利益导向机制实施办法。

提高社会保障水平。加快推进广州市高技能人才公共实训鉴定基地和区人力资源市场建设，提升区自主创业示范街和创业基地建设水平。积极推进与新加坡合作培养中高端技能人才，继续深化校企合作，规范职业中介与劳务派遣市场，推动就业服务和培训工作的整体升级。出台鼓励政策，引导企业主动改善用工环境，大力推进实施工资集体协商机制，加强企业员工人文关怀，创建全国劳动关系示范工程，构建和谐劳动关系。继续扩大新农保覆盖面，对征地人员落实即征即保，鼓励未征地农民按月缴费参保，实现60岁以上农村居民100%领取基础养老金。落实九龙镇退休乡镇企业人员养老保险问题解决方案，妥善处理好街道征地历史遗留社保问题。进一步完善困难外来人员临时救助机制。着力推进残疾人社会保障体系和服务体系建设。加强价格监督，确保人民群众生产生活稳定。

促进发展农村经济。落实强农惠农政策，积极发展以集约、高效、生态、休闲为特征的都市型现代农业。以盘活集体自留用地为突破口，加快推进“三旧”改造，增加农民财产性收入。继续推动新农村建设示范点工程，全面完成农田、鱼塘标准化建设工程。积极引导农村富余劳动力向非农产业和城镇有序转移。进一步规范农村集体经济组织章程，周密组织实施农村集体经济组织换届选举，健全农村土地使用权流转管理和纠纷调解机制。开展全区水利普查工作，重点推动农村水利基础设施建设。

深化扶贫开发“双到”工作。继续做好对口兴宁市三镇19个村的扶贫开发“双到”工作，做好“一村一策、一户一法”的落实工作，围绕扶贫开发“双到”工作目标、任务和考评内容，落实帮扶贫困户发展生产、增收脱贫。做好对口援建从化市吕田镇公共基础设施和11个村的扶贫开发“双到”工作。

（五）加快实施创新发展模式试验，增创科学发展新优势。

深化行政管理体制改革。充分利用行政审批电子系统，进一步提高行政审批效率。推进并联审批、告知承诺等行政审批方式，建立简化、快捷的行政服务模式。按照属地管理和责权对应原则，扩大镇、街经济社会管理权限，建立街（镇）政务服务分中心，推动城市管理重心下移。加大城市管理体制改革步伐，建立快速便捷的市民群众投诉处理机制和街镇违法建设查处工作机制。严格依法行政，健全政府绩效评估和考核机制。扩展电子监察系统功能，深化行政问责制度，推行行政管理模块化。改革国库管理制度，推进公务卡结算，进一步完善部门预算编制，强化预算支出管理。加强领导干部任期经济责任审计，强化审计对行政权力的监督约束作用。

深化经济体制改革。深化投融资体制改革，完善城市建设投融资体制，实现“投、融、建、管、还”一体化发展。探索新的融资模式，推动国企开展项目融资，参与知识城与萝岗新城项目建设。深化财政改革，建立与基本公共服务均等化及事权改革要求相适应的区、镇（街）财政管理体制。加强财政预算执行情况审计，确保财政资金使用的合规性和有效性。完善国企经营业绩考核方案，建立激励国企发展主业的新机制，确保国有资产保值增值。整合业主单位，全面推行代建业主制，确保工程建设领域专项治理取得实效。继续发挥区创业投资引导资金的杠杆作用，发展壮大各类创业投资基金。加强对科技创新企业的服务，提高科技企业孵化器、加速器等创新载体利用率。全面完成集体林权制度改革，促进现代林业发展。建立现代农村产权制度，提高农村集体用地综合效益。

深化社会管理体制改革。推进社会管理服务创新，建立和完善政府购买公共服务制度，培育发展社会公益组织，加强社工队伍建设，努力打造专业、高效的新型社区服务体系，满足居民多样化、专业化的社区服务需求。深化基层管理体制改革，逐步推动居委会职能转变，强化居民自治和自我服务功能。完善社区基础设施，统筹城乡社区建设，推进夏港街社会管理体制改革试点。全面推进医药卫生体制改革，逐步建立覆盖城乡的基本医疗卫生制度。加强对基本药物管理和农村药品的供应网和监管网建设。深化人口计生综合改革，稳定低生育水平。

学习借鉴新加坡成功经验。研究制定学习新加坡发展知识经济、人力资源开发、对外开放与招商引资、规划建设、环境保护、社会保障、社区治理、廉能政府建设等成功经验的具体方案，开展体制机制先行先试，为广州市经济社会发展转型升级探索积累经验。

（六）加强民主法治建设，提高依法治区水平。

加大依法监督和民主监督力度。完善人大代表联系和工作制度，强化人大监督职能。充分发挥人民政协政治协商、民主监督、参政议政职能作用，广泛团结各界力量。全面推行党务公开，深化政务公开，进一步推进公用事业单位办事公开，完善和落实厂务公开、村务公开和财务公开制度。继续完善“村账街（镇）代管”，全面落实“社账村（联社）管”。

大力推进依法治区。制定并实施依法治区第五个五年规划、法治政府五年规划，推动《知识城条例》立法，提高规范性文件制定和管理水平，拓宽公众参与政府制度建设的渠道。贯彻实施政府重大决策的程序规定，探索建立我区依法决策的法律咨询专家库。认真做好行政执法评议重点考核工作和行政复议工作，规范工作机制，提高行政复议纠错率，充分发挥行政复议作为内部纠错机制的作用。

加强平安萝岗建设。全面履行社会治安综合治理工作责任，围绕社会矛盾化解、社会管理创新、公正廉洁执法三项重点工作，认真总结固化平安亚运的成功经验，健全和完善社会稳定风险评估机制，切实维护社会和谐稳定。积极构建点线面相结合、人防物防技防相结合的社会治安防控体系，全力确保治安局势平稳可控、持续向好，确保刑事案件、治安案件总量下降，提高群众安全感和满意度，努力打造成为人民群众的安全区、外商投资的放心区。深入推进平安创建工作，确保五街一镇全部达到平安街镇创建标准，90%以上的社区（村）达到平安社区（村）创建标准。进一步完善综治信访维稳三级平台建设，有效控制和化解各类矛盾纠纷和社会不稳定因素。进一步落实重大矛盾纠纷和维稳信访问题领导包案制度，完善群体性事件处置机制，切实做到依法、快速、有效处置。完善出租屋和流动人员基础管理制度，做好出租屋流动人员摸底清查和专项整治行动，巩固社会稳定源头治理工作成效。进一步提高安全生产监管水平，确保安全生产形势持续稳定好转。

**四、加强和改进新形势下党的建设，提高领导科学发展的能力**

加强党的建设是实现“十二五”时期经济社会发展目标的根本保证。要以贯彻落实“十二五”规划为抓手，以开展创先争优活动和区、街（镇）、村（居）党组织换届为重点，全面加强党的执政能力建设和先进性建设，不断提高党领导经济社会发展的能力和水平。

（一）扎实推进创先争优活动。

开展“基层党建示范点”和“党员示范岗”的“双示范”创建活动，充分发挥典型引路、示范引导作用，及时总结典型经验，探索党建工作新机制。要把创先争优活动与业务工作紧密结合起来，弘扬创新精神和创业精神，以开展创先争优活动的成果检验组织工作的成效。

（二）认真做好区、镇党委换届工作。

根据省委、市委的时间部署，认真完成区、镇党委换届工作。改进和完善考察办法，把体现科学发展观要求的综合考核评价办法运用到换届考察工作中。推进班子配备改革，优化领导班子结构，提高领导班子的整体素质。大力选拔年轻优秀干部，积极推进干部交流，不断增强领导班子活力。引导干部从大局出发，正确对待个人的进退留转。严肃干部人事纪律，严把干部工作程序，确保把优秀干部选拔到重要岗位上来。

（三）加强党的基层组织建设。

继续深化和拓展固本强基工程，全面推进我区基层党组织建设和党员队伍建设。以村、社区“两委”换届选举为契机，扩大选人视野，选好配强村和社区党组织班子，提高村、社区“两委”干部整体素质，增强社区党组织的凝聚力和战斗力。优化基层党组织设置，积极探索采取单独组建、行业统建、区域联建等多种形式，扩大党的基层组织覆盖面。大力推进非公企业党建工作，提高非公企业和社会组织尤其是规模以上非公企业党组织的单独组建率。积极探索建立健全党员发挥作用的长效机制，充分利用现代远程教育等手段加强对党员的教育。

（四）加强党风廉政建设。

加强贯彻落实党的路线、方针、政策和中央重大战略决策部署的监督检查。不断深化党风廉政教育，强化党员干部廉洁从政意识。大力加强廉政文化建设，推进廉政文化“六进”活动。以全面推行廉政风险机制和党风廉政责任制考核为重点，进一步推进惩防体系各项任务的落实。严明换届纪律，营造良好的村居“两委”换届环境。充分发挥反腐败协调机制作用，继续保持查办案件工作力度。发挥案件治本作用，完善涉案单位和系统的制度建设。继续抓好建设工程领域专项治理、土地领域专项整治、“三公费用”治理和治理商业贿赂等专项工作。加强后亚运阶段各项监督，对亚运惠民项目落实情况进行监督检查。认真治理和纠正损害群众利益的不正之风。加强农村和企业党风廉政建设，不断完善农村资金、资产、资源的管理制度，加强对农村党员干部的教育和监督，积极探索和推

（下转第94页）

# 政 府 工 作 报 告

——2011年3月1日在广州市萝岗区第一届人民代表大会
第八次会议上

广州开发区党工委副书记、管委会副主任，中新广州知识城管委会副主任，萝岗区委副书记、区长
石奇珠

各位代表：

我代表萝岗区人民政府，向大会作工作报告，请予审议，并请政协委员和其他列席人员提出意见。

## 一、2010年和“十一五”时期工作回顾

“十一五”时期，是萝岗区成立以来第一个五年规划时期，是我区发展史上极不平凡的五年，是我区经济社会发展取得重大成就的五年。五年来，我们深入贯彻落实科学发展观，团结和依靠全区人民，认真贯彻实施《珠江三角洲地区改革发展规划纲要（2008-2020）》（以下简称《规划纲要》），紧紧围绕建设“转型升级先行区、科学发展示范区”这个总目标，积极应对国际金融危机冲击，扎实推进“三促进一保持”，实现了经济社会又好又快发展，全面完成“十一五”规划发展目标。

过去的五年，是经济实现跨越式发展的五年。全区主要经济指标5年翻了一番多，综合实力显著提升。广州开发区地区生产总值、财政收入、税收收入、工业增加值、工业增加值率、涉外税收等主要指标在全国国家级开发区中名列前茅。广州开发区生产总值从2005年的653亿元提高到2010年的1618亿元，年均增长20%；工业总产值从1608亿元提高到4228亿元，年均增长21.45%；财政总收入从157亿元提高到388.56亿元，年均增长19.91%；税收总收入从146.35亿元提高到316.22亿元，年均增长16.66%；出口总值从63亿美元提高到136.77亿美元，年均增长16.95%；萝岗区2010年实现地区生产总值1362亿元，5年间年均增长17%，增速名列全市第一。高端产业加速聚集，经济发展动力与活力不断增强，成功引进了LG等30多个重大外资项目；引进了广东天然气管网等30多个重大服务业项目；共有661个项目建成投产并释放产能；20家企业入选广东省现代产业500强，30家企业入选广州市现代企业100强。全区产业结构进一步优化，2010年第三产业增加值超过400亿元，是2005年的3倍；二三产业比例由“十五”期末的79.5：20.5调整为74：26。

过去的五年，是自主创新全面提升的五年。五年间区财政投入科技发展资金累计达7.7亿元，是“十五”时期的45.6倍，带动社会资本超过100亿元；全区研发经费占地区生产总值的比重从2005年的1.67%提高到3.6%。成功申报了电子信息、生物、新材料等领域的13个国家产业基地和3个广东省战略性新兴产业基地，成为国家新型工业产业化（工业设计）示范基地。科技企业孵化器面积达到68.35万平方米，是2005年的近2倍；新建了74万平方米的科技企业加速器、13.3万平方米的总部经济区和10.5万平方米的科技人员公寓。科技企业数从2005年的495家增加到1258家，增长1.54倍，引进了华南新药创制中心等20多个重大科技项目。6家科技企业获国家创新型企业称号。香雪制药等14家企业成功上市，上市企业数从2005年的9家增加到22家，占全市三分之一。各类研发机构从2005年的151家增加到386家，增长1.56倍；企业博士后工作站从2005年的9家增加到13家。列入中央“千人计划”创业人才8名，是我市入选“千人计划”的全部创业人才，占全省总数的42%，区科技领军人才20名；区内拥有大专以上学历的专业技术人才10万多人，在区内创业和工作的留学人员近2000人，创办企业700多家。五年间全区专利申请量从248件增加到2206件，增长7.9倍，其中发明专利申请从78件增加到1196件，增长14.3倍；专利授权量从142件增加到1196件，增长7.4倍，其中发明专利从16件增加到230件，增长13.4倍；高新技术产品产值从577亿元跃升到1785亿元，翻了一番多；高新技术产品产值占工业总产值比重由36%提高到42%；广州科学城营业总收入达到1900亿元以上，是2005年的5倍，年均增长40%。获批成为全国首家创新型科技园区和国家海外高层次人才创新创业基地，获得广东省2008年度唯一一个科学技术特等奖。

过去的五年，是新城区建设取得显著成效的

五年。编制完成了区域总体发展规划，黄陂片区、天鹿湖周边地区、生物岛、九龙镇、知识城等片区以及全区38个村（居）的规划和18个村（居）的“三旧”改造规划。五年累计完成财政投资基本建设414亿元，新建、扩建市政道路通车里程145公里，促成广汕公路长安收费站的撤销和广园快速笔村收费站的搬迁，交通出行条件不断改善。萝岗新城36个重大项目已基本完成34个，建成了行政服务中心、少年宫、岭南医院、羽毛球中心和网球中心，一批大型文体、教育和科技设施投入使用，宜业宜居环境日益完善。建成香雪公园、创业公园、植树公园等6个公园，推进主干道6.2万平方米绿化美化亮化工程，建成绿道141公里，五年新增绿化面积超过570公顷，建成区绿地率达到37.72%，全区绿化覆盖率达到39.1%，人均公共绿地达21.29平方米，获得省政府授予的“林业生态区”称号，天鹿湖森林公园被评为省森林生态旅游示范基地。五年间，全区污水处理厂从3个增至8个，污水提升泵站从8座增至16座，截污管网从301公里增至568公里，日污水处理能力从6.1万吨提高到35万吨，生活污水处理、工业区和建成区污水截污处理均达到排放标准，提前完成河涌整治任务，夺得广州市治水工作金牌。城乡建设用地增减挂钩试点工作顺利推进，累计依法清理收回闲置用地42.6万平方米。节能减排成效突出，全区万元地区生产总值综合能耗从2005年的0.69吨标准煤削减到2010年的0.546吨标准煤，下降20%；化学需氧量从2005年的10484吨削减到2010年的7495吨，二氧化硫排放量从11289吨削减到5872吨，年均削减率分别达6.25%和11.32%，2009年总量减排考核名列全市第一。创文工作取得显著成绩，顺利通过“国检”，在2010年全市开展的8次公共文明指数测评中4次获得第一，总评成绩在全市各区排名第一。

过去的五年，是实现城乡一体化发展的五年。五年累计投入130多亿元，基本建立了促进城乡一体化发展的长效机制。累计投入2.7亿元，建成了“村村通”公路150公里，解决了20万人的出行难题；完成九龙镇16个村自来水改造工程，解决了约5万人饮洁净水的难题；完成25个村的“村村亮”工程，改善了村容村貌。推进了30所学校、幼儿园的新、改扩建工程，引进了450名优秀校长和教师，在我区接受义务教育的外来务工人员子女70%在公办学校就读。高考总上线率从2006年的48%（全市倒数第一）跃升到2010年的97.95%，高考本科上线率连续两年位居全市第一，中考成绩从2006年的全市末位上升到2010年的全市平均水平。构建了有效的医疗服务和医疗保障体系，实施村（居）卫生站减免收费，2010年减免诊金、挂号费110万元。4700多名农村妇女接受了免费检查，分流乡村医生152名，启动全科医师规范化培训，基层医疗卫生队伍进一步加强。建立了覆盖全区的三级文化设施网络，街镇文化站全部建成达标，全区58个村（居）文化室和农家书屋实现全覆盖。群众体育基础设施不断完善，基本实现每个村（居）有一个标准灯光篮球场和一条健身路径。

过去的五年，是民生福利不断增进的五年。五年间，成功推荐就业6.34万人，其中户籍人员2.72万人；建立了5个市级创业示范基地，累计自主创业人员2986户，带动就业4300人，2010年城镇登记失业人员再就业率达71.4%，特困失业人员和零就业家庭就业率达100%。城乡居民增收明显，2010年，全区农民人均纯收入达到14593元，同比增长14.9%；城镇居民人均可支配收入达到31362元，同比增长11.1%。完成“惠民安居工程”低保困难群众危房改造665套，并全面启动了120套人均居住面积15平方米以下农村低收入困难户住房改造工作。成功实现了社保政策城乡居民全覆盖，保障标准显著提高。2005～2010年，城镇低保救济标准从300元/月提高到410元/月，农村低保救济标准从180元/月提高到335元/月，农村散居五保供养标准从206元/月提高到459元/月，新农合人均筹资标准由2006年的65元/人·年增加到340元/人·年，住院报销最高封顶额从7000元提高到10万元，平均住院报销比例达43.18%，2010年为全市最高。信访维稳工作不断加强，全面建成并投入使用区综治信访维稳中心、五街一镇6个综治信访维稳中心、58个村（居）综治信访维稳工作站。全面完成了亚运安保工作任务，实现了平安亚运“六个不发生”目标。安全生产全面加强，“十一五”期间各类安全事故数量、死亡人数等指标年均下降约8%，亿元GDP死亡率、10万从业人员安全生产事故死亡率、万车死亡率等指标逐年下降3%左右。夏港街成为“全国安全社区”。“十一五”期间刑事案件立案数年均下降13.6%，群众对社会治安的满意率由2006年的85%提高到2010年的98.8%，高出全市平均水平6.9个百分点，五年提高了13.8个百分点。人口计生工作跨越式发展，2007年从省三类地区晋升为二类地区，2008年晋升为省一类地区，2009年被评为全省计划生育先进单位，2010年被评为“全国计划生育优质服务先进单位”。残联工作成效突出，被评为“全国残疾人社区康复示范区”。积极构建和谐劳动关系，被评为“全国模范劳动关系和谐工业园”。推进社区矫正、法律援助、安置帮教工作。区法院、检察院、公安分局、司法局等政法机关依法履行职责，武装部、共青团、妇联工作卓有成效，民族、宗教、侨务、对台、外事以及文联、慈善工作取得新进步。

过去的五年，是增创体制新优势的五年。科

学民主决策大力推进，五年来，共办理人大代表议案13件、建议380件，办复率达100%；共办理政协提案297件，办复率达100%。依法行政成效显著，5年共出台规范性政策文件112项，获得全市依法治市“四五”规划综合考评第一名。完成了全区行政审批、备案事项清理工作，总精简率达到56.51%，2009、2010年两次对78项审批事项缩减承诺时限449个工作日，平均减少5.76个工作日。在2009年广东省市、县两级政府整体绩效评价中，我区总体绩效指数位列广东省区县级政府评比第一名。2008—2009年度全市政务公开考评中名列各区（县级市）第一名。经济体制改革取得新成效。5年间，区属国有企业资产总额从202亿元增加到488亿元，增长1.42倍；净资产总额从34亿元增加到164亿元，增长3.82倍。全区145个单位实行国库集中支付，初步建立起立项审批—可研审批—立项审核—项目稽查—审计监督等完整的财政投资管理监督体系。农业土地经营权流转改革试验取得突破，已实现近1000亩土地集体流转。稳步推进集体林权制度改革，如期完成了主体改革任务。社会管理体制改革取得新突破，五年来共完成了17个行政村的“村改居”工作，启动7个社区家庭服务中心建设，首家由专业社工参与建设的社区家庭服务中心“联和一家”正式投入运营。对外开放和区域合作取得新进展，保税区成立了华南地区最大的国际酒类交易中心，2010年进出区货值从42.12亿美元增加到126.74亿美元，同比增长97.8%，是2005年的3倍。

五年来，我们之所以能够取得这些成绩，主要是因为依靠全区干部职工聚精会神搞建设，一心一意谋发展，踏踏实实为群众，在以下六个方面推进了工作，积累了经验：

一是始终坚持科学发展，当好“首善之区”排头兵。在全区开展创业精神大讨论，弘扬“敢为人先、务实进取”的创业精神，深入开展解放思想学习讨论活动和学习实践科学发展观活动，开拓了思路，振奋了精神，增强了争当科学发展排头兵的责任感和使命感。我们紧紧扭住发展第一要务不放松，统筹利用资源，努力增创优势，走“效益高、结构优、创新多、用地少、能耗低、生态好、惠民实”的科学发展新路子。我们敏锐把握、牢牢抓住《规划纲要》实施和广州国家中心城市建设等重大战略机遇，集中力量办成了一系列打基础、谋长远的大事。中新广州知识城建设全面启动，将引领广州开发区未来二十年的发展。实现了行政服务中心的搬迁，拉开了国际化生态型新城区发展的框架。生物岛全面进入项目招商阶段，拓展了新兴产业发展空间。设立了保税物流园区，促进了园区功能优化。我们积极应对国际金融危机，及时出台并兑现扶持政策，一企一策、千方百计扶持企业化危为机，利用国际金融危机形成的倒逼机制，成功实现了弯道超越。

二是始终坚持转型升级，提升自主创新能力和产业竞争力。我们适应开发区发展的阶段性特点，着力推动开发区建设形态从工业园区为主向科技工业园、现代化新城区转变，产业结构从制造业为主向新兴产业、制造业与服务业融合发展转变，发展方式从主要依靠投资驱动向主要依靠创新驱动转变，积极探索开放式创新之路，努力将外向型经济发展优势转化为自主创新优势。大力推进建设国家创新型科技园区和国家海外高层次人才创新创业基地，按照汇聚高端产业、聚集高端人才、提供高端服务的战略思路，着力打造“两城一岛”自主创新核心组团。高标准建设了科技孵化器、加速器、总部经济区、公共技术平台和生活配套设施。制定完善了科技创新政策体系，实施科技企业成长路线图计划，完善了区域创新体系。加大科技创新投入力度，充分发挥财政资金的杠杆作用，满足科技创新多元化融资需求。实施人才强区战略，制定出台了人才政策体系，按照构建“人才金字塔”的目标，制定实施了海外高层次人才引进的“213”工程、百名科技领军人才计划、千名骨干人才计划和万名技能人才、农村实用人才计划，建立了高层次人才一站式服务区和高层次人才协会，畅通了高层次人才引进和交流的渠道。

三是始终坚持项目带动，增强经济发展后劲。我们着眼长远发展，强化项目的支撑作用，不断为经济发展注入新的动力。启动实施“三促进一保持”十大重点工程，以严密的节点计划和强有力的督办确保了重点工程的快速推进。一批重大项目进入《规划纲要》和省市重点项目盘子，获得了上级的政策支持。实施“提升开发区制造、推动开发区创造、拓展开发区服务”发展战略，针对重点领域制定出台了一系列产业政策，加大招商引资力度，成功引进了一批跨国公司、中央企业、行业龙头企业、总部企业和科技创新项目。研究出台专门政策，鼓励企业增资扩产，促进支柱产业做大做强，推动战略性新兴产业快速发展。推进以总部经济区、金融创新服务区、服务外包园区等为核心的现代服务业聚集区建设，引进了一批高端服务业项目。完善了企业筹建和企业服务工作机制，加快企业筹建进度，确保了新引进企业尽快释放产能。

四是始终坚持生态优先，优化宜业宜居城市环境。在经济社会发展中，我们既要“金山银山”，也要绿水青山；既要产值税收，也要优美环境。按照这个思路，我们实现了经济与社会、人与自然协调发展。实践证明，环境也是生产力。我们遵循生态文明的理念，围绕建设广州东部山水新城的目标，按照“以人为本，天人合一”的思想，优化提升全区393平方公里地域规划，尊重原有地形地貌，保持原有生态系统，注重显山露水，以“山”展示新城的秀美，以“水”彰显新城的灵性，以“绿”提升新城的品位，以“林”凸显新城的特色，真正实现城在林中、林在城中，打造一个美轮美奂的新城区。我们推进现代服务业聚集区、公共服务中心区、文化教育园区等功能区重点项目建设，着力增强商贸、文化、教育、医疗卫生、科技创新等综合服务功能。坚持道路交通先导，基本完成了广汕公路长安至金坑段的改造、科学大道下穿大观路隧道等一批路网建设，打通了与市中心城区的快速通道，区域各组团之间交通联系更加便捷。编制实施了新一轮土地利用规划，促进了土地节约集约利用。加快建设国家循环经济试点园区和国家生态工业示范园区，实施了一批循环经济项目，鼓励企业清洁生产，加强重点工业企业排污和机动车排气污染治理，建成了一批城乡绿道、生态公园，促进了经济效益生态效益有机统一。以“迎接亚运会、创造新生活”为契机，推进水环境、人居环境和大气环境综合治理，不断提升城市管理水平，顺利完成创建国家卫生城市、国家环保模范城市和全国文明城市各项工作任务。

五是始终坚持民生为重，加快城乡一体化发展步伐。在行政区成立之初社会事业发展相对滞后、历史欠账较多的条件下，我们按照统筹城乡发展的要求，充分发挥开发区的辐射带动作用，贯彻“工业反哺农业、城市支持农村”的方针，落实市委、市政府“惠民66条”和“补充17条”，研究出台了《“惠民富村居、务实促和谐”20件实事》、加强改善我区民生工作的13条措施等一系列政策措施，构建了城乡一体化发展的长效机制。通过财政转移支付，加大了农村和社会事业投入，重点解决农村基础设施、教育、文化体育、医疗卫生、就业创业、集体经济发展等民生问题，促进城市基础设施和基本公共服务向农村延伸，不断提高城市化发展的质量和水平，形成城乡经济社会一体化发展新格局，使广大农民共享改革发展成果。

六是始终坚持深化改革，努力创新体制机制。我们坚持把改革创新作为开发区、萝岗区发展的动力源泉，以改革创新的思路推动科学发展实践，用改革创新的办法破解科学发展难题，靠改革创新的举措构建科学发展的体制机制，以体制机制创新增强发展动力和活力。深入开展国家级开发区创新发展模式试验，不断深化行政管理体制、自主创新体制、土地集约节约利用机制、对外开放体制、建设“两型社会”机制和统筹城乡发展体制等改革，率先构建充满活力、富有效率、更加开放、有利于科学发展的体制机制。积极探索建立开发区与行政区“统一领导、各有侧重、优势互补、协调发展”的新机制，深化行政管理体制改革，大力推进经济发展、科技、规划国土、建设、企业建设、环境保护等职能部门的机构调整，优化配置了行政资源。深化行政审批制度改革，积极推行模块化、精细化管理，机关作风建设进一步加强，政务服务效率和水平进一步提升。创新考核评价体系，健全对区直部门和街镇领导班子及领导干部的考核机制和奖惩机制，强化对街镇工作的量化考核，在工作重心向基层下移的同时，推动激励措施向街道、镇倾斜。切实加强干部队伍和廉政建设，打造了一支敢干事、能干事、干成事的干部队伍，形成了风清气正、团结拼搏、干事创业的良好氛围。开展学习借鉴新加坡成功发展经验专题研究，在城市规划、生态建设、社会管理、知识经济等方面推动研究成果向政策措施转化。与天河区、黄埔区、增城市签订合作框架协议，共同推进广州东部高新技术产业带建设。

通过五年的实践，我们不仅在物质文明建设方面收获了重大成果，更重要的是加深了对发展规律的认识，初步探索了具有开发区、萝岗区特色的科学发展新路，积累了转型升级的宝贵经验，这些都是“十一五”发展留下的重要精神财富，我们要坚持下去并用以指导“十二五”发展各项工作。

各位代表，过去五年取得的成就，归功于市委、市政府和开发区党工委、萝岗区委的正确领导，归功于人大的依法监督，政协的民主监督，以及建言献策、参政议政和支持给力，归功于全区各级各部门的团结协作、奋力拼搏，归功于全区人民的辛勤劳动。在此，我谨代表萝岗区人民政府，向全区人民、企事业单位、驻区部队官兵、各民主党派、人民团体以及社会各界人士表示崇高的敬意！向所有关心和支持萝岗区建设发展的港澳同胞、台湾同胞、海外侨胞和国际友人表示衷心的感谢！

在充分肯定成绩的同时，我们也十分清醒地看到，我区经济社会发展仍然面临不少问题和困难，主要是：自主创新能力和产业竞争力有待提升，支撑创新的高端人才等核心要素集聚不足，能够占领国际产业前沿、引领相关产业发展的重大科技项目较少，缺乏具有较强内生性、创新性和较强辐射带动能力的产业集群；服务业占地区生产总值的比重仍然偏低，支撑经济持续高速增长的项目储备不足；土地资源和生态环境约束不断增大，进一步节能降耗难度很大；城乡发展还不平衡，实现基本公共服务均等化任务艰巨；重点领域改革创新力度不够，投融资渠道比较单一，资源、资产利用效益还有很大提升空间；商贸居住等生活配套不足，社会管理和社会事业发展有待加强；政府工作还存在不足，转变政府职能和加强作风建设任重道远。我们必须高度重视存在的问题，认真研究措施，切实改进工作。

## 二、“十二五”时期的奋斗目标和主要任务

“十二五”时期，是广州开发区、萝岗区建设转型升级先行区、科学发展示范区的关键时期。我们面临国际经济结构深刻调整、科技创新和产业转移步伐日益加快、区域竞争日趋激烈的复杂环境，必须坚持解放思想、改革创新、先行先试、统筹兼顾，着眼于广州加快国家中心城市建设的战略全局，在广州建设国家创新型城市、打造东部山水新城、广州重要的创新中心和综合性核心城区的进程中，进一步强化创新优势、拓展发展空间、提升城区功能，加快转型升级、建设幸福萝岗，实现经济社会发展的新跨越。根据广州开发区党工委、萝岗区委《关于制定国民经济和社会发展第十二个五年规划的建议》精神，区政府组织编制了《广州开发区、萝岗区国民经济和社会发展第十二个五年规划纲要（草案）》，提交本次大会审议。

“十二五”时期我区经济社会发展的指导思想是：深入贯彻落实科学发展观，全面实施《规划纲要》，坚持以科学发展为主题，以加快经济发展方式转变为主线，以“加快转型升级、建设幸福萝岗”为核心，以深化改革开放为动力，按照“科学发展、先行先试”的要求，着力推进产业结构优化升级，更加突出创新驱动，保持经济又好又快发展；着力推进国际化生态型新城区建设，更加突出绿色增长，优化宜业宜居的城市环境；着力推进城乡经济社会一体化发展，更加突出基本公共服务均等化，保持社会和谐稳定；着力推进创新发展模式试验，更加突出体制机制创新，不断增强发展新优势；加快建设创新萝岗、低碳萝岗、健康萝岗、幸福萝岗，努力建设“转型升级先行区、科学发展示范区”，为广州建设国家中心城市和全省宜居城乡的“首善之区”做出更大贡献。

——“创新萝岗”就是创新发展模式，完善创新环境和创新体系，打造广州建设创新型城市的重要引擎。我们要充分发挥“两城一岛”核心组团的创新载体作用，营造开放创新的文化氛围，吸引和培育大批科技创新企业、科技研发机构和创新领军人才，加快国家创新型科技园区建设，大力发展战略性新兴产业，“十二五”末全社会研发投入占地区生产总值比重达到4.3%以上，高新技术产品产值占工业总产值比重达到50%，专利授权量达到3000件，成为珠三角经济增长极和创新动力源，迈向国际一流高科技园区。

——“低碳萝岗”就是坚持绿色发展理念，推进节能降耗，探索低碳城市建设新路子。我们要构建绿色发展框架，发展低碳经济，率先构建低碳型现代产业体系，打造低碳产业集群；全面推行低碳建设，形成广州东部生态山水新城核心区，营造低碳型宜业宜居环境；加强低碳社区建设，推广应用新能源，积极倡导低碳新生活，“十二五”期间万元GDP能耗、化学需氧量（COD）、二氧化硫（$SO_2$）和碳排放量下降数全面完成市下达的指标，率先建成低碳发展示范区。

——“健康萝岗”就是提高健康意识、解决健康问题、促进和保护居民健康。我们要坚持以人的健康为本，健全促进全民健康的社会支持系统，进一步加大医疗卫生体育事业的投入，完善健康服务和保障体系，提高群众健康意识和健康自我管理能力，倡导健康生活方式，普及科学健身理念，使群众少生病，不断提高健康水平和生活质量。“十二五”期末，千人病床数达到4张，新农合平均住院实际报销比例达到50%，人均期望寿命达到80岁。

——“幸福萝岗”就是以人民的幸福为发展的出发点和落脚点，在物质生活、文化生活、社会生活、政治生活等各方面让人民群众共享改革发展的成果。我们要以进一步发展的生产力，不断满足人民群众日益增长的物质和文化需求，力争社会事业发展走在全市前列，推进基本公共服务均等化，切实保障人民群众的知情权、参与权、表达权，促进社会公平正义，扎扎实实、持之以恒地为人民群众办实事办好事，不断提高人民群众的幸福感。

“十二五”时期经济社会发展的主要目标是：开发区经济实力和总体发展水平继续保持在全国国家级开发区中的领先地位，成为广州国家创新型城市建设的核心区和战略性新兴产业基地，争取主要经济指标5年翻番，地区生产总值年均增长15%左右，到2015年达到3000亿元并力争提前实现；萝岗区率先实现基本公共服务均等化，打造宜业宜居、创新引领的广州东部生态山水新城、广州东部重要的创新中心和综合性核心城区，在广州建设国家中心城市和全省宜居城乡的“首善之区”进程中发挥龙头作用，为到2020年建成现代产业体系、现代化城市格局、现代化社会事业和政府公共服务架构奠定基础。

## 三、2011年工作安排

今年是实施“十二五”规划的开局之年。我们要按照广州开发区党工委、管委会工作会议暨萝岗区委一届十次全会关于今年工作的指导思想和总体部署，准确把握科学发展的主题，准确把握转变经济发展方式的主线，充分发扬“敢想、会干、为人民”的亚运精神，进一步凝聚全区人民的智慧和力量，以更加饱满的热情和更加昂扬的斗志，推动经济社会发展再上新台阶，为实现“十二五”规划目标任务开好局、起好步。

今年经济社会发展主要预期目标是：全区地区生产总值增长15%，力争达到17%；财政总收入

增长15%；狠抓重大项目引进后续工作，引进内外资项目质量进一步提高；单位土地产出效益持续增长；自主创新能力显著提高，全社会R&D投入占地区生产总值的比重为3.75%，现代服务业加速发展；万元GDP能耗、化学需氧量（COD）、二氧化硫（$SO_2$）和碳排放量下降数全面完成市下达的指标；萝岗新城商业配套和服务功能明显改善，中新广州知识城起步区建设取得初步成效；和谐社会建设全面推进，社会治安与法治环境不断改善，城镇居民年人均可支配收入增长11%，农村居民人均纯收入增长13%以上，城镇登记失业率控制在3.5%以内。重点抓好以下六项工作：

（一）以起步区开发建设为重点，推进中新广州知识城早日见成效。

加快推进基础设施建设。尽早启动污水处理系统、供水、供电系统、信息网络、电力主干网、人工湖、消防站、河道整治和景观水体、共同管沟、生态绿廊和休闲绿道等10多项基础设施建设，推进知识大道、永九快速路、东部快速路等快速骨架路网和内部主要路网的建设。按照时间节点计划，扎实推动项目建设。加快协调推进地铁、轨道交通线和机场东延线高速公路的建设。大力推进征地拆迁工作，实现平安征地、和谐建设。实行严格的法律约束，坚决打击违法抢建和违法占用土地的“两违”行为。

全力推动规划报批工作。积极跟进知识城起步区项目核准，完成起步区控制性详细规划报批工作。争取将知识城纳入国家和省“十二五”规划重大建设项目。推进知识城起步区纳入广州经济技术开发区范围的报批工作。争取完成知识城地方立法工作。在知识城设立创新知识经济发展模式综合改革试验区。组建合资公司全面负责知识城开发建设。

大力促进项目落地。积极落实用地指标，做好土地出让工作。明确具体目标和时间节点，加快推进在谈项目的入驻落地。紧紧把握在知识城开展土地管理综合改革试点的机遇，争取更多用地指标。充分利用新加坡的国际招商网络，启动全球招商，努力引进更多符合知识经济要求的高端项目。延伸招商引资工作链条，从项目谈判、签约、报批直到破土动工全程跟进，年底前启动建设10个以上项目。借鉴先进国家发展创新型经济的经验，编制知识城创新发展指标体系，作为知识城科学发展的指南。

高标准推进安置区建设。做好安置区规划，力争按照国家二星绿色建筑标准完成南、中、北安置区首期建设。探索安置区房屋产权商品化、财富化新模式，实现居民房屋物业化管理。加快建设邻里中心、国际学校、家庭服务中心等公共配套设施。探索混合居住新模式，引入城市文化提升居民生活质量。探索物业置换的新型征地补偿模式，提高居民实际收益。做好安置区建设的宣传工作，发动群众主动参与、全程监督安置区建设。

（二）以提高招商引资质量为引领，推动产业结构转型升级。

提升招商引资工作水平。围绕我区六大千亿级和三大500亿级产业集群发展规划，加快引进和培育一批战略性新兴产业项目。以LG 8.5代液晶面板生产线为龙头，推动平板显示产业向高端化和集群化发展。围绕电子信息、平板显示、新材料、精细化工、生物医药、知识密集型服务业六个千亿级产业集群和LED、文化创意、物联网三个500亿级产业集群，引进一批重大产业项目。推动一批央企龙头项目落户我区。出台扶持民营经济发展政策，在民间资本准入、融资、用地、人才招聘等方面给予大力支持，着力引进一批有实力、有潜力的民营企业，重点扶持100家民营企业。引进中小型科技企业和科技研发机构超过300家。完善生物岛项目进驻条件，加快招商引资进度，今年要有20个项目入驻筹建。加快引进总部经济项目，支持现有企业提升为区域总部，新引进10个以上重大总部经济项目落户我区。加强广州金融创新服务区、国家新型工业化（工业设计）产业示范基地、国家音乐创意产业基地等现代服务业基地招商引资。加快发展房地产、社区服务、商贸、旅游休闲等生活配套服务业，做大做强国际酒类交易中心和国际食品展示中心。

增强企业筹建服务水平。全年完成企业筹建投产超过55家。完善“一企一策”扶持政策，重点扶持对经济增长做出重大贡献的“产值大户”、“纳税大户”、“增幅大户”和发展潜力大、科技含量高的企业，以及战略性新兴产业和对产业发展有引领性的企业，特别加强对世界500强企业投资项目、20个广东省现代产业500强项目、30家广州市战略性新兴产业重点企业和22家上市科技企业的扶持力度。进一步畅通绿色通道，协调解决企业筹建中的问题，促使乐金面板、金发科技碳纤维等重点项目早日建成投产。鼓励和引导区内企业增资扩产，全力协助宝洁、箭牌糖果等企业项目增资建设。加快推进科技企业加速器生活配套设施的建设。加快翟洞等重点项目用地征地拆迁和土地平整，加大处理闲置用地力度，推动全区39家企业70万平方米闲置厂房重新利用。加快推进九龙工业区历史遗留项目的清退工作。大力推进科城、庙岭等变电站和筹建企业永久用电工程建设。继续发挥驻区单位联席会议制度、重大企业联系机制、支柱产业行业协会等互助平台作用，及时为中大型企业提供政策、信息、技术等方面的服务。

建设人才强区。大力实施“百千万人才计

划”和海外高层次人才引进“213”工程，力争全年新引进领军人才15名以上。开发建设面向全球的创新创业人才资源网络服务平台，建设完善行业协会、联谊会等高层次人才沟通联系平台。积极开展与新加坡等发达国家的人才交流合作，办好“开萝人才讲坛”，引进世界一流的大学和研究机构。整合区人才、劳动力中介资源，加快建立区人力资源市场和高技能人才实训基地，出台本地的人才培养政策，打造高素质的技能型人才队伍。

（三）以“三旧”改造为契机，加快建设萝岗新城。

大力实施“三旧”改造。“三旧改造”是广东省向中央争取来的独有政策，是千载难逢的历史机遇。实施三旧改造，不仅能盘活集体土地，改善村居环境，完善生活配套设施，使城乡面貌发生翻天覆地的变化，促进城乡一体化发展，而且可以增加居民的财产性收入，壮大集体经济发展，促进群众生活的改善，真正把村民变成市民。“三旧改造”是最大的惠民工程，是造福开萝人的工程，是造福子孙后代的工程。我们要打造幸福萝岗，“三旧改造”就是看得见的幸福。但实施“三旧改造”政策的时间只有三年，现在已经过去了一年半。时间相当紧迫，如果我们不抓紧，就会坐失良机。目前，我区“三旧改造”推进不够顺利，为确保此项工作取得重大成效，要充分发挥区属国有企业在“三旧”改造前期基础性工作中的主力军作用，全区上下要形成合力，尤其是街镇和职能部门也要发挥主力军作用，确保完成23条村居的测量、规划、报批等方面工作，年内启动萝峰、萝岗、长平、暹岗、黄陂、华沙、山下、笔岗、刘村等社区的改造工程。推动闲置、低效用地节约挖潜，探索通过土地回购、物业置换等方式盘活农村集体经济用地。全面推动房地产开发和商业配套设施建设，掀起萝岗新城建设新高潮。

提升城市综合服务功能。加快完善萝岗中心城区40平方公里规划方案，打造串联“天鹿湖—科学城—公共服务中心—文化教育园区”的休闲与服务轴，实现萝岗中心城区“北生活，南生产，东文化，西休闲”的总体格局，强化萝岗中心城区行政服务、商业服务、金融服务和生产性服务四大功能，打造功能完善、生态宜居的萝岗板块。继续推进开发区西区优化升级工作。按照服务便民的原则，引进高水平国际知名大型超市、大型百货商店、购物中心及国际知名品牌专卖店、专业店，新建农产品交易批发市场和九龙中心区综合批发市场，新建黄陂和东区等肉菜批发市场，配套建设完善的餐饮服务、娱乐设施等，加快构建东部商业中心。

完善道路交通路网。加快建设以轨道交通为先导的公共交通体系，协调推进地铁六号线二期工程建设，积极配合做好地铁五号线东延段、十四号线知识城支线、二十一号线东部新城线、穗莞深城际线建设各项前期工作。协调推进广汕路快速化改造、广深高速大观路出入口改造、珠吉路吉山村路段拓宽及与广园东互通式立交完善工程、云溪路西延长线建设工程、西区保税区与东区开创大道连接工程，进一步完善对外道路系统。争取市的支持增加2条以上公交线路。

打造绿色低碳萝岗。学习借鉴新加坡“花园城市”建设经验，完善城市公园绿地系统。实施森林围城工程，大力推进城市绿化景观和碳汇林建设。巩固和提升水环境综合治理成果，重点加大村（居）污水治理工作。加大环境监察力度，强化工业废弃物、生活垃圾和建设余泥渣土的排放监测与管理。强化气象观测基础，提高气象服务水平。加快环卫基础设施建设，研究制定垃圾分类及无害化处理实施办法并启动建设。大力发展低碳经济，推动产业结构向低碳化发展。推进循环经济、节能减排和清洁生产，抓好专项节能管理，率先建成绿色发展示范区。

（四）以办好民生实事为抓手，努力建设幸福萝岗。

办好民生十件实事。一是启动新图书馆、档案馆、文化馆、社区文体中心等文化设施建设；二是启动萝岗中心区幼儿园和九龙镇中心幼儿园建设；三是完成组建国际网球学校，新建一批社区公共体育设施；四是全面完成中小学规范化建设工程；五是中山大学岭南医院投入使用，建设区域卫生信息系统，启动夏港、东区、萝岗街独立设置社区卫生服务中心，全面提高医疗卫生服务水平；六是启动区社会福利院、养老院等民政设施建设，基本完成知识城安置区首期建设，继续提高社会保障水平；七是建成人力资源市场和技能人才实训鉴定基地；八是启动萝岗客运站建设，继续完善公交线路；九是完成各街镇社区家庭服务中心建设；十是启动保障性住房建设，实施人才安居工程。

做好扶贫开发工作。要按照省市的统一部署，切实做好我区对口援建从化市鳌头镇11个村和兴宁市三镇19个村的扶贫开发“双到”工作。我区对外扶贫任务较重，但我们不能因此只顾扶外而忽视扶内。扶外必须完成任务，扶自己更要下工夫、加大力度、加大投入、落实责任，坚决在二年内完成帮扶任务，这不但是一项硬任务，而且是一项政治任务。

推进教育优先发展。基本完成中小学新建、改扩建工程，做好市规范化学校终期督导验收工作。引进和培养优秀校长和骨干教师，改革完善校长和教师考核机制，提升师资整体水平和教学质量。制订实施《萝岗区学前教育三年行动计划》，增加学前教育的财政投入，加快发展学前教育。积极引进中外合作办学项目，加快知识城职业教育合作项目建设。推进校企深度合作，创新区域职业教育发展模式。制订社区学院调整方案，优化社区教育三级网络。

着力建设文化强区。加大公益文化事业投入，健全基层文化设施网络。深入挖掘萝岗历史文化底蕴，继续办好“萝岗香雪文化旅游节”、“禾雀花旅游文化节”、“荔枝文化节”等特色文化节，对玉岩书院、钟氏祠堂等建筑进行修缮和合理开发。建立区、街（镇）、村（居）三级文艺团队体系，打造专业文艺团体。建设一批各具特色的名村名街。加大创建全国文明城市力度，加强建筑外观管理，突出岭南文化特色，形成有地域特色的形象识别系统。办好跨国企业文化交流活动，打造中西交融、开拓创新的特色文化名片。

努力打造健康萝岗。加快推进医疗卫生体制改革，建立健全基本药物制度，实行基本药物零差价销售，开展新农合人员在村（居）卫生站就诊按比例报销试点。深化基层医疗卫生机构一体化管理，带动基本医疗卫生服务均等化。推进公立医院管理体制、运行机制和监督机制改革。加强护理人员和妇幼保健专业队伍建设，充实基层医疗卫生人才队伍。加强疾病预防控制、卫生监督、妇幼保健和爱卫工作。全面推进全民健身计划，加快建设一批群众体育设施，丰富群众体育生活。依托三大体育场馆，加快发展体育产业，支持引进和举办一批在国际上有影响力的体育赛事。积极发展竞技体育，认真备战广州市第十五届运动会。强化法定代表人计划生育责任制，加强基层计划生育工作规范化、制度化建设，推行计划生育优质服务，加强流动人口和企业职工计划生育管理和服务，进一步提高人口和计划生育工作水平。

提高社会保障水平。落实国家关于加强职业培训，促进就业与产业升级的政策，建成广州高技术人才实训基地萝岗分基地。完成区人力资源市场建设，多渠道开发就业岗位，提升区自主创业示范街和创业基地建设水平。深化校企合作，规范职业中介与劳务派遣市场，大力培育民办职业培训机构，出台区级创业基地认定和管理办法。引导企业主动改善用工环境，提高工资集体协议的签订率和覆盖率，加强企业员工人文关怀，推进全国和谐劳动关系示范工程建设。基本实现新农保全覆盖，鼓励和引导未征地农民按月缴费参保，确保60岁以上农村居民全部领取基础养老金。落实九龙镇退休乡镇企业人员养老保险问题解决方案，妥善处理好街道征地历史遗留社保问题。完善困难外来人员临时救助机制。继续推进城镇居民和职工各项社保参保工作。进一步提升居民医保和新农合保障水平。着力推进残疾人社会保障体系和服务体系建设。加强价格监督，确保人民群众生产生活稳定。

加强安全生产和食品药品安全保障工作。突出抓好重点领域安全治理，有效防范和坚决遏制各类安全事故发生。加强食品药品监管，建立产品质量、食品安全管理长效机制。加强全过程安全生产监管，督促建设、施工、监理单位及生产企业落实安全生产主体责任。集中开展预防高处坠落、施工坍塌等事故的专项整治活动，切实消除各类事故隐患。加强危险化学品、道路交通、消防、特种设备等重点行业的事故预防工作。强化安全生产宣传教育，全面推进安全社区创建工作，查找安全隐患和死角，制定事故预防措施，坚决将事故消灭在萌芽状态。

加强综治维稳工作。进一步完善综治信访维稳三级平台建设，更加注重贴近基层、源头化解，完善利益诉求表达机制，畅通社情民意表达渠道，健全矛盾纠纷定期排查调解机制，开展重大事项社会风险评估，有效预防和化解各类矛盾纠纷和社会不稳定因素。进一步落实重大矛盾纠纷和维稳信访问题领导包案制度．完善群体性事件处置机制，切实做到依法、快速、有效处置。完善出租屋和流动人员基础管理制度，做好出租屋和流动人员的服务管理。

加强平安萝岗建设。总结运用平安亚运成功经验，积极构建点线面相结合、人防物防技防相结合的社会治安防控体系，坚持严密防控、重点整治，完善网络、打防结合，全面加强社会治安综合治理，确保治安局势平稳可控、持续向好，刑事案件、治安案件总量下降，提高群众安全感和满意度。强化重点场所治安管理，推进“人屋车场网”等专项整治行动。深入推进平安创建工作，确保五街一镇全部达到平安街镇创建标准，90%以上的社区（村）达到平安社区（村）创建标准。

促进发展农村经济。落实强农惠农政策，积极发展以集约、高效、生态、休闲为特征的都市型现代农业。盘活集体自留用地，增加农民财产性收入。继续推动新农村建设示范点工程，全面完成农田、鱼塘标准化建设工程。做好重大动物疫病防控、森林防火和病虫害及有害生物防治工作。加快天鹿湖森林公园建设，继续推进万村绿工程。全面完成集体林权制度改革，促进现代林业发展。积极引导农村富余劳动力向非农产业和城镇有序转移。健全农村土地使用权流转管理和纠纷调解机制。认真做好“三防”工作，开展全区水利普查，重点推动农村水利基础设施建设。

（五）以创新发展模式试验为突破口，推动各项改革先行先试。

全力推动社区服务管理模式创新。按照管

理、服务、执法“三位一体”的思路，改革完善街道社区管理体制，推动社会管理重心下移。规划和建设好街道社区“五个一”工程（一个社区服务中心、一个文化活动中心、一个小公园、一个社区医院、一个视频监控系统），启动五街一镇7个社区家庭服务中心建设，加快建设以街道为主体的社区管理服务工作体系，构建社区公共资源共享机制和综合治理机制。建立和完善政府购买公共服务制度，加大社会组织培育扶持力度，形成多元参与、平等竞争的公共服务供给市场。加强社会工作人才队伍建设，多渠道发展社区志愿者服务，探索辖区党代表、人大代表、政协委员服务社区的试点工作，走出一条具有萝岗特色的社会管理服务新路子。

创新工程项目代建制。深化投资体制改革，充分利用社会化、专业化组织的技术力量和管理经验，提高政府投资项目建设管理水平和投资效益。整合工程管理资源，培养造就业务能力强、专业覆盖广、管理能力规范的建设管理队伍。推进实施代建制，构建规范高效的财政投资项目建设管理新模式。研究制定以投资管制为重点、好快省安廉并重的建设（代建）单位绩效考评及管理办法。

构建简政强镇强街工作机制。制定实施关于简政强镇强街事权改革的方案，理顺区镇（街）的责权关系，扩大镇（街）的管理权限，优化镇（街）领导职数和职务配备，强化管理服务能力，加强镇级财力保障，构建监督问责机制，推动城市管理重心下移。建立街镇违法建设查处工作机制，完善街镇违法建设奖惩激励机制。完善环卫基础设施建设，加大城管执法和综合管理力度，提升市容环境卫生管理水平。

提升区域合作水平。根据广州城市发展“东进”战略部署，联合天河、黄埔、增城等区（市），在发展规划、科技创新、基础设施、社会管理、环境保护等方面开展合作，探索建立区域合作长效机制，共同推进广州东部生态山水新城和高新技术产业带的建设，加快推进东部轨道交通和快速路网建设。

（六）以提高政府公信力和执行力为核心，建设人民满意的政府。

全面推进依法行政。认真执行人大及其常委会的决议、决定，自觉接受人大及其常委会的法律监督、工作监督和人民政协的民主监督，定期报告重大工作事项，切实做好人大代表议案、建议和政协提案办理工作。制定实施法治政府五年规划，提高规范性文件制定和管理水平，拓宽公众参与政府制度建设的渠道。完善科学民主决策制度，健全行政决策合法性审查机制，完善重大事项公众参与、专家论证和集体决策相结合的决策机制，主动听取各民主党派、工商联、各人民团体和社会各界人士的意见建议，推行重大事项决策社会风险评估。认真做好行政执法评议重点考核和行政复议工作。

做好区、镇政府和村居换届工作。根据省、市的时间部署，认真完成区、镇政府换届工作。改进和完善考察办法，把体现科学发展观要求的综合考核评价办法运用到换届考察工作中。推进班子配备改革，优化领导班子结构，提高领导班子的整体素质。大力选拔年轻优秀干部，积极推进干部交流，不断增强领导班子活力。引导干部从大局出发，正确对待个人的进退留转。严肃干部人事纪律，严把干部工作程序，确保把优秀干部选拔到重要岗位上来。严明换届纪律，营造良好的村居“两委”换届环境，切实维护民主制度和基层稳定。选好配强村居“一把手”，使之真正代表群众利益，成为群众的主心骨。

加强廉政和作风建设。认真贯彻执行党员领导干部廉洁从政准则。加强反腐倡廉制度建设，建立健全预防和惩治腐败体系。完善公共权力的运行制约和监督机制，从源头上预防和治理腐败。充分发挥反腐败协调机制作用。继续抓好建设工程领域专项治理、土地领域专项整治、“三公费用”治理和治理商业贿赂等专项工作。认真治理和纠正损害群众利益的不正之风。落实国有企业“三重一大”决策制度，促进国有企业领导人员廉洁从业，规范决策行为。不断完善农村资金、资产、资源的管理制度。依法严惩各类违法违纪行为。

切实提高行政效能。进一步深化作风建设，建立严格地抓落实机制，切实提高执行力。加强政务服务中心和网络行政审批（服务）综合系统建设，深入贯彻ISO9001质量管理标准，推行行政管理模块化，优化管理服务流程，大力建设电子政务，提高行政服务效率。畅通区长专线等民意反映渠道，深入开展明察暗访、专项督查和社会监督活动，推进行政效能投诉中心建设，拓宽电子监察领域，促进提高行政效能。大力推进政务公开、村（居）务公开和厂务公开。加强督查督办，强化责任追究，切实把各项工作部署落到实处。

各位代表，承继“十一五”的辉煌，开创“十二五”的伟业，是时代赋予我们的光荣使命。让我们全面落实科学发展观，在广州开发区党工委、萝岗区委的领导下，坚定信心、团结一致，锐意进取、扎实工作，为加快转型升级、建设幸福萝岗而努力奋斗！

# 萝岗概貌

# 基本情况

**【历史沿革】** 早在3400～3500年前，萝岗地区有先民活动踪迹。在广州科学城横岗山等地考古发现商早中期（距今约3400～3500年）土坑小墓1座，商晚期墓葬3座，随葬器物近20件。出土一批春秋时期的小铜斧、残铜器，方格纹、米字纹、夔纹陶片，青釉陶片，青瓷片等。

自秦始皇三十三年（公元前214年）设置番禺县后，萝岗地区归属番禺县管辖。东汉建安六年（公元201年）至清康熙二十五年（公元1686年），番禺县先后析出增城、东官（东莞）、怀化、熙安、南海、从化、花县等。公元201年增城县设立，萝岗部分地区归增城县管辖，大部分地域仍属于番禺县。至中华人民共和国成立前，萝岗地区分属番禺县和增城县等管辖。中华人民共和国成立后，萝岗地区分别由番禺县、增城县（市），广州市的白云区、黄埔区、天河区等管辖。

2005年4月28日，根据《国务院关于同意广东省调整广州市部分行政区划的批复》（国函〔2005〕35号），广州市行政区划调整方案获国务院批准。撤销广州市东山区、芳村区，设立南沙区、萝岗区。将白云区的萝岗街道，钟落潭镇的九佛、穗北2个居委会和红卫、凤尾、埔心、蟹庄、枫下、佛塱、燕塘、莲塘、山龙、重岗、黄田、何棠下、迳下、长庚14个村，黄埔区的夏港街道、荔联街道的笔岗居委会、穗东街道的东基和西基2个自然村，天河区新塘街道的玉树村，增城市中新镇的镇龙居委会和镇龙、迳头、九楼、大坦、麦村、金坑、均和、福洞、福山、大涵、汤村、旺村、洋田、新田14个村，新塘镇的贤江、新庄、永岗、禾丰4个村划归萝岗区管辖。总面积389.06平方公里（2006年8月，经广州市堪界办公室重新测量，萝岗区行政区域面积为393.22平方公里）。萝岗区人民政府驻广州经济技术开发区志诚大道。7月29日，市委、市政府在东方宾馆举行行政区划调整管理交接仪式。9月28日，萝岗区人民政府举行挂牌仪式。2009年8月，广州开发区、萝岗区领导机关和主要职能部门的办公地点整体搬迁至广州科学城香雪三路1号广州开发区萝岗区行政服务中心。

萝岗区内有广州经济技术开发区、广州高新技术产业开发区、广州出口加工区、广州保税区4个国家级开发区，拥有国内对外开放度最高的经济区域——广州保税物流园区，还有正在建设的以知识经济为核心的中新广州知识城。

广州经济技术开发区于1984年12月5日经国务院批准成立，12月28日正式奠基。

广州高新技术产业开发区原名广州天河高新技术产业开发区，1988年6月经国家科委、广东省和广州市人民政府批准成立的省级高新区，1991年3月6日，经国务院批准升格为国家级高新区。1996年2月14日，广州市政府决定，广州天河高新技术产业开发区更名为广州高新技术产业开发区（简称“广州高新区”），同年10月17日，国家科委批复同意更名。广州高新区实行“一区多园”的管理模式，包括广州科学城、天河科技园、黄花岗科技园、广州民营科技园和南沙资讯科技园。1998年12月，经国家科委，广州市委、市政府批准，广州高新区与广州经济技术开发区管理委员会合署办公，实行一个机构、两块牌子的管理体制。

2000年4月27日，国务院批准设立广州出口加工区。9月26日，广州出口加工区填土动工，首期90万平方米的基础设施建设全面铺开。11月7日，广州市机构编制委员会批准成立广州出口加工区管理委员会，与广州经济技术开发区管理委员会、广州高新技术产业开发区管理委员会合署办公实行一个机构、三块牌子的管理体制。2001年3月30日，广州出口加工区通过海关总署验收，并正式封关启用。

1992年5月13日，经国务院批准，在广州经济技术开发区内设立广州保税区，首期开发面积为1.4平方公里。是年7月8日，广州保税区在广州经济技术开发区的东北部正式奠基。1995年5月1日，经广州市政府 批准，广州保税区与广州经济技术开发区实行财税分离，此后，“两区”成为友邻单位。2002年5月16日，广州市委、市政府决定，广州保税区党委、管委会并入广州经济技术开发区党委、管委会，挂广州经济技术开发区、广州高新技术产业开发区、广州出口加工区、广州保税区4块牌子，由合并后的广州开发区党委、管委会对“四区”实行统一管理。2001年9月，广州市政府明确广州经济技术开发区参照广州科学城的开发建设模式，负责对位于海珠区的广州国际生物岛（官洲岛）进行开发建设。2007年12月，国务院批准在广州保税区内设立广州保税物流园区，于2008年12月启动正式运作。

中国广东与新加坡联合打造的中新广州知识城于2010年6月30日奠基。2010年10月，中新广州知识城管委会成立，是广州市政府的派出机构，享有市一级管理权限。　（康文斌）

**【地理位置】** 广州市萝岗区位于广州市东部，区域面积393.22平方公里，与白云区、天河区、黄埔区、增城市和从化市五个行政区交界，与东莞市和广州市的番禺区隔江相望。地处东经113°23′31″～113°36′2″，北纬23°01′57″～23°24′57″。区内交通干线密集，有东二环高速公路、广深高速公路、广惠高速公路、广河高速公路、广汕公路、广深公路、广园东路、广深铁路等路网体系。从区内穗港客运码头通过珠江航道到香港约65海里。 （陈翕羽）

【行政区划】 2005年9月，广州市萝岗区挂牌成立，辖夏港街、萝岗街、东区街、联和街、永和街、九龙镇5街1镇。2010年，全区有31个社区居委会（11月份新增联和街金峰园社区）、28个村委会。 （谢小江）

## 2010年广州市萝岗区行政区划表

| 街、镇名称 | 辖村（居）委会情况 |
|---|---|
| 夏港街 | 青年、普晖、金碧、丽江、墩头基、东晖6个社区居委会 |
| 萝岗街 | 萝岗、萝峰、水西、长平、黄登、黄麻、荔红、岭头8个社区居委会 |
| 东区街 | 笔岗、火村、刘村、东区4个社区居委会 |
| 联和街 | 黄陂、玉树、暹岗、天鹿湖、联和、金峰园6个社区居委会 |
| 永和街 | 贤江、新庄、永岗、禾丰4个社区居委会 |
| 九龙镇 | 九佛、穗北、镇龙3个社区居委会<br>红卫村、凤尾村、埔心村、蟹庄村、枫下村、佛塱村、何棠下村、燕塘村、莲塘村、山龙村、重岗村、黄田村、迳下村、长庚村、镇龙村、迳头村、九楼村、大坦村、麦村村、金坑村、均和村、福洞村、福山村、大涵村、汤村村、旺村村、洋田村、新田村28个村委会 |

【民族人口】 至2010年底，根据第六次全国人口普查结果，萝岗区有常住人口37.41万人，其中户籍人口18.9万人。流动人口36.52万人。户籍人口中有少数民族成分27个，人口1363人。其中壮族478人，土家族165人，满族134人，回族102人，瑶族87人，苗族84人，蒙古族78人，侗族49人，朝鲜族37人，黎族32人，布依族29人，畲族17人，彝族16人，白族13人，仫佬族8人，仡佬族6、达斡尔族各6人，锡伯族5人，藏族、羌族各4人，纳西族、水族各2人，傣族、柯尔克孜族、土族、佤族、维吾尔族各1人。 （邱素芬）

【自然地理】 ·地形地貌· 萝岗区地形南北狭长，地势南低北高，总体分为3种地貌类型：

高丘陵地貌区。区内广汕公路黄陂公司至长平段、长永公路长平至永和段以北及镇龙西及西南地区，为萝岗区境内约88平方公里高丘陵地貌区的南翼，山峰海拔高度250～500米，多属花岗岩组成，部分是变质岩。距该地区西北4千米的帽峰山主峰海拔534.9米，是广州市区第一高峰，向南和东南进入萝岗区区境的山峰主要以220～430米为多。如西面公鱼岭（252米）、古箭岭（224米）、凤凰山（370米）、石狮顶（295米），中部八哥山（242米）、牛头山（362米）、乌石山（240米），东面鹤斗顶（327米）、鸡啼山（344.4米）、大岭头（275米）、华峰山（379米）、油麻山（433.6米）等，属侵蚀、剥蚀构造地貌区。

低丘陵台地地貌区。萝岗区北部九龙镇以25度坡以下丘陵台地为主，山丘表层为砖红壤性红土，基岩以花岗岩居多，工程地质条件较好。中至中南部为低丘陵地貌区，山峰海拔以100～290米占多。主要有中部萝峰低丘，自西向东有玉树公坑顶（160米）、长安荔枝山（141米）、暹岗大山（288米）、鸡公岗（273米）、水西岗（108米）、大笨象岗（220米）、周岭坳（178米）、灯芯堂（288米）等，萝峰寺处于萝峰低丘的坡麓，海拔仅47米。萝岗低丘还有中南部萝岗荔枝山（240米）、火村泥坑山（109米）、刘村大山（273米）的一列山丘，以及南部亚婆岗（194.90米）、将军岗（101米）、铜鼓石（144.70米）等低丘陵。低丘陵区域属剥蚀、侵蚀地貌。

南部河涌与滨江冲积平原地貌区。萝岗区内发育有乌涌、南岗涌、细陂涌与瑶田河，除乌涌汇入珠江广州河段前航道外，其余皆汇入东江北干流，区内乌涌、南岗涌、细陂涌的中、下游均发育有低谷冲积平原，连同开发区西区东侧东江北干流、西侧黄埔航道的滨江平原，合组成萝岗区的河涌与滨江冲积平原，其地势平坦，海拔1.5～2米，主要有乌涌中游玉树冲积平原，南岗涌中游火村冲积平原、下游笔村冲积平原，细陂涌中游小径冲积平原，黄埔半岛（西区）滨江堤围冲积平原等，为冲积平原地貌。

·地质构造· 萝岗区主要有两个地质单元：

萝岗岩体单元。萝岗岩体地质构造稳定，为萝岗至帽峰山南麓的整块高、低丘陵，基岩为燕山二期黑云母二长花岗石，第四系覆盖层分布于丘间洼地，为河流相冲积层与花岗岩风化残积层，厚度0～40米不等；花岗岩层有大、中、微分化状，埋深达40～50米，残积层中保留有球状风化残体——孤石，给萝岗区建设带来一些困难。萝岗岩体区地震烈度Ⅵ级。

麻涌断陷单元。萝岗区南部（西区）坐落于麻涌断陷单元上，区内地势平坦，属珠江三角洲冲积平原。第四系覆盖层主要为三角洲相淤泥、淤泥质砂，厚度18～25米。基岩为第三系灰黑色钙质泥岩，强度尚高，地震烈度Ⅵ级。

·地层断裂带· 萝岗区及邻近地域主要有4条断裂带通过：

瘦狗岭断裂带。位于广深铁路北缘自西向东经沙河、瘦狗岭、华南理工大学、吉山、大田山之间，长约18千米。以西东向仅插入萝岗区的中南片西南部。

新塘断裂带。自萝岗区广深铁路线之南缘自西向东经华坑、经笔村，至新塘、仙村达郑田止，长27千米，区内长5千米。

长平断裂带。自萝岗区中片长平以西东向经水声至增城石角水库止，长42千米，于萝岗区内长12千米。

黄埔断裂带。自萝岗区之西上堂至沥岗、沙铺、黄埔新港至狮子洋，长约17千米，于黄埔新港西侧经过。

·气象气候· 萝岗区位于北回归线以南，属南亚热带季风气候。2010年，萝岗区全年平均气温21.7℃，较常年平均值略偏高；最高气温为36.4℃，出现在7月4日和8月5日；12月17日，出现极端低温零下1.2℃；年降水量2265毫米，较常年平均偏多2成左右，汛期开汛晚、雨量多，龙舟水偏少；热带气旋登陆少，但对萝岗影响频繁；阶段性高温过程明显，年头年尾遭遇寒潮天气过程。2010年总体气候属较好年景。

·地表水· 萝岗区与近邻地面主要有干支流8条（段）。属珠江广州河段及东江水系。

珠江广州河段前航道、后航道与黄埔航道。珠江广州河段前航道起自沙面白鹅潭，经员村、黄埔港至大蚝沙止，长28千米，平均江宽432米，平均深度4.50米。年均流量184立方米／秒，枯水年114立方米／秒。后航道起自白鹅潭，经芳村、丫髻沙、沥滘、新造、化龙，至大蚝沙与前航道会合，长32千米，平均江宽583米，平均水深7米，年均流量207.7立方米／秒，枯水年190.8立方米／秒。黄埔航道自大蚝沙起，以北南走向到莲花山止，长11千米，平均江宽2200米，水深9米，年均流量1037.4立方米／秒，枯水年622.44立方米／秒。下接狮子洋。

前航道一级支流乌涌。乌涌上、中游于萝岗区之西，发源于萝岗区古箭岭南木窿，经水口水库（天鹿湖）、黄陂、玉树至黄埔港流入广州河段前航道，全长21.5千米，年平均流量1.55立方米／秒，枯水年流量0.95 立方米／秒。

黄埔航道支涌墩头涌与东、西滘涌。位于萝岗区内，墩头涌、东西滘涌可合称为墩头涌，起自东滘涌（又名横滘涌）东口黾山，经东港桥、夏港桥至蕉园会合西滘涌流入墩头涌，三涌全长8千米，年平均流量2.80立方米／秒，枯水年流量1.30立方米／秒。

东江北干流。东江北干流东起石龙，西至黄埔新港，长41千米。平均河宽550米，水深6米。年均流量646 立方米／秒，枯水年均流量411.61立方米／秒。下段接纳萝岗区的瑶田河、细陂涌、南岗涌。

东江北干流右岸一级支流南岗涌和二级支流水声溪。南岗涌是东江北干流右岸最后一支一级支流，发源于广州开发区鹅山，流经木榏水库、高田、石桥、南岗至龟山，全长25千米，年平均流量3.42立方米／秒，枯水年流量2.05立方米／秒。另东江北干流的二级支流水声溪发源于萝岗区岭头公司南蛇坳，经水声水库、岭头至高田流入南岗涌，长6.5千米。

东江北干流右岸一级支流细陂涌。细陂涌发源于萝岗区萝岗街刘村大山的洋城岗，经刘村、云埔工业区、小径进入增城市，再经水南、夏浦至西洲建材厂流入东江北干流，全长14千米，集水面积42平方公里，其中于萝岗区境内长度8.5千米，年平均流量1.09立方米／秒，枯水年流量0.69立方米／秒。

东江北干流右岸一级支流瑶田河。瑶田河上游永和水又称官湖水，发源于萝岗区永和经济区的华峰大窝口，经布岭、永和、官湖、久裕、泥紫至久裕闸流入东江北干流，全长17千米，集水面积57平方公里，年平均流量2.17立方米／秒，枯水年流量0.98立方米／秒，在永和经济区内长度为8.5千米。

西福河支流金坑河。西福河是增城境内西部地区最大的河流，多年平均径流量5.1亿立方米。其主要支流金坑河发源于帽峰山，经镇龙于莲塘汇入西福河，河长24千米，集水面积127平方公里。

西福河支流平岗河。平岗河区内长度14.31千米，发源于风门岭，向南东方向，经腰坑水库、虎尾村、梨贝村、猪古村至横下闸村，转向南西方向，经黄坳村、向河背村至东园村，转向东经中屋村、蛟湖村、大岭下村，进入增城市中新镇境内，汇入西福河，经西福河汇入东江。区内集水面积58.72平方公里。

流溪河支流凤凰河。凤凰河干流全长21.91千米，发源于帽峰山东麓，最终在白云区钟落潭镇黎家塘村北侧汇入流溪河，流域面积为76.08平方公里。该河在本区的长度15.28千米，区内面积62.29平方公里（含新陂水库2.28平方公里）。

·地下水· 萝岗区地下水受地形、地质、降水、植被的影响划分有2种地下水类型：

平原孔隙水。分布在乌涌、南岗涌、细陂涌和墩头涌的河流冲积平原第四系松散堆积浅层（厚度10米左右）覆盖区上，为含砂层或残积土层地下裂隙水，萝岗区平原（约30平方公里），按广州市地下水径流模数27.40万立方米／千米／年计，孔隙水年径流量约为0.08亿立方米。

基岩裂隙水。萝岗区的丘陵台地（约355平方公里）基岩为花岗岩，隐藏有基岩裂隙水。按广州市丘陵地下水径流模数28.50万立方米／千米／年计，丘陵地下水年径流量约为1.01亿立方米。

·土壤· 萝岗区境内有3种土壤类型：

渗育性水稻土。萝岗区渗育性水稻土分布在岭头公司、水声水库及坝下水声溪两旁，属窄谷冲土田，肥力逊于区内潴育性水稻土。

潴育性水稻土。萝岗区潴育性水稻土分布在乌涌，南岗涌，夏浦水中、下游的宽谷冲积土田和河流冲积田；萝岗区南部（西区）的三角洲冲积田多数已为城市建设占用，这类冲积土田肥力较好，水源充足，地下水位适中，排灌方便，宜农宜耕。

花岗岩赤红壤。萝岗区北部丘陵台地地区的成土母质皆为花岗岩风化所成，呈酸性，谓花岗岩赤红壤，为果、林生长的良好土壤。

·植被· 萝岗区植被分为4个类型：

本地马尾松、马占相思、美叶桉、黎蒴与芒萁、芒草植物群落。分布于中部帽峰山余脉、广汕公路与长永公路以北高丘陵，及区北部和中南面低丘陵区中少数稍高的低丘山顶。

低丘坡麓荔枝、柑橙、乌榄、板栗、华南毛蕨、芒植物群落。萝岗区的萝岗街原为柑橙著名产地，以清甜肉嫩的萝岗橙驰名于世，但近10年因黄龙病肆虐而大片死亡，现面积仅占果林的10%。萝岗区的荔枝密布全区，尤其是中部山麓与北部及中南部山丘，几乎为清一色的荔枝密林。荔枝约占全区果林面积的70%。

平原水稻、蔬菜、花卉、荔枝、柑橙植物群落。乌涌，南岗涌，细陂涌中、下游平原除仍种植荔枝、柑橙、蕉等水果外，还有少量水稻田和稍多的蔬菜、花卉地，种类以菜心、青菜、苦麦菜、番茄、枸杞、黄瓜、冬瓜、丝瓜、玫瑰、菊等为多。北部九龙镇的平原台地以种植水果、蔬菜和花卉闻名，现在九龙镇是东南亚最大的白兰花种植基地，可常年提供优质的白兰花800吨以上。

道旁马占相思、木麻黄、大叶榕、高山榕、美叶桉、芒果、红花羊蹄甲等行道树植物群落。萝岗区公路、高速公路、城镇道路密布，道旁以马占相思、木麻黄、大叶榕、美叶桉、芒果、红花羊蹄甲等乔木植物为主。（陈翕羽）

## 2010年萝岗区经济社会发展概述

【经济发展概况】 2010年，萝岗区实现地区生产总值1381.64亿元，比上年同期增长16.57%，增速名列全市第一；工业总产值4011.39亿元，增长21.04%；财税总收入388.56亿元，增长24.78%；区可支配财力完成160.45亿元，比上年实绩增收35.54亿元，增长28.45%；财政总支出完成151.25亿元，比上年增加34.03亿元，增长29.03%；全年引进外资和新批增资项目170个，合同利用外资12.57亿美元，占全市合同外资近24.85%；实际使用外资12.25亿美元，同比增长5.6%；外贸出口136.77亿美元，同比增长33.3%；新引进4家世界500强企业投资项目，累计达109家。社会消费品零售总额125.01亿元，增长47.73%。全区城镇居民可支配收入3.14万元，增长11.1%；农民人均纯收入1.46万元，同比增长14.9%。

农业 2010年，萝岗区实现农林牧渔业总产值11.15亿元，同比增长1.34%。按计划推进农田（鱼塘）标准化改造工作，完成埔心村、佛塱村、新田村、洋田村4个农田标准化建设项目。扶持农民专业合作社发展，全区13家农民专业合作社全年实现收入852.15万元，成员户均纯收入3.19万元，对4家符合条件的农民专业合作社给予一次性扶持资金20万元。贯彻落实强农惠农政策，根据核定的水稻播种面积，发放农资综合直补资金149.73万元、种粮直补资金177.23万元；全年参保能繁母猪11442头，落实保险保费补贴64.18万元（区财政负担30%）。审核发放农机购机补贴102万元，落实本年度购机补贴22.5万元。发放萝岗甜橙种植补助和2009年种植户第二次种植验收补助款25.98万元。按照省市补贴标准，发放2010年度生态公益林补偿资金91.69万元。依法推进集体林权制度改革，制定并实施《萝岗区推进集体林权制度改革工作实施方案》，至年底，全区村、社林改方案票决完成率99%，外业勘界完成率95%，按计划进行第二榜公示和发证前公示。实施林业生态升级改造工程，投资2100多万元，对广州科学城总部经济区的狮子岭、牛角岭、环山岭等10个山体约72公顷林地进行风景林改造。投入500万元，在14个村（居）开展万村绿建设工程，绿化面积达10公顷。投入50万元开展埔心村二期林中村绿化建设工作。

工业 萝岗区实现工业增加值1056.92亿元，比上年增长15.95%。完成工业总产值4011.39亿元，增长21.04%，其中，规模以上工业企业产值3977亿元，增长21.1%，实现利润305.9亿元，增长14.4%。克服亚运限制施工影响，协调省、市、区供电部门，成为全市唯一维持10千伏电力配网原有建设和管理模式的区域。采取有效措施，帮助企业减少广州亚运会期间“限行限产”的影响。协调市有关部门为乐金、捷普等78家企业办理通行证988个，成功争取亚运期间在萝岗区的重点道路不实施单双号限制，对重点和特殊企业开辟“绿色通道”解决货车管制问题。督促恒运集团加快除尘器升级改造，成功争取到恒运、联众等9家企业在亚运期间不停产，避免包括宝洁、安利等产值税收大户在内的66家用热企业因恒运停产无法供热而被迫停产的现象。全年清理涉及土地闲置企业39家，收回闲置土地约15.4万平方米。全年主要污染物排放量继续下降，其中化学需氧量（COD）排放量7495.5吨，下降18.7%；二氧化硫排放5872吨，下降34.19%。

第三产业 全区第三产业实现增加值279.16亿元，占全区地区生产总值比重20.2%。服务贸易业实际利用外资3.62亿美元，同比下降1.41%。新引进天然气管网等10个特大型总部项目。引进了广州势至网络科技有限公司、广东省北斗应用技术支持中心、广州拓欧信息技术有限公司等一批服务外包、动漫网游、数字创意类等重点项目。

城市建设和管理 全年完成固定资产投资313.12亿元，同比增长24%。广州国际体育演艺中心、区人武部办公营院、区法院办公楼、生物岛堤岸整治工程、联和新村二期等23个项目完工。该区外围的科学大道下穿大观路隧道、云溪路、科韵北路延长线、珠吉路与广园东联络匝道、丰乐北路路面改造、黄云西延长线、广汕公路（沙河立交至大观路）路面改造及长安收费站搬迁等项目相继完成，对外交通条件明显改善。中新广州知识城道路系统和安置区动工，征地拆迁和土地出让工作稳步推进。广州科学城科技企业加速器一期11万平方米已建成，二、三、四期工程动工建设。广州国际生物岛13万平方米标准产业二、三单元建设顺利推进。环境综合整治取得显著成效，西区水质净化厂扩建工程等6座水质净化厂建设完成，新增污水处理能力26.5万吨/日；完成永和北泵站、天鹿北泵站、开源大道西泵站和103公里的配套管网；完成长庚村和黄田村的污水治理试点工程、九龙中心镇污水处理系统一期工程。九龙工业园水质净化厂、九龙水质净化二厂、东晖广场泵站和60多公里的污水管网的建设启动，农村截污治污工作全面铺开。投入7.2亿元开展河涌综合整治工作，完成南岗河、墩头涌、生物岛堤岸、鹤子坦支涌堤围、笔岗涌等5条河涌20.79公里综合整治任务。全面改善迎亚运人居环境。总投资约2.1亿元，完成市下达的15项人居环境整治任务。

【社会事业发展概况】 2010年，萝岗区创建全国文明城市工作取得显著成绩，顺利通过“国检”，在2010年广州市开展的8次公共文明指数测评中4次获得第一，总评成绩在全市各区排名第一。“三旧”改造工程全面启动，实施区领导包干推进23个社区（村）的“三旧”改造。全年区财政投入民生支出104亿元，较上年实际支出增长30%。制定1.8亿元的财政扶持政策，推动笔岗社区率先纳入全市“三旧”改造计划，制定改造方案，进入签约阶段。公共交通线网得到进一步完善，全年新开公交线路14条，增加公交车辆100多辆，完成西区18个公交车站港湾式改造和全区4个公交站场建设。全面建成并投入使用区综治信访维稳中心、五街一镇6个综治信访维稳中心、58个村（居）综治信访维稳工作站。开展第六次人口普查，人口计生工作得到提升，被授予“全国计划生育优质服务先进单位”荣誉称号。开展扶弱助残活动，被评为“全国残疾人社区康复示范区”。夏港街成为广州市首批唯一通过“全国安全社区”考评验收的街道。萝岗区委被评为“广东省依法治省先进单位”。区企业建设局荣获“广东青年五四奖章”。区行政服务管理中心荣获“广东省青年文明号”。萝岗社区荣获“全国妇联基层组织建设示范社区”称号。

教育文化体育 2010年，萝岗区本级财政对教育投入4.29亿元，比上年同期增长9.34%。至2010年底，萝岗区共有小学27所，在校学生16819人，普通中学13所，在校学生14568人，其中普通高中在校学生3635人。全区共有幼儿园29所，幼儿园在园人数6795人，幼儿教师326人。全区有省一级学校7所，市一级学校65所，区一级学校25所。中小学校专任教师2392人。小学适龄儿童入学率100%，小学升学率100%，初中升学率95.99%，高中升学率96%。

2010年，萝岗区普通高考重点上线率以及本A、本B上线率连续两年位列全市第一；专A、专B上线率由2009年的全市第三名上升到第二名；玉岩中学高考总上线率连续两年保持100%。中考成绩各高分段以及可上本区普通高中的人数均比2009年全面增长；9人获全市单科成绩第一名；玉岩中学初中中考总平均分700.5分，名列全市公办学校第二位，仅次于华师附中。义务教育学校规范化建设成效显著，全区有26所公办中小学达到规范化学校标准，占公办学校的85.72%。市83中更名为“广州开发区外国语学校”，香雪幼儿园通过“市一级学校”评估，83中、91中顺利通过广东省高中教学水平评估，83中通过市一级学校督导评估，玉岩中学顺利通过国家级示范性普通高中初期督导评估。是年，区成立区青少年科技教育协会、区教育局特殊教育工作指导中心。广州国际羽毛球培训中心、广州国际体育演艺中心、区少年宫等重要文化体育设施相继建成，夏港街电影院修缮工程竣工。新建27条健身路径和17个标准灯光篮球场，基本实现每个村（居）有一个标准灯光篮球场和一条健身路径。至年底共建成达标文化室33个，覆盖全区的三级文化设施网络建立完成，街镇文化站全部建成达标，全区58个村（居）文化室和农家书屋实现全覆盖。

承办广州亚运会篮球赛事，成立广州国际体育演艺中心团队、广州国际体育演艺中心场馆外围保障团队，在广州国际体育演艺中心举行亚运篮球赛21场，国内外13支运动员队伍参赛，吸引观众29.4万人次。举办包括亚运主题活动在内的大型广场综艺演出26场，组织开展第三届萝岗香雪文化旅游节暨工业科技旅游节、2010广州国际女子网球公开赛、萝岗区迎亚运男子篮球赛暨广东省首届万村农民篮球赛萝岗分区赛等文化体育活动。NBA季前赛、湖南卫视跨年演唱会等有影响力的体育文化娱乐活动在广州国际体育演艺中心举行。创新开展“社区大讲堂”活动，组织6期家长培训，参与居民达到2850余人。是年签约新加坡南洋理工大学知识城创新基地、新加坡国立大学管理学院广州知识城知识经济研发培训基地、知识城国际教育合作项目、知识城华侨中学合作项目等4个教育项目。区第三次全国文物普查实地调查阶段工作顺利通过省验收。萝岗历史文化八景评选工作全面启动。区选送《局长家事》、《传》2个节目分获中国第九届艺术节戏剧类、舞蹈类“群星奖”。香雪女声合唱团参加 2010年第六届世界合唱比赛锦标赛突破性获得民谣组别金奖和女声组别银奖。

**卫生** 至2010年底，萝岗区有各类卫生机构125个，卫生技术人员1530人。其中区政府举办有7个单位，卫生技术人员1145人。其中卫生监督机构1个，疾病预防控制机构1个，妇幼保健机构1个，医疗机构4个。另有社会医疗机构31个，从业人员172人。

2010年，该区实施社区（农村）卫生机构一体化管理，建立村（居）卫生站经费保障机制，启动全科医师规范化培训。首创为村卫生站核定编制，核定每个村卫生站编制2人，纳入镇医院统一管理。实施村（居）卫生站减免收费，年均门诊每人次减免4.65元。笔村、火村和萝岗社区卫生服务站在社区集体经济的资助下，社区居民基本实现免费看病。完成九龙镇乡村医生分流补贴工作，82人领取分流补贴203.76万元。全区新农合参合率达到99.99%，新农合筹资每人每年340元。是年获得新农合补偿的群众129344人次，受惠率95.8%，平均每个住院病人报销3423.32元，平均住院实际报销比例为43.19%。住院报销最高封顶额从2009年的5万元提高到10万元。全区在建卫生项目5项，萝岗中心医院完成主体工程和室外装饰工程，急诊、门诊楼交付使用。区中医医院、红十字会医院部分投入使用，妇幼保健所、永和社区卫生服务中心主体工程完成。萝岗街、永和街成功创建“一星级卫生街道”，夏港街成功创建“二星级卫生街道”。新增1个广东省卫生村和3个广州市卫生村，新增卫生户厕586户，卫生厕所普及率达到96.78%。取缔无证餐饮店档137间。广州开发区医院作为该区唯一的广州亚运会定点医院，主要承担广州国际体育演艺中心（亚运篮球比赛场馆）及广州市第86中学训练馆（亚运会曲棍球训练馆）的医疗保障和救护任务。

**劳动就业和社会保障** 2010年，全年区财政投入民生支出104亿元，较上年实际支出增长30%。全区城镇登记失业人员再就业率达72.81%，特困失业人员和零就业家庭就业率达100%。共开发岗位53503个，成功推荐17620人就业，其中户籍人员6475人（其中农村富余劳动力1095人）。举办招聘会78场，进场求职人数129469人，达成意向和现场录用15160人。建立起5个市级创业示范基地，新增自主创业人员486户，带动就业1289人。完成户籍人员职业技能培训24592人（含创业培训14764人），企业转岗培训25508人，外来务工人员岗前培训49233人。外省农村劳动力职业技能培训10082人，本省农村劳动力“双转移”职业技能培训8320人。

全区户籍人员参加城镇老年居民养老保险1053人，医疗保险13760人，农转居养老保险15069人，新农保19451人，九龙镇领取老年生活津贴村民6253人。全面完成永和街被征地人员和黄陂岭头国有农场人员参保手续办理工作。城镇和农村低保救济标准分别提高到410元和335元，农村散居五保供养标准达469元/月，其他相关救济标准同步增长，均达全市各区最高水平。全区共有低保对象1198户3610人，累计支出救济金890万元。启动7个社区家庭服务中心建设，首家由专业社工参与建设的社区家庭服务中心“联和一家”正式投入运营。永和街新庄社区等10个社区顺利通过省第四批“六好”平安和谐社区验收。 （康文斌 王杰烽）

## 【2010年萝岗区及部分驻区单位组织机构】

### ·2010年萝岗区领导班子名录·

中共广州市萝岗区委员会

**书 记**：薛晓峰（2010.6离任）

凌伟宪（2010.6任）
**副书记：** 石奇珠　陈小华
**常　委：** 薛晓峰（2010.6离任）
凌伟宪（2010.6任）
石奇珠　陈小华　李红卫
赵春华（女）　赵伟国　刘晓光
马正勇　魏待征　周君粮
地址：萝岗区香雪三路1号A栋
电话：82222999

广州市萝岗区人民代表大会常务委员会
**主　任：** 赖新华（女）
**副主任：** 陈卓宁（女）
葛振亭（2010.12退休）
朱志超　范瑞民　黄天豪（女）
李潮迅（2010.12退休）
地址：萝岗区香雪三路1号B栋
电话：82113603

广州市萝岗区人民政府
**区　长：** 石奇珠
**副区长：** 李红卫　潘史扬　庄凡夫　成潘流
杜丽霞（女）　陈　杰　周　军
**党组书记：** 石奇珠
**党组副书记：** 李红卫
**党组成员：** 庄凡夫　成潘流　杜丽霞（女）
陈　杰　周　军　张振华
地址：广州市萝岗区香雪三路1号A栋
电话：82111086

中国人民政治协商会议广州市萝岗区委员会
**主　席：** 官展平（女）
**副主席：** 雷新国（2010.3任）
蔡文光（2010.7离任）
黄泽标（2010.3退休）　孔宪汉
刘翠芳（女）
杜暖根（2010.3退休）
梁正华　杨　柏（2010.3任）
张作和（2010.3任）
**党组成员：** 蔡文光（2010.7任）
**秘书长：** 石磊华（2010.3任）
地址：萝岗区香雪三路1号C栋
电话：82113637

中共广州市萝岗区纪律检查委员会
**书　记：** 赵春华（女）
**副书记：** 陈兴文（2010.12离任）　方　青
地址：萝岗区香雪三路1号A栋
电话：82111216

## ·2010年萝岗区职能部门与单位正副职领导名录·

党政办（保密办、保密局、机要局、侨务办、外事办、口岸办、信访局、密码管理局、档案局）
**主　任：** 陈小华
**副主任：** 李　波　吴全收　孙学伟
关安庆（兼信访局长）
地址：萝岗区香雪三路1号A栋3楼
电话：82111040

组织部
**部　长：** 刘晓光
**副部长：** 黄伟华　严　晖　陈小华
地址：萝岗区香雪三路1号A栋2楼
电话：82111261

机构编制委员会办公室
**主　任：** 刘晓光
**副主任：** 黄伟华
地址：萝岗区香雪三路1号A栋2楼
电话：82111261

宣传部（统战部、台办、民宗局、文明办）
**部　长：** 马正勇
**副部长：** 张建武　邹勇刚
地址：萝岗区香雪三路1号A栋1楼
电话：82111352

政法委（综治办、维稳办、打私办）
**书　记：** 赵伟国
**副书记：** 魏待征（兼）　成潘流（兼）
谭均乐（2010.12离任）　田建军
地址：萝岗区香雪三路1号A栋1楼
电话：82112222

政策研究室（法制办公室）
**主　任：** 沈　奎
**副主任：** 陈永品　黄娇娥　黄孝恕
地址：萝岗区香雪三路1号A栋1楼
电话：82111469

直属机关党委
**书　记：** 杨　柏　（2010.3离任）
万庆柏　（2010.3任）
**副书记：** 万庆柏　（2010.3离任）
曾利华　（2010.9任）
地址：萝岗区香雪三路1号D栋3楼
电话：82111069

企业党委
**书　记：** 曾繁强
副书记：夏凤珍
地址：萝岗区香雪三路1号D栋3楼
电话：82118140

人民武装部
**部　长：** 刘　宗
**政治委员：** 周君粮
**副部长：** 陈少彬（2010.3离任）
李国新（2010.3任）
地址：萝岗区汇星路1号

电话：82113904

老干部局

**局　长：**刘晓光

**副局长：**严　晖

地址：萝岗区香雪三路1号A栋2楼

电话：82111261

人大常委会办公室

**主　任：**祝东风

**副主任：**郑伟伟　姚淑湘（2010.4离任）
黎学军（2010.7任）

人大常委会法制工作委员会

**主　任：**范永红

区依法治区办

**副主任：**赵永怡　秦浩林

人大常委会财政经济工作委员会

**主　任：**石深瑞（2010.2离任）
李建斌（2010.2任）

**副主任：**薛曼青

人大常委会教育科学文化卫生工作委员会

**主　任：**黄秀梅（2010.2离任）
尹大海（2010.2任）

人大常委会农村农业工作委员会

**主　任：**黄秀梅（2010.2离任）
尹大海（2010.2任）

人大常委会城乡建设环境与资源保护工作委员会

**主　任：**江秋林

人大常委会华侨外事民族宗教工作委员会

**主　任：**江秋林

人大常委会选举联络人事任免工作委员会

**主　任：**祝东风

**副主任：**姚叔湘（2010.4离任）
黎学军（2010.7任）

地址：萝岗区香雪三路1号B栋

电话：82113603

人事局

**局　长：**黄伟华

地址：萝岗区香雪三路1号A栋2楼

电话：82111261

发展和改革局（统计局、物价局、粮食局、经济动员办公室）

**局　长：**江　洲

**副局长：**崔鸣文　詹小强　姚　东

地址：萝岗区香雪三路1号E栋3楼

电话：82111920

经济发展和科技局（科学技术局、旅游局、知识产权局、地震办、酒类专卖管理办）

**局　长：**孙秀清

**副局长：**申　平　徐红怡　朱　平　傅文波

地址：萝岗区香雪三路1号D栋

电话：82111503

规划局（市国土资源和房屋管理局萝岗区分局、市城市规划局萝岗区分局、交通局、人防办）

**局　长：**莫国洪

**副局长：**刘光如　杨佳新　郑　勇

地址：萝岗区香雪三路1号E栋2楼

电话：82118260

财政局

**局　长：**雷新国（2010.3离任）
赵国生（2010.3任）

**副局长：**陈俩国　赵国生（2010.3离任）
梁玉军

地址：萝岗区香雪三路1号E栋2楼

电话：82111980

社区管理局（民政局、劳动社保局、人口计生局）

**局　长：**黄金抒

**副局长：**李雄慧　徐　穗　王江枫
王德聪（民政局）

地址：萝岗区水西路12号凯达楼1–3楼

电话：82112099

建设和环境管理局（市政园林局、市容环卫局）

**局　长：**胡志罡（2010.12离任）
谭明鹤（2010.12任）

**副局长：**谭明鹤（2010.12离任）　杨茂生
张庆秀　陈智勇

地址：萝岗区香雪三路1号D栋1楼

电话：82111968

教育局（文化广电新闻出版局、版权局、体育局）

**局　长：**张作和（2010.12离任）
孙礼平（2010.12任）

**副局长：**孙礼平（2010.3离任）
王　飞（2010.3离任）
彭　村（2010.3离任）
李大中　李清雄（2010.6任）
谢庆文（2010.3任）

地址：萝岗区水西路12号凯达楼A栋4楼

电话：82113685

监察局

**局长：**方　青（2010.12任）

**副局长：**吕紫东　黄德强

地址：萝岗区香雪三路1号A栋3楼

电话：82111216

司法局

**局　长：**龙月欢

**副局长：**白继洲　潘建新

地址：萝岗区水西路12号凯达楼A栋5楼

电话：62259218

卫生局（爱卫办、创卫办、三创办）

**局　长：**刘　石

**副局长：**郭　杰　林树明

地址：萝岗区水西路12号凯达楼A栋7楼

电话：82111375

食品药品监督管理局

**局　长：**肖汉发

**副局长：**张　帆　黄伟坚

地址：萝岗区开发大道350号建设大厦北附楼1楼、7楼

电话：82112182

农林水利局

**局　长：**宋小平

**副局长：**梁德志　刘新全

地址：萝岗区水西路12号凯达楼A栋7楼

电话：82111331

审计局

**局　长：**张金海

**副局长：**张道泉　李建斌（2010.3离任）

地址：萝岗区香雪三路1号E栋3楼

电话：82111239

安全生产监督管理局

**局　长：**严志明

**副局长：**洪映明　陈志伟

地址：萝岗区水西路12号凯达楼A栋6楼

电话：82113480

国有资产监督管理办公室

**主　任：**李鸿生

**副主任：**高树东　纪　峰

地址：萝岗区水西路12号凯达楼A栋5楼

电话：82113365

市公安局萝岗分局

**党委书记、分局长：**魏待征

**副分局长：**王月兴（2010.1～8）
　　冯锦明　张志华

地址：萝岗区开创大道2832号

电话：82112315

区城管分局

**局　长：**吴　飞

**政　委：**殷祚进（2010.8离任）

**副局长：**陈　列（2010.10离任）　郑　锋

地址：萝岗区水西路12号凯达楼C栋5楼

电话：82116118

区政协办公室

**主　任：**曾国玉

**副主任：**李彩华（女）

区政协提案委员会

**主　任：**尹定春

区政协经济委员会

**主　任：**万惠端（2010.3离任）
　　赵和平（2010.3任）

区政协城建资源环境委员会

**主　任：**张　龙

区政协教科文卫体委员会

**主　任：**娄岳荣

区政协社会法制民族宗教委员会

**主　任：**张　龙

区政协学习和文史资料委员会

**主　任：**娄岳荣

区政协港澳台侨外事委员会

**主　任：**黄建良（兼）

地址：萝岗区香雪三路1号C栋

电话：82113637

法院

**院　长：**叶三方

**副院长：**潘小登　姜耀庭　刘治家

**纪检组长：**李志红

地址：萝岗区开创大道2662号

电话：83006342

检察院

**检察长：**白建国

**副检察长：**胡国平　刘锦良　黄承云

**纪检组长：**钟海燕（2010.12任）

地址：萝岗区开创大道2660号

电话：82119035

## ·2010年萝岗区群众团体领导名录·

总工会

**主　席：**曾繁强

**副主席：**邹志强　夏凤珍

地址：萝岗区香雪三路1号D栋三楼北侧

电话：82118140

团区委

**书　记：**林　艳

地址：萝岗区香雪三路1号D栋313室

电话：82112592

妇女联合会

**主　席：**盛亚红

**副主席：**刘　毅

地址：萝岗区香雪三路1号D栋321室

电话：82112573

科学技术协会

**主　席：**崔新宇（2010.3离任）
　　蔡刚强（2010.3任）

**专职副主席：**朱　平

**兼职副主席：**李　汛　陈国台　王　飞
　　陈小华（2010.3任）

地址：萝岗区香雪三路1号D栋230室
电话：82111946
工商业联合会（总商会）
**主　席：**袁志敏
**党组书记、副主席：**陈国台
**副主席：**刘利人　赵伟平　卢智俊
王文明　朱加英　李志明
刘健明　麦灼兴　邓　宁
地址：萝岗区水西路12号凯达楼C栋4楼
电话：82113892　82113893
文学艺术界联合会
**主　席：**马正勇
**专职副主席：**巫水标
**兼职副主席：**赵和平　尹东宏　於文喜
地址：萝岗区水西路12号凯达楼B栋4楼
电话：82111181
残疾人联合会
**理事长：**郭锦炽
地址：萝岗区开发大道350号建设大厦北侧1楼
电话：82112090
贸易促进会
**会　长：**徐红怡
**副会长：**洪　谦　吕金荣
地址：萝岗区水西路12号凯达楼B栋220室
电话：82111569
慈善会
**会　长：**成潘流（兼）
**常务副会长：**黄金持
地址：萝岗区水西路12号凯达楼A栋320室
电话：82112105
归国华侨联合会
**主　席：**蔡文光
**副主席：**崔新宇　孙学伟　黄富强
文俊伟　李朝阳
地址：萝岗区香雪三路1号A栋320室
电话：82118063
广州跨国公司联谊会
**秘书长：**洪　谦
地址：萝岗区水西路12号凯达楼B栋220室
电话：82111569

## ·2010年萝岗区街（镇）领导名录·

夏港街
**党工委书记：**陈　杰
**办事处主任：**彭乃满
**党工委副书记：**彭乃满
李耀尧（2010.2任）
**纪工委书记：**彭乃满（2010.2离任）
李耀尧（2010.2任）
**办事处副主任：**李耀尧（2010.3离任）
柳　明　杨俊斐
**武装部部长：**柳　明
地址：萝岗区东园三街1号
电话：82113327
萝岗街
**党工委书记、办事处主任：**李建军
**党工委副书记、纪工委书记：**唐　平
**办事处副主任：**易　鸿　胡克匡　叶亦桥
王丛立
**武装部部长：**胡克匡
地址：萝岗区萝岗墟公路街168号
电话：82080943
联和街
**党工委书记、办事处主任：**余海东
**党工委副书记、纪工委书记：**
刘　耿（2010.8离任）
赵　军（2010.12任）
**办事处副主任：**赵　军　（2010.12离任）
段传立
伍树生（挂职，2010.9离任）
钟炳光（2010.12任）
岳向阳（挂职，2010.12任）
**武装部部长：**段传立
地址：萝岗区联和街黄陂新村东二街15栋
电话：61002186
东区街
**党工委书记、办事处主任：**杨鸿校
**党工委副书记、纪工委书记：**张龙湖
**办事处副主任：**吕喜龙　刘金桥　杨　奋
**武装部部长：**刘金桥
地址：萝岗区开创大道393号
电话：82119928
永和街
**党工委书记：**黄国柱
**党工委副书记、办事处主任：**黎信坤
**党工委副书记、纪工委书记：**
黄宇辉（2010.3任）
**办事处副主任：**王喜雨
黄宇辉（2010.4离任）
叶国宣
**武装部部长：**黄宇辉
地址：萝岗区永顺大道中1号
电话：32981158
九龙镇
**党委书记：**周　军
**党委副书记：**徐雪峰　郑永强
**人大主席：**郑永强
**镇　长：**徐雪峰

**副镇长：**王伟峰　陈锦恒　陈迪豪　白剑辉　姚锐淇（2010.12挂职）
**纪委书记：**王江平
**武装部部长：**王江平
地址：萝岗区九佛中路978号
电话：87488323

### ·2010年萝岗区事业单位领导名录·

区委党校
**校　长：**陈小华
**常务副校长：**赵和平（2010.3离任）　黄炳海（2010.4任）
**副校长：**李新强（2010.12离任）　黄炳海（2010.3离任）
地址：萝岗区开发大道350号科教楼6楼
电话：82112621

气象局
**局　长：**常　越
**副局长：**巢汉波
地址：萝岗区水西路12号凯达楼C栋3楼
电话：82116907

档案馆（地方志办公室）
**馆　长：**王启发
**副馆长：**靳国庆
地址：萝岗区友谊路101号怡丰楼7楼
电话：82111073

信息化办公室
**主　任：**季　思
**副主任：**李海玲　冯　超
地址：萝岗区香雪三路3号5楼、6楼
电话：82111125

机关事务管理局
**局　长：**邓　斌
**副局长：**刘兴万　罗映如
地址：萝岗区香雪三路1号D栋333室
电话：82111103

人才交流服务中心
**主　任：**吴　碧
**副主任：**孙援伟
地址：萝岗区科学大道162号创意大厦B2座1楼
电话：28068363

电视中心
**主　任、总编辑：**李敬福
地址：萝岗区水西路12号凯达楼B栋
电话：82181913

创业导报
**总编辑：**章金生
地址：萝岗区香雪三路1号D栋138室
电话：82118123

经济社会统计调查队
**队　长：**黄　瑾
**副队长：**曹晓虹
地址：萝岗区香雪三路1号E栋313室
电话：82111532　82111531

物价检查所（价格认证中心）
**所　长（主　任）：**张炎群
**副所长（副主任）：**曾　勤
地址：萝岗区水西路12号凯达楼B栋5楼
电话：82111586

广州火炬高新技术创业服务中心
**主　任：**汤　恩
**党支部书记：**陈铁雄
**副主任：**郭恩民
地址：萝岗区揽月路80号广州科技创新基地综合服务楼7楼
电话：32290563

投资促进中心（区国际贸易促进会）
**主　任（会　长）：**徐红怡
**副主任（副会长）：**洪　谦　吕金荣
地址：萝岗区水西路12号凯达楼B栋220室
电话：82111569

金融业务服务办公室
**主　任：**孙秀清
**副主任：**傅文波
地址：萝岗区香雪三路1号D栋230室
电话：82111943

广州开发区—中山大学生物工业研究院
**院　长：**黄　民
**副院长：**李贵华
地址：萝岗区科学大道182号C2区903单元
电话：62880038-811

食盐和酒类专卖稽查队
**队　长：**全小敏
**副队长：**许小义
地址：萝岗区香雪三路1号D栋119室
电话：82111525

交通管理总站
**站　长：**郭俊明（2010.7离任）　李国梁（2010.2任）
**副站长：**李新民
地址：广州保税区金桥路6号1、2层
电话：82113102

房地产管理所
**所　长：**杜卓雄
**副所长：**梁伟光
地址：萝岗区开发大道358号1层
电话：82112436

土地储备交易中心

**主　任：**孙轶颖
地址：萝岗区志诚大道303号融汇大厦1002室
电话：82112779

城市规划信息编研中心
**主　任：**林　敏
地址：萝岗区水西路12号凯达楼C栋312室
电话：82111647

城市建设及房地产档案馆
**馆　长：**杨　真
地址：萝岗区志诚大道303号管委会大楼西座634室
电话：82111608

拆迁管理办公室
**主　任：**郭　勇
**副主任：**金　哲　杨　戈　陈广衡
地址：萝岗区揽月路66号供水加压站办公楼3楼
电话：62800729

财政国库集中支付中心（政府采购管理办公室）
**主　任：**罗　松
**副主任：**王　劲　滕朝霞
地址：萝岗区香雪三路1号E栋1楼
电话：82112030

财政投资评审中心
**主　任：**唐　耕
**副主任：**丁　斌
地址：萝岗区香雪三路1号E栋139室
电话：82112717

劳动保障监察大队
**大队长：**李　戓
**副大队长：**胡　满
地址：萝岗区开发大道777号融汇大厦附楼3楼
电话：82111598

劳动就业服务管理中心
**主　任：**卓应兼
**副主任：**曾小群
地址：萝岗区志诚大道333号西区办证中心
萝岗区青年路94号2楼（人力资源市场）
萝岗区香雪三路凯通楼2楼C区
电话：22322816

社会保险基金管理中心
**主　任：**江　林
**副主任：**陈小华　王佐宁
地址：萝岗区志诚大道333号
萝岗区香雪三路3号政务服务中心（凯通楼）二楼B区
电话：22322805

劳动就业培训中心
**主　任：**邓　维
**副主任：**马　伟
地址：萝岗区青年路98号
电话：82221319

退休职工管理办公室（区公费医疗管理办公室）
**主　任：**吴凌云
**副主任：**施利群
地址：萝岗区水西路12号凯达楼B栋605室
电话：82116946

军队离退休干部第一休养所
**所　长：**欧开运
**副所长：**谈　麦
地址：海珠区石榴岗路13号大院高知楼105房
电话：84202523

军队离退休干部第二休养所
**所　长：**徐美萍
地址：海珠区石榴岗路新晖街3号101–102室
电话：34364532

计划生育服务站
**副站长：**吴　凉
地址：萝岗区萝岗公路街212号
电话：82265510

土地开发建设中心
**主　任：**徐春平
**副主任：**杨幼龙　唐福权　吴承广
地址：广州科学城创意大厦B2附楼3楼
电话：28068811

萝岗新城建设指挥部办公室
**主　任：**童晓庆
**副主任：**李　敏　谢强鹏
**总工程师：**王胜智
地址：萝岗区揽月路66号供水加压站办公楼
电话：82112325

广州科学城北区知识城建设指挥部办公室
**主　任：**李红卫（兼）
**副主任：**李新强　陈益平　黄俊韬　贺俊峰
地址：萝岗区九龙镇九佛墟九佛中路1333号
电话：82119611

建设工程质量安全监督站
**站　长：**谢鸿滨（2010.12离任）
**副站长：**唐　仪　邓艳良
地址：萝岗区东区骏功路7号
电话：82016157

建设工程质量检测中心
**主　任：**张运发（2010.11任）
**副主任：**张金明　傅江伟
地址：萝岗区东区骏功路9号
电话：82267217

市政工程公司
**总经理：**阳　光
**副总经理：**申永坚　蔡永富
**总工程师：**陈　文
地址：萝岗区开发大道大丰街5号
电话：82111678

供水管理中心
**主　任：**张庆堂
**副主任：**郭雄飞　蔡盛鹏
苏　文（2010.4任）
地址：萝岗区临江路9号
电话：82113200

水质净化管理中心
**主　任：**桂红艳
**副主任：**王训华　张小明
地址：萝岗区瑞祥路1号
电话：82099911

环卫美化服务中心
**主　任：**金选赋
**副主任：**范永辉　李格仁
地址：萝岗区锦绣南路13号
电话：82111844

市容环境卫生监督管理所
**所　长：**蔡创辉
地址：萝岗区水西路12号凯达楼B栋403室
电话：82116208

环境监察大队
**大队长：**李应生
**副大队长：**邓晓英　曾　胜
地址：萝岗区志诚大道303号7楼东座
电话：82113724

环境监测站
**站　长：**陈如明
**副站长：**黄小欧　邓沁瑜（2010.5任）
地址：萝岗区友谊路105号
电话：82111855

余泥渣土管理所
**所　长：**谭伟良
**副所长：**褚更新　陈惠红
地址：萝岗区水西路12号凯达楼C栋3楼
电话：82116011

招投标管理办公室
**主　任：**邵同高
地址：萝岗区水西路12号凯达楼B栋5楼
电话：82116670

广州国际生物岛建设办公室（2010.9由广州国际生物岛筹建办公室改设）
**主　任：**关瑞华
地址：海珠区广州国际生物岛办公大楼
电话：84098193

建筑工地综合管理服务中心
**主　任：**温红宇
**副主任：**王学宁
地址：萝岗区水西路12号凯达楼B栋512室
电话：82113966

行政服务管理中心
**主　任：**陈　清
地址：萝岗区香雪三路3号凯通楼7楼
电话：82113268

萝岗区人民政府教育督导室
**主　任：**谢庆文（2010.4离任）
贺奎光（2010.4任）
**书　记：**朱武青
地址：萝岗区水西路12号凯达楼B栋216室
电话：82113095

教育科研与发展中心
**主　任：**王定铜
**书　记、副主任：**陈　镔（2010.6任）
地址：萝岗区水西路12号凯达楼B栋3楼
电话：82111593

教育评估中心
**主　任：**熊跃农
地址：萝岗区志诚大道303号管委会大楼东座2楼
电话：82113612

图书馆
**馆　长：**孔玉华
**副馆长：**刘　波
地址：萝岗区东园六街5号1–3楼
电话：82112309

文化市场综合行政执法队
**队　长：**徐　敏
地址：萝岗区志诚大道303号管委会大楼东座2楼
电话：82113806

文化与博物馆
**馆　长：**谢荣波
地址：萝岗区萝岗街塘头村新编168号
电话：32201507

招生考试委员会办公室
**副主任：**谢冠英
地址：萝岗区水西路12号凯达楼A栋206室
电话：82116638

卫生监督所
**所　长：**陆并满
**副所长：**黎建晖　李健生
地址：萝岗区水西路12号凯达楼B栋3楼
电话：82111418

疾病预防控制中心

**主　任：**罗　崴
**副主任：**彭明益　张知光
地址：萝岗区创业路92号
电话：82111428

妇幼保健所

**临时负责人：**张丽颖
地址：萝岗区创业路92号
电话：82111483

林业和水利管理中心（林政和水政监察大队）

**主　任：**庞栋魁
**副主任：**张　玫　舒振南
地址：萝岗区青年路17号南塔3楼
电话：82111866

农畜牧业管理综合执法大队

**大队长：**傅吉夫
**副大队长：**于前荣
地址：萝岗区萝岗街荔红路2号2楼
电话：32280431

木榲水库管理所

**主　任：**温新明
地址：萝岗区萝岗街长平木榲水库管理所
电话：82076964

水口水库管理所

**主　任：**李志刚
地址：萝岗区黄陂水声下东街29号
电话：87090199

金坑水库管理所

**主　任：**郑有方
地址：萝岗区九龙镇镇龙金坑水库路22号
电话：82871331

金坑林场

**场　长：**林梅杨
**副场长：**郭　敏　李鹏飞
地址：萝岗区九龙镇金坑林场
电话：82871080

员工服务中心

**主　任：**常　敏
地址：萝岗区东江大道101号
电话：82112763

培训中心

**主　任：**张一刚
副主任：徐宗明
地址：萝岗区开发大道350号科教楼
电话：82112604

## ·2010年萝岗区国有企业领导名录·

广州开发区工业发展集团有限公司

**党委书记、董事长：**洪汉松
**党委副书记、董事、总经理：**钟英华
**党委副书记、纪委书记、董事：**蓝建璇
**董事、副总经理：**陈长虹　肖晨生
蒋自云　崔幼文
**副总经理、兼国营黄陂农工商联合公司董事长：**刘飞军
地址：萝岗区开发大道233号4-6楼
电话：82112812

广州开发区建设发展集团有限公司

**党委书记、董事长：**何颂扬
**党委委员、董事、总经理：**
崔新宇（2010.2离任）
黄明云（2010.2任）
**党委副书记、纪委书记、董事：**李莉萍
**副董事长：**尹东宏
**常务副总经理：**王清华（2010.3任）
**董事、副总经理：**黄明云（2010.2离任）
陈益平
徐雪影（2010.3停职）
王清华　王　平
**总经理助理：**陈　帆（2010.7离任）
孙　钟　范树鸿（2010.3任）
地址：广州开发区开发大道348号建设大厦15-18楼
电话：82112888

广州开发区商业发展集团有限公司

**党委书记、董事长：**许鸿生
**党委副书记、总经理：**郭杰锋
**党委副书记、纪委书记：**刘　明
**常务副总经理：**杜红丰
**副总经理：**叶志强　李泽洪
**纪委副书记：**孙作述
地址：萝岗区志诚大道302号融汇大厦15楼
电话：82112946

广州经济技术开发区国有资产投资公司

**董事长、党总支部书记：**廖建洲
**总经理、党总支部副书记：**赵光南
**党总支部副书记：**叶　林（2010.1离任）
**常务副总经理：**谭永强
副总经理：刘　粤　简小方
地址：萝岗区水西路12号凯达楼B栋6楼
电话：82113005

广州凯得控股有限公司

**董事长：**黄中发
**总经理：**陈福华
**副总经理：**陈　谨　刘　宏　林国定
严亦斌　易　武
地址：萝岗区科学大道239号8-9楼
电话：82113122

广州恒运企业集团股份有限公司

**党委书记、董事长：**黄中发
**党委副书记、总经理：**郭晓光
**副总经理：**杨舜贤　吴必科　朱晓文
陈长新　王艳军
**纪委书记：**黄　河（2010.12任）
地址：萝岗区开发大道235号6-6M层
电话：82068313
广州世星投资有限公司
**董事长：**　智　羽
**总经理：**　智　羽
**副总经理：**吕　波　刘泽繁　蔡广志
曾一芳　李　挺　简若云
地址：萝岗区香雪二路2号香雪商务大厦二楼216室
电话：82210148
广州生物岛科技投资开发有限公司
**董事长：**关瑞华（2010.8任）
地址：广州国际生物岛标准产业单元一期
电话：84297818

### ·2010年广州市直管在区单位领导名录·

广州开发区国家税务局
**局　长：**龙灼桓
**副局长：**朱伟明　黄国强
**纪检组长：**刘海涛
地址：萝岗区开发大道348号建设大厦后座
电话：82091315
广州开发区地方税务局
**局　长：**马世超
**副局长：**张俊杰（2010.8离任）　谭立峰
杨咸胜　叶启新（2010.12任）
**纪检组长：**骆焕强
地址：萝岗区创业路19号
电话：82027803
广州市工商行政管理局萝岗分局
**局　长：**刘利人
**党委书记：**沈以伦
**副局长：**叶清华　陈永利　高　兴　雷逢春
地址：萝岗区志诚大道333号
电话：28207822
广州市萝岗区质量技术监督局
**局　长：**张　敏
**副局长：**张国忠　蔡　虹　郑艳明
地址：萝岗区开发大道255号
电话：82111732
广州市救助管理站
**站　长：**徐福宪
**党委书记：**徐福宪（2010.12离任）
肖冬珍（2010.12任）
**党委副书记：**李建忠（2010.12离任）
徐福宪（2010.12任）
**纪委书记：**肖冬珍（兼）
**副　站　长：**靳凤池　胡国志
钟伯星（2010.10任）
**儿保中心主任：**何国斌
地址：萝岗区果园五路9号
电话：82266873

### ·2010年萝岗区部分驻区单位领导名录·

中华人民共和国黄埔海关
**关　长：**刘广平
**副关长：**宋　浩（2010.1离任）
徐蔚葳　胡　清（2010.9任）
曹灵孝　赖树佳　李宏桂　王钟文
地址：萝岗区保金路36号
电话：82130000
黄埔新港海关
**关　长：**张镜波
**副关长：**杨广河　史东风　邱　辉
林远明（2010.8离任）
黄毅韬（2010.8任）
地址：萝岗区新港路12号
电话：82212802
黄埔海关驻广州经济技术开发区办事处（广州保税区海关）
**关　长：**黄运城
**副关长：**颜锡瑜　秦健衡　贺韶辉
万　辉（2010.5任）
宋海剑（2010.5离任）
地址：萝岗区东江大道264号
电话：82130000
广州海关驻萝岗办事处
**主　任：**向　莉
**副主任：**潘维伯　陈顺贞　廖琦斌
张勇强（2010.5任）
地址：萝岗区开创大道1168号
电话：81102908　81102915
黄埔出入境检验检疫局
**党组书记、局长：**樊武疆
**副局长：**梁东平　李振昌　姚柏辉
地址：萝岗区创业路17号
电话：82092137
黄埔出入境检疫检验局广州开发区办事处
**主　任：**黄维振
**副主任：**韦大宽　郭伟民
地址：萝岗区东江大道东诚二街
电话：82217567
黄埔出入境检疫检验局新港办事处

**主　任：**林儒龄
**副主任：**梁锦山　区源根
地址：萝岗区新港路6号
电话：82213460

黄埔出入境检疫检验局穗港办事处
**主　任：**郑创新
**副主任：**邱日长　张荣就
地址：萝岗区东江大道122号
电话：82228779

广州新港海事处
**处　长：**欧仲健（2010.6离任）
陈志刚（2010.7任）
**副处长：**陆　彬　张先进
欧义芳（2010.6离任）
地址：萝岗区新港前路海事大楼
电话：82214039

广州经济技术开发区出入境边防检查站
**站　长：**李尚明
**副站长：**邓俊强
地址：萝岗区东江大道122号211室
电话：82222677

萝岗区消防大队
**大队长：**黄华溪
**教导员：**莫丽娜
地址：萝岗区新阳西路22号
电话：32209191

武警广东省总队第二支队
**支队长：**李春戌
**政治委员：**刘继云
地址：萝岗区联和街斑领村
电话：61394888

广东省知识产权研究与发展中心
**主　任：**徐宇发
**副主任：**魏庆华　彭雪辉　张元琴
地址：萝岗区科学大道182号创新大厦C3栋2、3层
电话：32210174

广州萝岗供电局
**局　长：**冯志韦（2010.6离任）
李江帆（2010.6任）
**副局长：**吴重灵　伍伟华
地址：萝岗区开发大道明珠楼48号
电话：82213888

广州经济技术开发区邮政局
**局　长：**姜东平（2010.1离任）
符志华（2010.2任）
**局长助理：**张玉莉
地址：萝岗区开发大道362号
电话：82224276

中国移动广东公司广州开发区分公司
**总经理：**甘　群
**副总经理：**李　红　陈胜立
地址：萝岗区彩频路11号广东软件园C座8楼
电话：10086

中国电信股份有限公司广州黄埔萝岗区分公司
**总 经 理：**黄　城
**副总经理：**林　健（2010.7任）
杨云清　赖宇锋
地址：黄埔区广新路18号
电话：82118917

中国银行广州开发区分行
**行　长：**万秋红
**副行长：**任奔滔　钟洪涛
**副行长、纪委书记：**高　翔
联系地址：广州经济技术开发区青年路2号
业务咨询电话：82220998

中国农业银行广州开发区支行
**行　长：**涂政达（2010.1离任）
杨明德（2010.1任）
**副行长：**毛志平　严　华　邓河川
联系地址：萝岗区科学大道191号1、2、4层
业务咨询电话：32210888

中国建设银行广州经济技术开发区支行
**行　长：**李启利（2010.8离任）
宋建英（2010.8任）
**副行长：**李文涛（2010.1离任）
杜玉芬（2010.2任）　余影红
谢文杰（2010.4离任）
**行长助理：**廖　刚（2010.4任）
黎智慧（2010.8任）
地址：萝岗区志诚大道302号融汇大厦
电话：82226708

中国工商银行广州经济技术开发区支行
**行　长：**黄德洪
**副行长：**戴　勇（2010.7离任）
关宇萍　江　刚
**行长助理：**李　晶（2010.7任）
地址：萝岗区开创大道北香雪山二路2号
电话：32012608

广州银行开发区支行
**行　长：**林耿华（2010.2离任）
谢育能（2010.2任）
**副行长：**李仲林（2010.2离任）
朱建生（2010.2任）
李先志（2010.2任）
地址：萝岗区青年路3号利丰大厦1、2层
电话：82214832

广州农村商业银行开发区支行

**行　长：**萧志权
**副行长：**刘　昇（2010.3离任）
李　珂（2010.3任）
**行长助理：**刘　蔚（2010.3任）
地址：萝岗区开创大道1932号
电话：32205922

招商银行广州开发区支行
**行　长：**彭晓华
地址：萝岗区开发大道428号1层
电话：82069930

中国光大银行广州开发区支行
**行　长：**林　伟（2010.11离任）
**副行长：**陈一萍（2010.11主持全面工作）
梁继东
地址：萝岗区开发大道231号
电话：82225700

广东发展银行广州开发区支行
**行　长：**宋文彬
**财务经理：**岑秀华
**分行公司总部经理：**陈卫红（2010.8离任）
欧海强（2010.8任）
地址：萝岗区青年路83号
电话：82213428　82223872

汇丰银行（中国）有限公司广州开发区支行
**行　长：**杨宇锋（2010.9离任）
何嘉璐（2010.9～2010.12代）
曹智斌（2010.12任）
地址：萝岗区开发大道368号明珠大酒店8楼
电话：83131687

中信银行广州开发区支行
**行　长：**杨式钗
地址：萝岗区彩频路11号软件园B栋首层
电话：32207843

东亚银行广州开发区支行
**行　长：**王勇军
地址：萝岗区开创大道120号
电话：62257132

中国人民财产保险股份有限公司广州市经济技术开发区支公司
**总经理：**杨劲锋
**副总经理：**陈　翔　李　青（2010.12离任）
地址：萝岗区开发大道商业一号楼副楼
电话：82001773

广州港集团有限公司新港港务分公司
**总经理：**芦镇华
**党委书记：**关良修（2010.1离任）
芦镇华（2010.1任）
**党委副书记、纪委书记、工会主席：**吴文佩
**副总经理：**张振中（2010.1离任）
钟则都　许遵勇（2010.1任）
**总经理助理：**杨马珍（2010.1任）
地址：萝岗区宝石路1号
电话：82158380　82216333　82216582

广州港集团有限公司西基港务分公司
**总经理：**詹义河（2010.1任）
**党委书记：**张大军
**党委副书记：**吴　新
**副总经理：**詹义河（2010.1离任）　詹建北
**总经理助理：**许遵勇（2010.1离任）
钟灿森（2010.1任）
地址：萝岗区金碧路171号
电话：82158100

广州集装箱码头有限公司
**董事长：**陈洪先
**总经理：**王绍良（2010.3离任）
黎志伟（2010.3任）
**副总经理：**刁素芳（2010.1离任）
李军武（2010.1任）
地址：萝岗区黄埔新港路1号
电话：82256388

（区志办编）

## 2010年广州开发区发展概述

**【广州开发区概况】**　2010年，广州开发区贯彻落实《珠江三角洲地区改革发展规划纲要》，实施“双提升”战略，抓住亚运机遇，顺利完成全年工作任务并超额完成“十一五”规划预期目标，主要经济指标实现五年翻番，产业结构不断优化，转型升级实现新突破。地区生产总值、工业增加值、工业利润总额、财政收入、税收收入、外商投资企业税收收入6项指标继续位居全国国家级开发区第一位，地区生产总值七连冠。

2010年广州开发区实现地区生产总值1617.83亿元，同比增长18.6%，比2005年增长1.46倍，“十一五”期间（下同）年均增长19.4%；工业总产值4227.52亿元，同比增长21.26%，比2005年增长1.63倍，年均增长21.32%；财税总收入388.56亿元，同比增长24.78%，比2005年增长1.48倍，年均增长19.91%；实际利用外资12.26亿美元，同比增长5.23%；出口总额136.77亿美元，同比增长33.26%；完成固定资产投资317.81亿元，同比增长20.12%，其中财政基础设施投资107.41亿元，同比增长6.11%；“十一五”期间累计完成基础设施投资386.87亿元，是“十五”期间的2.36倍。

【广州开发区重大产业基地和项目建设成效显著】2010年，广州开发区被批准成为国家新型工业产业化（工业设计）示范基地、国家现代服务业产业化基地、广东省新一代通信设备和终端制造产业基地、物联网产业基地、平板显示产业基地、广州市信息化和工业化融合示范区。国家级产业基地累计达到13个。LG 8.5代液晶面板项目获得国家核准。金发科技等20个项目入选广东省现代产业500强，威创等30家企业入选广州战略性新兴产业重点企业。新增世界500强投资项目4个。“一企一策”扶持的29家企业合计产值占全区37%，增速高于全区工业总产值增速8个百分点；出口总额占全区49%，增速高于全区出口增速19个百分点。克服亚运限制施工影响，全年共筹建企业240家，顺利实现企业投产91家，试产19家，开工筹建企业76家，签订土地合同企业54家。广州科学城科技企业加速器一期11万平方米已建成，一批优质项目已进驻，二、三、四期工程已动工建设。顺利推进广州国际生物岛13万平方米标准产业二、三单元建设，全面展开招商引资工作，储备了一批高端项目。

【广州开发区自主创新能力提升】 2010年，全区财政安排科技发展专项资金2.5亿元，全区R&D经费占GDP的比重3.6%。新成立内资科技项目317项，同比增长20%。新增6名中央“千人计划”创业人才，累计达到8人，广州市入选“千人计划”创业人才全部落户区，占全省总数的42%；新增领军人才11名，累计20人。新增企业博士后工作站2家，累计达13家。成立高层次人才服务区和高层次人才协会，强化人才服务工作。区内创业投资总规模扩大到130亿元。推动广州毅昌科技股份有限公司等4家企业成功上市，融资规模达到52亿元，全区上市企业累计达22家。企业获得上级技术改造、技术创新及进出口专项扶持金共1.12亿元。慧谷化学等13家企业成功申报市级以上企业技术中心。全区经认定的省级研发中心14家，占全市21%；市级研发中心32家，占全市26%；省级企业技术中心15家，占全市的16%；市级企业技术中心13家，占全市的32%。实现高新技术产品产值1750亿元以上，同比增长25%以上，比2005年增长2倍以上，年均增长近25%，占全区工业总产值比重平均每年提高1个百分点，达到42%。专利申请量2206件，同比增长26.3%；专利授权1196件，同比增长81%。获得1项中国专利金奖，累计3项，占广州市的60%。

【广州开发区第三产业加快发展】 2010年，广州开发区三次产业结构为0：73.99：26.01，第三产业比重比2009年提高近1个百分点。其中：第三产业实现增加值420.73亿元，同比增长24.27%，比全区GDP和第二产业增加值增速分别高出5.67和7.42个百分点，第三产业增加值占全区GDP的比重达到26.01%，“十一五”期间，第三产业增加值比重实现每年1个百分点的提升。

【广州开发区绿色增长成效明显】 2010年，广州开发区国家生态工业园区建设顺利推进。扎实推进循环经济国家示范园区建设，推动实施一批节能技术改造和循环经济重点项目。鼓励企业清洁生产，推动公共部门带头节能减排，100家企业签订自愿清洁生产承诺书并启动清洁生产，23家重点能耗企业完成年度节能量42045吨标准煤，完成计划节能量162.8%。加强重点工业企业排污和机动车排气污染治理。全年清理涉及土地闲置企业39家，收回闲置土地约15.4万平方米。全年主要污染物排放量继续下降，其中化学需氧量（COD）排放量7495.5吨，同比下降18.7%；二氧化硫（$SO_2$）排放5872吨，同比下降34.19%，完成市下达控制指标。“十一五”期间万元GDP能耗下降近20%，实现绿色增长。

【广州开发区体制机制创新】 2010年，广州开发区全面实施《广州国家级开发区创新发展模式改革试验总体方案》，围绕重点领域制定《创新发展模式三年行动计划》，推动体制机制创新。积极推进《广州开发区行政事业性收费综合改革试点方案》取得阶段性成果。开展区融资体制改革，探索新融资平台建设。开展学习借鉴新加坡成功发展经验专题研究，在城市规划、生态建设、社会管理、知识经济等方面推动研究成果向政策措施转化。推行模块化、精细化管理，提高质量体系运行效能，着力优化工作要素，提高工作效率。完成全区行政审批、备案事项的清理工作，总精简率达到56.51%。提高行政审批效率，对48项审批事项缩减时限297个工作日，平均减少6.39个工作日。不断加深与企业的联系沟通，深化区六大支柱行业协会作用，完善“企业网”功能，组建企业信息员队伍，组织区自主创新企业产品展。进一步完善用地项目评审机制，优化招商奖励机制。理顺国有资产管理权限，经营性国企经营效益明显增长。 （康文斌）

【广州高新技术产业开发区】 2010年，广州高新技术产业开发区（以下简称“广州高新区”）实现营业总收入3413.8亿元，同比增长27.86%。完成固定资产投资119.83亿元，其中基础设置投资55.96亿元。实行“一区多园”的运作模式，通过发挥园区所在地区政府的能动性，全区综合经济、科技实力不断提升。2010年全区专利申请4241件，同比增长26.71%，其中发明专利2415件，同比增长32.77%；

专利授权2375件，同比增长48.3%，其中发明专利715件，同比增长40.47%。

其中，广州科学城完成工业总产值1382.49亿元，同比增长35.76%。天河科技园区全年实现技工贸总收入740.19亿元，比上年同期增长19.97%，天河软件园实现总收入712.5亿元，同比增长31.5%，软件收入425亿元，同比增长32.26%；软件园累计认定软件企业586家，占全市的60.47%。黄花岗科技园实现技工贸总收入230.39亿元和税收7.01亿元，同比分别增长25.79%、26.26%。广州民营科技园2010年新引进企业45家，2010年技工贸总收入55亿元，实现税收1.7亿元，完成固定资产投资4亿元，分别同比增长31%、15.6%、450%。南沙资讯园区实现工业总产值1.53亿元，其中，高新技术产品产值达1.12亿元，占总产值的73.4%。

（徐　曼）

**【广州保税区和出口加工区】**　2010年，广州保税区实现进出区货值126.74亿美元，同比增长97.8%；其中，进出口货物总值37.42亿美元，同比增长41.44%（出口总值 14.83亿美元，同比增长42.61%，进口总值22.60亿美元，同比增长40.69%）；工业总产值78.22亿元，同比增长6.61%；税收总额10.4亿元，同比增长1.60%，其中国税收入7.75亿元，同比增长21.86%，地税收入2.81亿元，同比下降27.161%；新设立内资企业59家，注册资本5296万元，同比增长5.54%；新设立外商投资企业16家，合同利用外资-616万美元，实际利用外资 4265万美元，同比增长2.11倍；固定资产投资1.76亿元，同比下降13.78%。广州保税物流园区全年实现进出区货值90.4亿美元，同比增长1.9倍。成功举办第五届广东国际酒饮博览会；华南酒类检测中心全面启用。

广州出口加工区实现工业总产值22.2 8亿元，同比下降11.9%；实现出口额3.34亿美元，同比下降6.55%。

（康文斌）

**【2010年广州开发区领导名录与组织机构】**

中共广州开发区工作委员会

书　记：薛晓峰（2010.6离任）

　　　　凌伟宪（2010.6任）

副书记：石奇珠　陈小华

委　员：郑锡雄　蔡刚强　李红卫　赵春华

　　　　郭粤明　赵伟国　刘晓光

　　　　马正勇　崔新宇　魏待征

广州开发区管委会

主　任：薛晓峰（2010.6离任）

　　　　凌伟宪（2010.6任）

副主任：石奇珠　郑锡雄　蔡刚强

　　　　李红卫　郭粤明　崔新宇

管委会秘书长：崔新宇（2010.10离任）

　　　　　　　王春华（2010.10任）

中共广州开发区纪律检查工作委员会（监察局）

书　记：赵春华

工委办公室（管委会办公室）

主　任：陈小华

组织部（机构编制委员会办公室、人事局、老干部局）

部　长：刘晓光

宣传部

部　长：马正勇

政策研究室（法制办公室）

主　任：沈　奎

发展和改革局

局　长：江　洲

经济发展和科技局

局　长：孙秀清

规划局（广州市国土资源和房屋管理局广州开发区分局）

局　长：莫国洪

财政局

局　长：雷新国（2010.3离任）

　　　　赵国生（2010.3任）

劳动和社会保障局

局　长：黄金持

建设和环境管理局

局　长：胡志军

保税业务管理局

局　长：吴尚伟

企业建设局

局　长：张超平

国有资产监督管理办公室

主　任：李鸿生

驻北京办事处（2010年撤销）

主　任：王春华（2010.10离任）

（区志办编）

## 中新广州知识城开发建设

**【概况】**　中新广州知识城（以下简称“知识城”）是中共中央政治局委员、广东省委书记汪洋和新加坡国务资政吴作栋共同倡导与推动的粤新合作的标志性项目。2008年9月汪洋访问新加坡提出合作意向。2009年3月24日，广州开发区管委会与新加坡吉宝企业集团签署《关于合作建设“知识城”项目的备忘录》，确定广东与新加坡合作建设知识城。同年7月，完成可行性研究工作。知识城选址于纳入国务院颁布的《珠江三角洲地区改革发展规划纲要（2008~2020年）》的广州科学城北区，规划面积为123平方公里，其中起步区为10平方公里。广州开发区相继成立“广州科学城北区知识城建设指挥部办公室”、“知识城项目办公室”两个单位，分别承担着征地拆迁安置、建设和商业谈判、宣传推介、项目引进等工作。2010年6月30日，中新广州知识城在知识城规划展示厅前广场举行奠基仪式，汪洋和新加坡国务资政吴作栋出席并致辞。8月，在广东省推进粤新合作“知识城”项目建设领导小组框架下，成立广州市推进粤新合作“知识城”项目建设领导小组，广州市委、市政府专门成立由张广宁任组长、万庆良任常务副组长，市领导凌伟宪、邬毅敏、苏泽群、陈如桂、贡儿珍、王东任副组长，谢晓丹等22个市属单位一把手担任成员。12月25日，知识城管理委员会揭牌，内设知识城项目办公室、建设办公室和社会事务办公室3个办事机构。知识城管委会在规划、国土、投资、公共设施、环保、建设、外资管理等方面具有市一级管理权限。11月12日，中新双方签署中新广州知识城投资开发有限公司合资合同，合资公司负责知识城的总体开发，建立国际招商网络，参与投资、建设、营运和管理知识城的基础设施和部分配套设施，注册资本40亿元，中新双方各持50%的股份。12月21日，知识城安置区建设和道路系统启动仪式举行，知识城南部安置区、中部安置区一期、北部安置区一期先后动工。起步区项目报批和合资公司报批顺利推进；项目引进成效明显，签约落户知识城的项目累计45个。至2010年底，已出台《广州科学城北区征地补偿办法》、《广州科学城北区征地工作实施方案》等政策方案。《中新广州知识城条例》完成初稿起草。知识城迅速进入全面开发建设阶段。

【领导重视推进知识城开发建设】 2009年8月，中共中央政治局常委、国务院总理温家宝同意将知识城纳入中新双边合作联委会的地方合作框架；2010年11月12日，温家宝考察广州，听取中新广州知识城汇报。2010年11月15日～16日，中共中央政治局常委、国家副主席习近平出访新加坡期间，5次向有关部门负责人了解知识城情况，会后派出国家商务部副部长陈健负责知识城项目调查研究。2010年7月23日，副总理王岐山及新加坡副总理黄根成在中新两国合作联合委员会（JCBC）第七次会议上明确表示支持知识城项目，支持在高科技、生态、环保、城市发展、人才培训等方面与新加坡合作；新加坡副总理黄根成表示，将尽力而为，积极投入。中共中央政治局委员、广东省委书记汪洋先后19次就知识城开发建设模式等若干重大问题作出批示，6次会见新方高层领导，使知识城的开发建设得以加快推进。省长黄华华对知识城项目批示5次，5次会见新方政企高层，并在中国-东盟自贸区合作活动等重大场合推荐知识城项目。2009年7月23日，常务副省长朱小丹访问新加坡，拜会国务资政吴作栋，推动知识城建设。2010年6月17日，市委书记张广宁访问新加坡，拜会国务资政吴作栋；张广宁赴北京拜会国家发改委、国土资源部、商务部领导，向副总理王岐山汇报知识城项目进展情况，并致信新加坡方面领导，协调国家层面和新加坡方面的支持。2010年7月14日，市长万庆良访问新加坡，拜会吴作栋等新方政企高层，进行深入交流和探讨，确定推进粤新合作和知识城项目的重大事项；陪同国务院秘书局调研组到知识城实地调研，赴京就知识城项目报批与国家发改委沟通。

【知识城规划】 知识城项目选址在《珠江三角洲地区改革发展规划纲要（2008～2020年）》所提出的广州科学城北区，位于广河高速以北萝岗区九龙镇镇辖区范围内，规划面积约123平方公里，可开发建设用地约60平方公里。规划总人口约50万人（其中就业人口约25万人），分三期建设。知识城起步区10平方公里，计划于2015年初步建成。

城市土地开发方面，近期（2015年）：城市建设用地规模约8平方公里，人均建设用地面积约100平方米；远期（2020年）：城市建设用地规模控制在30平方公里以内，人均建设用地面积控制在115平方米以内。远景（2020年以后）：城市建设用地规模控制在60平方公里左右。

知识城分为南部组团、中部组团和北部组团，以研发、服务和生产功能为主导，各组团功能分别有所侧重：南部组团围绕生命健康、新能源与节能环保等产业，重点打造知识创新、科技研发、高等教育、知识成果孵化和知识产权交易等功能；北部组团发展新型材料、新能源、节能环保、生物医药、电子信息等产业，形成先进制造业基地；中部组团重点发展总部经济、商业金融信息、研发设计和教育培训等知识性产业，打造创新和交流平台。

知识城突出知识经济特点，产业规划上重点聚焦在研发服务、创意产业、生命健康、教育培训、信息技术、生物技术、新能源与节能环保、先进制造等八大支柱产业，对接国家战略性新兴产业。

知识城项目的主要特点包括。一是产业高端发展。知识城产业用地50%以上为科研类用地，形成以知识密集型服务业为主导、高附加值制造业为支撑、宜居产业为配套的产业结构。二是人才高端聚焦。将形成以高端人才优先发展、引领和带动经济社会科学发展的格局。三是运行机制改革创新。采取“企业先行、政府推动、市场运作”的运作模式，中新双方按照50：50的股份比例共同组建合资公司，充分发挥企业、政府、市场的优势，形成风险共担、共赢发展的机制。四是环境宜业宜居。强调用地混合布局和综合使用，住宅区用地占建设用地比例约为27.7%，产业用地占35.4%。未来3～4年交通将得到极大改善，开通地铁14号线知识城支线、穗莞深城际轨道，加强与中心城区、国际空港的联系，加快建设商贸、居住等配套设施。五是管理先进。运用新方及社会资金，借鉴新加坡社会管理等方面的成功经验，努力走出一条新路子。

2010年，中新双方确定中新广州知识城开发建设的时序。今后5年将集中全力推动约10平方公里的起步区建设，共同致力把知识城打造成为引领广州、广东乃至中国产业高端发展尤其是知识型经济发展的新引擎、汇聚全球精英人才的高地、国际一流水平的生态宜居新城、中新战略合作的代表项目和杰出典范。

知识城总体规划、起步区控规和知识城市政专项规划编制稳步推进。《中新广州知识城概念性总体规划》于2010年4月获省政府原则性通过；2010年7月19日，《中新广州知识城总体规划》上报市规划局。8月26日，知识城总体规划通过市规划局专家评审会。11月9日，知识城总体规划修改后的成果通过管委会、区政府常务会议审议，12月9日，以开发区管委会、萝岗区政府的名义正式上报市政府。2010年7月12日，《中新广州知识城起步区（8.04平方公里）控制性详细规划》上报市规划局。8月9日，知识城起步区控制性详细规划通过市规委会审议。完成公示后，于11月11日将修改后的成果由市规划局上报市政府审批。

**【中新广州知识城规划展示厅】** 2010年4月30日，广州开发区、萝岗区决定建设中新广州知识城规划展示厅（以下简称“知识城展厅”），为知识城奠基仪式作准备。5月1日凌晨，第一辆掘土机开进施工场地；5月28日，知识城第一栋建筑——知识城规划展示厅落成，包括整体建筑、内部装修和所有设备的安装调试和正常使用。5月31日上午，开发区管委会在知识城展厅举办落成典礼。整个展厅建筑采用钢结构，由广州科学城北区知识城建设指挥部办公室（简称“北区办”）作为建设业主单位，广州开发区建设发展集团为项目实施的建设总承包方。展厅总面积1612平方米，大门正堂展厅838平方米，正堂左、右侧分设有会议室、VIP休息室。整个工程平整土地面积达133.33万平方米。展厅内还设置面积达138平方米的知识城规划沙盘模型以及3.66米×12.2米显示屏等设备，该沙盘是开发区建设史上最大的沙盘。展厅外有展示知识城签约项目介绍的画廊、450米的“绿道”以及面积达1000平方米的停车场。场内外共种植乔木388株，花（灌木）8800株，草皮3万多平方米。5月1日至28日，实现28天建成展厅的“开萝新速度”。新加坡国务资政吴作栋在知识城奠基仪式上说“28天建成这样的展厅，对我来说，简直是不可思议”。

知识城展厅是目前唯一一个让外界对知识城项目有较为直观和全面认识的平台，建成后吸引大批国内外各界人士前来参观考察。至2010年底，完成接待国内外参观者680批次，超过6000人次。

**【中新广州知识城奠基】** 2010年6月30日下午，中新广州知识城奠基仪式在萝岗区九龙镇九龙大道中段的知识城南起步区举行。中共中央政治局委员、广东省委书记汪洋，新加坡国务资政吴作栋出席仪式并致辞。仪式由广州市委常委、常务副市长邬毅敏主持。市长万庆良代表广州市政府与广州知识城投资开发有限公司负责人、新加坡知识城私人有限公司总裁签订知识城总体协议；广州市委常委、市委秘书长、广州开发区党工委书记、管委会主任、萝岗区委书记凌伟宪，新加坡星桥国际公司总裁许庆和，广州开发区管委会副主任、秘书长崔新宇签订知识城实施协议；首批入驻知识城的33个项目一并在仪式上签约。广东省委副书记、省长黄华华，国家科技部副部长张来武，广东省委常委、常务副省长朱小丹，广东省委常委、广州市委书记、广东省知识城领导小组组长张广宁，广东省副省长、广州市委副书记、市长、广东省知识城领导小组副组长万庆良，海关总署副署长、广东分署主任吕滨，葛长伟、唐豪、谢鹏飞、陈勇等广东省委、省政府领导，张桂芳、林元和、方旋、凌伟宪、邬毅敏、孔少琼、颜小明、徐志彪、陈明德、陈国、曹鉴燎、陈如桂等广州市委、市政府领导，中山市委副书记、副市长、代市长薛晓峰，以及新加坡新闻、通讯及艺术部代部长吕德耀、新加坡人力部兼贸工部政务部长李奕贤、星桥国际私人有限公司董事长林子安、总裁许庆和等出席奠基签约仪式。

**【中新广州知识城管理委员会挂牌】** 2010年12月25日上午，中新广州知识城管委会揭牌暨重点项目签约仪式在广州花园酒店举行。广州市委副书记、市长、广东省知识城领导小组副组长万庆良出席仪式并致辞。京东商城、勤上光电等10个科技含量高的知识经济项目在现场签约。中新广州知识城进入全面开发建设新阶段。10月21日，广州市政府出台《中新广州知识城管理委员会主要职责内设机构和人员编制规定》，明确知识城管委会为广州市政府的派出机构，代表广州市政府对知识城实行统一领导和管理。知识城管委会主任由广州开发区管委会主任（党工委书记）兼任。管委会内设知识城项目办公室、建设办公室和社会事务办公室3个办事机构。知识城范围内的社会事务工作由萝岗区政府负责，党务和组织人事工作由广州市委委托广州开发区党工委承担。仪式由广州开发区党工委副书记、管委会副主任、萝岗区委副书记、区长石奇珠主持。广州市领导张桂芳、林元和、方旋、凌伟宪、邬毅敏、陈明德、贡儿珍、王东、谢晓丹，黄埔海关党组书记、关长刘广平，海关总署广东分署副主任何力，新加坡驻广州总领事代表王华德副领事，新加坡国际企业发展局副司长饶忠明，星桥国际新加坡私人有限公司常务副总裁郑汉杰，广东省、广州市知识城项目建设领导小组成员，广州开发区、萝岗区领导出席仪式。

【中新广州知识城管委会获广州市一级管理权限】 2010年10月22日，广州市政府以第40号政府令发布《关于明确中新广州知识城管理委员会管理权限的决定》，从规划、国土、投资、公共设施、环保、建设、外资管理等方面赋予知识城管委会市一级管理权限。该决定明确规定，广州市政府和市相关职能部门委托知识城管委会编制中新广州知识城总体规划和控制性详细规划；行使国有土地使用权证核发、收回国有土地使用权审批、建设用地批准书（含变更）核发、土地使用权出让审批以及闲置土地的处置工作；负责知识城水务、供水、燃气、交通等公共设施项目的投资、立项审批以及建设工作；负责建筑工程施工许可，建设工程方案与大中型建设项目初步设计审查，城市道路设计审批，招标投标和工程质量安全监督，建筑业、勘察设计和建设市场中介服务企业的监管等；负责知识城企业、外商投资项目核准、政府投资项目审批等。

【项目申报】 2010年6月30日，中新广州知识城项目正式签约后，朱小丹、张广宁、万庆良等省、市高层赴京协调，积极争取国家部委的支持并取得重大成效。省、市发改委完成对知识城起步区项目的审批，2010年9月19日，国家发改委受理《中新广州知识城起步区项目的核准申请报告》；2010年11月18日，国家发改委委托浙江省发展规划研究院进行知识城起步区项目的评审工作。该院赴广州开发区实地考察，并原则通过《中新广州知识城起步区项目申请报告》，商务部、国土资源部、环保局、住建部等国家有关部委向国家发改委出具明确的支持意见。

申报土地综合改革试点工作稳步推进，省国土资源厅已牵头编制《关于在广州市萝岗（开发）区开展土地管理综合改革试点的建议》。知识城土地运作模式具体方案上报市国土局。成立扩区工作小组开展工作。经市委、市政府同意，市政府正式向省政府申请广州经济技术开发区向萝岗区（知识城）扩区的建议方案。 （赵 爽）

【知识城招商引资】 2010年4月，中新广州知识城正式启动招商工作，15日，召开招商推介说明会，向全区招商公司介绍项目的总体规划、建设进度和进展情况。

11月12日下午，中新双方签署中新广州知识城投资开发有限公司合资合同。中新广州知识城投资开发有限公司由广州开发区管委会直属国有企业与新加坡淡马锡控股旗下的星桥国际新加坡私人有限公司的全资子公司出资组建，注册资本40亿元，中新双方各持50%的股份。中新合资公司将负责知识城的总体开发，建立知识城国际招商网络，参与投资、建设、营运和管理知识城的基础设施和部分配套设施。广州开发区、新加坡星桥公司与新加坡国际企业发展局制定国际招商网络合作方案并开始实施，并组成联合工作小组，推进合资公司成立前的各项前期工作。至2010年末，签约落户知识城的项目累计43个。 （黄嘉庆）

【征地拆迁】 2010年，广州科学城北区知识城建设指挥部办公室（以下简称“北区办”）负责的征地工作主要包括：知识城起步区、安置区、九龙工业园二期等地块。至2010年12月15日，按计划完成7030亩的征地协议签订工作。

推进被征地农民的养老保险工作。2010年，北区办完成何棠下村人和、兴隆、红旗、群英四人社755人的被征地农民养老保险办理工作；完成何棠下村革命社、红卫社、东风社、前进社，长庚村第四经济社1009人被征地农民养老保险名单的公示工作。解决原白云区九佛工业园历史征地遗留问题，一次性为1242名历史征地农民全额解决养老保险问题；何棠下村已办理被征地农民养老保险并为年满60周岁的农民办理并领取养老费存折。

推进拆迁工作。2010年，北区办起草上报《广州科学城北区房屋拆迁补偿安置办法》，采取局部试行的方式，用20天时间，完成奠基仪式现场4600平方米的房屋拆迁。结合拆迁维稳工作要求，编写《广州科学城北区知识城征地拆迁风险评估细则》和《广州科学城北区知识城征地风险评估表》、《广州科学城北区知识城拆迁风险评估表》。南起步区首期开发区域内的广州力智农业公司所属的养猪场地块850亩，广州有林公司属下的九佛养鸡场95亩，在土地权属、补偿安置标准、水库移民等历史遗留问题方面分歧较大，致使征地拆迁工作受阻。北区办会同九龙镇与两公司开展多轮谈判，圆满解决养猪场地块的征地拆迁工作。完成南、中、北安置区拆迁的前期摸查和测量、评估及管线迁移的拆迁委托，启动中安置区的管线迁移工作。启动起步区别墅区及其周边厂房等房屋的拆迁前期测量评估工作。

【农民安置区建设】　2010年，通过摸查，知识城范围内需要安置的总人数约5万人、1.22万户，需安置面积约350万平方米。安置区建设进度影响着知识城征地和路网建设。北区办克服起步区控规、审批手续程序等困难，革新工作思路，加强与规划、国土、建设、招投标等部门的协调，及时开展南、北、中安置区一期的选址、可研、修详规、环评、方案设计、招投标等各项工作，该办组织力量深化设计方案，借鉴科学城安置区的建设标准，起草科学城北区安置区建设标准并报区领导和规划部门，初步确定建设内容、建设标准、经济技术指标参数、设计理念、外立面设计、装修标准等，完成管委会提出安置区工程争取在年内动工的目标。12月21日，中新知识城安置区暨道路系统正式动工。知识城规划建设11个征地农民安置区，实行政府主导、先安置后拆迁、集中建设的模式，破土动工的知识城中部农民安置区一期，是广州开发区、萝岗区2010年相继启动的北、中、南三个安置区建设项目之一。中安置区（一期）建设项目选址于九龙镇棠下村，规划用地面积31331平方米，容积率2.2，总建筑面积97672平方米，计划建设728套住宅。南安置区建设项目选址于九龙镇长庚村，规划用地面积64082平方米，容积率2.2，总建筑面积210972平方米，计划建设1450套住宅。北安置区（一期）建设项目选址于九龙镇红卫村，项目规划用地面积40037平方米，容积率2.2，总建筑面积128495平方米，计划建设907套住宅。知识城安置区土地通过国有建设用地划拨的形式实现房屋产权自有化，在过渡期结束后只需补齐相关土地款项即可实现自由买卖。

【知识城路网建设】　2010年，知识城道路系统启动了前期工程。知识城主要道路有九龙大道、九太公路、龙马路、佛秋公路和九龙工业园道路等，除九龙大道和九龙工业园道路，大部分道路均为双向两车道的水泥路面。全面启动轨道交通、高（快）速路、主干路建设，构建现代化的交通路网体系，以路网建设推动知识城开发，以路网建设推动项目引资，以路网建设改善民生福祉。12月21日，启动知识城道路系统前期工程，包括知识城市政道路的一期工程，“井”型快速骨架路网和内部主要路网。“井”型快速路是：知识大道西起白云区界，东至增城区界，双向8车道，全长约12公里；永九快速南起永龙隧道，北至新广从公路，双向10车道，全长约18.8公里；钟太快速路西起白云区界，东至增城区界，双向8车道，全长约6.5公里；东部快速路南起广汕公路，北至北三环高速，双向10车道，全长15.8公里。“井”型快速路网南与广河高速联通，东与规划中的北三环高速相接，北与新广从、华南快速干线等相连，跨市交通及与广州市中心城区联络更为便捷。知识城组团内部路网充分吸取新加坡先进经验，采用“环+网格”结构形式，与“井”型快速路有机形成“引导型”整体路网。主要道路包括南起步区双向6车道的KS1、KS2、KS3、KS4号路工程。　（赵　爽）

【中新广州知识城“智慧城”建设】　2010年，区信息办作为中方代表与新加坡方面就知识城“智慧城”建设工作开展合作，经过中新双方充分的沟通协作，各项工作扎实推进。6月30日，与新加坡IDA国际公司签署项目合作框架协议，制定初步规划。10月，与新加坡星桥国际有限公司副总裁郭景岳讨论中新广州知识城建设“智慧城”的工作计划。双方一致同意将“智慧城”的规划工作作为合作的首要任务。11月，由区信息办牵头，围绕制订《中新广州知识城—智慧城规划》工作展开内部调研，收集各小组对建设智慧城的意见和建议，为下一步科学制定智慧城规划奠定基础。11月中旬，区信息办在听取IBM专家意见的基础上，编写完成《中新广州知识城—智慧城规划提纲》。截至12月底，区信息办与中国移动、中国电信、日立公司等公司，就“智慧城”建设事宜进行商讨。（王丹丹）

【2010年中新广州知识城管理委员会领导名录与组织机构】

中新广州知识城管理委员会（2010.12揭牌）

**主　任：**凌伟宪

**副主任：**石奇珠　李红卫　崔新宇

中新广州知识城管理委员会社会事务办公室

**主　任：**石奇珠

**副主任：**谭均乐　李新强

中新广州知识城管理委员会建设办公室

**主　任：**李红卫

**副主任：**胡志军　谢鸿滨

中新广州知识城管理委员会项目办公室

**主　任：**崔新宇

**副主任：**申　平　傅文波

（区志办编）

# 党政机关

## 中国共产党广州市萝岗区委员会

**【区委一届十次全会】** 2010年1月28日，广州开发区党工委、管委会工作会议暨萝岗区委一届十次全会在萝岗会议中心召开。市委常委，广州开发区党工委书记、管委会主任，萝岗区委书记薛晓峰作《工作报告》，并作题为《事业心是做好工作的内在动力》的总结讲话。全会提出，一要转变经济发展方式，高标准建设广州科学城、中新广州知识城和广州国际生物岛，培育和发展战略性新兴产业，加快发展现代服务业，提升自主创新能力和产业竞争力。二要以迎亚运为契机，统筹城乡规划建设，大力实施“三旧改造”，加强基础设施建设，完善配套功能，加强生态环境保护，加快构建国际化生态型新城区。三要加快推进城乡经济社会发展一体化，推动基本公共服务均等化，切实保障和改善民生，促进社会和谐。四要大力推进行政管理体制、经济体制、社会管理体制等方面的体制改革与创新，增强区域发展竞争力。五要进一步加强民主法治建设，提高依法治区水平。六要切实加强和改进新形势下党的建设，为全区推动转型升级、率先实现科学发展提供坚强政治保证。广州开发区党工委副书记、管委会副主任，萝岗区委副书记、区长石奇珠就落实2010年打造全市乃至全省转型升级先行区、科学发展示范区宏伟目标作出具体部署。

**【区委一届十一次全会】** 2010年7月27日，广州开发区党工委、管委会工作会议暨萝岗区委一届十一次全会在萝岗会议中心开萝厅举行。会议指出，广州开发区、萝岗区作为广州市对外开放的窗口、经济增长的引擎，肩负着改革创新、勇当先锋的重任，必须要以“迎接亚运会、创造新生活”为主题，凝心聚力，狠抓落实，努力创造富裕安康、充满活力、环境优美、文明有序的新生活，力争在广州市建设国家中心城市和全省宜居城乡“首善之区”进程中争当排头兵。市委常委，广州开发区党工委书记、管委会主任，萝岗区委书记凌伟宪作《工作报告》，对全区工作作出部署：一是动员全区力量，全力做好亚运会和残运会举办工作；二是加快转变经济增长方式，提升自主创新能力和产业竞争力；三是加快城市建设转型升级，提升城市宜居宜业水平；四是全面推进城市软件环境建设，着力提升社会管理水平；五是全面推进公共服务均等化，着力提升社会服务水平。广州开发区党工委副书记、管委会副主任，萝岗区委副书记、区长石奇珠就落实全会精神，抓好下半年各项工作落实、提升执行力作具体部署。

**【区委议事会议】** 2010年，中共广州市萝岗区委员会召开一届十次、十一次全会，一届区委第94～114次常委会议21次。围绕区委中心工作，研究部署全区贯彻落实党的十七届五中全会，中央经济工作会议和省委十届七次全会，市委九届九次全会精神，围绕贯彻落实广东省委书记汪洋关于“迎接亚运会、创造新生活”的重要指示，做好亚运会和亚残运会及加快建设全省宜居城乡的“首善之区”的各项工作。凝心聚力，狠抓落实，努力创造富裕安康、充满活力、环境优美、文明有序的新生活，力争在广州市建设国家中心城市和全省宜居城乡“首善之区”进程中争当排头兵。

2010年7月27日，广州开发区党工委、管委会工作会议暨萝岗区委一届十一次全会在萝岗会议中心开萝厅举行。　贾自豪 摄

**【区委重要决策】** 2010年，以开发区党工委、萝岗区委及其办公室名义印发《广州开发区、萝岗区2011年领导干部接待群众来访日工作制度》、《广州开发区、萝岗区区直部门领导班子及领导干部考核评价暂行办法》、《广州经济技术开发区、广州高新技术产业开

发区、广州出口加工区、广州保税区贯彻中央千人计划人才扶持政策实施办法》、《广州开发区、萝岗区机关事业单位表扬批评办法》、《关于进一步加强非公有制经济组织和社会组织党建工作的实施意见》、《区委组织部、区委宣传部关于在全区基层党组织和党员中深入开展创先争优活动的实施意见》、《广州开发区、萝岗区2010年依法治区工作要点》、《关于贯彻落实省、市扶贫开发"规划到户、责任到人"工作实施方案》、《萝岗区信访维稳工作责任考核试行办法》、《萝岗区"迎亚运、讲文明、树新风"城市文明志愿服务全民行动工作分工分解表》、《2010年中共萝岗区委政治协商计划》、《萝岗区重大事项社会稳定风险评估实施意见(试行)》、《萝岗区农村老党员生活补贴办法》、《萝岗区鼓励社会力量参与社会主义新农村建设奖励办法》、《萝岗区村居两委成员及集体经济组织管理人员岗位责任制考核实施办法》、《萝岗区村级党组织和两委会办公经费及两委成员工作补贴办法》、《萝岗区农村环境整治工作奖励办法》、《萝岗区创建生态示范村实施方案》、《广州开发区、萝岗区推进培训和就业工作的实施意见》、《萝岗区街镇领导班子及领导干部考核评价暂行办法》等政策措施，为全区经济社会建设提供制度保障。 (于 珊)

【政策研究】 2010年，广州开发区、萝岗区政策研究室(以下简称"区政策研究室")围绕调结构、促转型的中心任务，组织策划开展一系列重大课题研究。

·中新广州知识城政策体系专题研究· 区政策研究室配合市发改委组织起草《中共广州市委广州市人民政府关于加快推进知识城开发建设的决定》，于2010年4月30日正式印发，为知识城开发建设提供重要政策支撑。与国务院发展研究中心开展合作研究，起草知识城管理与政策体系研究报告，于8月3日通过知识城政策体系研讨会专家评审，为知识城制定各项政策提供指引。配合市编办、市法制办研究起草《广州市人民政府关于明确中新广州知识城管理委员会管理权限的决定(草案)》，经市政府常务会议审议通过，于10月22日以市政府令(2010年第40号)颁布实施。

·生物岛管理体制专题研究· 按照区主任办公会议纪要(〔2009〕98号)要求，区政策研究室会同区发展改革局、经济发展和科技局、财政局、国资办、广州国际生物岛建设办公室、工业发展集团等单位组成调研组，就广州国际生物岛管理运营体制问题进行深入研究。调研组分析了国内外生物科技园区的管理体制，实地考察天津国际生物医药联合研究院、上海张江生物医药基地、武汉光谷生物城三个国内具有一定代表性的生物医药园区，学习借鉴这些园区发展生物产业和园区管理体制的先进经验，形成了《关于广州国际生物岛管理运营体制的建议方案》，提出"政府管理+企业运营"的管理模式，就生物岛营运公司的定位与职责、治理机制等问题提出合理化建议。建议方案获区常务会议审议通过，推动广州国际生物岛科技投资开发有限公司成功组建。

·战略性新兴产业专题研究· 区政策研究室会同区经济发展和科技局按照汇聚高端产业的思路，积极对接国家和省市战略性新兴产业发展规划，结合广州开发区、萝岗区产业现状，组织起草《关于广州经济技术开发区广州高新技术产业开发区广州出口加工区广州保税区广州市萝岗区培育和发展战略性新兴产业进一步提升自主创新能力和产业竞争力的实施意见》(穗开管办〔2010〕26号)(以下简称"《实施意见》")，于2010年6月10日印发实施。该《实施意见》选择确定重点发展的战略性新兴产业领域，提出加快培育千亿级新兴产业集群的目标以及具体政策措施。

·民营经济发展专题研究· 9月18日，市领导凌伟宪在市委市政府《关于加快发展民营经济的实施意见》送审稿上作出批示，要求区政策研究室进行研究并提出贯彻落实意见。区政策研究室随即组织力量，就如何加快广州开发区、萝岗区民营经济发展开展专题研究。对比分析省市政策并借鉴上海、天津、苏州、宁波等地发展民营经济的政策，于10月份完成《广州开发区萝岗区关于加快发展民营经济的实施意见》初稿，于11月4日通过区工商联组织召开民营企业座谈会，征求相关企业意见，并经多次征求全区各有关部门的意见后，形成送审稿。

·人才强区专题研究· 区政策研究室会同区委组织部(人事局)、经济发展和科技局等部门按照聚集高端人才的思路，深入研究促进海外高层次人才创新创业基地建设的政策措施，牵头研究制定《国家级海外高层次人才创新创业基地建设方案》(穗开组通〔2010〕4号)。协助区委组织部制订《广州经济技术开发区广州高新技术产业开发区广州出口加工区广州保税区贯彻中央千人计划人才扶持政策实施办法》(穗开办〔2010〕29号)。为加快构建人才住房保障体系，区政策研究室认真研究国家和省、市关于发展公共租赁住房的指导意见，并赴苏州工业园、无锡新区等兄弟园区开展实地调研，在广泛征求区部门及企业的基础上，起草《广州开发区萝岗区关于加快公共租赁住房建设完善人才住房保障体系的总体实施方案》(送审稿)。

·学习借鉴新加坡经验专题研究· 2010年5月，知识城新方合作伙伴新加坡淡马锡下属星桥国际私人有限公司向省市领导提交《新加坡成功转型的成功要素》的研究报告。常务副省长朱小丹和市长万庆良对报告作专门批示，要求广州开发区、萝岗区组织人员认真研究，提出相应意见。7月30日，市领导凌伟宪批示要求区政策研究室牵头组织研究，提出有针对性的政策建议。区政策研究室采取联合研究的模式，与暨南大学东南亚研究所组成课题组，由东南亚研究所所长曹云华和区政策研究室主任沈奎担任课题组组长。同时，邀请广州开发区管委会副主任蔡刚强，广东省经济学会副会长、暨南大学教授李金亮和新加坡国立大学前东亚研究所所长、李光耀先生中国政策顾问黄朝翰教授为课题组顾问。课题研究期间，区政策研究室还专门邀请黄朝翰教授于9月7日为全区干部作题为《新加坡经济转型和社会管理经验》的专题讲座，并与课题组成员进行座谈交流。

为保证合作研究效果，区政策研究室发动区各有关部门业务骨干参加课题组，这些部门包括：区委组织部、监察局、发展和改革局、经济发展和科技局、规划（国土）局、财政局、建设和环境管理局、社区管理局、教育局、卫生局、国资办、中新广州知识城项目办公室和各街道、镇，课题组总人数为73人。

课题共分为知识经济发展、人力资源开发、对外开放与招商引资、城市规划建设、环境保护、社会保障、社区治理、廉能政府建设等8个专题。12月初形成《广州开发区萝岗区学习借鉴新加坡成功发展经验研究报告》（专家讨论稿）。12月16日，召开学习借鉴新加坡成功发展经验课题研讨会。12月下旬，根据专家意见进行修改完善，形成终稿。该报告全文超过28万字，分为1个总报告和8个专题报告，对新加坡成功发展经验进行了比较系统的归纳总结，并结合区实际提出40条政策建议。

·十二五”规划建议专题研究· 2010年10月，区政策研究室启动研究起草《中共广州开发区党工委广州市萝岗区委关于制定国民经济和社会发展第十二个五年规划的建议》（以下简称《建议》）。多次征求区直各部门、各镇街、群众团体、各民主党派、工商联和企业70多个单位，以及区人大代表、政协委员、市副局级以上老领导、第一次党代会代表的意见。12月21日，《建议》初稿形成后，区政协主席官展平主持召开区政协一届三十次常委会议，区长石奇珠参加并专题听取政协委员对《建议》初稿的意见。

·“三区一市”合作专题研究· 按照区领导关于加强与天河区、黄埔区和增城市战略合作的指示要求，区政策研究室会同天河区委办公室、天河科技园管委会、黄埔区委办公室和增城市委办公室进行联合研究，提出“三区一市”合作的新机制，起草《广州市天河区黄埔区萝岗区和增城市共同推进东部高新技术产业带建设合作框架协议》。“三区一市”计划2011年初签署合作协议。

·创新型政府专题研究· 1月7日，在中共广东省委十届六次全会第四次会议上，广东省委书记汪洋以“把自主创新能力作为加快转变经济发展方式的核心推动力”为题发表讲话，提出“领导干部要注重知识结构的转型升级”的重大命题。省委宣传部随后部署要求广东经济学会和广东经济出版社，组织有关专家编写“自主创新学习与实践干部培训丛书”干部读本。经广东经济学会副会长、暨南大学教授李金亮引荐，区政策研究室负责编写《创新与政府》一书，作为“自主创新学习与实践干部培训丛书”之一。5月，区政策研究室会同区经济发展和科技局、广州凯得科技创新投资有限公司等单位的有关人员启动《创新与政府》编写工作。8月，《创新与政府》由广东省出版社出版发行。全书分为上下两篇。上篇为“创新理论与创新实践”，介绍了熊彼特、弗里曼等创新理论大家的创新理论。下篇为“创新型经济与创新型政府”，以广东为例，论证了广东从“外向型经济”向“创新型经济”转型的重要性，提出了与发展创新型经济相适应的“创新型政府”的概念，还归纳了政府在创新活动中应具备的判断力、导引力、协同力、助动力和保障力等五种能力。10月19日，广东省委宣传部、省社会科学联合会、广东经济学会在区举办一期岭南学术论坛，主题为“市场经济与创新型政府”，对《创新与政府》一书的观点进行重点研讨。

·《决策研究》编辑· 2010年，区政策研究室编发《决策研究》12期，包含调研报告、知识城背景研究等各类文章20篇，内容涉及经济发展模式转变、基本公共服务均等化、职业教育、创新战略、“三旧”改造、征地拆迁、出租屋管理等多个方面。 （宿军杰）

【民主生活会】 2010年9月21日，广州开发区、萝岗区党政领导班子、党员领导干部民主生活会召开。参加会议的有开发区党工委委员、萝岗区委常委、区政府党员副区长、区政府党组成员，即：凌伟宪、石奇珠、陈小华、郑锡雄、蔡刚强、赵春华、郭粤明、赵伟国、刘晓光、马正勇、魏待征、周君粮、庄凡夫、成潘流、陈杰、周军、张振华17人，李红卫、崔新宇、杜丽霞3人因公务请假。会议由市委常委，广州开发区党工委书记、管委会主任，萝岗区委书记凌伟宪主持。市纪委副处级纪检监察员王明良、市委组织部组织处副调研员唐祖平到会指导，区部分党代表和有关部门的党员代表列席会议。

此次民主生活会以“贯彻落实《党员领导干部廉洁从政若干准则》切实加强领导干部作风建

设”为主题，联系思想和工作实际，认真开展党性分析，严格按照中央关于加强领导干部作风建设、廉洁从政的规定和要求，重点对照《廉政准则》规定的52个“不准”和党政领导干部选拔任用工作四项监督制度，逐条进行检查，对应报告的个人有关事项逐项作出说明，实事求是地开展批评和自我批评。

会上，凌伟宪对上次民主生活会整改措施的落实情况作说明，对本次民主生活会前征求意见的情况进行了通报。领导班子成员对照文件要求和征求到的意见建议，积极开展批评与自我批评，对存在的问题提出整改措施。（李昀燕）

【创先争优活动】 2010年，广州开发区、萝岗区委组织部结合实际，制定实施意见，确定以“争当转型升级、科学发展先锋”为活动总载体，分层分类部署创先争优活动，要求各基层党组织和党员在五个方面创先争优：在建设学习型党组织、提升党建科学化水平上创先争优；在调结构、促转型、加快转变经济发展方式上创先争优；在统筹城乡发展、建设两个适宜新城区上创先争优；在迎亚运、创文明、促和谐、保稳定上创先争优；在转变作风、狠抓落实、提高执行力上创先争优。共编发《创先争优活动简报》50期，其中有4篇被市采用、1篇被省采用。与区《创业导报》一起策划了系列专题报道，重点介绍基层开展创先争优的先进典型。活动特色突出、亮点纷呈。一是创新载体，突出实践特色。全区各基层党组织广泛动员部署，上下一心，为加快建设国家中心城市副中心，推动经济社会科学发展提供强有力的组织保证。九龙镇配合中新广州知识城开发建设，强调村级党组织和党员在征地拆迁中创先争优；夏港街丽江社区开展“幸福家园”系列活动，从重视弱势群体中体现关注民生；东区街、永和街及时发布《创先争优活动公开承诺书》；公安分局在全市公安系统率先开辟“网上党校”，让党员在网上提交学习体会，将信息技术与党员教育有机结合起来；恒运公司开展“党员身边无事故”活动，企业党委组织非公企业党员开展岗位竞赛等。二是力保稳定，突出平安和谐。为给广州亚运会和亚残运会的顺利举办创造良好的社会环境，全区将创先争优活动和“保障亚运、服务亚运”主题活动有机结合起来，积极引领广大党员、群众在促和谐、保稳定的具体工作中创先争优。区政法战线党组织开展“平安亚运”大型主题活动，率先完成镇街综治信访维稳中心和村居工作站的硬件建设任务，党员干部在维护社会稳定、创造良好社会治安环境、推进社会公平正义、提供优质司法服务等各项工作中争当先锋。区内企业党组织启动“活力和谐企业”创建活动，积极参与构建和谐劳动关系。农村社区党组织开展无职党员管理模式创新活动，推广东区街无职党员设岗定责经验，引导党员在保平安、迎亚运中体现先进性。区青年党团组织开展“青年党员的教育管理”论坛活动，邀请机关、农村、社区、企业青年党员代表，就党员和党组织在和谐社会建设中的作用进行深入讨论。三是落实党建制度，突出党建主业。结合推进创先争优活动，大力推进基层党建工作创新和党建责任制落实。建立基层党建评价体系（6项指标）和问责办法，进一步树立基层党（工）委书记抓党建的主业意识，搞好工作考核。完善非公党建工作保障，将非公经济组织和社会组织党组织开办费用、工作经费、活动经费补贴及党务干部补贴等基层党建工作经费纳入区委组织部年度部门预算安排，支持非公经济组织和社会组织党组织的兼职书记和兼职党建指导员、联络员开展工作。萝岗街结合创先争优活动，开展社区党组织书记党建工作专项述职，对下属8个社区党建工作逐一进行评议。（张文涛）

2010年5月20日，广州开发区、萝岗区举行基层党组织和党员深入开展创先争优活动动员大会。焦婵娟 摄

【保密工作】 2010年，广州开发区、萝岗区保密局严格履行保密监管职能。5月初召开区保密委工作会议，研究部署全区保密工作。

对保密工作人员实行持证上岗制度。组织区内各有关单位42名从事保密管理工作的干部和经管国家秘密事项的专、兼职保密员及重点涉密人员参加广州市保密局举办的“广州市保密工作岗位培训班”。组织区保密局和区信息办人员参加市保密局在番禺举办的广州市党政机关涉密计算机信息系统“三员”保密培训班。组织区部分党政机关和各街、镇办公室分管保密工作的领导以及取得保密岗位证书3年以上的在岗保密专兼职干部约20人参加市保密局举办的新修订《保密法》学习宣传骨干培训班。组织区部分党政机关和各街、镇副处级以上干部和重点涉密人员约40人观看"广东省现代办公设备泄密窃密技术演示"。

全面完成"五五"保密法制宣传教育检查验收工作。组织开展保密承诺书签订人员知识竞赛活动。全区党政机关、人大、政协，各街、镇和国有企业共1452人参加，其中局以上领导干部42人，涉密人员51人。竞赛成绩均在90分以上。

开展新修订《保密法》知识竞赛活动。全区党政机关、企事业单位工作人员共2052人参加竞赛。

开展保密监督检查。2010年年初，对区在2009年产生国家秘密的单位进行统计检查，全区有14个单位产生101项国家秘密事项，41个单位收到1132份国家秘密文件、资料。加强对"高考"、"中考"考试保密工作的监督。全年区保密局参与考务保密6次，巡视考场2个。

开展各类保密专项检查。5月中旬，开展全区党政机关保密大检查。对区内25个重点单位进行保密检查。对全区50多家单位网站或上区门户网站的信息进行清查，均没有发现有在门户网站上违规发布涉密文件资料的现象。7月上旬，区保密局会同区人防办开展区人防系统专项保密检查。10月下旬，会同区工商分局、公安分局、信息办开展一次清理取缔涉密文件资料非法交易工作，对旧货市场、再生资源集散场所和互联网站登载的交易涉密文件资料信息情况进行一次拉网式排查。加强对网上信息的监控，坚持每周不少于2次对区门户网站上的信息进行检查，全年检查455小时。

（刘伟军）

【老干部工作】 至2010年12月，广州开发区、萝岗区有离、退休人员1413人。其中，离休干部18人；退休干部227人，退休人员1168人。全区离退休干部党员700多人，离退休干部党支部25个。

·领导重视· 2010年春节期间，广州市委常委、区委书记薛晓峰带队上门慰问区老领导缪恩禄、雷宇，出席老干部迎春茶话会。6月，市委常委、区委书记凌伟宪上任伊始，专门组织召开"两委"老领导座谈会，区长石奇珠向老同志通报开发区、萝岗区"十一五"期间经济社会发展情况及取得的成就，征求老同志对区"十二五"规划纲要的意见和建议。凌伟宪在座谈会上强调，今后要坚持定期组织老干部参观考察等专题汇报活动，让老同志及时了解全区经济社会发展情况，听取大家的意见和建议，改进工作。区委常委、组织部长、老干部局局长刘晓光重视离退休干部"两个待遇"的落实，对做好老干部服务管理工作提出具体要求。区委、区政府领导在重大节日参与敬老慰问活动，全年慰问区机关、直属企事业单位离退休干部1000多人次，发放慰问品及慰问金25万元。

·落实离退休干部的政治待遇· 区老干部局坚持把老干部阅读文件、定期通报、参观考察、专题座谈、参加重要会议和重大活动等制度落到实处。2010年为老干部征订《秋光》、《老人报》和《中国老年》等报刊758份，发放《广东老干部政治理论读本》等学习资料2000余册，组织政治理论学习会10余次，老干部参加800余人次。组织老干部参观了珠海横琴岛、中新广州知识城、国际生物岛、康大职业技术学院和上海世博会，举办各类培训学习活动105场次。

·落实离退休干部的生活待遇· 2010年，老干局为12名符合条件的企事业单位离休干部发放"持平补贴"36.6万元；增加离休费0.93万元，发放液化气补贴0.94万元。按照区人事局2004年5号文件精神，为符合条件的部分离、退休老干部发放生活补贴共计47万元。继续为18名离休干部办理"平安通"话机呼援服务，对机关独居退休干部颜广炽给予特殊照顾，专门为其开通"平安通"话机。

·医疗保健工作· 老干局在通过问卷调查、广泛征求老干部意见的基础上，调整了部分体检项目，邀请广州市干部疗养院专家主讲《饮食与健康》，为老干部作保健指导，发放保健书刊2000多册，为老干部就医取药及安排理疗3400余人次。全年探望生病住院老干部212人次。

针对部分老干部独居、长期患病和家庭变故等情况，积极探索开展精神慰藉工作的途径，通过专人定期电话问候、经常性走访探望、举办祝寿会等形式，开展人文关怀，对老干部进行心理疏导，帮助消除不良情绪。同时，建立老干部健康档案，配备保健设施，建立应急预案，确保老干部出行安全。

·扩展老干部教学文体活动场所· 在区委区政府的关心支持下，继2009年由区财政拨款1571.61万元，购置天河南二路建丰大厦4、5楼2层1640.32平方米场地，由区老干部局负责管理使用，作为老干部学习活动场所。2010年7～11月，调整增加修缮经费92.6万元，扩建改造老干部活动中心和老年干部大学教学文体活动功能区。同时，投资55.5万元添置投影机、电子钢琴、舞厅灯光音响、空调机和安防监控等设备，全面改造更新了棋牌室、乒乓球室、健身室、理疗室、电脑室、电钢琴室、歌舞厅等硬件设施，形成集教学、娱乐和健身为一体的综合性多功能活动场所。

·丰富多彩的老干部活动· 2010年，老干部活动中心接待老干部10280人次。4月，区老干局组织3支代表队，参加广州市"市长杯"乒乓球百姓系列和谐赛（萝岗赛区）比赛，夺得萝岗赛区老年组第2名和第8名的好成绩。10月，组织30名老干部参加由省委老干局主办的《鹤发丹心、情系亚运》——广东省第七届老年人运动会开幕式的广场演出活动。此外，还参加广州地区老年大学捐赠亚运礼品仪式暨迎亚运文艺汇演，表演小组唱《珠江水》。举办以“展老年风采、燃亚运激情”为主题的广州开发区、萝岗区第四届书画摄影作品展，展出作品65幅，展示了老干部老有所学、老有所为、老有所乐的精神风貌。开展“迎亚运、讲文明、树新风”城市文明志愿服务启动仪式，组织老干部投身创文、迎亚运等工作；与区文明办联合开展创文主题日活动启动仪式，挑选20余名离退休老干部担任“文明督导员”，分发“致市民朋友的第三封信”，并劝导纠正公共场所赤膊、乱扔垃圾、乱摆卖等不文明行为。

·老干部信访调研工作· 2010年，区委老干部局接访处理离退休人员信访来访计11宗31人次。3月，镇龙小学退休人员钟元添数次上访要求获得“离休干部光荣称号”，该局协同区人事局进行处理，提供中央、省市有关离休干部政策文件耐心做好解释工作，协助发出《信访处理意见书》，送达钟元添本人直接签收结案。4月，先后接待梁根祥、陈传实等区直属国有企业离退休人员代表25人次，就其反映20世纪90年代开发区国有企业改革和区企业退休人员待遇差距等历史遗留问题，协同有关职能部门开展全面深入的调查研究，认真提供有关政策文件和翔实的历史档案资料，同时走访当年区“两委”主持工作的老领导老同志，客观听取情况介绍和正面意见，以《情况反映》等书面材料综合上报，为区委区政府领导研究解决该问题提供了政策依据和真实情况。另外，安排区领导与国有企业老干部代表交流座谈5场次，区委副书记陈小华出席茶话会，向国有企业老干部代表传达区有关部门的协调处理意见，取得老干部的理解，使问题得到合理的解决。6月，区管委会原副总工程师薛华日信访，反映当年区工业发展集团公司有关房改房产权问题，老干部局工作人员多次到市国土房管局咨询有关房改房物业交易管理问题，协助薛华日补办了原房改房公摊面积等款项，取得了完全的住房产权。11月，协调有关部门接待原区律师事务所退休人员黄月祥来访，稳定其情绪，保持其原有的退休待遇不变。

·推进区“关心下一代”工作· 坚持立足基层、重心下移，着力抓好社区、村镇、学校等基层关工组织建设，基本建立区、街道（镇）、社区（村）三级网络，推进基层关工小组聘请1名退休人员担任村居关工小组常务副组长，帮助做好日常工作，关工工作队伍不断壮大。围绕“基层关工组织建设”、“有问题的青少年情况”两个主题，对辖区5街1镇关工工作进行调研，形成调研报告上报区委。

·老干部工作队伍建设· 年内招录事业编制和政府雇员各1名，安排在老年干部大学和老干部活动中心一线岗位。6月，组织老干部工作者参加老干部业务培训班、知识竞赛活动以及赴省内、外对口单位交流学习，提高业务素质。建立健全《广州开发区、萝岗区老干部局工作职责分工》、《广州开发区、萝岗区老干部活动中心工作人员岗位职责》、《广州开发区、萝岗区老年干部大学工作人员岗位职责》等5项制度，从制度上保证老干部工作的顺利开展。 （韩宇建）

【党校工作】 2010年，广州开发区委党校、广州市萝岗区委党校（以下简称“区委党校”）举办各类干部培训班25期，培训党员干部3045人次。根据省委的要求，重点抓好现代经济、现代产业和创新理论方面的知识培训。结合该区重点工作需要，先后开设“公共突发事件应急处理”、“关于加快转变广东经济发展方式”、“预防职务犯罪”等专题课程培训班。另外，培训着力点向农村社区倾斜，结合中央1号文件出台，举办九龙镇村（社区）干部培训班，组织农村干部进行学习讨论。创新培训方式，运用互动式教学、案例式教学、研究式教学、体验式教学等现代培训手段，同时把轮训和调训、集中上课和分开上课结合起来，收到明显效果。

是年，区委党校党支部先后向“党内关爱扶助、百色旱灾地区、玉树地震灾区、幸福工程贫困母亲”等捐款6160元；到九龙镇麦村看望贫困群众，给20户贫困户送去米、油、糖果、衣物等物品。

（晏 冰）

2010年10月27日，区委党校在从化举办广州开发区、萝岗区2010年党组织书记培训班，图为区检察院领导在讲授反腐倡廉课程。 区委党校供稿

# 组织工作

【概况】 2010年，萝岗区有党（工）委27个，其中，直属党（工）委16个，党总支58个，党支部715个，党员14091名。全年组织工作以深入开展创先争优活动为主线，着力加强非公经济组织和社会组织党建工作，推进党内关爱帮扶和服务体系建设，落实基层党建责任制，做好发展党员工作，抓好党员教育培训及现代远程教育，统筹管好用好党建指导员、村级后备干部两支基层党务工作队伍，开展农村、社区“三公开”工作量化考核及定期检查，创建第二批基层党组织“党建示范点”，区党代表工作室挂牌启用，顺利完成革命遗址普查。

【基层党组织建设】 ·党务培训和党员教育· 2010年区委组织部多措并举，通过开展经常教育和专题教育，全方位对党员及党务工作者进行培训。做好全年培训计划。年初印发《广州开发区、萝岗区2010年党员教育培训计划》，完善党员培训工作流程及工作模块，为全区培训工作提供指导性意见和制度保障。突出基层党组织带头人队伍的针对性培训。把全区党组织书记的培训作为培训工作的重点，对非公企业党组织书记、机关、国企、事业单位党组织书记、农村和社区党组织书记，分三批进行集中培训，全区近600名党组织书记参加。全年共举办入党积极分子培训班10期，培训入党积极分子1125人次。合理分类，抓好重点专项培训。分别举办了全区村级后备干部培训班、区远程教育站点管理员培训班、党务统计培训班，开展了针对非公企业党员的专题讲座、农村党员的实用技术培训和流动党员特别是农民工党员、下岗失业职工党员、退伍转业军人党员的创业就业技能培训等。

·发展党员工作· 2010年，全区共发展党员302名，其中女性党员103名，占34.1%；35岁以下党员211名，占69.9%；大专以上学历181名，占59.9%；生产、工作一线党员235名，占77%；另发展少数民族党员4名，483名预备党员按期转正。至年底，有入党积极分子近600人。（杨方芳）

·党员干部现代远程教育· 2010年，为加强远程教育站点的硬件建设，区委组织部按每个站点600元的标准为全区65个站点配备摄像头、耳机和音箱。大力开发和利用多种资源，举办青年党员教育管理谈话节目，与区电视中心合作拍摄制作青年党员教育管理谈话节目课件。制作《农村党建新华章》、《凝聚力量、彰显风采》、《用开放的视野全面推进依法治区》三部电教片并上报参加“广州市首届党员干部现代远程教育优秀教学课件观摩评比”活动，其中《凝聚力量、彰显风采》课件获优秀奖。建立设备维护和报故障月报制度，监督各站点使用好远程教育设备并督促故障设备的及时维修。实现远程教育资源共享，提高区级站点的利用率，将收看电教片列入公务员培训二类学分项目，并同意机关各级党组织利用该站点开展学习教育活动，充分发挥区级站点的作用并为党组织提供活动场地。强化管理员队伍建设，加强管理员培训，在九龙镇金坑村举办全区远程教育站点管理员培训班，并多次选派人员到市远程办以及中国传媒大学学习电教片制作业务，通过开展岗前培训、更新知识培训、专项业务培训等方式，培养和建设一支技术娴熟、人员稳定、责任心强的管理员队伍。（李昀燕）

·基层党建目标考核· 根据《印发〈关于落实抓基层党建工作责任制，推进党的建设科学化的工作方案〉的通知》（穗开组通〔2010〕15号），结合《关于广州开发区萝岗区基层党建工作实施目标管理及考核的通知》（穗开组通〔2008〕1号）要求，2010年7月开始，区委组织部对区直属14个党（工）委党建工作情况进行考核。党建工作考核首次实施量化打分，选取党代表巡查、重点难点问题专项督查、组织考核、党员群众满意度测评及组织党（工）委开展互评五个项目进行考核。实施中，16名区党代会党代表参加党建巡查评分、70名基层党员代表对重点难点问题进行督查评议、658名党员群众参与党建工作满意度测评、33名分管党建工作领导和负责党建工作的同志参加党建工作互评。区直属各党（工）委在做好日常工作的基础上，积极探索新形势下党建工作的新路子，创新工作载体，形成一些特色和亮点，主要体现在：利用网络等平台提升党建工作活力，创新党建工作模式；将创先争优与迎办亚运相结合，注重发挥基层党组织的凝聚力和党员的先锋模范作用；充分运用非公企业内部资源，建立兼职党建联络员队伍，非公党建有新突破。（胡周兰）

·村级后备干部· 2010年全区有村级后备干部127名，现已成为村（社区）“两委”班子领导下的生力军。除4名因考取其他职位提出辞职外，其余村级后备干部在本职岗位上完成工作任务出色，年度考核绝大部分都在称职以上。11月，区委组织部首次举办全区村级后备干部培训班，从创先争优、政策理论解答、“三公开”做法和信息写作等方面，深入实施培训，取得较好成效。

·党建指导员工作· 党建指导员由区委组织部统一招聘、统一管理，是一支专业化党建工作队伍。2010年，全区有党建指导员24名，主要分布在五街一镇和企业党委。党建指导员深入非公经济组织和社会组织摸查党员情况，积极组建非公经济组织和社会组织党支部，并组织党员开展活动、学习党的方针政策，帮助党员树立远大理想、增强党性观念，推动基层党建工作迈向新台阶。（郑广辉）

·非公党建工作·2010年，广州开发区、萝岗区全年新组建非公企业党组织44个，进一步扩大非公党建工作的覆盖面。至2010年底，区非公有制企业共有党员3455名，建立党组织242个，其中党委3个，党总支14个，独立党支部213个，联合党支部12个。完善非公党建经费保障机制，将基层党组织开办费用、业务经费、活动经费补贴以及党务干部补贴等非公企业基层党建工作经费纳入该部年度部门预算安排，做到专款专用，并对区内非公党组织缴纳的党费全额逐级返还。完善非公党建队伍保障机制，注重拓宽党务工作者选用渠道，着力解决有人抓党建的问题，在已建立党组织的非公企业，强化对非公企业党组织书记的选拔培养，搞好“领头雁”工程；在未建立党组织的非公企业，有针对性地从企业内部选择一批基层工会主席、党员或入党积极分子担任非公企业党建工作兼职联络员，成立了100余人的兼职党建联络员队伍。（胡周兰）

2010年广州开发区萝岗区党组织和党员情况一览表

| 直属机关党委、党工委名称 | 党员 | 下属党委 | 党总支 | 党支部 |
|---|---|---|---|---|
| 区直属机关党委 | 1898 | 1 | 16 | 144 |
| 区公安分局党委 | 848 | | 2 | 37 |
| 区教育局党委 | 1085 | | 3 | 62 |
| 区工业发展集团有限公司党委 | 290 | | 2 | 30 |
| 区建设发展集团有限公司党委 | 243 | | 2 | 16 |
| 区商业发展集团有限公司党委 | 173 | | 1 | 20 |
| 恒运企业集团股份有限公司党委 | 314 | | 3 | 16 |
| 区企业党委 | 3306 | 3 | 14 | 177 |
| 夏港街党工委 | 437 | | 1 | 23 |
| 东区街党工委 | 752 | 3 | 3 | 42 |
| 萝岗街党工委 | 1004 | 3 | 0 | 23 |
| 联和街党工委 | 735 | 1 | 1 | 28 |
| 永和街党工委 | 571 | | 4 | 31 |
| 九龙镇党委 | 2435 | | 6 | 66 |
| 合计 | 14091 | 11 | 58 | 715 |

（杨方芳）

**【区直属机关党的建设】** 2010年，区直属机关党委审批发展党员63人，其中35岁以下新党员46人，占新发展党员总数的73%；女党员24人，占新发展党员总数的38.1%。预备党员转正38名。截至年底，区直机关党委系统有党员1898人，占机关干部员工总数的45%。全年共指导、审批25个机关和事业单位党组织的改选、补选工作。完成226人次的党员组织关系接收、迁转。区直属机关党委从区经济发展和科技局党总支部、规划国土局党总支部各推荐一个党建工作创新项目进行上报。为纪念中国共产党成立89周年，组织开展“创先争优促发展”主题征文活动。指导区建设和环境局党委申报、并经推荐，杨富强获区委追授“优秀共产党员”称号。《廉政准则》正式实施后，联合区纪委组织开展区直机关党员干部《廉政准则》知识竞赛活动。是年，区直属机关党委共收缴党费87.8万元，全额上缴，上级下拨26.1万元，使用21.5万元。

（陈凯）

2010年9月9日，广州开发区、萝岗区直属机关党员干部《廉政准则》知识竞赛在萝岗会议中心开萝厅举行。　　姚广军 摄

**【企业党的建设】** 2010年，区企业党委新建基层党总支1个，党支部19个，其中非公企业党支部18个，国有企业党支部1个；接收党总支1个，党支部9个。建立健全基层党组织，按照地域分布成立4个非公企业联合党支部：一是成立火炬中心联合党支部，充分整合火炬中心的服务管理资源，有效加强园区企业的党员管理；二是根据外企联合党支部党员人数较多、分布区域较广的实际，将外企联合党支部重组扩编为3个非公企业联合党支部，分别负责工作关系在东区、科学城以及区内其他区域及区外的党员管理。至年底，企业党委所属基层党组织197个，其中党委3个、党总支14个、党支部180个。是年新增党员683名，其中发展党员68名，新转进党员615名。至年底，企业党委党员3306人，入党积极分子近300人。

·创先争优活动· 2010年，区企业党委结合下属基层党组织性质比较复杂的特点，研究制定突出不同类型企业特色的《广州开发区、萝岗区企业党委基层党组织和党员深入开展创先争优活动工作方案》，采取分类指导的形式，分别对公有制和非公有制性质的参学党组织提出明确的要求。

在开展创先争优活动中，各基层党组织紧密结合企业生产经营实际，改进生产技术，促进企业文化建设。一是围绕企业经营中心工作，组织开展创先争优活动。珍宝巴士公司党总支围绕公交企业的特点开展四个“我先，我优”活动。二是围绕企业生产经营的重点难点献计献策，在突破发展瓶颈上创先争优。金发科技公司党委开展“三个一”活动，收集合理化建议182条，带领员工攻克公司10年来废气收集与治理的难题。三是组织开展“我心中的共产党员”主题征文与摄影比赛。各基层党组织和党员积极响应，递交参赛作品128件，评选获奖作品36件。

·《广州开发区、萝岗区企业党委基层党组织党建工作考核办法（试行）》· 2010年5月，区企业党委制定《广州开发区、萝岗区企业党委基层党组织党建工作考核办法（试行）》，从组织建设、日常管理、活动开展、党建作用和工作创新等5个方面，通过基层党组织自评、群众满意度测评、企业党委考评的方式对基层党组织工作进行检验。

·党员活动室建设· 2010年，为符合条件的59个企业党组织配备液晶电视机、DVD机等党员活动室设备；为23家非公企业党组织，配备党务工作公告栏、党支部和支部委员工作职责牌以及报架、文件盒等党务工作用品；为50家非公企业党组织征订2011年《企业党建参考报》。

·帮扶活动· 2010年，区企业党委积极参与兴宁市扶贫开发工作；下属13个基层党组织继续履行对本区何棠下村17名结对挂钩帮扶学生的助学帮困责任。

（黄倩卿　牛永庆）

**【广州开发区非公经济组织党工委、萝岗区社会组织党工委成立】** 2010年2月9日，中共广州开发区非公有制经济组织工作委员会、中共广州市萝岗区社会组织工作委员会挂牌成立。广州开发区党工委副书记、萝岗区委副书记、区党政办主任陈小华出席揭牌仪式并讲话。广州开发区党工委委员、萝岗区委常委、组织部长刘晓光主持揭牌仪式。区委组织部副部长黄伟华在仪式上宣读成立区非公有制经济组织党工委、区社会组织党工委的批复。区企业党委（总工会）、区社区管理局（民政局）、区教育局、区卫生局、区工商联及各街镇党（工）委的有关负责人参加揭牌仪式。

**【革命遗址普查】** 2010年5～8月，根据市委党史研究室部署，区委组织部对全区8处重要革命旧址进行普查。结合原有革命遗址相关情况的档案资料及文物普查的相关资料，分别对其进行实地勘查、测量、比对，及时做好信息登记，补充资料数据，拍摄旧址外貌，对拍摄资料进行编辑、整理。

（杨方芳）

## 宣传工作

**【概况】** 2010年，广州开发区、萝岗区委宣传部（以下简称“区委宣传部”）深入贯彻落实科学发展观，着力在服务全区中心工作上作出新贡献，在推进学习型党组织建设和理论武装工程上取得新成效，在统筹新闻宣传和对外宣传、提高舆论引导能力上取得新突破，在加强社会主义核心价值体系建设上迈出新步伐，在促进文化事业又好又快发展上取得新成绩，为区加快科学发展，建设国际化生态型新城区提供强有力的思想保证、精神动力和智力支持。

【学习型党组织建设】 ·区党委中心组理论学习模块化管理· 2010年，区委宣传部以《广州开发区、萝岗区党委理论学习中心组学习制度》为依据，以科学化、精细化、规范化为原则，以任务分解为横轴、时间流程为纵轴，围绕中心组学习会前、会中、会后有关工作制定《广州开发区、萝岗区委中心组学习会议安排工作模块》，并将学习通知、主持词、考勤表收录于其中，通过模块化管理，实现区委中心组学习服务工作的高效高质。

·区委中心组学习主题·2010年，区委中心组学习主题紧紧围绕全区中心工作，在认真调研的基础上确定。例如：根据区经济发展开始进入后金融危机时代的新形势，迅速组织以“后危机时代的战略机遇”、“抢抓后危机时代机遇，建设转型升级先行区、科学发展示范区”为主题的中心组专题学习，为区领导班子确定全年经济社会发展战略提供智力支持；围绕如何推进广州国际生物岛建设，区委中心组成员赴天津生态城、唐山曹妃甸国际生态城开展专项学习调研；围绕中新广州知识城开发建设，邀请著名专家学者主讲“新加坡为什么能”、“新加坡经济转型和社会管理经验”专题辅导报告；为更好地“迎接亚运会，创造新生活”，广州市委常委，广州开发区党工委书记、管委会主任，萝岗区委书记凌伟宪带领区党委中心组全体成员先后赴增城、越秀、海珠、荔湾等地调研，学习他们在科学发展、城市建设方面的经验，推进区在新的历史起点上进一步大发展大跨越。

·理论武装进村入户·组织区基层理论讲师团深入全区5街1镇开展“十七届五中全会精神”、“迎接亚运会，创造新生活”、“学习实践科学发展观”、“中新知识城”等系列宣讲活动，让正确理论进村入户，入心入脑，达到凝心智、聚合力的目的。在全区广泛开展以“图书漂流”、“阅读进机关”、“书香社区”为主要形式的全民阅读活动，形成崇尚知识、自觉阅读、快乐阅读的良好氛围。邀请省、市、区有关部门领导、区理论工作者共同组建区理论评论员队伍，带动全区干部群众扎实开展“读党报党刊、写时事评论”活动，组织“争当创建学习型党组织标兵”报纸版面设计竞赛，收到以理论武装凝聚人心、鼓舞士气、集言纳策的良好效果。

【舆论宣传】 2010年，区委宣传部加强与各级权威主流媒体合作，牢固树立品牌营销意识，主动出击，精心策划，密集推出一系列质量高、分量重、影响大的头版、专版专题报道，进一步唱响区加快提升科学发展实力、建设国际化生态型新城区的主旋律。全年在《人民日报》、中央电视台、《南方日报》、广东电视台、《广州日报》、广州电视台、《香港商报》等中央、省、市和港澳主流媒体刊（播）发新闻报道4700多条次，同比增长30%，其中亚运新闻报道2000多条次，中央级媒体报道200多条次，同比增长一倍，提升了广州开发区、萝岗区知名度和美誉度。

·新闻宣传实现新飞跃·与境内外媒体合作关系得到进一步巩固。继续提升与《人民日报》、《经济日报》、《羊城晚报》、香港《文汇报》等中央、省、市和香港主流媒体良好合作关系，从7月开始强化与《南方日报》社合作，每周四推出半版广州开发区、萝岗区报道，深度聚焦区经济社会发展的新举措、新成效、新经验；从4月份尝试与《香港商报》网站合作，在该网首页显要位置开辟“广州开发区、萝岗区”专栏，图文并茂推介区良好投资环境，较好地提升区知名度和美誉度。海外媒体宣传平台实现新突破。以海内外主流媒体前来采访亚运篮球比赛为契机，进一步延伸拓展外宣平台，加强与美联社、法新社、新加坡《联合早报》等知名海外媒体建构顺畅的沟通机制，为今后创造性开展外宣工作打好基础。

·主题新闻宣传浓墨重彩·贯彻落实《珠江三角洲地区改革发展规划纲要》宣传声势强大。全方位、多角度、深层次展示广州开发区、萝岗区以实施《纲要》为突破口，着力推进区域经济发展方式转变的成功经验做法。先后在《人民日报》头版头条、新华社内参、《经济日报》头版头条、《南方》杂志刊发大篇幅专题报道。“调结构、促转型”宣传效果不俗。全面准确地营销广州开发区、萝岗区在后危机时代以“调结构、促转型”实现科学发展新跨越的全新进程，进一步唱响建设全市乃至全省转型升级先行区和科学发展示范区主旋律。以区委全会召开为契机，在《经济日报》、《南方日报》、《羊城晚报》、《广州日报》、《南方都市报》等各大媒体作主题报道。中新广州知识城宣传有声有色。精心策划，对知识城项目推进情况全方位动态跟踪和深度报道。6月30日知识城项目奠基仪式，邀请到中央和省、市级媒体，港澳媒体和境外媒体40多家媒体80多名记者前往集中采访，《人民日报》、《经济日报》、新加坡《联合早报》、日本共同社等媒体在显要位置刊（播）报道100多条（次）。国际化生态型新城区宣传亮点频出。精心策划区绿道建设、河涌整治、四季生态旅游文化资源等专题报道，全力推介区坚持生态优先、人与自然相处和谐，努力探索经济社会发展与生态环境良性循环的可持续发展的新经验、新成效。其中新华社、《中国日报》、《南方日报》等媒体先后推出《萝岗区精心打造“百里生态绿廊”》深度报道，《信息时报》用四个版块介绍区《春戏禾雀夏啖荔枝秋品甜橙冬赏香雪》生态文化资源。改革开放文化品牌宣传。组织媒体深度聚焦区“以改革开放文化为引领、以萝岗香雪文化为支撑”，致力打造改革开放文化名片。《南方日报》、《羊城晚报》、《广州日报》、《香港商报》等省市和港澳媒体均推出专题专版报道。加快推动基础公共服务均等化民生宣传。聚焦区推进城乡基础设施一体化、加快发展各项教育文化事业、推进“三旧”改造等最新成果，展示全区以人为本、和谐共享的美好形象。先后在《求是小康》杂志、《南方日报》、《羊城晚报》、《南方都市报》等媒体先后推出系列统筹城乡发展的主题新闻报道。

·突发事件新闻处理有效传播政府正面声音·加强与各媒体建立良好沟通机制，牢牢把握正确舆论导向，有效传播政府正面声音。据不完全统计，全年共计防控广州港码头污染扰民、黄陂拆迁事件、乌涌死鱼事件、区亚运“穿衣戴帽”工程被投诉、企业罢工、行政办公大楼被投诉等突发事件负面报道80多起，但负面报道见报数量比上年同期下降20%，突发事件新闻应对工作得到区主要领导高度评价。

·亚运媒体服务和新闻宣传异彩纷呈·作为广州亚运会篮球项目比赛的主赛场，广州国际体育演艺中心于11月16日至11月26日举行21场篮球赛事，区委宣传部负责场馆媒体运行和新闻宣传工作。区委宣传部在广州亚组委宣传部的指导下坚持“以服务竞赛为中心、以服务媒体为己任”，牢固树立“服务媒体就是服务亚运，服务媒体就是服务大局”理念，充分借鉴北京奥运会、上海世博会成功经验，以“五个一流”（即：一流的周密筹备、一流的媒体运行、一流的突发事件新闻处理、一流的新闻策划和一流的媒体评价）为海内外媒体提供服务，获得国内外主流媒体、场馆领导和广州亚组委宣传部高度评价。《人民日报》记者周民表示“这里的媒体服务是亚运会所有场馆最棒的！”法新社记者指出“你们有与一流场馆匹配的一流服务！”据不完全统计，亚运期间广州国际体育演艺中心累计接待海内外媒体记者2000多人次。

**【策划营销“开萝”文化品牌】**·推进全区文化事业繁荣发展·　2010年区委宣传部引导和扶持各种业余文艺团体的建设和发展，支持书画家协会和摄影协会赴外地采风，举办摄影、书画作品展等。组织开展电影、文艺演出、流动图书馆下农村，丰富农村广大群众的精神文化生活。将陈列在科学城的国际优秀雕塑作品，打造成为“科学家”、“雕塑家”、“书法家”三“家”合一的艺术荟萃，成为国内外一流艺术家与全球知名科学家精彩“对话”的平台。编辑制作精美的《为科学巨匠塑像——广州科学城国际雕塑优秀作品集锦》画册。以亚运会为契机，在全区范围开展爱国歌曲大家唱活动。抓好玉岩书院、圣裔宗祠等一批重点历史文化资源的管理和维护工作。

·“开萝品牌文化之路探讨”论坛·区委宣传部于8月举办“以改革开放文化为引领、以萝岗香雪文化为支撑——‘开萝’品牌文化之路探讨”论坛，邀请市委宣传部，市文化局领导，省、市社会科学界专家学者，区领导及区有关部门负责人，各区（县级市）代表、媒体代表等嘉宾出席，探讨广州开发区、萝岗区如何擦亮文化品牌、打造品牌文化。编写制作论坛资料手册《改革开放与萝岗香雪——广州开发区、萝岗区文化资源简介》；与广州市社会科学院专家共同完成《萝岗区品牌文化研究》理论学术专著；在论坛召开前，邀请省、市社科界专家调研区文化发展状况，并走访区知名企业，为企业文化建设把脉，并提出建议意见，受到企业的欢迎。　（叶　国）

2010年10月18日，新加坡新闻代表团到区采访中新广州知识城项目。贾自豪 摄

## 统一战线工作

【概况】 中共广州开发区工作委员会统一战线工作部、台湾工作办公室，中共广州市萝岗区委统一战线工作部、台湾工作办公室、广州市萝岗区民族宗教事务局（以下简称“区委统战部”）是与中共广州开发区工作委员会宣传部、中共广州市萝岗区委宣传部合署的党委部门。2010年，区委统战部以“和衷共济凝聚人心，统筹兼顾汇聚力量”为着力点，以服务区域中心工作特别是亚运工作为落脚点，以深入调研打造特色为工作切入点，较好地完成全年的各项统战工作任务。

【多党合作和政治协商制度建设】 ·推进多党合作与政治协商制度建设· 2010年，区委统战部及时开展多形式、多渠道的学习宣传《中共广州市委政治协商规程（试行）》活动；年初，下发实施《中共萝岗区委关于贯彻落实〈中共广州市委政治协商规程（试行）〉的实施意见》（穗萝字〔2010〕1号，以下简称《区规程》）；按《区规程》要求，区制订并下发实施《2010年中共萝岗区委政治协商计划》（以下简称《区协商计划》）。《区规程》明确区委同区各民主党派的政治协商（主要由区委相关部门具体负责组织）、区委在区政协同区各民主党派和各界代表人士的政治协商（主要由区政协党组具体负责组织）两种政治协商基本方式；明确规定区委同各民主党派和各界代表人士政治协商的主要内容、主要形式及主要程序。《区规程》同时还明确各部门的分工和任务，制定具体的保障与考核体系。

抓好落实，为发挥全区党外人士的作用提供平台保障。区委统战部通过组织召开民主党派成员和无党派代表人士的谈心会、座谈会和通报会，广泛听取对全区工作的建议和意见。年初，及时组织区人大办、区党政办、区政协办等相关单位及区各民主党派、工商联和无党派代表人士对《区规程》进行协商，听取意见和建议。2010年以来，按照《区规程》和《区协商计划》先后召开通报会、民主协商会、谈心会、专题座谈会，分别就区委全会工作报告、区政府工作报告、区经济社会发展形势、按规定需要协商的区级领导人选问题、区政协委员的增补调整、华峰寺重建及周边配套工程建设等问题进行协商，组织“红酒文化论坛”、“上市论坛”、“中新广州知识城建设论坛”等专题活动。

完善全区“四员”工作制度。该部加强与监察局、审计局、教育局、检察院等部门的沟通与协作，全区非中共特约“四员”（监察员、检察员、审计员、教育督导员）的工作正逐步走上正轨。

完善全区政治办商制度。该部不断加强与区人大、区政协等有关单位的沟通合作，健全完善全区政治协商、民主监督的内容、形式和程序。根据统战工作发展需要，按照《政协萝岗区委员会届中增补委员的办法》要求，2010年共调整政协常委12人，增补政协委员17人，免去政协委员资格15人。

·加强民主党派组织建设与民主党派知情参政力度· 区委统战部从“提高素质、加快进步”入手，重点从理论知识、技能和情感态度三大方面加大对民主党派成员的培训力度。2010年继续向每位民主党派成员派送《创业导报》，加强学习调研，提升全体民主党派成员的综合素质及参政议政能力。7月，由区委常委、统战部部长马正勇带队，组织区各民主党派、工商联负责人和台商代表，前往增城市学习落实科学发展观的经验，考察“以人为本、科学主导、市场运作、统筹城乡”科学发展的增城模式所带来的成果。8月，组织全区民主党派成员和工商联执委以上人员进行题为“中国多党合作现状和发展趋势”的培训。

有效提高区各民主党派的凝聚力和归属感。区委在行政服务中心为7个民主党派基层组织各安排一间宽敞明亮的办公室，附带活动室和各种办公配套设施，总面积达220平方米。8月20日，新办公场所正式启用，剪彩仪式邀请市委统战部领导、各民主党派市委会和全区民主党派成员参加。

统战队伍迅速发展，参政成绩硕果累累。全年政协提案83份，立案60份，其中，党外人士撰写57份提案，立案41份，工商联撰写提案1份。区党外人士还撰写统战理论研究论文17篇，其中致公党主委邬文敏撰写的《充分发挥人民政协大会发言的重要作用》在2010年广州市人民政协理论研究会上荣获优秀论文三等奖，农工党支委罗华玲的《论培育民主党派人士参政议政的能力》获区政协理论研究论文三等奖。全区民主党派基层组织不断壮大，到2010年底，成员总数达到184人，新增12人，其中民盟2人，民建3人，民进1人，农工党2人，致公党3人，九三学社8人。民盟、民建成立基层委员会，九三学社成立委员会，致公党顺利换届。

·加强非公经济和高级知识分子领域的统战工作· 2010年，区委统战部通过举办科技政策专场咨询会、民营经济发展座谈会、政企互动恳谈会和专题参观交流活动等方式，向企业解读区内有关扶持政策，深入探讨企业发展中所遇到的融资难、用地难、用人难等问题，分析研究可行的办法与措施，有力推动非公有制经济健康发展。

2010年，区各界知识分子联谊会充分发挥桥梁纽带作用，利用“科学城论坛”、“知本沙龙”等有效平台，扩大与无党派知识分子的沟通和联系，凝聚党外知识分子并为其自身发展、履行职能、发挥作用创造条件，充分发挥知识界精英在区域建设中的参谋助手作用。区各界知识分子联谊会成立一年来，会员已达到78人，其中区政协常委10人，区政协委员4人，区人大代表、常委4人，省人大常委、代表3人，企业家45人，民主党派7人，教育界6人，全国人大代表、全国劳动模范1人。

·开展专项统战工作，维护“一国两制”方针· 全年先后邀请香港穗郊同乡会、香港旺角同乡会、旺角同乡宗亲会、湾仔中西区工商业联合会等港澳同胞300多人次回乡品尝荔枝，参观区貌，了解区情。通过“走出去，请进来”，加深三地情谊，为统战工作打下基础。

【涉台事务】 ·科学判断、准确把握对台工作新形势· 2010年，萝岗区有台资企业260多家，投资总额约48亿美元，历年累计合同投资约占全区合同外资的25%，注册资本约22亿美元，约占全区的19%。台企平均投资总额逾1500万美元，超过1000万美元以上的企业有近90家。台企积极转型升级，在全区工业六大支柱产业中均有突出表现，为全区工业总产值、工业增加值、税收等做出了重大贡献。是年，广大台商、台企在亚运会、亚残运会、两岸经贸论坛、台湾广东周等重大活动中，积极配合政府，做出突出贡献。

区台办及时协调、办理全区各类涉台事务，认真承办涉台事项的核准、审核和报批工作。全区公职、非公职人员赴台立项预审、台湾居民机动车购买及驾驶证的申领等涉台业务全年共计90余件、300多人次，100%做到按时保质批复。切实解决台商子女和台企管理人员子女入学、入托、就医办证等问题，全年协调解决60多名台商子女的就学问题，协调率100%。

区台办重视加强与各单位建立经常性沟通渠道，及时为台商、台企提供政策咨询服务，就台商、台企关心的热点、难点问题，提供面对面“零距离”释疑解惑。例如召开区台协理事会与市台办、区企业建设局、区劳动局、区工会等职能部门领导恳谈会以及举办讲座等，全年接受各类业务咨询近900次，组织台商参加政策宣讲活动5次。区台办还及时向台协理事赠阅由中央台办《两岸关系》杂志社出版的《大陆惠台政策汇编》，有效提高台商、台资企业对相关法律法规的了解与掌握。该部还坚持每季度向台企征集需解决的困难与建议，认真受理并及时协调处理各类台商投诉，加强台商投诉积案的协调力度，协助落实台胞、台属各项政策，切实解决台企、台商的困难。

加强调研、协调和指导，共克时艰，为台资企业经营运作提供重要支持。在2010年民工荒、涨薪潮的大环境下，区台办及时消除台商顾虑，积极配合工商、劳动、规划、经贸、工会等部门，有效推动和谐台企建设，至2010年底，区内大部分台资企业已建工会组织，共组建企业或集团基层工会组织80多家。

·重视台协建设，发挥台协作用· 2010年，区台协第八届理事会完成任期，换届工作顺利进行。9月8日，举行第九届理事会就职典礼，联众公司董事长李必贤继任理事长。区台协有理事28名，会员企业（集团）81家，基本覆盖全区上规模台资企业。

·促进对台经贸与文化的宣传交流· 2010年，区台办做好发放中央台办“两刊”等涉台宣传教育工作，推动涉台宣传教育进基层、进社区。发动台企参加市、区各类文化、经贸交流活动，密切两地经贸、文化交流与合作。协调区领导接受台湾《联合报》的采访，接待台湾主流媒体采访团到全区参观、采访。在2010年全区创建全国文明城市的工作中，广大台商响应区委区政府区台办的号召，对企业员工开展创文知识的普及和文明出行、争当文明员工的倡议，配合各部门开展创文工作。加强与台商之间的交流。组织举办“广州开发区管委会、萝岗区人民政府与台商迎春联谊会”、“理事开年餐会春茗活动”、“台协理事与知联会负责人品酒会”、“区委、区政府与台商中秋联谊会暨区台协第九届理事会就职典礼”等活动。

2010年1月20日，广州开发区管委会、萝岗区人民政府与台商迎春联谊会在广州科学城举行。 贾自豪 摄

【民族宗教工作】 2010年，萝岗区有少数民族流动人口19300人，常住人口1363人，民族成分27种。在区经营的清真饮食店（档）有21家，其中14家有营业执照，卫生等级均为C级的小型拉面馆。有宗教信徒约2.5万人，除150人为天主教徒外，主要为佛教徒，法雨寺，华峰寺在编神职人员35万人。

·做好涉亚民族宗教工作· 2010年，成立广州开发区、萝岗区亚运宗教安保和服务工作领导小组，由区委常委、区委宣传统战部长马正勇、副区长潘史扬分别担任正副组长，区委统战部、区民族宗教局、区综治办、区公安分局、区旅游局、区外办、区体育局、区五街一镇、区委宣传部等14个单位的负责人为小组成员，领导小组办公室设在区民族宗教局。区民族宗教局加强与四川驻穗办、新疆驻穗办、青海驻穗办和青海省化隆县驻穗办等驻穗单位的联系，共同研究涉民族宗教因素突发事件处置办法，形成工作合力。结合全区的实际情况，制定涉亚宗教安保、涉藏、涉疆等多种工作预案，提出处置措施，明确法律依据。收集整理通报市、区有关亚运宗教服务信息，及时向场馆新闻媒体管理团队提供各参赛队所属国家和地区主要宗教信仰情况。举办区亚运宗教安保和服务工作培训，区相关单位，各街、九龙镇等单位60人参加。做好亚运安保涉及少数民族因素和宗教因素矛盾排查，向寺庙、街道及上规模酒店发放民族宗教方面的注意事项。开展全区清真饮食的检查整顿，排除隐患，引导21家清真拉面馆守法经营、规范管理。该部把“抓管理、树新风、创文明、迎亚运”与创建“和谐寺观教堂”活动相结合，开展宗教场所迎亚运大清洗活动，提升区内两个佛教场所的管理水平，配合做好涉亚宗教服务。发动全区伊斯兰教信众积极响应省伊斯兰教协会“满怀喜悦迎亚运，和谐稳定创文明”的倡议书，鼓励全区各宗教信众担当亚运微笑使者，维护民族宗教领域团结稳定。亚运期间，全区没有发生涉民族宗教方面的突发事件。

·推动民族宗教工作依法管理和依法行政· 2010年，区委统战部着力提高华峰寺、法雨寺的民主管理水平，重点推进华峰寺及其周边配套建设工作。加强对华峰寺、法雨寺的僧尼、财务和民主管理，先后开展“抓管理、创文明、迎亚运”活动、“友爱互助月”活动和爱国主义教育活动。10月，协助法雨寺召开法雨寺征地问题专题协调会，帮助法雨寺与区民宗、规划、国土、文化等部门和所在街道及社区进行沟通。是年，华峰寺上山机动车道基本完工。

区民族宗教事务局对区属民族宗教事务的行政审批权进行清理，确保日常审批工作依法依规和有序运行，全年初审宗教印刷品5批27万册，并实现全部出口离岸，核准更改民族成分4人。2010年，全区妥善处理5宗民族突发事件，有效控制事态扩大。

·做好对新疆高中班的政策服务工作· 区玉岩中学从2010年起承办新疆高中班，2010年招生43人。区民族宗教事务局协助教育部门把新疆高中班办成促进民族文化交流、增进民族团结、维护国家统一的坚强阵地。 （杨飘扬）

## 广州市萝岗区人民代表大会

**【概况】** 萝岗区第一届人民代表大会第一次会议于2005年9月25～28日召开。萝岗区人大常委会组成人员，萝岗区政府区长、副区长，区人民法院院长，区人民检察院检察长经过本次大会顺利选举产生。

至2010年底，已召开7次全体代表会议。萝岗区人大常委会是萝岗区人民代表大会的常设机关，对萝岗区人民代表大会负责并报告工作，每两个月至少举行一次会议。根据中华人民共和国宪法和有关法律的规定，萝岗区人大常委会的职权有14项，综合概括为“三权”，即重大事项决定权、监督权和人事任免权。

2010年，区人大常委会共召开12次会议，审议56项议题。其中，听取和审议区政府关于2009年依法行政等专项工作报告；对《中华人民共和国义务教育法》和《法律援助条例》的实施情况进行检查；依法作出决议、决定13项；任免地方国家机关工作人员 91人次；办理代表议案3件、建议 74件；受理信访件19宗39人次；开展选民接访活动，共设立8个接访点，接待选民群众180多人次；组织市、区人大代表参加闭会期间的各种调研、检查、视察活动46次。

2010年，区人大常委会机关有41名工作人员，在编23人，其中硕士研究生3名，本科学历以上占67.32%。有中共党员28名。

**【区一届人大七次会议】** 萝岗区一届人大七次会议于2010年3月16～19日在萝岗会议中心召开。出席会议的区人大代表共142名。

会议听取和审议区长石奇珠作的《政府工作报告》、区人大常委会主任赖新华作的《广州市萝

2010年9月23日，区人大常委会举行区人大代表接访选民活动。 李小明 摄

岗区人民代表大会常务委员会工作报告》、区人民法院院长叶三方作的《广州市萝岗区人民法院工作报告》、区人民检察院检察长白建国作的《广州市萝岗区人民检察院工作报告》。审议《广州市萝岗区2009年国民经济和社会发展计划执行情况与2010年计划草案的报告》和《广州市萝岗区2009年一般预算执行情况与2010年一般预算草案的报告》。大会，通过上述报告，并作出相应的决议。大会还进行了选举，依法选出尹大海、李建斌、陈小华、林艳、钟小星5人为萝岗区第一届人民代表大会常务委员会委员。

大会期间，代表10人以上联名提出的议案11件，提出建议、批评、意见66件。主要涉及教育、城市建设管理、环境与资源保护、社会主义新农村建设等人民群众普遍关心的问题。议案审查委员会根据《广州市萝岗区人民代表大会议事规则》，对议案进行审议，大会主席团决定将黄国柱等13名代表联名提出的《加大力度打造我区旅游产业的议案》（第1号）、胡锡雄等10名代表联名提出的《关于把我区路灯改换为节能灯的议案》（第8号）、陈宗宏等10名代表联名提出的《关于改善九龙镇公共交通服务和出行条件的议案》（第10号）授权区人大常委会审议，交由区人民政府制订实施方案，并提请区人大常委会通过后办理，办理情况答复代表，并向区第一届人民代表大会第八次会议报告。对代表联名提出的其余8件议案，转为代表重点建议和意见，交由有关机关、组织研究处理并负责答复代表。

【监督工作】　2010年，区人大常委会主要对以下工作开展监督。

·监督区计划、预算执行情况以及“十二五”规划编制·　区人大常委会听取和审议区政府关于《广州市萝岗区2010年上半年预算执行情况的报告》以及关于《广州市萝岗区2010年上半年国民经济和社会发展计划执行情况报告》，听取和审议区政府关于《广州市萝岗区2009年度预算执行和其他财政收支情况的审计工作报告》，批准《广州市萝岗区2009年决算报告》及《广州市萝岗区2010年预算调整的报告》。加强“十二五”规划的前期编制监督工作。

·区重点工程的开发建设监督·　在中新广州知识城的规划、用地及拆迁安置工作、争取国家政策支持及管理权限方面，在萝岗中心城区的规划方案编制、明确城市发展定位、完善城市功能和商业配套设施建设方面，在理顺生物岛的管理权限、建设创新型园区方面，在完善全区道路交通路网的建设以及大力推进“三旧”（旧城镇、旧厂房、旧村庄）改造方面，区人大常委会开展多次专题调研，组织多次检查、视察，并根据调研、检查的情况，向政府提出相应的建议和意见。这些建议得到了区委、区政府的充分肯定和认同。

·区亚运安保工作监督·　区人大常委会专题听取区公安分局亚运安保工作方案汇报，实地查看安保措施，对比赛场馆、交通消防、社会整体防控等提出改进建议，督促相关部门确保亚运安保工作万无一失。

·区环境整治监督·　区人大常委会专题视察区亚运医疗卫生及食品质量安全保障工作，听取和审议关于传染病防控的专项工作报告，建议区政府紧紧抓住创文和亚运会等契机，进一步加大预防传染病知识的宣传，加强防控队伍建设，改善城乡卫生环境，确保人民群众身体健康。协调推进区中心医院（中山大学附属岭南医院）建设，争取亚运期间门诊部投入运行。多次组织相关代表和工委委员视察全区污水处理设施建设、农村截污工程和生活垃圾处理情况，提出的对策受到政府的高度重视。密切关注亚运期间的大气环境质量，检查督促迎亚运城市环境综合整治，探索垃圾处理新途径，推动城区环境建设。

【人事任免】2010年，萝岗区人大常委会共任命国家机关工作人员50名，免职22名。

**2010年萝岗区人大常委会任命国家机关工作人员一览表（50名）**

| 姓名 | 性别 | 任命职务 | 任命时间 |
|---|---|---|---|
| 李建斌 | 男 | 广州市萝岗区第一届人大常委会财政经济工作委员会主任 | 2010年2月2日广州市萝岗区第一届人民代表大会常务委员会第42次会议通过 |
| 尹大海 | 男 | 广州市萝岗区第一届人大常委会教育科学文化卫生工作委员会主任、农村农业工作委员会主任 | |
| 秦智勇 | 男 | 广州市萝岗区人民法院民事审判第一庭庭长 | 2010年3月10日广州市萝岗区第一届人民代表大会常务委员会第43次会议通过 |
| 徐文忠 | 男 | 广州市萝岗区人民法院刑事审判庭庭长 | |
| 陈　科 | 女 | 广州市萝岗区人民法院行政审判庭庭长 | |
| 吴秋宏 | 男 | 广州市萝岗区人民法院民事审判第三庭副庭长 | |
| 夏卫华 | 女 | 广州市萝岗区人民法院审判员、审判监督庭副庭长 | |

（续上表）

| 姓名 | 性别 | 任命职务 | 任命时间 |
|---|---|---|---|
| 林航宇 | 女 | 广州市萝岗区人民法院审判员、刑事审判庭副庭长 | 2010年3月10日广州市萝岗区第一届人民代表大会常务委员会第43次会议通过 |
| 金　霞 | 女 | 广州市萝岗区人民法院审判员、行政审判庭副庭长 | |
| 邓　颖 | 女 | 广州市萝岗区人民法院审判员、萝岗人民法庭副庭长 | |
| 李　髻 | 男 | 广州市萝岗区人民法院审判员、民事审判第二庭副庭长 | |
| 白　峻 | 男 | 广州市萝岗区人民法院审判员 | |
| 张玲南 | 女 | 广州市萝岗区人民法院审判员 | |
| 李　娜 | 女 | 广州市萝岗区人民法院审判员 | |
| 夏海龙 | 男 | 广州市萝岗区人民法院审判员 | |
| 潘　田 | 男 | 广州市萝岗区人民法院审判员 | |
| 张惠滨 | 男 | 广州市萝岗区人民法院审判员 | |
| 赵国生 | 男 | 广州市萝岗区财政局局长 | 2010年4月21日广州市萝岗区第一届人民代表大会常务委员会第44次会议通过 |
| 姚淑湘 | 女 | 广州市萝岗区人大常委会教科文卫工委委员 | |
| 谢　天 | 男 | 广州市萝岗区人大常委会教科文卫工委委员 | |
| 周若虹 | 女 | 广州市萝岗区人大常委会东区街工作室副主任 | |
| 周锦高 | 男 | 广州市萝岗区人大常委会联和街工作室副主任 | |
| 黎学军 | 男 | 广州市萝岗区人大常委会选举联络人事任免工作委员会委员 | 2010年5月24日广州市萝岗区第一届人民代表大会常务委员会第45次会议通过 |
| 张建欣 | 男 | 广州市萝岗区人大常委会选举联络人事任免工作委员会委员 | |
| 周若虹 | 女 | 广州市萝岗区人大常委会选举联络人事任免工作委员会委员 | |
| 周锦高 | 男 | 广州市萝岗区人大常委会选举联络人事任免工作委员会委员 | |
| 邓运辉 | 男 | 广州市萝岗区人大常委会选举联络人事任免工作委员会委员 | |
| 黄宇辉 | 男 | 广州市萝岗区人大常委会选举联络人事任免工作委员会委员 | |
| 罗俊峰 | 男 | 广州市萝岗区人大常委会选举联络人事任免工作委员会委员 | |
| 黎学军 | 男 | 广州市萝岗区人大常委会办公室、选举联络人事任免工作委员会副主任 | 2010年7月7日广州市萝岗区第一届人民代表大会常务委员会第46次会议通过 |
| 陈永平 | 男 | 广州市萝岗区人大常委会选举联络人事任免工作委员会委员 | |
| 谢　沙 | 男 | 广州市萝岗区人大常委会选举联络人事任免工作委员会委员 | |
| 彭建军 | 男 | 广州市萝岗区人民法院审判委员会委员 | 2010年8月25日广州市萝岗区第一届人民代表大会常务委员会第47次会议通过 |
| 刘光平 | 男 | 广州市萝岗区人民法院审判委员会委员 | |
| 贺雁青 | 女 | 广州市萝岗区人民法院审判委员会委员 | |
| 唐　挺 | 男 | 广州市萝岗区人民法院审判委员会委员 | |
| 秦智勇 | 男 | 广州市萝岗区人民法院审判委员会委员 | |
| 朱　江 | 女 | 广州市萝岗区人民法院审判委员会委员 | |
| 徐文忠 | 男 | 广州市萝岗区人民法院审判委员会委员 | |
| 陈　科 | 女 | 广州市萝岗区人民法院审判委员会委员 | |
| 钟小星 | 男 | 广州市萝岗区人大常委会城乡建设环境与资源保护工作委员会委员 | |
| 王伟峰 | 男 | 广州市萝岗区人大常委会城乡建设环境与资源保护工作委员会委员 | |
| 徐伟杰 | 男 | 广州市萝岗区人大常委会华侨外事民族宗教工作委员会委员 | |

（续上表）

| 姓 名 | 性别 | 任命职务 | 任命时间 |
| --- | --- | --- | --- |
| 郑定锋 | 男 | 广州市萝岗区人民检察院检察员 | 2010年12月3日广州市萝岗区第一届人民代表大会常务委员会第50次会议通过 |
| 白 锐 | 女 | 广州市萝岗区人民检察院检察员 | |
| 周 园 | 女 | 广州市萝岗区人民检察院检察员 | |
| 方 青 | 男 | 广州市萝岗区监察局局长 | 2010年12月24日广州市萝岗区第一届人民代表大会常务委员会第51次会议通过 |
| 谭明鹤 | 男 | 广州市萝岗区建设和环境管理局（市政园林局、市容环境卫生局）局长 | |
| 孙礼平 | 男 | 广州市萝岗区教育局（文化广电新闻出版局、版权局、体育局） | |
| 庞栋魁 | 男 | 广州市萝岗区人大常委会农村农业工作委员会委员 | |

## 2010年萝岗区人大常委会免去国家机关工作人员职务一览表（22名）

| 姓 名 | 性别 | 免去职务 | 免去时间 |
| --- | --- | --- | --- |
| 石深瑞 | 男 | 广州市萝岗区第一届人大常委会财政经济工作委员会主任 | 2010年2月2日广州市萝岗区第一届人民代表大会常务委员会第42次会议通过 |
| 黄秀梅 | 女 | 广州市萝岗区第一届人大常委会教育科学文化卫生工作委员会、农村农业工作委员会主任 | |
| 徐文忠 | 男 | 广州市萝岗区人民法院刑事审判庭副庭长 | 2010年3月10日广州市萝岗区第一届人民代表大会常务委员会第43次会议通过 |
| 陈 科 | 女 | 广州市萝岗区人民法院行政审判庭副庭长 | |
| 陈东生 | 男 | 广州市萝岗区人民法院民事审判第二庭副庭长 | |
| 魏文秀 | 女 | 广州市萝岗区人民法院萝岗人民法庭副庭长 | |
| 邝辛瑜 | 女 | 广州市萝岗区人民法院审判员 | |
| 雷新国 | 男 | 广州市萝岗区财政局局长 | 2010年4月21日广州市萝岗区第一届人民代表大会常务委员会第44次会议通过 |
| 姚淑湘 | 女 | 广州市萝岗区人大常委会办公室副主任、选联工委副主任 | |
| 陈彦真 | 女 | 广州市萝岗区人大常委会东区街工作室副主任 | |
| 段传立 | 男 | 广州市萝岗区联和街工作室副主任 | |
| 彭乃满 | 男 | 广州市萝岗区人大常委会选举联络人事任免工作委员会委员 | 2010年5月24日广州市萝岗区第一届人民代表大会常务委员会第45次会议通过 |
| 姚淑湘 | 女 | 广州市萝岗区人大常委会选举联络人事任免工作委员会委员 | |
| 黄彩云 | 女 | 广州市萝岗区人大常委会选举联络人事任免工作委员会委员 | |
| 钟金耀 | 男 | 广州市萝岗区人大常委会选举联络人事任免工作委员会委员 | |
| 王喜雨 | 女 | 广州市萝岗区人大常委会选举联络人事任免工作委员会委员 | |
| 钟焕珍 | 女 | 广州市萝岗区人大常委会选举联络人事任免工作委员会委员 | |
| 方为生 | 男 | 广州市萝岗区人大常委会选举联络人事任免工作委员会委员 | |
| 陈术权 | 男 | 广州市萝岗区人大常委会选举联络人事任免工作委员会委员 | 2010年7月7日广州市萝岗区第一届人民代表大会常务委员会第46次会议通过 |
| 胡志军 | 男 | 广州市萝岗区建设和环境管理局（市政园林局、市容环境卫生局）局长 | 2010年12月24日广州市萝岗区第一届人民代表大会常务委员会第51次会议通过 |
| 张作和 | 男 | 广州市萝岗区教育局（文化广电新闻出版局、版权局、体育局）局长 | |
| 黎学军 | 男 | 广州市萝岗区人大常委会教育科学文化卫生工作委员会委员 | |

【代表工作】 2010年，区人大常委会组织召开部分区人大代表与区政府组成人员座谈会，加强和政府的沟通联系，反映人民群众的呼声和意愿，推动相关民生问题的改善和解决，畅通代表建言献策渠道。开展“评选本届区人大代表优秀议案、建议和先进承办单位”活动。对区人大及其常委会成立以来的13件议案、384件建议进行评选，评选出优秀议案5件、优秀建议20件、先进承办单位5个、积极承办单位5个，提议案、建议积极分子30名。区一届人大常委会第54次会议对以上优秀议案、建议和先进承办单位进行了表彰。

丰富闭会期间的代表活动。协调指导各街镇联组开展集中视察、调研等活动，推动闭会期间代表活动常态化。组织代表参加“法庭开放日”、“检察开放日”等活动，拓宽代表监督“两院”工作的渠道，促进司法为民。举行“2010年度萝岗区各级人大代表奖学助学金”颁发仪式，共发放奖学助学金66万多元给区内868名学生。邀请中山大学副校长陈春声教授为区人大代表作题为《广州：一座浮生的都市何以成为“世界文化名城”》的讲座。积极组织代表参与“情随香雪·陈坚樵书法展”暨“迎亚运·当代艺术家实力派作品展”等等。

组织市人大代表萝岗小组开展集中视察，酝酿提交关于推进萝岗区轨道交通建设、关于加大力度推进中新知识城项目建设、关于协助解决广州国际生物岛开发建设中的问题等建议。

督办代表议案和建议。区人大常委会会议分别听取和审议区政府办理关于把萝岗区路灯改换为节能灯等3件议案的实施方案，提出建议，督促政府完善方案，加快实施。在督办兰花园项目重点建议过程中，协调解决在建设中遇到的困难和问题，促进该生态项目的顺利推进。通过督办关于高度重视并加强萝岗区幼儿学前教育的建议，推动萝岗中心区幼儿园和九龙镇中心幼儿园启动建设，列入政府2011年办好民生十件实事。

【调研与宣传】 2010年，区人大常委会组织专题调研组以城乡一体化进程中“村改居”后的社区建设为切入点，开展系统的调研，探索城乡一体化中的社区建设路径，为区城乡一体化建设提供决策参考。开展农民新村建设管理的调研，完成《关于我区农民新村建设的调研报告》。注重宣传报道，全年向各级媒体报送信息304条，被采用684条（次）。

【重大事项决定权】 2010年，区人大常委会审议通过《区人大常委会讨论决定重大事项办法》，界定常委会审议或听取的重大事项的范围、讨论决定重大事项应遵循的原则和程序。常委会听取和审议区政府《关于地铁六号线二期工程敷设方式改变及资金需求情况的报告》，听取和审议区人大常委会城建工委《关于提请把萝岗中心城区规划方案列为重大事项的报告》，做出决定，把萝岗中心城区规划方案列入重大事项审议、监督范围，要求区政府向区人大常委会作专项工作报告。

【依法治区】 2010年，区人大常委会开展执法检查，深入机关、学校、社会团体、基层社区开展调研，制定了《中华人民共和国义务教育法》和《法律援助条例》执法检查方案。在《中华人民共和国义务教育法》执法检查中，主要检查区适龄少年儿童接受义务教育、学校设置规划的制定、义务教育均衡发展、学校安全、学校教育教学和学校经费情况。在《法律援助条例》执法检查中，主要检查法律援助的经费保障等政府履职情况，法律援助机构受理法律援助申请、开展法律咨询、代理和刑事辩护的情况，以及司法行政部门对法律援助工作的监督管理情况。

听取和审议区政府法制工作专项报告。根据国务院《全面推进依法行政实施纲要》关于各级政府应当定期向本级人大常委会报告推进依法行政情况的要求和《监督法》的规定，2010年，区人大常委会决定今后每年听取政府法制工作报告制度化、常态化，并首次听取和审议区政府2009年依法行政

2010年3月25日，广州开发区、萝岗区依法治区“四五”规范、“五五普法”规划实施情况检查验收工作动员会在区人大会议室举行。 熊从华 摄

专项工作报告。人大常委会还就建立行政决策的合法性审查制度、落实重大行政决策程序制度、加强对行政自由裁量权的评议考核、坚决杜绝选择执法和随意执法等制度，对政府法制工作提出了新要求。

听取和审议两院专项工作报告。2010年，区人大常委会根据人民内部矛盾大量出现的社会现象，听取和审议区法院《积极推进管理创新，妥善化解社会矛盾》的专项工作报告。针对反腐倡廉的严峻形势，听取和审议区检察院《积极履行检察职能，开创预防职务犯罪工作新局面》专项工作报告。

加强对规范性文件的备案审查。2010年，区人大常委会对政府报送备案的13件规范性文件进行审查。参与《中新广州知识城条例》的立法调研，并就条例的主要内容和具体条款提出有价值的建议。还对6部国家法律和地方法规草案的修改，向省、市人大常委会提供意见和建议。

“四五”依法治理检查获得佳绩。2010年6月，广州市依法治市考评组对萝岗区“四五”依法治理工作进行综合考核。市依法治市考评组对萝岗区建区短时间内取得的巨大成绩给予充分的肯定和高度的赞扬。萝岗区依法治理的考评分名列全市第一，被评为“广东省依法治省先进单位”。

（吴振茂　毛红芬）

## 广州市萝岗区人民政府

【区政府议事会议】　2010年，萝岗区人民政府召开一届政府第94～113次常务会议20次，区长办公会议44次，区政府工作会议103次，研究部署政府各项工作。制定和通过《关于公布保留、取消和调整行政审批备案事项的决定》、《萝岗区计划生育利益导向机制实施办法》、《萝岗区出租屋管理实施办法》、《萝岗区社会抚养费征收奖励机制实施办法》、《萝岗区2010年人口与计划生育目标管理责任制落实情况》、《广州市萝岗区种植和水产养殖业经营单位拆迁补偿暂行办法》、《萝岗区薇甘菊防治实施方案》、《广州市萝岗区行政执法评议考核办法》、《加强企业安全生产标准化工作的意见》、《萝岗区推进集体林权制度改革工作实施方案》、《第16届亚运会广州国际体育演艺中心场馆外围保障团队工作方案》、《萝岗区教育系统安全稳定工作防控体系实施方案》、《萝岗区突发地质灾害应急预案》、《萝岗区全面推进依法行政五年规划（2010～2014年）》、《萝岗区2009年度土地卫片执法检查工作方案》、《萝岗区城市管理综合执法队下放街（镇）管理的工作方案》、《萝岗区2010年政务网站建设评估方案》、《萝岗区2010年亚运城市行动工作的实施意见》、《关于推动全民创业工作的实施方案》、《萝岗区自主创业扶持资金管理办法》等规章制度、规范性文件和工作方案。

【午餐会话事】　2008年8月始，为加强区领导和各部门负责人之间的信息交流，提高办事效率，广州开发区、萝岗区利用区领导和各直属单位领导一起吃午饭的时间，协调解决工作。2010年，区主要领导主持召开午餐会共11次，沟通协调了“关于知识城项目有关问题”、“关于5·7特大暴雨抢险救灾工作有关问题”、“关于广汕公路扩建工程拆迁工作有关问题”、“关于知识城起步区招商工作及项目用地有关问题”、“关于加快我区外围市政道路建设有关问题”、“关于全会工作报告、政府工作报告分解落实问题”、“关于发展战略性新兴产业有关问题”、“关于应对亚运工作有关问题”、“关于贯彻落实《珠江三角洲地区改革发展规划纲要》的问题”等。

【区人大议案、建议和区政协提案办理】　2010年3月，区一届人大七次会议召开后，区人大常委会交由区政府办理的代表议案3件，代表建议80件（会议期间建议74件，闭会期间建议6件）。除其中《关于解决广州市第一一七中学道路交通安全问题的建议》、《关于设立“中新知识城人民法庭”的建议》、《关于地铁六号线东延段（香雪—永和）提前到2015年度实施的建议》及《关于萝岗区人民法庭迁址的重大建议》等4件建议，因办理工作超出区政府的职能范围，由区人大常委会分别转由市有关职能部门及区法院办理外，其余3件代表议案，76件代表建议（会议期间建议70件，闭会期间建议6件）全部按时答复代表。区政协一届七次会议后，区政协交由区政府办理的政协提案78件。78件政协提案全部办理答复完毕，委员满意率100%。

【督办工作】　2010年，萝岗区承办市委办公厅、市政府办公厅交办事项33件，区本级立项督查事项2478项，比2009年增长910%；办结事项1811项，办结率73%，上报督查报告75件，比2009年增长440%；下发督查通报和通知78份，比2009年增长630%，向区领导上报督办报告75篇。是年，区督查工作进行改革，主要做法如下：一是建立督查工作模块。学习市委办公厅模块化管理经验，结合萝岗区的实际，建立全区的督查工作模块。二是整合资源，健全督查工作网络，形成“大督查”工作格局。三是在抓重点督查的基础上实现督查工作全面覆盖。对区主要领导的重要批办事项，做到“批必督，督必办，办必复”。坚持突出重点督查的基础上，将全会讲话，《政府工作报告》，开发区党工委、萝岗区委常委会议，开发区管委会、萝岗区政府常务会议，区长办公会议，区主要领导主持的所有专题调研和会议的决定事项以及区主要领导批示事项2478项全部纳入督查，实现督查工作全面覆盖。四是采取专人专项同步督查工作制度。为做到督查工作五个及时，明确“谁开会、谁督查、谁报告”制度，实现决策事项下达与督查任务下达无缝对接。对于区主要领导的重要批示，在接到后立即下发督查通知转承办单位落实，并按批示要求阶段性报告进展情况，直至办结。对于区主要领导的其他批示，也确保当日交办，并于每月汇总落实情况上报区主要领导。五是细化督查事项，坚持节点管理、过程管理机制。对照事项的节点计划，每月通报各督查事项的节点计划完成情况，对未完成节点计划的事项加强跟踪和现场督查，深入查找和分析根源，协调存在问题并提出工作建议，促进督查事项的顺利推进。六是完善网上督查系统。通过网上督查系统实现督查工作，开发和升级网上督查功能。

（于 珊）

【侨务工作】 2010年，萝岗区侨务工作围绕“广州亚运”主题，全面提升为侨资企业服务的水平，在引进海外高层次人才上取得新进展。2010年萝岗区成为“第六届世界华人论坛”考察团行程第一站，该论坛是广东省举办的层次最高的华人论坛，汪洋、万钢、李海峰、黄华华等领导以及来自25个国家学术权威组成的百人代表团参加论坛。区侨办引介贾鹏程博士当选区第四批科技领军人才。区侨联委员周荣博士引进注册资本5000万元的“广州呼研所医药科技有限公司”，并与广东华南新药创制中心联手启动“华南呼吸疾病新药研究开发院”的建设。区推荐3家企业当选国侨办重点创业团队，占全省当选名额的一半。区侨联常委、国家“千人计划”专家许嘉森作为广州市唯一代表，广东省两名代表之一赴北戴河接受习近平、刘延东和李源潮等党和国家领导人亲切接见。区侨办被评为2010年“全国侨务系统先进单位”，多次在省、市侨务工作会议上作侨务引智引资工作主题报告。

（周 韬）

【外事工作】 2010年，萝岗区外事办公室受理因公出国（境）申请51批次，申请办理往返港澳任务40批次。为区内企业高层入境申请安排联检礼遇20次。

（徐 虹）

【行政事务协调和后勤保障工作】 2010年，萝岗区政府办公室，完成全区行政事务协调和后勤保障工作，全年协调处理行政事务近3000件，重大紧急突击性协调事项200余件，协调和完成行政综合执法楼30多个单位的搬迁工作任务，对各大型会议室的音响设备进行改造，完成全区各机关单位工作证的审核、印制工作。严格财务制度。从严控制会议、接待、出国差旅和公车使用支出等诸项费用，压缩各项开支约200万元。各项经费支出实现“零增长”。按规定发放住房货币补贴，全年为119个单位、3013人按期发放住房补贴1384.25万元，其中，新办理人员508人。做好车辆定编管理工作。全区机关、事业单位增加车辆编制13台，驻区企业增加车辆编制50余台；为100多个驻区企业提供管理和服务，完成区机关车辆的《定编证》年审。完成车辆核编、清编、黄标车更新任务。清理31辆皮卡汽车，过户到使用单位24辆，完成黄标车转绿标车50辆；报废更新汽车70辆；淘汰未更新汽车10余辆。实施机关车辆调度3000多台次；与亚组委协调，保障亚残运会单双号限行期间领导办公用车，保证了区领导和全区接待用车及其他机关各部门的公务用车。加强食堂管理，在食品和粮油价格上涨幅度大等不利因素下，发挥集中采购的优势，想办法从多方面降低成本，确保膳食保质保量供应。

（乐安桂）

【党务政务信息工作】 2010年，区党政办累计向省、市报送党务政务信息483条，被采用329条，采用率68%。其中，省委采用9条，市委采用133条，市政府采用187条，上报信息获省、市领导批示10条次。在省委91个直报点中，排名第七，在全市9个直报点中排第一；在市政府系统连续5年名列全市各区（县）第一名，市委采用得分为历年最高，采用条数、领导批示得分、优秀信息得分均位居各区（县级市）第一，综合排名位居第二；被省委办公厅、市委办公厅、市政府办公厅评为先进单位。上报的《受国家营业税新规和上海航运新政影响，广州开发区部分从事国际航运企业出现业务转移迹象》，得到省委书记汪洋的重视和批示；《部分企业担忧四季度生产将受广州亚运期间停产限行影响值得关注》得到张广宁、万庆良、苏泽群、甘新、陈国等省、市领导的重要批示，对保障亚运特殊时期萝岗区重点企业生产和推动有关问题的解决起到积极作用。

根据区主要领导的指示要求，2010年8月，区信息工作开辟新阵地，全年编辑《开发区、萝岗区信息（内部版）》18期，刊发区领导批示200余条，及时有效地将区领导对有关工作的批示精神传达给各单位领导，同时收集整理国家政策动态、兄弟区重大发展规划等外部舆情动态反映给区领导和各有关单位，实现信息服务领域的立体化和

信息服务内容的多元化。（刘 东）

【接待工作】 2010年，萝岗区政府办公室共完成接待任务424批次，接待总人数8602人次，承担并出色完成亚运期间来区的国内外贵宾接待工作；安排区内企业高层拜访省、市、区领导110批次；协助区内单位举办各类活动100次。（邵静波）

【政务公开】 2010年，广州开发区管委会、萝岗区政府通过政府门户网站等多种渠道主动公开政府信息。全年主动公开政府信息6443条（其中，公文规章类信息50条，人事信息259条，招标类信息140条，工程建设类信息2300条，规划统计类信息17条，物价信息32条，应急要闻260条，动态类新闻2983条，政务公告401条）。连续6年获评广州市优秀政务网站。利用政府门户网站平台制作工程建设领域信息公开、科技创新服务平台、引进科技领军人才专栏、区行政执法评议考核网上调查、第七届萝岗香雪荔枝文化节、第九届中国艺术节、区“十二五”规划编制欢迎建言献策等专题。针对企业和市民两类用户的个性化需求，梳理出15类企业办理事项和18类市民办理事项，提供510多个电子表格下载和550多项网上办事指南。区政府门户网站纳入区内70多个部门政务网站，梳理整合了网上预申报、统计直报、规建办案查询、安监申报、环保申报、教育报表、政协提案、人才服务等多项网上办事服务。开通“网上服务大厅”，实时同步更新企业业务办理状态。至是年底有23个单位、160项审批事项实现网上全流程办理。（巫开华）

【信访工作】 2010年，萝岗区信访局共接待来访群众347批次992人次（其中集体访42批次403人次，个访305批次589人次），收信949件，共受理信访案件1206宗，办结987宗，除待办案件外，办结率为98%。全年开展三个阶段的民生信访问题领导包案活动，将领导包案制度落到实处。信访案件全部实行“一案双责制”，由一位区级领导及属地街道部门党政主要领导双重包案，信访部门实行信访案件联系人制度，5期共包案95宗，安排包案领导18名，涉及包案单位27个。95宗包案信访案件中已经结案33宗，基本解决的12宗，其他案件尚处于调处阶段。

是年，市委常委、区委书记凌伟宪和区长石奇珠率区领导班子、区有关职能部门以及5个街镇负责人在区信访局开展大接访活动3次。现场接待上访群众86批280人次，受理问题81宗。主要领导干部以及各相关职能部门，以“案结事了、人要稳定”为工作目标，探身下基层：九龙镇主要领导8次探访该镇7个重复上访户；永和街领导干部率街道有关部门对6户信访人进行回访；联和街主要领导4次探访上访户；萝岗街6名领导班子7次下基层探访15名上访户。年初，制定《广州开发区、萝岗区信访复查复核工作规程》，规范区信访复查复核工作。8月区综治信访维稳中心挂牌成立。中心整合区信访、综治、维稳、司法、劳动、公安、检察院、法院、城管9部门的职能和力量，设立信访受理、维稳综治、调解办案、协调指导、劳动争议处理5个功能组。中心自挂牌以来，受理各类来访事项640宗，并成功调处20宗重大矛盾纠纷。

（林 城）

【扶贫工作】 根据省委、省政府和市委、市政府关于扶贫开发“双到”（规划到户、责任到人）工作的部署，广州开发区、萝岗区负责兴宁市永和、罗岗、大坪3个镇的19个贫困村、1440户贫困户、5556名贫困人口的“双到”帮扶工作。2010年，区“双到”工作取得阶段性的帮扶成效。19个贫困村实现集体经济纯收入16万元，比2009年增加12.4万元，同比增长2.4倍；1440户贫困户人均纯收入2502元，比2009年增加988元，同比增长65.3%，其中有891户实现初步脱贫（即人均纯收入达到2500元以上），脱贫率达61.9%。6月9日，区主要领导率有关部门负责人赴兴宁市及有关镇、村调研，亲自协调解决帮扶资金等重点问题。按照广州市统一要求，从区机关和区属国有企业抽调19名副科级以上干部，组成驻兴宁市“双到”工作队，专职开展驻村帮扶工作。是年，区财政安排“双到”扶贫专款919万元，区慈善会安排“双到”善款500万元，区属国有企业投入定点帮扶资金300多万元。据统计，全区有32家驻区企业参与“双到”捐款，共募集善款821万元；有25名爱心人士参与“双到”扶贫，共向贫困村捐赠善款46万元；广大干部职工共捐款184万元，捐赠电脑、打印机、传真机35台，图书7100册，御寒衣被866件；当地干部群众共集资59万元。是年，全区共投入“双到”帮扶资金2881万元，平均每村投入151.6万元，比广州市平均水平（135.6万元）高出16万元。共帮扶贫困村兴办产业化示范项目38个，完成道路硬底化工程35公里，新建路灯13.5公里，新建改造“一会两室”（村委会、文化室、卫生室）74宗，实施农田标准化工程22宗，新建宣传牌304块、垃圾池133个、公厕1个。帮扶贫困户发展“种、养、加”项目5152项；开展岗前培训422人次，种养技术培训1595人次，新增贫困户务工人员390人；为50户贫困户实施危房改造工程，为135名高中以上贫困户子女发放了助学金，为862名60岁以上的贫困户老人购买养老保险。指导贫困村的班子建设和制度建设，规范村级运行管理。

### 区派驻兴宁市“双到”驻村干部一览表（2010.7.28派驻）

| 姓名 | 性别 | 单位及职务 | 籍贯 | 所驻村 |
|---|---|---|---|---|
| 马国光 | 男 | 党政办行政处处长 | 山东荣成 | 永和镇长新村 |
| 王民法 | 男 | 文化执法队主任科员 | 河南西平 | 永和镇板子村 |
| 蔡全顺 | 男 | 物价所科员 | 福建云霄 | 永和镇振兴村 |
| 匡　卫 | 男 | 凯得公司投资部副经理 | 河南 | 永和镇七层村 |
| 尹汤林 | 男 | 人大副调研员 | 广西兴安 | 罗岗镇柿子坪 |
| 孙援伟 | 男 | 人才中心副主任 | 河南镇平 | 罗岗镇源清村 |
| 缪伟辉 | 男 | 检察院侦查科副科长 | 广东河源 | 罗岗镇溪联村 |
| 谢　斌 | 男 | 规划局副主任科员 | 广东连平 | 罗岗镇徐坑村 |
| 黄根发 | 男 | 建总建元公司总经理助理 | 广东大埔 | 罗岗镇白群村 |
| 房海钢 | 男 | 商总拓展部副主管 | 湖南安仁 | 罗岗镇澄清村 |
| 倪恩坤 | 男 | 恒运投资企业党总支副书记 | 广东揭阳 | 罗岗镇焦坑村 |
| 魏瑞清 | 男 | 工总黄陂公司总经理助理、办公室主任 | 广东五华 | 大坪镇双红村 |
| 王汉雄 | 男 | 总工会权益部部长 | 广东惠来 | 大坪镇秋水村 |
| 刘展明 | 男 | 政法委维稳科主任科员 | 广东广州 | 大坪镇长坑村 |
| 叶定权 | 男 | 社保中心主任科员 | 广东龙川 | 大坪镇坪联村 |
| 林　晖 | 男 | 城管分局办公室副主任 | 广东恩平 | 大坪镇胜利村 |
| 曾德东 | 男 | 政协主任科员 | 湖南安乡 | 大坪镇上大塘村 |
| 柯善杰 | 男 | 农畜大队副主任科员 | 湖北阳新 | 大坪镇将军村 |
| 王新喜 | 男 | 法院副主任科员 | 山东威海 | 大坪镇屏汉村 |

（郭志祥）

2010年9月1日，广州市委常委、广州开发区党工委书记、管委会主任、萝岗区委书记凌伟宪（左二）率队到兴宁市调研扶贫工作。

区党政办供稿

【法制工作】 2010年，广州开发区、萝岗区法制办稳步推进各项法制工作，在规范性文件管理、行政审批制度改革、行政执法监督、行政复议等方面开拓创新、扎实工作，取得较好成绩。

·起草《中新广州知识城条例》·《中新广州知识城条例》是广州市人大2010年度地方性法规立法预备项目。为尽快推动该《条例》的立法制定工作，该办对国内有关地区的立法经验进行研究，会同市法制办、市人大法工委赴北京、天津开展立法调研，并充分征求区内各部门的立法意见，邀请区人大代表、政协委员和部分专家进行座谈听取立法建议，2010年10月，完成《条例》初稿草拟，经管委会、区政府审定后报送市法制办，申请列入广州市2011年度地方性法规正式项目立项。

·规范性文件监督管理·区法制办全年共完成行政规范性文件合法性审查、审核79件（次），完成区有关单位规范性文件征求意见112件（次），其他各类办文46件（次）。全年有14件以管委会、区政府名义发布的行政规范性文件，报送市法制办和区人大常委会备案。完成行政规范性文件汇编工作，将经过2009年规范性文件清理工作后纳入保留的83件规范性文件汇编成书，发放到区内各单位及区一站式服务大厅，供参考使用。

·全面推进依法行政各项工作·该办牵头草拟区政府2009年度依法行政专题报告，根据区领导的指示，由该办主任沈奎代表区政府专题向区人大常委会报告区政府2009年度依法行政的情况。该报告获区人大常委会的审议通过。

做好“四五”依法治理和“五五”普法中依法行政方面验收的相关工作，顺利完成市人大依法治市办和市普法办对全区检查验收。

负责推动管委会、区政府常务会议学法工作。该办负责起草的《广州开发区管委会广州市萝岗区人民政府常务会议学法制度》，区政府于2010年6月通过并颁发实施。12月23日，广州开发区管委会、萝岗区政府常务会议举办专题学法讲座，邀请市政府法制办主任吴明场讲授区常务会议专题学法的第一课。

·完成行政审批制度改革的相关工作·根据市审改办统一部署和要求，区法制办开展对全区28个单位（包括43个具体职能部门、5个街道办事处、1个镇人民政府）785项行政审批、备案事项的清理工作。经过严格的审核和论证，按照《广州市人民政府关于公布保留取消调整行政审批备案事项的决定》（广州市人民政府令2010年第38号）要求，区政府决定保留行政审批事项225项（其中许可158项，非许可审批67项）、备案事项114项；取消行政审批事项193项（其中许可85项，非许可审批108项）、备案事项104项；调整行政审批、备案事项149项（其中许可10项，非许可审批79项，备案事项3项，按程序转报市、省或国家审批事项57项）。区审批备案事项总精简率为56.51%，超过市政府要求精简50%的目标。

·规范和监督行政执法行为·2010年6月，区政府通过《广州市萝岗区2010年行政执法评议考核方案》。根据该方案，2010年全区行政执法评议考核的主要内容是对各行政执法部门实施行政许可、行政处罚的行为进行综合考评，并着重对行政处罚自由裁量权进行评议考核。考核对象是区发改局等24个行政执法部门，其中，区建设和环境管理局、卫生局、公安分局、安监局和城管分局5个部门采取现场检查、案卷抽查的方式重点考核行政处罚自由裁量权，区发改局等19个部门采用审阅各单位行政执法自评报告的形式进行考核。该办抽查区建环局等5个单位328个案卷，对区发改局等19个部门实施的行政许可、行政处罚的行为进行综合考核，设置《广州开发区萝岗区行政执法评议考核问卷调查》，发布在区政府网站首页进行网络调查，回收有效问卷237份。该办对各被检查部门的行政许可、行政处罚情况按照考核标准进行评议后，综合电子监察、司法判决、社会评议等情况，计算出各被考核部门的考核成绩。按照《考核方案》的考核标准，经区行政执法评议考核小组评定，参加行政处罚自由裁量权考核成绩为优秀的单位有：区安监局、区卫生局；参加行政许可、行政处罚综合考核成绩为优秀的单位有：区财政局、区农林水利局、区社区管理局；街道、镇考核成绩为优秀的单位有：联和街。

·做好行政复议和行政应诉工作·该办全年共计受理行政复议案件17宗，除1宗正在办理外，其余案件全部办结。其中，区劳动局的一宗工伤案件被撤销，区城管分局的一宗拆除违法建设案件被撤销。行政诉讼方面，该办代表管委会、区政府应诉案件75宗，其中行政应诉71宗，主要是因拆迁行政裁决、不服拆迁许可、强制拆迁等原因引起的行政诉讼；民事案件4宗，主要是涉及财产损害赔偿纠纷上诉案。信访法律复核方面，全年对21件以区政府名义答复的信访回复进行合法性审查，均提出相应法律审核意见，确保信访答复的合法性。

·做好政府法律顾问工作·该办继续协同管委会、区政府聘请的常年法律顾问，积极为管委会、区政府做好法律顾问工作，全年为管委会、区政府重大政府决策和协议签订提出69份重要的书面法律意见或对相关合同协议进行审核并全部得到采纳。对于政府重大外商投资项目的引进，该办还指导常年法律顾问提供专项法律服务，由常年法律顾问单位派专职律师常驻项目建设单位，全程参与项目引进谈判和建设的推进。尤其是中新广州知识城总体协议的商业谈判，区政府法律顾问发挥积极作用，取得双方谈判中达成的一致意见，确保签约仪式按时顺利进行。

·行政执法人员培训工作·该办全年为区各部门、各街镇办理行政执法证233个，所有办证人员都经过专门法律知识培训。2010年10月，该办在从化举办为期3天的行政执法人员培训班，区各部门共有执法骨干100余人参加学习。培训班邀请市法制办、市中院行政庭有关领导和广东恒益律师事务所高级律师前来授课。（梁小玲）

【应急管理】 2010年，萝岗区应急管理工作围绕亚运应急保障和全区和谐稳定大局，高标准完成亚运应急保障等中心工作任务。全年处置各类应急突发事件249宗，同比下降13.5%。区基层应急管理“五个一”工程建设被评为全市唯一示范区，亚运期间全区未发生一起突发事件。一是开展涉亚应急预案编制工作。累计汇编涉亚应急预案82个，形成《广州开发区萝岗区涉亚应急预案汇编》（上、下册），涵盖场馆运行、亚运安保、交通食品保障、赛区城市运行保障、社会面防控、媒体应对等方面，为预防和处置各类涉亚突发事件提供有力依据。二是开展预案推演与应急演练。区应急办采取“不先通知，模拟事故，实战检验”的突击方式开展“广州开发区萝岗区迎亚运综合应急救援演练（危化品事故应急救援）”。区应急办还指导协调各单位开展涉亚应急演练20余场（次）。三是开展涉亚突发事件风险隐患排查。全区出动排查人员7820人次，排查广州国际体育演艺中心、广州国际羽毛球培训中心等重点建设工程项目隐患284处；排查亚运场馆周边企业安全隐患139处、特种设备安全隐患36处；排查周边餐饮业食品安全隐患3家；排查各类矛盾纠纷112件，各相关单位对排查出的涉亚风险隐患实行登记入册管理并及时整改。四是履行亚运应急保障职责。亚运期间，区应急委成员单位落实24小时值班和领导带班制度，做好备勤处突准备。区应急办每日编发《亚运专刊》，及时向市政府和市、区领导报送亚运赛事及城市运行保障情况，为领导决策提供最新信息。

2010年9月27日，区在行政服务中心前模拟开展一场迎亚运危险化学品事故应急救援突击演练。柯善刚 摄

【区长专线】 2010年，萝岗区区长专线（82222999）受理各类投诉、咨询17542宗，日均受理48宗。其中：投诉案件3716宗（区长专线受理1332宗，市12319城管热线转办案件1446宗，精细化城市管理系统受理938宗），同比下降15%；咨询及建议13826宗。各类投诉案件办结率100%，回访满意率95.5%。全年开展4期区政府领导接听群众企业来电活动，受理群众投诉86宗。区人大常委会办公室转来“关于印送《萝岗区人大代表接访选民群众意见、建议综合》的函”，将人大提交的94宗交办事项全部按期办结。区长专线办公室对34宗有联系方式的来访人进行及时回访，满意或基本满意26宗，占回访事项总数的76.5%。在未回访的60宗交办事项中，问题已得到解决或承办单位已明确解决方案的有46宗，占未回访事项总数的76.7%。（韩 芸）

【ISO管理】 2010年，广州开发区、萝岗区质量管理体系新增工作规范37个，修改工作规范101个，修订质量目标3个，修订职能职责11个。

·内审· 2010年，区内审工作按照《关于加强内部审核促进质量管理体系有效运行的若干意见》，将内审工作分解到各贯标单位。各单位由办公室牵头，成立由主要领导或分管领导任组长，办公室主任任副组长，各处、科、室的内审员担任内审组成员的审核小组，编制审核计划，并按计划完成内部审核的各项工作。本年度内审各单位共开出150个整改项，比往年有大幅提升，内审工作的针对性、有效性增强。

·外审· 2010年度跟踪评审，有34个贯标单位分别接受TÜV和SGS两家外审机构的审核。外审专家组对区一年来的质管工作给予充分肯定，认为“由各部门自主进行内部审核，提高了体系全员的参与性，质量管理体系的有效性、适宜性得到进一步提高”，区质量管理体系继续以“零不合格项”顺利通过跟踪审核。

·体系扩展· 2010年，新贯标和从已贯标单位分离出来后需完善的单位区行政服务管理中心、区拆迁办完成质量管理体系试运行，全区贯标单位增加到68个。

·培训· 2010年，区质管办举办两期内审员资格培训班，培训内审员127名，全部通过资格考试，获内审员资格上岗证。开展4期内审技能知识培训，邀请外审机构专家讲授审核课程和审核技巧，现场解答内审难题，顺利完成近200人的内审

2010年9月15日，广州开发区管委会、萝岗区人民政府质量管理体系2010年度跟踪评审会在区行政服务中心召开。贾自豪 摄

知识专题培训，提升各单位内审工作基础。

（冯铭新）

【口岸工作】 2010年，萝岗区各口岸全年进出口总值296.65亿美元，同比增长51.38%，其中进口总值172.42亿美元，同比增长63.33%，出口总值124.23亿美元，同比增长37.43%。为完善全区各口岸建设，区口岸办公室配合广州市口岸办协调解决萝岗货检场供电问题。协助开发区货检场的升级改造工作，并协调驻区单位及区货检场考察学习兄弟省市货检场的先进监管模式、规划建设以及运营经验。与黄埔海关签订《广州开发区管委会、萝岗区人民政府与黄埔海关关于建立联席会议制度的合作备忘录》并于7月19日和12月15日分别召开两次联席会议。8月，协助开展《广州口岸发展战略规划前期研究》编制工作，配合市口岸办对萝岗区口岸情况进行调研。9月17日，广州开发区党工委副书记、管委会副主任、萝岗区委副书记、党政办（口岸办）主任陈小华带队对黄埔海关驻开发区办事处、黄埔检验检疫局驻开发区办事处、开发区出入境边防检查站等驻区口岸现场监管单位进行亚运前的走访慰问，并对各单位做好迎接亚运工作进行鼓励。副区长庄凡夫、陈杰出席，经科局、保税局、企建局领导陪同慰问。

（周 韬）

【机关服务】 2010年，广州开发区机关事务管理局全力做好各项服务保障工作。全年完成膳食服务就餐460013人次，其中早餐118952人次，午餐325877人次，晚餐15184人次；凯达楼饭堂于2月1日正式启用。完成会议接待工作3887次，接待总人数50549人；重要接待86次，接待人数2254人；电视电话会议服务85次，接待人数3108人。加强对各种设备、设施日常维修保养工作，确保电梯、中央空调、电房设备的安全运行率在98%以上。

·通勤车服务· 7月22日，经政府采购，区政府上下班交通车由广州市易和通汽车运输有限公司以459元/人/月的标价中标。2010年度做到百万公里责任事故率≤3宗，事故责任死亡率≤0.3人，事故责任伤人率≤1.6人，交通职工工伤事故死亡率≤0.3‰人，重伤率≤0.5‰人，事故指标控制在2010年度萝岗区下达的安全生产指标率之内。

·物业管理· 2010年，该局委托管理的物业有行政服务中心A、B、C、D、E五栋楼和凯月楼、凯通楼、凯达楼、融汇大厦1号楼、绿苑楼、科教楼、怡丰楼、农林水利局办公楼、科学城管委会临时办公楼、科学城供水加压站、西区原管委会大楼等，督促受托单位完整履行合同，各项服务满意率达95%以上。

·公共机构节能· 7月7日，《广州开发区·萝岗区公共机构节能规划（2010～2015年）》印发实施，此规划为全国首部涵盖“十二五”节能工作的公共机构节能规划。组织首批5家试点单位（区一小、玉岩中学、区医院、水质净化厂、夏港街道办事处）进行能源审计。11月5日，广州开发区萝岗区公共机构节能动员大会暨节能意识培训会议在萝岗会议中心召开，共计123家公共机构参加。

·亚运保障· 派出谭红燕（餐饮经理）、陶菲（餐饮副经理）、钟嘉琪3人协助亚组委广州国际体育演艺中心的工作，主要负责场馆餐饮供应工作。期间为各类人群提供盒饭共31780人次，早餐夜宵10108人次，茶点服务5604人次，其中注册媒体2300人次，贵宾技术官员和运动员及随队人员2000多人次。（尹 路）

**【政务服务】** 2010年，广州开发区、萝岗区政务服务中心按照“一门受理、统筹协调、规范审批、限时办结”的整体要求，不断丰富“一站式”、“一条龙式”和“一网式”服务内涵。共有27个审批部门（单位）进驻，开设服务窗口81个，受理行政许可或审批、备案业务491项；全年现场接待280787人次，受理审批事项286243件，即办件199172件，占总办件量的70%，100%按承诺时限办结；群众评价满意率100%，非常满意率94.71%，无有效服务投诉。

区政务服务中心持续推动审批改革，打造群众满意的服务平台。是年9月，组织各窗口单位清理审批事项，缩减审批时限，共11个入驻单位对48项缩短办理时限297天，平均提速6.39天，3个单位新增10事项入驻中心办理，2项“初审”转“备案”。同年实现25个单位183个事项可通过政务服务中心网站进行网上办理。同时打造全区唯一一家高新技术企业产品展示厅，40家企业产品代表性地展示区民族企业自主创新的风采。

中心注重内部管理。实行党员、团员亮牌服务。通过月度、季度和年度考核评优激励机制和监督通报机制有效形成入驻单位持续比拼服务质量和提升服务效率的竞争局面，全年每季度、年度均评出10个优秀窗口给予表彰。全年收到表扬信108封、锦旗19面、牌匾2块，5人获国家省市先进个人称号，2个入驻单位获集体荣誉。行政服务管理中心于4月被评为广州市“青年文明号标兵”，12月通过“广东省青年文明号”现场评比，并荣获2010年广州亚运会、亚残运会萝岗区城市志愿服务工作最佳组织者、最佳组织单位、优秀志愿者、毅力之星、活力之星五个奖项。中心网站“网上服务大厅”被评为全国政府网站在线服务精品栏目。

广州开发区、萝岗区政务服务中心“网上服务大厅”获“2010年政府网站在线服务精品栏目”奖牌。

创业导报供稿

### 2010年广州开发区、萝岗区政务服务中心窗口单位一览表

| 各楼层分布 | | 窗口单位 | 电话 | 窗口 |
|---|---|---|---|---|
| 一楼 | 大厅 | 咨询电话 | 82113329 | 101室 |
| | | 商务中心 | 82118626 | 105室 |
| | | 华信物业有限公司 | 82112244 | 负一层 |
| | | 广州宏扬投资顾问有限公司 | 82118651 | 102室 |
| | | 广州溢鑫投资顾问有限公司 | 82119099 | 103室 |
| 二楼 | A区 | 公安分局 | 82112277 | 2A01-2A12窗口 |
| | | 婚姻登记处 | 82112103 | A202室 |
| | B区 | 档案馆 | 82118603 | B201室 |
| | | 社会保险基金管理中心 | 82118619 | 2B01-2B07窗口 |
| | C区 | 劳动就业服务管理中心 | 82118635 | 2C02-2C03窗口 |
| | | 人才交流服务中心 | 82113397 | 2C01窗 |

（续上表）

| 各楼层分布 | | 窗口单位 | 电话 | 窗口 |
|---|---|---|---|---|
| 三楼 | A区 | 经济发展和科技局 | 82113387 | 3A01－3A02窗口 |
| | | 发展和改革局 | 82118628 | 3A03窗口 |
| | | 保税业务管理局 | 82113396 | 3A04窗口 |
| | | 企业建设局 | 82113383 | 3A05窗口 |
| | | 安全生产监督管理局 | 82113385 | 3A06窗口 |
| | | 食品药品监督管理局 | 82112196 | 3A07－3A08窗口 |
| | | 卫生局 | 82113391 | 3A09窗口 |
| | | 气象局 | 82113392 | 3A10窗口 |
| | | 教育局 | 82118607 | 3A11窗口 |
| | | 农林水利局 | 82118630 | 3A12窗口 |
| | B区 | 规划国土局 | 82113382 | 3B01－3B06窗口 |
| | | 建设和环境管理局 | 82113381 | 3B11－3B13窗口 |
| | | 供水中心 | 82113390 | 3B14窗口 |
| | | 供电局 | 82118632 | 3B17－3B18窗口 |
| | C区 | 国税局 | 82113991 | 3C11－3C12窗口 |
| | | 地税局 | 82113992 | 3C01－3C09窗口 |
| 四楼 | A区 | 工商分局 | 82113059 | 4A01－4A14窗口 |
| | B区 | 黄埔海关 | 82118605 | 4B01－4B19窗口 |
| | C区 | 黄埔出入境检验检疫局 | 82118647 | 4C01－4C08窗口 |
| | | 质量技术监督局 | 82118649 | 4C11－4C12窗口 |
| | | 标准化院 | 82113393 | 4C14－4C15窗口 |

地址：广州市萝岗区香雪三路3号　咨询电话：82113329
投诉电话：82112993、82113268

注：各入驻单位审批事项一览表见本书附录栏目。

（李　婧）

# 中国人民政治协商会议广州市萝岗区委员会

【概况】　中国人民政治协商会议广州市萝岗区委员会（以下简称“区政协”）成立于2005年9月，是中共广州市萝岗区委员会领导下的爱国统一战线组织、多党合作和政治协商机构。政协广州市萝岗区委员会接受政协广州市委员会的指导。区政协机关设办公室以及提案委员会、经济委员会、城建资源环境委员会、教科文卫体委员会、社会法制民族宗教委员会、港澳台侨外事委员会、学习和文史资料委员会7个专门委员会。

至2010年底，区政协有常委会组成人员35名，政协委员179名，分别来自中国共产党、各民主党派、无党派人士、人民团体、各少数民族和各界的代表，归国侨胞的代表以及特别邀请的人士（其中包括香港特别行政区同胞、澳门特别行政区同胞）等26个界别。

【区政协一届七次会议】　于2010年3月16～18日召开，会议听取和审议政协第一届广州市萝岗区委员会常务委员会工作报告和政协第一届广州市萝岗区委员会常务委员会关于第六次会议以来提案工作情况的报告，表彰区政协一届六次会议以来的优秀提案和承办提案先进单位。审议通过蔡文光因级别提升、黄泽标、杜暖根因到龄退休辞去区政协副主席职务，通过黄建良因工作调整辞去区政协秘书长职务，通过万惠端因到龄退休辞去常务委员职务。选举雷新国、杨柏、张作和为区政协副主席，选举石磊华为区政协秘书长，选举黄建良、娄岳荣为区政协常务委员。审议通过政协第一届广州市萝岗区委员会第七次会议决议，与会委员列席萝岗区一届人大七次会议，听取并讨论萝岗区人民政府工作报告及其他报告。

【职能履行】 ·政治协商· 2010年，区政协贯彻落实区委《关于贯彻落实〈中共广州市委政治协商规程（试行）〉的实施意见》（以下简称《实施意见》），规范重点协商程序。围绕“加快公共租赁住房建设”、“十二五规划编制”等工作，按照《实施意见》的规范要求，组织界别委员和常委进行重点协商。围绕“一府两院”工作以及有效巩固和扩大应对金融危机冲击成果，加快转变经济发展方式，保持经济社会又好又快发展等重要问题组织全体会议整体协商。围绕《中新广州知识城条例》、《创新发展模式三年行动计划》重要文件草案，以及“区重点项目建设情况”等，组织区情通报会，在知情的基础上进行专题协商。围绕“创文”、劳资纠纷、“三旧”改造、交通设施、亚运场馆以及商业网点配套设施建设等问题，各专门委员会与区政府相关部门进行对口协商。

·民主监督· 以提案、专题视察、反映社情民意为民主监督的主要形式，寓监督于服务之中。围绕中新广州知识城和生物岛开发、萝岗新城建设、基层司法工作、反渎职侵权、文物保护及机关效能建设等开展专题视察18次，就相关问题提出切合实际、操作性较强的意见和建议。围绕迎接亚运会、创建文明社区等工作的推进，发挥社区基层委员作用，及时向有关部门反映红火蚁穴、下水井塌方等险情，避免造成危害。围绕企业劳资纠纷、村居拆违等热点、难点问题，发挥专委会的优势，引导企业、社区妥善处理好各种矛盾。此外，推荐委员担任各类特约监督员，参与党委、政府组织的政风行风评议和视察，促进党风廉政建设和提高行政效能。

·参政议政· 把调查研究作为开展参政议政工作之基，深化“选题准、调研深、转化实”的调研模式，2010年，选择“进一步盘活村居集体经济用地”和“推进我区低碳经济发展”课题，组成调研组，多次召开座谈会，走访区内相关单位和企业，并赴省内外兄弟城区考察学习，根据调查掌握的情况进行分析综合，形成专题调研报告。其中《我区集体经济发展用地利用的现状及对策》得到区主要领导高度评价，认为“报告摸清家底、分析透彻，含金量很高，很有针对性和指导性”。刘村集体经济发展用地的盘活采用了政府返购形式，有效解决了土地需求与土地供给的矛盾。《关于加快发展我区低碳经济的若干建议》调研报告提出14条系统性、参考性和操作性较强的意见建议，得到区主要领导充分肯定。其中，应用城区地下管网“共同沟”技术的建议已转化为区政府决策，拟付诸实施。

【提案工作】 2010年，区政协深化与政府联合交办、联合培训、联合检查、联合督办等提案工作机制，认真开展提案综合分析，加强重点提案督办和协同办理提案力度，进一步形成协力推进提案工作创新发展的局面。一届七次会议以来，共收到提案83件，经审查立案和转区意见78件，立案率76.54%。全部提案按期办复完毕，委员对提案办理均表示满意或基本满意。

【服务保障亚运】 ·开展亚运专项督查· 2010年，区政协牵头对东区街、萝岗街、夏港街等迎亚运安保，人居环境综合整治，社会治安维稳和涉亚食品安全等专项工作进行视察督办18次，形成专题督察报告送有关部门，及时反映基层在工作中存在的困难和问题，提出整改意见。围绕亚运工程建设、场馆建设及交通建设等工作，组织专题视察，提出建议。 向全体政协委员发出志愿服务倡议书，成立志愿服务队，举办“城市文明志愿服务全民行动”启动仪式，开展“迎亚运讲文明树新风”、“文明搜客行动”、“倡导排队候车”、“社区治安巡逻”、“全城行动搞卫生”等志愿活动，派员参与市亚运志愿驾驶团队，组织委员和机关干部慰问城市志愿服务者等。与市政协共同举办“庆国庆、贺中秋、迎亚运”书画雅集，100多位省、市书画名家挥毫泼墨。参加“澳穗携手迎亚运，倒数百日汇濠江”系列活动，推介和宣传广州亚运。委员企业珍宝公司启动70多台亚运新车，保障亚运交通工作。部分委员参与亚运、亚残运会的火炬传递。

2010年9月16日，在广州市政协、萝岗区政协合办的“庆国庆、贺中秋、迎亚运”书画雅集活动上，著名画家陈永锵（中）向萝岗区赠送国画作品。 刘华祥 摄

【关注民生】 2010年，区政协开展“爱心帮扶”主题活动。以“书画慈善”为载体，发动委员和社

会各界捐款20多万元，资助患地中海贫血重症儿童进行手术治疗。倡导委员及机关干部为西南旱灾、青海玉树地震受灾群众奉献爱心。据不完全统计，区政协委员从各种途径参与扶贫救灾捐资捐款200多万元。坚持关爱外来工文化生活。向佳大时代公寓、玉树、黄陂等员工楼赠送书籍，连续三年累计捐书4600多册。亚残运会火炬手热心捐出传递过的火炬，区政协委员出资13万元认购，火炬留在区政协，资金全部捐给区慈善会。

到兴宁开展扶贫“双到”工作，成立扶贫工作领导小组，制定帮扶方案，建立“四定”制度（即定期走访、定期分析情况、定期讲评工作、定期通报工作情况），选派优秀干部驻村开展工作。引介委员及社会热心人士开展项目援助、农商对接、创业指导等，据不完全统计，引进资金约52万元。建成肉鸽养殖场并投产运行，资助上大塘村大桥重建，建设公共宣传栏等。

**【联络联谊】** 2010年，区政协充分发挥港澳委员作用，加强与香港各界联会、商会、社团的联谊，注重与港澳台侨同胞中有成就、有实力、有声望人士及华人华侨新生代的交往。应邀赴港澳出席各种社团的联谊活动，引介香港红酒商、国际珠宝业协会等社团及企业到区考察现代服务业发展情况，参观区国际酒饮中心、广州亚运萝岗美食节等活动，为招商引资牵线搭桥。组织港澳委员和台协理事畅游新荔枝湾，宣传并推广广州亚运后的全新风采。参与区“五侨”联席活动，依法护侨、服务新华侨华人。协助区台协理事会、委员企业举办网球、高尔夫球联谊赛。与区相关部门共同举办萝岗籍知名旅美华人画家书画展等。

**【文史和宣传工作】** 区政协在2009年遍访全区58个村居，听取村居老人传述人文典故的基础上，整理出村居文史资料。2010年1月，编辑出版《萝岗文史》第四辑“一村一居一史专辑（一）”。建立新闻信息工作及网站管理规范，使信息宣传工作科学化、常态化和多样化。编制简报20期，报送新闻信息139条，在《创业导报》和《广州政协》杂志上刊登专版16期。

**【第三次政协理论研讨会】** 2010年，区政协发挥政协理论在工作创新中的先导作用，围绕“人民政协作为我国政党制度重要载体的特色优势”和“推动区委关于政治协商《实施意见》的贯彻落实”等主题，开展理论研讨，共征集文章30篇，选送27篇参加市政协理论研究交流。其中，5篇分别获奖。12月1日，召开区政协第三次理论研讨会，表彰2009～2010年优秀论文23篇。

**【委员工作】** 2010年3月3日，区政协一届二十五次常委会议审议通过王立群、刘志艳、李建斌、何春华、金维刚、钟小星、黄文志辞去政协第一届广州市萝岗区委员会委员职务的辞呈；区政协机关黄泽标、杜暖根、万惠端3位中共党员领导拟退休，全会后不再担任区政协委员。增补王君文、刘汉华、李佳丽、张作和、张金海、周振、周忠民、林秋城、胡镇坤、梁东平、黄华溪、雷新国为政协第一届广州市萝岗区委员会委员。6月23日，区政协一届二十八次常委会议审议通过李建斌辞去政协第一届广州市萝岗区委员会提案委员会副主任（兼职）职务，陈永品任政协第一届广州市萝岗区委员会提案委员会副主任（兼职）；同意赵和平辞去政协第一届广州市萝岗区委员会学习和文史资料委员会副主任（兼职）职务，庄稼汉任政协第一届广州市萝岗区委员会学习和文史资料委员会副主任（兼职）。9月20日，区政协一届二十九次常委会议审议通过王月兴、孔杰、陈少彬、陈传贵、郑汉武辞去政协第一届广州市萝岗区委员会委员职务；同意增补李国新、张志华、林国超、莫子瑜、徐枢为政协第一届广州市萝岗区委员会委员。

完善委员管理机制。在各区县中率先建立委员履职档案系统，制定详细的管理要求与标准，提升委员管理工作的信息化、科学化水平。

（刘华祥）

## 中共萝岗区纪律检查委员会

**【概况】** 2005年11月，中国共产党广州市萝岗区纪律检查委员会机关成立，与广州市萝岗区监察局合署办公。同时，中国共产党广州市萝岗区纪律检查委员会机关、广州市萝岗区监察局与中国共产党广州经济技术开发区纪律检查工作委员会机关、广州经济技术开发区监察局合署办公〔以下简称“区纪委（监察局）”〕。2010年，区纪委（监察局）围绕中心、服务大局，切实加强作风建设，加快推进惩防腐败体系建设，全面落实“廉洁办亚运”各项工作，着力解决反腐倡廉建设中群众反映强烈的突出问题。是年，区纪委（监察局）公务员编制21名、雇员编制7名，实有公务员22人，工勤人员2人，雇员7人，退休（含离岗退养）人员4人。在职人员中研究生以上学历9人、大学本科学历17人、大专学历5人，中共党员29人，预备党员1人。

**【区纪律检查委员会一届六次全会】** 广州开发区党风廉政建设工作会议暨中共萝岗区第一届纪律检查委员会第六次全体（扩大）会议于2010年2月

25日在萝岗会议中心开萝厅召开。会议由开发区党工委委员、纪工委书记、萝岗区委常委、纪委书记赵春华主持，广州市委常委、广州开发区党工委书记、管委会主任、萝岗区委书记薛晓峰作重要讲话，赵春华作工作报告。会议传达中央和省、市纪委全会精神，全面回顾总结区纪委2009年工作，分析当前纪检监察工作面临的形势，并部署2010年全区党风廉政建设和反腐败工作任务。

【反腐倡廉宣传教育】 2010年，区纪委（监察局）开展以“加强制度教育、构筑拒腐防线”为主题的纪律教育学习月活动。把纪律教育学习活动与创先争优活动、“深化服务促发展”、创建文明城市、“廉洁办亚运”等工作相结合。确保纪律教育学习和业务工作两不误。

组织全区深入学习《中国共产党党员领导干部廉政准则》。将《廉政准则》纳入各级党组织理论学习中心组学习内容，邀请省纪委（监察厅）领导做学习辅导报告。根据《廉政准则》52个“不准”，编写集条例、案例、漫画等为一体的形象生动、通俗易懂的学习读本，印发给全区党员干部，该学习读本也被市纪委选为全市副局级以上领导干部的学习资料。区纪委（监察局）与区直机关党委联合举办全区党政机关《廉政准则》知识竞赛，全区32个党政单位由行政负责人或党组织负责人带队参赛，推动学习《廉政准则》活动的不断深化。

是年，区纪委（监察局）注重正反典型教育，强化正面引导和反面警示效果。组织党员干部观看省纪委电教片《月季花开——优秀共产党员杨静娟纪实》、电影《情暖万家》等，学习杨静娟、张云泉等人的先进事迹。对全区党员干部强化正面宣传教育。区纪委拍摄《被玷污的民心工程——马新明等人违纪违法案警示录》，深刻剖析原九龙镇经济发展办主任马新明等人在“村村通”公路工程中的系列腐败案件，以发生在身边的案例进行警示教育。该片被市纪委评为全市优秀警示电教片。

2010年，区纪委（监察局）采取多种形式加强廉政文化宣传教育。举办“树立正确利益观”征文，选送优秀征文71篇。制作廉政挂画192幅，在机关、农村的公共场所悬挂展示、定期轮换。各街镇、企业还结合自身实际，在祠堂文化、企业文化中加入廉政文化元素，推进廉政文化进农村、进社区、进企业、进家庭工作。全区先后发放各类学习教材8000多册，DVD电教片890多套，印制发放《廉政准则》读本6000多册，编印“清风正气，文明开萝”廉洁文化宣传手册3万多份。

【党风廉政建设】 2010年，区纪委（监察局）强化廉政督查，党员领导干部廉洁自律意识进一步增强。坚持对新提拔领导干部的廉政谈话制度。提出“五要五不要（一是要解放思想、开拓进取，不要因循守旧、故步自封；二是要牢记宗旨、干净干事，不要脱离群众、以权谋私；三是要恪尽职守、一岗双责，不要碌碌无为、监管无力；四是要艰苦奋斗、勤俭节约，不要贪图享乐、铺张浪费；五是要生活正派、情趣健康，不要低级趣味、骄奢淫逸。）”的廉政要求，提醒领导干部在新的领导岗位上干净干事，清白做人。开展对落实厉行节约八项要求督促检查，在全区财政核拨经费的152家机关事业单位中开展贯彻落实厉行节约八项要求工作，加强指导和检查，定期统计报告情况。落实处以上领导干部个人重大事项报告制度，全区400多名副处以上干部按要求报告个人重大事项。落实党员领导干部廉洁自律有关规定，全区副科级以上党员干部对照《廉政准则》查找突出问题，写出自查报告，针对存在问题进行整改。贯彻落实广东省贯彻执行国有企业领导人员廉洁从业若干规定实施细则，全区国有企业领导人员按规定进行自查并填报自查登记表。加强对领导干部因公出国（境）的监督，对210人次干部出国出境进行审核。

是年，区纪委（监察局）推行办事公开，各街镇通过公开工作制度、工作职责、办事程序、收费标准及依据、办结时限，让群众在明白办事中强化监督。

【查处违纪违法案件】 2010年，萝岗区共立案查处党员干部违纪违法案件24件30人，审理22宗22人，审结率100%。其中给予党纪处分17人，政纪处分12人，市副处级以上干部4人，正科级以下干部7人。收缴违纪违法资金326万元。区纪委推进“街（镇）案区审”工作，较好地保证街镇案件审理的质量。全年共接受群众来信来访和举报电话227件（次），来访21批（次）41人，应办件184件，已办结181件，办结率98.4%。在2010年全市纪检监察机关案件质量抽查中，萝岗区案件优秀率达100%。

是年，区纪委制定《广州开发区萝岗区关于进一步加强治理商业贿赂工作的意见》，及时督促协调各单位治贿工作。强化信息沟通交流，继续保持惩处商业贿赂违法犯罪的高压态势，全区各单位共办结商业贿赂案件18件。

【源头治理腐败】 2010年，区纪委（监察局）加强对重点岗位廉政风险监督管理。抓住腐败易发多发的领域、部位和环节，查找业务流程中的薄弱环节，认真查找梳理296个岗位风险，并逐条提出针对性防范措施，堵塞管理漏洞，实现关口前移，推动反腐倡廉制度建设。

规范基层农村党员干部职务行为。针对农村基层腐败易发领域、易发岗位和易发环节，从实际出发，以管好“人”、“权”、“钱”、“物”为重点，建立健全各项制度。强化对农村党员干部的监督。任期经济责任审计与干部考核有效结合，党员干部勤廉情况作为年终考核的重要内容和年终奖励的重要依据，对勤廉兼优的村社干部，及时予以表彰；对工作作风差，群众满意度低的，对其进行诫勉谈话，责令自查自省。

建立健全“廉洁办亚运”监督责任制。区纪委与23个单位签订《区纪检监察系统廉洁办亚运监督责任书》，细化分解监督责任，形成层级管理、各负其责、上下联动、反应快捷的监督网络和保障机制，强化了“廉洁办亚运”的全方位监督体系。区纪委领导多次带队到涉亚工程现场督导检查，并协调督促财政、审计等职能部门开展专业性检查。

2010年9月17日，广州开发区、萝岗区工程建设领域突出问题整改暨廉洁办亚运工作会议在区行政服务中心举行。　黄楚锋 摄

【纠风工作】 2010年，区纪委（监察局）组织对经济、信息系统开展民主评议政风行风工作，对区国土资源和房屋管理（交通）局、建设局、安监局、工商分局机关及直属单位开展2009年行评工作“回头看”检查验收，将区国税、地税机关各税务所、区国土局各国土所、区计生局各计生站等基层站所纳入民主评议基层站所范围。经区行评团综合评议，被评议单位全部被评为行风评议满意单位。强化政风行风专项检查力度，开展明察暗访，组织干部职工观看纠风专题暗访片，对行政机关及下属事业单位的服务意识、服务态度、服务效率和服务质量进行检查。及时发现苗头性问题和薄弱环节，督促相关单位进行整改。认真贯彻落实省纠风办、省教育厅《关于建立广东省中小学教育收费动态监测点的实施意见》，选取3所学校作为区教育收费动态监测点。贯彻落实国务院纠风办《关于药品集中采购监督管理办法》。开展2010年行政事业性收费综合年审，对5个行业协会收费情况进行现场检查。

（黄楚锋）

## 民主党派

【民革广州开发区、萝岗支部】 2010年，中国国民党革命委员会（以下简称“民革”）广州开发区、萝岗区支部共有党员22人，主要分布在政府部门、医疗卫生、文化教育和经济企业等系统的中、高级技术职务的知识分子。支部主任委员是钱洁。

· 参政议政 · 2010年，该支部有1人当选为区政协常委，3人当选为区政协委员，1人当选为区特约监察员，1人当选为区特约审计员，区政协委员负责撰写支部集体提案。党员围绕广州开发区、萝岗区的建设与发展，充分发挥自身优势，积极参政议政。是年，广州开发区、萝岗区支部提交的《大力加快玉岩书院修缮工作的建议》提案获大会发言。其他提案分别是：《关于加快区卫生信息平台的建议》、《印制开发区地图并普及销售》，发表理论文章《民主党派政协委员怎么样发挥作用》。

· 活动情况 · 2010年3月，支委成员钱洁、莫洪英、黄玺日参加中国人民政治协商会议第一届广州市萝岗区委员会第七次会议。4月18日，支部与省直属文史支部在岭头广州市干部疗养院联谊。4月22日，支部与区委统战部、区人大华侨外事民族宗教工作委员会、永和街道办党工委等前往华峰寺调研。5月11日，区特约监督员黄玺日参加区政府2010年廉政工作暨政务公开工作会议。7月22日，支部党员探访民革省直属文史支部老党员潘景睛女士。7月24日，民革支部成员与增城支部联谊，开展落实科学发展观专题调研活动。8月6日，民革支部成员参加区委统战部组织的，以自主创新与知识城建设为主题的“知本沙龙”活动。8月20日，参加广州市萝岗区统战工作培训会暨民主党派、工商联新办公室剪彩仪式。9月2～3日参加民主党派工商联座谈会研究一届八次会议大会发言工作，积极建言献策。9月11日，支部成员参加区亚运百日志愿行动启动仪式。10月12日，黄玺日、劳元德参加第一次亚运城运动员村开幕式演练。10月28日，支部成员参加区政协2010年区情通报会议。为更好的提升政府服务，钱洁、黄玺日走访企业，了解企业经营状况，聆听他们对区政府的意见，向政府传递“企情商意”。黄志成参加本年度“市长杯”乒乓球比赛获萝岗赛区第一名，钟志雄诗作入选《秋芳集》，其书法作品和黄玺日书画作品分别入选市民革展览。

【民盟广州开发区、萝岗区基层委员会】 2010年，中国民主同盟（以下简称“民盟”）广州开发区、萝岗区基层委员会发展新成员2名，尚有1名在考察中，共有成员25人，主要来自于广州开发区、萝岗区科技、企业、教育等系统的中、高级技术职务的知识分子。2010年11月，民盟广州开发区、萝岗区支部进行换届选举，成立新一届民盟广州开发区、萝岗区基层委员会，崔幼文任主任委员。

·参政议政· 2010年，该基层委员会有1名盟员担任市政协委员，1名盟员当选区人大常委，1人当选为区政协常委，3人当选为区政协委员。盟员围绕广州开发区、萝岗区社会建设与发展，充分发挥自身优势，积极参政议政。2010年3月，在萝岗区人大一届七次会议上，提交《关于加大力度打造我区旅游产业的议案》；在萝岗区政协一届七次会议上提交《完善科学城及周边地区交通环境的建议》，韦海忠撰写的《关于整合旅游资源，打造香雪文化品牌的建议》在大会上进行抢答发言。

·活动情况· 2010年，基层委员会到东江纵队纪念馆，缅怀抗日先烈；到萝岗香雪，体验荔枝文化。通过社会调研、座谈会、恳谈会、组织生活会、茶话会、诗歌朗诵会等多种形式营造团队精神，增强基层委员会成员间的凝聚力。

【民建广州开发区、萝岗区基层委员会】 2010年，中国民主建国会（以下简称“民建”）广州开发区、萝岗区基层委员会发展新会员3名，共有成员54名，其中，1名担任市政协委员、3名担任区政协委员，3名会员被区有关部门分别聘为特邀检察员、特约监察员、特约审计员，还有多名会员兼任市民建相关专门委员会的成员及领导职务。会员主要分布在区党政机关、事业单位、企业和社会中介组织。2010年1月，区民建总支进行换届改选，组建成立新一届民建广州开发区、萝岗区基层委员会，伍洋任主任委员。

·参政议政· 2010年3月，在萝岗区政协一届七次会议上，该基层委员会共提交提案4份，大会发言1篇。其中《弘扬中医中药传统文化，精心打造广州“中药谷”》的大会发言受到与会的市政协副主席林生珠及区政府相关领导的关注和充分肯定。以基层委员会名义提交的其他3份提案分别是：《关于加强社区文化工作的建议》、《关于完善科学城雕塑文化建设的建议》、《加速发展运动医学，倡导健康新理念——“低碳医学”》等。经区政协提案委员会审查立案3份，并转交区有关部门办理。

是年，区民建会员李彩华撰写的《完善乡村医生管理工作，提高农村医疗队伍水平》被市委会评为优秀提案，并被省委会作为秋季成果推荐给民建中央。在2010年3月萝岗区政协一届七次会议上，民建广州开发区、萝岗区基层委员会提交的提案《关于规划建设岭头地区森林公园的建议》获表扬提案表彰。

认真组织会员参与理论研究工作。2010年，会员撰写或参与完成提交的论文共4篇，分别是《新时期城区政协调研工作的实践与思考》、《关于提升政治协商科学化水平的实践与思考》、《民主监督不走样，多党合作谱新章》、《自由、民主与法治的“三位一体”是宪政的构成要素》，其中《关于提升政治协商科学化水平的实践与思考》、《新时期城区政协调研工作的实践与思考》2篇论文分别获得区政协理论研究优秀论文一等奖和三等奖。

·活动情况· 2010年，该基层委员会围绕迎亚运工作，积极参与市、区组织的迎亚运志愿服务及督察演练宣传等活动，组织会员参加市委会“迎亚运、促发展”活力天地杯运动会。围绕中新广州知识城的调研工作，组织会员前往九龙镇知识城起步区和展厅参观考察；围绕纪念民建成立65周年及社会主义核心价值体系建设参加专题座谈；围绕学习民建会史和缅怀已故民建中央主席孙起孟的革命精神，组织会员前往南昆山开展学习座谈，并邀请市委会相关领导作专题辅导；围绕扶贫助困主题，各支部分别组织前往区内及从化慰问贫困家庭、贫困学生及残疾人士等弱势群体。

【民进广州开发区、萝岗区支部】 2010年，中国民主促进会（以下简称“民进”）广州开发区、萝岗区支部由市委会转入会员1名，培养与考察对象1名，共有成员15名。主要来自于广州开发区、萝岗区机关、企业、教育等系统的知识分子。主任委员汤云燕，副主任委员邓玮瑜，组织委员杨晓晖，宣传委员张小菡。

·参政议政· 2010年，民进成员中有担任省政协委员、市政协常委1人、区人大代表3人、区政协委员2人，其中市民进副主委潘史扬还担任萝岗区副区长。另汤云燕担任区特约监察员，张小菡担任区特约检察员。在2010年3月召开的区政协一届七次会议上，区民进萝岗支部提交大会发言《关于促进区义务教育均衡发展的建议》和提案《利用辖区实验室优势，提高食品安全监测水平》；本支部会员中的人大代表、政协委员积极参加有关议案、提案承办单位的座谈调研活动，为议案、提案提供解决问题的建议。据统计，本支部会员在区人大提出6个建议，分别是《关于在区行政中心车库增设减速带的建议》、《关于广州市第一一七中学改扩建征地问题的建议》，《关于加强九龙镇摩托车管理的建议》、《关于设立“中新知识城人民法庭”的建议》、《关于改善九佛墟社区环境的建议》、《关于将九龙景点列入萝岗特色旅游的建议》，已全部收到答复，答复满意率100%。

·活动情况· 民进广州开发区、萝岗区支部注重政治理论学习，除组织生活的学习外，还积极组织会员参加区统战部、区政协组织召开的各种专题学习报告会、民主党派学习培训班、图片展览等。广东领越律师事务所合伙人、民进会员余瑛律师向玉岩中学6名获奖学子捐赠奖学金3万元；广东省美术家协会会员、萝岗区民间文艺家协会副主席、萝岗区美术家协会副主席、民进广州市萝岗区支部会员梁金全作品花梨木雕作品《奋进》在穗禅肇同城工艺美术大展精品评比中获得金奖。

【农工党广州开发区、萝岗区支部】 2010年，农工党广州开发区、萝岗区支部委员会（以下简称“区农工党支部”）发展新党员2名，共有党员14人，均为大学以上学历，其中硕士研究生学历4人，以医药卫生界的高中级知识分子为主，其中正高职称2人，副高职称3人，其余均为中级以上职称或主任科员。主任委员路影是广州市人大代表、萝岗区政协常委，区监察局特邀监察员，区医学会副会长，副主任委员牛广团是萝岗区政协委员、区检察院特邀检察员。支部委员罗华玲是区人大代表，区特邀监察员。

·参政议政· 2010年，区农工党支部成员向广州市人大、萝岗区人大、萝岗区政协共撰写提案和建议7件，其中向市人大提交建议3件：《关于加强我市外来务工人员基本医疗保障的建议》、《加强我市农村药品“两网”建设的建议》、《关于改善科学城及萝岗新城对外道路》。向萝岗区政协提交提案2件：《加强我区外来务工人员基本医疗保障的建议》、《加强萝岗区农村药品“两网”建设的建议》。向萝岗区人大提交建议2件：《关于加快我区中级职称教师聘任的建议》、《整治萝岗区镇龙新市场环境，加快农村地区城市化进程》。这些提案和建议大多数得到采纳。积极参加多党合作和政协理论研讨。2010年支部成员共向有关单位提交论文4篇，其中罗华玲的《论培育民主党派人士参政议政的能力》获区政协理论研究论文三等奖。

·活动情况· 2010年，区农工党支部主委路影作为广州开发区、萝岗区医学会副会长组织和参与了对萝岗区九佛医院、康宁医院、黄陂医院医护人员的全员培训，受萝岗区卫生局的委托组织制定萝岗区医生定期考核的具体实施方案，组织广州开发区医院和萝岗区中医院65名医务人员考试。支部党员路影、牛广团、高寰、李荣海等给基层医院、卫生站医生讲课达60多学时，给行政机关、事业单位、厂矿企业举办健康和急救知识讲座20多次。参加区政协、区卫生局、区医学会、区残联、广州开发区医院和区农工党支部组织的义诊共计10次，并在世界“糖尿病日”、“高血压日”、“爱耳日”举办义诊活动。支部主委路影是年捐资2000元扶贫助学献爱心。支部党员陈植锐撰写的《九龙经济发展新篇章》获2009学年广州市中学教学研究年会成果评比三等奖、《时事政治在思想政治教学中的应用》在萝岗区“如何在课堂教学中实施素质教育”的专题教学征文比赛中获二等奖。罗华玲参与辅导的“3D虚拟机器人”大赛获萝岗区一等奖。

【致公党广州开发区、萝岗区支部】 2010年，中国致公党广州开发区、萝岗区支部发展新会员3名，培养考察对象1名，共有成员19人，主要来自于广州开发区、萝岗区政府部门、中、外资企业、教育等界别的中、高级技术职务的侨界知识分子。邬文敏任主任委员。

·参政议政· 2010年，支部有2名党员担任区人大代表，3名党员担任区政协委员。2010年3月，支部向萝岗区政协一届七次会议提交了大会书面发言《关于高起点配置使用和管理我区科技园区行业专业人才资源的建议》；提交提案2件，向萝岗区人大一届七次会议提交人大建议4件。参与“我为转变经济发展方式献一策”活动，支部主委邬文敏提交《完善我市限价房政策的建议——结合龙光峰景华庭限价房情况分析限价房政策》；参与“我为亚运报信息”征集工作，支部主委邬文敏提交社情民意《关于更正白云机场出租车上落点英文标识错误的建议》以及《关于进一步完善广州市地铁标识的建议》，均得到及时落实。

2010年支部共向致公党广州市委员会、区政协提交3篇理论文章。其中，支部主委邬文敏的论文《充分发挥人民政协大会发言的重要作用》在2010年广州市人民政协理论研究会上荣获优秀论文三等奖。

·活动情况· 2010年7月，支部全体成员参加致公党广州市委中青年党员“迎亚运”体育花会，取得拔河比赛第一名，综合团体比赛第五名的成绩。在纪念中国致公党成立85周年大会上，支部被授予先进集体荣誉称号，支部主委邬文敏获“优秀党员”称号，吕葆华、邢峥获“党务工作积极分子”称号。支部主委邬文敏被致公党广州市委会推荐为致公党中央“基层组织建设年先进个人”，支部被致公党广州市委会推荐为致公党广东省先进集体。党员王正克积极参加致公党广州市委会组织的赴美国纽约等地与传统侨团联谊并共办画展等一系列海外联谊活动。是年，支部组织全体成员开展参政议政培训活动2次。与区政协港澳外事委员会开展联谊活动2次。

【九三学社广州开发区、萝岗区委员会】 2010

年，九三学社广州开发区、萝岗区委员会发展新成员8名，共有成员46名。3月，九三学社广州开发区、萝岗区支社进行改选，成立九三学社广州开发区、萝岗区委员会，钟小星当选为委员会主任委员；委员会下辖三个支社，易国庆、吴凡、张明东分别当选为支社主委。成员主要来自于广州开发区、萝岗区科技、城建、企业、卫生、教育等系统的中、高级技术职务的知识分子。

·参政议政· 2010年，该委员会有2人担任市政协委员，1人当选区人大常委，4人当选为区政协委员，1人当选为区政协常委。3月，在萝岗区政协一届七次会议上：共提交7份政协提案，其中3份立案，4份转为建议，1份大会发言；积极参加多党合作和政协理论研讨，2010年，共向有关单位提交论文3篇；易国庆撰写的《人民政协制度的创新思维》，获萝岗区人民政协理论研究会2009～2010年优秀论文奖。

·活动情况· 2010年，支社组织成员通过社会调研、座谈会、组织生活会、茶话会等多种形式营造团队精神，增强支社成员间的凝聚力。成员在各自的工作岗位上积极发挥九三学社“民主与科学”的模范带头作用，易国庆、吴凡、苏琼、吴倩华、沈银花、陈毅广、任博、吴金英等8人获九三学社广州市委员会表彰。（杨飘扬）

## 人事和机构编制

【概况】 2006年6月，根据《关于印发广州市萝岗区机构编制方案的通知》（穗编字〔2005〕183号），设立“中共广州市萝岗区委组织部（区人事局、区机构编制委员会办公室、区委老干部局与其合署办公），与广州开发区党工委组织部、人事局、机构编制委员会办公室、老干部局合署办公，全称为中共广州开发区、萝岗区委组织部。内设5个科室：办公室（机构编制科与其合署办公）、组织科、干部科（人事科与其合署办公）、工资福利科、老干部管理办公室。2008年11月，根据广州市机构编制委员会《关于印发<广州经济技术开发区、广州高新技术产业开发区、广州出口加工区、广州保税区职能配置、内设机构和人员编制规定>的通知》（穗编字〔2008〕373号），设立中共广州经济技术开发区、广州高新技术产业开发区、广州出口加工区、广州保税区（以下简称广州开发区）工作委员会组织部，机构编制委员会办公室、人事局、老干部局与其合署办公；广州市萝岗区委组织部、区机构编制委员会办公室、区人事局、区委老干部局与其合署办公。内设处室5个：办公室（机构编制处与其合署办公）、组织处、干部处（人事处与其合署办公）、工资福利处、老干部管理办公室。2009年5月，根据穗开编〔2009〕2号文，广州开发区党工委、萝岗区委组织部内设5个处室：办公室（机构编制处与其合署办公）、组织处、干部处、人事处、老干部管理办公室。萝岗区事业单位登记管理局为区机构编制委员会办公室直属行政机构；另有2个归口管理的事业单位：区人才交流服务中心、区关心下一代工作委员会办公室。2010年，组织部配行政编制24名，实有24人。共有工作人员62名，其中公务员27名（含事业单位登记管理局2人、关工委办公室主任1人），职员4名，工勤人员12名，雇员16名，党建指导员3名。其中，研究生13名，大学本科29名，大专7名，中专2名，高中11名；有党员51名。（张　旭）

【区领导变动情况】 2010年，广州开发区、萝岗区领导变动情况如下：

2月10日，接市委组织部穗组干〔2010〕80号文通知，市委同意：提名雷新国、杨柏、张作和为广州市萝岗区政协副主席候选人；黄泽标、杜暖根不再担任广州市萝岗区政协副主席职务。3月18日，接市委组织部穗组干〔2010〕115号文通知，市委同意：黄泽标、杜暖根退休（区政协一届七次会议同意上述人事任免）。

6月18日，接市委组织部穗组干〔2010〕229号文通知，市委同意：凌伟宪任中共广州经济技术开发区、广州高新技术产业开发区、广州出口加工区、广州保税区工作委员会委员、书记；免去薛晓峰中共广州经济技术开发区、广州高新技术产业开发区、广州出口加工区、广州保税区工作委员会书记、委员职务。接市委组织部穗组干〔2010〕230号文通知，市委同意：凌伟宪任中共广州市萝岗区委委员、常委；免去薛晓峰中共广州市萝岗区委常委、委员职务。6月18日、7月2日，接市委穗委〔2010〕53号文、市委穗委〔2010〕59号文通知，省委批准：凌伟宪任中共广州市萝岗区委书记；免去薛晓峰中共广州市萝岗区委书记职务。6月21日，接广州市人力资源和社会保障局穗人社任免〔2010〕70号文通知，广州市人民政府党组会议决定：凌伟宪任广州经济技术开发区、广州高新技术产业开发区、广州出口加工区、广州保税区管理委员会主任；免去薛晓峰广州经济技术开发区、广州高新技术产业开发区、广州出口加工区、广州保税区管理委员会主任职务。

7月16日，接市委组织部穗组干〔2010〕300号文通知，市委同意：葛振亭、李潮迅不再担任广州市萝岗区人大常委会副主任职务。9月28日，接市委组织部穗组干〔2010〕509号文通知，经市委研

2010年6月28日，“晓峰同志履新欢送晚宴”在永和街威尔登酒店举行，广州市委常委、广州开发区党工委书记、管委会主任、萝岗区委书记凌伟宪（右）向中山市委副书记、副市长、代市长，原广州市委常委、广州开发区党工委书记、管委会主任、萝岗区委书记薛晓峰（左）赠送纪念品。　贾自豪 摄

究同意：葛振亭、李潮迅退休。

12月10日，接市人力资源和社会保障局穗人社任免〔2010〕137号文通知，广州市人民政府决定：凌伟宪兼任中新广州知识城管理委员会主任；石奇珠兼任中新广州知识城管理委员会副主任、中新广州知识城社会事务办公室主任；李红卫兼任中新广州知识城管理委员会副主任、中新广州知识城建设办公室主任；崔新宇兼任中新广州知识城管理委员会副主任、中新广州知识城项目办公室主任。　（钟梓坚）

【干部招录调配】 2010年，区人事局严格把关，扎实开展干部调配工作。坚持“逢进必考”原则，做好广州开发区、萝岗区党政人才的公开招录（聘）工作，完成7个党政机关及参照公务员法管理事业单位9个公务员职位、15个事业单位及教育、卫生系统108个事业编制岗位的招录工作。强化人力资源保障，不断优化干部队伍的配置。从迎办亚运工作的实际情况出发，协调办理广州国际体育演艺中心亚运场馆运行团队人员抽调工作，为做好亚运筹备工作提供充足的人力支持。根据中新广州知识城建设的战略部署，第一时间协调办理知识城项目办干部选调工作，确保知识城项目建设工作的顺利开展。此外，按照市人社局的要求，完成5名“三支一扶”人员的选拔审批工作。

【人事任免】 2010年，广州开发区党工委、萝岗区委常委会讨论区管干部任免10次，决定任用干部116人次，区委常委会票决干部12人次。其中，平级转任和兼职62人次，提拔54人次（担任领导职务38人次，非领导职务16人次）。同时，严格执行区科级干部任免管理办法，对机关、事业单位科级干部任免进行审核、备案，2010年共办理科级及以下干部任免审核备案203人次，其中正科级审核96人次，副科及科员级审核107人次。

【事业单位改革和政府雇员管理】 2010年，根据年初市人社局的统一部署，广州开发区、萝岗区全面铺开以岗位设置为主的事业单位人事制度改革。根据区常委会议的决定，以区党政办名义下发《关于成立广州开发区、萝岗区事业单位人事制度改革领导小组的通知》（穗开办〔2010〕7号），以区人事局名义下发《关于印发<广州开发区、萝岗区事业单位岗位设置管理实施意见>的通知》（穗开人〔2010〕1号），召开区事业单位岗位设置管理工作会议。与市人社局沟通，搞好政策解读，解答各单位提出的有关问题。完成除教育文化系统直属单位外68个事业单位设置方案的审核，其中约1/3的单位上报实施方案。

探索科学管理雇员队伍的有效手段，根据2010年1月1日起实施的雇员管理办法补充规定，重点加强了雇员招聘条件审核等工作，严把入口关，使雇员队伍的整体素质有所提高，日常管理逐步规范，审批程序更加完善，2010年共招录、审批、聘用雇员及临聘人员195名，办理续聘131名。

【干部考核机制】 2010年，区委组织部分别起草《萝岗区街镇领导班子及领导干部考核评价暂行办法》、《广州开发区、萝岗区区直部门领导班子及领导干部考核评价暂行办法》。新的考核体系创新评价模式，优化评价内容，按照立足实际、分类考核的原则，实现主观和客观、共性与个性、定性与定量的结合与统一。注重整合考核资源，提高考核效率，对原来出台并已取得较好效果的单项考核，直接纳入本考核办法，避免重复考核和多头考核。此外，在考核中，注重借鉴360度评价的理念和模式，引入群众和企业满意度评价以及街镇对区直部门的评价，拓宽评价视角，实现多元考核。

【干部培训】 2010年，区委组织部全面推进培训理念、内容、方式和机制改革创新。做好干部教育培训的“规定动作”。根据市委组织部的要求，组织全区四套班子成员参加“转变经济发展方式，建设国家中心城市”专题研讨班；选派4名领导干部参加市委党校主体班学习；做好各级公务员任职培训，组织9名干部参加市委党校副处级任职培训，安排2009年新录用的7名公务员参加初任培训。按照市人社局的统一要求，完成公务员《广州亚运知识讲座》培训、《中国共产党党员领导干部廉洁从政若干准则》培训测试两项专项培训任务。加大力度开展干部教育培训的“扩展动作”。按照重点干部重点培训原则，举办了处级领导干部读书进修班，开展“关于加快转变广东经济发展方式的几个问题”的培训，并给参训领导干部赠阅一套相关主题书籍；结合公务员能力建设需要，以公共管理、执政能力、法制建设、学习借鉴新加坡先进经验等为内容，举办6期“公务员能力建设名家讲坛”，参训公务员2600多人次；充分利用名校师资力量，为科级干部提供高层次、高质量学习平台。4月，组织37名正科级干部参加浙江大学公共管理高级研修班，研修内容涉及热点时事与经济、公共管理、区域发展、岗位胜任能力及现场教学等专题；与区委党校合作举办首次科级干部任职培训班，全区有57名正科级干部和94名副科级干部参加培训；结合实际工作需要，安排部分公务员参加市级培训机构举办各类培训班。

**【专业技术人员职称管理】** 2010年，萝岗区委组织部完成7批219名大中专毕业生初次认定工作，审核上报92名专业技术人员参加省市中高级专业技术资格评审，审核区教育系统228名教师参加高、中、初级专业技术资格评审，其中高级42名，中级172名，初级14名。

**【人才工作】** ·人才申报· 2010年，区委组织部积极做好第4、5批“千人计划”人才的推荐选拔工作，推荐石忠民等6名优秀海外归国创新创业人才作为该区“千人计划”推荐人选。扎实做好“创新创业领军人才百人计划”的申报工作，向广州市推荐符合产业规划、经济社会发展急需紧缺的高层次创新创业领军人才人选27名。做好广东省南粤创新奖的推荐工作，按照“公平、公开、公正”的原则，推荐威创、金发科技、海格通信、中山大学达安基因4个团队和珠钢毛新平1名个人作为该区推荐人选。

·科技领军人才审定· 2010年共受理89份申请认定科技领军人才材料，回复1600多封咨询邮件，解答2400多次咨询电话。经资质审查、材料评审、团队面评和常委会议研究，共评审出区科技领军人才11名。

·完善人才政策·组织起草《广州经济技术开发区、广州高新技术产业开发区、广州出口加工区、广州保税区贯彻中央“千人计划”人才扶持政策实施办法》，在中央、省、市对“千人计划”人才奖励扶持的基础上再额外给予扶持，形成以“海外高层次人才创新创业基地建设方案”为主导，科技领军人才计划、千人科技骨干人才计划、万人技能人才计划、科技奖励办法、鼓励留学人员创业发展和促进大学生就业配套的“1+7”人才政策体系。

**【军转干部和随军家属安置】** 2010年，广州开发区、萝岗区严格按照有关法规规定，扎实做好军转干部和随军家属政策性安置工作。完成2009年34名军转干部、18名随军家属和1名自主择业转业干部的接收安置工作，完成了2010年度除公安、法院系统外24名军转干部的接收安置工作。

**【机关事业单位工资福利工作】** ·落实义务教育学校绩效工资的实施· 经广州市人力资源和社会保障局、广州市财政局、广州市教育局批复（穗人社发〔2010〕73号），同意萝岗区义务教育学校从2009年1月1日起，按该区上报的《广州市萝岗区义务教育学校绩效工资实施办法》的内容组织实施，至此，经过两年多的努力，圆满完成义务教育学校绩效工资的实施工作。

义务教育学校实施绩效工资将按逐步提高、规范发放的原则，用两年三个阶段（2009年1月至2010年8月、2010年9月至2010年11月、2010年12月之后）逐步提高教师平均工资水平，保障广大教职员工的切身利益。

·编制年度工资基金计划· 根据2009年12月机关事业单位在册人员情况，组织完成各机关事业单位2010年度工资基金计划的编制，并根据工资基金计划做好年度人员经费的审核、调整、监督工作。

·落实福利待遇方面· 2010年6月2日至7月30日，组织区机关、依（参）照公务员管理事业单位2044名干部职工分7批次到从化华辉度假村体检疗养。为13人次办理丧葬补助费、一次性抚恤金审批。

·调整工作人员工资关系· 2010年，区人事局根据有关政策依据，为186名职务变动的机关、参公事业单位工作人员调整工资标准，为593名机关事业单位工作人员核定工资关系介绍手续，为机关事业单位33名在职转退休工作人员计发退休工资待遇，为177名新聘政府雇员核定工资待遇。

·调整事业单位公招人员工资待遇· 2010年1月起，对非依（参）照公务员制度管理事业单位公招人员的工资标准进行调整，在穗开人〔2008〕10号文规定标准的基础上人均年度增加15%，完成26个单位116名公招人员的审核和调整工作，规范非依（参）照公务员制度管理事业单位的工资管理。

·规范政府雇员的工资管理· 2010年，经区委区政府同意，区人事局制定《关于做好雇员工资新旧政策衔接的通知》（穗开人〔2010〕2号）下发到各单位执行。即从2010年1月起，进一步完善政府雇员工资福利的相关规定，实行每月考核当月奖励的政策，同时调整政府雇员的工资福利标准。

·调整社区居委会工作人员工资待遇·2010年，区人事局参照穗民〔2010〕32号文精神，下发《关于调整区社区居委会工作人员工资福利标准的通知》（穗萝人〔2010〕8号），要求各街道社区从2010年1月起提高社区居委会工作人员的工资福利标准，调整后工资福利待遇人均增幅达49%。

【机构调整】　2010年，区编办主要开展以下工作：一是为推进九龙镇行政综合执法改革试点，完善九龙镇及各街执法队伍设置。在九龙镇镇政府成立综合执法办公室，在各街镇成立城管综合执法队，隶属各街镇管理。二是推进交通综合行政执法改革，组建区交通局综合行政执法分局，将区交通管理总站的行政执法职能剥离，在交通局设立交通执法分局，承担全区交通综合执法任务，配备23名行政执法专项编制。三是按照国务院有关清理整顿各地驻京机构的文件精神，撤销广州开发区驻京办。四是设立中新广州知识城管理委员会。10月，市委市政府批准设立中新广州知识城管理委员会，管委会下设知识城项目办、知识城建设办、知识城社会事务办3个工作部门，配20名行政编制。五是整合工青妇群团机构成立群众工作部。7月，经市编办批准，将广州开发区、萝岗区工青妇组织机关的职责整合划入广州开发区群众工作部（挂萝岗区群众工作部牌子），不列入广州开发区、萝岗区党政工作部门序列，区工青妇组织归口区群众工作部，但仍然按各自章程运作。六是加强旅游管理机构设置。经区编委同意，将旅游处从区经科局服务业处分设出来，单独设置旅游处，负责全区旅游开发和管理工作，配备6名编制。七是加强规划建设部门机构编制建设。为深入贯彻落实穗府〔2009〕56号文件精神，着力推进“三旧”改造工作。成立区城乡改造工作办公室，配备10名事业编制。为进一步健全全区土地储备的职能，更好地服务区的开发建设，增加区土地储备交易中心依法实施前期开发融资的职能并增加人员编制；同时，为便于区土地储备交易中心更好地开展工作，将其单位级别由副处级提升为正处级。为加强生物岛的管理，更好地推进生物岛的开发建设，将“广州国际生物岛筹建办公室”更名为“广州国际生物岛建设办公室”，并增加协调各驻岛职能部门的职能。八是加强文化教育事业建设。针对上半年全国发生多起针对学校儿童的暴力事件，为进一步加强学校安保工作，为全区每所公办中小学和幼儿园增配1名保安人员事业编制。根据市教育局的安排，区玉岩中学2010年正式举办内地新疆班。通过积极与市编办沟通，为玉岩中学新疆班申请到8名教职工编制，确保新疆班的顺利开班。为促进区竞技体育的发展，引进优秀的教练员到区工作，培育和储备优秀青少年运动人才，为区青少年业余体校增配5名事业编制。此外，将原九佛中学更名为广州开发区外国语学校，推动区特色教育的发展。九是支持残疾人事业发展。在残联机关增设残疾人就业服务科和康复科，并在机关及九龙镇配备残疾人专干；同时，为了更好为区残疾人提供康复服务，成立区残疾人康复中心，为区残联管理的财政核拨公益类事业单位。十是加强劳动保障信访工作力量。为区劳动保障监察大队增设3个中队，并增配人员编制。同时，将各街镇劳动保障监察中队与所属街镇的综治信访维稳中心整合合署，强化了劳资纠纷的防控和信访处理。此外，为加强该区出租屋管理工作，为各街增配40名出租屋协管员。　（杨　波　付　博）

【事业单位登记管理】　2010年，区事业单位登记管理局办理设立登记5项、变更登记30项、注销登记21项，圆满完成事业单位法人年度检验工作。按照区法制办的要求，修订《事业单位登记许可工作规程》及《事业单位登记年度检验工作规程》，缩短工作流程，提高工作效率。进一步强化、规范档案管理工作，完成“政务”、“公益”专用中文域名注册名称审核上报工作。　（吴立霞）

☆☆☆☆☆☆☆☆☆☆☆☆☆☆☆☆☆☆☆☆☆☆☆☆☆☆☆☆☆☆☆☆☆☆☆☆☆☆☆☆☆☆☆☆☆☆☆☆☆

（上接第23页）
进村居“监督委员会”制度。进一步落实国有企业“三重一大”决策制度，促进国有企业领导人员廉洁从业，规范决策行为，保证国有企业科学发展。

同志们，新的一年已经开始，广州开发区、萝岗区的发展也将开启新的辉煌篇章。我们一定要在成绩面前保持清醒头脑，进一步增强紧迫感、危机感、责任感，做到永不自满、永不懈怠、永不停步，加快转型升级，建设幸福萝岗，推动全区科学发展上新水平，为广州建设国家中心城市作出新的更大贡献！

# 群众团体和社会组织

## 广州开发区群众工作部

【概况】 2010年11月，广州开发区机构编制委员会发文，设立广州开发区群众工作部（挂萝岗区群众工作部牌子）。该部为群众团体组织的工作部门，不列入广州开发区、萝岗区党政工作部门序列。该区工青妇组织归口该部，仍然按各自章程运作。该区工青妇组织机关的职责整合划入该部，不再保留工青妇组织机关。该部内设办公室、组织宣传与非公企业党建工作处、人文关怀与青年工作处、权益保障与妇儿工作处（妇儿工委办公室）4个处室。行政编制15名，其中部长1名（兼广州开发区总工会、萝岗区总工会主席，广州开发区企业党委书记），职级配市副局级；副部长3名（正处级），其中1名兼任区总工会副主席和区企业党委副书记，1名兼团区委书记，1名兼区妇联主席。原归口区工青妇机关管理的事业单位及相关业务，相应划归区群众工作部管理。（牛永庆）

## 萝岗区总工会

【概况】 萝岗区总工会（以下简称“区总工会”）成立于2005年11月，与企业党委合署办公，加挂中共广州开发区非公有制经济组织工作委员会牌子。归口管理的单位有广州开发区员工服务中心（加挂“广州市萝岗区员工服务中心”牌子）。2010年底，内设部门3个，分别是办公室、组织宣传部、权益保障部；编制数10人，实际人数24人，其中研究生5人，本科15人，大专4人；党员18人。

至2010年底，全区有独立基层工会组织1252个，基层工会涵盖单位5140个，工会会员17.2万人。2010年，区总工会慰问困难、伤病职工100人次，发放职工困难补助金额约30万元，为283名职工提供学费补助11.2万元；组织企业党工团创文明“千支服务队，万名志愿者”开展“迎亚运、创文明”活动；编辑出版《机遇与挑战》一书，在全市首创基层工会主席持证上岗培训。是年，区总工会在工会组织建设、维护职工合法权益、职工宣传教育、服务企业和职工、创新工作模式等方面取得一定的成绩。

是年，区总工会获评“广州市2010年工会工作目标考核模范标兵单位”，工会创新工作“企业创文，工会先行”荣获“2010年度广州市工会工作‘五一’创新奖”。这是区总工会连续14年获得广州总工会模范标兵单位，连续6年获广州总工会“五一”创新奖。是年获评“2010年广州市工会经审工作考核特等奖”，“2010年度广州市总工会优秀信息工作单位”。区总工会论文《在调处劳资纠纷中打造作为工会》在全国经济特区、开发区第23次工会工作会议上获得大会论文金奖。

2010年10月11日，广州开发区、萝岗区总工会《机遇与挑战》首发仪式在区行政服务中心A栋323会议室举行。 区总工会供稿

【工会组织建设】 ·完成工会组建任务· 2010年，萝岗区新建独立基层工会152家，发展会员13307人，超额完成市总工会下达的工会组建任务。加强建筑、环卫、餐饮等行业工会建设，民营企业的工会组建取得突破，探索在夏港街建立社区工会，督促和指导基层工会开展换届选举、办理社团法人资格证、会员证等。

·首创基层工会主席持证上岗培训· 在全市率先推出基层工会主席“持证上岗”业务培训，采取集中授课与业余自学、开卷考试与闭卷考试相结合，考试成绩合格者，颁发工会主席持证上岗证书。通过2期培训，450名基层工会主席考试合格，获得资格证书。

【职工权益维护】 ·和谐企业、和谐工业园区创建· 2010年，区总工会会同区劳动和社会保障局、区企业联合会评选52家区“劳动关系和谐企业”其中，1A企业17家，2A企业25家，3A企业10家。开展建设“职工之家”活动，261个单位被评为“广州开发区、萝岗区合格职工之家”称号。

·职工维权网络· 是年，在佳大、西区、东区、黄陂和三菱公司等区内大型员工楼完善职工维权和法律服务工作站，形成基本覆盖全区各个层面的职工维权网络，为农民工等各类人员提供法律援助服务。各维权工作站受理职工来电、来信、来访2615人次，提供法律援助62人次，共为职工追讨工资、加班费和赔偿等2998万元。

·工资集体协商· 是年组织召开工资集体协商动员大会，强力推进“要约行动”，举办2期工资协商业务培训班，提高工会干部协商能力。相继在全市率先签订区环卫行业工资集体协议、区域性工资集体协议，覆盖全区950家企业。强化厂务公开民主管理，完善协调机制，加强基层劳动争议委员会的组织建设，企业厂务公开民主管理工作取得突破性进展。

·帮扶救助困难职工· 是年，区总工会实施《广州开发区、萝岗区工会会员困难补助规定》。建立全区困难企业、困难职工档案，完善工作制度，实行动态管理，及时给予帮扶。是年帮扶特困、伤病职工2337人，发放职工困难补助金额约60万元。

【服务企业和职工】 ·企业人文关怀现场会· 2010年9月7日，区总工会组织召开广州开发区工会主席论坛暨企业人文关怀现场会及“迎国庆、贺中秋”烤猪大会，市、区领导及基层工会主席800多人参加活动。通过嘉宾访谈、观众提问、专家点评、领导发言等方式，共同探讨在新形势下“打造作为工会，构建和谐劳动关系”的途径和方法。

·组织文体活动· 是年，组织“流动影院”深入企业、建筑工地，免费为职工放映电影721场。同时制作宣教短片进行插播宣传，深受企业和职工的欢迎。全年建设“职工书屋”100家；组织开展篮球、羽毛球联赛、气排球比赛等职工体育活动。

·“绿卡”服务· 是年，与区总工会签订服务协议的“绿卡”定点服务单位已达88家，涉及医疗、交通、餐饮、休闲娱乐、超市、团购及社会服务七大类，均增挂“定点服务”牌匾，工会会员凭会员证和“绿卡”，即可享受相应的优惠服务。

·推行“三自管理”模式· 是年，明泰、乐飞、日晶等新建公寓成立金雁党工团组织，员工服务中心创新的“三自管理”模式（即“自我管理、自我教育、自我服务”）已覆盖全区16家公寓，服务职工超过10万人。建立颇具特色和实用的“金雁网站”，组织“才艺大比拼”、“情缘联谊会”等活动。

【调处劳资纠纷】 2010年6月至8月，萝岗区发生以汽配行业为主的群体性停工事件52宗，发生频率高、波及范围广。区总工会研判形势，向区委区政府提出处理意见。调处劳资纠纷时，区总工会提前介入有隐患的企业，要求企业主动改善员工待遇；举办主席论坛，提高基层工会主席的责任意识和作为意识；召开现场会，营造企业人文关怀的良好氛围。是年，调处劳资纠纷81宗，涉及职工1.8万人，有效调处率100%。9家企业和职工向区总工会送来锦旗，称赞是“企业之友，员工之家”、“企业的保护神、员工的护身符”。

【参与社会管理与服务】 ·创文明、迎亚运工作· 2010年，区总工会推进“企业创文，工会先行”的创文工作模式，志愿者队伍不断扩大，至年底已组建1072支，志愿者12153人，“创文明志愿者家庭”457个。举办培训班，加强创文业务骨干的培训。组织创文明迎亚运知识竞赛、“我守交通规则，我爱清洁卫生”签名承诺活动、“企业党工团创文明志愿者活动日”、义务清洁环境集中行动日活动等主题活动。利用《工会简报》、工会网站、短信平台，印制宣传海报，制作宣传栏，营造创文明迎亚运的氛围。推进以“迎接亚运会、当好东道主、创造新生活”为主题的系列活动。是年，捷普电子、三星通信工会被评为广州市工会亚运会、亚残运会文明观众组织工作先进单位；区总工会被评为广州市2006～2010年度精神文明建设先进集体。

·公共租赁住房建设· 是年，区总工会开展职工租赁住房需求调查摸底工作，向区委提交《关于我区职工租赁住房需求调查报告》。同时，在省政协、区人大、区政协会议上提出相关议案、提案，呼吁推进职工公共租赁房建设。

·扶贫工作· 是年，区总工会会同有关部门负责兴宁市大坪镇秋水村的帮扶工作，确定帮扶项目。各基层工会踊跃投入到帮扶工作。京信、安利等19家企业结对帮扶19个村、219名贫困学生，捐助学款31.1万元。 （牛永庆）

## 中国共产主义青年团萝岗区委员会

【概况】 中国共产主义青年团萝岗区委员会（以下简称“团区委”）成立于2005年12月5日，与共青团广州开发区委员会合署办公。至2010年底，区属基层团组织23个，在册团员7249人。团区委公务员编制数3名，实有2人，其中2010年新调进1人；政府雇员编制数4名，实有3人，其中2010年新招聘1人。

2010年，团区委新增3个直属团组织：广州阳普医疗科技股份有限公司团总支、广州开发区技工学校团委、广东岭南现代技工学校团委。7月，团区委召开2010年萝岗区非公经济组织团组织组建推进会，全面部署区非公经济组织团建工作，是年新建立21个非公团组织。7月，团区委在科学城党团员活动中心举办2010年基层团干部培训班，区直属基层团组织负责人、58个村居的基层团干部和青年工作负责人参加培训。12月20日，区首个非公企业党团员活动阵地——万绿达“党团员之家”揭牌。是年，团区委指导街镇完成从村居后备干部中选拔优秀青年担任团的兼职干部工作，形成党团干部交叉任职、共同推动党团建设的工作局面。

是年，团区委获2010年度广州市先进团委、新闻信息工作先进集体，广州亚运会、亚残运会志愿者工作优秀组织单位，广州亚运会、亚残运会志愿者文明观众组织工作优秀组织单位，广州亚运会、亚残运会志愿者创先争优主题实践活动先进集体等称号。辖区内多个团组织、个人获得省市多项荣誉：区企业建设局获第十二届广东青年五四奖章集体，建环局团支部获广东省五四红旗团支部，政务服务中心获广州市青年文明号标兵，唐曼丽获广东省优秀共青团员称号，林艳获广州市优秀共青团干部称号、周园获广州市青年岗位能手称号，骆伟杰等42人获广州市优秀共青团员称号。

【青少年思想道德教育】　2010年，团区委以“3·5”学雷锋纪念日、“六一”儿童节、中秋节、重阳节、“12·5”国际志愿者日等时节为契机，开展宣传教育和道德实践活动。4月，组织区150多名团员青年在广州科学城开展“青春越野庆五四、健康快乐迎亚运”青年定向越野活动。6月，举行区学生干部素质拓展培训班，参观知识城和高新技术企业。是年，组织团员青年、青年志愿者开展各类爱国主义教育活动，到广州市青少年法制教育基地、黄埔军校、陈家祠、孙中山的故乡中山市参观学习。

结合广州亚（残）运会开展思想道德教育活动，在广州亚（残）运会开幕前，团区委共组织开展32期城市志愿者培训，包括亚运通用知识培训、亚运岗位培训和实践演练培训等，培训人次达8000多人次。

【开展创文和迎亚运活动】　2010年，团区委组织各类服务创文、亚（残）运的志愿服务活动200多次，参与人数超过3万人次，服务时数达10万多小时。

·创建全国文明城市工作·　团区委指定专人每月对社区迎检材料进行指导、跟进，完成区一级志愿者名册、各项志愿服务活动材料等收集和整理，在各单位的共同努力下完成了注册志愿者人数占户籍人口数10%的目标。同时，团区委组织团员青年、青年志愿者开展“志愿创造新生活”、“大拇指专项行动”等创文志愿服务活动，到主要商业大街、广场及公交站点等人群密集的场所，向市民群众宣传文明礼让、友爱互助精神，全区超过3万人次的志愿者及市民群众参与团区委开展的“文明新生活”、“大拇指行动”等各类主题活动。

·开展迎亚运主题活动·　团区委结合亚运会，精心策划“亚运倒计时100天”系列活动、“争当亚运志愿者、环保健康绿道行”、“亚运·我们的城市·我”新生活驿站主题日、“激情迎亚运、五羊进社区”、“精彩亚运你我共分享、快乐残运你我同欢庆”等各类主题活动，同时发动三菱公司、西门子公司、乐金显示（广州）公司、阳普医疗公司等中外名企的员工共同参与。

【组织青年志愿者服务广州亚（残）运会】　2010年亚（残）运会期间，团区委组织3156名城市志愿者进行轮班上岗，“非赛时”分2班、“赛时”分4班在区内15个城市服务站点、43个交通路口、39个公交车站、9条公交车线路、公园景点以及街道社区等183个服务岗位上开展亚运城市志愿服务，总时数7.74万小时，上岗人次2.27万人次。林艳等19人获“广州亚运会、亚残运会志愿者工作先进个人”称号，牟斌等6人获“广州亚运会、亚残运会志愿者创先争优主题实践活动先进个人”称号，李吉祥等150人获“广州亚运会、亚残运会志愿者先进个人”称号。《中国青年报》、《南方都市报》、《广州日报》等媒体对区城市志愿者的服务工作和服务花絮进行报道，累计35次以上。

【服务青年发展成长】·推动区青协成为青年服务社会平台·　2010年，区青协组织200多次各类志愿服务活动，参与服务的青年志愿者累计约8000人次，服务时数约2.93万小时。区青协以颐憩园老人院及夏港康园工疗站两个服务点为基础，坚持“周周有活动”的常规性服务基础上创新服务渠道，并将服务辐射到周边的社区、学校。根据服务时数达到30、60、100、200、300小时的标准设置一、二、三、四、五星级志愿者，激励区青年志愿者。

·推动区少工委建设为青少年思想教育阵地·　是年，区少工委加强少先队辅导员培训；开展“大爱无疆、小卡真情”萝岗玉树儿童迎六一心连心、送祝福活动、“微笑送关爱行动”、“迎亚运、展新貌”规范升旗仪式评比活动、“亚运助威操推广活动”、“第二届少先队仪仗队大检阅”、“亚运小记者团”外出采访等系列主题活动。在全区中小学开展“DIY绿色生活、唱响环保亚运”环保作品DIY设计大赛，此活动荣获广州市大拇指项目十大重点示范项目、“广州亚运会、亚残运会志愿者工作优秀项目奖”。

·推动区学联为提供学生成长发展平台·　是年，广州开发区技工学校成立区学联开发区技工学校志愿服务总队，这是区首支建立在中等技术学校的志愿者服务队。区学联干部及高校青年志愿者先

2010年5月12日，广州市萝岗区青年联合会第一届委员会第一次全体会议在萝岗会议中心召开。 团区委供稿

后多次到九龙三小、金坑小学、九龙二小组织农村小学生开展主题为“青少年迎亚运、赛棋艺扬国粹”的棋类比赛活动，并逐渐形成区学联的一个品牌。是年末，区学联举行换届，录用第二届区学联干部。

**【区青年联合会成立】** 2010年5月12日，区青年联合会（以下简称“区青联”）正式成立，选举产生区青联第一届17名常务委员，选举刘石、许嘉森、陈小华、陈杰波、莫丽娜、谢飞鹏（按姓氏笔画为序）等6人为区青联第一届副主席，选举团区委书记林艳为区青联第一届主席。区青联成立后，开展2期“走进委员之家”活动。 （黄爱和）

## 萝岗区妇女联合会

**【概况】** 萝岗区妇女联合会（以下简称“区妇联”）成立于2005年11月。2010年3月，区妇联推动和指导区公安分局成立妇委会。全区基层妇女组织实现全面覆盖各街镇应建妇女组织的机关单位。至是年底，区妇联设有街（镇）妇联6个，直属妇委会4个，区妇联团体会员（总工会女职委）1个，工会女职工委员会508个，社区居委妇代会30个，村妇代会28个。区妇联机关内设综合部（与组织宣传部合署办公）、权益部（与妇儿工委办公室合署办公）。共有公务员4人，其中新调入公务员1人；事业编制人员1人；政府雇员5人。10名工作人员中，硕士研究生学历3人，本科学历7人，中共党员10人。

是年，区妇联开展基层妇女组织“示范”创建活动。在2010年“全国妇联基层组织建设示范镇、示范村（社区）”评选中，萝岗街萝岗社区成为全区首个获评“全国妇联基层组织建设示范社区”的基层妇联组织。是年，区妇联被广州市妇联授予“‘创先争优，服务亚运’竞赛活动先进集体”称号。

**【组织妇女参与创文和服务亚运】** 2010年，区妇联组织引导广大妇女和家庭深入参与开展“迎亚运、讲文明、树新风、促和谐”全民行动。举办“迎亚运·创文明”巾帼文明岗培训班，组织“迎接亚运会·创造新生活”家庭文化节、“爱我家园”巾帼文明行动、“创文”主题实践月等系列主题活动；发动基层妇女组织的12支“巾帼文明督导队”开展文明督导和巾帼志愿服务。亚（残）运举办期间，开展“创先争优做表率·服务亚运当先锋”主题实践活动、“广州为你喝彩”主题文明观赛宣传教育活动；组建由200名机关妇女干部组成的妇女文明观众队伍；发动9900多名妇女干部群众社会治安志愿者，投入到全区“大防控”工作。

【促进妇女创业就业】 2010年，区妇联开展“双学双比”巾帼致富活动，在九龙镇各村居开展农业技术推广培训，送技术到农村、到家庭。依托“现代女性大讲堂”，深入各街镇社区基层举办相关培训讲座，培训人数近4000人。挂牌成立萝岗区妇女就业创业基地——萝岗社区合心意家政服务公司，建立起首个集信息、培训、管理和服务为一体的家政服务创业就业支持机构。

【妇女维权与普法】 2010年，全区各级妇女组织强化维权职能，深化维权联动机制，做好维护妇女儿童权益工作。是年，区妇联调处各项妇女儿童权益信访案件35宗，各街镇妇联调处信访案131宗，信访案件办结率100%。以“三八”维权周和“迎接亚运会·创造新生活”第二届羊城家庭文化节活动为契机，开展《广州市妇女权益保障规定》等系列法律法规的普法宣传活动，深入五街一镇和基层社区举办普法宣传巡回讲座和咨询活动8场，参加学习1200余人次，发放普法资料1万余份。

【妇联扶贫救助】 ·服务妇女儿童民生行动· 2010年，区妇联各项品牌民生服务行动继续开展：“特困家庭重症患儿救治行动”为九龙镇5名贫困家庭先天性心脏病儿童进行检查和手术，协助区政协为东区街刘村社区一名重型地中海贫血患儿筹集10万元手术费并成功完成骨髓移植手术；“春雨助学行动”再为26名贫困高中女学生争取到利海绿色基金会全额学费资助。全区各级妇女组织发动各界妇女为玉树灾区筹集善款11.3万元。

·对口“双到”扶贫· 区妇联和社区局、安监局作为对口扶贫兴宁市坪联村的共同责任单位，自2010年1月始，先后组织5批领导干部和工作人员赴坪联村实地调研，形成“扶贫开发三年规划”，启动实施多项扶贫计划：开展“珍爱生命 关爱女性”免费妇科检查爱心行动，为108名已婚育龄妇女进行妇科检查；实施“特殊群体帮困工程”，向孤寡老人、贫困学生、住房困难户发放养老补助金、助学金、建房补助金9.9万元，并捐赠多方筹集到的10.17万元善款；实施脱贫“增收工程”，与37户家庭签订养殖协议，并发放养鸡、养牛、养猪等养殖补助金2.85万元；实施“基础设施建设工程”，投入5.2万元为村民出入主干道建设路灯照明设施，建立垃圾池10个。

【促进妇儿思想道德建设】 ·“百年三八”纪念· 2010年是“三八”国际劳动妇女节100周年。是年“三八”节期间，区妇联组织举办“庆三八·迎亚运”妇女健身活动展示大赛，召开“庆‘三八’百周年萝岗区妇联系统历届先进个人（集体）代表座谈会”，并通过区电视中心、创业导报等媒体，对先进代表们的优秀事迹进行深度宣传，展示开发区、萝岗区妇女“自尊、自信、自立、自强”建功立业的新时代女性风尚。

·“文明家庭”创建活动· 2010年，区妇联开展文明家庭创建活动和“我推荐、我评议身边好人”学习道德模范活动，评选推荐“身边好人”21人，并有310户家庭被授予“广州市文明家庭”、“广州市书香家庭”等称号。成立萝岗区“平安家庭”创建活动协调小组，组织开展“平安家庭”创建活动，是年底共评选推荐“平安家庭”342户。

·家庭教育· 是年，萝岗区学校、家庭、社会三结合的教育网络日趋完善，家庭教育知识进一步普及，儿童家长家教知识知晓率达到100%。“父母大学堂”家教品牌讲座在各街镇举办讲座4场，1100多名家长参加讲座。是年，在省妇联组织开展的广东省百名“好父亲、好母亲”评选活动中，萝岗区共有12名家长获得“好父亲”、“好母亲”荣誉称号，获奖人数在广州市名列前茅。

·家长学校建设· 是年，区妇联组织召开社区家长学校工作现场会，举办社区家长学校负责人培训班。开发区二小、九龙一小、新庄小学、开发区中学和夏港街青年社区、联和街暹岗社区等 6所家长学校在广州市“百优”家长学校创建活动中获“广州市优秀家长学校”称号，全区家长学校建设达标率100%。

·未成年人思想道德建设· 是年，区妇联组织开展“情暖留守儿童·共享亚运精彩”加强未成年人思想道德建设活动、“让我玩”——城市流动青少年体育公益项目。开展“小手拉大手 做文明小卫士”、“参与亚运会 当好小主人”等一系列道德实践活动。

2010年3月3日，广州市萝岗区2010年“庆三八 迎亚运”妇女健身活动展示大赛在萝岗会议中心举行。

区档案馆供稿

【妇儿工委办公室工作】 ·开展2009年度“两规”监测评估· 2010年，区妇儿工委继续全面推进妇女儿童发展两个规划（以下简称“两规”）

的实施。顺利完成全区2009年“两规”监测数据采集和年度监测评估工作。评估结果显示，至2009年底，在“两规”45项确定2010年目标值的可量化重点指标中，提前达到终期目标的指标有43项，提前达标率95.56%，比2008年提高20.06%。

·开展新一轮规划编制调研· 是年，区妇儿工委办公室开展新一轮妇女儿童发展规划编制调研工作，邀请省妇儿工委办公室主任王远芳对萝岗区本轮规划的终期监测评估和“新规划”编制工作进行指导。并于2010年2月形成《广州市萝岗区妇女儿童事业发展专题研究报告》和《〈萝岗区妇女儿童发展规划（2011～2015年）〉编制基本思路》报区“十二五”规划编制工作领导小组。（江军辅）

## 广州开发区、萝岗区工商业联合会（总商会）

【概况】 2006年8月，萝岗区工商业联合会成立，加挂广州开发区工商业联合会、广州开发区总商会和萝岗区总商会的牌子。2007年3月16日，广州开发区、萝岗区工商业联合会（总商会）（以下简称“区工商联”）召开成立大会。2010年，区工商联加强与非公经济人士联系，举办科技政策专场咨询会、民营经济发展座谈会、政企互动恳谈会、专场政策答疑会等活动，向企业详细的解读区内有关扶持政策、配套资金的使用办法，探讨企业发展中所遇到的融资难、用地难、用人难等问题。帮助解决企业土地规划用地的有关事宜进行咨询和协调、企业之间的项目对接、企业帮扶意向的联络等大小难题20多项。据不完全统计，2010年度区工商联会员企业捐款5758万元（其中，向西南旱灾地区共捐款89.2万元、向青海玉树地震地区捐款1147.1万元，“省扶贫济困日”捐款3500万元，其他及区内捐助1003万元）。7月，区工商联带队慰问武警广东省总队第二支队，并送上2万元慰问金。2010年，区工商联发展会员企业8家，累计有会员企业110家，驻会工作人员4人。

2010年7月23日，区工商联慰问武警广东省总队第二支队。 张晟摄

【参政议政】 2010年区“两会”期间，区工商联代表提交8份提案，其中6份被立案，分别为：《关于建设低碳城区，推动我区低碳经济发展的建议》（区工商联）、《关于恢复体育生态公园功能的建议》（钟振雄）、《关于优化夏港街墩头基社区周边环境的建议》（麦灼兴）、《关于提高人才创新创业服务水平的建议》（陈校园）、《建设低碳开萝，垃圾分类做起》（王文明）、《关于大力发展电子商务，提升我区物流水平的建议》（蒙春桃）。

【商会交流活动】 2010年，区工商联先后组织3期企业发展论坛和参观交流活动，分别前往区内上市公司、优秀海归人员创业企业、更具发展潜力的知名企业参观交流，企业发展论坛已成为区工商联的品牌活动之一。6月，在广州华德工业有限公司举行“企业发展论坛暨慈善公益颁牌仪式”。党组书记陈国台为向西南干旱地区、玉树地震灾区捐款的20多家企业颁牌。副主席李志明作题为“创新思维与攻关毅力”的经验报告。8月，在安凯（广州）微电子技术有限公司举行“企业发展论坛暨参观交流活动”，论坛特邀安凯（广州）微电子技术有限公司董事长胡胜发和广州康盛生物科技有限公司总经理陈校园作主讲嘉宾，与会企业代表围绕“海归与创业”这个话题，就国内外的投资环境、教育制度、企业管理理念、政府导向的差异等一系列话题进行探讨。11月，区工商联组织会员企业前往广州阳普医疗科技股份有限公司参观交流，并邀请广东商学院流通经济研究所长王先庆作题为“动荡环境下企业危机管理与化险策略”的专题讲座。

（张晟）

## 萝岗区科学技术协会

【概况】 广州开发区、萝岗区科学技术协会（以下简称“区科协”）成立于2006年12月22日。区科协秘书处设在区经济发展和科技局科技处。至2010年底，区科协有15个团体会员、6个基层科协。全区建有105个科普宣传栏，总长度为453.2米。夏港街、东区街、联和街创建为广州市科普进社区示范街道，创建率60%，为全市最高。邓宜辉获得广州市科协“2009年度优秀通讯员” 称号、市科协科普统计工作三等奖。

### 2010年广州开发区、萝岗区科协团体会员单位基本情况一览表

| 会员单位名称 | 成立时间 | 会员人数 | 负责人或秘书长 |
|---|---|---|---|
| 审计学会 | 1992.12 | 126 | 张金海 |
| 成人教育协会 | 1994.04 | 250 | 唐致远 |
| 财会学会 | 1994.05 | 350 | 曾少鸣 |
| 医学会 | 1994.12 | 425 | 林东勇 |
| 秘书学会 | 1995.03 | 60 | 吉伶伶 |
| 质量协会 | 1996.03 | 63 | 梁江浩 |
| 档案学会 | 1998.11 | 80 | 王启发 |
| 恒运科协 | 1998.12 | 380 | 周水良 |
| 信息学会 | 2000.07 | 50 | 李学良 |
| 珠钢科协 | 2000.04 | 350 | 王洪梅 |
| 广洋科协 | 2001.10 | 130 | 陈金鹏 |
| 留学人员科技创业促进会（科创会） | 2005.11 | 50 | 卢智俊 |
| 泰菱科协 | 2007.06 | 20 | 邬志坤 |
| 医药质量管理协会 | 2008.01 | 40 | 岳霄霄 |
| 留学人员广州创业园公司科协 | 2008.06 | 30 | 匡粤生 |

### 2010年广州开发区、萝岗区基层科协基本情况一览表

| 名称 | 成立时间 | 委员数 | 秘书长 |
|---|---|---|---|
| 夏港街科协 | 2007.06 | 20 | 郭淑文 |
| 永和街科协 | 2007.07 | 12 | 蒋基平 |
| 萝岗街科协 | 2007.08 | 20 | 钟焕珍 |
| 联和街科协 | 2007.08 | 17 | 钟溢权 |
| 九龙镇科协 | 2007.09 | 59 | 姚小东（副秘书长） |
| 东区街科协 | 2007.09 | 23 | 吴丽清 |

**【科协联谊活动】** 2010年，区科协系统举办各种联谊活动。举办以“推进人才建设、促进科技创新”为主题的国庆中秋座谈会，邀请享受政府特殊津贴专家、市优秀专家、博士后科研工作站、科技领军人才、千人计划人才代表及留学归国人员等50余名科技人员参加活动。举办以“情聚开萝，相约云天海”为主题的第七届科技人员联谊会，区机关、事业单位及高新技术企业的科技工作者200余人参加活动。全年慰问区内重病科技人员37名。

**【科普活动】** 2010年，萝岗区推动农村科普“四个一”试点村工程建设。至年末，全区有17个村通过检查验收，区“四个一”农村试点村的创建率达60.7%。组织广州绿航农业科技有限公司（埔心村室内花卉种植科普示范基地）、广州全兴汉化农业发展有限公司（洋田村全兴汉华蔬菜种植科普示范基地）、广州宏基种禽有限公司（佛塱村种鸡养殖科普示范基地）申报中国科协科普惠农兴村计划项目。与区一小、区二小、区火村小学、联和小学共建青少年科普教育基地。联同区教育局，多次开展青少年科技教育活动，组织科普夏（冬）令营活动，开展科普大篷车进校园活动，邀请市科普大篷车开进玉岩中学、萝峰小学、九龙三小、禾丰小学、开发区一小10余所中小学。区青少年科技教育协会于12月23日正式成立。是年，制作宣传挂图1万余份，免费发放至各街道（社区）、镇（村）。联和街成功创建为广州市第三批科普示范街道，至此，萝岗区科普进社区示范街道的通过率60%，为全市最高。

**【科技活动周和科普活动日】** 2010年5月，区科协在全国科技活动周期间开展一系列的活动。举办区2010年科技活动周启动仪式。举办2010年区中小学科技活动月启动仪式，启动仪式上开展了科技展示活动。在青年路步行街举行2010年“防震减灾，幸福常在”科技活动周暨全国“防灾减灾日”群众活动，活动吸引200余名群众参与，发放各类减灾宣传资料500份、应急物品700份。邀请省市地震办专家冯绚敏在区内企业金发科技股份有限公司开展一场“防震减灾”进企业科普宣传活动。

是年，区科协系统在全国科普日活动期间开展活动5个：区科协举行“科技亚运 防震减灾”科普知识有奖问答；东区街举办“科技亚运、健康生活”科普日活动；联和街举办全国科普日文艺晚会；夏港街开展“科技亚运、健康生活”群众文化活动；萝岗街举行科普进社区活动。

**【科技论坛活动】** 2010年，区科协系统开展产业与合作论坛活动，不定期举办各类新产品、新技术，针对不同的行业开展专业论坛。是年在达意隆公司举办“加快技术创新、迎接低碳时代”研讨会，在广州科学城举办分子共振图像诊断技术研讨会。与广州市博士科技创新研究会、区知识分子联

谊会在创新基地举办“打造创新型城市”论坛。珠钢科协召开“2010年广钢集团产业推展与潜在新进行业研讨会”。举办2010年穗港澳台科技产业（新兴产业）发展论坛暨穗台新兴产业关键技术交流合作服务平台成立大会，各方进行项目合作洽谈，达成多项合作意向。1月6日，金种子大赛在国际企业孵化器举行，该大赛由罗氏、沃脉德资本和麦肯锡咨询公司联合主办，向有创业雄心的企业家提供来自中国投资界和医疗行业领跑者的辅导和反馈。区引进的科技领军人才王玉强团队获得大赛一等奖，获30万元奖金。

【论文评比活动】 2010年，区科协开展2008～2009年度优秀论文评选活动，共收到180余篇的科技论文，经过市科协组织的专家评审，评出一等奖16篇、二等奖32篇、三等奖50篇。

区科学技术协会2008～2009年度论文评选一等奖获奖名单

| 论文题目 | 作者 | 工作单位 |
|---|---|---|
| 国家级高新区开放型创新发展模式研究 | 陈永品 刘会武 何来刚 | 区政研室 |
| 化学防治对绿化带中红火蚁及本地蚂蚁的影响 | 宋侦东 | 区农畜牧业管理综合执法大队 |
| 英国电信业放松规制研究及对我国的借鉴 | 杨舜贤 | 广州恒运企业集团有限公司 |
| 影响重型颅脑损伤患者预后因素的分析 | 薛岩丰 邓寿喜 汪求精 | 区医院 |
| 成人髁突骨折保守治疗与手术治疗的系统评价 | 陈 瑶 | 区医院 |
| 脊椎动脉瘤样骨囊肿的影像表现及术前栓塞；对减少术中失血的意义 | 刘 璋 | 区医院 |
| 学校有效管理策略初探 | 叶 姣 | 区教育科研与发展中心 |
| 小学语文课程文化资源利用与开发的研究 | 曹利娟 | 区教育科研与发展中心 |
| 游戏教学提高小学英语课堂教学的有效性 | 吴会清 | 萝岗区玉树小学 |
| 小学毕业生数学思维发展水平的研究（个案） | 徐德兵 | 开发区一小 |
| 器乐教学中学生“音乐耳朵”培养浅探 | 魏燕飞 | 开发区中学 |
| 中学生自杀意念的影响因素研究 | 丁一杰 | 开发区中学 |
| 参加体育运动对大学生社交焦虑影响的研究 | 赵 芳 | 玉岩中学 |
| 关于兴奋传导的几点释疑 | 陈国庆 | 玉岩中学 |
| 高考备考中文言文翻译题复习指导 | 李绪文 | 玉岩中学 |
| 研究型学习中写作指导策略 | 葛 亮 | 玉岩中学 |

（邓宜辉）

## 萝岗区文学艺术界联合会

【概况】 萝岗区文学艺术界联合会（以下简称“区文联”）成立于2006年9月26日。至2010年底，区文联下辖10个专业文艺协会、6个街（镇）文联团体会员单位和2个跨国企业文联。10个专业文艺协会分别是作家协会、美术家协会、书法家协会、摄影家协会、音乐家协会、舞蹈家协会、戏曲协会、萝岗诗社、集邮协会、民间文艺家协会；6个街（镇）文联团体会员单位分别是夏港地区文联、萝岗地区文联、东区地区文联、联和地区文联、永和地区文联、九龙镇文联；2个跨国企业文联分别是惠亚集团（广州厂）文联、捷普电子（广州）有限公司文联。2010年2月，区文联从广州保税区国运综合大楼搬迁至广州科学城萝岗区综合执法大楼B座4楼办公。是年，区文联荣获“创文明·迎亚运”广州市区（县级市）全民健身运动美术·书法·摄影作品巡回展优秀作品组织奖。区文联专职副主席巫水标的书法作品被中国翰园碑林收藏。区文联网站结合区2010年网站建设评估标准进行改版升级。至2010年底，文艺月刊——《萝岗文苑》出版49期。

是年，区文联编制5人，其中，公务员编制2名，事业编制2名，政府雇员编制1名。

【文艺活动】 2010年，区文联与区人大、区政协、纪委、文明办、老干局、城管局、团委、知识城筹建办等单位、部门联合，组织采写道德模范组歌，参与中新广州知识城展厅书画创作及中新广州知识城之歌词曲创作、区廉政教育宣传漫画作品创作及为区内重要景点题名撰联等。

·书画、摄影作品展· 2010年，区文联及各级文联组织开展专题文艺创作，举办专题书画、摄影展20余次。1月，配合区“第二届香雪文化节”创作并举办书画、摄影展。6月，由市文联主办，市属十二个区、县级市文联共同承办的广州市区、县级市文联“创文明 迎亚运——全民健身运动美术、书法、摄影作品巡回展”首展在萝岗区开幕，广东省文联副主席、广州市文联主席李锦源，区领导赖新华、官展平、马正勇、陈卓宁及来自全市十二个区、县级市文联负责人参加开幕仪式。巡展以“创文明，迎亚运”为主题，收集全市近300多名艺术家及艺术爱好者的美术、书法、摄影作品300余件（其中萝岗区作品30件，其中书法、美术、摄影各10件）。12月，举办“萝岗·兴宁两地美术、书法、摄影联展”，展出两地84位书画摄影艺术家的106幅作品；配合广州亚运美食文化节萝岗活动周，举办萝岗本土书画作品展等。

·“开萝作家讲坛”· 2010年，区文联举办“开萝作家讲坛”1期。4月，邀请《人民日报》主任记者、大地副刊主编、著名杂文家徐怀谦到玉岩书院作题为《从苏轼看知识分子的人格构成》的讲座。区广大文艺工作者、文学爱好者20多人参加讲座。

·广州市文联“一家亲”艺术团慰问演出· 至2010年底，市文联“一家亲”艺术团来区慰问演出5次。12月，该团到捷普电子（广州）有限公司厂区进行慰问演出。广东省文联副主席、广州市文联主席李锦源，萝岗区委常委、政法委书记赵伟国，捷普电子（广州）有限公司总经理司徒伟中，区文联专职副主席巫水标及捷普公司的企业员工4000多人观看演出。

【文艺作品出版发行】 ·文学创作发表、获奖情况· 2010年，萝岗区广大文学工作者、爱好者在各大报刊、杂志、书刊上发表的作品近百篇。其中，中国作协会员、区作协名誉主席於文喜的《躺在床上坚持创作的作家——陈发枝》荣获2010中国作家金秋笔会一等奖，并入编《中国作家创作书系·2010中国作家创作获奖作品集》。中国作协会员、区作协主席许锋的散文《拯救父亲》获中国散文年会组委会、《长篇小说》、《散文选刊》、《安徽文学》杂志社主办的“第五届海内外华语文学创作笔会散文二等奖”；其小小说《六指儿》荣获《百花园》2010年度小小说优秀原创作品奖；小小说“速生时代荒诞系列小小说”在中国小小说的权威品牌《小小说选刊》、国内杂文界的权威品牌《杂文选刊》以及全国数十家报刊发表。区作协理事覃希的征文《新的起点、新的征程》在民建中央举办的“与祖国同呼吸，与民建共奋进”主题征文中荣获优秀作品奖。区作协秘书长陈敏作品自选集《无声》由天津社会科学院出版社出版。区作协副主席王国省文学作品集《野性的沉默》由天津社会科学院出版社出版。

·出版“魅力萝岗”系列文艺丛书· 2010年9月，区文联组稿编辑的“魅力萝岗”之“春、夏、秋、冬”书、画、影、文系列丛书由湖北美术出版社出版发行。该丛书由区长石奇珠撰序，区委常委、区委宣传部部长马正勇担任主编，收录全区乃

2010年12月13日，《魅力萝岗》丛书在广州亚运美食文化节萝岗活动周上举行首发式。

姚广军 摄

至来自全国20多个省、市、自治区文学艺术爱好者的优秀作品。全书分禾雀篇、荔枝篇、甜橙篇、香雪篇4册。12月13日，该书在广州亚运美食文化节萝岗活动周上举行出版首发式，区委副书记、区长石奇珠，区政协主席官展平等领导为首发式揭幕。

·出版《香雪情缘》· 2010年12月，萝岗、兴宁两地书画摄影艺术家作品结集成的《香雪情缘》画册由湖北美术出版社出版。画册收录书画84幅，照片28张，既展示绿色萝岗经济高速发展的企业文化，也展示兴宁古老开放的客家文化。

**【跨国企业文联组织建设】** 根据区内世界500强企业、跨国公司及外资企业多，企业文艺活动开展活跃的实际情况，2008年5月，区文联先后起草《关于在我区世界500强企业、跨国公司、外资企业及公寓等单位建立文学艺术界联合会组织的意见》及《企业文联章程》等文件。4月，区首家跨国企业文联——惠亚集团（广州厂）文联成立。企业文联成立后，企业所属各协会积极开展各项文艺活动，并在区文联的指导下，举办“迎亚运·贺国庆”惠亚文联书画影联谊展。是年，惠亚公司2次向区文联赠送锦旗，感谢区文联对其提供的文艺指导、服务。10月，区内第二家跨国企业文联组织——捷普电子（广州）有限公司文联成立，先后成立书画、摄影、歌唱、舞蹈等16个协会。（陈文静）

## 萝岗区残疾人联合会

**【概况】** 萝岗区残疾人联合会（以下简称“区残联”）成立于2006年1月20日，与广州开发区残疾人联合会合署办公，挂靠萝岗区社区管理局。2010年，区残联机关招录残疾人干部1名，达到区残联机关要有1名残疾人干部的要求。至2010年底，萝岗区有持证残疾人3563名，其中肢体残疾人1906名，视力残疾人340名，听力残疾人353名，言语残疾人38名，智力残疾人446名，精神残疾人434名，多重残疾人46名。

**【参与亚运亚残运工作】** 2010年，区残联加强无障碍设施建设和管理工作的推进力度。提前介入，确保区内广州国际体育演艺中心等亚运、亚残运场馆等无障碍设施符合使用标准。拟定区无障碍设施应急预案。按时超额完成市下达的迎亚运、亚残运无障碍系统改造工作任务。完成4个社区、26户残疾人家庭无障碍设施改造。坚持做好无障碍设施日常监督检查工作。检查全区市政道路29条，办公、文化、体育、交通、医疗、学校、园林等公共建筑30多处，社区10个，行程超过500公里，拍照超过400张，总结问题20余类、100多处。

加强综治维稳工作力度。2010年区残联为解决亚运、亚残运期间精神病治疗费用，向区政府申请追加100万元的精神病防治费用，保障亚运、亚残运期间全区精神病人治疗工作的需要。该项工作得到市残联的赞扬，并形成“萝岗模式”在全市推广。8月至9月，在各街、镇范围内开展精神病人登记造册及重性精神病人风险评估工作。亚运会和亚残运会开幕前，分别举办精神病防治工作培训班。区残联与有关部门开展联合执法，做好残疾人机动轮椅车车主道路交通安全法规的宣传教育工作，加强残疾人专用机动车管理。

落实广州市亚运惠民项目。根据市委、市政府《关于印发〈亚运惠民项目总体方案〉的通知》，区残联系统与区财政局、民政局密切配合，将全区户籍的持证残疾人统一登记在册，在亚运会开幕前向他们派发174.3万元的亚运补助金，实现零疏漏、零投诉。12月10日，区残联在九龙镇九佛敬老院举行“迎接亚运会、创建新生活”为主题的“送福音”助听器发放仪式，为92名听力残疾人免费验配184个助听器，总价值54.6万元。

完成亚残运群众参与的组织工作。区残联系统先后组织260名残疾人参加亚残运会综合演练和开幕式彩排、550名文明观众参加亚残运会开幕预演及观看赛事、180多名残疾人观众参加火炬传递仪式。萝岗区共有14人当选亚残运会火炬手，其中10人由区残联系统选拔推荐。

**【康复工作】** 2010年，区残联下发《关于加强残疾人“人人享有康复服务”创建工作的通知》，督促各相关单位做好迎检准备工作。重点对全区五街一镇的残疾人康复工作进行督导检查，对各社区卫生服务中心的残疾人康复工作进行考核。区残联先后多次举办残疾人社区康复专业技术人员培训班，街、镇残联，各残疾人康复技术指导所，社区、村残疾人康复站的康复专业技术人员共100人分别参加培训。3月、4月和6月，先后组织各街镇康复专干、各社区村康复协调员共33人次参加市组织的康复工作培训班。区康园工疗站服务中心制定《关于加强对各康园工疗站学员管理的通知》、《关于规范康园工疗站学员进站程序的通知》，对学员进站程序、精神残疾学员的监护情况报告制度等进一步规范。7个康园工疗站全年接收学员212名。全年审批通过18个贫困残疾人的特困医疗和康复救助申请，救助金额总计18.2万元；对13名残疾人给予康复资助，其中小腿假肢装配2人，助听器验配11人，资助金额5.6万元；对134名贫困精神病人免费住院治疗，资助总额50多万元。联系相关医疗机构，为3名残疾儿童分别实施人工耳蜗植入、耳道再建和脑积水手术。10月18日，萝岗区被民政部、卫生部、中残联联合授予“全国残疾人社区康复示范区”荣誉称号。

【残疾人劳动就业和教育培训】 2010年1月1日起，按比例安排残疾人就业年审工作统一由广州市残联负责，各区残联协助、配合。2010年萝岗区参加按比例安排残疾人就业年审的用人单位715家，同比增长2%，征缴保障金2200万元，同比增长33.33%；全年落实869名残疾人就业，同比增长3.33%。16家用人单位获准减缴就业保障金，减缴金额8.97万元。6月，区残工委召开2009年度按比例安排残疾人就业年审工作表彰会，对40个先进单位、35名先进个人进行表彰，并组织部分先进单位和个人到兄弟省市考察学习残疾人就业工作经验。10月，区残联举办用人单位法规培训班。8月，区残联组织6名残疾人参加第四届广州市残疾人职业技能竞赛，获得优秀组织奖，联和街道陈义辉荣获计算机程序设计员项目第一名，被广州市人力资源和社会保障局授予“广州市技术能手”称号，并被推荐代表广州市参加第四届广东省残疾人职业技能竞赛。

【残疾人法制维权】 2010年，区残联接待来信来访109件193人次。在九龙镇举办“关爱帮扶农村贫困残疾人”为主题的宣传咨询活动，参加区司法局主办的纪念《法律援助条例》颁布实施7周年法律咨询活动。全年派发各种宣传资料1万余份。8月，区残联与区计生局、区司法局、区妇联联合在东区街道举办一期残疾妇女权益保障讲座暨相关知识培训班，35名残疾妇女学员参加学习。全年新办各类残疾人证件559份、改证416份、补证4份、换证3850份、迁入证52份、注销证408份，累计办理各类残疾证业务5197份。办理免费乘车卡634人次，其中无证新办75人次，补录新办545人次，更换14人次。

【扶弱助残】 2010年，区残联对25户残疾人家庭危房进行改造，其中22户重建，3户维修，投入资金120万元。为1345名残疾人发放一至四级重残补助金208.63万元。其中，为1251名残疾人发放一、二级重残补助金201.05万元，为94名残疾人发放三、四级补助金7.58万元；完成对全区符合条件、经济困难的89名低保残疾家庭学生入学资料的收集、上报工作，按时发放扶残助学金4.46万元。发放慰问钱物21.18万元。其中，2010年春节向全区120名困难残疾人发放慰问金3.6万元，慰问品价值3.6万元；“全国助残日”向全区120名困难残疾人发放慰问金3.6万元，慰问品价值1.2万元；“六一”儿童节向60名困难残疾儿童发放书籍等学习用品，并组织游园活动；向全区94名残疾儿童发放慰问金1.88万元；中秋国庆期间向全区120户残疾人家庭发放慰问金3.6万元，发放慰问品价值2.4万元。

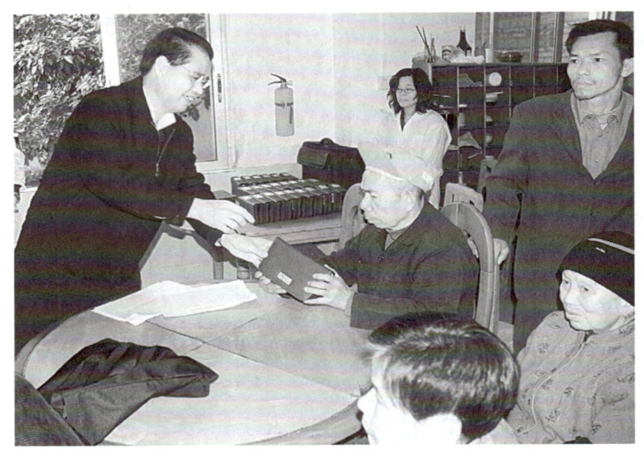

2010年12月10日，副区长成潘流（左）出席区残联在九佛敬老院举行的助听器发放仪式，并为听力残疾人送上助听器。 方 山 摄

【宣传文体与对外交流】 2010年，区残联举办第二届全区残疾人卡拉OK大赛。开展咨询和宣传活动，在“爱耳日”、“助残日”等节日组织相关专家义诊、咨询。举办残疾人文化补习班，40多名残疾人参加培训。6个专门协会举办“迎接亚运会、创造新生活”为主题的趣味游园活动，60多名残疾人参加活动；在第53届国际聋人节，区聋哑人协会组织25名聋哑人参加在番禺百万葵园举行的“相约广州、礼尚亚运”游园活动；“六一”儿童节组织30多名残疾儿童到香江动物园游园。 （罗南鹏）

## 萝岗区慈善会

【概况】 萝岗区慈善会（以下简称“区慈善会”）于2007年4月成立，与区社区管理局合署办公，无专职工作人员。2010年区慈善会开展“庆六一，爱心送孩子”活动，协助市慈善会发放“第七届慈善杯高尔夫球赛”助学款10万元，为40名患重病群众发放慈善医疗救助金49万元，其中外来务工人员22名接受慈善救助，救助比例达78%。是年，区内企业安利（中国）日用品有限公司获得“中华慈善奖·最具爱心外资和港澳台资企业”称号。

【慈善活动】 2010年，区慈善会组织开展各项救

灾捐赠活动，为青海玉树地震灾区筹集善款370万元，为甘肃舟曲泥石流灾区募集善款10多万元，为“广东扶贫济困日”活动筹集善款1200多万元。接收定向捐赠兴宁市“双到”扶贫开发款540多万元。开展“2010爱心圆梦”慈善助学活动，为108名贫困大学生发放助学金30万元。

**【首届“广东扶贫济困日”捐款活动】** 经国务院批准，自2010年起，每年6月30日为“广东扶贫济困日”。市政府召开“广东扶贫济困日”捐款活动工作会议，萝岗区负责筹款1200万元。其中，机关、事业单位、群众团体干部职工个人捐款52万元，区国有企业恒运、工总、建总、商总各捐款100万元共计400万元，区财政垫资748万元。

**【向青海玉树地震灾区捐款】** 2010年青海玉树地震发生后，区慈善会组织开展救灾捐赠活动，通过区政府网站向社会各界发出为玉树地震灾区捐赠的倡议书，4月26日，举行机关干部职工向玉树灾区现场捐款仪式，仪式现场募集善款142万余元。宣传和发动区内各界热心人士捐赠。活动共筹集善款370万元。（谢小江）

## 萝岗区归国华侨联合会

**【概况】** 萝岗区归国华侨联合会（以下简称“区侨联”）成立于2007年11月，办公室设在区党政办，与区侨办、区外办、区接待办合署办公。

2010年，区侨联发挥与区侨办、区外办、区接待办合署办公的“大侨务”优势，注意安排亚运贵宾考察区内优秀侨资企业，设计8条专题参观路线。推荐威创视讯、博冠科技等侨资企业为亚运会提供服务。威创视讯为亚运赛事指挥调度和各项城市综合保障部门提供约40套大屏幕数字显示系统。博冠科技的高清晰防水防雾望远镜成为亚运、亚残运会开闭幕式主席台贵宾专用望远镜产品。区侨联副主席黄富强所在企业为大会免费提供一批饮品，被评为“亚运推荐凉茶连锁店”。推荐威创视讯公司总工程师卢如西，区侨联常委、益善生物公司负责人许嘉森参加亚运火炬省、区内接力传递，组织多位侨资企业家出席亚运会开幕式。

配合区社区局等部门开展散居农村的贫困归侨侨眷摸底调查，利用全省侨情管理系统建立归侨电子档案，根据归侨侨眷实际情况不定期更新数据库。发动区政协港澳委员开展“爱心帮扶书画慈善拍卖”活动，筹集善款12万元救助区2名重病儿童。2010年玉树地震、舟曲特大泥石流灾害，副主席文俊伟积极发动园区企业捐款；副主席李旭东捐款12万元资助区慈善事业；副主席黄富强捐款42万多元支持慈善事业，并在广东青年支持扶贫开发“规划到户，责任到人”慈善活动中动员企业认捐10个“希望家园”，共计捐款30万元。

是年，组织侨企参加“国家重点华侨华人创业团队”、“中国侨联双百侨界贡献奖”、“广东省侨资企业文化特色之星”等评选活动，李胜峰、张必良等4人获“中国侨联双百侨界贡献奖”，应邀赴北京接受党和国家领导人接见。区侨联常委、国家“千人计划”专家许嘉森作为广州市唯一代

2010年9月20日，“一起来 更精彩”第二届广州开发区、萝岗区侨界网球联谊赛在广州开发区网球中心举行。 贾自豪 摄

表，广东省两名代表之一赴北戴河休假，受到习近平、刘延东和李源潮等领导接见。康盛生物、冠昊生物、朗圣生物当选国侨办重点创业团队，将获得最高40万元经费资助，全省仅有6家企业当选，其中广州市共3家，均为区侨联推荐。区侨联还成功争取区财政拨款为当选重点团队配套1:1科技创新经费。

【引智引资】 2010年，区侨联作为全区“科技领军人才引进工作领导小组”成员单位，成功引进美国加州大学电机工程博士、中国旅美科技协会总会副会长贾鹏程作为区第四批领军人才。广东软件科学园引进一支可研发具有自主知识产权的导航芯片产品的创新研发团队。区侨联委员周荣引进注册资本5000万元的“广州呼研所医药科技有限公司”，并与广东华南新药创制中心联手启动“华南呼吸疾病新药研究开发院”的建设工作。

是年，区侨联利用随省、市组团出访机会，拜访多个海外科技社团，逐步建立起海外科技社团联系网络。参与协调区委、区政府海外引智工作，区“招才引智”工作队先后在高端科技人才汇聚的波士顿、亚特兰大和旧金山举办3场“广州开发区科技领军人才恳谈会”。

是年广州开发区成为“第六届世界华人论坛”考察团行程第一站。该论坛是广东省举办的规模最大、层次最高的华人论坛，汪洋、万钢、李海峰、黄华华等领导出席有关活动。来访的百人代表团成员来自美、英、日、德等25个国家和地区，大多数为新能源、生物医药、金融、食品工程、信息通讯等领域的学术权威和学科带头人。（钟秀云）

## 中国国际贸易促进委员会萝岗支会

【概况】 中国国际贸易促进委员会萝岗支会（以下简称“区贸促会”）与广州开发区投资促进中心实行合署办公，并于2005年萝岗区成立后，统称为广州开发区、萝岗区贸促会、国际商会、外商投资企业协会。

2010年，该会接待境内外来访团约20批次，总人数约700人，境内主要有国家及省市贸促会、全国投资促进代表团、市企业联合会及国内兄弟省市考察团。境外主要有来自美国、芬兰、新加坡、马来西亚、韩国、朝鲜等国家的代表团。

至2010年末，区贸促会人员编制13人，实有公务员11人，雇员3人，其中，研究生2人，本科8人，大专1人；党员9人。

【招商引资】 2010年，区贸促会引进外资（含增资）项目9个，完成合同外资6805万美元，实际外资4034万美元。其中增资项目6个，主要为：乐金显示增资2957万美元；赫普涂料增资500万美元；济旭包装增资220万美元；富美斯电子增资200万美元。新引进项目3个：喜星电子、科力新能源、星桥咨询。全力推进广州LGD第8.5代液晶面板合资项目及其7家配套协力厂项目，预计合同外资额10亿美元左右。

【会员活动】 2010年，区贸促会举办政企高层早餐会、论坛、专业培训会、高尔夫邀请赛等活动10余场，累计参与活动嘉宾超过1000人次。9月20日，区贸促委协同中国国际贸易促进委员会、市贸促委举办中国（广州）国际低碳产品和技术展示洽谈会。西门子、GE、天祥、荷力胜、华德等会员公司参加此次活动的主题展览与专场演讲。10月23、24日，区贸促委联同市外商投资企业协会、开发区外协举办迎亚运羽毛球友谊赛。是年，区贸促会协助市外经贸局邀请近40位跨国企业总部负责人观看第16届广州亚运会开闭幕式。

【会展工作】 2010年，区贸促会组织企业参加国家、省、市贸促会（外商投资企业协会）举办的亚洲平板展、广博展和中博展等会展活动10多次。第二届亚洲（广州）平板显示产业展览会上广州开发区设20个展位，展览面积180平方米，以特装形式参加，主题为“平板显示集聚，开放创新发展”。乐金显示、创维平面显示、威创股份、金发科技等19家区内知名企业参加现场展示。广州博览会上区共设30个展位，参展面积270平方米，以特装形式参加。区贸促会与区建设发展集团联合为区内企业争取第64届中国国际医疗器械博览会的八个摊位，区迪克、三甲、科莱瑞迪、欧浦瑞、丰华5家企业参加。分别组织禾信、约顿2家企业参加上海慕尼黑分析生化展。组织区内的香雪制药、净易环保科技公司参加第七届中国国际中小企业博览会。

【原产地证签发】 2010年，区贸促会完成签发原产地证5600份，加工装备证500份，完成优惠原产地证1300份。新增注册企业6家。（黄晓龙）

## 广州跨国公司联谊会

【概况】 广州跨国公司联谊会是经广州市政府批准授权，由广州开发区管委会作为业务主管部门，于2004年9月14日经广州市民政局批准成立的非盈利性社团组织。主要服务世界500强企业、行业排名30强企业、国家或地区30强企业，并在政府与企业之间搭建一个沟通平台、服务平台、政策发布平台以及信息交换平台，通过提供政策咨询服务以及政府相关职能部门的协调服务，帮助跨国公司解决在华投资、经营运作中遇到的问题；为区内跨国投资企业提供学习平台，协助跨国投资企业融入当地营商环境。

至2010年末拥有会员116家，其中核心会员56家，普通会员60家。

【主要活动】 2010年，广州跨国公司联谊会举办或参与活动、沙龙和论坛20余场，参与活动嘉宾超过800人次。1月18日，以“知识经济引领区域新发展”为主题的第三届广州跨国公司论坛暨广州跨国公司联谊会成立五周年答谢活动在广州花园酒店举办。活动由广州跨国公司论坛、政企高层座谈会以及答谢晚宴等组成。4月14日，广州跨国公司联谊会“智库沙龙系列”活动——“现代化物联网信息优化管理沙龙”在广州花园酒店成功启动。30多家跨国公司的代表共同围绕“物联网信息优化管理”主题进行交流。5月26日，广州跨国公司联谊会在广州花园酒店举行“2010年广州电子企业发展交流会”。10月23、24日，广州跨国公司联谊会联同市外商投资企业协会、开发区外协举办迎亚运羽毛球友谊赛。博能、陶氏、京信、德尔福派克、百事五家企业组团参加比赛，其中百事荣获外资企业组别第一名。10月27、28日，区举办“迎亚运大型书法火炬传递暨首届亚洲国际书法高峰论坛活动”，百事、德尔福派克、京信、欧文斯科宁、国际香精香料、美赞臣等10家知名跨国企业参加活动。11月25日，广州跨国公司联谊会和光宝集团中国大陆区人力资源处主办的薪酬福利发展趋势沙龙在翡翠皇冠假日酒店举办。活动邀请美世咨询公司、上海肯耐珂萨人才服务有限公司的专家做专题讲座。LG、索尼、光宝、旭丽在内的40多家企业70多位人力资源专家参加活动。12月11日，第十二届跨国公司精英高尔夫邀请赛暨广州开发区TFT-LCD产业及技术创新联盟合作交流会在清远成功举办，70多位来自政府和企业的选手参加比赛。

【编印《投资广州开发区》杂志】 2010年，《投资广州开发区》杂志作为广州跨国公司联谊会的会刊，与区贸促会共同为世界500强、世界行业30强、国家或地区30强企业服务，并作为各国驻穗领事馆、商会及贸易代表机构、政府、学界高层次的增值、发展、沟通、学习的互动平台。全年出版3期（26～29期）。通过开设战略新兴产业专栏、以热点专题与专刊的形式宣传与报道、采用3D效果拍摄区投资环境等创新形式和手段，更好地向读者呈现区内跨国公司投资动态、先进的运营模式和管理经验；为实现有效发行、继续扩大发行场所，第四季度以来所建立的杂志读者发行数据库一直在持续更新梳理中；年底，专门开辟精彩亚运专栏报道。

（黄晓龙）

## 社会组织管理

【概况】 2010年，萝岗区为加强社会组织党建工作，成立区社会组织党工委。开展社会团体“小金库”专项治理工作，没有发现设立“小金库”问题。全年有62家社会组织接受2009年度检查工作。至年底，在册登记的社会组织81家，其中社会团体25家、民办非企业单位56家。

**2010年萝岗区新成立社会团体名单**

| 登记证号 | 名称 | 地址 | 业务主管单位 | 法定代表人 | 批准日期 |
|---|---|---|---|---|---|
| 440113024 | 广州市萝岗区民办教育协会 | 广州市萝岗区东区街笔岗社区笔村莲塘下 | 区教育局 | 朱金荷 | 2010.06.28 |

**2010年萝岗区新变更社会团体名称名单**

| 登记证号 | 社团名称 | 变更项目 | 变更前 | 变更后 | 变更时间 |
|---|---|---|---|---|---|
| 440113023 | 广州市萝岗区合同管理协会 | 业务主管单位 | 区管委会 | 区工商分局 | 2010.05.13 |
| 440113023 | 广州市萝岗区合同管理协会 | 名称 | 广州经济技术开发区合同管理协会 | 广州市萝岗区合同管理协会 | 2010.05.13 |

## 2010年萝岗区新成立民办非企业单位名单

| 登记证号 | 名称 | 地址 | 业务主管单位 | 法定代表人 | 批准日期 |
|---|---|---|---|---|---|
| 粤穗萝070002 | 广州市萝岗区协和社会工作服务中心 | 广州市萝岗区东区街春晖一街36号 | 无 | 王盛虎 | 2010.08.05 |
| 粤穗萝070003 | 广州市萝岗区现代社会工作服务中心 | 广州市萝岗区东涌路5号1号楼201-202房 | 无 | 翁健苗 | 2010.12.21 |
| 粤穗萝070004 | 广州市萝岗区香雪社会工作服务中心 | 广州市萝岗区萝岗街荔红路172号 | 无 | 钟国轩 | 2010.12.21 |
| 粤穗萝010045 | 广州市萝岗区花城幼儿园 | 广州市萝岗区九龙镇九佛若园路48号 | 区教育局 | 王晓东 | 2010.01.27 |
| 粤穗萝010046 | 广州开发区瀚文培训学校 | 广州市萝岗区萝岗街广汕路水西村 | 区教育局 | 欧阳义 | 2010.07.20 |
| 粤穗萝030002 | 广州市萝岗区萝岗街香雪曲艺社 | 广州市萝岗区萝岗大街82号 | 萝岗街道办事处 | 郑智帮 | 2010.02.03 |
| 粤穗萝020002 | 广州市萝岗区永和街永岗社区卫生服务站 | 广州市萝岗区永和街永岗社区大院内 | 区卫生局 | 程建东 | 2010.04.15 |
| 粤穗萝020003 | 广州市萝岗区联和街暹岗社区卫生服务站 | 广州市萝岗区开创大道2811号 | 区卫生局 | 孔庆威 | 2010.05.07 |
| 粤穗萝020004 | 广州市萝岗区萝岗街萝岗社区卫生服务站 | 广州市萝岗区萝岗街罗朗路 | 区卫生局 | 钟鉴培 | 2010.06.11 |
| 粤穗萝020005 | 广州市萝岗区永和街贤江社区卫生服务站 | 广州市萝岗区永和街贤江居委会 | 区卫生局 | 尹　茜 | 2010.06.28 |
| 粤穗萝020006 | 广州市萝岗区夏港街普晖社区卫生服务站 | 广州经济技术开发区普晖大街80号 | 区卫生局 | 张少慧 | 2010.11.08 |
| 粤穗萝060001 | 广州开发区职业技能培训学校 | 广州市萝岗区九龙镇康大教育园 | 区劳动和社会保障局 | 朱　杰 | 2010.08.25 |
| 粤穗萝060002 | 广州市萝岗区仁豪职业培训学校 | 广州市萝岗区东区开创大道108号二楼 | 区劳动和社会保障局 | 李　福 | 2010.11.01 |

## 2010年萝岗区新变更民办非企业单位名称名单

| 登记证号 | 名称 | 变更事项 | 变更前 | 变更后 | 变更时间 |
|---|---|---|---|---|---|
| 粤穗萝010002 | 广州市萝岗区智能教育培训中心 | 名称 | 广州市萝岗区青年社区智能电脑培训中心 | 广州市萝岗区智能教育培训中心 | 2010.03.04 |

（谢小江）

# 政法 军事

# 政法工作综述

【概况】 2010年，萝岗区受理治安案件3578宗，同比2009年下降13.4%；立刑事案1462宗，同比下降8.4%；破案640宗，破案率41.4%，打掉犯罪团伙13个，破获“黄赌毒”刑事案件486宗。公众安全感99.6%；对治安工作满意率99.6%，全市第一。区检察院全年共批捕476件671人，提起公诉426件627人，立案侦查职务犯罪案11宗14人。区法院全年受理案件5278宗，审、执结5064宗，结案率95.95%。区司法局全年办理法律援助案145宗，因法律援助挽回经济损失530余万元，接待法律咨询2000人次。

是年，萝岗区委政法委人员编制18人，实有20人。其中，研究生以上学历10人，本科学历8人，大专学历2人；中共党员20名。区禁毒委员会荣获2010年广州市禁毒工作优秀单位称号；区综治办荣获广州市亚运会、亚残运会社会面整体防控志愿者工作先进集体称号；谭均乐获广州市2010年防范和处理邪教工作先进工作者称号；吴昊、刘俊2人获广州亚运会、亚残运会社会面整体防控志愿者工作先进个人称号。

【维护稳定工作】 2010年，萝岗区维稳工作围绕“平安亚运”开展。亚运期间，组织开展大排查大调处活动4次，抽调73名工作人员，成立亚运维稳指挥中心及市区劝返分流工作组、区内场馆维稳处突组、区内劝返分流中心工作组、番禺劝返分流工作组及驻京劝返工作组5个专门工作机构；排查矛盾纠纷152宗，稳控率100%，化解率72.4%；发动2万余名社会义务力量参与联防联控，确保重点部位、重点场所、重点路段、重点人员的有效稳控。实现“六个没有发生”工作目标，没有发生危害国家安全和社会稳定的重大事件，没有发生暴力恐怖事件，没有发生在“涉亚”场所聚集、滋事和大规模群体性事件，没有发生侵害“涉亚”人员人身、财产安全的重大案件，没有发生群死群伤交通、火灾事故和拥挤踩踏等安全事故，没有发生影响区政法机关形象的公共危机事件。重大节日和重要政治敏感时期，均制定详细工作预案，组织各级各部门扎实开展矛盾纠纷排查调解活动，组成专门工作组、督导组开展工作，强化情报信息掌握，对重点人员按照“一人一组”、“一人一策”的要求分级分类落实各项稳控措施，确保各项重大活动顺利举行和重要敏感时期的和谐稳定。全年共排查化解较大矛盾纠纷399宗，调处率100%，成功率83%；有效运行《广州市萝岗区社会矛盾纠纷排查调处工作奖励办法》，对基层成功调处矛盾纠纷给予奖励，充分调动各级调解组织的智慧和积极性，全区90%以上的矛盾纠纷均能在基层得到有效化解；书记区长大接访活动中45条信访事项全部得以交办督办；先后对79宗突出矛盾纠纷落实领导和责任单位包案调处；172起群体性突发事件均能得到及时有效化解。列入省市政法委督办的9宗涉法涉诉信访积案全部办结，实现息诉罢访。区法院全年受理执行案2013宗，执结率95.58%。区劳动、信访、综治、维稳部门接访批次人次同比下降12.19%和18.5%。积极探索推进社会稳定风险评估工作，制定社会稳定风险评估工作实施意见（试行），确定6个维稳风险度相对较高的部门作为风险评估试点单位，并在全区范围内逐渐实现全面铺开，社会稳定风险控制能力进一步增强。全年全区没有发生一起重大涉稳事件和危害国家安全的事件，没有发生一起进京到省、市非正常上访事件，没有发生一起震荡社会面的群体性事件和社会公共安全事件。

【社会治安综合治理】 2010年，萝岗区政法机关重点打击“两抢两盗”、严重暴力犯罪、诈骗等多发性犯罪、黑恶势力犯罪、毒品犯罪。科学安排警力，把警力集中投放在多发案地域、多发案时段和多发案路段，发挥便衣、打“两抢”、警犬队等专业队伍作用，提高现场抓捕率和破案率，侦破建区以来第一起黑社会性质组织犯罪案件。公、检、法机关密切配合，对刑事案件做到快侦快破、快捕快诉、快审快判，形成打击犯罪的合力。

治安重点整治成效明显。对被广州市列为治安重点整治地区的东区街、联和街玉树社区、永和街新庄社区，分别制定详细具体的重点整治方案，区领导挂点，从公、检、法、工商等部门抽调人员成立重点整治专项督导组挂牌督办。重点整治街道和社区全部达标。

“人屋车场网”大整治活动成效明显。全区14.39万套出租屋和36.72万流动人口实现规范有效分类管理，全年出租屋内治安、刑事案件发案率分别同比下降4.76%和2.48%，流动人口办理居住证任务完成率101.2%，位列全市第三；对特殊人群的教育改造质量进一步提高，全年共接收社区服刑人员63人，成功解矫5人，没有出现漏管、脱管情况，刑释解教人员安置率、帮教率均为100%，重新犯罪率均为零。收戒吸毒人员132人，超额完成市下达的指标任务；新增停车位6000余个，缓解群众停车难问题，减少了机动车盗窃案件的发生；开展打击非法营运整治交通秩序百日会战行动，清查机动车修理厂2139间次，查扣无牌无证机动车辆一批；全区证照齐全的115家再生资源回收店、31家旅馆备案率、登记率、信息上传率均达100%；虚拟社会现实管理到位。对网上涉嫌违法行为及时落地查处，对网络舆情密切监控，积极引导，网络舆情稳控率100%。

社会治安防控措施不断加强。90%警力下沉至基层一线，全面落实24小时见警工程，在各主要出入口投放新型治安岗亭，探索交巡合一警务试点，推行网格化巡逻勤务模式，创新设置25个流动警岗，推行社区警务新模式。区财政投入安装的治安视频监控探头3826个，社会资金安装治安监控探头6731个，投入1000多万元对区内学校安装视频监控系统，在每所公办校园配备1名事业编制专职保卫人员，全区增配331名专职校园保安力量。

基层平安创建覆盖率100%，五街一镇全部通过“平安街镇”达标验收，“平安社区（村）”创建达标率90%，夏港街青年社区荣获“全国安全社区”称号。

【综治信访维稳三级平台建设】 2010年，萝岗区的区、镇街、村居三级综治信访维稳平台全面启用，其中：区级中心1个，镇街中心6个，村居工作站59个。区中心设立信访受理、维稳综治、调解办案、协调指导、劳动争议处理5个功能组，共有工作人员36名。镇街中心统一设置受理大厅、矛盾纠纷联合调解室、联席会议室、集中办公区、档案室五个功能区。全区59个村（居）工作站均具备“一厅一室”的功能区和档案室（柜）。三级平台全年共受理矛盾纠纷2920宗，调处成功2669宗，调处成功率为91.4%。在全市率先出台《镇街综治信访维稳中心建设和运行绩效考核试行办法》，2010年共兑现奖励单位和个人13.49万元。

【基层综治队伍建设】 2010年，萝岗区基层“两所一庭”（派出所、司法所、法庭）建设得到加强，萝岗法庭的建设经验在全省范围内得到推广，东区和镇龙派出所分别荣获市公安局授予的“人民满意单位”荣誉称号，东区和永和派出所分别获得市委政法委授予的“维护稳定及社会治安治理工作先进集体”称号。综治维稳领导力量得到加强。区中心主任由区委副书记担任，区信访局、综治办、维稳办、司法局、公安分局、法院、检察院、劳动与社会保障局、城管分局等9个部门的主要领导或分管领导兼任区中心副主任；镇街综治委主任由镇街党（工）委书记兼任，中心主任由镇街党（工）委副书记兼任，专职副主任、副主任由原镇街综治办主任、司法所所长、劳监中队长、派出所所长兼任；各村居党组织书记任村居工作站站长，社区民警、挂点干部、治保会主任任副站长。基层综治力量进一步得到加强，镇街综治办落实人员编制，综治信访维稳工作中心、村居工作站落实工作人员。为每个村居配置一支由政府供养的6～15人的治安员队伍。按照“提高素质、提高待遇”的原则，对全区共8239名群防群治队员进行整合。基层综治队伍业务素质进一步提高。区举办一期综治干部培训班，培训综治干部300余人；分批对3300余人次治安员进行培训。全区59个社区（村）全部建立基层人民调解委员会，多个大型企业建立了人民调解委员会，邀请企业工会干部和技术人员担任特邀调解员，购买社会调解服务，发动社会力量参与调处工作。

【禁毒工作】 2010年，萝岗区破获缉毒案件133宗，超额完成年度任务41.4%。全区收戒吸毒人员128人次，超额完成年度任务34.74%。“无毒社区”创建覆盖率100%，“无毒社区（村）”57个，“无毒社区”达标率96.6%。认真开展禁毒宣传教育进学校、进单位、进社区、进农村、进家庭、进场所“六进”活动，“萝岗区禁毒教育基地”接待青少年学生参观学习9批3000人次；1万人次的中小学生参与禁毒教育巡展；区内8家大规模企业的员工得到了禁毒知识普及教育；区社区禁毒专职人员深入戒毒人员家庭家访座谈。顺利建成区内29个社区的戒毒（康复）工作站，进一步规范社区戒毒（康复）工作流程，每月定期对全区114名参加社区戒毒人员帮教。全区美沙酮治疗日均服药达88人，148名吸毒人员戒断毒瘾3年以上，20余名吸毒人员逐渐步入正常生活，新吸毒人员滋生率得到有效遏制，吸毒人员复吸率明显降低，社区戒毒工作在全市位居前列。 （孟 婷）

2010年3月28日，“平安萝岗迎亚运”综治宣传日活动在联和街黄陂员工楼举行，区委常委、区委政法委书记赵伟国（前右）为参加“平安萝岗”问卷调查的群众抽奖。 王又锋 摄

## 审判

【概况】 2010年，广州市萝岗区人民法院（以下简称“区法院”）累计受理各类案件5278件（含旧存240件），结案5064件，审、执结案件的标的额4.8亿元。平均结案率为95.95%。从收案情况看，民商事案件2257件，占案件总数的44.80%；刑事案件462件，占案件总数的9.17%；行政案件68件，占案件总数的1.35%；执行案件2150件，占案件总数的42.68%；非诉案件、赔偿案件100件，占案件总数的1.98%；申诉、再审案件1件，占案件总数的0.02%。全年为当事人减、免、缓交诉讼费57.68万元；为没有委托辩护人的未成年被告人以及其他符合法律援助条件的刑事被告人指定辩护人25人次。

是年，区法院被评为全国首批“法院文化建设示范单位”、“全国司法公开示范法院”。39个集体或个人受到省、市、区级以上表彰奖励，叶三方、朱江2名法官参加亚运圣火传递，叶三方法官入选全省首批“审判专家库”。全院干警调研的成果汇编成95万字的文集《中国特色和谐司法研究——以能动司法为视角》（理论篇和实践篇），由人民法院出版社出版公开发行。

【刑事审判】 2010年，区法院新收刑事案件462件718人，较上年324件491人同比增加42.59%和46.23%，审结462件，结案率100%，追回赃款1312万余元，挽回经济损失1650万余元。

审结李国成等11人组织、参加黑社会性质组织的萝岗区首宗涉黑案。

·试用辅助量刑系统和远程视讯系统· 8月，区法院开始试用辅助量刑系统。全年共有401件案件试行量刑规范化，试行率为86.80%。检察机关出具量刑建议比例达86.80%，有量刑建议的案件均依规范化程序的要求开展量刑辩论。在广州市第一看守所装设远程视讯系统，被告人在看守所里通过视频参与庭审。4月7日启动该远程视讯系统审讯被告人周建华抢劫案以来，凡被告人为三人以下且案情较简单的刑事案件均实行远程视讯开庭，减少法警押解的风险，节约司法资源，提高审判效率。

·推进刑事和解工作· 2010年，达成刑事和解的案件被告人29人，被害人通过和解获得退赔共533万余元。刑事和解案件因被害人已实际得到赔偿（有的甚至高出应得数额），被告人分别不同程度得到从宽处理，其中判处缓刑的案件共27件。

·建立法、检刑事联席会议制度· 2010年，区法院与区检察院联合制定《广州市萝岗区法院与检察院刑事联席会议规则》。8月，举行第一次法、检刑事联席会议，就刑事审判中需两院共同解决的疑难问题、法律适用等事项展开讨论、交换意见、达成共识，形成会议纪要。

·依法扩大适用非监禁刑· 区法院根据《萝岗区社区矫正试行工作衔接规定》（萝司［2010］6号文件）要求，把握社区矫正适用对象的选择，主动做好与相关部门的衔接工作。全年共向萝岗区社区矫正办公室移送矫正对象7案7人，非监禁刑适用率14.40%。

2010年2月，区法院被评为“全国法院文化建设示范单位”。图为区法院院长叶三方代表区法院接受最高人民法院院长王胜俊颁发牌匾。　区法院供稿

【李国成等黑社会性质组织犯罪案】 被告人李国成2003年、2004年间为承揽位于广州市萝岗区永和街的禾丰村木古经济合作社（以下简称“木古社区”）相关土建工程、土建材料供应及机械租赁作业等业务牟取利益，于2005年初纠集被告人李松柏、李文昌与同为木古社区社员的李锐明等多人，出资注册成立广州市萝岗区洪昌土石方工程队（以下简称“洪昌工程队”）。至2006年年初，被告人李国成逐渐控制洪昌工程队，上述李锐明等出资人被迫相继退股。在此期间，被告人李国成又先后纠集被告人李松波、李耀明、李正洪、李锦良、同案人李柱林（另案处理）以及刑满释放人员被告人李伟洪及同案人李健洪（另案处理）等人相继加入，采取威胁、恐吓等手段争抢木古社区内的工程业务，从而使洪昌工程队逐步成为以被告人李国成为首，以被告人李松柏、李

文昌为骨干，以被告人李伟洪、李松波、李正洪、李锦良、李耀明及同案人李健洪、李柱林为主要参加者的人数较多的黑社会性质组织（以下简称“组织”）。

为争抢工程及相关业务以获取非法利益，被告人李国成规定各组织成员向木古社区内的承建商主动索取有关工程或业务，采取言语威胁、恐吓、阻挠工地正常施工等违法犯罪手段，强迫多个承建商与洪昌工程队签订协议，并在履行协议的过程中强行加价；期间还多次对承建商进行要挟，以索取所谓的混凝土协调费、混凝土中介费和加气砼砖协调费的名义进行敲诈勒索，致使多个受害承建商遭受经济损失；为争抢其他工程队的工程业务，多次聚众扰乱工地作业秩序，造成受害施工队的工程施工无法进行。至2009年9月，该组织在木古社区内通过上述手段争抢工程，垄断了该社区内的土建材料供应、土石方外运、机械租赁作业、道路建设等工程业务，获取非法高额利润，严重损害木古社区内的投资建设环境，破坏了当地社会生活、经济秩序和治安管理秩序。

洪昌工程队通过上述违法犯罪手段以及逃避缴纳税款聚敛了大量钱财，用于给各组织成员发放工资、节日奖金、分红以及购买果场以继续发展壮大，凭借一定的经济实力维系着组织内部关系。同时为了进一步巩固该组织在木古社区的强势地位，以被告人李国成为首的该组织还强行介入并操纵该社区基层自治组织的换届选举，造成恶劣的社会影响。

公安机关于2009年9月至2010年1月，先后将被告人李国成、李松波、李文昌、李松柏、冯燕星、冯锦球、李伟洪、李正洪、李国昌、李锦良、李耀明抓获归案。

法院经审理认为，被告人李国成纠集被告人李松柏、李文昌、李伟洪、李松波、李正洪、李锦良、李耀明等多人，以威胁或者其他手段，有组织地实施违法犯罪活动，为获取巨额非法经济利益，逞强争霸，欺压群众，为害一方，在广州市萝岗区禾丰村部分地区形成非法势力及造成恶劣影响，严重破坏了该地区的经济、社会生活秩序，其行为已构成组织、领导黑社会性质组织罪。被告人李松柏、李文昌积极参与李国成领导的黑社会性质组织的违法犯罪活动，其行为均已构成参加黑社会性质组织罪，且系积极参加者。被告人李伟洪、李松波、李正洪、李锦良、李耀明参与实施了李国成领导的黑社会性质组织的违法犯罪活动，其行为均已构成参加黑社会性质组织罪。被告人李国成系黑社会性质组织的组织者、领导者，应当对其组织、领导的黑社会性质组织所犯的全部罪行负责。被告人李国成指使被告人李松柏、李伟洪以非法占有为目的，敲诈勒索公私财物，该三名被告人的行为均已构成敲诈勒索罪，且数额巨大。被告人李国成指使被告人李松柏、李文昌、李伟洪、李松波以威胁手段强买强卖商品、强迫他人接受服务，情节严重，该五名被告人的行为均已构成强迫交易罪。被告人李国成纠集、指使被告人李松柏、李文昌、李松波、李正洪、李锦良、李耀明与被告人冯燕星、冯锦球共同聚众扰乱社会秩序，情节严重，致使受害地区的工作、生产无法进行，造成严重损失，该九名被告人的行为均已构成聚众扰乱社会秩序罪。其中，被告人李国成是首要分子，被告人李松柏、李文昌、李松波、李正洪、李锦良、李耀明、冯燕星、冯锦球是积极参加者。被告人李国昌明知是犯罪所得及其产生的收益而予以协助转移，其行为已构成掩饰、隐瞒犯罪所得、犯罪所得收益罪，情节严重。

依照《中华人民共和国刑法》等有关法律规定，对被告人李国成判有期徒刑12年，并处罚金5万元。其他被告人也得到相应判决和处罚。并由区法院依法追缴违法所得共计448.53万元，全部上缴国库。

【民商事审判】 2010年，区法院新收民商事案2257件，调撤率61.36%，高于全市基层法院平均值8.49个百分点。

·创新调解方法，强化调解效果· 区法院与区交警大队、劳监大队等部门建立常态联系，设立专门巡回法庭定期巡回，专业审判调解与相关执法部门有效衔接，调解的针对性和实效性逐步提高。

·诉调衔接，合力化解矛盾· 为配合区综治信访维稳三级平台的全面建成运作，是年5月，区法院与区五街一镇综治信访维稳中心建立起流程化的调解衔接机制，制作衔接指引，编制操作流程，将有关规范性文件汇编成册，发放至各镇街综治维稳中心，保证操作规范的同一性和稳定性。推行司法确认机制，通过司法确认赋予调解协议强制执行力。全年司法确认272件，结案标的金额3693万元。是年，区法院协助综治中心化解劳动争议类纠纷470件，其中群体性纠纷8起，涉及当事人330人。

·加强排查，预防劳动争议苗头性隐患· 与相关部门协同建立劳资纠纷排查和应急联动工作机制，加强对区内劳资纠纷隐患的排查。刘正全等72名劳动者与用人单位某化工有限公司发生劳动合同纠纷，聚众冲击建筑工地，到政府上访，个别劳动者甚至扬言要在亚运期间制造事端。经区法院排查介入，促使涉案各方达成和解协议。

·邀请人大代表、政协委员、司法监督员、人民陪审员参与调解· 是年，人大代表、政协委员11人次参与调解案件，调解成功率66.6%。区法

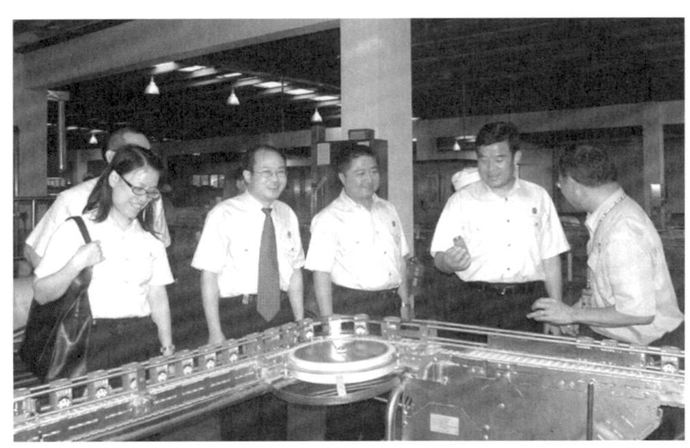

2010年8月24日，区法院法官为旺旺集团上门释法。
区法院供稿

院总结近3年调解经验，归纳了13种调解方法，23个调解案例，集中编印送发，对人民调解具有较强的指导作用。

【广州萌立尔家具有限公司工伤待遇纠纷案】　原告肖新宇于2004年9月7日入职广州萌立尔家具有限公司（下称萌立尔公司），从事调漆工作。2008年1月1日双方签订《劳动合同》，约定劳动合同的期限自2008年1月1日至2009年12月31日止，岗位工资为800元/月。2008年3月5日肖新宇在调油漆时，油漆溅入右眼，3月10日去治疗时，被诊断为巩膜睫状体炎，3月12日肖新宇前往广州开发区医院治疗，诊断为外伤性前房积血角膜血染。同年5月30日广州市萝岗区劳动和社会保障局作出《工伤认定决定书》（穗萝劳社工伤诉认〔2008〕15号），认定肖新宇为工伤。萌立尔公司不服，向广州市萝岗区人民法院提起行政诉讼，2008年4月6日广州市萝岗区人民法院作出（2008）萝法行初字第13号行政判决：驳回萌立尔公司的诉讼请求，萌立尔公司不服该判决，向广州市中级人民法院提出上诉，广州市中级人民法院作出（2009）穗中法行终字第279号终审判决维持原判。2008年9月12日广州市劳动能力鉴定委员会作出穗劳鉴初（2008）587号鉴定书，肖新宇伤残等级为八级，医疗期从2008年3月5日至2008年8月13日。萌立尔公司不服申请重新鉴定，广东省劳动能力鉴定委员会的粤劳鉴办重字（2009）405号鉴定书，重新评定肖新宇伤残等级为八级。双方履行劳动合同中，萌立尔公司没有为肖新宇购买工伤保险，工资发放至2008年3月，肖新宇发生工伤事故后未获得工伤保险待遇。肖新宇发生工伤前十二个月的月平均工资是1408元。

2008年5月6日，肖新宇曾就解除劳动关系的事宜向广州经济技术开发区、萝岗区劳动争议仲裁委员会申请仲裁，该委以穗开萝劳仲案字（2008）第166号裁决书裁决：双方继续履行劳动合同，萌立尔公司按照860元/月的标准补发肖新宇自2008年5月4日至重新履行劳动合同之日的全部工资。2008年8月22日肖新宇曾就加班工资的事宜向广州经济技术开发区、萝岗区劳动争议仲裁委员会申请仲裁，该委以穗开萝劳仲案字（2008）第649号裁决书裁决：萌立尔公司支付肖新宇自2008年4月工资1400元。

2008年12月22日双方签订《协议书》约定萌立尔公司在本协议生效之日起三个工作日内就肖新宇劳动合同解除涉及的经济补偿、工资、社会保险等相关事宜向肖新宇支付15000元，肖新宇收到上述款项后，不再以任何方式和途径就双方劳动关系存续期间和劳动合同终止所涉及的经济补偿、工资、社会保险等相关事宜向萌立尔公司提出任何权利主张。协议签订后，萌立尔公司已经支付肖新宇15000元。

后双方因工伤保险待遇再次发生争议，肖新宇再次向广州经济技术开发区、萝岗区劳动争议仲裁委员会申请仲裁。广州经济技术开发区、广州市萝岗区劳动争议仲裁委员会作出裁决：一、萌立尔公司于本裁决生效之日起5日内一次性支付肖新宇医疗费210元、鉴定费664元，合计874元。二、萌立尔公司于本裁决生效之日起5日内一次性支付肖新宇一次性伤残补助金、伤残就业补助金、工伤医疗补助金合计人民币52669.8元。三、驳回肖新宇本案的其他仲裁请求。双方不服仲裁裁决，先后向萝岗法院起诉。

法院经审理后认为，肖新宇与萌立尔公司双方建立劳动关系并签订《劳动合同》，其合法权益应受法律保护。肖新宇在从事调漆工作过程中右眼受伤，劳动和社会保障部门作出《工伤认定决定书》认定肖新宇为工伤，并经过行政诉讼程序已经生效，该《工伤认定决定书》，法院予以采信。同时，广东省和广州市劳动能力鉴定委员会均已经作出了肖新宇为八级伤残的劳动能力鉴定结论。据此，依据《工伤保险条例》的规定，肖新宇依法应当享受包括工资福利、医疗费在内的相关项目工伤保险待遇。萌立尔公司认为肖新宇的工伤与其在1998年发生车祸后造成后果有关联，但其没有提供充分的证据证明该事实，而关于肖新宇的工伤认定，广州市中级人民法院《行政判决书》已作充分论述，并未涉及1998年发生车祸事宜。萌立尔公司认为肖新宇应承担车祸伤造成后果的50%的责任缺乏依据，法院不予支持。因萌立尔公司未为肖新宇购买工伤保险，依据《工伤保险条例》第六十条的规定，萌立尔公司应承担工伤保险责任。因此，肖新宇医疗期内在广州发生的医疗费210元、鉴定费664元，合计874元，萌立尔公司应当按照规定予以支付。因肖新宇未向其就医的广州市医疗机构提出申请，也未征得医疗机构和萌立尔公司的同意，其在湖南省医疗机构治疗期间发生的医疗费及交通费用，应由其自行承担。

双方签订的《协议书》约定萌立尔公司就肖新宇劳动合同解除涉及的经济补偿、工资、社会保险等相关事宜向肖新宇支付15000元，肖新宇也表示收到上述款项后，不再以任何方式向萌立尔公司提出任何权利主张。足见，肖新宇已经知晓萌立尔公司支付15000元中已经包含其医疗期的工资。该《协议书》是双方真实的意思表示，双方应诚意履行。而萌立尔公司也按照协议规定实际支付肖新宇15000元，据此，法院认定萌立尔公司已经支付肖新宇医疗期的工资，肖新宇的该项诉讼请求缺乏依据，法院予以驳回。

依照《中华人民共和国民事诉讼法》等有关法律法规，判决如下：

一、广州萌立尔家具有限公司自本判决生效之日起十日内向肖新宇支付医疗费210元、鉴定费664元，合计874元。

二、广州萌立尔家具有限公司自本判决生效之日起十日内向肖新宇支付一次性伤残补助金、伤残就业补助金、工伤医疗补助金合计人民币58272.6元。

三、驳回广州萌立尔家具有限公司的诉讼请求。

四、驳回肖新宇的其他诉讼请求。

案件受理费20元由被告广州萌立尔家具有限公司负担。

**【行政审判】** 2010年，区法院把行政诉讼协调机制引入审判程序，化解“官民”矛盾，全年行政案件和解撤诉率达41.43%。行政机关法定代表人主动出庭应诉，在诉讼中直接面对行政相对人，促进案结事了的同时也提高依法行政水平。2010年，区法院新收行政案件同比降幅高达45.16%，共68件。

**【广州东方宝龙汽车工业股份有限公司诉广州开发区地方税务局税务行政复议案】** 原告广州东方宝龙汽车工业股份有限公司因与中国民生银行股份有限公司广州经济技术开发区支行的借款纠纷，被广州市中级人民法院依法裁定拍卖原告位于广州经济技术开发区永和经济区YH—H4—1地块的土地使用权及地上建筑物。2009年6月22日，广州开发区地方税务局永和税务分局据此作出穗地税开永税通［2009］001号《税务事项通知书》，要求原告缴纳在上述不动产拍卖过程中产生的土地增值税等各种税费共计12163304.50元。原告依法向被告提起行政复议，被告依法予以受理并以穗地税开行复［2009］2号行政复议决定书变更了广州开发区地方税务局永和分局中的具体行政行为。原告认为被告未将该地块上的工厂建设工程造价9880万元及消防工程、宿舍楼工程、土地平整工程等项目费用予以扣除，导致核算结果与原告实际建设成本严重不符，遂向法院请求撤销原告该具体行政行为。

法院经审理查明，2007年3月13日，原告位于广州经济技术开发区永和经济区YH—H4—1地块的土地使用权及地上建筑物，被广州市中级人民法院依法拍卖用以清偿中国民生银行股份有限公司广州经济技术开发区支行的贷款及利息，买受人宝供物流企业集团有限公司以3940万元竞得。现该地块已实际交由买受人使用。2008年8月11日、11月13日，广州开发区地方税务局永和税务分局分别两次向原告发出《责令限期改正通知书》，要求原告办理土地增值税清算申报，并提供计算土地增值税允许扣除项目金额所取得的合法有效凭证。原告未办理申报和提供有关凭证。2009年6月22日，广州开发区地方税务局永和税务分局作出穗地税开永税通［2009］001号《税务事项通知书》，认为原告位于广州经济技术开发区永和经济区YH—H4—1地块的土地使用权及地上建筑物被广州市中级人民法院查封拍卖，属于销售不动产，销售价值人民币3940万元，要求原告缴纳营业税197万元、城建税137900元、印花税19700元、教育附加费59100元、堤围防护费51220元、土地增值税9925384.5元，合计12163304.5元。原告不服，向被告提起行政复议。2009年8月18日，被告依法予以受理。同年11月9日，被告作出穗地税开行复［2009］2号行政复议决定书，对广州开发区地方税务局永和分局作出的穗地税开永税通［2009］001号《税务事项通知书》中的土地增值税项目作变更，要求原告缴纳土地增值税9409404.41元、营业税1970000元、城建税137900元、教育费附加59100元、印花税19700元、堤围防护费51220元，合计11647324.41元。2009年11月11日，被告将上述复议决定书分别送达给原告及广州开发区地方税务局永和税务分局。

法院认为，原告位于广州经济技术开发区永和经济区YH—H4—1地块的土地使用权及地上建筑物，已被依法拍卖，并已过户给买受人实际使用，销售不动产应税行为已发生，应当依法履行纳税义务。原告作为纳税人，在不动产交易完成后，应当主动向税务机关申报纳税及提供相关合法有效凭证；但原告在向被告申请复议期间，只提供了广州经济技术区永和经济区YH—H4—1地块的建设工程合同及支付9880万元的银行相关单据，未能提供有效的收款单位的收款证明，该笔款项不具备扣除的合法性。被告根据原告提供的资料，依法计征土地增值税，没有侵害原告的合法权益。原告上述理由不能成立，法院不予支持。

从原告在复议期间向被告提交的记账凭证反映，原告并没有实际支出消防工程费用，被告不予以扣除并无不当。原告所提供的宿舍工程楼设计费、桩基工程相关费用凭证与此次拍卖土地增值税计算没有关联性。据原告与广东省化州市第六建筑工程公司签订的《排水、排污、土地平整工程合同》约定的工程地点是：广东省增城市新塘镇宝龙一号新征地红线范围；广东省广州市通用发票（发票号：090280228616），记载原告向广东省化州市第六建筑工程公司支付1350000元，支付劳务地、不动产土地所在地为“增城市”，该费用与广州经济技术开发区永和经济区YH—H4—1地块的土地使用权及地上建筑物拍卖没有关联性。原告上述主张，法院不予支持。

依照《最高人民法院关于执行<中华人民共和国行政诉讼法>若干问题的解释》第五十六条第（四）项的规定，判决如下：

驳回原告广州东方宝龙汽车工业股份有限公司的诉讼请求。

案件受理费50元，由原告广州东方宝龙汽车工业股份有限公司负担。

**【执行工作】** 2010年，区法院共受理执行案2013件（含旧存88件），执结1924件，执结率为95.58%，为申请执行人实现债权6536万元。发放司法救助金49万元，惠及49件执行案的70名特困申请人。

*·努力为当事人兑现权益·* 根据区政法委的规定，将各街镇、政府职能部门参与执行联动的工作情况，纳入全区2010年度维稳综治考核项目。通过定期召开相关部门联席会议，统筹协调处理重大执行事项，共同解决执行难的案件。

*·推行主动执行模式·* 为帮助胜诉当事人尽快实现权益，对裁判已生效、债务人逾期未自动履行的案件，由审判部门直接移送立案执行。全年接收主动执行案120件，执结111件，结案率为92.5%。

*·开展强制执行专项行动·* 针对涉及弱势群体的人身损害赔偿执行案件，组织强制执行专项行动9次，所涉11件案件中9件得到完全执结，其中一案的被执行人与申请人达成和解协议，自觉履行到位金额37万元。对恶意转移财产的，加大制裁力度，实施罚款处罚措施；对赖债逃债者，实施边控限制出境，决定拘留35人次，实际拘留7人。

*·全力保障亚运平安·* 围绕“平安亚运”，着力抓好涉亚运案件的处理。对涉亚运案件第一时间调处、第一时间稳控、第一时间上报。妥善处理“辛氏兄弟”系列案、刘某诉卡宴公司合同纠纷案等涉及亚运维稳案件，实现亚运期间无涉诉上访。

**【区法院获评全国“法院文化建设示范单位”】** 2010年，区法院坚持从物质文化、精神文化、行为文化、制度文化四个方面着手，突出本地特色文化建设，夯实法院文化建设的群众基础，加强法院文化发展的平台建设，被评为全国首批“法院文化建设示范单位”，国家首席大法官、最高人民法院院长王胜俊为区法院颁发牌匾。

**【区法院获评“全国司法公开示范法院”称号】** 2010年，区法院创新工作思路，拓宽途径渠道，改进方式方法，选择6个突破点全面展开，沿着3条主线纵深推进，通过设立记者旁听席、组织“司法公开日”、“见证调解”、“见证执行”、司法监督员随同办案等活动，拓展司法公开的广度和深度，取得明显成效。3月，该院所有依法公开审理的案件都优先保证庭审现场的记者旁听席位，9个法庭共专设记者席位73个，占全部旁听席位的11%。同时为记者提供采访诉讼参与人的便利和相关新闻素材。建立新闻发言人制度，遇到重大司法事件或社会普遍关注的案件，召开新闻发布会，主动向社会披露事实真相。省高院院长郑鄂称“此举是法院敞开大门主动接受监督、推行阳光审判的很好实践”。新华网、中央人民广播电台对此进行专门报道，《南方日报》、《广州日报》、《南方都市报》等媒体亦盛赞萝岗法院“阳光审判顺民意得民心”。是年，区法院作为广东省获评的两个基层法院之一被最高人民法院确定为“全国司法公开示范法院”。

（张静怡）

## 检　察

**【概况】** 2010年，萝岗区人民检察院（以下简称“区检察院”）依法批准逮捕476件671人；提起公诉426件627人。查办职务犯罪案件立案16件24人。受理控告申诉案件37件，接待群众来信来访51批96人。受理民事行政申诉案件7件（含执行申诉2件），立案7件，连同2009年积存的6件，全年审查终结10件，其中建议提请抗诉2件、息诉8件。先后到企业、机关、中学上法制课30多次，听课人数共7000余人。该院连续3年被广州市人民检察院授予“无违法违纪单位”和“依法办案零投诉单位”，连续21年保持零安全事故。公诉科被评为“广州市巾帼文明岗”。周园获“2009年度广州市青年岗位能手”称号。白锐获“2008～2010年度广州市检察机关侦查监督系统十佳检察官”称号。

**【刑事检察】** 2010年，区检察院受理各类刑事案件556件823人（含2009年积存18件51人），同比增长16.1%和10.6%。经审查，批准逮捕476件671人。受理审查起诉案件522件732人。经审查，依法提起公诉426件627人，决定不起诉10件10人，抗诉1件2人，退回公安机关处理5件7人，刑事和解5件7人。通过异地管辖机制办理知识产权案件14件49人。所有案件均在法定期限内办结，提起公诉的案件法院均作了有罪判决。全年办理侵犯知识产权案件15件50人、黑社会性质案件1件11人、“两抢一盗”144件212人、故意杀人2件2人、故意伤害56件78人、绑架1件1人、聚众斗殴8件14人、交通肇事32件33人、破坏电力设备7件10人、毒品犯罪111件116人、职务侵占8件8人、强奸12件12人。构建“涉亚运”案件“绿色通道”，健全侦查、逮捕、起诉联动协作机制，成立亚运期间审查逮捕、审查起诉专门办案组，严厉打击涉亚运刑事案件，发生在亚运场馆所在地萝岗街的刑事犯罪案件，相比2009年同期的13件26人，下降为7件7人。

严格把握“宽”、“严”标准，注重宽与严的有机统一。既对严重恶性犯罪依法从严打击，又对未成年人犯罪、初犯、从犯、偶犯和轻微犯罪案件依法从宽处理，积极推进刑事和解、轻微刑事案件快速办理、不捕、不诉等工作，减少矛盾对抗，促进社会和谐稳定。2010年共不批准逮捕54件89人，不捕率为11.71%，不起诉10件10人。对8名没有逮捕必要的犯罪嫌疑人不予批准逮捕，占不捕案件总人数的9.52%；通过轻微刑事案件快速处理机制办理案件23件24人。

【惩治和预防职务犯罪】 2010年，区检察院立案侦查贪污贿赂犯罪案件11件14人，其中10万元以上案件7件，100万元以上案件3件，总涉案金额高达3000多万元；立案侦查渎职犯罪案件5件10人，其中滥用职权案4件9人，玩忽职守案1件1人。特大案件4件9人。从保障中新广州知识城建设项目顺利实施的大局出发，认真履行侦查职能，严厉查处知识城区域征地拆迁中的职务犯罪，为知识城建设提供司法保障。共立案侦查职务犯罪案件11件21人，其中，贪污贿赂案件8件13人，渎职案件3件8人，涉案金额2000多万元。

围绕大局，推进预防职务犯罪工作。与中新广州知识城建设指挥部办公室签订廉政建设协议，建立沟通协作、同步监督和法律服务等3项预防职务犯罪工作机制，严防国家工作人员和农村基层组织人员利用职务之便，在拆迁过程中骗取国家补偿款和行贿受贿，确保中新广州知识城建设成为“工程优质、干部优秀”的“双优”工程。开展进机关、进国企、进高（党）校、进社区、进农村的“五进”活动。与黄埔海关新港海关、开发区办事处、区安全生产监督局等单位共同签订廉政教育协议，共同开展预防职务犯罪活动。院领导和干警分别到工总、建总、商总、中一制药股份有限公司、南方碱业股份有限公司等国有企业，开展廉政教育活动。侦查科负责人余银星到南方碱业股份有限公司上完法制课后，一名销售人员向纪委自首了自己贪污挪用100多万公款的犯罪事实。与区委党校签订互设廉政教育基地的协议，分别挂牌建立“预防职务犯罪教育基地”和“法制教育基地”。副检察长胡国平、黄承云为党校科级干部培训班和党支部书记培训班上课4次，听课人数达600人次。继续落实社区联络员制度，推动社区廉政建设，在夏港街重点开展公民教育活动，在东区街的一些村社重点开展涉农职务犯罪预防宣传活动。将亚运场馆工程建设、“三旧改造”纳入该院预防工作体系。

【诉讼监督】 2010年，区检察院前置侦查监督工作，提高立案监督效能。构建深入派出所巡回调研制度，主动巡回走访各派出所，制定《检察机关对公安派出所的前置监督机制》。2010年区检察院通过该“机制”共办理立案监督案件14件，对不该立而立的案件予以监督5件，对该立而不立的案件予以监督9件。开展纠正漏捕和追诉漏罪漏犯工作，维护法律权威。全年该院成功纠正漏捕1人，发出追诉函的案件10件，追诉漏罪5案11人，追诉漏犯3案6人。贯彻中央确定的“规范自由裁量权，将量刑纳入法庭审理程序”的司法改革项目，全面铺开量刑建议制度，对法院的量刑尺度予以规范，共发出量刑建议328件450人，在已判决案件中，法院采纳率为72.3%。

强化对全区95名监外执行罪犯（缓刑犯58人、假释犯3人、剥夺政治权利犯30人、保外就医4人）的监管和刑罚执行情况的监督。及时上报核实清查涉嫌超期羁押的情况，共核查37人次，无超期羁押现象。

稳步推进民事行政诉讼监督。2010年共受理民事行政申诉案件7件（含执行申诉2件），立案7件。连同2009年积存的6件，已审查终结10件，其中建议提请抗诉2件、息诉8件。

【检察文化建设】 2010年，区检察院通过推出新举措和开展一系列活动，使检察文化建设系统化，不断推进检察文化建设。首次举行了检察官集体宣誓仪式。设计并制作蕴涵检察文化发展规划纲要、院训、科训内涵的院标，形成检察文化建设体系。开展“迎接亚运会，展示检察活力”、“我是党员我奉献”等系列活动。全年全院干警共撰写信息、调研、宣传稿件400余篇。在《检察日报》等媒体发表宣传稿件245篇。被市级以上信息刊物采用共47条（篇），8条信息获市、区领导的重要批示。在市级以上报刊、法学杂志等刊物上发表论文200篇。检察长白建国主编的《检察官优秀硕士论文精选》及《刑事办案证据一书通》在中国检察出版社出版。区检察院在广东省政法委、广东省法学会主办的“广东省‘三项重点’工作理论与实践研讨会”上荣获“优秀组织奖”；组织开展珠三角规划纲要实施背景下知识产权刑事司法保护问题专题调研，课题组完成的论文《检察机关加强知识产权刑事司法保护的实践与思考》在省院第四届检察学研讨会上获三等奖；成功申报了市检察院重点调研课题《民事执行检察监督制度研究》。参加区直机关党委组织的文体活动，广播体操比赛获二等奖、“市长杯”羽毛球比赛获男子单打第一名、“市长杯”乒乓球比赛获团体第三名。

【办案和专业技术大楼启用】 2010年9月25日，区检察院办案和专业技术大楼启用。区检察院新办案、专业技术大楼是一幢集办公办案、技术侦查为一体的综合性大楼，充分体现办案自动化、智能化、技术网络化等高科技应用水平。具有以下特点：一是高点布局，智能化程度高。该大楼集成了当前楼宇智能化的众多前沿技术，包含了14个子系统：即安防监控系统、门禁系统、入侵报警系统；审讯监控系统、侦查指挥中心；机房、UPS供电系统；综合布线、计算机网络扩容；视频会议系统；大堂显示屏、接待大厅电子白板；计算机证据实验室；一卡通系统、视频制作室、法制教育宣传基地、电子阅览室；公诉远程支持系统、远程视频接访、远程提审系统；消防系统；有线电视系统；公共广播及火灾应急广播系统；停车场管理系统；楼宇自动化系统。二是准确定位，科学规划设计。大楼智能化系统符合先进性、安全性、实用性、便捷性、舒适性的要求，便于管理、控制、运行和维护。能够减少物业管理人员，提高工作效率，节约管理费用；系统还能够提供高度共享的信息资源，且具有可扩展性、可变性、能适应环境的变化以及工作性质的多样化。三是突出实用，服务检察工作。为提高检察办案工作的科技含量和信息化水平，在智能化子系统中，重点投入建设了计算机证据实验室、远程办案支持系统、多功能会议室等。计算机证据实验室主要是对电子证据的提取、固定、检验、鉴定、恢复和分析进行研究，为侦查、公诉、侦查监督等办案部门提供新的技术手段的支持。远程办案支持系统包括远程侦查指挥、远程公诉支持、远程提审、远程接访等功能，可以把现场视频和文件数据实时地传输到检察院内网的电脑设备上，利用实时视频解码程序，实现实时同步观看法庭现场和即时文件数据交流。多功能会议室是一个集侦查指挥中心、接待演示平台、中层干部会议室、业务部门研讨室等多项功能于一体的综合性场所，可通过电子地图等高科技手段实现对侦查人员的调动和配置；对所有审讯室审讯过程中的图像、语音和笔录进行实时监控；通过先进的、隐蔽的技术设备与审讯室进行语音、文字和视频的交流，实现指挥功能；并通过计算机网络与市院侦查指挥中心相连。

【香雪公司加工承揽合同纠纷案】 2004年4月，广州市香雪制药股份有限公司（以下简称香雪公司）与广州奥科自动控制设备有限公司（以下简称奥科公司）签订一份加工承揽合同，约定由奥科公司承接香雪公司GMP提取车间生产过程控制系统全套设备的安装、调试及人员培训。在履行合同的过程中，双方确认合同变更后的实际价格共计158.1212万元，而香雪公司已支付共计71.8858万元。2006年5月，奥科公司起诉，要求香雪公司支付报酬86.2353万元，并计付利息；香雪公司则以奥科公司严重违约致使合同无法继续履行为由，反诉请求解除合同，并要求奥科公司退还已付71.8858万元且支付违约金。该案经一、二审，法院判决：香雪公司向奥科公司支付79.3293万元及利息。同月23日，香雪公司向广州市人民检察院申请抗诉，同日，市检察院将该案转区检察院审查。

区检察院审查该案后，向双方当事人详细了解案件事实，并就相关工程系统技术问题请教有关技术专家，在充分研究分析的基础上，紧紧抓住法院二审判决认定事实时主要证据不足的三个方面，依法向广州市人民检察院建议提请抗诉，先后获得市检察院和省检察院的全力支持。2009年8月，经省高院调解，香雪公司与奥科公司达成协议：香雪公司向奥科公司支付46万元整，奥科公司放弃原二审判决的其他内容。至此，通过该院的建议提请抗诉，香雪公司成功挽回经济损失60多万元。

【段建成合同诈骗涉亚运案】 位于萝岗区的广州国际体育演艺中心是第16届广州亚运会的比赛场馆，在该中心建设过程中发生一起合同诈骗案。2008年12月至2009年2月期间，被告人段建成以腾华公司送货员的身份运送钢筋至在建工程工地期间，伙同在逃同案人罗远秋多次向建设单位材料接收员汪龙军、黄赛荣及钱马套等人贿送好处费累计42.5万元，要求该3人在其虚开加大送货数量的《送货单》上签名，从而造成建设单位多支付合计约914吨的钢筋货款，诈骗得款合计约385万元。该案的发生直接导致建设单位巨大的经济损失，严重影响了建设单位的工作效率和士气。区检察院受理该案后，启动了案件评估风险机制，对亚运场馆建设工作由此可能受到的影响进行评估，制定化解社会矛盾的工作预案。经办检察官先后5次到场馆调查，取得90余份的关键证据，最终以合同诈骗罪移送法院提起公诉。

【李正有、何金全作伪证案】 2009年8月20日，犯罪嫌疑人朱某涉嫌故意伤害一案由萝岗区公安分局移送区检察院公诉科审查起诉。在审查起诉期间，经办检察官发现该案证人李正有、何金全存在故意作虚假证言意图和隐匿罪证的行为，遂致函公安机关要求对李正有、何金全二人立案侦查。经查，李正有、何金全受朱某大哥所托，在关于朱某是否推倒被害人这一重要情节上，罔顾事实，在本院审查起诉阶段故意出具虚假证言，将以往“不能确定朱某推倒被害人”的陈述，变更为“朱某确实没有推倒被害人”，以达到“帮助”朱某脱罪之目的。

2010年6月14日，公安机关以李正有、何金全涉嫌犯伪证罪将该案移送本院审查起诉。本案两次退回公安机关补充侦查并取得大量的证据，2人终于在证据面前，承认自己故意出具虚假证言，试图为朱某隐匿罪证的犯罪事实。2010年11月16日，本院以涉嫌犯伪证罪将两人向区人民法院提起公诉，法院一审判决被告人何金全、李正有犯伪证罪，分别判处有期徒刑一个月。二人均表示服判且不上诉。 （麻 凯）

## 公 安

【概况】 2010年，萝岗区社会政治稳定，没有发生影响恶劣的重大群体性事件和刑事治安案件，全区刑事案件同比下降9.4%，刑事案件破案率55%；圆满完成广州亚运会、亚残运会的各项安全保卫任务。是年，萝岗区公安分局（以下简称“区公安分局”）获“广州市2010年全市打击盗窃破坏电力电信广播电视设施违法犯罪专项斗争先进集体”、“2010年度广州市公安局人民满意单位”、“2010年度三防工作先进单位”、“广州市2010年度禁毒工作先进集体”，全年受到上级表彰集体17个次，个人受到表彰37人次，共收到单位企业、人民群众感谢信和表扬信52封、锦旗38面；收到市公安局局长贺信1封。

### 2010年萝岗区公安分局系统领导名录

| 工作单位 | 姓名 | 性别 | 职务名称 | 任职时间 |
|---|---|---|---|---|
| 局领导机关 | 魏待征 | 男 | 广州开发区党工委委员、萝岗区委常委、区委政法委副书记、分局党委书记、分局长 | 2009.06 |
| 局领导机关 | 王月兴 | 男 | 原分局党委副书记、政委 | 2010.01任，2010.08调区政法委 |
| 局领导机关 | 冯锦明 | 男 | 分局党委委员、副分局长 | 2007.01 |
| 局领导机关 | 张志华 | 男 | 分局党委委员、副分局长 | 2008.08任职，2009.03正式到位 |
| 政工办公室 | 汤 旭 | 男 | 分局党委委员、政工办主任兼训练大队大队长 | 2007.06 |
| 指挥中心 | 朱志文 | 男 | 分局党委委员、指挥中心主任 | 2007.06 |
| 监督室 | 桂志龙 | 男 | 主任 | 2010.09 |
| 法制室 | 郭怀奕 | 男 | 主任 | 2010.09 |
| 警务保障室 | 江小慧 | 女 | 主任 | 2010.03 |
| 人口管理大队 | 黄佳雁 | 男 | 政委 | 2010.07 |
| 预审大队 | 欧建森 | 男 | 大队长 | 2009.05 |
| 预审大队 | 刘锦城 | 男 | 教导员（保留副处级） | 2009.11 |
| 国内安全保卫大队 | 钟就坚 | 男 | 教导员 | 2009.05 |
| 国内安全保卫大队 | 赵吉俊 | 男 | 大队长 | 2009.05 |
| 治安管理大队 | 肖炎富 | 男 | 政委 | 2010.03 |
| 治安管理大队 | 居仕阳 | 男 | 大队长 | 2009.05 |
| 禁毒大队 | 张永平 | 男 | 政委 | 2010.07 |
| 经济犯罪侦查大队 | 范勇奔 | 男 | 政委 | 2010.01 |
| 刑事警察大队 | 潘 耘 | 男 | 大队长 | 2009.11 |
| 刑事警察大队 | 李 菁 | 女 | 政委 | 2010.07 |

（续上表）

| 工作单位 | 姓名 | 性别 | 职务名称 | 任职时间 |
|---|---|---|---|---|
| 交通警察大队 | 黄文辉 | 男 | 大队长 | 2007.06 |
| 交通警察大队 | 罗穗强 | 男 | 政委 | 2007.06 |
| 便衣侦查大队 | 颜云寿 | 男 | 大队长 | 2009.11 |
| 夏港派出所 | 章伟文 | 男 | 所长 | 2010.12 |
| 夏港派出所 | 张耀东 | 男 | 教导员 | 2008.01 |
| 东区派出所 | 冯庆方 | 男 | 所长 | 2008.01 |
| 东区派出所 | 张宇健 | 男 | 教导员 | 2010.12 |
| 联和派出所 | 原智华 | 男 | 所长 | 2008.07 |
| 联和派出所 | 刘致焕 | 男 | 教导员 | 2008.07任，2010.07退休 |
| 萝岗派出所 | 叶力飞 | 男 | 所长 | 2008.01 |
| 萝岗派出所 | 陈俊孟 | 男 | 教导员 | 2008.07 |
| 永和派出所 | 朱绍平 | 男 | 所长 | 2008.07 |
| 永和派出所 | 王志雄 | 男 | 教导员 | 2008.07 |
| 九佛派出所 | 赵艳春 | 男 | 所长 | 2008.07 |
| 九佛派出所 | 易宗秋 | 男 | 教导员 | 2008.07 |
| 镇龙派出所 | 黄科荣 | 男 | 所长 | 2008.07 |
| 镇龙派出所 | 邓洪安 | 男 | 教导员 | 2008.07 |

**【治安管理】** 2010年，区公安分局狠抓治安动态管控，认真构建多层次、立体化的社会治安防控体系，建立了纵向减少指挥层级，横向畅通指挥关系的扁平化指挥模式。推行动态防控模式。以提高快速反应、增强防控针对性为目标，按照“网格化”巡逻勤务模式，全面落实24小时见警工程，调整7个派出所的巡逻勤务模式，大力推广出租屋电子门禁系统，在九佛、镇龙派出所试行部分交通管理职权，推行公安民警与武警联合武装巡逻机制，在全区投放25个“流动警岗”，在全区各主要出入口投放20个新型治安岗亭，有效提高了社会面治安防控能力。2010年，区公安分局共受理刑事治安警情6734宗，同比下降14.7%；立刑事案件1598宗，同比下降6.2%，其中“两抢”案件169宗、“两盗”案件346宗，分别同比下降39.4%、20.8%；没有发生爆炸、劫持、投毒案件。

·构筑拱卫羊城“三道防线”· 8月份以来，区公安分局按照市局统一部署，建立“拱卫羊城”三道防线7个治安检查站，各检查站坚持对入穗、入区的人员、物品、车辆实施严格盘查，确保最大限度发挥“查、堵、控”效能。据统计，自8月3日以来，区三道防线检查站共检查车辆62822辆次，检查人员240628人次，查获可疑人员267名（其中吸贩毒人员121名、在逃犯罪嫌疑人11名、其他犯罪嫌疑人135名），刑事拘留33名、治安拘留161名；查获管制器具915件、其他非法物品4407件、枪支22支（其中仿真枪7支）、子弹55发、钢珠弹850颗，毒品累计约36公斤。

·构织社会面整体防控“四张网”· 为严密社会面整体防控，全区建立了“路面巡逻防控网、社区防控网、企事业单位和重点目标防控网、视频监控防控网”四张防控网络。

·抓重点场所动态治理· 加大人屋车场网和亚运通道沿线的治安整治力度。通过建立“以证管人、以网管人、以屋管人、以业管人、以车管人”的实有人口管理新机制，完成对区涉亚场馆周边地区“洗楼”行动，逐栋、逐户、逐套地对出租屋进行摸查登记备案，对场馆周边的厂房、商铺等开展不间断的清查，加强场馆周边地区和亚运通道的市容环境、机动车非法营运现象的专项整治，排查和整治了一批治安隐患。一年以来，区公安分局共组织全区性、局部地区的大小清查整治行动76次，出动警力1.1万多人（次），清查桑拿按摩、发廊、网吧等治安复杂场所1.2万多间（次）。开展治爆缉枪和涉爆涉剧毒安全隐患排查治理专项行动。从3月份开始，在全区范围内组织开展治爆缉枪专项行动。对全区11个爆破作业点，26间企业的剧毒物品、放射性物品生产、贮存、运输、使用、保管等各个环节进行全面、严格的大检查，实现危爆物品“不漏管、不被盗、不打响、不炸响”的工作目标。据统计，一年以来，区公安分局共检查涉爆涉枪涉剧毒单位125间（次），收缴枪支75支（其中气枪58支，猎枪14支），管制刀具347把。从中破获刑事案件6宗，抓获各类违法犯罪嫌疑人23人。推进治安重点整治地区整治工作。区公安分局以被列为2010年市治安重点整治地区的东区街、联和街

第16届广州亚运会期间，萝岗区公安分局民警在广惠高速萝岗检查站执勤，对进入萝岗区境内的人员、车辆仔细检查。　　区公安分局供稿

玉树社区、永和街新庄社区和亚运场馆涉及的重点防护社区——萝岗街萝岗社区的整治为契机，突出重点、以点带面，在全区掀起治安重点地区的整治行动高潮。

【党建工作】 2010年，区公安分局坚持党建带动业务工作，规范党支部建设。共成立党总支部1个、党支部13个，通过选举配备党支部书记12名，支部委员46名，吸收13人为中共预备党员。6月，成立中国共产党萝岗区治安联防（辅警）支队党总支部委员会，是广州市第一个治安联防队伍党组织。设立“拱卫羊城”三道防线萝岗、火村检查站临时党支部，强化亚运安保一线党组织功能。利用公安网络平台，建立全市公安第一个网上党校，及时将党建动态、学习资料、工作规范等提供给全体民警学习。

【公安法制建设】 2010年，区公安分局全面推进“工作执法一网考”工作机制，从1月1日起正式实施《萝岗区公安分局执法质量考评实施细则》，并相继出台《实施细则补充规定（一）》，加大日常执法检查的力度，通过开展实时考评，分局各办案单位案件初审时质量有所提升，注重了程序上的完善和证据上的齐备，从源头上提高整体的执法质量。共审核各类案件2652宗，接待律师会见184人次，审核分局项目工程、建设合同、采购合同、保密合同92份。健全制度，从源头上提高执法质量。全局没有发生因群众投诉经上级部门审查后变更或撤销的案例，没有发生冤假错案。

【打假行动】 2010年，区公安分局在打假工作上成功捣毁了制造假冒知名企业名牌产品的窝点8个，抓获违法犯罪人员40人，扣押涉案车辆10台，收缴涉案的假冒伪劣商品、制假设备及制假原材料价值1000多万元，为企业挽回直接经济损失3000多万元。9月27日，治安管理大队在增城中新镇打掉一个制假窝点，抓获涉嫌制造假冒产品犯罪嫌疑人9名，当场缴获假冒广州市香雪有限公司生产“亚洲”汽水等赃物1500余箱，价值5万余元，现场缴获自动生产线一条、原材料一批及用于运输的交通工具汽车2台。

【侦查破案】 2010年，区公安分局先后组织开展侦破命案行动、“打黑除恶”、“粤安10”、“创平安、迎亚运”、“平安亚运十大行动”、“收网2号”、打击网络信息诈骗等一系列严打专项行动，先后快速侦破了“12·26”群殴致死案、“3·18”驾车抢劫杀人案、“11·23”专案、“9·1”持枪状物抢劫案、“亚运建设项目资料泄露案”等一批市、区领导批示督办、社会影响恶劣的大要案件。继续深化打黑除恶专项斗争，先后打掉13个涉黑恶势力犯罪团伙。共破获“两抢一盗”和诈骗等侵财性多发性犯罪案件628宗，其中“两抢一盗”系列案件65串250宗，打掉盗抢犯罪团伙89个，带破同类案件337宗。先后侦破美赞臣奶粉特大盗窃案、“3·30”特大抢劫汽车案、维奥伊林变压器有限公司特大盗窃案、“4·24”远联物流公司特大盗窃案等重大盗抢案件。

【安全保卫】 2010年，区公安分局共完成各类警（保）卫任务498批次，平均约1.5批次/天。其中一级警卫11批次，三级以上警卫109批次，各类活动保卫368批次，共出动警力6万人次，警保卫车辆1000车次。

【户政管理】 2010年，区公安分局户政窗口共接待群众25914人，受理入户申请及变更材料1062份、办理迁入5060人、办理户口迁出1271人、受理二代身份证5536张、领取发放身份证4999张、办理临时身份证754张、咨询7232人。区公安分局按照“明确目标、分步推进”的思路，以出租屋和流动人口聚居区为重点，深入基层，指导派出所大力开展“推行居住证”工作，用9个月时间提前完成市下达的全年制发居住证任务，至12月20日，辖区共办理居住证331423万张，在全市局名列第三。全面铺开人口普查工作。区公安分局对辖区内的常住人口、暂住人口、境外人员进行全面摸查，全面核实辖区内的实有人口数。8月19日，全区共核对登记常住户口49692户、185272人；登记人户分离17909人，常住户口待定人员1360人，发现重登户口119人，应销未销户口527人；登记暂住人口295613人；登记境外人员711人。

2010年萝岗区户籍人口情况

| 街　镇 | 户籍人口数（人） | 出生人数（人） | 死亡人数（人） |
|---|---|---|---|
| 夏港街 | 22277 | 208 | 33 |
| 东区街 | 24286 | 204 | 105 |
| 联和街 | 19491 | 290 | 69 |
| 萝岗街 | 30306 | 290 | 142 |
| 永和街 | 13561 | 116 | 58 |
| 九龙镇 | 78391 | 1510 | 410 |
| 合计 | 188312 | 2618 | 817 |

（区公安分局供稿）

【出入境管理】 2010年，区公安分局出入境办证窗口共接待群众54158人，受理各类出入境申请22619份，其中护照3885份，往来港澳通行证18174份，往来台湾通行证560份；放发出入境证照5422本、办证易10864次、咨询15253次。受理申请的及时率、准确率达100%。以开展“飓风10”专项行动为重点，全面清查“三非”和其他违法犯罪外国人，组织行动211次，出动警力6985人次，盘查辖内外国人1241人次，拘留审查非法入境外国人13名，遣送“三非”外国人13名，行政拘留“三非”外国人13名。

【交通管理】 2010年，区公安分局围绕保障亚运交通安全、围绕创建全国文明城市的工作要求，深入开展“保安全、迎亚运”交通秩序整治百日会战，开展道路交通事故预防工作，开展酒后驾驶机动车专项治理和预防重特大交通事故专项整治工作，认真抓好各项道路交通管理工作的落实，尤其是在预防遏制重、特大道路交通死亡事故工作上取得较好的成绩，为亚运筹备及举办期间的全区良好交通环境打下基础。全年，全区共发生一般以上道路交通事故120宗、死亡38人、伤138人、经济损失311710元，分别同比下降16%、7.5%、31.68%、16.56%，共查处各类交通违法行为254643宗，查扣各类交通违法行为车辆4377辆，行政拘留交通违法当事人142人，刑事拘留交通事故肇事者30人。

【消防管理】 2010年，区公安分局依托新成立的区消防安全委员会，推进构筑社会消防安全“防火墙”工作，突出抓好区涉亚场所、亚运场所周边200米范围内单位火灾隐患排查整治，特别是广州国际体育演艺中心等亚运场馆的消防监督检查，坚决防止因措施落实不力、不及时而导致火灾事故发生。全年开展消防整治专项行动86次，检查消防安全重点单位255间次，发现和消除火灾隐患105处，责令改正105宗。对消防违法行为进行行政处罚12宗，责令停产单位1家，罚款13.87万元。同时，不断加大消防安全宣传的力度，推进消防宣传“进企业、进学校、进社区、进农村、进家庭”等工作。是年，全区发生火灾35起，死亡1人，无人员受伤，损失215.6万元。

【公安科技】 2010年，区公安分局科技建设以“亚运会”、“亚残会”安保工作为载体，大力推进“五个一网”和“金盾工程”二期建设。加快信息中心技术平台建设、社会治安视频监控系统建设、网络信息安全体系建设，提高通信勤务保障能力，完成广州国际体育演艺中心建设、800兆无线集群通信系统联网等项目建设，加快改造公安信息资源综合应用平台、警用地理信息基础应用平台等。推进视频监控系统建设，将其纳入为民办实事项目的重要内容，通过建设一批、共享一批的做法，全区视频监控从1969个点位增加到2158个，其中2010年新建视频监控点189个，基本涵盖全区所有重要节点位置。新建、改造重点区域派出所监控室5个。利用社会治安视频监控系统直接或间接破获刑事案件116宗，抓获嫌疑人151人；直接或间接破获治安案件121宗，抓获嫌疑人150人；防范案件1411宗；发现群体性事件12宗；协助交通案例1312宗；提供线索496宗。

2010年，区公安分局推广小区、出租屋视频监控系统建设。联系、协调辖区街道、综治办、村委等各相关部门，推广小区、出租屋的视频监控系统建设，动员村干部、治保队员等带头安装。联和、永和、东区等地区已有1123套出租屋安装了视频监控。安装之后，这些出租屋均实现刑事警情零发案。

为做好亚运安保视频监控工作，根据亚运场馆、亚运安保路线等实际情况补充建设包括治安监控和交通道路监控在内的约200路视频监控，并完成亚运场馆安保指挥部视频监控中心与区治安视频专网的连接，实现了区公安分局指挥中心与安保指挥部的互联互通、场馆红线以外和场馆内部监控资源共享。

【社会管理创新】 2010年，区公安分局推进社会管理创新工作，全面落实“大情报”、“大网安”、“网上作战”、“一证通”制度、实有人口服务管理、“工作执法一网考”和“服务措施一网办”等六大创新举措，形成了“流动警岗”、“骑警队”、“交巡合一”等具有萝岗特色的创新成果，将社会管理创新的成果应用于亚运安保工作中，取得较好的工作成效。

为做好亚运会安保工作，从9月下旬开始，从各单位抽调9名民警组建骑警队，通过近50天的艰苦训练，骑警队员迅速掌握了骑马和控马技术，并顺利完成了在广州国际体育演艺中心举行的亚运篮球比赛和亚残运会萝岗区火炬传递活动的安保巡逻任务。

**【公安案例】** ·打掉破坏“三电”设施的盗销犯罪团伙· 2010年，区公安分局便衣大队针对辖区内破坏“三电”设施及盗窃工地财物警情突出的情况，采取调查走访、控制销赃窝点和布置特情的方式，多策并举开展侦破工作。5月25日，抓获周某某等5名犯罪嫌疑人，缴获赃物电缆线一批、电线皮5袋，作案汽车3辆，作案工具液压钳和断线钳5把、电线剥皮机1部、工具刀6把、胶手套、电工胶布、钢钎等，涉案价值10万元。侦破该团伙在萝岗、花都、增城进行破坏“三电”设施和盗窃工地作案20多宗。

·破获重特大运输毒品案· 2010年亚运安保期间，区公安分局在区内高速公路出入口设卡查车查获多宗重特大运输毒品案。11月4日3时30分许，在广惠高速萝岗出口萝岗区公安分局检查站，民警在检查一辆从惠州至广西的银色小轿车查获3名可疑中年男子，在其小轿车车尾箱查获疑似毒品的白色晶体状物品9大包（经检验为K粉，重量9千克）。经审讯，犯罪嫌疑人对将K粉从广东省惠州市运往广西壮族自治区宜州市的犯罪事实供认不讳。

·成功解救被绑架小孩· 2010年1月21日中午，萝岗岭头小学一年级学生何某被人拉上小面包车绑架。案发后，区公安分局立即成立以刑警大队民警为骨干的专案组开展侦查，专案组在分局领导的直接指挥下，采取一系列有效的侦查措施，辗转东莞、增城新塘和佛山等地。但犯罪嫌疑人非常狡猾，具有较强的反侦查意识，驾车带着小孩不断转移落脚位置。侦查人员采取多种侦查手段追踪。1月24日1时许，专案组在新塘柏丽酒店门前成功解救被绑架小孩，抓获犯罪嫌疑人梁某某，缴获赎金5万元，查扣两辆作案工具小汽车。经审查，嫌疑人梁某某供认，由“梅仔”和“阿亮”实施绑架学生何某，并向其父亲勒索15万元。

·侦破1宗驾车抢劫冻猪肉案· 2010年1月16日凌晨4时30分，事主赵某和林某2人驾驶一辆大货车从汕头市运送一车冻猪鼻子来广州，途经广州市北二环高速笔村收费站时，被3名男子以海关工作人员查车为名，抢走2014箱冷冻猪鼻子（价值46万元）。案发后，区刑警大队成立专案组，开展深入的调查取证，经过调取有关的监控录像，并通过侦查，发现祁某某等多人有作案嫌疑。其中有4人逃至湖北鄂州，1人逃至广东揭阳。刑警大队果断出击，2月初，刑警大队经过近半个月的攻坚，转战湖北鄂州等市，以及省内汕头、揭阳和东莞等多个城市，先后在湖北鄂州抓获2名犯罪嫌疑人，在揭阳和广州新塘各抓获1名犯罪嫌疑人，缴获赃物598箱猪鼻子（价值11万元），打掉一个湖北籍驾车抢劫犯罪团伙，成功侦破“1·16”特大抢劫冻猪肉案。

·侦破维奥伊林变压器有限公司特大盗窃案· 2009年12月13日凌晨，位于萝岗区宏景路维奥伊林变压器有限公司配变车间被盗窃两卷铜箔，重约3.6吨，损失约21万元。案发后，区公安分局立即组织刑警大队骨干力量进行侦查，确定2名犯罪嫌疑人的落脚点，2010年1月26日，在东区及黄埔区荔联街道分别抓获嫌疑人张某亮、万某有，当场缴获部分赃款3.7万元。经审查，嫌疑人张某亮、万某有如实交代伙同另2名嫌疑人租一辆大货车，盗窃广州维奥伊林公司2卷铜箔，并到顺德销赃，共得赃款14万元的犯罪事实。

·侦破1宗阻挠拆迁故意伤害案· 2010年4月29日早上，联和街龙伏村一巷8号发生1起持仿制手枪阻挠拆迁，并开枪击伤1名保安的案件，区公安分局联和派出所快速反应，现场抓获嫌疑人陈某某。经审查，犯罪嫌疑人供述：用于作案的仿“六四式”自制手枪，是2008年通过朋友龙某介绍，在开创大道和荔红路交界的路口找到1名萝岗本地男青年，由该名男青年带路，到白云区太和镇一山边，以1.4万元向3名男青年购买，购买时配有3发子弹，其中购买时在山边试枪用了1发，剩余2发一直随枪。剩下的2发子弹，除在现场击发1发外，另1发还在手枪里，已被当场缴获。

·侦破售假安利产品团伙· 2010年4月初，区公安分局经侦大队接到安利公司举报，称有人在广州市各地铁沿线兜售假冒的安利产品，接报后萝岗经侦大队立即组织人员对此情况进行摸查。经过近两个月对各大地铁口及沿线的摸查和走访，发现有一伙以陈某、申姓女子、张某等人为首的售假团伙，该团伙长期租住在白云区的三元里和越秀区的矿泉街一带，每天固定时间出发，有组织的在广州地铁沿线和人流密集的地区兜售假冒安利产品，严重危及知识产权人的权益。经过一段时间的侦查，在制定了全面周密的抓捕方案后，5月27日，经侦大队民警在三元里大街三丫巷15号二楼、向阳大街8巷14号四楼、向阳大街9巷9号四楼等地抓获准备到地铁出入口等公共场所出售假冒安利公司产品的贾某某、王某某等12名犯罪嫌疑人，并在其居住的出租屋内发现大量假冒安利产品。通过对犯罪嫌疑人的审讯，他们交代了自2009年5月开始，以3元至12元不等的价格买入假冒的安利产品，并制造佩带虚假的安利公司员工卡，谎称所卖的安利产品是从安利公司偷出来的，以此来获取他人的信任，并将产品销售给公共场所不特定的群众。此案的成功破获被《广州日报》、《信息时报》、《新快报》以及广州电视台警视栏目组等多家媒体报道。

（邱素芬）

## 司法行政

**【概况】** 2010年，萝岗区司法局（以下简称“区司法局”）以“平安亚运”为中心，突出抓好社区矫正、刑释解教“两类”人员的管控工作和社会矛盾纠纷排查调处工作，最大限度消除不和谐、不稳定因素。司法所参与镇街综治信访维稳中心工作，以及人民调解、“五五”普法验收、社区矫正启动、公益法律服务等工作分别得到了汪洋、孟建柱、梁伟发、凌伟宪、石奇珠等领导的高度肯定。《广东政法》、《每天快报》、《穗府信息》重点介绍了区司法局的做法。

**【人民调解和调处】** 2010年，区司法局指导各级人民调解组织共调解民间纠纷512件，成功调处497宗，稳控15宗，调解率100%，成功率95%以上。排查调处5人以上的群体性纠纷49宗，稳控42宗，防止因民间纠纷转化为刑事案件的9件9人，制止涉及30人以上的群体性械斗事件5件，防止群体性上访14批258人。没有出现民间纠纷调处不当或不及时引发的群体性上访、群体性械斗、民转刑事案件和非正常死亡事件。

·深入开展矛盾纠纷排查调处活动· 围绕平安亚运部署成立10人的服务亚运调处机动队，开展8次全区性的矛盾纠纷排查调处集中行动，对重大矛盾纠纷建立工作台账，实行“四级责任制”、挂牌销号制度，有效稳控社会局势。做好亚运场馆周边地区和重点地区、重点时期的矛盾纠纷调处，安排10多名干警进驻九龙镇现场办公，深入农村了解情况，全面掌握该地区山林土地纠纷情况，排查和稳控23件纠纷，其中调处成功7件。

·突出抓好重大疑难矛盾纠纷的调处化解· 整合区内各种人民调解资源，成立巡回人民调解庭，群策群力，解决重大疑难纠纷。落实市委常委，开发区党工委书记、管委会主任、萝岗区委书记凌伟宪的批示，介入力康路拆迁矛盾纠纷调解中，取得突破性进展。区长石奇珠批示的麦村石场爆破震裂房屋问题，在包案领导副区长成潘流的指导下，区司法局会同有关部门深入细致地做好核对、评估等工作，促使涉事的两石场与麦村村委签订人民调解协议。区领导包案的墩头基河涌整治引发羊城管桩土地租赁纠纷，在区司法局和夏港街道办等相关部门的多次调解下，羊城管桩公司原来提出的赔偿要求由2537万元减到150万元，矛盾得到有效化解。

·重视矛盾纠纷源头的预防工作· 加大对敏感时期矛盾纠纷排查调处工作奖励制度，将矛盾纠纷信息报送奖励金的额度从200元/条提高到500元/条，发动全社会参与亚运安保工作。全年共审核认定群众事前主动报送纠纷信息138条，奖励信息报送人员137名，发放奖励金5.2万元。结合中新广州知识城开发建设，区司法局抽调16名工作人员，深入到九龙镇31个村（居）委、338个经济社，查阅土地出租合同3000余份，认真调研该地区土地出租情况，并提出切实可行的问题解决办法。

·继续构筑大调解网络格局· 区司法局积极参与区综治信访维稳中心建设，指派专业律师进驻提供法律服务，协同有关部门负责区中心办理重大疑难案件的组织调处工作。探索建立检察机关与人民调解组织相互衔接的工作机制，将社会公共利益危害程度较低、社会负面影响较小、侵害人与被害人自愿接受调解的轻微犯罪案件及部分控申案件纳入人民调解范围，取得初步成效。全年共调处检察院移送案件3件，成功调解2件，2名刑事诉讼被告人免受刑事制裁。加大调解委员会建设工作，建立企业人民调解委员会24个，成功在安利公司成立人民调解委员会。实行人民调解员分级管理制度，以人民调解员的德才表现、业务水平、工作实绩和工作年限划分五个等级，将调解员等级与福利待遇挂钩，极大调动全区基层人民调解员的工作积极性。

**【安置帮教】** 2010年，区司法局在保障亚运期间刑释解教人员零事故、零犯罪的基础上，力促创新，为刑释解教人员提供更多就业机会，实现零重新犯罪。是年，区刑释解教人员共180人，其中刑释137人，解教43人；安置180人，安置率100%；帮教180人，帮教率100%；重新犯罪0人，重新犯罪率为0；脱管2人，脱管率为1.1%。

·做好亚运安保工作· 制定《关于萝岗区开展“亚运安保行动”全面加强社区服刑人员和刑释解教人员帮教管控工作方案》，对每个对象的社会危害可能性进行风险评估，并按危险程度分为“严管、普管、宽管”三类，实施分类管理。对列为“严管”类的重点管理对象，区司法局按照“一人一策”的管控要求，对于每一个重点管理对象制定“亚运安保帮教管控工作方案”，确保管控针对性强，对象管控得住。同时制定突发事件处置预案，明确处置程序和方法，积极与各成员单位联动配合，组织各街镇开展应对两类人员突发事件处置的防控演练7场次，参与应急演练人员150人次。在亚运会开闭幕式等重点时期对三类人员均实施24小时管理，确保被管理对象无脱管、无失控，实现零事故。

·加大帮扶力度· 联合区公安分局、区检察院、区法院等成员单位代表组成帮教团，赴市少教所及英德监狱开展入高墙现场帮教活动，为学员带去法律书籍和体育用品，提供招工信息，勉励他们努力学习，重新做人。亚运期间，区司法局还对所有刑释解教人员开展2次家访活动。

·拓宽安置渠道· 充分发挥区安置帮教职业技能培训基地的作用，加大刑释解教人员的技能培训力度，提高这一特殊群体的工作能力。动员工厂、企业和各种经济实体主动承担社会责任，积极接收、安置“刑释解教”人员。分别与广州市和港汽车维修服务有限公司、广州市精细花语化工有限公司签订区内第七、第八家刑释解教人员安置点协议，超额实现一街（镇）一安置点的目标。同时积极与有关部门协商，针对刑释解教人员落实了一系列优惠政策，涵盖社保、就业、培训等各方面的内容，保证区刑释解教人员的100%就业。

2010年5月17日，区司法局与和港汽车维修服务有限公司签订回归人员定点安置协议。 区司法局供稿

【社区矫正】 2010年，萝岗区接收社区服刑人员63人，成功解矫5人，在册社区服刑人员58人，没有出现漏管、脱管情况。

·完善矫正机制· 2010年，萝岗区把街（镇）纳入到区领导小组成员单位中来，街（镇）主要领导挂帅抓本辖区的社区矫正工作。与华南师范大学法学院、华南师范大学增城学院法律系合作共建社区矫正志愿者实践基地，有50名学生志愿者和65名社区矫正律师志愿者参与到基地的工作中。先后2次组织大学生志愿者在社区矫正志愿者实践基地与社区服刑人员见面结对子帮教。

·加大培训力度· 先后7次聘请省监狱管理局资深心理学专家、资深律师、社区矫正工作先行区优秀工作人员前来授课，讲解社区矫正工作的理论和实操等方面的内容，受教育270多人次。与南方医科大医学职业技术学院签订合作培训协议，邀请高校心理学专家到该局开“国家职业资格心理咨询师培训以及心理专项技能项目培训班”，讲授犯罪心理预测、罪犯心理诊断、罪犯心理矫正、罪犯心理疗效评估以及心理学基础知识等课程共240学时，有22名工作人员参加学习。

【普法宣传】 2010年是“五五”普法规划实施的总结验收之年，也是“五五”普法教育工作的攻坚之年。区司法局围绕“保增长、保民生、保稳定”的工作目标，加大宣传力度，推进区普法依法治区工作顺利开展。全年编印各类法制宣传单、知识读本19.96万张（册），出版法制宣传栏6期94个，举办各类学法培训班、法制讲座和法制课64场次，举办法制宣传咨询场43次。

·完成“五五”普法验收，推进“六五”普法规划调研· 按照“五五”普法规划确定的目标任务，结合本地区本单位实际，周密组织部署，认真落实“五五”普法迎检工作，制定切实可行的验收实施方案，落实验收工作必要的人员和经费，定人定责，保障总结验收工作顺利进行。经全区各部门共同努力，萝岗区“五五普法”获全市验收总分第一名。开展普法工作调研，精心谋划“六五”普法规划。深入辖内社区、企业调研，走访6个街镇、20多个社区、10多家企业，发放调查问卷500多份，详细了解各街镇、社区村居和企业的普法需求，为编制区“六五”普法规划打好基础。

·突出法制宣传活动的针对性和实效性· 围绕区中心工作开展普法宣传，在社区、农村开展普法宣讲活动35场次。开展送法进校园100场，以法制讲座、法律条文版面注解、以案说法、模拟法庭等活动方式向中小学生宣讲未成年人保护法等方面的法律知识，其中法制宣传专题讲座89场，以案说法活动8场，模拟法庭活动3场，直接受教育教师学生约41424人次。联合区总工会开展送法进企业法律咨询活动15场次，发放宣传手册1万多本。编印3万多份的迎亚运法律知识宣传折页、单张、海报，组织法制展板巡展100场次，广泛宣传治安维稳、交通安全、知识产权、市容环卫等方面的法律知识。邀请华南理工大学法学院院长葛洪义教授就“法治建设中若干理论问题”举办一次高水平的法律知识讲座，全区近500名干部参加此次培训。

·拓展普法宣传教育平台· 组织开展“法律六进”普法公益电影放映活动100场，吸引2万余名干部群众观看，发放宣传单张4万余份，有效宣传了防邪、禁毒、亚运、社会治安、婚姻家庭、反腐倡廉等相关方面的法律知识。继续推进“订单式”普法，组织开展普法讲座20余场次，解答公民关心问题50多个。继续兴建法制宣传专栏，拓展便民利民的普法阵地，在全区挑选10个较大企业作为试点，增建10个法制宣传专栏，在企业内开辟固定普法阵地。至2010年底，全区共有普法宣传专栏94个，合理分布在6个街镇的闹市区和大企业内。

【法律服务管理】 2010年，区司法局围绕经济发展和综治维稳中心工作，全力推进法律服务与法律援助工作，为中新广州知识城等重大项目提供法律服务。

·农村公益法律顾问试点成效显著· 组织5家律师事务所担任中新广州知识城九龙镇起步区何棠下、燕塘、凤尾、红卫、长庚等5个村的法律顾问，尝试建立农村公益法律顾问制度，为村委、村民和知识城征地拆迁提供法律服务。据统计，全年律师驻村共261天，接待法律咨询2300余人次，派发法律宣传资料1万多份，审查村集体经济合同、村规民约等1100余份，承办法律援助案件54件，参与纠纷调解65宗，在镇综治中心值班46天，协助镇、村稳控和化解越级上访、闹访事件11起。

·"所所联合"工作不断推进· 继续完善司法所与律师所"所所联合"工作机制，推进律师进驻综治中心，发挥法律服务重要作用，保障了亚运安全。各街镇司法所与6所律师事务所续签"所所结对"合作协议，并按照各片区特点加入新的服务内容，律师每周定期到司法所值班为群众提供免费的法律咨询服务，进驻街镇综治中心协助处理综治信访维稳法律事项，开展法制宣传，对上访群众进行法律疏导，协助中心领导处理涉法事件，成为领导接访的法律助手。全年共接待社区来访群众、企业法律咨询600多人次，参与人民调解90多宗（次），承办诉讼和非诉讼法律援助事项145件。

·公证协管措施到位· 2010年，区司法局监督和指导萝岗公证处开展公证工作，组织、协调公证机构参与行政执法和经济合同公证，运用公证法律手段配合有关部门有效阻止农村抢种抢建违法行为，保障征地款项合法发放，为萝岗商业街亚运整饰工程提供公证服务。全年组织公证机构完成强拆违法建设、亚运工程、农村征地补偿款发放等证据保全公证事项70余宗。

2010年4月13日，区司法局举办第二届永和发展论坛法律宣讲会。 区司法局供稿

【法律援助】 2010年，区司法局共受理各类法律援助案件145件，其中民事法律援助案件98件；刑事法律援助案件40件，提供义务法律咨询2170人次，为群众挽回经济损失550万元。全年共办理的农民工案件54件，妇女维权案件22件，残疾人维权案件11件，未成年人维权案件41件。"12348"服务热线接受群众来电来访咨询696人次。

【成功调解一起死亡赔偿纠纷案】 2010年11月18日凌晨，在九龙镇任某经营的养猪场内，一名打杂工人杨某被发现死于宿舍床上，工人随即拨打110报警。事后查明死者为猝死。调查人员了解到死者为外来务工人员，四川省西充县人，现年60岁，是聋哑孤寡人，经其弟弟（猪场老板任某的亲姐夫）介绍于2010年7月份到猪场打杂工。

事发后，死者亲属闻讯赶到九龙镇，就杨某死亡赔偿问题与任某进行交涉。死者亲属认为人死在猪场宿舍内，老板起码应做好死者的善后工作，负责丧葬费。而任某却认为死者死前几天已见其多次表示心口痛，并多次催促其姐夫送死者到医院医治却被认为是胃痛而未曾就医，认为死者是自然死亡，坚持认为不需要负任何责任，只愿意从人道主义上拿出6000元作为抚慰金，且拒绝与死者亲属见面，双方陷入僵局。死者亲属迫于无奈，于2010年11月22日上午找到萝岗区法律援助中心要求申请法律援助，将该案诉至法院。考虑到"能调则调"，区法援中心将该案先交由九龙司法所先行调解。

为及时妥善解决双方纠纷，司法所接案后于2010年11月22日下午组织双方调解，调解人员轮流与当事人进行协调，通过耐心细致的工作，双方当天虽未达成一致协议，但死者亲属考虑到亲戚一场的关系，已由原来3万元丧葬费的要求将至15000元，而任某也考虑到死者孤寡一人，决定给予其亲属1万元的丧葬费用以处理死者善后工作，双方意见渐趋一致。见天色已晚，且任某口口声声说最高上限只支付1万元，遂调解员叫双方先回去认真考虑。22日晚，调解人员再次致电继续做任某思想工作，从情理及惯例入手。几经劝解，任某同意增加2000元（即愿意承担12000元）丧葬费。随即，九龙司法所所长将任某的意思再传达给死者亲属，并再次向其分析将该案诉至法院的弊处。

2010年11月23日，死者亲属一早来到司法所办公室，表示愿意接受任某的12000元。随后，司法所工作人员立即通知任某前来签订协议。此时，任某却称其已到佛山无法赶回来。如此一来，使纠纷再次陷入僵局，死者亲属情绪愈加激动，认为任某存心找借口推托。经工作人员再次致电工作，任某同意于下午15:00时赶至司法所签协议，而外地而来的亲属们经劝慰也同意继续等。中午时分，为防止任某故意找借口，致使矛盾恶化，司法所工作人员遂致电提醒任某要按时，但老板却提出诸多借口称来不了。见任某存心找茬，且考虑到亚运安保期，维稳工作一定要做好、做细，工作人员一方面请政府部门同志出面协调致电给任某做工作，以示镇政府对该案的重视，同时联系镇龙派出所协助找出任某；另一方面做好死者亲属的安抚工作，并向其承诺就算通宵也会陪他们等到任某来解决事情。几经周折，社区民警在镇龙找到任某，并将其带到九龙司法所镇龙工作站。

司法所所长与该镇领导带着工作人员及死者亲属一行由九佛赶至司法所镇龙工作站再次组织调解。经过耐心疏导，双方于当晚7时许签订《人民调解协议书》，死者亲属当场拿到12000元的丧葬费。

（曹　韵）

## 人民防空

【概况】 2010年4月，萝岗区人防办经与天河区、黄埔区人防办的沟通协调，完成萝岗区与天河区、黄埔区政府之间的防空袭人口离城疏散、接收认同书的签约工作。为进一步理顺关系，加强政府之间、九龙镇与天河、黄埔各街道的联系，区人防办与天河区、黄埔区人防办初步达成关于进一步加强街、村居对口给予补助的协议，为建设快速高效的疏散指挥体系奠定基础。5月，完成人防专业队组织整顿工作，全区新任命人防专业队骨干4名，调整人防专业队员65名，并通过以会代训的方式，对各专业队骨干进行培训。8月，区应急机动指挥所建设基本完成，区机动指挥所建成并初步形成战斗力。9月，区人防办开展人防宣传教育“进学校、进企业、进社区”活动，向各街镇派发《萝岗区防空防灾个人应急手册》、《萝岗区防空防灾企业、社区应急手册》合计7000多册。区人防办出色地完成了“羊城天盾-2010”防空袭演习组织指挥工作。“羊城天盾-2010”防空袭性演习赋予萝岗区前往广州大学城广州大学校区开设指挥所的任务。

2010年，萝岗区安装的防空警报器已增至57台，警报音响覆盖面积达到114.5平方公里。在2010年的防空演习中，区防空警报器鸣响率达100%。是年，区人防办加大对人防工程建设管理力度，全区有人防地下室42所，工程面积164002平方米；历年已收取防空地下室易地建设费6906.45万元。2010年，区人防办101人防指挥所主体工程建设基本完成。

（郑雁冰）

## 人民武装

【概况】 2010年，萝岗区人民武装部（以下简称“区人武部”）围绕“突出牢固军魂这个根本，抓住军事斗争准备和支持亚运安保执勤这两个重点”的工作目标，加强基层“四个基本”建设，坚持从严治军，狠抓各项工作落实，人武部各项工作呈现出了良好的发展势态。全年完成82名新兵征集任务，其中在校大学生34名。政治教育、国防动员、双拥共建、民兵预备役等工作全面协调发展。东区街武装部被评为“先进基层武装部”，联和街武装部部长段传立被评为“优秀基层武装部部长”。

【思想政治建设】 2010年，区人武部大力加强思想政治建设，打牢官兵“高举旗帜、听党指挥、履行使命”的思想政治基础。在抓好党的创新理论学习上见成效。坚持把中国特色社会主义理论体系作为理论学习和政治教育的主要内容，在理论武装的常态化、规范化上狠下工夫，切实把党的创新理论内化为坚定的理想信念，转化为干工作、搞建设、谋发展的思路和举措。在学习中着重解决好干部、职工对学习的认知、目标和方法的问题。同时，通过广泛开展“建设学习型党组织，建设学习型军营，争当学习型军人”，参加广州军区、广东省军区组织6项经常性育人活动等途径，切实在本部形成学习吃香、素质立身的浓厚氛围。年初，召开党委议教会，对党委机关年度理论学习的主要内容、目标以及学习时间、方式、实践活动等进行筹划设计，制定下发2010年党委中心组6个专题的学习方案，每个科室和每名干部、职工都制定年度学习计划。投入16.7万余元订购各类报纸杂志和相关业务书籍38类4200余册，方便干部职工学习。部长刘宗《关于“非战争军事行动”》的研讨文章被广州警备区评为“优质论文”，并在《华南军事》上发表。在培育当代革命军人核心价值观上见成效。针对广大干部、职工的思想观念、价值取向和行为方式日趋复杂多变的特点，在教育中，通过学深悟透抓强化，典型引导促深化，学以致用求转化等措施，进一步掀起践行当代革命军人核心价值观的新高潮。针对民兵预备役人员采取利用集中训练绑定教育、依托大项任务融入教育、立足经常活动渗透教育等模式，不断提高预备役官兵践行价值观的自觉性。在深化军事斗争准备政治工作上见成效。根据区人武部担负的使命任务，进一步充实完善政治工作预案。深入开展形势战备、战斗精神和优良传统教育，培养官兵英勇顽强、敢打必胜的战斗意志和作风。

【军事斗争准备】 2010年区人武部加强战备基础建设，结合贯彻新颁布的《战备工作条例》，规范各级战备值班、战备执勤、请示报告、情况处置的程序；围绕应急作战、应急动员、支前保障等使命课题，加强对各类战备方案和应急行动预案的研究。第一季度，根据形势任务特点，在原有方案的基础上，对《民兵应急分队收拢集结预案》、《民兵维护社会秩序行动方案》、《民兵抢险救灾行动方案》、《兵员动员方案》、《重要目标保卫方案》等5类13个行动方案进行修订完善。4月，在完成年度民兵组织整顿工作的基础上，组织区国防动员委员会相关单位进一步修订完善《萝岗区防空袭物资保障计划》、《萝岗区经济动员指挥所编组预案》、《萝岗区防空袭人口疏散交通运输保障计划》等8个行动方案。6月，完善了拥军支前潜力信息统计有关数据。

【亚运安保工作】 2010年，区人武部完成广州亚运会有关安保任务。6月上旬，组织425人参加广州警备区的亚运安保备勤力量集训，9月中旬至10月上旬利用28天时间，分三批再一次对执行亚运安保任务的民兵进行轮训；组织区民兵分队先后3次参与广州警备区和黄埔区组织的亚运安保民兵点验誓师大会和综合演练。执勤工作展开期间，组织抽调本区42名民兵担负6个道路水库、堤坝等重要目标的日常守卫、执勤和巡逻任务，组织94名民兵担负广州市和萝岗区两级日常应急机动备勤，截止亚残运会结束，萝岗区共出动执勤兵力4498人次，车辆103台次，配合地方公安检查过往人员546人、车辆195台。

【国防后备力量组织整顿工作】 2010年，区人武部完成了年度民兵组织整顿工作任务。全区共编制预备役人员13名，基干民兵1500名（其中民兵应急分队125人已经纳入地方财政预算），人防专业队伍800人。

【“四个基本”建设】 2010年，区人武部为搞好民兵营（连）“四个基本”建设，对该项工作进行细化处理，明确区、街（镇）两级武装部在抓建过程中必须完成的工作。同时，部党委成员落实工作责任制，实行分片包干，抓好工作落实。抓建实施过程中，重点突出了基本设施建设。严格落实民兵营（连）有办公室和标识牌、有办公座椅、资料柜和民兵营（连）旗，办公室悬挂有民兵营（连）长、教导（指导）员职责、民兵组织示意图、《中国民兵之歌》和《民兵誓词》；有“青年民兵之家”或民兵文化活动室等教育阵地，有“三报三刊”（《解放军报》、《中国国防报》、《战士报》、《中国民兵》、《民兵生活》、《广东武装》）。全区5街1镇6个基层人武部，58个村（居）民兵营（行政村28个，居委会30个），已基本按要求达标。7月份，省军区副政委张志国带工作组到区检查“四个基本”建设给予高度评价。

（王恩福）

## 武警广东省总队第二支队

【概况】 中国人民武装警察部队广东省总队第二支队（原四支队）组建于1983年10月。2005年7月改编为广东省总队第二支队（以下简称“二支队”）。主要担负全省机动执勤、处置突发事件和反恐怖斗争等任务。

2010年，二支队按照上级党委部署要求，先后完成春运执勤、汕尾亚帆赛备勤、珠海航展机动备勤、广东省运动会机动备勤、广州亚（残）运会安全保卫以及配合萝岗区“创文”、“创卫”、“创建双拥标兵区”等任务。先后受到总政治部、武警总部、总队首长和省、市、区党政领导的高度肯定，为建设“和谐广东、幸福广东”、保驻地一方平安作出了突出贡献。支队被武警总部和广东省委评为“亚运安保先进单位”，被广州市评为“精神文明建设先进单位”。

【完成各类执勤备勤保障】 ·春运执勤· 根据上级命令，2010年1月30日至3月10日，二支队出动兵力担负广州火车站、广州南站、天河客运站、省汽车站、市汽车站、流花车站及周边地区春运执勤任务。在总队业务部门的具体指导和广州市春运指挥部领导的大力支持下，支队党委高度重视，全体执勤官兵牢记职责、严守纪律、吃苦耐劳、文明执勤、依法执勤，出色完成2010年春运执勤任务。

·亚运帆船赛执勤· 根据总队命令，2010年3月19日至29日，二支队派出兵力开赴汕尾，担负第14届亚洲帆船锦标赛安全保卫任务。担负任务以来，先后出动兵力数千人次，车辆上百台，担负赛区6个路段巡逻防控、2个安检口应急备勤、赛区处突反恐应急备勤及汕尾城区武装巡逻任务。出色完成比赛期间安全保卫任务。

·省运动会机动备勤· 根据省委、省政府、省公安厅指示和总队统一部署，二支队出动兵力，担负2010年7月3日晚在惠州市举行的省运会开幕式期间机动备勤和处置恐怖袭击事件应急任务。圆满完成机动备勤任务。

·珠海“航展”机动备勤· 2010年11月13日至22日，二支队官兵赴珠海市圆满完成第八届中国国际航空航天博览会备勤任务。

【亚（残）运会安全保卫】 2010年11月12日至12月29日，二支队累计动用兵力近10万人次，先后担负亚（残）运会开（闭）幕式安全保卫、亚运会开幕式团体操《海洋之舟》表演及道具保障、“11·08”中日足球赛反恐机动备勤、亚（残）运会圣火礼仪护卫（历时40天，途经全国25个城市，行程12215.3公里）、亚（残）运会期间处突反恐机动备勤、番禺大夫山山地自行车赛赛区安全警戒和处突备勤等任务。担负备勤任务期间，总政治部、武警总部、总队主要领导先后亲临一线进行检查指导，对支队严密组织勤务、加强现场管理给予充分肯定。中央电视台、广东电视台等中央、省、市新闻媒体对支队官兵参与亚（残）运安全保卫及亚运会开幕式团体操表演等工作都进行专题报道。

【参与“创文”】 2010年4月19~21日，应萝岗区委、区政府邀请，支队团委派出78名团员青年参加驻区创建文明城市活动。志愿者每天9时至17时，分布在萝岗区各公交站、重要交通路口，协助老人、小孩、病残者上下车，维护交通秩序，受到驻地群众好评。 （张华志）

## 广州市萝岗区公安消防大队

【概况】 广州市萝岗区公安消防大队，成立于2005年5月，主要担负萝岗区的火灾扑救、社会抢险救援（危险化学品泄漏、道路交通事故、地震及其次生灾害、建筑坍塌、重大安全生产事故、空难、爆炸及恐怖事件和群众遇险事件）以及消防安全保卫工作。下辖夏港、永和、萝岗、九龙4个消防中队。2010年，大队共接警出动661次，出动车辆1143台次，出动警力6486人次，抢救被困人员185人，疏散群众929人，抢救财产价值2.16亿元，成功处置了广州石化厂“3·18”蒸馏装置火灾、参与“4·14”青海玉树抗震救灾等一批急难险重任务。派出官兵89人参与亚运会消防安保工作。是年，大队属下中队共组织开放消防站38次，为辖区70多家企业3500多名员工开展消防培训100余次。萝岗区公安消防大队被公安部消防局评为“亚运消防安保先进基层单位”，被省公安厅记广州亚运会亚残运会消防安全保卫集体三等功，被省消防总队评为“三争优”活动先进大队，大队主官被市消防支队评为“军政一对好主官”。全年有2个单位、23人立功，2个单位、2人受到省部级以上表彰，3个单位新评、续评为市局级以上“青年文明号”。

【队伍建设与发展创新】 ·班子和干部队伍建设

2010年10月5日，武警广东省总队第二支队举行亚运火种火炬护卫队出征誓师大会。 二支队供稿

*成效显著*· 强化理论武装和学习型班子建设，开展“三句话”总要求和“三警三有”等主题教育，坚定官兵理想信念，提升班子驾驭全局能力。推进民主集中制建设，开展重大事项票决制等，提高班子科学决策水平。加强党风廉政建设，开展纪律作风整顿，深化完善内控机制，树立班子清正廉洁良好形象。

·*信息主导灭火救援工作初见成效*· 加强硬件建设，大队投入经费219万元，配备全市首辆大队级卫星通讯指挥车，完成与大队指挥室视频系统对接。并深化成果运用，利用视频系统开展远程培训教育、可视化调度指挥和网上演练。投入63.31万元购置800兆数字集群终端，为取得亚运安保工作全面胜利提供强有力的通讯保障。

·*打造消防铁军迈出重要步伐*· 深入打造消防铁军，组建危险化学品泄漏事故灭火救援、交通事故灭火救援两个专业队，侦检堵漏、破拆救人两个专业攻坚组、集中培训24人。2010年初，大队攻坚组参加总队“打铁”集训，一举获得省消防总队集训项目考核两个第一的优异成绩。12月，大队又选派两名业务尖子参加省总队集训，全力备战2011年全国铁军大比武活动。

·*综合应急救援队伍战绩显赫*· 成功参与处置“3·18”广州石化厂蒸馏装置火灾、“4·14”青海玉树抗震救灾、“5·17”科丰路隧道抗洪抢险、“5·23”万孚生物公司车间火灾、“7·16”广合科技有限公司火灾、“9·6”广州维记牛奶有限公司火灾、“12·6”萌立尔家具厂火灾、“12·8”敦美小区居民楼火灾等重大灾害事故。

·*部队正规化水平进一步提高*· 坚持从严治警、按纲建队，认真学习贯彻新条令。强化安全措施，明确管理职责，开展“五无”创建活动。针对不同时段，围绕重点工作，加大督察访查力度。坚持量化管理促养成，以开展工作目标责任、干部绩效考核、士官及合同制消防员量化管理为载体，深化队伍精细化管理，严格落实奖惩制度和考评结果运用，有力促进官兵作风纪律和行为规范的点滴养成。同时发挥警营文化的熏陶作用和先进典型的引导作用，激发官兵的工作热情和战斗激情。

·*后勤综合保障能力快速提升*· 2010年，大队消防业务经费收入2712.71万元，比2009年增长25.16%。其中，正常经费收入1075.26万元，比上年增长19.73%，专项经费1637.45万元，比上年增长44.66%。投入4485万元新建、改建、扩建消防站（点）6个；投入805万元新购消防车5辆、行政保障用车2辆；投入1419万元配备个人防护装备及各类器材3391件（套），装备配备已达部局标准。

**【成立区综合应急救援大队】** 为做好应对区境内外发生的以抢救人员生命为主的自然灾害、事故灾难、公共卫生事件和社会安全事件等突发事件的应急救援工作，最大限度地减少突发事件造成的危害，保障公众的生命财产安全，萝岗区依托公安消防队伍成立区综合应急救援大队，2010年8月20日上午，在萝岗区公安消防大队举行综合应急救援大队挂牌仪式。广州市公安消防局副局长李正程，司令部参谋长徐辉江，广州开发区、萝岗区领导石奇珠、赖新华、官展平、陈小华、魏待征、庄凡夫出席仪式，市应急办、区应急委成员、区安委会成员、区消防安全委员会成员、区公安消防大队官兵代表共100余人参加仪式。揭牌仪式由副区长、区应急委副主任庄凡夫主持。

萝岗区综合应急救援大队根据应急救援专业队建设标准完成人员装备配备工作，组建5个应急救援专业队：灭火专业应急救援队、交通事故专业应急救援队、危险化学品事故专业应急救援队、建筑物倒塌事故专业应急救援队、水上事故专业应急救援队。其工作职责除承担消防工作外，同时承担建筑施工事故、道路交通事故以及旱涝、气象、地质、生物、矿山、化危、群众遇险等社会安全事件的抢险救援工作。

**【增援玉树抗震救灾】** 2010年4月14日7时49分，青海省玉树藏族自治州玉树县发生7.1级地震。4月14日下午14时57分，萝岗区公安消防大队接到市支队命令后，迅速召开赴青海玉树县抗震救灾紧急动员会，并启动跨区域应急救援预案，抽调属下萝岗特勤中队10名官兵（1名干部，9名士兵）组成精干的救援力量，携带抢险救援器材火速赶赴青海玉树县进行抢险救援，这是继四川汶川“5·12”大地震后，萝岗大队再一次参加跨区域抢险救援。

4月15日8时左右到达地震灾区。官兵们克服余震、高原、寒冷、缺氧等不利因素，随即投入紧张的抗震救援中。

4月15日，中共中央政治局常委、国务院总理温家宝赴玉树灾区视察灾情和慰问受灾群众。是日19时19分，温总理在国务院副总理回良玉、公安部部长孟建柱等陪同下，到玉树藏族自治州府所在地结古镇救援现场查看灾情，并慰问了正在实施救援的萝岗区公安消防大队特勤中队的10名消防官兵。温总理在废墟上，与官兵们一一握手，他饱含深情地对大家说：“各族人民都是一家人，大家要齐心协力把救援工作做好，只要有一丝希望，我们就要尽百倍的努力，决不放弃！”

4月21日晚9点，赴青海玉树县抗震救灾的大队官兵凯旋归队，圆满完成青海玉树抗震救灾任务。

（李　莎）

# 经济管理

# 发展规划与体制改革

【概况】 2010年是广州开发区、萝岗区深入贯彻落实科学发展观，推进区“十一五”规划（2006~2010）实施的收官之年。区发展和改革局围绕“调结构促转型保增长”和“迎接亚运会，创造新生活”的中心任务，全面履行工作职责，充分发挥职能作用，在保增长促转型、规划编制、投资管理、年度计划、循环经济、体制改革、统计管理、物价管理等方面取得良好成绩。

全区地区生产总值达到1618亿元，增长18.6%，“十一五”年均增速达到19.4%，高出规划目标3.4个百分点；财政收入388.56亿元，增长24.78%（可比口径计算）；全社会固定资产投资317.81亿元，增长20.1%。

是年，该局共有编制人员23名（实有公务员21名，工勤编制1名，事业编制1名）。雇员16名，临聘人员1名。其中研究生10名，大学本科21名，大专2名。中共党员31名。 （王 晶）

【国民经济与社会发展规划的制定与执行】 2010年，区发展和改革局以推进重大项目建设，产业结构转型升级，体制改革等为“龙头”，推动“十一五”规划实施。从“十一五”规划实施的总体情况看，区经济社会保持又好又快的发展势头，“十一五”规划的各项目标任务全面完成，综合经济实力跃上新台阶，产业结构优化实现新提升，自主创新实现新飞跃，重大项目实现新突破，城区建设展现新面貌，社会建设取得新成效，体制改革取得新进展。

是年，该局制订区“十二五”规划编制工作方案，成立区“十二五”规划编制工作领导小组，组织召开编制领导小组会议和规划编制工作会议，对区内经济社会发展情况和国内先进地区开展广泛调研，开展涉及区经济社会发展关键领域的产业发展、重大项目等专题研究，在《广州开发区、萝岗区“十二五”规划基本思路》基础上，编制完成《广州开发区、萝岗区“十二五”产业发展规划》、《广州开发区、萝岗区“十二五”重大建设项目专项规划》及《广州经济技术开发区“十二五”发展规划纲要》，并向省、市发改委争取将区知识城等重大项目列入国家、省、市“十二五”规划重大项目。同时该局与国家发改委宏观经济研究院产业研究所合作，开展《广州开发区萝岗区国民经济和社会发展第十二个五年规划纲要》编制工作，明确区“十二五”时期的战略目标、重点任务和重大举措，并在区政府门户网站、区人大网站、区政协网站、该局网站开辟“十二五”规划建言献策专栏，广泛征询区人大、政协和社会各方面对区“十二五”规划的意见和建议，后组织专家开展“十二五”规划纲要论证，经反复修改完善，《广州市萝岗区国民经济和社会发展第十二个五年规划纲要（草案）》由管委会、区政府审定后提交区人大一届八次会议审议通过。

（王 晶 张海鸥）

【投资管理】 2010年，广州开发区、萝岗区实施稳健的财政投资政策，精心安排财政投资项目。《2010年区财政投资基本建设项目立项计划》共安排财政投资项目（含续建，不含预备）476项，项目总投资（估算）897.7亿元，年度安排资金94.4亿元（不含统筹项目），保持了较大的投资规模。其中，“土地开发”、“城市基础设施建设”和“生态建设”项目分别占本年度计划安排资金的41%、12%、6%，充分发挥财政资金的拉动作用，“基本公共服务均等化建设”占本年度计划安排资金的27%，充分体现科学发展观要让发展成果惠及百姓的精神。

·提前下达2011年投资计划· 根据区主要领导指示精神，为适应广州亚运会停工限行的情况，满足中新广州知识城等重大项目快速启动建设的需要，该局提前启动2011年基本建设立项计划申报和编制工作，召开项目申报工作布置会议，集中走访有关职能部门和主要建设业主，分析投资形势，研讨申报细节，加快推进项目申报和计划编制工作，经管委会同意，《2011年财政投资基本建设项目立项计划（第一批）》于2010年11月9日正式下发。较往年提前三个月下达该计划。

·强力推进基建项目建设· 成功申报省、市重点项目。“广州金融创新服务区基础设施”、“广州国际生物岛”、“广州华南新药创制中心”等19个项目列入广东省2010年重点建设项目（含预备项目）计划，项目总投资576.28亿元，本年计划投资64.52亿元。“广州开发区基础设施建设项目”、“广州开发区循环经济建设项目”、“广州LGD8.5代TFT-LCD面板项目”等12个项目列入广州市2010年重点建设项目计划，项目总投资1780.94亿元，本年计划投资28亿元，列入省、市重点项目数量为历年最多。

确保重点项目按期实施。组织编制《广州开发区、萝岗区2010年“三促进一保持”十项重点工程节点计划》汇总全区十大重点工程项目101个，经管委会、区政府印发实施。建立按月、按季度通报工程进展制度，有效推动重点项目工程建设。围绕重点建设项目开展协调工作，会同和配合区规划国土和建设业主、代业主等单位，采取超常规办法，克服困难，全力推进项目建设。

依法依规办理项目手续。2010年，区发展和改革局共办理可研审批21项，核准项目总投资约3.14亿元；概算审核72项，共调减（增）项目投资4.58亿元；办理应急立项73项；办理计划调整业务476项。办理社会投资固定资产项目登记备案101项，审核投资额总计约123.49亿元，核准项目及审核转报上级部门核准项目投资32.18亿元。

·开展工程建设领域专项治理工作·组织开展投资控制专项研究工作。会同建设、财政等有关部门，针对2007年以来132个2000万元规模以上的项目投资控制中存在问题，拟写《关于进一步做好我区财政投资基建项目投资控制管理工作的报告》，提出进一步加强投资控制，提高投资效益的措施，从源头上杜绝工程建设领域突出问题，并组织区“十二五”规划重大建设项目专项规划调研和论证，将满足经济发展、民生需求作为项目安排的重要依据，重点保障区域发展，提高决策的科学化水平和投资效益。全市率先启动项目稽查和投资后评价工作，发现问题及时整改，规范基建投资项目程序。进一步修订《区财政投资基本建设管理规定》（穗开管办〔2009〕51号）及相关规定，从制度上加强投资控制管理。

【融资管理】 2010年，为适应国家新的金融政策，确保建设资金需求，区发展和改革局加强与各驻区银行协调，向管委会上报《关于我区近期融资工作有关情况的报告》，提出强化财政收支管理，加快区投资、融资模式转型，防范债务风险的建议，完善项目融资机制，强化业主责任。推进投融资主体多元化。制订鼓励、引导和扶持社会投资相关政策，完善区投资软环境，开展生物岛、知识城等投融资平台建设．采取土地贷款融资办法等，下达土地储备投资计划，将中新知识城、生物岛等项目，整体“打包”向社会推介，吸引国内外高端投资者参与项目建设。

2010年共上报贴息申请项目5项，全部通过审批，获得中央财政贴息资金1400万元。至此，区连续8年向财政部申请中央财政贴息资金，共129个项目获审批通过，累计获得中央财政贴息资金13426.86万元。 （王 晶）

【年度计划】 2010年，区发展和改革局做好区2010年国民经济和社会发展年度计划的编制和实施工作。在年度计划编制工作中，对全区经济和社会发展指标进行认真分析预测，开展深入细致的调研，并提交区人大一届七次会议审议通过。在年度计划执行过程中，拟定《关于确保实现区2010年主要国民经济和社会发展预期目标的工作方案》落实发展任务，并注意做好计划实施的分析、监测和督促，加强对重点建设项目的实施、管理和经济社会发展指标的完成进度的监测，协调解决发现的问题。年中，该局在充分调研的基础上，按时向区人大提交上半年国民经济和社会发展报告。

（王 晶 张海鸥）

【贯彻落实《珠江三角洲地区改革发展规划纲要》情况】 2010年，广州开发区、萝岗区深化实施《珠江三角洲地区改革发展规划纲要（2008~2020年）》（简称《规划纲要》）。按照省市的相关贯彻意见和文件精神，成功组织召开区实施《规划纲要》领导小组会议，总结前阶段实施《规划纲要》的成绩，部署下一阶段的工作任务，区实施《规划纲要》领导小组会议认为，区贯彻落实《规划纲要》动手较快，措施有力，抓得实在，“多、快、好”，亮点纷呈，成效显著。同时做好与市有关部门的协调工作，将区有关重大项目纳入广州市《贯彻落实〈规划纲要〉实施细则》和广州市《实施〈规划纲要〉实现“四年大发展”工作方案》。

跟进和协调《规划纲要》重点项目的进展情况，根据广州市《规划纲要》领导小组要求按时报送《纲要》实施情况，并组织区实施《规划纲要》三年目标、2011年度工作计划等相关材料上报。

根据广州市《四年方案》精神，起草《广州开发区萝岗区贯彻落实〈广州市实施〈珠江三角洲地区改革发展规划纲要（2008~2020年）〉实现“四年大发展”工作方案〉的意见》及评估考核工作方案，对涉及萝岗区的指标和项目任务进行细化分工，进一步明确工作目标、重点、措施和责任。加强宣传，在区《创业导报》、区政府网站、发改局网站开辟专栏重点介绍区实施《规划纲要》情况，促进贯彻落实《规划纲要》工作与辖区企事业单位、人民群众的良性互动，将贯彻落实工作推向深入。 （王 晶 卢伟勇）

【国家循环经济试点园区建设】 2010年，广州开发区发展循环经济取得新进展，万元GDP能耗、万元工业增加值水耗在全国处于领先水平，资源综合利用水平明显提高，主要污染物排放量明显下降。国家、省、市充分肯定区开展循环经济取得的成果，区循环经济发展模式列入国家循环经济典型案例。副省长林木声作出批示“广州开发区的做法值得其他地区借鉴，请省环保厅注意总结推广”，副省长宋海作出批示“广州开发区加快国家循环经济试点园区建设的做法值得借鉴”。

·不断健全循环经济政策体系·经深入调研并学习借鉴地区的先进做法，修订并出台《广州开发区循环经济专项资金管理办法》。该《办法》对于规范循环经济资金管理，推进区循环经济发展，将发挥重要作用。同时，为确保《广州开发区国家循环经济试点实施方案》各项措施落到实处，确保完成“十一五”节能减排约束性指标和通过国家发改委组织的考核、验收，编制并实施《广州开发区国家循环经济试点方案实施细则》。推动《广州开发区萝岗区公共机构节能规划》等配套政策文件的制定，循环经济的政策体系不断完善。此外，组织召开广州开发区萝岗区循环经济节能减排领导小组工作会议，确保完成“十一五”节能减排约束性指标和通过国家循环经济示范试点园区考核验收。

·大力推进低碳经济项目建设·运用资金、技术等政策，推进莱迪光电、英铂光电“半导体照明产业化项目”列入资源节约和环境保护中央预算内投资项目。达意隆包装等4家企业列入广东省低碳示范企业。推进广州开发区废弃物综合利用示范基地、开发区中水回用、废旧塑料再生改性以及木塑材料等项目立项、环评和推广应用工作。推进乐金显示、娃哈哈饮料等7家锅炉企业节能技改工作。编制《关于把我区路灯改换为节能灯的议案的实施方案》，选择部分路段开展LED路灯改造。组织召开全区公共机构节能动员大会，选择开发区医院等5家单位开展公共机构能源审计。与SGS通标标准技术服务有限公司合作建设“开发区企业碳资产管理能力建设项目”，加强全区碳资产管理能力，全区重点耗能企业超1000人次参加。会同区文明办开展“绿色亚运，低碳生活，你我行动”等资源节约主题活动。

·发挥专项资金引导带动作用·高质量完成2010年度专项资金审批工作，扶持一批循环经济项目，其中资助项目12个，配套项目2个，奖励项目6个。2010年通过利用循环经济专项资金，预计可带动社会投资超过3亿元，初步估算节约5多万吨标煤，节水50万吨，有效推进区国家循环经济示范试点园区建设。完成对2007～2008年循环经济专项资金资助项目验收，节能减排成效显著。安利（中国）日用品有限公司等7家企业获第一批广东省循环经济试点企业优秀单位称号。同时，华德工业“高效节能节水蒸发式冷凝空调制冷设备生产线技术改造”、万绿达集团“废旧塑料再生改性产业化”项目获2010年中央扩内需投资700万元。组织推进迪森热能“生物质快速热解法制取生物油产业化”、科城环保“广州开发区工业废弃物综合利用基地”和星业科技“节能环保型表面活性剂高浓、高纯甜菜碱系列产品产业化”等项目列入2011年中央预算内投资备选项目。顶津食品“吹瓶机降克提速及公共冰水机节能改造”等6个项目获得广州市节能专项资金超过243.4万元。

·以节能减排和清洁生产为抓手推动产业升级·协助区有关部门开展23家列入广东省“双千节能行动”的重点耗能企业2009年节能目标责任考核工作。23家企业2009年度节能量为4.2万吨标煤，超额完成年度目标，2006～2009年累计节能量为47.8万吨标煤，完成计划节能量的162.8%。已通过广州市对区2009年度节能目标完成情况和节能工作进展情况的现场评价考核，考核得分位居全市各区之首。围绕《广州开发区萝岗区节能减排工作方案》的各项目标任务，推进节能减排重点工作和重点项目的实施。推进恒运电厂和九龙中水回用环保示范工程建设。加强与清洁生产服务机构合作，多次组织广州开发区萝岗区企业清洁生产培训班。加大实施清洁生产审核企业支持力度，贯彻落实《广州市千家企业清洁生产行动方案》，飞登电子等9家企业通过清洁生产审核，慧谷化学等150多家企业正在推进审核工作。（黄宗超）

**【广州开发区获“国家新型工业化产业示范基地（工业设计）”称号】** 2010年2月2日，国家工业和信息化部在北京举行“首批国家新型工业化产业示范基地创建工作座谈会暨授牌仪式”，首批共62个示范基地获授牌。广州开发区被授予“国家新型工业化产业示范基地”牌匾。广州开发区管委会副主任蔡刚强出席会议并作《建设工业设计产业化园区，努力探索新型工业化新路径》专题发言。广州开发区工业设计产业化园区于2006年规划，核心区位于广州科学城南部，面积7.8平方公里，拓展区位于广州科学城北区（中新知识城），面积1平方公里，同时按“逻辑园区”规划原则，辐射周边工业设计公司和相关企业。科学城核心区由三个功能区组成：工业设计企业聚集区、公共平台服务区、工业设计与产业融合发展区；拓展区主要是设计公司聚集区。（康文斌）

## 国有资产监督管理

**【概况】** 2010年，广州开发区国资办、萝岗区国资办（局）[以下简称“区国资办（局）”]监管一级企业7家：广州开发区工业发展集团有限公司、广州开发区建设发展集团有限公司、广州开发区商业发展有限公司、广州经济技术开发区国有资产投资公司、广州凯得控股有限公司、广州世星投资有限公司、广州生物岛科技投资开发有限公司。全年，区国资系统合同利用外资6.60亿美元，实际利用外资3.65亿美元；投资（包括新投和续投）项目19个、投资总额16.1亿元，其中经营性投资项目29个、投资总额14.8亿元。政府创业投资引导基金吸引社会资本累计11.4亿元。年末，区国资办（局）共有人员编制18名，其中：行政编制11名，工勤编制2名，雇员编制5名。年末干部职工总人数中，中共党员14人，中高级职称15人，本科以上学历15人。3月，该办荣获市国资委颁发的“2009年度产权管理广州先进单位”称号。1月29日，区国资办（局）办公地址由志诚大道303号迁至水西路12号A栋5楼。

**【重大专项工作】** 2010年，区国资办（局）组织开展对近年来政府全额或部分投资建成的、对全区经济社会发展具有重要战略意义的12项、投资总额82亿元的重要物业资产（凯字四栋楼、国际体育演艺中心、网球中心、国羽中心、孵化器ABC组团、创新基地、科技企业加速器一期、科技人员公寓、总部经济区一期）的梳理分析，提出物业产权由行政事业单位或国有企业持有、进行市场化运营管理、改暗补为明补等多项具体的管理运营方案，为管委会、区政府摸清家底、管好用活及时提供决策参考。会同有关部门研究制定国际体育演艺中心和国羽中心运营管理建议方案，以及区属政策性国企名下总部经济区物业出售方案。完成总部经济区A7、A8栋物业的评估备案，准备挂牌出让引进一批总部项目。

完成全区行政事业单位国有物业资产的统计汇总工作，形成区第一份机关事业单位占用国有物业资产的总体情况分析报告，为领导决策提供了较为全面、重要的参考资料。

完成中新广州知识城项目商业谈判和合资合同谈判的有关工作。牵头设计制订知识城中新合资公司财务模型方案，与有关部门一起完成对中新合资项目公司商业可行性的财务预测和分析，对顺利完成商业谈判工作及时提供客观的财务分析数据支持。加快推进中方公司的组建工作，及时保证知识城项目签约的需要。根据党政办的批复要求，组织区发改局等单位召开专题会议，研究制订知识城项目中方公司的组建方案上报管委会。与区法制办起草《关于组建知识城项目中方公司的建议》，并获管委会批准。协调工商部门，完成中方公司名称核准的变更手续；起草公司章程、代拟管委会批准函、完成国有产权登记手续以及注册地址相关手续、公章刻制工商注册登记手续等，及时保证知识城项目于6月30日签约的需要。

**【国有企业改革与发展】** 2010年，广州开发区管委会决定成立生物岛科技投资开发有限公司，由区国资办代表管委会作为该公司的单独出资人。该办对组建过程中的出资人问题、管理职责等问题提出专业意见。协助办理产权及工商登记手续，牵头制定薪酬管理方案。

成功拍卖明珠酒店，最大限度维护国有资产的安全。在区国资办的协调下，明珠酒店以1.67亿元成功拍卖，保证了国资公司、商业集团借款的安全回收。

金鹏集团重组工作完成。按照管委会的要求，凯得公司将持有的金鹏控股公司49%的股权对外出让。该办协助凯得公司严格按国有股权处置程序执行，在资产评估的基础上实现公开挂牌交易，收回资金8062万元。至此，金鹏集团重组工作已全部完成。

企业国有资产监管制度。是年制定区属国企国有资产重大损失责任追究办法。根据区纪委《广州开发区萝岗区贯彻落实建立健全惩治和预防腐败体系2008~2012年工作规划》的部署，经过对国内同类地区的调研，结合区实际，草拟《区属国企国有资产重大损失责任追究办法》（送审稿），并征求了相关部门意见，拟上报管委会审定。

**【国有企业监事会工作】** 2010年，各监事会主席组织对上年度的财务情况检查，结合日常监管完成2009年度监事会工作报告，在此基础上形成汇总报告及财务情况汇总分析。为整体了解区国企的资产及经营状况提供翔实的资料，提出各企业存在的问题以及解决问题的建议。

各监事会通过列席企业董事会、总经理办公会等重要会议及审阅有关资料，对一级区属国企重要经营活动进行日常监督；通过财务检查，对公司财务及对董事、经理和其他高级管理人员履行职责遵守法律、法规的行为进行监督。突出重点，监督大事。监事会主席在履行国资管理职责的过程中，通过审核企业上报的资料，对投资、担保、国有产权转让等重大事项进行监督。全年办理重大事项核准8项、备案37项、报告25项，提出整改意见19条。

**【国有资产产权管理】** 2010年，区国资办（局）加强对产权基础数据的管理。对2009年度产权登记进行年度检查和数据汇总，对各级投资企业共143户（其中：全资企业49户，控股企业24户，参股企业70户）逐一进行检查（不包括非正常经营企业和境外企业）。全年办理国有资产产权登记43宗，其中：占有登记23宗、变动登记13宗，注销登记7宗。全年受理资产评估备案项目22项、评估前净资产为61249.18万元，评估值82424.04万元，增值34.57%。对重大评估项目，组织5次专家评审，以保证评估结果的客观性。按季向市国资委上报资产评估核准和备案情况报告。加强国有资产转让的监管，核准转让国有资产6宗，保证交易进场率100%。完善产权管理新要求。督促上市公司穗恒运及其控股企业凯得公司建立国有控股上市公司运行情况信息报告制度。对监管企业在境外投资的以个人名义代持的股份、物业（含土地）和车辆等情况进行清查登记，对代持人未在国内进行公证等情况按要求进行规范。

**【国有资产专项监管】** 2010年，由区国资办牵头，区治理“小金库”工作领导小组成员单位共同配合组织开展全区国有及国有控股企业“小金库”专项治理工作。主要借助中介机构的专业力量，并结合自身的专业力量对8家国企开展重点检查。

组织开展对27个利用国有资金项目的资金管理使用情况的专项检查，检查内容包括项目是否严重超概算，关于资金管理使用的规章制度是否健全、是否存在挪用、贪污私分、虚报冒领等违法违纪行为，抽查部分会计资料、检查付款程序及财务单据真实、合理、合法性等方面。对经营性国企及其下属企业作为建设业主的项目，由该办派驻各直属国企的监事会主席牵头，组织有关人员开展检查。政策性国企及其下属企业作为建设业主的项目，由该办会同发改局、财政局共同进行检查。对检查发现的问题及时组织国企落实整改。

**【国有资产授权经营及统计评价考核】** 2010年，区属国有企业（工业集团、建设集团、商业集团）继续实施国有资产授权经营责任制度。 是年区属国企实现营业收入43.49亿元，利润总额5.2亿元，净利润2.1亿元，上缴利税5亿元；至年末资产总额499.7亿元、净资产181.9亿元；上交国资收益1800万元，同比增长2.12倍。

2009年度（2010年度考核上一年数）净资产收益率考核结果为：工业集团12.22%、建设集团5.64%、商业集团18.67%、世星公司6.35%。

2010年核实并收缴工业集团、建设集团、国资公司、凯得公司、世星公司等企业国资收益1800万元。

以推进财务预算管理为突破口，督促指导企业集团进一步提升对子企业的财务管控能力。首次统一区属国企财务预算表格体系，完善了报告和备案方式，规范预算调整备案的格式和时间；首次将财务预决算报告由一级企业覆盖到各级子企业，要求各企业集团在报送财务预决算资料时一并上报各级子企业的相关资料，同时建立企业财务预决算电子档案，财务信息监管广度、深度和力度的加大，进一步夯实财务监管的工作基础；建立企业主要财务指标半年快报机制，要求各企业7月中旬上报半年主要财务指标预算完成情况，并对年度完成情况进行预测；委托中介机构对工业集团公司2009年、世星公司2007～2009年的所有者权益、净利润、经营者年薪兑现情况等国资授权经营业绩考核及薪酬管理等主要项目进行审计检查。

**【行政事业单位经营性国有资产监管】** 2010年，区国资办（局）不断加强行政事业单位经营性国有资产的监管，组织开展监管事业单位年度财务收支审计，并结合全区国企小金库清理工作，一并对各监管单位是否存在小金库进行审计。对处于停业的各企业的清理注销工作进展情况进行督办，走访了解部分企业的清理注销情况，要求各主管单位作出部署加快推进清理注销工作进度，并提供书面材料。

较好地衔接处理划拨资产涉及西区员工楼维修改造工程各方的经济法律关系，组织协调该工程顺利推进。

在中介机构专项审计的基础上，研究提出2008年物业公司接管两个员工大厦后产生的各项费用结算方案，本着实事求是、客观合理的原则，多次与财政局沟通协调，维护了物业公司的合理利益，最终得到较好处理解决。

组织开展外商活动中心的清产核资和资产评估，全面梳理债权债务等历史遗留问题，协调有关各方研究提出了处理解决的一揽子具体方案和建议。协调相关单位上报管委会解决外商活动中心缴交“房土”两税所需的资金。按照管委会安排，参与处理一些涉及外商活动中心对外合作的事项。

指导帮助员工服务中心剥离资产、实施转制，及时研究提出具体操作指导意见，积极协调有关各方加快处理解决历史遗留的连环债权债务。

深入监管事业单位开展调研，充分听取意见，并调查了解区内同类事业单位的现行做法，研究出台行政事业单位经营性国有资产使用管理和处置的具体实施意见。

组织专人开展经营性事业单位国有资产的管理及处置办法调研，形成经营性事业单位国有资产的管理及处置办法的意见。（冯承云）

## 统　计

**【概况】** 2010年，广州开发区、萝岗区统计局着力完善制度建设，健全学习制度和工作制度，重点加强统计队伍内部管理。组织专业人员深入基层单位调查研究掌握第一手资料，主动服务调查对象。加强统计业务培训，采取“走出去、请进来”的方式多次举办培训班，对外邀请统计专家举办专题讲座，对内请各岗位专业人员自己当老师，轮流讲课，切实提高各专业人员业务素质。2010年，区统计局在进一步完善网上直报系统的基础上，新开发“统计综合报表系统”，增加数据整理分析和应用服务功能，满足用户高层次的数据应用需要，强化管理和服务功能。是年，该局完善广州开发区统计信息网网站建设，通过“开发区动态”、“通知公告”、“宏观之窗”、“广州开发区企业产品目录”及“从业资格”等栏目，让全区领导、干部、职工和社会各界更方便、快捷、及时地了解区统计动态。是年，广州开发区被国家商务部授予“2006~2008年度国家经济技术开发区统计优秀单位”称号；广州高新区被评为2009年度全国火炬统计工作先进单位。

【统计监测】 2010年，区统计局创新工作方式，紧贴本区实际，加强对全区经济运行的动态监测，为政府决策提供可靠依据。强化月度分析和区域对比分析，及时报告全区经济运行的最新态势、变化和问题以及与其他先进区域对比发展情况，做好监测预警。牵头各经济职能部门对全区经济形势进行深入分析，为区领导掌握全区经济社会发展情况，提供及时的政策建议。

针对亚运期间对部分企业实行节能减排措施以及交通限行等情况，该局深入企业开展实地调研，掌握第一手资料并及时形成专题报告，推动管委会、区政府采取有关措施，使亚运节能减排措施对企业生产经营的影响最小化。局领导带队对开发区工业排名前100位、商业前10位及其他服务业前5位的重点企业进行调研，对来年企业生产经营增长计划进行全面摸底，对全区下一年经济发展面临的机遇和挑战作出科学的分析判断。

编写多条反映全区经济发展情况的信息，被市委《广州信息》、《每天快报》，市政府《穗府信息》，区党务政务信息，区《创业导报》等采用信息344条，提供各类统计咨询服务10多万笔次。

【统计分析】 2010年，区统计局发挥统计“晴雨表”和“智囊团”作用，全力提升统计宏观调控水平。全年共撰写各类统计分析文章53篇，专题报告35篇，其中22篇分析和报告被区主要领导批示，《广州开发区产业发展研究》、《从第一、二次全国经济普查看开发区经济地位变化》2篇经普课题在广州市第二次全国经济普查课题评比中分别获一等奖和三等奖。

【统计法制】 2010年，区统计局强化法制宣传。结合第六次人口普查和法制宣传日等活动，利用电视、报刊、网络、手机群发平台等载体在全社会范围内宣传人口普查的重要意义。全年共编辑人普简报36期，新闻媒体刊登、播发普查动态100余条，发放宣传画1000张，印发宣传单50万张。组织全局干部职工学习《统计法》、《人口普查条例》等法律法规；普查试点和培训期间对全区普查人员进行《人口普查条例》的学习。人口普查摸底、登记时段，利用上门登记的机会，对普查对象宣讲《统计法》和《人口普查条例》，增强全社会的法律意识。是年，举办统计法规培训班25期，培训人数1.2万人次。根据广州市统计局的统一部署，5～7月，开展统计调查环节专项整治工作。

【统计调查】 2010年，区统计局主要开展以下统计调查工作。圆满完成区第六次人口普查主体工作。顺利通过市人普办的检查验收。开展R＆D资源清查工作，对辖区范围（含高新区园区）4000多家企业开展调查，获得区域自主创新能力、科技发展状况等方面的数据，该局获得第二次国家R＆D资源清查工作国家级先进单位称号，是广州市唯一获此殊荣的区县。完成基本单位调查核实工作。是年3～5月、7～8月该局分2次开展基本单位调查核实工作。全面摸清2010年区内单位新增和变动的情况。继续做好两项收入调查工作。圆满完成妇女、儿童两个纲要监测报告工作，组织开展街镇统计机构现状调查、农村信息化及新农村建设调查、规模以下工业企业抽样调查、私营和乡镇企业劳资抽样调查、大中型工业企业科技活动调查、人口变动和劳动力调查、重点企业用工情况调查等。

【区第六次全国人口普查】 根据《全国人口普查条例》和国务院的决定，中国以2010年11月1日零时为标准时点进行第六次全国人口普查。是年，区统计局高效开展区第六次全国人口普查工作。准备工作扎实有序，人口普查机构、人员、办公场地、设备、经费做到“五落实”。全区共成立三级普查机构65个，选聘普查指导员、普查员2500余名，划分普查区58个，普查小区1537个，普查培训7300多人次。开展人口普查宣传，悬挂横幅320余条，发放宣传单1.5万份，印发《致人口普查对象的一封信》17.1万份。登记阶段入户12万余户，登记人口48万人，登记短表16.4万张，长表1.6万张。圆满完成人口普查任务。此次人口普查结果如下：

2010年11月1日零时，萝岗区有常住人口373670人，占广州市常住人口的比重为2.94%。常住人口中共有家庭户（家庭户是指以家庭成员关系为主、居住一处共同生活的人组成的户）94431户，家庭户人口258897人，平均每个家庭户的人口为2.74人，家庭户人口占广州市家庭户人口的比重为2.57%。常住人口中，男性人口为202373人，占54.16%；女性人口为171297人，占45.84%。男女性别比为118.14（以女性人口为100计算），比广州市常住人口性别比高8.68。

2010年10月9日，副区长杜丽霞（前排左三）等出席区“人口普查”宣传月启动仪式。
郭哲涵 摄

·年龄构成· 常住人口中，0~14岁人口为39734人，占10.63%，比广州市比重低0.84个百分点；15~64岁人口为319932 人，占85.62%，比广州市比重高3.71个百分点；65岁及以上人口为14004人，占3.75%，比广州市比重低2.87个百分点。

·各种受教育程度人口· 常住人口中，具有大学（指大专以上）程度的人口为51334人；具有高中（含中专）程度的人口为112858人；具有初中程度的人口为137675人；具有小学程度的人口为50534人（以上各种受教育程度的人包括各类学校的毕业生、肄业生和在校生）。

每10万人中具有大学程度的为13738人；具有高中程度的为30203人；具有初中程度的为36844人；具有小学程度的为13524人。其中：每10万人中具有初中、高中文化程度的人分别比广州市水平高717人和7280人；每10万人具有小学文化程度、大学程度的人则分别比广州市水平低2200人和5490人。

全区常住人口中，文盲人口（15岁及以上不识字的人）为3125人，文盲率（指全区常住人口中15岁及以上不识字人口所占比重）为0.84%，比广州市低0.11个百分点。（梁柏谦）

## 审 计

【概况】 广州开发区审计局成立于1986年7月。2005年9月成立广州市萝岗区审计局。

2010年，区审计局计划审计（调查）项目20个，实际完成审计（调查）项目22个。参加市审计项目2个，其中由市审计局组织的对开发区负责建设的亚运比赛训练场馆建设项目审计工作，区审计局获亚运审计工作先进区（县级市）审计局称号，超额完成市审计局下达的审计（调查）项目。查出违规和管理不规范资金379184万元，审计处理：应上缴财政1229万元，已上缴财政1099万元。应减少财政拨款或补贴156万元；应调账处理金额843万元；归还原渠道资金1万元；移送涉嫌违纪案件线索1宗。

是年末，区审计局在职人员25人，其中，行政编制10人，实际在编人员9人。工勤编制2人，雇员编制7名，临聘人员7人。中、高级职称20人，本科以上学历18人，共产党员13人。

【区财政预算执行情况审计和镇级财政决算审计】 2010年，区审计局开展对开发区、萝岗区2009年度财政预算执行和其他财政收支审计，主要审计区财政局组织区本级财政预算执行情况和其他财政收支情况。延伸审计区建设和环境管理局、区政法委、区教育局、区安全生产监督管理局、区农林水利局、区卫生局、九龙镇政府及区内五个街道办事处等单位及部分财政资金的使用和管理情况。审计表明：2009年度区财政局认真组织财政预算收入，强化财政收入征管，确保区财政收入平稳增长。不断优化财政支出结构，加大对现代服务业及自主创新企业扶持力度，为区重点建设项目提供有力保证。按照“两个预算、两个金库、两本账”的财政预算管理模式，2009年度纳入萝岗区编制部门预算有26个共86个预算单位，其他财政资金包括预算外资金和农村合作医疗资金。区财政局及被延伸审计的单位提供的会计资料基本真实反映财政预算执行和其他财政收支情况，预算执行和其他财政收支活动基本遵守有关财经法规。

延伸审计农业项目资金情况。2009年7月广州市某实业有限公司在水产品加工生产线工程（续建）项目实施完成后，向区财政局报送项目结算进行财政投资评审，送审价为206.72万元，审核价为188.1万元，该项目已于2010年6月通过市、区组织的竣工验收。根据结算审核价，已于2009年9月及2010年9月向该公司拨付全部财政资金83.83万元，其中市资金62.1万元，区资金21.73万元。审计抽查该公司提供上述项目验收申请资料发现：该公司2008年11月30日以现金50.28万元购置安装1989年出厂的广柴6300ZL-1旧发电机组一台，并以此入账作为申请财政补助的依据。审计局向发电机组购买的供货方广州市昌升机电有限公司调查，昌升公司反映从未与该公司签订过合同，未向该公司销售过发电机组。该公司2009年2月29日购置安装车间网络电子监控设备18.96万元，并以此入账作为申请财政补助为依据。审计局向监控设备购买的供货方广州市五丰行贸易公司查询，该公司反映从未与该公司签订过合同，未向该公司销售过监控设备。上述情况表明该公司在申请市补助第三批非农业项目财政补助时，提供虚假合同、虚假票据，但项目主管单位跟踪把关不严，没有发现该公司的违规行为，受理并已拨付补助资金。审计局要求区农林水利局会同区财政局查明申请补助单位呈报虚假资料的原因，分清责任作出处理，收回被骗取的财政补助资金83.83万元。同时对其他财政补助项目举一反三自查自纠。延伸审计市第三批非农建农业项目资金、市补助2008年生猪标准化规模养殖场户建设经费为市立项的农业产业化项目，在检查上述两个项目管理支出情况发现：一、存在会计制度不健全，项目支出大量使用不合规票据、收据入账。二、现金管理制度不健全，大额款项支付均使用现金。三、工程款项未支付给施工单位，泽兴鸽场施工单位为东区建筑安装工程公司，但项目支出收款人为韶钢顺昌钢材贸易公司、白云区和合五金厂、白云区陈洞美畜牧设备厂、钟某等单位或个人。四、项目审计工作由项目单位自行委托，该公司委托的事务所未能发现该公司项目支出中存在的违规问题。

审计农村合作医疗保障基金户发现，九龙镇新田村等村委没有及时帮助何某等15位残疾人办理农村合作医疗，影响上述残疾人员按规定享受康复资助。

审计抽查区土地出让金收支情况，存在没有将部分土地出让金收入直接缴入国库，同时少计2009年基金预算收入，没有准确计缴农业土地开发资金，在个别土地出让补充合同等资料上没有按规定写明土地出让金缴纳期限、没有及时追缴土地出让金等问题。审计局要求区规划国土局和财政局今后严格执行土地出让金管理规定，直接将土地出让金收入缴入国库，按规定计算当期基金预算收入。抽查2009年度计缴农业土地开发资金发现，对6笔土地出让业务累计多计提农业土地开发资金562.7万元，2笔土地出让业务累计少计提农业土地开发资金15.64万元，没有准确计缴农业土地开发资金。经审计指出，在计提2010年第二季度和第三季度农业土地开发资金时，调整多计提和少计缴的农业土地开发资金。

审计调查全区政府性债务情况以及融资平台公司政策性经营项目的运作情况，掌握政府债务规模、结构、来源和用途，分析政府债务风险，披露政府债务管理中存在的问题：一、部分银行贷款未按合同约定用途使用；二、某公司以购孵化区ABC组团名义贷款用于房地产开发；三、融资平台公司用财政融资款购买财政性资产增加财政收入的同时增加财政负债，也增加区财政的税费负担；四、财政统筹项目建设支出监管不足。审计针对存在问题提出改进政府债务管理，防范债务风险的建议。区主要领导在报告中批示："同意审计部门改进区财政性债务管理的建议，切实改进政府债务管理中存在的问题"。

对区某局2009年度预算执行审计发现，3个建设项目未按工程申报，少报、漏报缴纳劳保金。其中广州国际安全数据解决方案中心工程造价3.61亿元，按测算少缴劳保金394.5万元。海瑞克（广州）隧道设备有限公司工程造价3330万元，应缴劳保金101.23万元，实际只交62.39万元。上述两项共少缴劳保金433.34万元。经审计指出后，该局已向欠缴单位发出限期补缴劳保金的整改通知。为支持区重点工程建设，该局在未收到区土地开发建设中心绿化补偿费和临时占用绿地费的情况下，先安排有关绿化迁移、并批准临时占用绿地。但事后该局未及时催收科学城科林路路灯管线改造工程等8项工程绿化补偿费1104.69万元，临时占用绿地费2.06万元。审计指出后，该局发出通知进行催收，截至审计结束日，已收回绿化补偿费20.9万元，临时占用绿地费2.06万元，仍欠绿化补偿款1083.79万元未收回。对该局招标文件和合同约定执行情况抽查，部分工程招标标段清点数量与中标数量相差较大，科学城一区原中标金额为89.10万元，经实际清点，合同金额达136.65万元，超出原来的中标金额的53.36%。2009年8月支付区某工程公司199万元市政维修复工工程款，经审计核实，该款项为没有对应的具体工程的预付工程款。违反工程付款申请、工程任务单据核实、工程竣工验收、领导审核审批等手续。审计局要求严格控制工程款支付的审批过程，严禁没有对应项目的工程款预付情况的发生，对确实属工程量大、工期长的工程项目应严格预付工程款的程序，不能因为施工单位不及时办理竣工验收手续、未将结算项目报区财政审核而违反程序预付款项。审计发现，某事业单位存在工程转包、分包问题。根据资料反映，为配合创建"全国文明城市"工作，委托区某公司对全区64.5万平方米的道路标线全部翻新。该公司在区管委会未同意开展该工程项目时，在2008年6月28日与东莞市嘉鹏达交通设施公司签订合同，将区交通标线3000万元的工程项目转包给东莞市嘉鹏达交通设施公司施工，该公司收取管理费及税金10%。2010年4月该局通过内部审计发现此问题后，已责令该公司整改、完善管理制度。审计局抽查该公司负责施工并在2009年办理结算支付款项的112项零星市政设施维修工程总结算价3514.64万元，其中2008年施工并完工的工程占80.41%，2009年施工并完工的工程仅19.24%。其中9个维修工程没有相关立项资料，结算金额合计超过1100万元，平均每个工程造价超过100万元，结算金额占抽查的112项工程结算金额的30%以上。这些项目均为零星项目，均未下达任务单，工程完工后没有及时进行验收并办理结算。112个项目中仅有30个项目在完工后3个月内办理竣工验收手续，其中8个项目是完工后1年才进行验收、27个项目是完工超过半年（一年内）办理验收手续导致年度安排的预算资金有相当部分用来支付以前年度工程，本年度开展的工程却没有资金支付。

【领导干部任期经济责任审计】 2009年，区审计局对区内9位单位主要领导进行任期经济责任审计。对区某办领导离任审计发现，2006年8月区房地产物业公司从高科大厦物业租金中，代承租方广州市日晟企业发展有限公司支付广州市仙华物业管理有限公司水电周转金10万元，该办公室审批同意作为费用在2007年度应上缴财政租金收益中直接抵扣。在延伸审计区房地产物业公司和广州金保贸易有限公司发现，2004年7月至2008年6月管委会委托管理的物业维修等支出271.4万元直接抵扣上缴财政的租金收益；永和商业楼整改费用直接抵扣2006年10月至2007年12月租金收入21万元，违反“非税收入实行收缴分离和收支两条线管理”规定。2009年该办公室未及时代扣代缴员工个人所得税，审计建议尽快清缴代扣而未代缴的个人所得税4.9万元并及时向个人补扣已代缴而未代扣的个人所得税1.27万元。审计抽查该办公室核准的区建设发展集团有限公司转让所持广州羊城管桩有限公司股权的档案、区建设发展集团有限公司为广州明珠C厂发电有限公司向广州市城东农村信用合作社申请续借1.2亿元授信额度按其5%的股份比例提供5年担保备案、区工业发展集团有限公司投资永和5000平方米商业用地（YH-I1-1）的备案档案发现，缺少反映区属国有企业实际执行重大事项情况的档案资料。审计建议该办公室修订产权转让、对外投资、贷款担保等重大事项的核准或完备工作规范，补充跟踪检查核准、备案事项的实际执行情况，完善相关程序和档案资料。

对区某局下属监测大队领导离任期审计发现，2008年度前的收费基金缴款通知书管理不完善，抽查2007年度排污费征收情况，共15份《收费基金缴款通知书》丢失。收费票据管理混乱，部分票据保管不完整，缺乏一套有效的互相监督管理流程。审计局要求该监测大队严格按照法规管理票据，保证财政票据安全和合法使用。该大队2007年至2008年在非定点单位支出维修、采购零配件费用20.13万元，对比购买清单，非定点单位配件价格比定点修理厂高。

对区某编研中心领导离任审计发现，编研中心2007年9月从本单位银行基本户借备用金5万元，用于市、区规划局布置的广州城市总体规划（2010～2020）萝岗区土地利用现状调查专项工作，2008年5月收到区规划局拨入专项款5万元。编研中心实际于2007年7～10月开展该专项工作，并于当年10月提交该专项工作的成果评审汇总资料。审计局盘点该中心现金时发现，编研中心所借备用金2010年6月1日结余1.3万元，审计发现编研中心拟支出事项原始凭证不完整、审批手续未完备，审计局对其支出自报数尚不可以认定。编研中心自2007年9月借备用金5万元后，截至本次审计实施结束日，一直没有归还备用金，未办理支出报销手续。审计指出后，编研中心已补缴劳务费税款3840.20元并连同上述支出3.7万元共计4.1万元补办报销手续。

对区某火炬创业服务中心领导进行离任审计，审计结果表明：火炬创业中心对“留学人员广州创业园”、“广州科技创新基地”、“广州科学城综合孵化区BC组团”等物业管理项目入驻的相关单位出租的租金少记收入9652.4元，少记维修维护费支出1.53万元，对物业维修维护费1.53万元错记为“报名点费用”。2007年12月13日，经区财政局批准，原区创新基地项目办公室向火炬创业中心移交基建项目的财务工作，原工程保修款和工程尾款803.76万元支付工作交由火炬创业中心受理。但火炬创业中心与原创新基地项目办公室未按规定完成各项资产、债权、债务清理交接工作，2008年1月至2009年1月，区财政局直接支付工程款773.81万元。审计结束日，火炬创业中心尚余29.95万元未支付，上述经济事项未按规定填制会计记账凭证、会计账簿、编制会计报表，区财政国库支付中心为火炬创业中心填报2008年和2009年财政性资金投资基本建设项目决算报表，也未能真实反映火炬创业中心各年度的基建项目资金的收支情况。2002年列入区固定资产投资立项的“创业大厦建设总体环境改造工程”款40.5万元也未设置基建财务账。以上项目审计要求火炬创业中心与原创新基地项目办公室补办各项资产、债权、债务清理交接工作，补记工程保修款及尾款支付情况，为各个基本建设项目单独建账并做好其他财务工作。

对区某综合执法大队领导离任审计发现，原值21.96万元的尼桑酌士头（粤AIA721）及原值16.21万元的尼桑箱式运输车（粤A3C989）没有实物。据该大队说明，以上车辆被盗，公安部门已立案侦查。2007年1月该大队购置3套400兆通讯设备17.35万元，没有编入固定资产验收入库。2005年11月12日，执法大队分期支付网络工程款11.8万元，记入固定资产科目只有9.43万元，少记2.37万元的设备安装费。2006年12月，执法大队报送的锦明玻璃厂机械拆除工程送审价为85.34万元，区财政局审核结算价为21.36万元，核减金额63.98万元，核减金额率达75%。执法大队没有提供对施工单位送审材料进行审核的记录。审计局建议执法大队加强对工程结算内容的审核，严把工程项目财政投资审核第一关。

审计区某余泥渣土管理所领导离任审计发现，2007年3月至2008年8月，余泥渣土所支付12笔渣土清运费共89.81万元，有的缺土方统计数量，有的缺经办人签名确认，而每张统计表只有一个总量数，没有清理区段的明细构成数据。统计情况不具体、不详细，确定数量的证据不充分，报销原始凭证不完整。余泥渣土所2007年1月开始设立账簿进行会计核算，2007年预算资金结余76.57万元和银行存款利息收入3413.7元，合计76.91万元没有及时缴回区财政，经审计指出后，已将上述事业基金结余上缴区财政。

对区某街道办事处主任离任审计发现，2007年6月该街道办将建筑面积46平方米的公厕和20平方米的垃圾收集间委托广州东进新区开发有限公司负责建设管理。审计实地勘察，竣工的公厕和垃圾间建筑面积与施工图一致，而东进公司于2007年9月与施工单位开发区东区建筑安装工程公司签订的施工合同，却按区财政局审核的建筑面积80平方米公厕和35平方米垃圾间的预算下浮8%即21.35万元执行，抬高合同价。该项工程2007年当年完工并交付使用，但至审计时仍未结算。经审计局指出后，街道办积极督促东进公司与东区建安公司签订补充合同并办理工程结算。审计还发现街道办购入办公家具一批价值28.3万元没有及时纳入固定资产管理。2005年1月至2008年6月，部分车辆小额维修在非定点单位进行，部分车辆维修的零配件、机油、轮胎等共13万元也在这些非定点单位购买。但结算清单中没有注明配件的具体型号、规格、数量，审计无法核实结算金额的真实性。2006年11月原街道物资公司清算组作出关于该街道办应将原综合服务公司16.3万元债权作为坏账处理的情况说明。应将原物资公司16.3万元债权作为坏账处理，但目前街道办未能提供该物资公司债权的原始依据。审计局建议街道办要妥善处理原办公司的遗留问题，妥善管理其档案资料。检查发现街道办经常性结余资金92.81万元，审计局建议街道办向区财政局汇报，妥善处置该笔经常性结余款项，避免财政资金闲置。

开展区某局领导离任审计发现，该局2005年预算资金结余149.38万元，其中经区财政局批准已纳入2006年度预算使用134.45万元，截至2006年12月31日结余130.7万元。该局2006年预算资金项目设备购置结余2.75万元，2006年代某小学管理的预算资金结余49.67万元，上述3项预算资金合计183.12万元全部转入“结余”核算，上述资金结余长期挂账，未及时上缴区财政。审计抽查会议经费、培训费等项支出，存在会议通知时间与所附发票不一致、会议通知地点与发票不一致、同一事项多次召开会议并会议地点与发票不相符等现象。2006年、2007年该局为下属单位购买固定资产3.67万元，一直在该局经费账核算，没有办理资产无偿划拨手续或资产借用手续。至审计结束日，此类固定资产总额已达233.36万元。其中镇龙一中19.3万元、镇龙二中4.8万元、何棠下小学4.51万元、九龙二小5.23万元、开发区一小2.38万元，未入账资产共36.21万元。经审计指出后，该局已办理有关固定资产无偿划拨手续。2005年底至2006年初，购买的屏风、卡位、办公台等资产价值4.42万元在2010年初搬迁新办公楼后已经完全闲置，2006年创建教育强区工作组购买2台空调机价值8280元闲置未使用，未对上述闲置资产进行处理。抽查12所学校，10所学校均未提供详细的固定资产台账，也未能提供每年盘点固定资产的记录资料。审计抽查九龙镇管辖范围的学校不同程度存在创建教育强区、教育强镇时期购入固定资产闲置情况，镇龙一中2006年购买科技制作室设备1批价值4.96万元与1批旧空调均存放在一个大房内，其中大气采集器、日照计、风速仪等仪器尚未拆除包装，个别仪器设备管理人员也不会操作。镇龙二中为电子阅览室配置价值66.48万元的电脑设备，但除个别电脑用于补充教师电脑不足外，其余的电脑全部闲置；2006年购买的课件制作电脑，价值1.2万元存在仓库尚未拆封使用。同时发现利用区教育基金会购买的住房没有纳入固定资产核算。原宣传部1996年、1997年利用教育基金会资金购买价值285.89万元的住房17套（间）作为教师周转房，2005年经区管委会批准继续由该局管理使用，租给学校教师，并将租金记入区教育基金会账内。根据提供的房产证表明，其中9间的产权人为“区教育局”，但这些房产既没有在区教育基金会财务账作为固定资产管理，也没有在原开发区宣传部财务账上反映。

区某学校原校长任期经济责任审计抽查，2006年1月至2007年8月该校教职工宿舍房租收入合计9.01万元，零星维修支出合计5125元，截至2007年8月31日结余8.5万元。审计相关年度发现，因学校改扩建工程开展，2008年11月起停止收取教职工宿舍房租，2007年9月至2008年10月累计收入6.5万元，支出为零，结余15万元；2006年11月收取广州奔立尔体育用品公司赞助费3795元；2004年至2005年收取高中生借读费5.3万元。审计结果表明，教职工宿舍房租收入、赞助费及高中生借读费合计20.68万元未执行“收支两条线”管理规定，以上费用应上缴区财政。2007年11月收回的由原九龙镇结算组代管的校舍维修改造（含危房整改）专项经费结余1.51万元，2007年12月拨入校舍维修改造专款结余5382元，2007年12月创建教育强区校园文化建设专项经费结余6217元，购学生课桌结余1050元，以上各专项结余款未按要求缴还区财政。审计检查学校食堂流水账结余33183.52元，但2004年1月至2007年8月食堂流水账记录的主要是伙食费收入及原材料支出情况，而水、电、临时工工资均由学校的经费账代垫支，未及时进行往来款结算。导致食堂流水账未按收支配比原则合理分摊人工、水、电费成本，食堂收支结余核算不准确，未能及时归还经费账代垫的费用。2005年1月单据反映，食堂收益1.5万元转入学校工会收支，截至2010年11月9日，食堂流水账结余13.77万元。学校对代收代管费未设立专门账册，未实行专款专用，未定期结算并向学生（家长）公布账目，实行多退少补的管理，工会收支结余的6096.67元应返还食堂。

【行政事业单位和群团组织财政财务收支审计】2010年，区审计局对区某办事处财政财务收支进行审计抽查，审计发现少记固定资产16项，经审计指出后，该办事处2010年8月已补记固定资产16.35万元。经区管委会办公室穗开外收[2008]160号文同意，对该办事处办公室进行装修，工程预算价为30.12万元，结算价为28.63万元（已支付完毕），但未办理工程财政预、结算评审手续。2008年5月至2009年6月，该办事处支付北京顺义区李桥镇王家场村平安街15号农民王宝霞绿色生态采摘园租赁费11万元，均以王宝霞签收的白条收据入账，未取得合规票据。

【公共财政固定资产投资审计】 2010年，区审计局完成8项公共财政投资项目的审计。

区列入广州市污水处理和河涌综合整治计划项目共16个，计划总投资152512万元，2010年审计局对其中的生物岛堤岸工程、西区水质净化厂扩建工程、黄陂水质净化厂工程、农村生活污水治理工程4个项目进行审计。

对生物岛堤岸整治工程审计，查出问题及处理意见：一、堤岸整治工程第一、二、三标段招标预算多计工程造价1052.32万元，其中多计人工费共374.69万元，多计“打拔拉森钢板桩”工程措施费677.63万元。二、堤岸整治工程第一、二、三、四标段招标预算中“围堰工程”费3323.14万元的项目施工图没有设计，招标预算工程量计算没有参考概算工程量，也没有编制经审核批准的施工方案，工程量大大超过概算工程量，计算依据不足。三、施工招投标工作中不平衡报价情况较为突出，加大区财政投资项目造价控制的风险。审计抽查第三标段工程中标单位的中标价，并与招标预算价进行对照分析发现，共有146个工程量清单项目，中标价有52个清单项目的报价较招标预算价高出或低于50%以上，其中，29个清单项目的报价高出招标预算价50%以上，23个清单项目的报价低于招标预算价50%以上，存在明显的不平衡报价情况。实际施工中，施工单位中标单价低于招标预算单价比例较大的大部分清单项目被取消或以其他施工方法替代。如“打拔拉森钢板桩围堰”项目的投标单价为286.35元/吨，低于招标预算单价2807.50元/吨近9倍，在实际施工中被取消。在固定单价合同的情况下，中标单位不仅不会因为投标单价较低的项目没有施工而损失，相反，通过投标单价较高的其他项目，如“拆除原有堤岸石砌挡墙”项目投标单价为150.30元/立方米，高于招标预算单价18.67元/立方米7倍，获得了非正常利润。审计要求业主单位，代业主单位对工程量清单进行认真清理，对实际工程量较招标清单工程量变化大于±10%且中标单价与招标预算单价有较大出入的项目，对超出±10%以外的工程量，按区有关文件规定与施工单位协商签订补充合同或协议确定结算单价，尽可能减少损失。四、未按程序进行园林景观工程施工图纸报建。五、招标代理、园林景观工程的施工监理未按

2010年5月，全区污水处理和河涌综合整治审计工作中，区审计局局长张金海（右三）到审计组现场指导工作。 区审计局供稿

规定公开招标。六、各施工单位未按规定缴付农民工工资支付保障金。审计针对发现的情况，提出了切实加强合同管理，进一步提高建设管理水平；加强招标预算编制的市场调查，合理控制工程预算价；加强工程施工过程管理，有效控制工程质量和投资；对招标预算多计工程造价和招标预算的编审单位作出处理的审计建议。区招标预算评审部门、业主单位事后已意识到第一、二、三标段招标预算的人工费未按规定计算和“打拔拉森钢板桩”工程单价偏高的问题，在第四标段招标预算中已予纠正，人工费单价下调了40%、“打拔拉森钢板桩”工程单价平均下调了56%。业主单位，代业主单位根据审计意见对招标预算多计工程造价问题多次与第一、二、三标段施工单位协商，最终与施工单位达成按各标段招标预算多计人工费和“打拔拉森钢板桩”工程费的10%在结算中核减，减少财政投入100余万元。同时，业主单位，代业主单位积极与施工单位协商，明确在工程结算时对超出招标预算工程量清单±10%以外的工程量，按区有关文件规定和招标文件明确的计价办法确定结算单价进行结算；对招标预算编审单位作出了经济处罚的处理。

西区水质净化厂扩建工程审计，查出问题：一、未及时缴纳设备安装工程劳保金75.25万元；二、第一次勘察设计招投标和合同签订存在不规范问题；三、违规对部分设备及安装工程招投标文件作实质性修改。经审计提出后，业主单位补缴设备安装工程劳保金75.2万元，对部分设备及安装工程招投标文件作实质性修改的问题代业主单位已与承包单位按招标文件签订补充协议。业主单位分别对招标代理单位、部分施工单位、监理单位作出一定经济处罚的处理。

黄陂水质净化厂工程审计，查出该项目存在勘察设计招标、合同签订把关不严，致使设计合同价多计125.61万元，实际形成超付设计费45.10万元的问题。经审计提出后，代业主单位与设计单位签订补充协议修正合同价，也将超付设计费45.10万元追回。

九龙镇农村生活污水治理工程审计，查出问题：一、未按合同约定标准计算设计费，多计设计费10.83万元；二、施工图预算多计工程排污费0.52万元；三、违规对招标文件作实质性修改。针对审计发现的该项目污水管网是对现有农民住房的情况进行改造，现场工程量与施工图设计工程量调整较大，现场监理未及时办理现场签证的情况，审计提出要求业主单位、代业主单位责成现场监理，完善现场签证，督促施工单位按现场签证编制竣工图，避免不实工程量计入竣工结算，切实加强现场签证的管理。

九龙大道改造工程第四标段预结算审计项目，查出问题及处理意见：一、原结算多计工程款71.56万元，作出了减少财政支出71.56万元的审计决定。二、未按时收取履约保证金765.90万元，中标施工单位所交的300万元履约保证金也是在工程预付款支付后才收取，审计要求业主单位、代业主单位加强管理，严格依法依规办事。审计对工程结算价超过合同价2395.08万元的原因进行分析，针对在部分路段没有完成征地拆迁、没有进行地质勘察、施工图按一般路基处理设计的情况下，就进行施工招标，施工时进行补充勘察，修改设计造成设计变更增加工程造价1953.55万元，占工程结算价超过合同价的81.56%的情况，提出业主单位、代业主单位要进一步加强工程建设前期工作，今后要严格按照先勘察、后设计、再施工招标和施工的基本建设程序办事的审计建议。

开展区属中小学校舍安全工程建设（第二阶段）审计调查。查出部分学校漏报、多报建筑物；没有按照排查结论作相关的鉴定的问题。审计针对有关情况提出建立有效的工作机制，加强沟通和协调，推动校安工程顺利进行；统一排查鉴定标准；对已鉴定为C、D级危房的校舍在调整规划时全面统筹优先安排改造或重建计划；加强对民办学校的排查、鉴定工作进行监督和指导；对邻近山体存在滑坡安全隐患的校舍，采取加固措施以消除安全隐患的审计建议。区校舍安全工程主管部门在校舍安全工程调整规划中，采纳审计意见或建议，将C、D级危房的校舍优先安排改造或重建，纠正数据错误，加强排查鉴定工作，将民办学校的排查、鉴定纳入监督和指导工作中。

开展对列入国家扩大内需中央预算内计划的某科技股份有限公司聚合物材料应用安全评价中心项目（阶段性）跟踪审计调查。查出该项目存在实施前购置的8台价值190.63万元设备和与项目资金申请报告设备清单不符4台价值53.09万元设备共12台价值243.72万元设备计入该项目固定资产；设备采购进度较项目资金申请报告计划进度有一定的差距的问题。区审计局对该企业存在的问题提出处置意见，该企业吸纳审计意见剔除不属于该项目的设备，加快项目建设进度，对专业性不强和通用性设备按政府采购程序组织招标采购。

区列入亚运场馆的项目为广州国际羽毛球培训中心，由广州市审计局组织、区审计局参与对该项目进行审计，查出施工单位履约保函的保证期限未按合同约定执行，部分合同条款与招标文件条款不一致，项目经理不到位，项目地块征地拆迁成本未明确的问题。审计要求业主单位应督促相关施工单位继续履行合同义务，业主单位应按照招标文件和中标人的投标文件调整有关合同条款，补收履约保证金12.60万元，开发区管委会组织相关部门核实广州国羽中心项目征地拆迁实际成本，完整反映广州国羽中心项目的建设成本和资产价值。相关施工单位分别提交工程实际竣工时期的履约保函，业主单位认真督促施工单位继续履行合同义务；建设业主按照招标文件的规定，分别与勘察设计单位、监理单位签订补充协议，纠正合同条款与招标文件条款不一致的问题；业主单位按合同和相关规定对施工单位项目经理不在位情况进行处罚，并予以通报；审计局协调区有关部门、单位明确该项目地块征地拆迁成本核算的办法和程序，业主单位已按核实的征地拆迁实际成本，向区发改局提出项目调整概算的申请，区发改局正在办理概算审批手续。该项工程整改工作按计划推进。

**【专项审计和审计调查】** 2010年，区审计局将扶贫济困捐赠、地震救灾资金和物资拨付、某事业单位专项支出等问题进行专项审计调查。2010年6月28日市政府召开“广东扶贫济困日”捐款活动紧急会议，要求萝岗区捐赠1200万元的工作任务。区民政局发动机关、事业单位、群众团体干部职工捐款，筹集款项不足部分由区财政统一统筹安排。截至2010年8月31日，区慈善会银行账户共募集捐款4245990.60元，区财政安排资金748万元，合计11725990.60元。拨付广州市慈善会账户11015398.10元，结存资金710592.50元，本次捐赠活动没有收到捐赠物资。审计表明，2010年“广东扶贫济困日”活动，区财政局、区民政局、区慈善会行动迅速，积极组织开展捐款。区民政局、区慈善会提供的有关会计资料基本真实地反映2010年“广东扶贫济困日”活动捐赠资金的募集管理拨付情况，捐赠资金活动遵守有关规定。但审计发现区慈善会向银行交现金捐款时被银行没收假币200元直接抵减捐款收入，无法确定责任人，区慈善会从费用中列支200元于9月6日补作捐款收入并拨付市慈善会账户。

根据省审计厅《关于做好青海玉树地震抗震救灾资金和物资跟踪审计通知》的部署，2010年5月6日开展对区财政局、区民政局、区慈善会、区红十字会、区妇联募集管理拨付萝岗区玉树地震抗震救灾资金和物资进行审计。2010年“4·14”玉树地震发生后，截至7月9日17时，萝岗区募集玉树地震救灾资金的单位有区慈善会和区妇联。区财政未拨付玉树救灾资金；区红十字会由于机构性质未定，无法办理组织机构代码证和专用账户，因此在青海玉树发生地震后，该会未接受任何捐赠款物。根据被审计单位提供的资料和审计情况反映，截至7月9日17时，萝岗区募集救灾资金合计人民币3816569.17元，已拨付3816569.17元，资金结存0元。

对2008年度某事业单位支出及有关收入情况进行审计查明，2008年的会计资料未能真实反映该单位事业支出及有关收入情况，部分事业支出项目未能遵守有关财经法规。该事业单位批准同意建兴光电科技（广州）公司等8家单位以交区某街康复站装修赞助费和爱心书报亭建设赞助款抵减应缴的2006年就业保障金57.39万元，其中建兴公司等5家单位交区某街康复站装修赞助费23.39万元，由某街办事处出具“广东省接受社会捐赠专用收据”，收款后上交区财政局预算安排后返还使用；广州珍宝巴士公司等3家单位交爱心书报亭赞助款34万元，该事业单位委托广州某广告公司开具“广东省广州市服务业发票”收款后直接使用。以赞助费抵收就业保障金。抽查开发区按比例安排残疾人就业年审资料，经该事业单位批准，减、免东海橡塑（广州）有限公司等24家单位2008年的就业保障金55.78万元，减、免建兴光电公司等5家单位2006年的就业保障金203.34万元，经查上述29家单位均不符合市政府有关减、免保障金的规定，上述审批减、免的做法与国家规定不符。审计建议该事业单位规范审批同意企业以定额发放残疾人工资代替交纳残疾人就业保障金的做法，保证推荐残疾人就业名单的公开、公平、公正性。在2004年12月至2007年12月期间，该事业单位以收入不入账，虚列支出，转出资金等方式。在2个广告公司存放单位的资金629986.70元，并列支使用，未纳入单位统一核算管理，脱离区财政的监管。根据中纪委《设立“小金库”和使用“小金库”款项违纪行为适用<中国共产党纪律处分条例>若干问题的解释》，上述资金属“小金库”资金，审计局责成该事业单位指定专人清理账外账的收支，举一反三纠正违规做法。

**【内部审计指导监督】** 2010年，区审计局加强对区机关和企业内部审计工作指导服务，全区共9个内审机构展开内部审计工作。参与内审工作人员18人，完成内审项目46 个，其中：财务收支审计32个；经济责任审计5个；专项审计4个；其他审计5个，提出审计意见143条。12月28日，广州市内部审计协会第二次会员代表大会召开，局长张金海被选举为广州市第二届内部审计协会副会长，广州市第二届审计学会常务理事。 （梁月梅）

## 工商行政管理

**【概况】** 2010年，广州市工商行政管理局萝岗分局（以下简称“区工商分局”）内设办公室（含财务）、党委办（与监察科、人事教育科合署办公）、12315指挥中心办公室、法规科、注册科（与外商投资企业注册管理科合署办公）、企业监督管理科、消费者权益保护科、经济检查科、市场规范管理科（与牲畜屠宰管理科合署办公）、商标广告管理科（与合同管理科合署办公）等10个科室，下辖东区工商所、夏港工商所、保税工商所、萝岗工商所、镇龙工商所、九佛工商所、永和工商所、联和工商所8个工商所和1个经济检查大队，以及经济信息室、12315消费者申诉举报中心、个体、私营企业劳动者协会、消费者委员会办公室、牲畜屠宰管理执法大队5个事业单位。2010年，该局在编人员171名（实有公务员142名，事业编制8名，其他17名）。其中研究生以上学历10名，本科学历119名。

### 2010年萝岗区工商分局各工商所一览表

| 单 位 | 联系电话 | 地 址 |
|---|---|---|
| 东区工商所 | 22325128 | 春晖六街东城雅苑F110号 |
| 夏港工商所 | 82217904 | 青年路44号 |
| 保税工商所 | 82222543 | 广保大道120号3楼 |
| 萝岗工商所 | 32205654 | 萝岗街萝塱路75号 |
| 镇龙工商所 | 82876064 | 九龙镇镇龙市场路2号 |
| 九佛工商所 | 22056517 | 九龙镇九佛片区建设路138号 |
| 永和工商所 | 82973060 | 永和摇田河大街77号 |
| 联和工商所 | 87090476 | 联和街106号 |

**【注册登记】** 2010年，在工商分局登记在册的各类型企业及个体工商户总计18733户，其中内资企业699户，私营企业4332户，个体工商户12296户，外商投资企业1393户。另有农民专业合作社13户。是年，应检的内资企业691户，有619户申报年检，参检率89.58%；应检的私营企业为3238户，有2961户申报年检，参检率为91.45%；应检的外资企业为1269户，有1125户申报年检，参检率88.65%。

**【企业监管】** 2010年，区工商分局以深化网格化服务监管机制为基础，全面落实企业监管工作。以科学合理设置段管员职责为基础，建立"段管员工作规范"。将段管员职责重新划分和界定，依托ISO规范和风险防范管理，科学合理设置职责，规范工作流程，设定风险级别，使段管员在日常服务监管中有规可依、有章可循。以提高监管效能为目标，建立"联动管理服务工作平台"和"共享信息数据工作平台"。"联动管理服务工作平台"以

在2010年萝岗区"3·15国际消费者权益保护日"宣传活动上，与会领导向区2010年度"放心消费商店"颁发奖牌。 郑钦泽 摄

九龙镇埔心村联合整治无证照生产经营场所工作站为试点，自下而上推动各部门开展无证照生产经营场所整治工作。"共享信息数据工作平台"包括网格化服务监管专栏、企业工商联络员信息数据库、层级监管系统和外联信息互通网络，体现服务、交流、指导的综合运用，实现信息互通和效能的提升。以推动段管员主动作为、积极履职为目的，建立"服务优化机制"、"绩效考核指标优化机制"、"层级管理机制"三项机制。"服务优化机制"通过以行政指导为主的各种方式，将服务贯穿于日常监管、执法办案、消费维权等工作之中。"绩效考核指标优化机制"按照段管员工作规范，将段管员整治无照经营分为不同的环节，使段管员巡查主动性和整治无照经营的力度得到明显增强和提高。"层级管理机制"进一步明确分局、工商所、巡查监管组、执法办案组的层级职责和岗位职责，建立以段管员对网格内的情况及时发现、简单问题及时处置、复杂问题及时上报为基础，各层级、各岗位责任明确、工作有效衔接的运作模式。

**【工商服务】** 2010年，区工商分局把推动科学发展作为根本任务，服务区域经济社会发展。一是提升窗口软实力，争创区域招商的金字招牌。5月，该局借注册窗口整体入驻区政务服务中心的契机，通过践行服务理念、试行行政指导、严格流程规范、狠抓业务练兵、积极参与考核，着力打造移动型、网络型、高端型、一体型的"四型窗口"。在区政务服务中心27个窗口部门的季度评比中连续位居前列，服务评价非常满意率达100%。二是深化服务促发展，争当服务企业的排头兵。开展工商服务"五深入"活动，拓展服务的空间：现场为企业办理年检、提供业务咨询，为企业推出了"分期分批，上门年检"服务，共走访企业113户，现场年检、上门年检191户，接受业户咨询251户；开通电话语音自助咨询服务，延伸服务的时间：解决工

作时间以外的企业咨询问题，实现服务时间的无缝对接；扶持困难企业存续发展，积极引导40多家因受金融危机影响未按期入资的企业办理延期入资手续，为120多家超6个月以上未开业或自行停业的困难企业特事特办办理年检。办理动产抵押登记92宗，主债权金额50.3亿元；引导企业实施商标战略，争取区政府制定奖励措施，引导企业走创建品牌之路，全区有3件商标被认定为“中国驰名商标”，3件商标被新认定为“广东省著名商标”，8件商标被新认定为“广州市著名商标”，3件商标被延续认定为“广东省著名商标”，8件商标被延续认定为“广州市著名商标”。

**【经济检查】** 2010年，区工商分局把维护市场秩序作为根本职责，全面加强监管执法。深入开展亚运场馆周边整治、无照餐饮整治、危险化学品整治等各项专项整治工作，取缔无照经营243户，引导办照1027户。组织打假、打私、打传和扫黄打非等专项整治行动28次，检查辖区经营业户3083家。全年立案查处各类经济违法案件489宗，罚没入库421万元。

**【食品安全】** 2010年，区工商分局抓好流通环节食品安全。做好食品经营主体审核和规范工作。共受理审核并发放《食品流通许可证》852户，全区1334家食品经营主体全部建立并执行食品索证索票制度，建账率100%，其中12家超市、3家农贸市场建立电子进货台账。组织开展各项专项整治行动。组织开展“地沟油”、食品添加剂、乳制品、儿童食品、桶装水、农村食品市场等23次专项整治行动，立案查处假冒伪劣食品案件6宗。推进农村食品安全示范店工作。在夏港街等城区各建设1个食品示范店、在九龙镇农村地区每个行政村建设1个食品示范店。对超市、食杂店开展以“进货台账电子化、质量管理制度化、散装食品经营规范化和不合格食品销毁程序规范化”为标准的食品安全规范化建设。加强食品安全检测。全年食品监测车抽检样品2109批次，合格1985批次，合格率94.1%。工商所监测箱抽检样品8050批次，合格8039批次，合格率99.8%。配合省、市局抽检，开展儿童食品、米面、冷冻食品、糖果蜜饯、熟食等抽样检测，总计在萝岗区抽取样品248批次，合格227批次，合格率91.53%。

**2010年萝岗区食品安全监测车快速检测统计表**

| 样品类别 | | 抽查项目 | 抽检批次 | 合格批次 | 合格率（%） |
|---|---|---|---|---|---|
| 蔬菜水果 | | 农药残留 | 98 | 98 | 100.0 |
| 熟食制品、腌渍品 | | 亚硝酸盐 | 346 | 335 | 96.8 |
| 水发海产品 | | 甲醛 | 12 | 12 | 100.0 |
| 酒类 | | 甲醇 | 3 | 3 | 100.0 |
| 乳制品 | | 三聚氰胺 | 224 | 224 | 100.0 |
| 其他 | | 委托检测 | 263 | 231 | 87.8 |
| 副食品 | 干货、蜜饯食品 | 二氧化硫 | 943 | 889 | 94.3 |
| | 酱油 | 总酸及氨基酸态氮含量 | 27 | 27 | 100.0 |
| | 豆制品 | 吊白块 | 187 | 160 | 85.6 |
| | 食盐 | 食盐中含碘量 | 6 | 6 | 100.0 |
| 合计 | | | 2109 | 1985 | 94.1 |

**2010年萝岗区食品安全监测箱快速检测统计表**

| 检测项目 | 抽检批次 | 合格批次 | 不合格批次 | 合格率（%） |
|---|---|---|---|---|
| 农药残留样品（份） | 2029 | 2029 | 0 | 100.0 |
| 二氧化硫样品（份） | 1493 | 1490 | 3 | 99.8 |
| 亚硝酸盐样品（份） | 994 | 990 | 4 | 99.6 |
| 甲醛样品（份） | 603 | 603 | 0 | 100.0 |

（续上表）

| 检测项目 | 抽检批次 | 合格批次 | 不合格批次 | 合格率（%） |
|---|---|---|---|---|
| 吊白块样品（份） | 1079 | 1075 | 4 | 99.6 |
| 注水肉样品（份） | 984 | 984 | 0 | 100.0 |
| 含碘量 | 221 | 221 | 0 | 100.0 |
| 硼砂含量 | 71 | 71 | 0 | 100.0 |
| 色素 | 191 | 191 | 0 | 100.0 |
| 孔雀石绿 | 35 | 35 | 0 | 100.0 |
| 黄曲霉素 | 116 | 116 | 0 | 100.0 |
| 花生油纯度 | 83 | 83 | 0 | 100.0 |
| 工业碱 | 3 | 3 | 0 | 100.0 |
| 其他 | 148 | 148 | 0 | 100.0 |
| 合计 | 8050 | 8039 | 11 | 99.8 |

**【市场监管】** 2010年，区工商分局督促市场开办者做好市场食品自检，加快推进农贸市场视频监控系统的建设，督促农贸市场建立食品准入制度等方面入手，落实农贸市场食品质量安全监管工作。加大市场食品自检力度，确保亚运市场食品安全。该区13家有证农贸市场，已有10家建立检测室，并全部购买检测设备，全部实行食品自检，自检率100%。完善市场食品安全视频网络建设。在13家有证农贸市场中，有10家安装视频监控系统，重点监控市场内肉类、家禽、食品零售等重点区域。落实台账登记和索票索证制度，做到销售货物可追溯。该区各农贸市场均已建立并落实台账登记及索票索证制度，电子台账落实率和市场进货查验登记率均为100%。青年路、普晖、东基、萝岗、小东、凤凰等6个农贸市场建立联网的电子台账系统，辖区工商所可通过互联网远程查阅台账记录，做到实时监管。是年，辖区萝岗、镇龙、九佛3家屠宰场全部实施驻场管理。驻场人员全年共发现检疫不合格猪76头。全区放心肉屠宰量近15万头，日平均上市量约430头。

## 2010年萝岗区主要商场和超市一览表

| 企业名称 | 地址 |
|---|---|
| 广州市萝岗区镇龙美佳购物商场 | 镇龙华隆市场 |
| 广州市萝岗区镇龙东伟百货商店 | 镇龙北横大街 |
| 广州市萝岗区联城百货经营部 | 九佛中路凤凰农贸综合市场内C座一楼1-20号 |
| 广州市萝岗区九佛新天地百货商场 | 九佛西路享美路口 |

（续左表）

| 企业名称 | 地址 |
|---|---|
| 广州经济技术开发区大申岛货仓商场普晖店 | 普晖五街34号 |
| 广州城建开发宏城连锁超级市场有限公司利丰商场 | 青年路1号 |
| 广州经济技术开发区大申岛货仓商场 | 青年路101-103号 |
| 广州市好又新贸易有限公司 | 萝岗大街27号萝岗农副产品综合市场二楼 |
| 广州市萝岗区国虹商场 | 联和街道长安街9号首层 |
| 广州市瑞盈商贸有限公司 | 东鹏大道37号首层、二层 |
| 广州市萝岗区佳恩日用百货店 | 东区街刘村荷村路9号 |
| 广州市萝岗区华实惠百货店 | 萝岗街萝岗市场东面南侧地下一层、二层 |
| 广州市萝岗区百家隆购物广场 | 永和街新庄三路12号 |
| 广州萝岗区华益百货店 | 联和街神舟路867号7栋106房 |

## 2010年萝岗区主要专业市场和农贸市场一览表

| 名称 | 地址 |
|---|---|
| 广州市萝岗区青年路肉菜市场 | 青年路11号 |
| 普晖村综合市场 | 开发大道普晖大街103号 |
| 广州市萝岗笔村综合市场 | 东区街笔岗大道91号 |
| 广州市协民家禽交易市场 | 开发大道中夏宏路北 |

（续上表）

| 名称 | 地址 |
|---|---|
| 萝岗农副产品综合市场 | 萝岗大街27号 |
| 广州市萝岗区镇龙市场 | 九龙镇高车路与北横大街交汇处 |
| 广州市萝岗区亨美综合市场 | 九佛西路929号 |
| 广州市萝岗区凤凰农贸综合市场 | 萝岗区九佛中路 |
| 广州市萝岗区九佛工业园综合市场 | 九龙镇凤尾村惠亚集团西侧 |
| 广州市永和小东综合市场 | 永和街新庄三路12号 |
| 广州市萝岗区横迳综合市场 | 永和街永岗村横迳社石岗 |
| 萝岗长安市场 | 联和街长安 |
| 广州市萝岗区联和市场 | 联和街联和市场 |
| 广州保税区（国际）酒类交易中心 | 广州保税区广保大道首层 |
| 广州市香雪商贸城 | 萝岗街荔红二路 |
| 广州市萝岗区华隆综合市场 | 九龙镇九佛路口 |

【消费维权】 2010年，区工商分局强化消费维权职能，争做人民群众的维权卫士。推进基层维权网络建设和消费维权工作。指导7个消委会分会开展维权工作，不断延伸该区消费维权网络，通过网络的建立和完善，使投诉案件分流及时、处置快速。营造文明和谐的消费环境。在萝岗市场开展“消费者满意店档”评选活动的基础上，增加永和小东综合市场和九佛凤凰综合市场，拓展了活动的涉及面和影响力。成功处理康师傅饮料兑奖难事件。成功处理线索1748宗，兑奖1300万箱，为群众挽回经济损失近4亿元，避免了群体性上访事件的发生。全年受理群众各类投诉1103宗、举报263宗、申诉1557宗、电话咨询1118宗，申诉案件的电话回访满意率93%。

【亚运保障】 2010年，区工商分局围绕“迎亚运，保平安”的工作中心，全面落实亚运保障3个屠宰场、4家流通企业、4家物流企业、10家生产加工企业、1家药品生产企业、1家亚运赞助商、1个场馆、1个码头共25个驻点的保障任务。亚运期间，该局派驻各驻点的团队共接收食品18万箱约1850吨，发出食品22万箱约1700吨。中央电视台新闻频道《朝闻天下》以及《人民日报》先后专题报道该局驻点人员工作实况。推进市工商局第二分区指挥部的日常运作。按照工作部署，该局承担市工商局下辖7个分局的第二分区指挥部的组建和其日常运作，确立第二分区“一预案三制度”的制度体系，即以《第二分区指挥部亚运应急工作预案》为统领，明确指挥体系、处置队伍的构成，细化响应条件和应急程序，以值班制度、例会制度、考勤制度为辅助，明确亚运赛时期间日常工作要求，确保第二分区的亚运保障工作有序开展。

【参与创建文明城市】 2010年，区工商分局以“三项机制”为保障，投入广州创建全国文明城市工作中。强化督导帮扶机制。成立创文工作迎检指导组，按照“条块结合，以块为主”的原则，强化对基层各工商所的督促指导。落实工作奖惩机制。将创文工作各项指标细化后纳入工商所季度绩效考核中，从机制上保障创文工作常态化的落实。出台《创文工作奖惩办法》，对各工商所创文工作进行考核，并按照“奖优罚劣”的原则实施奖惩。创新商户激励机制。探索建立商业大街创文长效机制，制定《商业大街创文实施方案》、《评选创文先进市场实施方案》等激励措施，在青年路、荔红路、春晖四街3条商业街共300余家商户及13个农贸市场实施“一签、一选、三评比”的机制建设，取得很好效果，形成全市独树一帜的商业街创文模式。

【个体私人协会】 2010年，萝岗区个体私人协会主要工作如下：参与“3·15国际消费者权益日”活动等消费维权工作，向会员讲解法律法规知识、派发宣传资料，协助会员解决消费纠纷，并为会员挽回经济损失20多万元。投入创建全国文明城市工作，发挥紧密联系会员的桥梁作用，鼓励辖区商业街会员参与创文工作，成立创文宣导员和志愿者队伍，为商业街创文工作作出积极的贡献。组织会员开展军民共建以及慰问关爱活动，组织个私协会企业代表组成慰问团，慰问从亚丁湾凯旋的“广州”号导弹驱逐舰，送上慰问金和饮料。在春节、中秋等传统节日，向残疾智障和困难会员送去慰问品、慰问金。

（郑钦泽）

## 价格管理

【概况】 2010年，广州开发区、萝岗区物价局（以下简称“区物价局”）发挥价格职能作用，全面实施“一企一策”，准确发放各项价格补贴，1.68亿元。推进开发区行政事业性收费改革试点，多渠道推进中新广州知识城行政审批“零收费”试点工作，有计划推进广州价格话语权工作。全力做好保亚运市场价格监测预警工作，加大价格监督检查力度，实现亚运期间区价格“零举报”和“零处罚”。做好成本监审工作，累计监审总额达35.7亿元，开展“价格服务进万家”活动，重视惠民、涉农价格政策的宣传工作，在全市率先推进价格综合服务窗口建设，稳步开展价格认证工作。

【公用事业产品价格管理】 2010年，根据广东省物价局有关规定，萝岗区的水、电、管道液化石油气、管道天然气、管道代天然气和蒸汽产品等公用事业产品价格属政府定价管理范畴。其中电价格管理权限在省。

·蒸汽产品价格·2009年以来，煤炭价格表现为稳步上涨，区蒸汽产品价格也相应地进行调整。根据煤热价格联动机制（煤热价格联动的比价为：当煤炭进货价每上涨或下降1元/吨，区的热力价格相应上涨或下降0.1632元/吨（不含线损，不含增值税））和大用户企业代表座谈会意见，区物价局做出蒸汽产品非居民用户价格调价行为5次，期间的煤炭价格上涨幅度为19.24%，蒸汽价格涨幅仅为10.99%。

为科学合理制定区蒸汽产品价格，提高价格管理透明度，该局先后召开热力用户座谈会2次及网上征求意见2次，参加代表共计94人次，做出调价决策2次。

2010年萝岗区蒸汽产品价格调整情况表

| 价格执行时间 | 非居民用户蒸汽产品价格（元/吨） | 对应的原煤进货均价（元/吨） | 文件依据 |
|---|---|---|---|
| 2009年11月1日至2010年1月31日 | 149.21 | 520.27 | 穗开价[2009]35号 |
| 2010年2月1日至2010年4月30日 | 167.21 | 630.58 | 穗开价[2010]3号 |
| 2010年5月1日至2010年7月31日 | 170.00 | 647.68 | 穗开价[2010]19号 |
| 2010年8月1日至2010年10月31日 | 170.00 | 647.68 | 穗开价[2010]22号 |
| 2010年11月1日至2011年1月31日 | 165. 60 | 620.72 | 穗萝价[2010]63号 |

（备注：上述蒸汽销售价格未含管损和增值税，原煤热值为5000大卡，热源出口压力为1.2±0.1MPa。）

·管道燃气价格管理·根据广州市物价局《关于我市区域性管道燃气价格管理有关问题的通知》（穗价[2005]166号）区域性管道燃气的价格原则，区物价局改进区内燃气、蒸气价格管理，按照成本利润双管制的原则，根据燃气、煤炭购进价格多边的特点，完善动态管理机制，科学制定区管道液化石油气、管道代天然气价格，分别如下：

2010年萝岗区管道液化石油气销售价格情况表

| 执行时间 | 类别 | 价格（元/立方米） | 对应液化石油气CP报价平均价格 | 文件依据 |
|---|---|---|---|---|
| 2010年1月1日起 | 居民用户 | 16.2 | 6141.82元/吨 | 穗开价[2009]38号、穗开价[2010]6、16号、穗萝价[2010]56、75号 |
| | 其他用户 | 18.00 | | |

2010年萝岗区管道代天然气销售价格情况表

| 执行时间 | 类别 | 价格（元/立方米） | 对应液化石油气CP报价平均价格 | 文件依据 |
|---|---|---|---|---|
| 2010年1月1日起 | 居民用户 | 6.44 | 6141.82元/吨 | 穗开价[2009]38号、穗开价[2010]6、16号、穗萝价[2010]56、75号 |
| | 其他用户 | 7.16 | | |

## 2010年萝岗区管道天然气正式销售价格情况表

| 执行时间 | 类别 | 价格（元/立方米） | 文件依据 |
| --- | --- | --- | --- |
| 2009年7月1日起 | 居民用户 | 3.45 | 穗开价[2009]32号 |
| | 其他用户 | 4.31 | |

·水价管理·2010年，区物价局开展对区内居民、非居民用水现状、用户结构的调研，推进区居民用水阶梯式水价改革，指导区供水管理中心制订《广州市萝岗区城市计划用水管理办法》，预计将在2011年年初全面实施。

## 2010年萝岗区各类用户用水价格情况表

| 用水类别 | 价格（元/吨） | 备注 | 文件依据 |
| --- | --- | --- | --- |
| 居民生活用水（环卫、绿化） | 1.32 | 已实行阶梯式计量水价的用户，此价格为第一级水量基本水价；未实行阶梯式计量水价的用户，按此价格计收。 | 穗价[2005]239号、市政园林函[2006]142号、穗开内收[2009]403号 |
| 工业用水 | 1.83 | | |
| 行政事业用水 | 1.61 | | |
| 经营服务用水 | 1.83 | | |
| 特种用水 | 3.38 | | |

·落实各项价格补贴政策·2010年起，萝岗区蒸汽价格财政补贴力度减小，考虑到金融危机影响的后续结果还在显现，水、电等生产要素价格呈上涨趋势，企业成本压力仍较重，为确保区经济平稳较快增长，该局以重大产业项目为突破口，在维持原有普惠制的基础上，对区工业产值前50强的企业采取“一企一策”的扶持政策，此项措施惠及区内16家企业，补贴金额911万余元。同时，严格按照区管委会有关精神对区内各相关企业实施蒸汽价格补贴、企业专项价格补贴，2010年1月1日至12月31日期间，为60家企业办理蒸汽价格补贴申请182项，发放蒸汽价格补贴2217.55万元；为321家企业办理企业专项价格补贴申请463项，发放补贴1.45亿元，上述两项补贴政策共计发放1.68亿元。

【收费管理】·行政事业性收费管理·2010年2～5月，由区物价局牵头、在审计、财政、纠风等部门配合下，在全区范围内开展2009年度收费综合审计工作，重点针对区建设和环境管理局、区国土规划局、房地产管理所、土地交易中心（土地储备中心）、供水管理中心、环境监测站、联和街道办事处、九龙镇政府及其下属计生办、社区综合管理服务中心、农林水利综合管理服务中心、民政局婚姻登记点等12家单位进行实地年审，实地年审率33%，圆满完成行政事业性收费综合年审工作。清查全区36个行政事业性收费执收部门（包含工商分局、地税分局、国税分局），涉及收费项目41项，收费总额为49564.33万元，较上年增加14.20%。同时创新年审工作方法，对综合收费年审重点单位的审前公示采取在被年审单位张贴公示和在局网站发布的形式，保证年审工作的实效。

·收费改革·2010年，在区物价局争取下，从7月1日起，广州市部分行业堤围防护费征收标准按省定的最低标准计征。减轻萝岗区企业负担约250万元/年。这也是区行政事业性收费综合改革的关键突破。与此同时，该局继续配合广州市物价局研究开发区行政事业性收费改革试点工作，争取行政事业性收费改革工作在区先行先试。为在中新广州知识城营造最佳国际投资环境，运用价格杠杆促进知识城建设，提升知识城在国内外的竞争力，该局争取省市物价局的支持，研究出台“知识城”收费减免政策；并通过推进知识城立法工作，推进中新广州知识城收费管理体系建立。2010年，在《知识城管理条例》（上报稿）中已提出：知识城管理机构享有对入本级财政的行政事业性收费的减免权，在知识城实行审批管理零收费，即只保留符合国际通行惯例和对等原则的行政事业性收费项目、资源补偿类的行政事业性收费项目以及涉及个人资源参加的各种资格考试类的行政事业性收费项目。

·落实各项惠民惠农价格政策·为切实减轻企业负担，降低居民生活成本，2010年，该局全面清理涉企收费、涉农收费和行业协会经营服务性收费，对21家行政事业性单位的29个行政事业性收费项目，25家行业协会的17项收费项目进行全面梳理。停止征收“土地证工本费”、“国内植物检疫费”、“个体工商户注册登记费”和“门（楼）牌费”等4项行政事业性收费；降低“使用流动人口调配费”，标准由原来的9元/人·月降到4.5元/人·月，上述措施共减轻群众负担49.10万元/年。

·其他收费·加强教育收费、医疗服务收费、药品价格、机动车保管服务收费管理。完善教育收费监管机制，按相关文件规定，对区内18所幼儿园进行的收费项目及收费标准进行备案；为17所公办中小学校及单位更换教育收费许可证。加大宣传力度，及时在区域网公布相关国家基本药物价格政策、价格等医药信息。落实区内街内巷停车场收费政策以及商场类配套停车场等的跨时段收费政策，规范区内停车场收费明码标价工作管理，完成区内停车场审核17项。（雷　敏）

【价格监测及服务】·亚运市场价格监测预警工作·2010年，经萝岗区政府同意，成立由分管副区长为组长，18个部门的主要负责人为成员的萝岗区亚运期间价格异动事件应急工作领导小组，并制定《广州市萝岗区2010亚运期间价格异动事件工作应急预案》，防患于未然。围绕全市工作部署，抓好《广州市物价局2010亚运期间价格调控和监管工作方案》的贯彻落实。重点落实了在亚运期间和亚残运会期间对住房、餐饮等重要行业，商品的服务价格的日报、周报、月总结制度。选择翡翠皇冠假日酒店、华厦国际商务酒店、新港明珠大酒店、天鹿湖森林公园等具有代表性的经营企业作为价格监测点，对其涉及的120个监测品种价格，根据不同时期，适时调整监测频次，确保监测数据真实、可靠，及时预警。从监测情况看，亚运期间，区内住宿、餐饮、酒类、旅游门票等价格基本平稳。

·成本监审·2010年，区物价局加强对垄断性行业的定调价和定期成本监审，通过政府购买服务方式重点对区公用事业性单位恒运集团、恒运东区热力、南方中英文学校3个单位进行成本监审，累计监审总额35.7亿元，累计核减不合理成本1.1亿元，为核算定价成本奠定基础。

·价格服务·2010年，区物价局推进“价格服务进万家”活动，重视惠民、涉农价格政策的宣传工作，在全区28个行政村，31个社区（其中14个为村改居）中，通过制作及更新5块自动换画灯箱式价格宣传栏、60块《广州市萝岗区“价格服务进社区”价费公示栏》和32块《涉农价费公示栏》，方便居民、农民获取所需的涉及水、电、气、环卫、物业、教育和婚姻等14个方面价费信息。加强各领域的物价员队伍建设，全方位培训全区社区义务物价员、农村物价员、学校物价员、医院物价员、企事业单位物价员、景点物价员共计140人次，全区物价员累计140名，较2009年增加16名。全年发放（换）新的收费员证70余个。围绕“便民、高效、廉洁、规范”的工作目标，推进价格综合服务窗口建设工作。制定蒸汽价格补贴审批、企业专项价格补贴审批、《广东省收费许可证》审批、民办非学历教育收费备案、机动车停放保管服务收费核准、校服价格审批等相关业务的办事指南，简化工作流程，缩短审批时限共计5个工作日，实现公众和企业在线查阅权力事项、提交办件申请、查询过程结果、提交咨询投诉、评议服务质量等全流程功能。完善办件资料登记、统计等管理工作，自开设价格综合服务窗口以来，共办理各项业务申请辅导、审批、咨询事项1300余件。

【价格监督检查】 2010年，广州开发区、萝岗区物价检查所（价格认证中心）开展专项检查15项，处理价格举报44宗，派出检查人员636人次，现场责令整改68次、发出行政执法建议函2份，合计纠正价格违法行为82次。亚运期间，区内各类市场物价秩序稳定，实现零举报和零处罚。多项措施并举，健全电话、邮件、上级转办等传统举报接收方式的同时，推进网上举报系统的建设。是年，广州市通过12358价格举报电话收到的举报，属于萝岗区的不足总量的1‰。

【价格认证】 2010年，广州开发区、萝岗区物价检查所（价格认证中心）共受理涉案物价格鉴定1786宗，出具价格鉴定结论930份，结论金额8326.79万元，10万元以上大案42宗，案件涵盖了盗窃、抢劫、寻衅滋事、抢夺、破坏电力设备、职务侵占、生产销售伪劣产品等27种性质。3月，受理区检察院反渎局提交的涉案金额达6000万元的价格认证案件。不断完善价格认证系统，用户除区公、检、法等单位外，进一步覆盖到部分政府部门，通过电子印章，实现“多用网路，少用马路”。与广东省农科院的有关专家学者开展果树损害价格鉴定课题研究，完成《果树价值估算参考标准》讨论稿。（卢晓烽）

## 质量技术监督

【概况】 2010年，萝岗区质监局履行监管职能，实现辖区101家食品企业、12486台特种设备亚运期间平安运转，攻克高新技术标准化示范区建设的七大指标，开拓了质监与工商一体化监管的“萝岗模式”，8个执法联络站和九龙质监工作站相继挂牌成立，全局工作呈现出良好发展的势头。

【质量监督管理】 ·产品质量监管·2010年，萝岗区质监局综合业务建档工作进一步深化，完成805家生产企业的建档工作。以确保亚运产品质量为重点，深入开展危化品、涉亚产品等行业性专项整治工作，检查企业78家，签订《质量安全承诺书》，落实质量安全责任。强化生产许可证和强制性认证产品生产企业质量监管，通过巡查、专项整治、现场审查等形式，督促获证企业保持持续发展的环境条件、生产设备，保持生产过程控制和质量控制水平，61家企业获工业产品生产许可证，75家企业通过3C认证。九龙镇工作站在质量安全监管、推动地方经济发展方面发挥作用逐步体现。

·质量强区工程·2010年，区质量强区工作领导小组办公室出台《广州开发区萝岗区质量强区战略专项资金管理办法》等质量强区配套文件，召开2次领导小组联席会议和质量强区奖励专家评审会，为质量表彰大会的召开奠定基础。开展产品质量状况宏观分析和研究，编写2009年质量分析报告，全面分析区工业产品质量总体情况，为区政府决策提供依据。开展2009年质量竞争力指数企业数据调查，开展品牌培育和市政府质量奖后备企业推荐，推荐6家企业的8个品牌入2010年省名牌目录，5家企业作为2010年市政府质量奖的培育对象。

【标准化监督管理】 2010年，萝岗区质监局制定重点行业消灭无标措施，通过专项检查、监督抽查、走访巡查等手段，全年检查200余家食品化妆品、QS及CCC涉证企业，完成100%消灭无标生产要求。开展“食品标识管理规定”宣贯会，组织食品类企业标准实施监督员培训班，为72家企业新增配备标准实施监督员75名，列入区供亚食品的10家企业100%配备标准实施监督员。优化纯标识不合格后处理工作流程，全年处理34宗标识不合格案，整改完成率实现100%。抓好农业标准化示范区创建，加快地理标志农产品标准制定。在广州市各区县首次将“国家、省市批复立项的农业标准化示范区建设项目”纳入农村扶持配套资金。推动2家单位完成2项广州市农业技术规范的编写工作。开展“萝岗甜橙”、“萝岗糯米糍荔枝”地理标志保护申报和相关技术标准编写工作，实现两个地理标志产品同时立项，同时推进。推动服务亚运公共场所服务标识标准化改造，落实亚运重点场所标识检查和整改，组织区党政办等10多个部门学习公共图形标识国家标准等业务知识，在城乡结合区农贸市场开展服务标识标准化改造，在辖区3家主要农贸市场率先建立统一、规范的中英文标识体系，整改完成公共标识牌100余块。

2010年3月23日，区质监局九龙镇工作站成立。 符 唐摄

【计量监督管理】 2010年，萝岗区质监局以惠民利民为目标，做好计量保障。对全区集贸市场、医疗机构等8大领域，开展日常监督检查和专项整治，全年完成巡查253家次，检查强制检定计量器具2184台（件），计量器具检定率均为98%以上，集贸市场强检率95%。使用法定计量单位、建立

计量器具台账及管理制度、服务承诺制度等主要指标，合格率均为100%。开展“推进诚信计量建设和谐城乡”活动，在集贸市场、加油站两个行业分别培育一家诚信计量示范单位。举办以“健康计量进医院”为主题的医疗计量器具现场检定、咨询、宣传服务活动，解决区社区卫生站、村卫生室送检不方便的困难。加强对集贸市场监管，与主办单位签订诚信计量承诺书，为其免费提供管理用砝码。能源计量工作进一步深化，全区22家重点耗能企业，有12家企业提前一年完成“十一五”节能目标，9家企业建有计量保证体系。准确掌握全区26家各类实验室情况，100%建立实验室信息档案。在主要耗能企业和规模企业推进计量保证体系确认工作，在重点食品、化妆品等生产企业推进定量包装商品“C”标志认证。

【食品安全监管】 2010年，萝岗区有食品企业101家，其中供亚食品生产企业11家，占全市供亚食品企业近二分之一。为切实做好亚运食品安全监管，萝岗区质监局建立有关保障机制，实现从源头到成品的全过程保障。主导建立9支共84人的驻厂监管团队，对企业的质量安全、安保、物流、劳资等问题进行监管和协调，严格落实驻厂各项工作制度。共出动监管人员1658人次，安全出货食品累计达190个产品，4580个批次，共计735吨，顺利完成赛前提出的“零断供、零事故、零投诉”的既定目标。开展乳制品、食品添加物质、一次性餐具和化妆品等重点行业专项整治40余次，规范辖区行业生产秩序。严格落实生产许可制度，年审生产许可证76张，组织参加比对实验110家次，完成食品委托加工备案121宗，食品相关委托加工备案2宗，化妆品委托加工备案7宗，完成企业现场审查观察员工作83家，食品监督抽查抽样411批次，实物质量合格率98.5%，继续保持较高的合格率水平。

【特种设备安全监管】 2010年，萝岗区有在用特种设备的企业1125家，设备12486台。全年巡查企业285家，发出安全监察指令书273份，受理使用登记1362台，使用登记变更1222台、安装告知1420台（条）。为做好亚运特种设备安全监管，萝岗区质监局与涉亚场馆、酒店等特种设备使用单位的法定代表人、安全管理人员、设备操作人员和监察、检验人员签订五级责任状，对辖区亚运“核心区”、“周边区”、“相关重点区域”开展地毯式隐患排查，督促企业落实安全主体责任，实现亚运会期间“核心区”特种设备无事故且无明显故障，“周边区”不发生特种设备事故，“相关重点区域”不发生有人员伤亡的特种设备事故的既定目标。

整治特种设备安全隐患，使全区超期设备从548台降到10台左右，不合格设备从82台降到7台。通过对特种设备超期数据进行分析对比，确定整治重点，查封28家企业的104台设备。对全区400家特种设备使用单位安全责任人开展培训，宣贯特种设备安全管理知识，落实企业安全主体责任。开展应急救援演练，联合涉亚单位和重点监控的18家单位开展事故应急救援演练，测试应急救援预案，简化和改进流程，提高救援效率。

【稽查执法】 2010年，萝岗区质监局探索灵活有效的一线综合巡查监管方式，质监与工商一体化监管“萝岗模式”机制有新进展，8个联合监管和执法联络站全部挂牌成立，人员到位，信息共享机制逐步完善。行政执法效率不断提升，全年立案件46宗，办结案件42宗，办理处罚告知，听取陈述、申辩20宗次，查处取缔各类无证照窝点5个，涉案货值123万元，到位罚没款87.07万元，成功查获假冒“资生堂”产品、假冒怡宝饮用水等案件。投诉举报问题查处力度强化，全年受理投诉举报49宗，全部核实处理完毕。

【创建高新技术产业标准化示范区】 2010年，高新技术产业标准化示范区建设取得突破性进展，萝岗区质监局重点攻克了企业承担TC/SC/WG秘书处、标准化良好行为两大难点，示范区七项建设指标基本达标。推动34家企业72个产品完成采标认证，高新技术企业采标率占重点企业85%；推动4家重点企业建立先进企业标准化体系，创建完成率占重点企业8%；推动30家重点企业参与制修订近300项的技术标准项目；推动中国电科院等7家企业获批承担全国TC/SC/WG秘书处，广州计量院等2家单位获批承担广东省TC/SC/WG秘书处，重点高新企业承担国家TC/SC/WG比率达14%；在全市首次尝试专利科技成果标准化转换，推动10家企业完成60项专利向技术标准的转换，4家高新企业当选国家“知识产权优势企业”，成为全市科技创新与标准化“三同步”典型；推动成立“广州开发区LED塑料灯具技术联盟”等7个产业联盟，制定全市首个食品包装业联盟标准《PET（聚酯）瓶坯》。

（符　唐）

## 食品药品监督管理

【概况】 广州市萝岗区食品药品监督管理局（以下简称“区药监局”）前身是2002年3月成立的隶属开发区政府工作部门之一的广州市药品监督管理局广州经济技术开发区分局。2005年1月经机构改革该局组建为广州经济技术开发区食品药品监督管理局，实行双重管理体制。同年，开发区、萝岗区成立“食品安全委员会”，下设的“食品安全委员会办公室”与该局合署办公，负责组织协调全区食品安全监管工作。2006年8月随广州市行政区划调整，该局更名为广州市萝岗区食品药品监督管理局，并直属广州市食品药品监督管理局，负责全区食品综合监管和药品、医疗器械、保健品、化妆品的安全监管及行政执法工作。2010年3月，区食品药品监督管理局整体划归萝岗区政府管理。

2010年，区食品药品监督管理局内设机构有：办公室、稽查科、药品医疗器械监管科、保健品化妆品监管科、食品安全综合协调科。截至2010年末，该局在职干部职工29人，其中公务员编制23人，工勤编制人员4人，雇员2人。有研究生8人、本科18人、大专3人。处级干部4人，科级干部12人。中共党员22人。

至2010年底，全区共有药品生产企业21家、医疗器械生产企业31家、保健食品生产企业17家、化妆品生产企业28家、实现工业总产值近820亿元，同比上年增长5%以上。

【亚运药械及食品安全保障】 ·药械安全保障·亚运前夕，区药监局重点开展对药品批发、经营企业药源性兴奋剂专项检查。至2010年11月，共出动执法人员916人次，检查药品批发企业和零售企业171家次。赛前阶段，该局加强对亚运会（亚残运会）比赛、训练场馆等重点区域的药品零售企业的监管力度，确保赛时药源性兴奋剂的监管安全要求落实到位。重点确保保障区域内无违法制售假劣药品、违法销售成瘾性药品、擅自经营蛋白同化制剂和肽类激素、不凭处方销售处方药，特别是不凭处方销售可待因口服溶液等行为，为亚运会创造安全稳定的良好环境。赛时阶段，通过分类分级巡查守点，确保亚运期间三品一械质量安全。同时，该局还对萝岗区亚运定点医疗机构——开发区医院进行重点监管，督促医院上报供运动员专用药械质量安全保障工作各项自查报告。

·食品安全保障·2010年，萝岗区担负着第16届广州亚运会主要场馆、运动员村、技术官员村、媒体村食品药品主要供应企业的安全保障任务，共21家涉亚企业。该局作为食品安全的综合协调部门，为做好涉亚企业驻点保障工作，成立区亚运食品药品安全与产品质量保障工作专责小组，研究制定《萝岗区亚运食品药品安全与供应保障工作团队组建方案》、《萝岗区广州亚运会亚残运会（广州赛区）突发食品供应保障方案》和《亚运期间食品药品安全与供应保障值班工作制度》等方案制度，建立亚运食品药品安全保障体系，组建了高素质的食品药品安全保障团队。落实350万元专项保障工作经费，配备X光机对产品进行排查，派专人和警力对生产场所进行24小时监管和对运输车辆进行随车押运，全力保障好本次亚运会的用餐用药安全。截至12月19日，区食安办协调全区为保障供应亚运食品安全共出动执法人员1258人次，检查生产领域已出货的供亚食品累计达到190个产品，4580个批次，737.42吨。流通领域共收货378批次，419车，6127个品种，152196箱，约1468.60吨（麦当劳供亚收货92批次，267个品种，16892箱；爱玛客供亚收货286批次，5860个品种，135304箱）；共出货180批次，257车，11925个品种，120439箱，约1220吨（爱玛客供亚出货123批次，10510个品种，109019箱；麦当劳供亚出货57批次，1415个品种，11420箱）。供应一类人群约1075吨。亚运会、亚残运会期间共抽检691个品种，退货13批次13车37个品种3319箱，销毁4批次3车13个品种1825箱。

【市场监督】·药品市场日常监管·2010年，区药监局对辖区24家药品生产企业开展日常检查，加强企业对质量管理体系的控制，督促企业按照GMP规范组织生产，严格各项生产记录、加强对生产流程的控制以保证产品质量。该局全年共出动120人次完成76家医疗机构的药品使用质量监管工作；共出动313人次对高风险生产企业进行驻厂检查，发现整改事项80余条；出动152人次对57家器械生产企业开展日常检查；出动258人次对13家批发企业、140家药品零售企业进行日常检查，另外GSP跟踪检查25家，其中，对3家未凭处方销售处方药及1家未经批准设置仓库的药品零售企业进行“警告”处罚。

是年，该局共办理《药品经营许可证》20家，换证9家，变更11家，注销4家；共开展《医疗器械经营许可证》新办现场验收17家，变更现场验收6家。截至是年底，辖区共有在册零售药店101家，连锁药店40家。

·农村药品“两网”建设·是年，该局开展对两网协管员、信息员的培训工作，对2009年度优秀的协管员和信息员进行表彰。重点检查全区28家卫生站及2家供应药品的医院，对存在的问题督促企业限期整改，确保农村药品市场秩序正规有序。

·保健食品化妆品日常监管·该局全年共检查27家化妆品生产企业， 其中18家化妆品生产企业由于原料成品的存储、卫生设施等不符合要求被责令整改，有15家已完成整改；检查19家保健食品生产企业，6家保健食品批发企业和96家保健食品经营单位。11家保健食品自主生产企业中，有5家违反GMP项目，被责令整改；对在产的25家化妆品生产企业，9家保健品生产企业进行了企业质量信用分级。

【稽查打假】·质量排查及专项行动·2010年，区药监局质量排查的重点是亚运专项三品一械抽检工作，全年共出动稽查人员256人次，抽检“三品一械”412批次，其中药品235批次，保健食品72批次，化妆品76批次，医疗器械29批次，超额完成2010年度各项抽样任务。所抽验的产品均合格。

是年，该局先后开展药源性兴奋剂专项、含可待因复方口服溶液等成瘾性药品专项、计划生育药械市场专项、非药品冒充药品专项、珠三角区域七市药监稽查联合打假专项、医用氧和分子筛制氧检查专项、“剑锋10”校园及周边违法经营成瘾性药品专项、高危保化企业检查专项、涉乳保健食品生产企业专项、化妆品生产企业违法添加专项、打击利用互联网等媒体发布虚假广告及通过寄递等渠道销售假药专项等10余次整治行动，出动执法人员1919人次，联合执法71人次，监督检查生产、经营、使用企业577家次。

·案件查办·是年，该局共受理案件21宗，接听群众来电共计18人次，接待来访4人次，受理举报投诉6宗，办理上级交办投诉举报9件，收到市局交办及各地协查案件153件。立案21宗，结案35宗，入库罚没款23万余元，向法院申请强制执行案件1宗，取缔无证经营3宗。其中货值金额在10万以上的4宗，货值金额在300万以上的1宗。

【控烟宣传督导】 2010年，区药监局为贯彻落实《广州市控制吸烟条例》，在全区开展控烟宣传督导专项行动。督导行动的主要对象包括区内经营场所使用面积在150平方米以上或餐位在75位以上的餐饮场所，宣传督导内容包括控烟制度的制定和控烟组织机构、控烟工作网络的落实情况，控烟宣传的落实情况、禁止吸烟标志的落实情况等。共出动执法人员20人次，发放宣传册30份、《广州市控制吸烟条例》30份，控烟宣传海报30份及禁止吸烟标志90个。

【推动校企合作共建生物医药产学研基地】 2010年，区药监局推动广东食品药品职业学院与广州开发区、萝岗区企业合作共建生物医药（食品）产学研基地。区内宝洁、安利、扬子江等60家医药企业参加该合作项目。该合作项目建立后，学校将借助区高层次企业人才资源的优势，紧密结合企业生产需要，建立多层次人才培养体系，并为企业发展提供更多的人力保障、技术服务和智力支持；同时，区生物医药企业能充分利用其先进的、完善的设施设备和一线生产环境，帮助学校提高教育教学质量；企业的核心技术人员也可以走进职业院校，上讲台教技术，帮助培养出更多合格的高素质技能型人才，从而促进职业教育的良性循环，实现学校、学生、企业三方的共同发展，使校企合作关系互相促进形成更大的合力。

【协办2010中国医药质量新政论坛暨年会】 “2010中国医药质量新政论坛暨年会”于2010年6月24日在广州市珠江宾馆召开。区药监局做好会议的各项联络和准备、协调工作，组织国内众多药品生产企业和经营企业参加会议，倡导“质量成就价值，诚信铸造品牌”的质量管理理念。为使企业更好地理解中国药政管理的新政策法规、新版《药品生产质量管理规范》（GMP）、保健食品立法新动态等，年会安排“注册质量规范新思路”、“用药安全与临床质量管理”、“企业药品质量管理与案例分析”等论坛讲座，促进与全国其他城市在医药政策、法规和技术管理方面的交流，有利于提升本地企业的整体素质和发展水平。 （万 丽）

## 安全生产监督管理

【概况】 广州经济技术开发区安全生产监督管理局于2002年6月成立。2005年萝岗区成立后，是年11月，成立广州市萝岗区安全生产监督管理局（以下简称“区安监局”）。2010年1月28日，区安监局办公地点由广州保税区国运大厦三楼搬迁至萝岗区行政服务中心执法综合大楼A栋6楼。

2010年底，该局在职人员42名，其中机关行政编制14名，行政执法专项编制15名，事业编制2名，工勤人员1名，政府雇员10名；研究生7名，本科32名，大专2名，中专及高中以上1名；中共党员37名。

是年，区安监局获广州市“五五”普法工作先进集体、广州市禁毒工作先进集体；广州市安全生产行政执法考核第1名。局长严志明荣获广州市依法治市第四个五年规划工作先进个人、广州亚运消防工作先进个人称号；副局长洪映明荣获广州市综治工作先进个人称号。

2010年，萝岗区发生工矿商贸企业（含建筑）一般生产安全事故10起，死亡5人，未突破市政府下达的控制指标7人；重伤5人，直接经济损失约371.56万元。安全生产考核得分110分，名列全市第一名，为优秀单位。组织7万多人次，开展各类安全生产专项检查整治近200次，检查生产经营单位（场所）5万多家次，检查出租屋8万多套，清理无证照生产经营单位（场所）150多个，消除安全隐患1.5万多处，隐患整改率98%以上。全年查处非法成品油加油点2处、非法储存危险化学品仓库6个、违规配置不合格劳保用品企业16家、暂扣非法营运车辆68辆，整治取缔无证经营网吧18间，责令停产停业使用不合格消防场所3个，查处无证照生产经营作业场所900多家，引导办证624家、取缔311家，办理建筑施工企业诚信记录案件451宗，对非法违法行为立案60宗，总罚没金额54.22万元（其中消防行政处罚15宗、罚没金额13.87万元、行政拘留1人）。全年检查危险化学品生产企业226家次，审批危险化学物品运输91宗，危险化学品使用企业550多家次，发现安全隐患820多处，已完成整改805处，对6家非法储存、违规存放危险化学品企业进行行政处罚。完成建设项目安全生产“三同时”登记备案21个、安全预评价9个、投试产验收128家，为141家企业提供安全生产投试产服务。共接到群众有效投诉举报22宗，全年办理一般程序行政处罚案件53宗，结案52宗，共罚没金额143.65万元；全年举办厂长（经理）培训班6期，考核合格人数387人；举办厂长（经理）再培训班13期，考核合格1138人；举办安全主任培训与再教育班22期，考核合格人数2393人，免费为2500多名企业员工开展普及性安全培训。（林伟珊）

**【安全生产目标管理】** 2010年，萝岗区把“平安亚运”作为安全生产责任目标工作的重要内容，建立健全安全生产目标责任制度，坚持和完善控制考核指标体系和考核奖惩制度，做到预警跟踪、季度通报、半年督查、年终考核，促进“平安亚运”目标圆满实现。年初，区安委会将《安全生产责任书》、《消防安全工作目标管理责任书》、《道路交通安全管理工作目标管理责任书》、《水上交通安全管理责任书》4份有关安全生产考核的责任书“合四为一”，63个单位在全区安全生产工作会议上与区政府签订上述4类责任书。年底，区政府将维稳综治、安全生产、消防安全、道路交通安全、水上交通安全、出租屋管理和预防青少年违法犯罪等7类责任目标考核合并开展，区委副书记陈小华，常务副区长李红卫，区委常委、政法委书记赵伟国，区委常委、区公安分局局长魏待征，区人大常委会副主任葛振亭，副区长庄凡夫、成潘流等区领导于12月22日至24日分别带领综治、安监、公安、交通、社区管理、教育、团委等22个部门的负责人和工作人员，对辖区66个单位分类进行联合大考核。

经区安全生产委员会、消防安全委员会、道路交通联席会议和区水上管理及渡口渡船专项整治领导小组考核评定，并经区政府研究决定，区安全生产监督管理局等20个单位被评为“区2010年度安全生产工作先进单位”，区党政办公室等10个单位被评为“区2010年度消防安全工作先进单位”，区公安分局等30个单位被评为“区2010年度道路交通安全工作先进单位”，夏港街被评为“区2010年度水上交通安全工作先进单位”。（刘晓敏）

**【安全生产执法监察】** 2010年，区安监局开展危险化学品、建设工程、物流企业、道路交通、特种设备、烟花爆竹、劳动防护用品、冶金机械行业、废品回收企业、金银首饰厂垃圾非法提炼加工和反“三违”等专项执法检查。共检查生产经营单位1116家次，发出现场检查记录1116份；办理一般整改复查案件412宗。受理群众举报投诉22起，奖励举报人10名，发出举报奖励金8200元。加强行政执法工作，全年办理一般程序行政处罚案件53宗，结案52宗，共罚没金额143.65万元，实现执法检查、行政处罚结果100%电子化，全年执罚回访率100%并符合规范。继续委托各街镇实施安全生产行政执法，5街1镇安监中队共检查企业9551家次（包括“三小”场所）；发出责令改正指令书415份，整改复查意见书410份；参与调查一般程序行政处罚案件28宗，其中各街镇安监中队独立办案7宗，与执法大队联合办案21宗。区安监局和各街镇办理的案件100%使用“说理式”处罚告知和规范行政处罚自由裁量权。无移送司法机关追究刑事责任案件，未发生听证、行政复议、行政诉讼。成功举办广州市街镇安全生产行政执法岗位比武竞赛现场会和执法现场观摩会。区安监局连续三年获全区行政执法评议考核第一名和连续第四年获得全市安监系统行政执法评议第一名。（许美群）

**【应急救援体系建设】** 2010年，萝岗区加强安全生产应急救援体系建设，不断提高全区安全生产突发事件应急处置能力。加强应急队伍建设。8月20日，依托区公安消防大队，成立萝岗区综合应急救援大队。10月8日，成立萝岗区九龙消防临时执勤点，有效解决九龙镇“远水救不了近火”的被动局面。区投资3890万元建设东区消防站。

完善应急预案体系。2010年是亚运年，区开展应急预案编制工作。组织编制《广州开发区萝岗区亚运期间生产安全事故应急预案》；督促亚运场馆、涉亚场所单位制定应急预案，如广州东永港华有限公司制定《亚运会期间NBA场馆供气专项保障方案及应急预案》，亚运场馆2公里范围的明立加油站、腾溢加油站编制完善有关预案，并上报市安全监管局备案；组织编制广州联穗能源供应有限公司、广州市震霖液化石油气有限公司、广州东永港华燃气有限公司永和气站和广州市永顺漂白水有限公司等4家重大危险源单位事故场外应急救援预案，进一步完善区应急预案数据库。

开展应急演练。9月27日上午，区在广州国际体育演艺中心附近路段举行一次“迎亚运”危险化学品事故应急救援演练，此次演练采取“不打招呼，不先通知，假报事故，实战检验”的突击方式进行，区委副书记陈小华担任本次演练的总指挥，副区长庄凡夫担任副总指挥，区党政办、宣传部、建环局、卫生局、安监局、公安分局、萝岗街道办事处、民政局、交通局、气象局、公安消防大队以及区内危险化学品企业专业应急救援队伍共200多人参加演练。10月22日，区政府在九龙镇的广州上进化工有限公司举行危险化学品生产安全事故应急救援演练。（黄子斌）

【安全社区建设】 2009年，萝岗区夏港街作为广州市全国安全社区创建先行试点工作单位之一，启动了全国安全社区创建工作，在2010年11月通过“全国安全社区”的评审，夏港街道获国家安全监督管理总局与中国职业安全健康协会授予“全国安全社区”的命名。为了开展好安全社区创建工作，2010年，区政府投入约1.5亿元，用于加强辖区公共安全事业的建设。并彻底改造夏港街存在安全隐患的饮食一条街。先后下发《广州开发区、萝岗区开展全国安全社区创建工作方案》，组建以区安委会主任、副区长庄凡夫为组长的创建领导小组，出台《关于推进全国安全社区创建工作的实施意见》等。编印《国家安全社区创建工作指导手册》、《安全常识小锦囊》等宣传手册与知识读本分发到户。并通过《创业导报》等媒体宣传安全社区建设的意义等。组织创安工作人员集中培训，强化安全社区的基本概念和工作方法。与山东、大连、青岛、北京、香港、深圳等地专家进行经验交流，取长补短。开创性地把安全教育纳入党校的干部培训教育体系。区安监局局长严志明受邀进行5期题为《突发公共事件应急处置》的授课，全面提升全区干部的安全意识及应急处置能力。采取召开座谈会形式向其他街镇推广夏港街创建安全社区的成功经验。（袁煜）

2010年6月2日，广州开发区、萝岗区创建全国安全社区启动仪式在萝岗国际会议中心举行。 区安监局供稿

【安全生产宣传教育】 2010年，萝岗区创新宣教方式方法，扎实推进安全生产宣传教育工作。

强化企业安全培训。区安监局把生产经营单位主要负责人安全管理培训和安全主任新培训纳入转岗培训项目，培训费用全部由区财政支付，投入资金40余万元。全年共举办厂长（经理）培训班6期，考核合格人数387人，超额完成300人的培训指标；举办厂长（经理）再培训班13期，考核合格1138人，超额完成1100人的培训指标；举办安全主任培训与再教育班22期，考核合格人数2393人，超额完成2200人的培训指标。由政府出资开展公共安全普及性教育免费培训。从劳工全员安全培训入手，重点对近两年工伤事故较多、发生过生产安全事故及新投试产企业进行劳工全员安全培训，分“安全劳动防护”、“安全防护应急救治”2个主题对约2500名企业员工进行安全法律法规和安全生产知识普及性培训。

加强安全宣传工作。与区委党校合作，利用科员、科级干部培训班为平台，邀请安全生产专家讲解安全生产法律法规，提升人员的安全发展意识。围绕“安全发展，平安亚运”的主题，开展大宣讲、广场文艺演出、知识竞赛、咨询日、演讲比赛、安全生产服务队咨询会等多样形式的“安全生产月活动”。利用区安委会工作平台，在季度防范重特大事故工作会议上组织全体安委会成员学习《国务院关于进一步加强企业安全生产工作的通知》，并邀请广州市安监局专家讲解《广东省建设项目安全设施监督管理办法》。借助电子政务建设，在区安全生产监督管理信息网公开安全生产法律法规、区安全生产工作动态和各地生产安全事故案例等。发挥区安全生产协会的作用。该协会已拥有团体会员116个，个人会员120名，每个月以研讨会、茶话会、运动会和实地考察等活动形式组织会员就安全生产话题进行交流，出版75期安全生产电子周刊“安全眼”，编制3D动画片3部。（吴轶松）

【安全生产事故管理】 2010年以来，萝岗区安全生产各项考核指标控制良好，全区共发生各类安全事故164宗、死亡44人、受伤

143人、直接经济损失614.19万元，未发生较大或较大以上安全事故；与2009年同期相比，事故总数下降3.5%、死亡人数下降10.2%、受伤人数下降34.7%、直接经济损失上升60.7%。全年亿元地区生产总值各类生产安全事故死亡率0.0275人/亿元，顺利完成全区安全生产“十一五”规划的总体目标。是年，全区发生工矿商贸企业（含建筑）一般生产安全事故10宗、死亡5人、重伤5人，直接经济损失约371.56万元，死亡人数占全年控制指标（7人）的71.4%；与2009年同期相比，事故宗数下降9.1%、死亡人数下降16.7%、重伤人数分别下降37.5%，直接经济损失上升12.2%。对于发生生产安全事故的单位，区安监局均要求其按事故处理“四不放过”原则进行调查处理，落实隐患整改措施，吸取事故教训，做好安全教育工作。

**【安全生产事故选介】** 2010年，萝岗区共发生5起生产安全死亡事故，造成5人死亡。

·广州远联物流服务有限公司生产安全事故·2010年6月17日23时30分，该公司一名仓库管理员驾驶一台盘点叉车在仓库两列货架之间将叉车操作平台提升至最高一层货架进行备料取货时，由于其违反安全操作规程，高空作业时没有佩戴安全带和安全帽，在5.5米高的货架上不慎踩空坠落，头部着地。事故被路过的员工发现后马上通知公司经理，并拨打120将伤者送往广东省电力一局医院抢救，但因伤势过重抢救无效死亡，事故直接经济损失46万元。区安监局对该事故责任单位处以10万元行政处罚。

·广州兴森快捷电路科技有限公司生产安全事故·2010年6月29日，该公司层压车间正进行压机温度测试。17时24分，一名生产部制程工艺工程师到层压车间取测试的数据结果，当时整个生产线处于正常运行状态，他从轨道产品车操作平台跨过，走进4号压机与5号压机之间的位置并弯下腰取测温仪的温度数据U盘。几秒钟后，轨道产品车受程序控制由停止状态开始向他所处位置方向运行，并发出声光报警提示。由于躲避不及时，其臀部被产品车与4号压机夹住，而轨道产品车仍然继续运行，短短的不到30秒时间里，该工程师被牢牢地挤压在轨道产品车与4号压机之间的缝隙中。工序外围的员工在巡查过程中发现事故后立即向公司领导报告，厂长、经理接报后，立即组织人员进行救援，并拨打了120报警。到场的员工用千斤顶、粗铁管等工具把轨道产品车顶起、撬开，将伤者抬出来，并立即送往开发区医院，经急救医生检查后确认已经死亡，事故直接经济损失100.03万元。区安监局对该事故责任单位处以12万元行政处罚。

·广州丸顺汽车配件有限公司生产安全事故·2010年8月20日凌晨，该公司第一工厂冲压车间HT自动生产线在进行夜班正常生产。因模具切换后，在生产2AP 64221/621产品时，一名品质检查员发现产品面精度间隙偏小，生产线组长派操作人员联系工机科模具维修人员确认后，认为需对模具进行调整。在3时50分至4时57分，期间先后3次对模具进行调整，但问题仍未得到有效解决。凌晨5时左右，该名品质检查员在未通知其他作业人员及未按下急停装置的情况下，没有按规定从安全门进入HT7作业区，而自行从HT线尾部出料传送带的旁边的空位进入，进行模具校正。其后，HT自动线操作员在控制台屏幕上看到生产线末端没有异常的提示信息，便启动了设备，冲压机内机械手运转将正在调整模具的品质检查员撞入模具内并压在下模上。正在外围确认产品质量的作业人员发现事故发生后，随即按下急停开关，立即通知公司领导，并立即拨打120报警。在等待救护车到来期间，公司的员工用叉车和千斤顶将机械手与下模具顶起，防止机械手因惯性力量继续下压，并准备好相应的救护器具。5时25分救护车到达事故现场，将伤者从机器内救出来送增城市永和医院进行抢救，但因伤势过重经抢救无效死亡。事故直接经济损失97.6万元。区安监局对该事故责任单位处以15万元行政处罚。

·广州市志森实业有限公司生产安全事故·2010年9月11日18时10分，该公司一名操作工在化纤车间对七辊牵伸机前纺半成品丝束进行拉伸运行管理时，用钩刀（清理缠丝的专用工具）清理牵伸辊上的缠丝，由于缠丝没有被划断，反而缠住了钩刀，由于该员工没有按操作规程要求抬起钩刀，也没有及时松开钩刀把手，导致手被卷进牵伸机，头部被两辊轮挤压受伤。当班班长见状后，立即切断设备电源，机器停止运转，此时伤者已经倒在地上，公司厂长接报后赶到事故现场后立即组织人员将伤者送到从化太平镇医院抢救，但因伤势过重经抢救无效于当日20时左右死亡。事故直接经济损失41万元。区安监局对该家事故责任单位处以12万元行政处罚，对1名事故责任人处以2万元行政处罚。

·金坑林场森林防火通道建设项目生产安全事故·2010年10月27日10时50分，位于萝岗区九龙镇金坑林场由广州市公路工程公司承建的森林消防通道正在进行混凝土建筑施工，由于施工组织设计不完善，细部构造不明确，支撑系统桁架强度不足，施工时突然发生垮塌。事故造成1人死亡、6人受伤，事故直接经济损失97.5万元。区安监局对3家事故责任单位处以38万元行政处罚，对1名事故责任人处以3万元行政处罚。（梁硕研）

# 城镇规划建设与管理

# 城镇规划

【概况】 2010年，广州开发区、萝岗区规划局（以下简称“区规划局”）以“强化规划编制，简化规划管理，突出规划服务”为重点，切实提高规划编制和规划管理的水平，稳步推进各项重点工作。

·推进重点区域的规划及相关规划的报审工作· 完成中新广州知识城概念性总体规划、总体规划（2010~2020）、起步区控制性详细规划、知识城规划专题研究的编制工作，其中概念性总体规划获省政府批复，总体规划（2010~2020）、起步区控制性详细规划已上报市政府审批。知识城南起步区6.12平方公里、北起步区1.92平方公里的建设项目选址意见书已由省住房和城乡建设厅核发。开展知识城道路工程、竖向工程、防洪排涝等14个专项规划的编制工作。完成包括萝峰、长平、迳岗、黄陂、山下、萝岗6个重点发展区在内的合共17个村、社区的“三旧”改造指引方案。完成西区更新改造规划的编制工作。启动九龙中心镇总体规划修编工作。完成《萝岗区在编控制性详细规划整合》编制工作，配合市规划局开展广州市控规全覆盖第二阶段规划编制的各项工作。

·提高规划管理的科学性和规范性· 完善村庄报建管理办法。对已实施4年的《萝岗区村（居）民住宅报建管理办法（试行）》进行修订，根据2010年5月1日新颁布实施的《广州市关于贯彻实施<城乡规划法>的意见》的规定，形成《萝岗区村（居）民住宅及集体公共设施报建管理办法》初稿。

为完善全区的规划管理，起草《关于加强城乡规划工作的若干意见》，于11月底提交区政府审议通过。

按照ISO9001质量管理体系文件的要求进行日常规划管理。该局全年办理各类规划业务案和政务案2663宗，其中完成审批的业务案件1374宗，主要集中在开发区内（1191宗）。主要业务案件包括：（1）《建设项目选址意见书》：开发区内核发14宗（用地面积约630870平方米），萝岗区内核发4宗（属于河涌整治类、用地面积约573081平方米），萝岗区范围内初审15宗（用地面积约785233平方米）；（2）《建设用地规划许可证》：开发区内核发74宗（用地面积约1987886.89平方米），萝岗区内核发2宗（属于云埔工业区范围内）（用地面积约139885平方米），萝岗区范围内初审9宗（用地面积约38807.4平方米）；（3）开发区范围内审查建设项目规划设计方案58宗，萝岗区范围内13宗；（4）核发《建设工程规划许可证》277宗，萝岗区范围内50宗。审批建筑工程报建审核意见书165宗、道路管线工程审核意见书54宗；（5）核发《建设工程规划验收合格证》216宗，萝岗区范围内20宗；（6）发出村庄建筑报建备案通知36宗；（7）其他为以函或复函形式的复文。

·推进重点地区的开发和重要项目的建设· 围绕广州开发区的重点工作，推进知识城、萝岗新城、科学城、生物岛等重点区域的开发。为尽快启动知识城建设，该局全力配合做好知识城起步区规划选址、控制性详细规划编制和报审以及知识城安置区的建设等各项工作。为实现萝岗新城的宜居目标，完善萝岗新城配套环境，根据区商业网点实施计划，做好光宝路等商业点、企业加速器南侧员工楼、科学城居住用地的出让前期相关工作，协调推进科城山庄、华标嘉华居住小区的建设工作，营造萝岗新城的宜居氛围。

全力配合做好2010年“三促进一保持”十项重点工程建设，为开发区土地中心、新城办、东进公司、永和公司、区商业总公司、市项目办等建设业主和代业主开展建设工作提供规划服务。如马莎罗动漫城项目、苏宁总部和物流中心项目、南方电网总部、金发碳纤维项目等重点项目；广汕公路（大观路至李伯坳至镇龙段）改造工程、科学大道大观路隧道工程、行政中心区道路、文教园区道路、九龙工业园道路和生物岛道路市政工程、知识城起步区的道路工程等市政类项目的建设工作；配合水利部门开展有关南岗河、笔岗涌、细陂河、墩头涌、四清河、天窿河、东区孖涌、黄陂大坑窿河及九龙金坑河等一大批市、区重点河涌整治工程的建设工作；配合电力部门开展有关220千伏科城站、220千伏暹岗站、220千伏庙岭站、110千伏加庄站及110千伏尖峰站等一批站点和进出线路工程的建设工作；配合广州轨道交通6号线二期在萝岗区内的建设工作等等。

做好亚运场馆等涉亚项目的规划服务。完成科学城网羽中心的报建审查工作、广州国际羽毛球培训中心的规划验收工作、广州国际体育演艺中心的规划验收工作。

服务企业方面。对重点工程实行绿色通道审批，其他项目实行加快审批，确保按时办结率100%。进一步理顺办事程序，对可以实行并联审批的项目试行并联审批，以方便企业。

因报批手续不完善，九龙工业园工业项目无法进行规划报批。为彻底解决该历史遗留问题，该局与市局沟通，将九龙工业园工业用地纳入政府储备用地，由区土地储备交易中心向市局申请九龙工业园的规划条件，以协助九龙工业园的原有企业和新引进企业早日完善规划许可问题。此外，还协调九龙镇一批项目的历史遗留问题。

服务基层和农村方面。抓好村庄规划的实施和农村报建管理办法的完善。做好街道和村居一级的基础设施、公建配套设施等公益设施的规划服务工作，如街道一级的公园、卫生服务中心、文体中心、村居的截污工程的规划报批等。积极推进旧村改造为主的"三旧"改造的有关工作，完成华沙村改造项目的修建性详细规划审批，配合区"三旧"办完成首期多条村的"三旧"改造规划前期工作。

（林兴良 黎妍珺 陈翕羽）

【规划编制】 2010年，区规划局开展的规划编制工作主要有：

·推进中新广州知识城各层次规划的编制和报审工作· 自知识城项目落户萝岗区以来，区规划局会同有关单位组织开展一系列规划编制和相关研究。2009年开始委托新加坡雅思柏设计事务所编制《中新广州知识城概念性总体规划》，2010年4月，省政府批复原则同意该规划。同时在知识城概念性总体规划的基础上，编制完成《中新广州知识城总体规划（2010~2020）》，于8月26日通过市规划局组织的专家评审会，并于12月9日上报市政府审批；完成知识城起步区项目规划选址评估报告，省住房和城乡建设厅于9月28日、12月6日分别核发了知识城南起步区6.12平方公里、北起步区1.92平方公里的建设项目选址意见书；委托中国城市规划设计研究院编制完成知识城规划专题研究成果，并于3月9日和4月9日通过专家评审，同时按季度开展知识城规划咨询服务工作；编制完成《中新广州知识城起步区控制性详细规划》，于8月9日通过市城市规划委员会审议，并于11月11日上报市政府审批；为打造知识城高效、快捷的对外交通体系，开展知识城周边交通衔接规划研究工作，规划成果于12月23日通过区规划局审批；开展了知识城各市政专项规划编制工作，包括道路工程、竖向工程、防洪排涝等14个专项规划，其中通信、燃气、电力、道路、竖向、管线综合、分质供水、排水、防洪排涝等9个专项于11月16日至17日通过区规划局组织的专家评审会。

·全面启动萝岗区"三旧"改造规划编制工作· 2010年初，区规划局启动萝岗区"三旧"改造规划大纲和第一期萝岗区"三旧"改造规划指引方案的编制工作。到年底前已基本完成包括萝峰、长平、迳岗、黄陂、山下、萝岗等6个重点发展区在内的17个村、社区的"三旧"改造指引方案。

·完成西区更新改造规划编制工作· 为实现区政府北迁后西区新的发展，区规划局组织开展西区更新改造规划的编制工作，为西区明确新的发展目标、定位和行动计划，实现西区新的飞跃。规划成果于3月26日通过区规划局组织的审查会，之后修改完善并上报区政府审批。

·启动九龙中心镇总体规划修编工作· 为做好九龙中心镇与广州知识城规划的衔接，启动开展九龙中心镇总体规划修编工作。

·推进全区控制性详细规划全覆盖工作· 2010年，区规划局完成《萝岗区在编控制性详细规划整合》编制工作，并呈报市规划局审查。10月，配合市规划局开展广州市控制性详细规划全覆盖第二阶段规划编制的各项工作。

·开展广州科学城用地开发强度调整及城市空间形态设计指引规划研究· 为指导科学城的开发建设，区规划局开展了广州科学城用地开发强度调整及城市空间形态设计指引的规划编制工作，重新梳理并确定科学城的开发强度。

·开展全区社区整体发展规划研究· 在2009年全面编制完成全区行政村的村庄规划以及墩头基等10个社区规划的基础上，区规划局按计划开展了萝岗区社区整体发展规划研究工作，通过采取街道座谈、社区访谈和实地踏勘等多种方式采集资料深入调研。年底前已基本完成规划研究成果，并通过区规划局技术审查会审查。

·继续推进全区各专项规划的编制工作· 完成广州开发区高压电网专项规划专家论证工作；完成萝岗区地质灾害防治规划编制工作；完成九龙镇消防专项规划编制工作等。

·完善地形图测绘，提供规划信息技术支持· 完成2010年度萝岗区城市基本地形图更新项目工作内容，包括：萝岗中心区约110.8平方公里范围的1：500数字化地形图修测及1：2000数字地形图编绘及西区13.45平方公里范围的1：500数字化地形图新测及1：2000数字地形图编绘工作，确保萝岗区基础地形图资料满足社会经济发展的需要。

·进行地理信息系统维护前期工作· 在地理信息系统（一期）建设的基础上，开展城市规划信息系统维护建设工作。2010年已完成政府采购程序确定维护单位，并已正式开展对地理信息系统的维护升级工作，计划2011年初完成。 （陈翕羽）

【村（居）民住宅报建管理】 2010年10月，区规划局修订《萝岗区村（居）民住宅及公共设施报建管理办法》报区政府。全年审批和备案村（居）民建房59宗，用地面积4290.3平方米，建筑面积12201.99平方米。

【重点项目报建管理】 2010年，区规划局加强对重点项目规划报建及验收管理工作，完成科学城网羽中心工程、加特可（广州）自动变速箱有限公司的规划报建审查工作。完成区少年宫的规划验收工作，9月，核发区少年宫的规划验收合格证，核定建筑面积26124.4平方米。完成萝岗中心区国际体育演艺中心工程的规划验收工作，10月，核发建设工程规划验收合格证，核定验收项目体育馆，1栋地上4层，地下1层，建筑面积77451平方米；核定验收项目停车楼，1栋地上3层，地下2层，建筑面积45207平方米。完成凯通楼的规划验收工作，11月，核发规划验收合格证，核定验收项目凯通楼地上5层，地下1层，建筑面积19094.6平方米。

（郭法友）

**【重要项目选址与设计方案审查】** 2010年，区规划局完成多个关系民生或市政项目的选址或规划用地许可，包括：

（1）区社会福利院选址：总用地面积14776平方米，净用地面积13337平方米。

（2）区图书档案大楼选址和规划用地许可：总用地面积38807平方米，净用地面积23640平方米。

（3）萝岗新城外环线、外环A/B/C线、云埔三路、玉云路等道路工程选址：总用地面积873379平方米。

（4）细陂河、大坑窿河整治工程选址：总用地面积分别为139406平方米和11208平方米。

（5）110千伏黄陂变电站选址，110千伏水西变电站、萝岗供电局调度中心规划用地许可：总用地面积分别为3349平方米、2651平方米、11400平方米。

（6）天鹿湖消防站选址：总用地面积6687平方米，净用地面积6117平方米。

（7）广州轨道交通六号线二期工程萝岗车辆段选址位于科学城开创大道以南，荔红一路以东，用地面积约30.1万平方米。

（8）科学城自主创新产业园：根据管委会决议，科学城开源大道以北，瑞和路以西，发源路以东，科技企业加速器北侧的工业用地（用地面积约21公顷）作为“自主创新高技术产业化示范基地”园区。已安排中天启明、呼研所、瑞博奥、新泰达、科力、儒兴、智光、蓝光工研院等一批自主创新型高科技企业进驻。

（9）生物岛文化公园（生命广场）选址：建设单位为广州国际生物岛筹建办，选址位置于生物岛东部，用地面积约1.7万平方米，其中保留历史建筑用地面积3750平方米。

（10）生物岛公交车站选址：建设单位为广州国际生物岛筹建办，选址位置于生物岛中部，用地面积约4156平方米。

（11）镇龙水质净化厂选址：用地面积75664平方米。

（12）金坑河整治工程选址：用地面积346803平方米。

（13）科学城北区南安置区选址：用地面积64082平方米。

（14）科学城北区中安置区（一期）选址：用地面积31331平方米。

（15）科学城北区北安置区（一期）选址：用地面积40037平方米。

完成以下重点项目规划方案审查（含调整方案）：

（1）玉岩中学“新疆班”扩建项目规划方案：总建筑面积共4061平方米，包括：6层学生宿舍1幢，建筑面积2152平方米；5层教学综合楼1幢，建筑面积1909平方米。

（2）科城山庄规划方案：总用地面积362453平方米，规划综合容积率1.84，总建筑密度25%，绿地率30%，居住人口17920人（5600户）。

（3）天鹿南小区（一期）规划方案：总用地面积96631平方米，净用地面积91616平方米，规划容积率2.84，建筑密度19%，绿地率35.3%，居住人口9542人（2982户）。

（4）华沙村改造项目（一期）规划方案：总用地面积64066平方米，净用地面积56447平方米。其中一期（复建用地）面积约12490平方米，规划容积率2.48，建筑密度23%，绿地率30%，居住人口960人（300户）。

（5）总部经济区调整规划方案。建设单位为广州永龙建设投资有限公司，该项目总用地面积约5.4万平方米，总建筑面积约16.7万平方米（计算容积率面积约为12.4万平方米），建筑密度29.54%，容积率2.3，绿地率36.9%。本次调整主要为B1、A9、A10栋双塔楼形体作局部调整，采用规整的对称布局，裙楼与B2栋相连，统一做形体处理，建筑物建筑高度≤45.9米，室内停车位增加到1059个。

（6）调整网球中心二期用地（网羽中心配套工程）规划方案。建设单位为萝岗新城建设指挥部办公室，网球中心二期用地位于科学城映日路西北侧，基本位于网球中心红线范围内，总用地面积约3.7万平方米，规划总建筑面积约3.5万平方米（其中不计算容积率建筑面积1.4万平方米），建筑密度22.9%，容积率0.55，绿地率41.8%。主要建筑包括：A1餐饮中心一幢（三层），A2休闲会所一幢（三层局部二层），A3休闲会所一幢（四层局部二层），建筑高度≤16.1米。

（7）生物岛标准产业单元（二期）用地规划方案。建设单位为广州国际生物岛筹建办公室，总用地面积约3万平方米，总建筑面积7.7万平方米，主要建筑包括：生产厂房一幢（七层），研发中试厂房三幢（六层），研发生产用房一幢（八层），研发办公大楼一幢（八层）。

（8）生物岛标准产业单元（三期）用地规划

方案。建设单位为广州国际生物岛筹建办公室，总用地面积约3.9万平方米，总建筑面积10.5万平方米，主要建筑包括：教学科研楼（兼容厂房功能）四幢（八层），其中后勤服务配套功能建筑面积1468平方米。

（9）83中学改扩建工程规划方案。总用地面积19789平方米，总建筑面积17806平方米，包括：改建教学楼和教师宿舍各一幢，新建教学楼、办公楼、学生宿舍、体育馆各一幢。

（10）110千伏镇龙变电站：总用地面积5119平方米，总建筑面积980平方米。

（11）科学城北区南安置区规划方案。科学城北区南安置区位于知识城南起步区，总用地面积64082平方米，规划容积率2.2，建筑密度23%，绿地率35.8%，居住人口4640人。

（12）科学城北区中安置区（一期）规划方案。科学城北区中安置区（一期）位于知识城九龙大道以东，总用地面积31331平方米，规划容积率2.2，建筑密度17%，绿地率32.5%，居住人口2330人。

（13）科学城北区北安置区（一期）规划方案。科学城北区北安置区位于知识城北起步区范围内，用地面积40037平方米，规划容积率2.2，建筑密度17.7%，绿地率35%，居住人口2902人。

（蔡伟斌 余 前 刘永锋）

**【城市规划宣传与公示】** 2010年，区规划局按照《广州市城市规划管理公示办法》的要求在区规划局网站的“规划专区”专栏，进行了众多项目的规划公示，其中批前公示项目20个、批后公示15个，还有规划公告等其他众多栏目。继续落实行政许可公开的相关工作，经区规划局审批的行政许可（含《建设项目选址意见书》、《建设项目用地规划许可证》、《建设工程规划许可证》、《建筑工程规划验收合格证》），均在该局网站首页进行公开。

并按市规划局有关要求，在区规划局网站首页开设工程建设领域项目信息公开专栏，向公众公开工程建设领域的相关信息。（王 锐）

**【城建及房地产档案馆】** 2010年，广州开发区、萝岗区城建及房地产档案馆共接收区规划局移交发文档案4919卷（件），其中用地规划许可证75件、用地选址意见书19件、用地规划设计条件126件、工程规划许可证309件、工程规划验收合格证166件、行政管理案4224件。完成立卷归档4427卷，完成率近90%。

全年该馆对外签订《档案报送责任书》69份，接收建筑工程竣工档案256项、11000卷、白云区规划分局和房地产管理所业务档案16800卷、地形图纸11179张。

完成以下归档整理工作。2009年区规划局各业务处室移交档案整理归档共8041卷，其中：规划建设管理档案1486卷，房地产及土地管理档案6555卷。完成文书档案归档整理上架13559件（卷）。完成规划局2010年发文汇编30册。完善各种编研材料，如组织机构沿革、大事记等。

全年共向社会各界提供档案咨询服务3500人（次），档案利用服务3336人次，调用档案4200卷、17100件，复印8983张（图纸2377张）。

档案信息化建设。基本实现档案数字化、网络化。至2010年底，共完成1984～2010年馆藏档案170万页数字化处理工作，并将数字化成果录入档案管理系统，以便提供对外开放利用。逐步建立、完善了规划管理数据库、建设管理数据库、房地产登记数据库和多媒体数据库等，并与市各有关主管部门实现档案信息资源共享、数据交换。（王 丽）

**【“三旧”改造】** 2010年，萝岗区积极推进“三旧”（旧城镇、旧厂房、旧村庄）改造工作：

·萝岗区“三旧”改造范围· 根据《关于推进“三旧”改造促进节约集约用地的若干意见》的有关要求和萝岗区实际情况，萝岗区将4个旧圩镇、44个行政村、3个农工商公司全部纳入“三旧”改造范围，总面积约24平方公里，其中旧城镇（萝岗、联和、九佛、镇龙）约5平方公里，旧村庄约16平方公里，旧厂房约3平方公里。在旧村庄范围内，萝岗区有14个行政村被纳入广州市圈定的138条“城中村”范围（分别为笔岗、玉树、墩头基、黄陂、华沙、暹岗、萝岗、萝峰、黄登、黄麻、长平、水西、刘村、火村），有4个行政村（分别为黄陂、玉树、暹岗、华沙）被纳入广州市规定要在3～5年完成改造的52个行政村范围。全区约24平方公里“三旧”用地预定10年实施完成，分2010～2015年、2016～2020年两个5年规划期。在第一期规划中，把王在实施改造的区域、“中新广州知识城”启动区、萝岗新城十公里地带、马莎罗项目和天鹿湖地区、西区升级改造范围、东区城乡一体化试点、原镇龙圩镇等作为重点规划区域。

·成立“三旧”改造工作领导小组· 2010年3月，成立萝岗区“三旧”改造工作领导小组，由广州市委常委、管委会主任、区委书记凌伟宪为组长，区长石奇珠任常务副组长，区领导李红卫、郭粤明任副组长，成员为各职能部门、各街镇、农工商公司主要领导，形成每个区领导包干主抓一个村庄，各街镇、农工商公司分片负责，各村（社）具体落实的三级分工负责制模式。

明确区领导分片包干制。（1）市委常委、开发区党工委书记、管委会主任、萝岗区委书记凌伟宪主抓萝岗圩镇“三级地”、山下村改造工作，萝岗街和联和街负责。（2）开发区党工委副书记、管委会副主任、萝岗区委副书记、区长石奇珠主抓萝峰社区改造工作，萝岗街负责。（3）开发区党工委副书记、萝岗区委副书记、区党政办公室主任陈小华主抓萝岗社区改造工作，萝岗街负责。（4）开发区管委会副主任郑锡雄主抓刘村社区改造工作，东区街负责。（5）开发区管委会副主任蔡刚强主抓禾丰社区改造工作，永和街负责。（6）开发区管委会副主任、萝岗区政府常务副区长李红卫主抓暹岗社区改造工作，联和街负责。（7）开发区党工委委员、纪工委书记、萝岗区委常委、纪委书记赵春华主抓水西社区改造工作，萝岗街负责。（8）开发区管委会副主任郭粤明主抓黄陂社区长安片改造工作，联和街负责。（9）开发区管委会副主任、秘书长崔新宇主抓岭头公司所属“三旧”用地社区改造工作，建设发展集团负责。（10）区委常委、区委政法委书记赵伟国主抓新庄社区改造工作，永和街负责。（11）区委常委、区委组织部部长刘晓光主抓黄陂公司所属“三旧”用地改造工作，工业发展集团负责。（12）区委常委、区委统战部部长马正勇主抓黄麻社区改造工作，永和街负责。（13）区委常委、区公安分局局长魏待征主抓八斗村改造工作，联和街负责。（14）区委常委、区人武部政委周君粮主抓华沙社区改造工作，联和街负责。（15）副区长潘史扬主抓黄登、黄麻社区改造工作，萝岗街负责。（16）副区长庄凡夫主抓长平社区改造工作，萝岗街负责。（17）副区长成潘流主抓笔岗社区改造工作，东区街负责。（18）副区长杜丽霞主抓贤江社区改造工作，永和街负责。（19）副区长陈杰主抓墩头基社区改造工作，夏港街负责。（20）副区长周军主抓均和村、镇龙村改造工作，九龙镇负责。（21）区政府党组成员张振华主抓火村社区改造工作，东区街负责。

·建立健全机构设置· 2010年4月，经广州市萝岗区编委批准，同意成立广州市萝岗区城乡改造工作办公室，属区直属事业单位，按正处级规格管理，定编制人员10名。同年9月，正式更名为广州市萝岗区“三旧”改造工作办公室。办公室主任由区规划（国土）局局长莫国洪兼任，常务副主任黄基龙，该办公室内设综合部、旧村庄改造部、旧街镇旧厂房改造部等3个部门，各配部长1名。至2010年12月，区“三旧”改造工作办公室有事业编制5名，借调人员11名，实有人数16名，领导职务2人，其中研究生学历2名、本科学历14名，中共党员11名。

“三旧”改造工作办公室主要负责组织开展全区“三旧”用地调查摸查、审核工作；组织编报全区“三旧”改造规划及年度实施计划；审核、报批《三旧改造方案》、制定《城乡房地产登记工作实施计划》，并监督指导批后实施；组织起草有关“三旧”改造的规范性文件，报领导小组批后实施；组织调处“三旧”改造涉及的争议和纠纷；建立区、街（镇）、业主三级目标考核责任制。协调各街（镇）、职能部门和单位的“三旧”改造工作。

·开展“三旧”改造政策宣传· 编印《萝岗区“三旧”改造100问》、《萝岗区“三旧”改造工作手册》、《宣传手册》、发放到各街镇、社区的各家各户，《宣传海报》张贴到各街（镇）、社区并制作萝岗区“三旧”改造多媒体光盘，在萝岗区电视台播放，以一两条村庄为案例，采用改造前后的村庄面貌、集体经济状况、农民居住环境和收入等全面变化的强烈对比，形象通俗地宣传“三旧”改造政策带来的实惠。各街镇也全面召开宣传动员会，进一步推动各社区“三旧”改造工作。

·贯彻落实“三旧”改造工作情况· 出台《广州开发区萝岗区“三旧”改造工作实施方案》，编制《萝岗区城乡房地产登记工作实施方案》、《萝岗区“三旧”改造规划大纲》、24个旧村庄的《“三旧”改造规划指引》。核定萝岗区“三旧”改造标图建库。向市“三旧”办申报《2010年改造实施计划》，其中10个项目（联和街“创业一条街”、禾丰村、石马村、暹岗村圣贤街、笔岗村、华沙村、岭头村、岭头公司旧厂房、萝岗街“三级地”、西区港前工业区旧厂房），共2.76平方公里纳入广州市2010年改造正式计划。另外18个项目纳入2010年度预备计划（墩头基村、贤江村、萝岗村、萝峰村、水西村、长平村等）。

截至2010年12月，萝岗区“三旧”改造工作已有24个村（居）建立相应的改造机构、并广泛开展“三旧”改造政策宣传工作；其中已有8条村进入房地产测绘工作（萝岗、山下、萝峰、刘村、黄陂社区长安片、黄陂农工商公司、墩头基、均和）；4条村（笔岗、禾丰、刘村、黄陂社区长安片区）已编制改造方案，其中《笔岗社区城中村改造方

2010年12月3日，区举行“三旧”改造综合业务知识培训。 区规划局供稿

案》已上报市"三旧"办。工业集团锦绣路单层厂房用地纳入"三旧"改造，采用政府收地的方式进行改造，于2010年10月与市国土局签署《收回土地使用权协议》，并于2010年12月23日前按协议要求完成该地块上单厂房租户的搬迁工作。

（区规划局供稿）

## 国土资源管理

【概况】 2010年，区规划（国土）局依法管理土地资源，推行集约节约用地，做好房屋管理工作。8月，国土资源部领导指导节约集约用地工作情况，充分肯定该区为集约节约用地典范中的典范。经省国土厅推荐，区被确定为2010年度全国国土资源节约集约模范县（市）。清理闲置用地，盘土地资源。通过局土地出让管理系统动态监测并处置的闲置地共52宗。出让土地79宗，出让土地面积275.30万平方米。同时，还开展征地拆迁和土地储备、征地报批和批后实施、规范土地市场秩序、对违法用地进行查处等工作。 （李伟良 徐 丹）

【征地报批】 2010年，广州开发区、萝岗区共上报10批次用地报批项目，包括知识城起步区用地178.12公顷及挂钩项目区用地95.66公顷，报批用地面积共计500.80公顷。全年共有12个批次741.12公顷用地获得省政府批准，获批的用地涉及禾丰、贤江、新庄、火村、笔岗、萝岗及何棠下等数十个村社。2010年，区共取得13个项目共266.05公顷的《同意使用林地审核意见书》。 （彭凌云）

【土地出让】 至2010年12月31日，通过区规划局土地出让管理系统动态监测并处置的闲置地共52宗，其中，签订补充合同调减6宗，面积31.62公顷；签订收地协议收回用地共4宗，收地面积约10.96公顷；发文解除合同4宗，收回土地13.95公顷；收取履约保证金，签订延期补充合同23宗，涉及土地面积约54.90公顷，收取保证金共计2701.03万元；发文延期处理19宗。

2010年出让土地79宗，出让土地面积275.30万平方米，出让金额485584万元。其中工业用地55宗，面积157.11万平方米，金额94313万元；居住用地6宗，面积50.34万平方米，金额282264万元；商业用地10宗，面积34.35万平方米，金额62095.86万元；其他用地8宗，面积34.18万平方米，金额47547万元。 （黄侈才 吴文娟）

【土地利用规划】 按照上级国土部门的统一部署，萝岗区开展新一轮土地利用总体规划修编工作，规划大纲于2009年通过省国土资源厅评审验收。2010年上半年，编制完成区、镇级规划文本，组织召开规划成果草案的听证会和规划成果的公示工作。下半年，区级、镇级规划文本先后通过省国土资源厅组织的专家论证会，其中区级规划文本获"优秀"等级，规划数据库通过省国土资源厅的验收。2010年，萝岗区土地利用总体规划（2010~2020年）及四街一镇等五个镇级规划均进入规划成果报批阶段，其中九龙镇土地利用总体规划（2010~2020年）已获市政府批复。 （肖 元）

【征地拆迁】 2010年，萝岗区新征土地358.84公顷，分别用于广汕公路（大观路至长平段）拓宽工程、南岗河及墩头涌整治工程、中心区路网建设、天鹿北路、永龙隧道北出口等区域的重点项目、基础设施建设和满足区域发展储备用地需求。为保障全区村社集体经济发展需求，分别办理水西村499.71公顷、火村533.33公顷、刘村300公顷征地结算工作，落实水西村经济发展用地55.6公顷。同时，处理征地拆迁信访案件53宗，完成黄陂村经济发展留用地选址、火村经济发展用地指标核算、返购刘村经济发展用地指标的费用核算、云埔（白云）工业区项目结算余款的清理及支付、与汇华酒店签订转租地协议、与纳金公司协商转租地协议等有关事宜。

全年共办理管线拆迁任务356项，累计拆除房屋140栋，拆除面积约52295.43平方米，分别完成广汕公路大观至长平段以及开创大道刘村段等亚运重点项目用地两侧建构筑物的拆除工作。迁出坟墓858穴，配合区企业建设局、九龙镇政府协调枫下村、红卫村迁坟10场次，检查制止大坦村村民造假坟1次。成功与10户"钉子户"签订拆迁协议，会同公安、街道等有关部门加大对暹岗一期强拆户和二期未签约户的工作力度，并与其中11户签约和履约，使暹岗一期强拆户和二期未签约户的不稳定因素基本得到控制。推进斗园新村、刘村新村一期、联和新村一期、联和新村二期、岭头新村、天鹿南小区等建设。密切配合专责小组，会同各街道、镇，按照计划安排，对区800多家苗圃进行清查，并顺利完成第一阶段工作任务。全年征地、拆迁和安置工作共投资23.55亿元。 （张 敏）

【第十次卫片执法检查】 据全国第十次卫星图片资料显示，萝岗区共有图斑75个、54宗、1827.2亩。其中：实地伪变化图斑13宗，面积147.3亩；合法用地图斑31宗，面积1567.1亩，占用耕地174.7亩；违法用地图斑10宗，面积112.8亩，未占用耕地。10宗违法用地图斑中：国家和省重点项目4

宗，面积98.9亩；区以下项目6宗，面积13.9亩。

经过全区上下的共同努力，萝岗区2009年度国家第十次卫片较2008年度第九次卫片违法图斑有较大幅度的下降。从以上数据统计，萝岗区国家十次卫片违法图斑10个，占地面积112.8亩比第九次卫片的766.2亩减少了653.4亩，下降85.3%，且不存在违法占用耕地的问题，违法用地立案率、查处率及整改率均达到100%，结案率95%以上。

（曾奕群）

【房屋安全管理】 2010年，萝岗区国土房管分局经过两个月的调研和征求意见，草拟《萝岗区房屋安全普查工作方案》，区政府于7月14日批准该方案。根据方案，由区财政投资550万元，对全区2010年5月1日前建成的房屋进行安全普查，并建立房屋安全档案和数据库，对在普查中发现的疑似危险房屋进行安全鉴定，做到鉴定到栋，管理到户。

至12月底，完成永和、东区、夏港3个街道全部社区的普查工作，萝岗街完成2个社区、九龙镇完成4个行政村和1个园区的房屋安全普查工作。全区共普查房屋28999栋，建筑面积1068.4万平方米，查出危险房屋1236间，建筑面积7.65万平方米。同时，对九龙镇新田村江新社三峡移民村的房屋安全情况进行两次鉴定，为区领导决策提供依据。对全区中小学、幼儿园校舍124栋，建筑面积20.83万平方米进行安全普查，为开展全区校舍改造提供依据。

（刁永平 徐 丹）

## 市政建设

【道路建设】 2010年，萝岗区加快推进区内及外围交通网络建设，取得显著成效。新建道路31条。其中永和经济区5条，科学城2条，萝岗13条，生物岛4条，东区4条，西区3条，总长度31.8公里。先后建成车行道面积47.5万平方米，人行道19.2万平方米。科学大道下穿大观路隧道、珠吉路延长线、丰乐北路延长线、大观路右转广园东联络道、云溪路（科韵路北以东路段）、黄云路西延长线、科韵北延长线等相继建成通车，解决了困扰萝岗区多年的外围交通瓶颈，极大地改善了萝岗区外围交通；天鹿南路、九龙大道改造扩建、水西路等项目的实施使萝岗区区内路网更为完善，也提高了区内各组团之间的通行效率。而且知识城路网、永龙隧道北出入口、天鹿北路等主干道路已开工建设。

2010年广州开发区、萝岗区道路建设情况表

| 区域 | 数量 | | | | |
|---|---|---|---|---|---|
| | 数量（条） | 混凝土路面（平方米） | 沥青路面（平方米） | 里程（公里） | 人行道（平方米） |
| 东区 | 4 | 2490 | 38732 | 3.62 | 15125 |
| 生物岛 | 4 | 0 | 115565 | 9.53 | 63983 |
| 科学城 | 2 | 0 | 153731 | 2.29 | 13973 |
| 萝岗 | 13 | 0 | 126669 | 5.46 | 53883 |
| 西区 | 3 | 0 | 67672 | 3.11 | 21245 |
| 永和 | 5 | 0 | 72314 | 3.85 | 23895 |
| 九龙镇 | 0 | 0 | 0 | 0 | 0 |
| 合计 | 31 | 2490 | 475513 | 27.86 | 192104 |

（吴 朝 张宝林）

【桥梁隧道建设】 2010年，萝岗区新建桥梁共3座。包括：萝岗中心区12#道路配套工程、东区宏远路道路完善工程、东区宏景路–连云路人行天桥市政工程。

在建成永和隧道、科丰路隧道的基础上，进一步加大科学大道下穿大观路隧道工程、开创大道跨线桥、永龙隧道建设。其中永龙隧道及道路市政工程于2008年元月动工建设，至2010年底，隧道土建基本完成；南出入口桥梁工程已基本完成，给排水工程、电力管沟工程已完成。二标临设建设已完成90%。开创大道跨线桥位于广汕公路和开创大道的节点上，沿着广汕公路主线横跨开创大道，全线长404米，双向6车道，于2010年10月建成通车。

（张宝林 吴 朝 黄 琳）

### 2010年萝岗区桥梁建设情况表

| 工程名称 | 桥址 | 类别 | 桥长（米） | 桥宽（米） | 桥面面积（平方米） |
|---|---|---|---|---|---|
| 萝岗中心区12#道路配套工程 | 萝岗中心区12#路 | 钢筋混凝土桥 | 53 | 38.75 | 2055 |
| 东区宏远路道路完善工程 | 东区宏远路 | 钢筋混凝土桥 | 16 | 20.00 | 320 |
| 东区宏景路–连云路人行天桥市政工程 | 东区宏景路 | 钢筋混凝土桥 | 100 | 3.30 | 330 |

**【排水管网建设】** 至2010年底，萝岗区市政设施排水管网总长1080公里。其中雨水管道654公里，污水管道426公里，由于采取雨水、污水分流制，管径种类较多，从直径250毫米至1650毫米不等。

### 2010年广州开发区、萝岗区排水管网建设一览表

| 区域 | 雨水井盖（座） | 雨水管（公里） | 污水井盖（座） | 污水管（公里） | 渠箱（米） |
|---|---|---|---|---|---|
| 科学城 | 143 | 5.45 | 71 | 3.80 | 140.0 |
| 萝岗 | 263 | 11.08 | 137 | 9.46 | 780.0 |
| 西区 | 291 | 1.11 | 86 | 0.38 | 0 |
| 生物岛 | 238 | 3.13 | 66 | 2.64 | 0 |
| 永和区 | 285 | 6.89 | 209 | 5.43 | 1133.5 |
| 东区 | 135 | 5.25 | 153 | 4.01 | 53.0 |
| 合计 | 1355 | 32.91 | 722 | 25.72 | 2106.5 |

（张宝林　黄　琳）

**【城市绿化建设】** 截至2010年底，萝岗区建成绿地面积3202公顷，绿化覆盖面积3319公顷，绿地率37.72%，绿化覆盖率39.10%，人均公园绿地面积约21.29平方米（按萝岗区2009年底常住人口23.16万人计算），超过了国家文明城市的创建要求。

2010年共完成财政投资14760.49万元，完成了光谱路绿化升级改造工程、开达路绿化升级改造工程、绿道建设（科学城、萝岗中心区、天鹿湖、东区、永和、西区）、萝岗中心区山顶公园（后山林相改造）、萝岗中心区F组团入口公园、区迎亚运市容环境整治工程B标段之绿化工程等建设项目，共新增公园面积23.8公顷，新增及升级道路绿化面积24.66万平方米。

亚运前，为形成"缤纷开萝迎亚运"的氛围，萝岗区在亚运通道和经典路线沿途加种时花、配置立体花坛，完成广汕公路、开创大道、开泰大道、科学大道、开源大道、科珠路、科丰路、广州国际体育演艺中心场馆周边等约6.7万平方米的绿化和时花种植，摆花约17.23万盆，围栏挂花700余盆，新建立体构造景观8个，花柱73个。

2010年2月5日，区举行2010年建设工作会议暨亚运工程冲刺动员大会。 梁淑盈 摄

**【城市绿地养护管理】** 2010年8月，广州开发区建设和环境管理局通过政府采购公开招标完成了新一轮的全区绿地养护工作，经专家评选出的10家园林绿化一级资质单位，承接全区近450万平方米绿地的养护任务。日常管理方面，除各绿地养护单位自查自检外，区绿化监督管理中心专职进行实地检

查，巡查发现的绿化问题，立即督促各绿化养护单位对存在问题进行整改，同时按照合同规定进行扣分处理。配合广州市创建文明城市、城市管理目标责任综合考评工作，区建环局加强绿化景观的完善和整改力度，截至2010年12月，萝岗区共清理生长不良乔木548株，种植乔木1552株，灌木4809株，片灌及草皮46458平方米，维护和提高萝岗区市政园林绿地景观效果。继续引进社会监督和公众监督，制定绿地养护责任分界牌约80个，设立24小时园林服务热线82116203，接案处理率100%。

2010年3月，开发区园林绿化荣获广州市市政园林局2009年度广州市城市绿化管理"优胜杯"综合奖三等奖、道路绿化养护单项奖二等奖、最佳道路绿化美化奖、行业考评单项奖二等奖。

【公园、广场建设及管理】 萝岗区公园和广场建设实行业主负责制。2010年，萝岗区完成体育公园、中心区F组团入口公园、山顶公园，以及广州国际生物岛水墨园（湿地公园）、揽胜园、叠翠园等公园的建设，完成绿轴广场的改造，科学广场建设已动工。其中：萝岗中心区F组团入口公园位于水西环路与开创大道交叉口东北角，是进出萝岗区政府的重要节点，也为周边居民的日常休闲提供场所。公园建设理念以"凤凰"作为主题，项目总用地面积49287平方米，建成绿地（含水体）43487平方米，公园道路3500平方米，广场1200平方米，游览、休憩、服务公用建筑500平方米。

区内公园和广场的管理由区环卫美化服务中心负责。2010年，该中心管护的公园有萝岗香雪公园、广州义务植树公园、体育公园、玉树公园、创业（市民）公园、火村小游园和绿轴广场。是年，该中心加强绿轴广场设备、绿化管护，完善各公园的园建、设施、绿化、保安等的维护和管理，完成玉树公园"拆围透绿"、香雪公园木栈道修复、各公园节假日时花摆放等工程。在广州市"创文"检评中，萝岗区公园公共测评项目5次排名第一。萝岗香雪公园于2010年3月荣获广州市市政园林局2009年度公园管理"红棉杯"劳动竞赛的达标单位奖、管理创新奖。12月18日至26日，在萝岗香雪公园成功举办以"踏雪赏梅 玉兔迎春"为主题的第三届香雪文化旅游节。（单宁伟　黄　琳）

【绿道建设】 根据省、市有关绿道建设的工作要求，萝岗区绿道北接白云区，东联增城市，南通黄埔区，始于天鹿湖，止于香雪公园。截至2010年12月底，完成全区141公里的绿道网建设，提前并超额完成广州市政府下达31.8公里的绿道建设任务。利用原有设施因地制宜完成天鹿南艺术家村等15个驿站改造，新建体育公园等5个驿站。完成了各项绿道配套设施建设，主要包括绿道标识系统、综合设施服务点和次级设施服务点，综合设施服务点包括信息咨询亭、自行车停放场、游客中心、医疗点以及公共厕所等，次级设施服务点包括治安点、消防点等。绿道（含生物岛）工程共种植乔木14440株，灌木18520株，地被11.91万平方米，草皮23.46万平方米，完成绿道标识牌、指示牌及配套地图信息墙等共600余块，迎接了科技部、省、市领导的多次检查参观，得到一致好评。

（单宁伟　吴　朝　黄　琳）

【科学大道大观路隧道建成通车】 科学大道大观路隧道是由萝岗区财政投资建设的重点市政项目，总投资约2亿元。该工程位于萝岗区科学大道、天河区云溪东路与大观路交叉路口，总长895米，隧道内为双向6车道。该工程于2009年10月动工，2010年9月建成通车。该工程连接同步投入使用的天河区云溪东路、科韵北路，使广州科学城到广园路、东风路的车程分别缩短至5～6分钟和20～25分钟。该线路成为萝岗区连接广州市中心区的重要快速主干道。

2010年建成通车的科学大道大观路隧道。贾自豪 摄

【外围交通路网协调】 2010年，萝岗区抓住以建设亚运通道为契机，加大与市委市政府、市建委等职能部门以及周边兄弟区（县）的协调力度，于2009年3月向市政府提交《关于加快完善广州开发区萝岗区外围市政道路建设的请示》，该请示得到省委常委、市委书记张广宁（时任市长）的高度重视，4次亲笔批示，要求加快推进东部路网建设，并与市长万庆良等一起到区调研东部交通问题。在市领导及相关职能部门的支持配合下，解决一批历史遗留的跨区道路工程难点，促成了科学大道下穿大观路隧道、云溪路、科韵北延长线、珠吉路与广园东联络匝道、丰乐北路路面黑色化改造、黄云西延长线、广汕公路（沙河立交至大观路）路面改造

等项目相继建成通车，广汕公路长安收费站顺利拆除。尤其是广汕公路（大观路至开创大道）市政化改造（含开创大道跨线桥）工程克服拆迁难度大、雨天多等困难，用8个月时间以超常规的速度完成，长期以来困扰萝岗区的交通瓶颈如光谱西路、丰乐北路、珠吉路、长安收费站等相继解决，萝岗区对外交通条件得以明显改善，干部群众广为受益，据初步统计，区域上下班时间平均缩短30分钟。

（吴　朝）

## 建设建筑业管理

**【概况】** 2010年，广州开发区、萝岗区财政投资基本建设项目年度投资计划91.4亿元（原计划94.8亿元，因提前还贷减少付息3.4亿元）。全年累计拨付资金95.38亿元，其中包括统筹项目拨付86.50亿元、土地储备开发投资6.74亿元、迎亚运整饰工程1.34亿元。在区建环局主管牵头负责的重点工程中，广州国际体育演艺中心、全区绿道、科学大道下穿隧道、区人武部办公营院、区法院、生物岛标准产业单元建设、人居环境整治工程、生物岛堤岸整治工程、萝岗中心区山顶公园（后山林相改造）、联和新村二期等23个项目已建设完工。其中，广州国际体育演艺中心、广州国际羽毛球培训中心分别于2010年9月、6月提前完成并交付使用；完成了全区141公里的绿道网建设，提前并超额完成了市政府下达的31.8公里的绿道建设任务。同时完成全区人居环境综合整治工程，对开创大道、开泰大道、荔红路、萝塱路和香雪公园周边及科学城周边出入路口房屋立面整饰共462栋，新建“萝岗香雪”牌坊一座，完成荔红社区、青年社区、墩头基社区“三线规整”工程、荔红路44块交通指示标志安装工程及荔红路10千伏架空线下地工程，完成亚运比赛场馆（广州国际体育演艺中心、广州国际羽毛球培训中心）周边及主要道路沿线等环境整治等，改善了区人居环境。

**【建设工程管理】** 2010年，广州开发区建环局办理初步设计建设工程项目审查57项、施工登记109项、监理登记163项、提前打桩申请30项，审批亚运期间施工特许工地113个，核发施工许可证共172个，总建筑面积约376.74万平方米，总造价约79.9亿元。是年，区建环局做好建设工地迎“亚运”、迎“国检”工作，先后下发《关于进一步加强萝岗区建设工地文明施工管理的通知》、《关于高标准做好萝岗区主要干道（迎亚运道路）两侧工地围蔽及文明施工管理的通知》、《关于进一步加强建筑工地劳动用工管理及做好亚运期间工地维稳工作的通知》、《关于进一步加强亚运期间建筑工地安全文明施工管理的通知》等文件，规范和加强全区建设工程施工现场文明施工的管理。针对建设相关责任单位及人员存在的不良行为共发出通报7份，对1家建设单位进行通报批评，对15家施工单位、5家监理单位、3名项目经理及4名总监代表进行不良行为记录。根据施工工地安全生产管理情况，先后组织召开全区建设工程安全生产工作会议3次，及时分析建设工程安全生产形势，研究处理工地存在的安全问题。同时该局联合区安监、企业筹建等相关部门开展“高支模、脚手架、深基坑、塔吊、排栅、起重设备”等项目的专项检查；对221个工地的工程进度、施工安全、文明施工情况进行排查，对发现的各类安全隐患及违反文明施工要求的行为发出限期整改通知书168份，责令局部停工整改26项，责令全面停工整改2项。2010年全区建筑工地安全生产实现零责任事故。

**【建筑市场管理】** ·规范建筑市场诚信管理· 2010年，区建环局办理诚信手册备案169项，符合要求给予办结135项，材料不符合要求给予退案处理34项，给予不诚信单位“不良记录”或“黑名单”通报5家。通过营造诚信守法的市场环境，有效地遏制“劣质企业”进入区建筑市场。

·建筑节能及新型墙体材料、散装水泥管理· 2010年，区建环局根据《民用建筑节能设计标准》、《夏热冬冷地区居住建筑节能设计标准》等有关规定，在项目初步设计审查、施工许可审批、工程中间验收、竣工验收、竣工验收备案等阶段严格把关，确保建筑节能符合要求。对2009年1月1日以后开工建设的民用建筑工程开展专项建筑节能检查，检查民用建筑工程36项；举行建筑节能宣传进工地活动，印制5000份“做好节能排、使用新墙材宣传手册”派发到各工地现场，宣传发展墙材革新与建筑节能的意义。全年受理散装水泥专项资金预缴申请190多项，累计征收预缴资金270.1万元；受理散装水泥专项资金返退申请1项，返退金额1.3万元；配合市散办查处违章使用袋装水泥工地13个。办理新型墙体材料专项基金预缴申报150多项，涉及建筑面积362万多平方米，累计征收新型墙体材料专项基金3622.07万元。受理的新型墙体材料专项基金返退申请40多项，返退金额558.63万元。

·商业网点建设· 2010年，区建环局制定《广州开发区萝岗区商业网点建设行动方案》，并经管委会批准实施，列入区监察督办系统，通过已建项目的招商引资，新商业网点的建设拓展和邻里中心的社区配套三种模式，逐步建立起完整的商业架构。2010年全区商业网点项目共计24个，区建环局主办按节点推进的有6项，其中1项已完成。

（张国强）

【工程招投标管理】 2010年，区建设工程交易平台完成招标项目217个，中标总金额49.1亿元。其中施工招标139个，中标金额45.1亿元，设计招标35个，中标金额2.0亿元，监理招标28个，中标金额0.5亿元，其他招标15个，中标金额1.5亿元。全年区建设工程招投标工作领导小组召开会议5次，已成功举办区财政投资建设工程招标代理随机抽取活动22次。区招标办共处理投诉31个。

为进一步加强招标投标监督管理，区建环局印发《广州开发区、萝岗区建设工程招标投标监督办法》。区招标办印发《关于在萝岗区房屋建筑和市政公用工程施工项目资格审查中全面采用广州建设工程交易中心业绩信息库记录的通知》、《关于进一步加强招标申请备案管理的通知》、《关于萝岗区同步采用广州市建设工程各类招标文件新范本和指引的通知》、《关于建设工程资格审查委员会和评标委员会组成的通知》等系列文件。结合建设工程招投标领域的各种法规制度，印发《进一步加强招投标管理暨工作指引》，并广泛派发给萝岗区招标人和招标代理单位。

（宋欣 余飞）

【建设工程质量安全监督管理】 ·建设工程质量管理· 2010年，萝岗区建筑工程质量和安全生产形势稳定，是近三年来最好水平，工程质量、安全生产均为“零事故”。是年，区质监站受理建设工程质量监督登记197项，报监面积427.66万平方米，报监工程造价97.68亿元；工程质量验收项目203个，验收面积309.09万平方米，发出质量整改通知351份；发出质量监督报告108份；监督性抽检钢筋、水泥等主要建筑材料2355组，检出不合格并清退出场49组；对136个建筑工程及道路施工标段，进行回弹和抽芯等实体质量的监督性抽检，处理较严重质量问题6项；工程竣工验收备案100项，备案面积166万平方米；开展较大规模工程质量检查及专项整治活动4次；荣获 2010年度“广州市建设工程质量五羊杯奖工程（第一批）”2项、“广州市优良样板工程（第一批）”11项、“广州市建设项目结构优良样板工程（第一批）”4项。

·建设工程质量检测· 2010年，区建设工程质量检测中心完成桩基小应变13419根，测出不合格30根；高应变602根，测出不合格34根，标贯678点，基桩抽芯8248.97米，触探3034点，测出不合格248点，桩基静载试验201317吨，压板试验572个点，测出不合格10个点；室内环境检测2147个点，测出不合格22个点；土壤氡检测4339点，不合格0点；道路弯沉、厚度检测11250点，钢筋、水泥、砂石等主要建筑原材料检测64598组，测出不合格1625组；土工试验8092组，测出不合格277组，这些检测数据的提供为安全生产监督管理工作的科学化、制度化和规范化提供有力保障。

·建设工程安全管理· 2010年，区质监站共开展汛期、台风、高危作业等各类专项安全大检查活动21项次，对存在安全问题的工地发出整改通知书1544份，停工令5份，上报不良行为为16份；动态管理扣分68项；对新报监项目安全生产条件检查197项，检查率100%；对竣工验收项目发出施工安全评价书185份；全年零安全生产责任事故；荣获“2009年度广州市安全文明施工样板工地”27项。

（曾怡 林春涛）

【建筑工地综合管理】 2010年，区建管中心共巡查工地次数高达1100余次，发出整改通知书21份；共处理工地纠纷案件110起，其中调解求助案件49起，参与现场协调处理纠纷案件61起，成功解决案件107起，解决率高达97.3%。为方便日常巡查和管理，按工地报监时间与地段，建立工地台账，创建“一建一档案”管理模式，全年为区内336家工地建立了档案。拟建立区在建工地数字化管理系统，实时动态地监控在建工地的详细情况，为全区在建工地在线监控提供平台；按调处时间和案件性质等，将所发生的工地案件分类整理，并以简报和表格等形式及时上报相关部门，做到迅速处理、及时记录并上报。

（彭艳梅）

## 房地产业

【概况】 2010年，萝岗区规划局加强商品住宅的开发及销售管理，严格审查办理科汇发展中心、华美汽配城等31宗商品房预售申请，并对商品房的销售过程进行监控、管理。加强保障性住房建设，对全区廉租房租金补贴户和经济适用房申请户进行入户调查和邻里调查。督促物业公司做好服务，完善物业管理，化解物业纠纷。

【房地产开发管理】 2010年，区规划局严格审查办理了科汇金谷等32宗商品房预售（含变更）申请，并对商品房的销售过程进行监控、管理，其中住宅7宗、559套、82901平方米；商铺11宗、148套、41470.84平方米；办公楼14宗、1398套、248322平方米。

【房地产市场监管】 2010年，区规划局对房地产市场严格监管，确保房地产市场正常运营。严格按照相关法律法规要求，规范商品房预售行为。是年全区严格审核发放预售证（含变更）32个，共涉及商品房721套，面积372693.84平方米。经统计，全年共办理物业服务企业资质核定（含变更）18宗，办理物业服务项目备案54宗。

（姚燕奇 徐 丹）

【廉租房建设】 2010年，萝岗区继续加大廉租住房保障工作，邀请市住房保障办领导对基层工作人员进行保障政策法规、管理等方面的培训和指导，确保廉租住房制度贯彻落实到位；并对登记在册的低收入困难家庭逐一进行排查，对符合条件而尚未申请的家庭，做好沟通、动员工作，全年有45户家庭新通过资格审核并享受廉租住房补贴。

（刘文玺）

【限价房开发】 2010年，广州宏康房地产有限公司开发的宏康和园限价房项目进入可预售阶段。宏康和园位于萝岗区东区春晖一街以北，宏光路以南，占地面积14304平方米，总建筑面积82671.4平方米，由9栋15层商住楼组成，首4层为商业，5至15层为住宅，共396套住宅。户型分为75平方米左右两房，89平方米左右三房，含装修限价不超过5500元/平方米。

（姚燕奇 徐 丹）

【物业管理】 2010年，区规划局继续加强物业管理工作。加强对区内物业服务企业的管理，做好前期物业招投标备案、物业服务企业资质核定、物业服务企业资质变更、物业服务项目备案等工作，全年共办理物业服务企业资质核定（含变更）18宗，办理物业服务项目备案54宗。加强对小区业主委员会工作的指导，推动新社区业主大会筹备组成立工作，协调旧社区业主委员会换届选举工作，全年共受理业主委员会备案4宗。开展"创平安、迎亚运"工作，定期对全区的物业服务企业进行巡查，对违规经营企业勒令其整改。建立物业管理统计报备体系，定期完成全区物业服务行业统计报表工作。加强对物业公司管理工作，有效处理业主的投诉。

（刘文玺 徐 丹）

## 2010年萝岗区商住用地、住宅用地出让一览表

| 用地者 | 用地项目 | 用途 | 位置 | 面积（平方米） | 单价（元） | 总额（万元） |
|---|---|---|---|---|---|---|
| 深圳市万科房地产有限公司 | | 居住 | 科学城 | 177588 | 13750.92 | 244200.00 |
| 广州开发区工业发展集团有限公司 | 住宅综合办公楼 | 居住 | 永和 | 16188 | 4015.32 | 6500.00 |
| 广州知识城投资开发有限公司 | | 居住 | 知识城南起步区 | 66789 | 1030.40 | 6882.00 |
| 广州森浩房地产投资有限公司 | 工总员工楼（加速器） | 其他普通商品住房 | 科学城 | 11326 | 1240.50 | 1455.00 |
| 广州知识城投资开发有限公司 | 知识城（首期） | 其他普通商品住房 | 知识城南起步区 | 121890 | 1127.98 | 13749.00 |
| 广州知识城投资开发有限公司 | | 其他普通商品住房 | 知识城南起步区 | 109573<br>503354 | 864.99 | 9478.00<br>282264.00 |
| 广州市国营黄陂农工商联合公司 | 黄陂一条街 | 商业 | | 6850 | 932.64 | 638.86 |
| 广州开发区工业发展集团有限公司 | 威尔登酒店 | 商业 | 永和 | 5000 | 3816.00 | 1908.00 |
| 华青天鹅投资股份有限公司 | | 商业 | 科学城 | 6867 | 3944.95 | 2709.00 |
| 广州航新航空科技股份有限公司 | | 商业 | 科学城 | 13582 | 2415.69 | 3281.00 |

（续上表）

| 用地者 | 用地项目 | 用途 | 位置 | 面积（平方米） | 单价（元） | 总额（万元） |
|---|---|---|---|---|---|---|
| 广州开发区商总和怡达公司联合体 | | 商业 | 科学城 | 7236 | 3302.92 | 2390.00 |
| 七天四季酒店（广州）有限公司 | | 商业 | 科学城 | 7015 | 3419.81 | 2399.00 |
| 广东省天然气管网有限公司 | | 商业 | 科学城 | 44754 | 3109.21 | 13915.00 |
| 中国南方电网有限责任公司 | 南方电网总部 | 商业 | 科学城 | 180964 | 1437.20 | 26005.00 |
| 广州知识城投资开发有限公司 | | 商业 | 知识城南起步区 | 65269 | 992.20 | 6476.00 |
| 广州珍宝巴士有限公司 | | 商业 | 科学城 | 6002<br>343539 | 3955.34 | 2374.00<br>62095.86 |

**【楼盘选介】** ·科城花园· 该项目位于广州市萝岗中心区的水西环路，南靠萝岗区行政中心，东邻北二环高速路，西与省重点高中广州市第二中学科学城校区相连。而NBA球馆、国际网球中心及羽毛球培训中心等标志性体育建筑也与项目毗邻。而规划建设中的地铁6号线以及轻轨临近项目地段。该楼盘占地面积69621平方米，建筑面积为159708平方米，2010年均价10546元/平方米，主力户型为89平方米、150平方米、193平方米、296平方米的二至五房户型。

·万象新天花园· 该项目位于萝岗区九龙镇广汕公路北镇龙村，广汕公路北侧，由广州市和生房地产开发有限公司开发。该楼盘占地面积4000.1平方米，已开发5栋，分别为一期自编A栋、G栋、F栋、E栋、B栋，总建筑面积58507平方米。

·科汇发展中心· 该项目位于萝岗区科汇二街2号，广汕公路北侧。该项目占地15万平方米，地上总建筑面积30万平方米。项目采用全新的综合型写字楼商业开发模式，改变目前广州市面上写字楼单梯独栋的做法，将生态园林办公、商务沟通配套的“整合式开发”理念融入到该项目的开发中，规模式开发出全新的大型综合性产业商务办公基地。已开发的楼盘为自编S1栋、自编K-1栋，占地面积52131平方米。

·源兴雅居· 该项目用地3685平方米，总建筑面积11258.0722平方米，地处西滘河边。整个小区由两栋6层公寓组建而成。A、B栋首层为生活和商业配套。绿化用地约占总占地面积的30%。本项目以小户型为主，主力户型为二厅二房、二厅一房及单身公寓型。（刁永平 徐 丹）

## 新农村建设

**【概况】** 2010年，萝岗区内有28个行政村、18个村改居社区，农村人口14.36万人，其中农业户籍6.97万人，“农转居”人口7.39万人。全区农民人均纯收入14593元，同比增长14.9%（其中九龙镇农民人均纯收入9880元，同比增长15.3%）。

2010年，该区农村工作推进得力，新农村建设再显新貌。以迎亚运为契机，通过突出现代农业发展、农村环境整治、公共服务完善、社会管理、民主政治建设、农村低收入住房困难户住房改造等工作重点，实现农民持续增收、民生更好改善、社会和谐稳定的目标，进一步形成城乡统筹发展的新格局。（何 研）

**【建立社会主义新农村示范点】** 2009年，萝岗区加大投入将九龙镇埔心村打造成为社会主义新农村示范点，各项工作任务于2010年完工。埔心村主村干道和水塘周边的房屋，按照统一风格整饰翻新外墙，总投入约300万元。由恒运企业集团股份有限公司捐赠100万元、区财政投入25万元，在村道入口新建成商业街1条，占地1200多平方米，有24间商铺。按照“自然、生态、水活、水清”原则，

投入约180万元成功对村中3口水塘进行水环境生态整治。（江海潮）

【农民减负增收】 2010年，萝岗区继续开展减轻农民负担的各项工作，认真贯彻落实农民减轻负担工作"四项制度"：严格执行涉农价格和收费"公示制"、落实农村订阅报刊"限额制"、继续推行农民负担"监督卡制"、严格执行涉及农民负担案（事）件"责任追究制"。认真落实各项强农惠农政策，全年拨付粮食补贴类资金373.64万元，其中，拨付农资综合直补149.73万元，省、市、区配套种粮直补资金158.73万元，中央农作物良种补贴65.18万元，补贴资金都足额、及时通过种粮农户"一卡通"发放。农机购置补贴按照农机购置市、区、农户1：1：1的出资比例，由区安排补贴资金30万元；安排"三农"问题及自然灾害突发事件应急经费50万元，用于补贴防冻等各种自然灾害给农民造成的损失；及时拨付2010年家电及汽车下乡补助资金55万元。落实150万元扶贫经费，对25个集体经济收入低于20万元的村和村改居社区进行扶持。为保障国家强农惠农政策落实到位，切实减轻农民负担，全区还开展强农惠农资金专项清理和检查工作。全区各项农民负担监督管理工作稳步推进。（常瑞品）

【新型农民科技培训】 2010年，区农林水利局按照围绕主导产业培训专业农民发展"一村一品"的总体思路，制定《萝岗区新型农民科技培训工程实施方案》，投入30万元，由区农畜牧业管理综合执法大队组织，邀请省、市农业专家讲授水稻、水果、蔬菜、畜牧等专业课程，培训对象主要是从事农业生产经营者和以农业生产经营收入为家庭主要收入、具有初中以上文化程度的农民。举办各类农业技术培训班5期，有500名参加培训农民学员考试合格，取得《农业技术资格证书》。主要培训蔬菜专业、农作物田间调查、农机安全使用与维修专业、生猪安全养殖、家禽饲养，重点培训新品种、新技术，促进新品种、新技术的应用和普及。（温锐锋）

【村容村貌整治】 2010年，萝岗区全面推进联和、斗园、禾丰、刘村、天鹿南、岭头以及知识城北、中、南3个安置区和生物岛新村等建设项目，开展农村低收入住房困难户危房改造，首批86户家庭纳入资助范围，改造工程已全面铺开。进一步改善农村基础设施和优化村庄生态环境，基本实现道路、路灯、供水、排水、供电、交通、环卫设施等基础建设向农村的全面延伸覆盖。继续深入推进农村联网公路、农村改厕、垃圾处理、污水处理、农村水环境整治、林中村建设等一系列工程，全年新增1个省级卫生村和3个市级卫生村，新增卫生户厕586户，卫生厕所普及率96.78%。启动香雪公园（二期）、永和甘竹山公园、荔枝公园等生态工程，投资2100多万元开展约72公顷林地的风景林改造，在14个村（居）开展万村绿建设工程，绿化面积达10公顷。开展迎亚运水环境整治工作，完成长庚村和黄田村的污水治理试点工程、九龙中心镇污水处理系统一期工程等建设任务，全面推进农村（包括村改居）的截污和雨污分流工程；完成南岗河等5条河涌20.79公里的综合整治任务。（何 研）

【农村土地流转】 截至2010年底，萝岗区累计流转农村土地17030亩、同比2009年减少2923亩。根据《关于促进我区农村土地承包经营权流转的实施意见》（穗萝办〔2009〕5号）和《萝岗区农村土地承包经营权流转项目专项资金管理办法》（穗萝农林水〔2009〕94号）的规定，区农林水利局组织区内相关经济集体组织申请土地流转补贴，全面开展受理土地流转补贴申请和发放补贴资金，深入农户家庭对农户土地承包情况进行抽查核对，共发放220多万元（含置换土地一次性奖励、村集体经济组织工作经费一次性补贴），涉及流转土地面积2000多亩。其中下拨绿航项目2009年、2010年土地流转补贴99万元；下拨汉华菜场项目2009年、2010年土地流转补贴合计124.08万元。（江海潮）

【刘村留用地返购】 2010年10月14日下午，刘村经济发展用地返购签约仪式在萝岗国际会议中心举行。广州开发区党工委副书记、管委会副主任、萝岗区委副书记、区长石奇珠，区人大常委会主任赖新华，区政协主席官展平，管委会副主任郑锡雄，区政府有关职能部门的领导、各街、镇及所属的村（居）、社的领导参加会议。会上，区土地储备交易中心主任孙轶颖代表管委会、刘村社区居委会书记刘永添代表刘村经济联合社签约，全区的村干部及村民代表见证了签约仪式。

针对留用地利用效率低的实际情况，区与刘村社区协商共同研究"刘村返购经济发展用地"的模式：对刘村约76.4公顷留用地按火村返租价格倒推出返购价格进行返购，约196万元/亩。该模式既解决返租留用地只限于区建设公共配套项目的问题，理顺土地产权问题，同时也为广州科学城东部盘活66.67公顷可用于房地产开发的用地。（杜传亮）

【农民专业合作社】 2010年，萝岗区注册登记成立的农民专业合作社有14家，分别是：广州市萝岗区醉观园种植专业合作社、广州市萝岗区容兴农机服务专业合作社、广州市萝岗区惠龙农业服务专业合作社、广州市萝岗区桂丰红薯专业合作社、广州市萝岗区昌盛蔬菜种植专业合作社、广州市萝岗区云恒甜橙种植专业合作社、广州市萝岗区云峰凉粉草种植专业合作社、广州市萝岗区云辉荔枝种植专业合作社、广州市萝岗区爱珍甜橙种植专业合作社、广州市萝岗区智丰园林种植专业合作社、广州市萝岗区歧山甜橙种植专业合作社、广州市萝岗区丰绿蔬菜种植专业合作社、广州市萝岗区绿然农产品专业合作社、广州市萝岗区金旺淮山专业合作社。

区农业部门组织农民专业合作社召开会议5场（次），以座谈、现场指导等方式，全面了解各农民专业合作社的发展现状及运作过程中出现的问题、困难，提出对策帮助其解决。将相关法律法规、扶持政策向各镇（街）及各合作社进行传达。推介农民专业合作社参加各类培训、农超对接活动、农产品展销会活动等。扶持区内有代表性农民专业合作组织4家，根据区农业项目扶持政策规定发放合作社开办补助共计20万元。全区农民专业合作社入社成员288人，累计带动农户1714户，2010年实现总收入852万元。（常瑞品）

## 萝岗新城建设

**【概况】** 2010年，广州开发区萝岗新城建设指挥部办公室（以下简称“新城办”）立项项目共36个，年度财政投资任务6.83亿元，全年实际完成固定资产投资8.16亿元。三年来，已累计完成建设资金投入39.4亿元，其中财政投资23.5亿元，社会投资15.9亿元，萝岗新城“三年初步形成城市框架”的各项既定目标如期实现。

**【萝岗新城重点项目介绍】** ·广州国际羽毛球培训中心· 该中心位于广州科学城科学大道以北、映日路以西，项目概算总投资17685万元，占地面积27863平方米，建筑面积21164平方米，包括一栋三层的羽毛球场馆和一栋六层的运动员公寓。场馆设施齐全、功能完善，其中正规比赛场地4个、训练场地20个、观赛座椅2800多个、运动员公寓93间，可承办国内、国际大中型正式羽毛球比赛。

·广州开发区科技人员公寓（首期）· 该公寓位于南岗河以东，2号路以北，笃学一横路以南。总占地面积39957平方米，建筑面积112270平方米，总投资约4.3亿元。科技人员公寓是广州市萝岗区计划高标准配套建设的社会公共设施和住宅项目之一，其主要目的是为了吸引海外留学人员归国创业，满足在科学城工作的外籍人士、港澳台侨胞、留学归国人员及科技人员、专家学者等住宿的要求。

·南岗河萝岗文教园区段沿线景观建设· 该项目总投资1.13亿元，总占地面积为23万平方米（包括河道水体面积3.85万平方米）。主要建设内容包括：河岸整治、滚水堰、景观桥、公共卫生间、管理服务中心、沿河亲水木栈道、休闲广场、花架、景观亭、廊等园建及绿化工程。项目具有良好的自然环境，以“笔、墨、纸、砚”文房四宝概念为主线，依山傍水、以人为本、文史作韵，自北向南依次划分为墨趣广场、竹影和风、博艺广场、山花烂漫四大功能景区（即A、B、C、D区）。

·萝岗区少年宫（科技馆）· 该项目位于萝岗新城中轴线上，是广州市区级少年宫中投资、建设规模最大，功能、设施最全的，总投资14399万元，总用地面积20870平方米，建筑面积26124.4平方米，分为地上四层和五层，地下一层，绿地面积约为6500平方米。少年宫主体建筑演绎了“未来花世界”的意念，入口雨棚、遮阳结构、开窗方式及表面材质等均引入花朵、叶子的元素设计，建筑内的通道使用丰富多变的坡道连接各个错层空间。项目建设目标是成为一个以青少年儿童为中心，适应公众和青少年儿童多种需求及其未来发展变化趋势的融教育性、知识性、趣味性、参与性为一体的现代化少年宫（科技馆）。

此外，新城办建设项目2010年获奖的有：行政服务中心项目外墙工程、凯云楼外墙工程获得全国建设工程装饰奖（国家级）荣誉称号；行政服务中心及人防一期工程（一标段）获广州市优良样板工程和广州市建设工程质量“五羊杯”奖工程称号；行政服务中心及人防一期工程（二标段）、市民公园及水景工程（含人防三）获广州市优良样板工程称号；总部经济区（一期）项目、萝岗中心医院项目获广州市建设项目结构优良样板工程称号。

**【萝岗新城建设进展情况】** 自2009年顺利完成区行政服务中心、凯通楼、凯云楼、凯达楼、总部经济区一期、110社会联动指挥中心、市民公园、网球中心等多个建设任务后，新城办2010年重点建设项目进展及完成情况如下：科技人员公寓（首期）项目于2010年10月通过消防验收，并交付项目接管单位区工业集团营运，亚运期间亚组委相关人员如期进驻并投入使用。南岗河文教园区段景观项目除D区因拆迁问题尚未全面完工外，南岗河A、B、C三区景观段工程已全部完成（浮雕墙除外），2010年11月初已完成初步验收，下一步将与区农林水利局进行项目移交。区少年宫（科技馆）项目于2010年7月通过消防验收， 10月正式移交区教育局投入使用。区检察院业务用房项目于2010年7月完工，9月25日正式启用。区法院审判大楼项目于2010年11月初完工，已通过内部初验，项目整体于12月31日通过消防验收。区人武部项目后勤楼已交付使用，办公楼已完工并可交付使用；业务用房外立面和室外景观工程已完工，正在进行业务用房与人防101工程内部装修。萝岗中心医院项目如期在亚运会开幕前将急诊部分移交给中山三院开通使用。广州国际羽毛球培训中心项目于2010年7月顺利完工，9月通过消防验收，并成功举办广州地区“LG display杯”用电大客户羽毛球邀请赛，顺利通过实战测试。图书档案综合大楼项目已完成环评审批、设计咨询招标、用地选址、用地预审和方案设计、初步设计等各项前期工作，可研报告于2010年10月上报区发改部门审批。萝岗新城景观照明系统建设工程（泛光照明二期）于2010年10月底全面完工，并如期在亚运会开幕前正式亮灯启用。萝岗中心区公交站场项目于2010年10月底完工，并如期在亚运会开幕前投入使用，有效解决了区亚运比赛场馆项目周边及萝岗中心区的公共交通配套服务。凯通楼西侧景观工程作为行政服务中心、凯通楼及“开创未来”浮雕的配套工程，已于2010年10月完工，极大地改善和美化了项目周边的景观。（蔡秋婉）

## 广州国际生物岛建设

**【概况】** 广州国际生物岛位于广州市东南端、珠江主航道和次航道交汇而形成的官洲岛，南面为广州大学城，全岛占地面积1.82平方公里，东西长2920米，南北长990米，四面环水。1999年，广州市政府提出将海珠区官洲岛建设成为国际化的生物技术研究开发及产业化基地，同年始启动广州国际生物岛规划设计工作。2000年12月，广州国际生物岛项目获国家发展计划委员会正式批复立项并正式命名为“广州国际生物岛”。2001年9月，广州市政府明确广州经济技术开发区参照广州科学城的开发建设模式，负责对生物岛进行开发建设。2004年7月，广州开发区管委会正式设立“广州国际生物岛筹建办公室”。2008年12月，国务院批复《珠江三角洲地区改革发展规划纲要》指出要加快建设广州国际生物岛等重大创新平台，广州国际生物岛被列入广州市的重要建设内容。2010年9月，“广州国际生物岛筹建办公室”更名为“广州国际生物岛建设办公室”，增加协调各驻岛部门的职能；行政主管部门由区土地开发建设中心调整为广州开发区管委会、萝岗区政府。

2010年6月底，广州国际生物岛水墨园完工。 生物岛建设办供稿

2010年，广州国际生物岛建设办公室（以下简称“生物岛建设办”）定员30名，其中在职人员19名，借调到外单位8人，中共党员8人，硕士研究生学历9人，本科学历17人，大专学历1人，设主任1名，副主任2名，内设综合部、建设部、服务部和发展部。

2010年，生物岛有7项工程纳入区“三促进一保持”十大重点工程节点计划目标考核，7项重点工程均提前或按期完成节点计划。至是年底，区开发建设生物岛累计投入35亿元，其中直接用于工程建设的费用达18亿元。环岛路市政工程（一标）获中国市政金杯奖，环岛路市政工程一标、二标获省、市优良样板工程；市重点治水项目生物岛堤岸整治工程和再生水厂通过市有关部门的验收，质量优良；生物岛绿道建设被誉为省、市绿道建设样板工程，省、市领导张广宁、万庆良先后到生物岛视察绿道和生物岛的开发建设情况；水墨园项目获得广州市园林绿化样板工程奖。

**【征地拆迁工作】** 2010年，生物岛建设办加强与广州市海珠区的协调，加快复建房建设资金的结算和岛内剩余华侨房的搬迁工作。国有土地方面，岛内16栋房改房已在2009年10月份依法全部强制拆除，现正开展与被拆迁户的房屋结算工作，待结算工作完成后将安置房屋的产权过户到被拆迁户名下。集体土地方面，余下约110栋华侨房屋的拆迁补偿问题，海珠区和广州开发区正在协商处理中。复建房建设结算工作，海珠区已经在加快办理。

【重点项目建设进展情况】 2010年，生物岛完成以下重点项目的建设任务。一是堤岸整治工程，堤岸整治总长度6.7千米，总立项3.4亿元，其中一、二、三标水利工程投资2亿元，2009年8月份基本完工；水利工程四标于2010年6月底完工。景观工程一标段投资8000万元，2009年底完工，景观工程二标段2010年6月完工。二是再生水厂建设工程，再生水厂占地约1万平方米，是全国首个地埋式再生水厂，总投资约8800万元，设计回收岛内1.3万吨污水，经处理后的1万吨杂用水可供岛内循环使用，是水资源循环示范区的重点项目，该项目2009年7月底开工，2010年6月完工试运行。三是环岛路市政工程，其中环岛路一、二标为4.2千米，宽26米，投资1.2亿元，已建成通车使用；环岛路三、四标长1.4千米，2009年12月底完成管道敷设，主体工程已完工通车。四是螺旋路市政工程，螺旋路连接环岛路一、二标，横穿岛内东、西两端，长1.9千米，宽30米，计划投资1.4亿元。螺旋路于2009年底完工通车。五是支线道路市政工程总长度约9千米，计划投资1.5亿元。除受海珠区华侨房拆迁影响的少部分外，骨干支路已完工通车。六是保留山体叠翠园2010年5月已完工，另一个保留山体揽胜园于2010年9月底完工。湿地公园（水墨园）于2010年6月底完工，绿轴不受海珠区华侨房拆迁影响部分于2010年8月底完工。七是标准产业单元一期总用地2.6万平方米，容积率2.0，地上6层，总建筑面积5.35万平方米，总投资2.7亿元，已完工。八是推进生物科技中心、标准产业单元二期和三期、生态停车场及出入口广场、生命广场、公共管理中心等项目前期工作。 （徐燕妮）

## 城市管理综合执法

【概况】 2010年，广州市城市管理综合执法局萝岗分局（以下简称“区城管分局”）深入贯彻落实科学发展观，以“内强素质、外树形象”为抓手，以“迎亚运盛会、创文明城市”为契机，开创城市管理执法工作新局面。全年立案4017宗，结案3845宗，罚款50.59万元。拆除违法建设1048宗24万平方米，制止违法建设苗头2194宗；清理违章广告招牌1454块8335平方米；开展“六乱”专项整治行动27044人次，劝导教育60900人次，处罚2724宗；协助管理工地350个，查处无证施工63宗；开展泥头车专项整治行动32次，查处违规车辆23台；受理各种投诉2439宗，回复率100%。

是年，区城管分局被广州市城市管理工作领导小组评为突出贡献分局，区城管办荣获创新奖，吴飞、郭晓艳被评为先进个人，王捷、刘佩星被评为文明执法标兵；区城管分局被广州市城市管理综合执法局评为查控违法建设先进单位、信访工作先进单位、宣传报道先进单位，荣获亚运城市保障服务突出贡献奖，直属二中队、九龙镇执法队、东区街执法队被评为先进中队（执法队），行政执法科被评为先进科室，王捷、刘佩星被评为文明执法标兵，陈列等18人被评为先进工作者，蔡诗安被评为优秀通讯员。

【查控违法建设】 2010年，区城管分局围绕解决影响区城市长远发展的突出问题，切实加大查控违法建设力度。一是全面推进街（镇）查违控违工作。结合街（镇）执法队下沉执法新特点，进一步明确属地管理责任，不断把查控工作深入到村（居）、社（组），充分发挥群众防违控违作用，努力形成群防群治格局。二是健全查控责任制。健全社区“片管”责任制，建立奖惩机制，严格落实“日查巡”和“零汇报”制度，做到早发现、早立案、早查处，及时将各类违法建设控制在萌芽状态，全年制止违法建设苗头2194宗。三是严厉整治违法建设。全面摸查掌握全区违法建设情况，精心组织实施强拆行动。7月至9月，区城管分局开展“查控违建暨户外广告招牌”专项整治工作，组织强拆行动40余次，拆除各类违法建设646宗15万平方米。全年共开展拆违行动65次，拆除违法建设1048宗24万平方米。

【整治“六乱”】 2010年，区城管分局围绕营造整洁有序的城市秩序，先后开展“春风”、“静夜”、“整治牛皮癣”、“迎亚运、讲文明，杜绝乱吐乱丢”、“劝导式执法”、“喜迎亚运、清洁家园”等专项整治行动，重点清除亚运会接待酒店和比赛场馆周边、旅游景点、交通枢纽点、商业繁华地段、城市主干道沿线等重点区域的占道经营和乱摆卖现象，有效控制内街内巷乱摆卖，着力解决主干道、窗口区和重点地区乱张贴和商家促销乱拉挂问题，出动执法力量27044人次，劝导教育60900人次，处罚2724宗。组建亚运“女子特勤中队”，开展“劝导式”柔性执法，用微笑服务执法传播亚运信息。全面推进流动商贩“疏导区”建设，夏港街“普晖社区临时摆卖点”改版升级，“青年社区便民服务区”的成功经验在全区推广，流动商贩治理取得明显成效。在市“创文”月考中，萝岗区取得第4、5、7、8月第一名；在市流动商贩检查考评中，萝岗区以100分夺得第一名。

【工地执法】 2010年，区城管分局协助管理工地350个。强化服务执法，寓服务于执法之中，全年为企业协调规划、建设、市政等部门120次，帮助解决问题103个。加强与区质监站、余泥所、交警等职能部门之间的协调与联动，理顺部门职责，建立执法联动机制，全年开展联合整治行动11次。严格落实网格化、精细化管理，强化对无证施工、围墙外管理、夜间施工扰民、余泥渣土排放和泥头车营运秩序的管理执法，全年巡查工地2860人次，查处无证施工63宗；开展泥头车专项整治行动32次，查处违规车辆23台。

【信访投诉】 2010年，区城管分局受理各类投诉2439宗，其中上级交办42宗、区长专线338宗、12319热线803宗、公众来电来信来访1134宗、精细化案件63宗、区信访局网络信访案件59宗，做到件件有落实，事事有回音，回复率100%，群众满意率98.3%。

【城市管理执法体制机制改革】 2010年，区城管分局根据市政府2009年16号、萝岗区政府2009年39号文件精神，全力推进城市管理执法体制机制改革。4月份，顺利完成各街（镇）中队下放街（镇）管理移交工作，分局原街（镇）中队更名为“街（镇）执法队”，接受分局和街（镇）双重领导，属地管理责任进一步落实。

【迎亚运人居环境综合整治】 2010年，区城管分局围绕建设优美舒适宜业宜居环境，全力推进人居环境综合整治，项目总投资2.21亿元。完成区内主要道路、主要出入路口周边462栋建（构）物的“穿衣戴帽”工程、21个点的绿化改造工程；完成荔红社区、青年社区、墩头基社区“三线规整”工程和区道路交通指示标志工程、荔红路高压架空线下地改造工程；拆除广深、广惠、东二环、北二环高速公路两旁的乱搭建82宗1.2万平方米，拆除各类违章广告招牌1454块8335平方米；按照“统一规划、统一定点、统一管理、统一制作”要求，对荔红路、开创大道、九龙大道沿线临街商铺统一制作门面招牌788块；加大对水星、木榀、水口、红旗等水库和南岗河、水西河等周边山林环境的整治力度，拆除养猪（鸡）棚32宗5万平方米，拆除大排档7家，还山于林66.67公顷。

【“数字城管”建设】 2010年，区城市管理视频监控系统工程建设有序进行，一期工程投入567.89万元，480寸指挥中心视频、50个监控点和24台执法车安装GPS定位系统等项目基本完成，系统计划

2010年4月14日，区城管分局街（镇）执法队移交揭牌仪式在九龙镇举行。 蔡诗安 摄

2011年全面运行。二期工程立项工作已启动。11月，区城管分局组建12319城市管理指挥中心，正式从区长专线接手12319城管热线，区城市管理指挥系统进一步整合。（阳国生 郭慧广）

## 出租屋管理

【概况】 2010年，萝岗区流动人员和出租屋管理工作以亚运安保、深化人屋综合治理和推广居住证工作为重点，全区出租屋消防和结构安全实现“零事故”，整体工作迈上新台阶。全年共增配出租屋管理员54名，至年底，全区有出租屋管理员608名，同比增长7.05%。截至12月31日，全区共有出租屋14.39万套，同比增长18.93%，流动人员36.72万人，同比增长18.81%。征收出租屋综合税1216.35万元，同比增长17.87%。

【出租屋管理信息化建设】 萝岗区依托广州市流动人员管理信息平台，于2007年研发出租屋免费中介系统，成功为出租屋主和外来流动人员介绍出租屋近2万套。2010年7月，区财政投入近10万元，推出“萝岗区出租屋短信平台”服务，为出租屋主和流动人员打造宣传信息平台，群发短信内容包括：政策法规、重大事件、温馨提示、流动人员和出租屋整治等情况，实现与全区近5万名出租屋主的实时沟通。

【出租屋专项整治】 2010年，萝岗区各街镇围绕平安亚运，组织开展一系列流动人员清查和出租屋整治专项行动，对“高危类”人员，“严管类”、“禁租类”和“房中房”进行全面清查整治。截至12月底，全区共组织清查整治行动345次，出动5274人次，开设安全逃生口435多个，配备灭火器1000多个，完成出租屋整治1300多套，查处“黑网吧”、“黑诊所”和非法收购站15个，收缴老虎机、麻将桌、电热棒、煤气瓶等违法工具和存在安全隐患用具一大批。查处涉黄、赌、毒窝点6个，处罚12宗，处罚出租人4人，承租人8人，处罚金额4500元。

【居住证办理】 为贯彻落实省、市关于2010年1月1日起实行流动人口居住证制度的要求，萝岗区采取多项有效措施，如召开企业推广居住证现场会，优化办证流程，加大宣传力度，错峰上班，开展便民服务日，现场办证赠送总价值265元手机卡等措施，全力开展此项工作。2010年9月14日，区累计完成受理居住证办证申请28.04万张，提前完成了年初市公安局下达28万张工作任务；9月18日，区共受理居住证办证申请29.35万张，再度完成市公安局追加至29万张工作任务，完成率达101.2%，排名也从原来的全市倒数第三升至第三名。截至2010年12月31日，全区共受理居住证办证32.8万张，受理办证率达90%。

【分级分类管控】 2010年，萝岗区为做好“人屋”的分类分级管理工作，区出租屋办按照市的要求统一印制《广州市出租屋安全检查及租住人员登记簿》5000本，并组织开展了多次实操培训，同时印发《广州开发区、萝岗区流动人员和出租屋分类暂行管理办法》，进一步规范公安民警、管理员对流动人员和出租屋定类定级、开展日常巡查时限。并提出民警和管理员协作的“2+1”（即对跟踪管理类流动人员、严管类出租屋，管理员上门巡查2次后，由民警和治安员开展日常巡查1次）和“三员联查”（对重点管控类流动人员和禁租类出租屋，必须由民警、管理员、治安员定期开展日常巡查）等上门巡查模式，增强日常巡查成效，有效实现人、屋管控。截至2010年12月31日，核查出全区367200名外来流动人员中，“一般管理类”流动人员364636人，“跟踪管理类”2543人，“高危类”21人，居住在出租屋内外国人47人。全区14.39万套出租屋中，“放心类”出租屋138661套，“关注类”5142套，“严管类”58套，“禁租类”39套，其中，属于存在消防安全隐患出租屋887套，存在治安隐患出租屋221套。

【人口普查】 2010年，萝岗区出租屋管理办公室为保障全国人口普查工作的顺利进行，8月，组织人口普查业务培训，各街镇结合出租屋安全排查工作，逐家逐户核对登记资料，确保不漏房、房不漏户、户不漏人、人不漏项，及时做好数据核对、汇总和资料录入，截至12月底，共完成普查长表约1.2万张、短表约15万张、制作区域图1000多张。

【出租屋管理员培训和表彰】 2010年4月9日，萝岗区出租屋办组织全区400多名管理员在广东省人民武装学校举行为期两周的军训会操，强化和提升管理员心理素质和团队协作精神。5月24～25日，组织各街镇近200名业务骨干开展业务培训。为表彰优秀出租屋管理员，从10月份开始，开展第二届十佳管理员评选活动。区评审组对街镇推荐的30名分别从事内勤、外勤、管理类（站长）的候选人逐一进行综合考评。12月17日，在天鹿湖武警会议中心举办演讲评选表彰会，经过近3个小时的激烈竞选，从21位候选人中产生卓远锋等第二届十佳出租屋管理员。（林冠贤）

## 创建全国文明城市

【概况】 2010年，萝岗区以创建全国文明城市为重点，扎实推进各项精神文明创建活动，取得明显成效。利用《创业导报》、电视中心、创文简报、宣传栏、网页、电子屏幕、宣传车、公交车站和公交车、公共广场、手机短信、QQ群等十几种宣传阵地，共发各种创文宣传稿1万多条（篇）、信息2万余条（次），出宣传栏5000余版（块）。各单位、各部门还充分发挥宣传物品的宣传效应，先后派发《爱护公物，保护环境，爱我家园倡议书》、《致市民朋友的第三封信》、《致市民朋友的第四封信》、创文宣传日历、创文宣传帽子、笔记本、钢笔、环保袋、文明礼仪及亚运知识小册子等宣传单张、宣传册和宣传小礼物近200万份，全区市民人均4份，确保了创文工作家喻户晓、人人皆知。

2010年，该区顺利通过创建全国文明城市“国检”，在2010年广州市开展的8次公共文明指数测评中，获4次第一，2次第二，1次第三，材料审核连续保持全市并列第一，实地考察连续5次获得第一，入户调查一直名列前茅，总评成绩在全市各区排名第一。2010年，区共获得市公共文明指数奖励38.65万元。

【组织领导】 2010年，萝岗区共召开创建全国文明城市专题会议、迎国检动员大会、“三线”乱拉挂综合整治工作会议、老旧社区升级改造专题会议、盲道与环卫保洁工作会议、文明督导工作会议等各类会议近60次，举办创文培训班20多次，及时部署创建工作，提升创文工作水平，研究解决各种创建难题。市委常委、开发区党工委书记、管委会主任、萝岗区委书记凌伟宪多次带队对全区进行巡查，区长石奇珠、区委副书记陈小华、区委常委马正勇等多次现场督查创文工作，各单位党政一把手和创文分管领导亲临一线巡查督导，形成了“主要领导亲自抓、分管领导具体抓、部门分工抓落实、全体干部齐参与”的创文工作格局。2010年，区财政共投入2340万元用于全区创建全国文明城市工作，拨款2000万元用于加强街道社区环卫保洁工作，拨专款500万元全面清理社区内街（巷）乱倒、乱堆建筑垃圾。

【创文措施】 2010年，萝岗区采取多项有效措施全面推进创建全国文明城市各项工作。

·建立健全各项创建工作制度· 修订完善《广州开发区、萝岗区创建全国文明城市工作测评达标责任分解表》（2010版），明确责任分工；贯彻落实《广州开发区、萝岗区创建全国文明城市责任追究制度》、《广州开发区、萝岗区创建全国文明城市工作奖惩办法》等，充分调动各单位的工作积极性和主动性，实行创建全国文明城市协调会议制度，每月召开专题会议，通报市当月城市公共文明指数测评结果及排名，部署下月工作，保证创文工作有效开展。

·全市城市公共文明指数测评的各项迎检工作· 根据市创建办实地考察测评的标准，不断加大巡查督查力度。2010年，区创建办共巡查辖区200宗次，发现问题1000多处，拍摄存在问题照片1300多张，共发督办件68份，现场协调工作40余次，对所发现的问题，限定有关单位立即整改，并举一反三。市、区领导凌伟宪、石奇珠、陈小华、马正勇、陈杰等带队检查、暗访创文工作共计30余次，迎接市创建办领导检查20余次；各职能部门、街镇领导经常带头冲在“创文”一线，深入街镇、社区，靠前指挥创建工作。制定各项整改措施，并指导相关单位狠抓落实。为彻底提升创文环卫工作水平，建立稳定高效的环卫保洁机制，建立一支由区、街管理，真正有监管有工作责任心的能规范作业的环卫工作队伍，并制定《广州开发区、萝岗区街道社区环卫保洁长效管理机制方案》和《萝岗区社区（村）市容环境卫生检评方案》，同时成立环卫保洁应急队伍和市政工程应急抢险队伍，保证创文迎检期间能及时处置环境卫生的各类突发事件。进一步加强网吧监督管理。多次召开协调会议，明确各单位在网吧管理中的应尽职责，督促拿出切实有效的整改措施，对全区网吧进行清理整顿，确保区网吧市场的健康有序发展。坚持创建惠民，为百姓实实在在办好事。制定印发《萝岗区开展主次干道与社区创文达标专项整治工作方案》，推进创建“放心路”、“放心社区”工作，区委、区政府拨出专款对青年社区、普晖社区、东区社区进行局部改造，受到群众的欢迎。

·开展市民文明督导活动· 区成立市民文明督导队，并逐步完善区、街、社区三级督导网络。区聘任专职文明督导队副队长2名，各街道督导站设专职站长1名，负责统筹协调全区市民文明督导队工作。认真做好市民文明督导队员招募注册登记工作。2010年，全区在册登记的市民文明督导队员489人，建立和完善萝岗区市民文明督导队员注册登记制度等5项制度。结合每月市公共文明指数实地考察的测评，积极开展市民文明督导活动。各街道市民文明督导站共组织2000多人次在全区各街道、社区开展市民文明督导活动。多次开展文明督导队员培训，不断提高市民文明督导队员的综合素质。积极开展学习交流工作，6月，区文明办领导带队，组织五街督导队（站）负责人前往番禺区进行学习参观考察，更好的促进创建工作的开展。

·开展创建全国文明城市主题月等实践活动·坚持群众是创建工作的主体，通过开展“争做好市民，当好东道主”——“亚运广州行”群众文化活动和创建全国文明城市主题月实践活动等，广泛动员全民参与创建活动，深入发动全区机关企事业单位干部职工、外来务工人员、学生、医务人员等各行各业市民群众参与到创建活动中，形成创建工作合力。2010年，区先后组织开展“慈善帮扶月”、“爱护公物月”、“志愿服务月”等一系列创建全国文明城市主题月活动及开展“亚运广州行”群众文化活动200多场次，参加活动群众约40万人次。在广泛开展主题月、主题日活动同时，还开展“我们的节日”、“关爱空巢老人志愿服务行动”、“文明交通宣传周等活动，发动广大群众的积极参与，进一步扩大创文的参与度。4月份，区与大洋网一起承办“守文明规范，播文明之风——广州市民‘十不’行为规范动漫表情征集大赛”，面向全国征集“十不”动漫表情，《广州日报》、《广州文明导报》、大洋网、新浪网等20多家媒体先后对大赛活动作宣传报道，大赛历时5个月，得到社会各界人士的广泛关注。针对开发区企业多、外来务工人员多的特点，区还充分发动跨国企业、台资企业、民营科技企业职工踊跃参与创文活动，开展声势浩大的“十万名职工告别不文明行为”签名活动，号召企业职工做不文明行为的监督者，做文明行为的实践者和传播者，得到广大员工的积极响应。开展志愿服务工作。全区志愿者活跃在老人院、各公交站点、交通路口、商业街、广州国际体育演艺中心等场所，开展内容丰富、形式多样的志愿服务活动，形成“人人争当志愿者、处处开展志愿服务”的热潮，在亚运会和创建全国文明城市工作中发挥重要作用。全区共举办60多场志愿服务活动，走访慰问1360多人，累计参加16400多人。

·推进公民思想道德建设工作·大力开展社会公德、家庭美德、职业道德宣传教育，坚持每月开展“身边好人”评比宣传，在区信息办、《创业导报》和电视中心宣传报道道德模范的先进事迹。全面组织发动“中国好人榜”投票活动和“做文明有礼中国人”网上签名寄语活动，并组织文学艺术界人士对第四届广州市道德模范的事迹进行文艺创作宣传。

·加强未成年人思想道德建设·全面推进家长学校建设工作，2010年，辖区内共建立64个社区家长学校，提前实现家长学校100%全覆盖的要求，也是广州市率先实现家长学校100%全覆盖的四个区之一。自2009年萝岗街萝岗社区家长学校获“广州市优秀家长学校”荣誉称号后，2010年，区又有2所家长学校被推荐为优秀家长学校。进一步增强中小学生的文明意识，结合创文主题，在全区学校中广泛开展“创文明城市、做文明学生”征文比赛、“我为创文献一策”等各种丰富多彩的活动。

·加强社会主义新农村和文明社区示范点建设·围绕建设社会主义新农村的总体目标，继续扎实推进文明示范村建设，给九龙镇麦村、迳头村文明示范村下拨200多万元经费用于改善周边环境、建设文化工作站、增添和更新创文宣传栏、宣传牌，使村容村貌进一步改观。推荐广州市第五批创建文明示范村和文明社区示范点工作。其中，黄陂社区极具特色的社区综合服务中心——“联和一家”以其齐全的服务项目和和谐的服务氛围获得市领导的高度评价。埔心村与广州绿航“联姻”建设社会主义新农村的模式，得到广州市的充分肯定。（梅 花）

2010年5月18日，区城管、工商、街道办等单位与商业街商铺档主签订创文责任书。

创业导报供稿

# 财政 税收 金融

# 财 政

【概况】 2010年，广州开发区、萝岗区财政局（以下简称“区财政局”）牢牢把握财政“收”、“支”、“管”三大主体工作，不断完善公共财政体系，促发展保民生，千方百计统筹资金保障全区转型升级事业的需要。全区实现一般预算收入80.24亿元，基金预算收入66.69亿元。是年底，该局实有工作人员49人，其中公务员22人，本科及本科以上学历有43人，占全体人员的88%。是年，区财政系统获广东省农村财会人员财政支农政策培训工作先进单位等荣誉。

【财政管理体制】 广州市政府2006年制定的市对区财政管理体制于2008年到期，2010年就新一轮市对区财政管理体制问题，印发《关于完善市对区（县级市）财政管理体制的意见》（穗府函[2010]91号），实施期限从2009年至2011年。按照新一轮财政管理体制的规定，市对广州开发区、萝岗区在继续执行上一轮财政管理体制财政收支范围划分、财政收入分成比例等方面规定的基础上，进一步集中区财力，规定从2009年起以2008年为基数，对区一般共享收入（增值税、营业税、企业所得税、房产税）超基数部分由广州市集中40%；向广州市上解“财政横向转移支付调节金”；进一步调低区教育费附加的分成比例。同时，新管理体制还明确市区两级财政共同承担的项目，市财政对区不给予补助，所需费用由区全额负担，并且区需负责辖区内新建轨道交通网投资额的50%。新管理体制体现广州市对中新广州知识城开发建设的支持，明确广州市从2010年起10年内将来源于知识城的市级财政收入全额返还区专项用于知识城建设和发展。

【财政收入组织】 2010年，广州开发区、萝岗区实现财税总收入388.56亿元，比上年实绩增收77.15亿元，增长24.78%，其中一般预算收入完成80.24亿元，比上年增收6.07亿元，增长8.18%；基金预算收入完成66.69亿元，比上年增收32.72亿元，增长96.31%。

按照现行财政体制计算，2010年区可支配财力完成160.45亿元，比上年实绩增收35.54亿元，增长28.45%，其中一般预算收入80.24亿元，加上税收返还等补助收入净额4.76亿元、上年结余3.68亿元及调入资金1.01亿元，扣除按规定从一般预算调出资金0.28万元作水利基金后，全区一般预算财政收入89.41亿元；基金预算收入66.69亿元加上上级补助资金0.25亿元、调入资金0.28亿元和上年结余3.82亿元，全区基金预算财政收入71.04亿元。

【财政支出】 2010年，全区财政预算总支出完成151.25亿元，比上年增加34.03亿元，增长29.03%，其中一般预算支出完成84.68亿元，比上年增加1.82亿元，增长2.2%；基金预算支出完成66.58亿元，比上年增加32.21亿元，增长93.74%。

是年，区财政进一步优化财政支出结构，不断提高财政对社会公共需要的保障能力。发挥财政资金导向作用，加快区产业结构调整和现代产业体系建设。科学技术投入10.57亿元，进一步完善科技服务配套设施，加强对重点科技项目的扶持，引进和培育科技领军人才，提高企业自主创新能力。资源勘探电力信息等事务投入8.86亿元，扶持企业发展，培育优质税源。商业服务业等事务投入22.7亿元，发展现代服务业，培育新的经济增长点。切实保障各项民生政策的推行，投入教育事业经费4.29亿元，保证教师绩效工资发放，推进规范化学校建设，落实免费义务教育政策。投入文化体育事业经费2.95亿元，完善区文化体育场馆设施，推进文明村居建设。投入医疗卫生经费2.5亿元，加快区中心医院建设，完善新城区医疗配套设施，加强基层医疗服务机构建设，深化农村合作医疗制度，提高公共医疗保障水平。投入社会保障和就业资金3.23亿元，确保低保、抚恤等生活费按时足额发放，加大再就业资金投入，资助“农转居”等各类人员参加社会养老保险。投入农林水事务经费2.41亿元，完善农田水利基础设施，扶持农业项目发展，落实各项惠农政策，改善林业生态环境。投入城乡社区事务发展经费70亿元，完善萝岗中心区城乡生活生产基础设施，加快宜居城区建设。投入环境保护经费3.11亿元，加快污水处理厂升级改造，加大污染监测和防治，加强生态环境保护。投入公共安全经费4.57亿元，构建治安防控体系，建设平安社区。投入交通运输0.8亿元，完善公路和公交站场等公交设施，补贴公交运营线路，着力解决区内群众出行难问题。

【财政改革】 2010年，区财政局深入推进财政支出绩效评价改革，除选取37个项目开展自评、组织预算单位对部门预算安排金额100万元以上专项支出项目开展绩效目标申报等常规工作外，有两点新做法：一是评价范围扩大，纳入4家事业单位，突破了只在机关单位开展评价的现状；二是将召开区联合评价工作组成员单位评审会前置到征求单位反馈意见之前，提高评价工作的客观性和公正性。

国库管理制度改革不断深入。全区145个预算单位全部实行国库集中支付。第三批101个预算单位于11月1日起启动公务卡结算工作，纳入集中核算的129个预算单位全部实行公务卡结算。加强制度建设，修订《区国库管理制度改革资金集中支付管理办法》及《区国库管理制度改革会计核算办法》等制度，加强预算单位银行账户管理，撤销九龙镇15所学校备用金账户。加强信息化建设，优化系统软硬件配置和安全性能，探索完善财政信息系统建设的总体工作思路。全年国库集中支付金额130.82亿元，占全部财政支出的86.32%，其中直接支付116.27亿元，占国库集中支付的88.88%。

【财政监督】 2010年，区财政局重点加强涉及民生政策资金的监管，完成16项财政监督检查计划任务，涉及246个被检查单位，检查资金115.83亿元，补缴税费和上缴财政资金979.97万元。完成上级部门布置的专项监督检查工作，开展区强农惠农资金专项清理和检查，涉及项目52个，涉及资金61.71亿元，得到市财政局高度肯定；加强扩大内需新增中央投资项目资金财务管理，检查资金1.63亿元，收回未履行国库集中支付流程财政资金3521.96万元。做好“小金库”专项治理“回头看”，推动区国企和社会团体“小金库”专项治理工作深入开展。

是年，区财政局进一步规范基建财务管理。聚焦迎亚运等十项重点工程，畅通“绿色通道”，确保基建资金及时拨付；修订财政投资基本建设资金集中支付操作规程，以制度管财提效；完善优化基建财务管理系统，提高审核工作效率；加强对社会中介机构审核服务质量的管理。同时，按照区工程建设领域突出问题专项治理工作要求，制订具体工作方案，牵头组织对区工程建设项目资金管理使用情况进行检查，督促相关单位落实整改责任，检查发现的有关建设单位存在的属财政投资基建立项计划未按项目专账核算管理的问题全部整改完毕。全年共完成1197项共计92.92亿元财政投资建设工程预、结（决）算的审核工作，审定金额为87.56亿元，核减金额为5.36亿元；共完成3197单共计85.39亿元基建资金拨付审核工作。

【政府采购】 2010年，广州开发区、萝岗区政府采购监督管理不断强化，结合3月《广东省实施〈中华人民共和国政府采购法〉办法》的正式施行，强化相关培训；进一步完善工作制度和流程，强调采管分离制度，严格遵守预算制度，完善政府采购台账和档案管理等制度；严格控制单一来源等非公开招标采购方式的审批，重点监督大宗采购项目；积极探索自主创新产品优先采购，为区内企业发展提供有力支持；提升服务水平，积极协助采购人开展政府采购；依法处理政府采购投诉，保护采购当事人的合法权益，全年经调查取证后开具行政处罚书1份。全年全区各机关、行政事业单位完成政府采购857项，预算采购金额28846.82万元，实际支出25905.13万元，节约财政资金2941.69万元，节约率为10.2%。

【会计管理】 2010年，萝岗区管理会计人员10633人，全年办理会计从业资格合格证554人，办理从业资格证的注册、调入、调出583人。严格按照行政许可规范和ISO9001质量管理体系要求办理会计事项，且通过行政审批电子监察系统实时监控，全年未出现被亮牌的情况，会计管理服务工作在全区行政执法评议考核中总体评定为优秀。组织财政支农政策培训，成效显著，是广州市唯一获得省财政厅通报表彰的区（县）单位。加强会计信息质量检查，对区有开展代理记账业务的代理机构的资质及日常运作情况进行检查，完成区39家国有企业2009年会计报表审核汇编、上报工作。

【惠民财政政策】 2010年，萝岗区财政投入民生和公共事业支出104.43亿元， 占年度财政支出的69.04%，主要包括：一是加大教育事业投入。投入“以车代校”专项经费2031万元解决中小学撤并后学生上下课交通问题；落实全区2.6万名义务教育阶段学生免费义务教育财政补助1701万元；投入3127万元改善学校教育教学环境及设施。二是完善区卫生服务体系。投入1.01亿元基本建设资金改造公立卫生服务机构，建设萝岗中心医院；投入302万元落实乡村医生分流及基层医务人员培训经费，改善社区及农村医疗卫生条件；不断完善新型农村合作医疗制度，合作医疗基金筹资标准提高到340元/人·年，财政资助220元/人·年。三是加大文体投入，创造良好文化氛围，提升区域文化内涵。投入村居文化站、文化室维护建设经费和健身路径、篮球场建设经费346万元，完善区内文体设施；投入电影下乡等群众文化活动经费215万元，开展各类文体活动丰富群众文化生活。四是加大投入推进区新农村建设。落实种粮补贴、家电下乡、能繁母猪保险保费补贴、农机购置补贴等各项财政惠农补贴资金469万元；加大农村经济发展扶持力度，投入245万元生态公益林补偿区配套资金，提高生态公益林种养户的经济收益；投入309万元补助村两委办公经费及两委干部工作经费；安排农村老党员生活补贴163万元。五是加大社会保障财政投入。按照城镇居民410元/人·月、农村居民335元/人·月的标准安排1082万元城乡居民最低生活保障资金；安排就业专项补贴和转岗培训经费3227万元，大力开展劳动技能培训。六是不断改善村居公共设施及环境卫生。投入2584万元对公交线路实施

财政补贴；投入2105万元社区内街内巷环卫保洁费补贴及583万元垃圾清运费补贴，改善村居环境卫生条件。 （毛晓芹）

# 国家税务

【概况】 2010年，广州开发区、广州保税区、广州市萝岗区国家税务局（以下简称“区国税局”）围绕“完善管理、提高质效、改进服务、和谐带队”的工作思路，在完善税收征管、提高管理质效、优化纳税服务、建设和谐团队等方面卓有成效地开展工作，确保了税收收入的持续稳定增长和各项工作任务的圆满完成，实现税收入库658.77亿元。加强与对口稽查局的沟通联动，有效堵塞税收管理漏洞。全年，查结案件37宗。完成税款罚款入库929万元。移交公安机关反黑涉税案件1宗。

2010年2月4日，区国税局召开2010年工作会议。 区国税局供稿

2010年区国税局基层税务分局一览表

| 分局名称 | 地址 | 联系电话 |
|---|---|---|
| 广州经济技术开发区国家税务局 | 广州经济技术开发区开发大道348号建设大厦后座 | 82091445 |
| 广州经济技术开发区国家税务局第一税务分局 | 广州保税区广保大道五段二楼 | 82091492 |
| 广州经济技术开发区国家税务局第二税务分局 | 广州经济技术开发区开发大道348号建设大厦后座三楼 | 82091395 |
| 广州经济技术开发区国家税务局第三税务分局 | 广州保税区广保大道五段二楼 | 82091456 |
| 广州市萝岗区国家税务局第四税务分局 | 广州市萝岗区萝岗街荔红路85号 | 32284659 |
| 广州市萝岗区国家税务局第五税务分局 | 广州市萝岗区九龙镇政和路38号大院（农工商公司内） | 87487403 |
| 广州经济技术开发区国家税务局第六税务分局 | 广州保税区广保大道五段三楼 | 82091319 |

【组织收入情况】 2010年，区国税局组织税收收入658.77亿元，同比2009年增长31.22%，增收156.72亿元。其中，海关代征收入415.95亿元，同比增长42.14%，增收123.31亿元；国内税收收入242.83亿元，同比增长15.95%，增收33.41亿元，其中“两税”收入148.94亿元，同比增长1.52%，增收2.23亿元，所得税收入93.88亿元，同比增长49.74%，增收31.18亿元。

2010年区国税局税收收入情况表

| 项目 | 税收收入（万元） | 比上年增加额（万元） | 比上年增长（%） |
|---|---|---|---|
| 税收合计 | 6587728 | 1567231 | 31.22 |
| 两税合计 | 1489447 | 22276 | 1.52 |

（续上表）

| 项目 | 税收收入（万元） | 比上年增加额（万元） | 比上年增长（%） |
| --- | --- | --- | --- |
| 1.增值税 | 1488329 | 23467 | 1.60 |
| 2.消费税 | 1119 | −1190 | −51.54 |
| 海关代征税收 | 4159467 | 1233111 | 42.14 |
| 企业所得税 | 938811 | 311843 | 49.74 |

【征收管理】 2010年，区国税局通过着力提高管理质效，使税收征收管理工作实现了新的突破。

·加强各税征管力度· 在流转税税收管理方面，重点强化一般纳税人增值税抵扣凭证管理，开展大型低税负企业增值税税负监控核查、增值税税收优惠政策执行情况专项清理核查以及农产品收购发票核查工作等，成效显著。在企业所得税管理方面，以企业所得税年度汇算清缴及后续管理两大核心板块工作为基础，有效推进所得税管理工作的系统化。

·夯实税收管理基础· 发挥数据应用平台作用。结合广州市国税局2010年一级考核指标和区国税局年度重点督办工作事项，对征管重点指标与征管一般指标两部分开展数据分析，对税收管理工作进行全方位分析监控，并根据分析结果及时改进。创新信息技术手段。包括：税收管理无纸化（二期）试点工作圆满完成，实现系统的平稳上线和工作的无缝衔接，为市国税局进一步探索及推广税收管理无纸化提供经验和实践基础；自行开发“税收执法风险防范系统”，实现对执法风险的事前、事中监控，有效提高征管质效，受到国家税务总局纪检组长冯惠敏的充分肯定；“易办税”服务平台功能不断优化，逐步增加试点企业，平台效用达到预期目的；自行开发的《对外支付出具税务证明信息管理系统》在全省推广；自行开发《“三代”提支手续费信息管理系统》，实现该局信息管税方面又一重大突破。有效规范执法。强化内部监督方面：有效运用税收执法管理信息系统，通过每月发布两次预警信息温馨提示和数据通报，确保系统运行效果；有重点地开展税收执法检查，定期编写《税收执法检查情况通报》，及时纠正存在的问题；开展税收政策执行情况调研，确保调研反馈工作落到实处；推行重大税收执法决策事项集体审理制度，加强对税收执法权的监督。整顿外部税收秩序方面，与市国税东区稽查局“一线对接”开展专项涉税检查，累计查补税款4000多万元；组织并顺利完成重大案件审理和行政处罚听证工作。

·推进管理创新· 税源专业化管理和纳税评估工作取得实效。明确城区版和非城区版征管分局的专业化管理模式，设置纳税评估专岗，明确岗位职责；编写上报日化、食品、饮料及房地产四个行业的简易评估模板和个性化效果评价指标；制定《简易评估模板（初稿）验证推广方案》，对5个行业共214户企业开展简易评估，是年该局纳税评估实际入库1.13亿元。探索创新，反避税工作上新台阶。开展对已立案的某大型塑胶企业的转让定价磋商工作，调整该企业应纳税所得额1500余万元；跟踪管理工作取得新突破，成功调整入库税款1045万元；成功谈签中国与新加坡首例双边预约定价安排。

【税收优惠政策】 2010年，区国税局强化对享受税收优惠政策企业的管理，定期开展税收优惠政策落实执行情况的清理检查，对不符合享受税收优惠政策规定的，一律取消其享受优惠政策资格，对符合有关资格要求的，加大宣传力度，减少企业不必要的损失。是年，该局贯彻落实促进残疾人就业的税收优惠政策，共有22户纳税人享受安置残疾人就业的企业所得税优惠政策，惠及残疾人219人。

【出口退税】 2010年，区国税局共完成6202户次生产企业免抵退税44.75亿元的审核，完成873户次外贸企业退税额6.28亿元的审核；实际办理出口退税39.52亿元，为广州开发区出口企业解决50.31亿元的流动资金。 （林蔚峰）

## 地方税务

【概况】 广州开发区地方税务局、广州市萝岗区地方税务局（以下简称“区地税局”）是广州市地方税务局领导的直属机构，是集登记、征管、稽查、纳税服务于一体的全职能局。该局成立于2004年6月，并于2006年3月加挂广州市萝岗区地方税务局牌子。2010年，该局内设6个职能处室和2个中心，有干部职工179人，编外合同工12人，协税员42名，其中干部职工里，具有大专以上学历的170人，占总人数的95%，其中，研究生毕业的18人，占干部总人数的10%。干部职工平均年龄37.73岁。是年，该局被广州市地税局记集体三等功，西区税务分局荣获‘广州市青年文明号标兵”、“广东省青年文明号”称号。

### 2010年区地税局基层税务分局一览表

| 分局名称 | 地址 | 联系电话 |
|---|---|---|
| 东区税务分局 | 广州开发区创业路19号1楼、5楼 | 12366-2 |
| 西区税务分局 | 广州开发区创业路19号1楼、2楼 | |
| 永和区税务分局 | 广州开发区永和经济区摇田河大街79号 | |
| 永和区税务分局镇龙征收点 | 广州市萝岗区九龙镇镇龙大道75号 | |
| 高新区税务分局 | 广州科学城彩频路9号B座一楼 | |
| 萝岗税务分局 | 广州开发区萝岗街公路街53号 | |

**【组织收入情况】** 2010年，面对国家宏观政策调控频繁、广州亚运“停工限工”、结构性减税政策持续、开发区经济增速放缓等不利因素，区地税局紧抓重点税源管理、探索专业化纳税评估、破解涉外税收征管难题、推进区域综合治税，提高税收征管质量和效益。是年，全区地方税费收入总量（含社保费收入及省级固定税收收入）99.33亿元，同2009年比增收14.26亿元，增幅16.77%，这是该局自2003年以来，税费收入总量连续八年每年跃上一个10亿元新台阶。其中，地方税收（含省级固定税收）累计实现65.22亿元，同比增长22.91%，增收12.16亿元。全年提供区一般预算收入22.38亿元，同比增长20.20%，增收3.76亿元。

### 2010年区地方税收分行业收入情况表

金额单位：亿元

| 行业大类 | 2010年税收收入 | 同比增减量 | 同比增减率 | 2010年占税收比重 | 比重同比变幅 |
|---|---|---|---|---|---|
| 制造业 | 21.58 | 4.33 | 25.12% | 33.09% | 0.59% |
| 电力、燃气生产和供应业 | 1.17 | -0.02 | -1.49% | 1.80% | -0.45% |
| 建筑业 | 4.71 | 0.36 | 8.40% | 7.21% | -0.97% |
| 交通运输、仓储及邮政业 | 11.43 | 2.48 | 27.65% | 17.53% | 0.65% |
| 信息传输、计算机服务和软件业 | 1.32 | 0.10 | 8.34% | 2.03% | -0.27% |
| 批发和零售业 | 4.39 | 0.86 | 24.46% | 6.74% | 0.08% |
| 住宿和餐饮业 | 0.30 | 0.03 | 9.37% | 0.45% | -0.06% |
| 金融业 | 1.27 | -0.22 | -14.58% | 1.95% | -0.86% |
| 房地产业 | 3.61 | -0.13 | -3.48% | 5.53% | -1.51% |
| 科学研究、技术服务和地质勘查业 | 6.34 | 2.05 | 47.87% | 9.72% | 1.64% |
| 租赁和商务服务业 | 4.64 | 1.56 | 50.74% | 7.11% | 1.31% |
| 居民服务和其他服务业 | 1.53 | 0.14 | 9.72% | 2.35% | -0.28% |
| 公共管理和社会组织 | 0.87 | 0.25 | 39.39% | 1.34% | 0.16% |
| 其他行业 | 2.05 | 0.36 | 21.41% | 3.15% | -0.04% |

【社保费全责征收】 2010年，区地税局在人员没有增加的前提下，克服政策复杂、参保人员多、覆盖范围广等困难，认真落实社保费随税同征、同管、同查、同服务，全年组织社保费收入28.73亿元，同比2009年增收0.83亿元。该局与区社保中心组成联合工作组，编写新的社保费业务规程及指引，优化个人信息变更、合并个人社保号、缴费单位注销登记等业务流程，明确社保费补缴及退费审批流程及审核要点，不断提高工作效率，降低工作失误带来的风险；自行研发管理系统，打造管理、监控、校验等信息平台，开发政策性补缴核定、社保费退费等辅助软件，社保费征收数据记账成功率近100%，受到缴费单位、缴费人和社保中心的一致好评。同时，该局从维护缴费人权益和社会稳定出发，全面排查社保费矛盾隐患，完善社保费信访、投诉处理机制，成立应急处置领导小组，出台应急预案，妥善化解因社保费问题引发的各类矛盾。亚运期间协助区综治、信访部门高效处理两公司员工因社保问题引发的上访问题。与区劳动、社保部门共同解决社保历史遗留问题和中新广州知识城农转居、被征地农民的参保工作。省地税局评价该局“社保费全责征收工作主动性强、创造性强，做法要在全省推广”。

【税收征管】 2010年，区地税局突出抓好重点税源管理，将36名三级以上税管员，全部充实调配至重点税源管理岗位，增强管理力量，推广应用重点税源管理系统各项功能，摸索“数据管税”模式，强化中新广州知识城、国际生物岛、天鹿湖动漫城等重点项目的监控与管理。全年1216户重点税源贡献税收51.8亿元，占税收总量90.8%，同比增长25.25%，增收10.44亿元，税收增量贡献达到97.39%。注重结合日常征管将纳税评估融入到税收征管的各个环节，全年累计评估2540户，评补税费3.07亿元，同比增长47%。是年6月，在区地税局召开的纳税评估工作总结暨经验交流会上，省局机关、市局领导充分肯定该局纳税评估工作的探索与成效。全面加强涉外税收管理。针对境外劳务判定新规定，加大宣传力度，开展重点辅导，全年涉外企业代扣代缴外国企业境外服务费营业税超2亿元。针对非居民企业所得税管理，全面检查对外支付出具税务证明的审核、复核、台账管理和非居民企业所得税源泉扣缴情况，首次源泉扣缴非居民企业所得税近75万元。

【税收执法】 2010年，区地税局继续规范税收执法，营造严格、规范、公正、公平的税收法治环境。争取工商、街道、村委等单位支持和配合，建立6个委托代征工作站，制定配套制度，规范操作流程，细化工作指引，强化业务培训，全力推进个体委托代征工作；开展清理漏征漏管户专项行动，共清理漏征漏管户3619户，堵塞征管漏洞；将协税护税工作列入季度区财税联席会议的重要议题，明确各部门的工作职责和考核指标，推动区域协税护税工作机制不断完善。与区国税局联合开展2008～2009年度纳税信用等级评审工作，召开纳税信用等级A级纳税人授牌大会，促进区域纳税信用体系的建设。推广应用在线开票系统，规范物流运输、餐饮、房地产、广告等10个行业税收管理，截至2010年底，区99%的购票户数实行在线开票。11月25日，该局历时两年、历经2次复议、3次诉讼的首宗行政诉讼案件，即东方宝龙汽车公司诉该局行政征收行为，经市中级人民法院终审判决，获得胜诉。

2010年6月29日，区地税局召开纳税评估工作总结暨经验交流会。 明 亮 摄

【纳税服务】 2010年，区地税局开展“民主评议基层站所”活动，5个基层分局均以100%调查满意率通过评议，在区民主评议基层站所工作中排名第一。全面落实税收优惠政策，服务区域经济发展和产业转型升级。全年为高新技术企业办理各项减免税2.74亿元，受惠企业59家。成立“中新广州知识城”税收服务工作领导小组，牵头组织生物岛税收工作联席会议，了解税收服务需求，解决涉税问题，梳理归集优惠政策，并深入调研建议争取更多政策，助推重点项目发展。开展送税法进企业、社区、校园、政府系列活动，扩大税法宣传覆盖面，提高宣传实效。创建税费电子填表样本库，开发涉税（费）事项办理须知信息平台，针对同一项目多次代开发票、部分资料需重复提交的情况，继续推行“无纸化”备案，创新服务方式，提升服务效能，获得纳税人的好评。全面落实税管员坐班制、税管员AB岗制、征收大厅领导值班制、首问责任制、领导接访制等服务制度，畅通税企沟通渠道；健全长期、定期、及时公开机制，举办“地税开放

日”活动，保障纳税人知情权、参与权。（兰 庆）

## 广州金融创新服务区

【概况】 广州金融创新服务区位于广州科学城和天鹿湖旅游度假区，规划面积约2平方公里，以广州开发区高新技术产业基础为依托，是广东省建设珠三角金融改革创新综合试验区及广州市建设国家战略层面区域金融中心的重要载体，将建设成为集金融高新技术支持、后台服务、金融机构、资产证券化、风险投资、资本市场、产业投资基金、产权交易、信用建设等多位一体的综合金融创新服务平台。

【基础设施不断完善】 至2010年底，广州金融创新服务区建设完成首期50万平方米的载体建设，包括综合研发孵化区和总部经济区。综合研发孵化区建筑总面积20.11万平方米，具备商务写字楼、大型百货公司、超市、各类特色商场、文化休闲娱乐中心以及国内外知名餐饮机构和快餐连锁企业开设的酒店、茶餐厅、咖啡吧等配套设施，已有多家金融机构、投资机构入驻。

在配套设施建设方面，以金融创新服务区为核心，财政投入建设了美国人学校、日本人学校以及一批高质量中小学、技工学校等教育配套设施，并不断完善医疗卫生服务体系；建设员工楼、科技人员公寓，引进一批房地产和酒店项目，并加快区域商业网点建设；重点推进广州国际体育演艺中心、国际网球中心、国际羽毛球中心以及文体中心、体育公园、香雪公园等休闲娱乐场所；整体提升道路交通网络，启动了地铁六号线的建设。

【高层次金融机构加速聚集】 至2010年底，广州金融创新服务区已经吸引了中国工商银行、中国农业银行等一批银行在区内设立分支机构，聚集了广州技术产权交易所、广州广电运通金融电子股份有限公司、广州穗通金融服务有限公司、以中科白云基金为代表的一批股权投资机构，中科招商、德同资本、力鼎投资三家金融机构在区内设立了华南区总部。广州博隆数据资源有限公司、中国建设银行总行集约化后台中心正在加紧建设中。

【政府创投引导基金带动效应显著】 区财政出资10亿元设立创业投资引导基金，以1：3杠杆撬动社会资本。至2010年底，共引导设立四支子基金，包括中科白云基金、德同凯得基金、力鼎凯得基金、戈壁凯得基金，其中中科白云基金总规模达50亿元，首期注册资本8亿元，是广州迄今最大规模的基金项目。在政府积极引导之下，广州基石创业投资合伙企业、广东中新创投担保有限公司、新开发创业投资管理有限责任公司等多家风险投资机构先后落户，并与多家股权投资机构建立合作关系，加之已入驻的广州科技风险投资有限公司、广州海汇成长创业投资中心、广州科技创业投资有限公司、广东安信风险投资有限公司、广州高信创业投资有限公司、广州诚信创业投资有限公司、广州毅昌科技投资有限公司、广发信德投资管理有限公司等多家投资机构，广州金融创新服务区已形成创业投资基金加速集聚的喜人态势。

【金融创新加快推进】 广州金融创新服务区紧紧把握创新这一主线，在金融组织体系创新、金融产品创新方面进行积极的探索和大胆的尝试。至2010年底，区金融办起草了《广州市萝岗区小额贷款公司试点工作方案》、《关于成立广州市萝岗区小额贷款公司的风险分析报告》、《广州市萝岗区小额贷款公司监管暂行规定》等，推进小额贷款试点工作，与区内外多家符合资质的企业进行沟通交流，选择合适的主发起人设立小额贷款公司，谨慎推进试点工作。金融组织创新。为突破科技型中小企业融资难的瓶颈，结合园区科技企业特点，广州开发区以广州凯得控股有限公司、广东中创信用担保有限公司等公司作为发起人，申请设立广东科技发展银行，预计注册资本达人民币50亿元。广东科技发展银行将采用股份制发起、市场化运作模式。金融产品创新。在市知识产权局指导下，广州开发区组织金融机构和企业开展知识产权质押贷款业务，至2010年底，广州开发区有两家企业共获得知识产权质押贷款7800万元，另有四家企业与银行签署合计11.2亿元的知识产权质押贷款融资意向书。此外，广州开发区金融办指导凯得担保、粤财信托和工商银行设计了“广州开发区中小企业集合信托计划实施方案”，该方案是广州市第一支科技型中小企业集合信托产品。

【投融资体系建设】 在广州金融创新服务区建设的带动下，广州开发区投融资体系建设日臻完善，初步形成了包括风险投资、融资担保、银行信贷、上市扶持在内的“一条龙”的融资平台。截至2010年底，区基金总规模近百亿元，驻区担保机构近10家，担保规模近百亿元；区内上市企业达到22家；种子基金通过投资决策会的项目有8个。科技担保公司共完成区内企业担保9亿元，园区6个项目拿到担保公司贷款扶持。“创业易贷”项目已在区内正式推广，园区内益善生物、鸿琪生物、华玺医疗已获得“创业易贷”扶持。

【区首家小额贷款公司成立】 2010年6月，广州开发区首家小额贷款公司——广州萝岗金发小额贷款股份有限公司举行开业庆典。广州市金融办副主任蔡建、广州开发区管委会副主任郑锡雄出席庆典并剪彩。该公司成为广州开发区首家、广州市第六家小额贷款公司。公司注册资本1亿元，面向农户和小企业提供信贷服务，贷款利率高于金融机构的贷款利率，但低于民间贷款利率的平均水平，贷款期限以3～6个月的短期贷款为主。 （罗春燕）

## 银行业

【中国银行广州开发区分行】 中国银行是最早在广州开发区设立经营性分支机构的商业银行。中国银行股份有限公司广州开发区分行也是广州开发区内唯一一家分行级商业银行。1985年1月，中国银行广州经济技术开发区办事处成立；1993年，更名为“广州开发区分行”。至2010年末，从业人员650人，其中本科学历以上人员351人。内设部门8个：办公室、人力资源部、监察内控保卫部、财会部、公司业务部、结算业务部、个人金融部、营业部。下设营业网点22个，遍及广州开发区、黄埔区和增城市。5月27日，该行新设网点香雪支行正式开业。2010年末，该行汇总人民币存款余额194.89亿元，汇总人民币贷款余额163.46亿元，累计完成国际结算业务总量为 60.44亿美元，实现中间业务净收入汇总人民币约2.13亿元。实现汇总人民币税后利润4.05亿元，人均营业利润101.46万元。

### 2010年广州开发区、萝岗区辖内中国银行各级机构网点一览表

| 名称 | 级别 | 地址 | 电话 |
| --- | --- | --- | --- |
| 广州开发区分行 | 处级 | 广州经济技术开发区青年路2号 | 82220998 |
| 广州开发区新港支行 | 科级 | 广州经济技术开发区新港路12号 | 82212733 |
| 广州开发区东区支行 | 科级 | 萝岗区开创大道112、114号东城雅苑首层 | 62665651 |
| 广州科学城支行 | 科级 | 广州高新技术产业开发区科学大道111号附楼首层 | 32068141 |
| 广州香雪支行 | 科级 | 萝岗区开创大道北山香路2号（自编保利香之雪山庄商业综合楼第1栋）第104～108房 | 62259282 |

（罗延平）

【中国农业银行广州开发区支行】 中国农业银行股份有限公司广州开发区支行成立于1988年4月，是较早进驻广州开发区的大型商业银行。2010年6月，该行新增网点九佛支行；8月，辖属网点恒运二级支行迁址并更名为永和经济区支行。

至2010年底，该行本外币各项存款余额121亿元，比年初增加20亿元；各项贷款余额90亿元，比年初增加31亿元，贷款主要投向基础设施建设、外资企业等优质行业和客户；全年实现国际结算及结售汇量34.8亿美元。

该行为一级支行，下设19个二级支行：支行营业部、西区支行、东区支行、萝岗支行、科学城支行、永和经济区支行、新港支行、火村支行、九佛支行、黄埔支行、南岗支行、塘头支行、庙头支行、红山支行、文冲支行、鱼珠支行、长洲支行、塘口支行、天河东路支行，广泛分布于萝岗区（广州开发区）、黄埔区和天河区；内设6个业务部门：公司业务部、个人金融部、国际业务部、电子银行部、财会运营部、综合管理部。至年底，该行在职员工349人，其中硕士研究生学历16人、本科学历140人、大专学历151人。

### 2010年广州开发区、萝岗区辖内中国农业银行各级机构网点一览表

| 名称 | 级别 | 地址 | 电话 |
| --- | --- | --- | --- |
| 广州开发区支行（营业部） | 一级支行 | 广州科学城科学大道191号一、二、四层 | 32210888<br>32210803 |
| 西区支行 | 二级支行 | 广州开发区创业路普晖区银贸大厦 | 82213846 |

（续上表）

| 名称 | 级别 | 地址 | 电话 |
|---|---|---|---|
| 东区支行 | 二级支行 | 广州开发区东区开创大道70、72、74、76号 | 82020430 |
| 萝岗支行 | 二级支行 | 萝岗区萝岗街道公路街33号 | 82081894 |
| 科学城支行 | 二级支行 | 广州开发区科学大道怡华标准厂房首层 | 32068876 |
| 永和经济区支行 | 二级支行 | 广州开发区永和经济区摇田河大街79号首层 | 82976907 |
| 新港支行 | 二级支行 | 广州开发区开发大道422号 | 82212730 |
| 火村支行 | 二级支行 | 萝岗区萝岗街道火村北路岗荔街6号 | 82070470 |
| 九佛支行 | 二级支行 | 萝岗区九龙镇九佛地区建设路168号 | 87489282 |

（林良俊）

**【中国建设银行广州经济技术开发区支行】** 中国建设银行股份有限公司广州经济技术开发区支行是中国建设银行股份有限公司广东省分行属下正处级支行，成立于1985年，是最早进驻广州开发区的商业银行之一，其辖属营业网点辐射萝岗、黄埔、天河、越秀等地区。该支行分别与萝岗区及黄埔区人民政府签订政银战略合作协议，是萝岗、黄埔两区政府代发工资业务主办行。2010年，该支行继续保持各项业务快速发展势头，积极通过创新业务和模式为区内机关及企事业单位服务，其中成功申报全省第一笔小企业固定资产购置贷款；广州地区第一笔“创业易贷”、第一笔小企业期权通、企业年金业务以及现金管理业务。2010年末，该支行本外币各项存款余额167.01亿元，比年初增加16.12亿元；本外币贷款余额 88.87亿元，比年初增加5.76亿元；中间业务收入近1.6亿元，同比增幅为32.57%；实现利润3.52亿元。

该支行内设综合管理部、风险管理与合规部、财会部、公司客户部、国际业务部、个人客户部、资金结算部、中小企业客户部和个人贷款中心9个部门；下设支行营业室、黄埔支行、工业园支行、南岗支行、羊城花园支行、东圃支行、石化支行、萝岗支行、丰乐路支行、港湾广场支行、骏景花园分理处11个营业网点，分布范围涵盖萝岗区、黄埔区、天河区和越秀区。是年末，该行在职员工362人，其中博士研究生1人、硕士研究生8人、本科61人、大专47人；获得中级及以上专业技术资格65人。

是年，该支行被广州市总工会评为“先进职工之家”，被萝岗区政府授予“2010年度优质服务银行”称号。

2010年4月28日，中国建设银行萝岗支行开业。
吴一军 摄

### 2010年广州开发区、萝岗区辖内中国建设银行各级机构网点一览表

| 名称 | 级别 | 地址 | 电话 |
|---|---|---|---|
| 广州经济技术开发区支行（设营业室） | 二级支行（正处级） | 广州开发区志诚大道302号融汇大厦 | 82226708<br>82220082 |
| 萝岗支行 | 网点型支行（正科级） | 萝岗区香雪三路凯通楼104单元 | 82113072 |
| 南岗支行 | 网点型支行（正科级） | 广州市黄埔东路3521～3523号 | 82231693 |

（熊　文）

【中国工商银行广州经济技术开发区支行】 中国工商银行股份有限公司广州经济技术开发区支行成立于1992年6月，其前身为中国工商银行广州经济技术开发区办事处。至2010年底，该行本外币各项存款余额102.79亿元，比年初增加42.13亿元。各项贷款余额59.02亿元，其中人民币各项贷款余额46.7亿元。本外币中间业务收入7211.45万元，与2009年同期相比增幅达28.4%。全年国际业务结算量累计达40.9亿美元，实现经营利润2.45亿元。

该行为一级支行，内设市场发展部、公司业务部、个人金融业务部、国际业务部、运行管理部及综合管理部，下设9个营业网点：本部营业室、西区支行、东区支行、保税区支行、沙涌支行、香雪支行、开创大道支行、萝岗支行和永顺支行，其中该行本部于2010年8月从西区搬迁至萝岗行政中心。至此，该行网点分布覆盖萝岗行政中心、科学城总部经济区、开创大道、西区、东区和永和等主要区域。

至2010年底，该行在职员工196人，其中：硕士研究生学历4人，本科学历103人，大专学历69人，中专以下学历20人；具备专业技术职称的有68人，其中具有中高级以上职称29人，占比达到43%；获得CTP国际财资管理师资格2人，CFP国际金融理财师资格1人，AFP金融理财师资格7人。

2010年，该行经营绩效在广州工行系统内继续保持领先地位，先后获省行营业部“2010年度存款超5000亿元突出贡献奖”、“2010年度存款超5000亿元进步奖”、“2010年度国际业务突出贡献奖”、“2010年度国际贸易融资拓户先进奖”、“2010年度国际业务创新产品推广奖”、“2010年度私人银行客户拓展突出贡献奖”和“2010年度灵通卡业务突出贡献奖”。是年，该行切实做好亚运金融服务，被评为省行营业部“亚运金融服务先进集体”。

2010年广州开发区、萝岗区辖内中国工商银行各级机构网点一览表

| 名称 | 级别 | 地址 | 电话 |
|---|---|---|---|
| 广州经济技术开发区支行（设营业室） | 一级支行 | 广州科学城开创大道北香雪山二路2号 | 32012608 |
| 广州永和开发区永顺支行 | 二级支行 | 萝岗区永和街道摇田河大街77号101房 | 32226120 |
| 广州开创大道支行 | 二级支行 | 萝岗区开创大道3220～3226号 | 32086591 |
| 广州保税区支行 | 二级支行 | 广州经济技术开发区志诚大道58号 | 82098489 |
| 广州经济技术开发区东区支行 | 二级支行 | 广州经济技术开发区东区宏光路57号 | 82090260 |
| 广州萝岗支行 | 二级支行 | 广州科学城科学大道182号C3区首层102单元 | 32219331 |
| 广州香雪支行 | 二级支行 | 萝岗区香雪三路3号凯通楼102单元 | 82113303 |
| 广州经济技术开发区西区支行 | 二级支行 | 广州经济技术开发区开发大道370号 | 82220308 |

（关 儒）

【广州银行开发区支行】 广州银行股份有限公司开发区支行前身为广州市商业银行股份有限公司开发区支行，成立于2002年10月28日，是广州市商业银行辖属的一类支行。2009年9月，广州市商业银行股份有限公司更名为广州银行股份有限公司，该支行即更名为广州银行股份有限公司开发区支行。

2010年该支行日均存款余额为26.58亿元，比上年增加约7亿元，增幅为35.72%；对公贷款余额49.26亿元，比年初增加13.3亿元，增幅为36.98%，实现利润8820万元。该支行为直属行，下辖一个营业网点：香雪路支行。至2010年底，该行在职员工34人，其中研究生学历2人，本科学历19人，大专学历12人，中专以下学历1人，具有中级以上职称5人。是年，该行顺应总行机构改革，进行内部整合，调整后内设综合管理部、公司业务部、个人业务部、营业部。

（孙 婷）

【广州农村商业银行开发区支行】 广州农村商业银行股份有限公司（以下简称“广州农商银行”）的前身是始建于1951年的广州市农村信用合作社。2009年12月，经中国银监会批准广州农商银行正式开业。广州农商银行业务规模位居全国农商行前三甲，在广州地区位列工、农、中、建四大国有商业银行之后居第五位。广州农商银行开发区支行

为广州农商银行辖下的一级支行，办公大楼位于广州市萝岗区开创大道1932号。该支行秉承“社区银行”、“零售银行”的发展定位，积极支持“三农”经济、贯彻服务各类企业和为广大城乡居民提供优质的金融服务。

至2010年末，该支行本外币各项存款余额88.73亿元；各项贷款余额37.34亿元，同比增长4.34亿元，增幅13.14%；实现中间业务收入2162万元，同比增长1047万元，增幅48.2%；全年实现利润超亿元。主要业务范围有：办理存款、贷款、票据贴现、国内结算业务；从事银行卡业务；个人储蓄业务；代理外币储蓄存款；代理其他的金融业务；代理收付款项及受托办保险业务；买卖政府债券；代理发行、代理兑付政府债券；办理经中国人民银行批准的其他业务。同时，为稳占市场份额与满足客户需求，陆续推出一系列深受市场认可的业务品种，包括金百合、融易贷、网上银行、银证快线、金麒麟理财等社区金融系列产品。

至2010年末，该支行辖下有15个二级支行、20个分理处，各项业务覆盖广州市白云、萝岗、增城、黄埔、天河等多个行政区。在职员工320人，其中研究生学历6人，本科学历120人，大专学历142人；中级职称9人，初级职称176人；党员65人。

### 2010年广州开发区、萝岗区辖内广州农村商业银行各级机构网点一览表

| 名称 | 级别 | 地址 | 电话 |
|---|---|---|---|
| 开发区支行 | 一级支行 | 萝岗区开创大道1932号 | 32205922 |
| 开创大道支行 | 二级支行 | 萝岗区开创大道1932号自编1栋 | 32204845 |
| 萝岗支行 | 二级支行 | 萝岗区萝朗路2号、4号 | 82081957 |
| 刘村支行 | 二级支行 | 萝岗区刘村路9号 | 82115907 |
| 黄陂支行 | 二级支行 | 萝岗区联和街道广汕路段 | 37272350 |
| 火村支行 | 二级支行 | 萝岗区花厅西街28号 | 82071909 |
| 萝峰支行 | 二级支行 | 萝岗区萝岗街道萝岗公路 | 82081147 |
| 水西支行 | 二级支行 | 萝岗区萝岗街道水西村水西路 | 82076904 |
| 元贝分理处 | 三级支行 | 萝岗区萝岗街道水西村元贝 | 82077905 |
| 长平分理处 | 三级支行 | 萝岗区萝岗街道长平东街89号 | 82076910 |
| 荷村分理处 | 三级支行 | 萝岗区岗贝北路2号 | 82265903 |
| 东明分理处 | 三级支行 | 萝岗区东明二路5号 | 82099339 |
| 联和分理处 | 三级支行 | 萝岗区黄陂公司联合社第三栋第一楼102号之101 | 87091061 |
| 永顺分理处 | 三级支行 | 萝岗区永和街道新庄村甘竹桥头 | 82971284 |
| 九佛支行 | 二级支行 | 萝岗区九佛建设路 | 87488195 |
| 穗北分理处 | 三级支行 | 萝岗区九佛中路 | 87490355 |
| 九佛镇南分理处 | 三级支行 | 萝岗区九佛中路 | 87488033 |
| 枫下分理处 | 三级支行 | 萝岗区九佛中路 | 87455057 |
| 何棠下分理处 | 三级支行 | 萝岗区九佛建设东路 | 87492056 |

（何雪萍）

【中国光大银行广州开发区支行】 中国光大银行股份有限公司广州开发区支行成立于2006年7月，是中国光大银行广州分行辖属一级支行。2010年，该支行加强与萝岗区财政的合作，积极参与萝岗区的基础设施建设，并为广大客户提供贸易融资、企业年金、企业票据、银关通、银关保、银关贷、现金管理、理财、保险代理等各类金融产品和全方位服务。该行与联众不锈钢、益海粮油、台一江铜、省燃料、三希集团、开发区国资公司等大中型企业建立良好的合作关系。

是年该支行成功发行广州市乃至华南地区第一只中小企业集合票据，并启动与广州凯得担保投资有限公司合作的广州市第二期中小企业集合票据发行工作。

至是年末，该支行内设营业部、客户部、理财中心；有在职员工14人，其中硕士研究生学历3人、本科9人、大专2人；党员4人。（汪汉樑）

【广东发展银行广州开发区支行】 广东发展银行广州开发区支行成立于1988年，作为广东发展银行广州分行属下一级支行，是最早进驻广州开发区的商业银行之一。

2010年，该支行经营个人业务有个人储蓄，贷款，外币兑换，单位、个人网上银行结算，办理第三方存管业务等，同时包括企事业单位结算，票据业务，对公存款，银行承兑汇票贴现，为企业代发工资，代理海关关税，国税缴纳等，并具有一支优秀团队从事公司财务策划、个人贷款、国际结算，提供金融财务顾问以及个人理财管理等服务。在与分行相关业务部门的合作下，与马钢（广州分公司），珠钢（广州分公司），联众（广州）不锈钢有限公司等区内中大型企业长期保持友好的合作关系。至2010年末，该支行存余额超过10亿元，贷款余额在20亿元以上。

2010年，该支行开展的理财服务包括：薪加薪理财系列产品，基金代销，中国人寿鸿盈、安享一生、新鸿泰理财型保险，金盛财智、金盛全方位理财型保险；同时，根据社区不同的客户需求，推出包括房贷、车贷、装修、留学、助业等个人贷款产品。

是年该支行贯彻落实总行关于创建优质文明服务窗口的各项规章制度，被广州市评为“广州市用户满意服务明星班组”。

是年末，该支行市场部、营业部及分行驻点公司部共有员工30人，其中硕士研究生5人，本科20人，大专5人。（姚宇）

【招商银行广州开发区支行】 招商银行股份有限公司广州开发区支行成立于2003年2月26日，经营范围包括办理人民币存款、贷款、结算业务、贴现业务；代理发行金融债券、外汇存、贷款、外币兑换、国际结算；资信调查、咨询、见证业务等在中国人民银行批准的业务范围内授权的业务。

截至2010年底，该支行存折人民币存款和各项贷款47亿元，完成包括进出口信用证议付、汇出汇入汇款等国际结算量约8亿美元，实现经营利润6962万元，其中，实现中间业务收入逾1528万元。

该支行办公地址为广州市萝岗区开发大道428号首层。该支行设置有公司银行一部、公司银行二部、零售银行部、会计出纳部、储蓄部、个人消费信贷中心、金葵花理财中心、综合室。至2010年底，该支行有在职员工58人，其中：研究生学历5人，本科学历18人，大专学历35人；高级职称3人、中级职称6人，初级职称16人；党员16人。员工包括拥有熟悉进出口贸易结算、境内外融资的对公业务客户经理，拥有国家颁发AFP证书资质等个人金融理财客户经理，多名掌握使用英、法、日等国外语的专业人员。（葛娟）

【汇丰银行广州开发区支行】 汇丰银行（中国）有限公司广州开发区支行成立于2008年11月27日，是辖属于汇丰银行（中国）有限公司广州分行的第八间支行，位处广州开发区开发大道368号明珠大酒店8楼。该支行的业务包括：企业存贷、国内外结算，商业融资，贸易服务（含票据承兑与贴现、信用证服务及担保等），资金管理，财资服务（结售汇、外汇理财及风险对冲）等外币及人民币业务。该行设有工商业务部、贸易供应链服务部和营运部等，服务范围涵盖广州开发区、科学城以及萝岗区周边区市。

至2010年末，该支行与区域内多家世界500强企业及富有潜力的本地企业开展合作。在拓展传统业务的同时，为企业伙伴提供多元化的增值服务，先后组织“南澳矿产资源、食品和可再生能源行业投资研讨会”，“非洲、拉美与俄罗斯国际贸易专题讲座”，“中小企业金融在线课程”，“国际贸易中的信用证操作”，“保理和发票贴现”等培训和商贸洽谈活动。2010年，该支行引荐区内一家本地企业广州市合生元生物制品有限公司到香港成功上市（融资规模达15亿港元）。

（陆嘉斌 梁宇君）

【东亚银行广州开发区支行】 东亚银行（中国）有限公司广州开发区支行于2008年1月正式开业，位于广州经济技术开发区东区开创大道120号，是第一家进驻到广州经济技术开发区的外资银行分支机构，并和宝洁、DHL及安利等大型跨国公司一起成为开发区跨国公司联谊会的主要会员单位。该支行的产品和服务范围涵盖外汇业务和人民币业务，包括：吸收公众存款；发放楼宇按揭贷款、私人贷款、汽车贷款、装修贷款；发放短期、中期和长期贷款；办理票据承兑与贴现；提供信用证服务及担保；办理国内外结算；结售汇；代理保险；银行卡业务；提供资信调查和咨询服务等。

该支行设有个人财富管理部、公司业务拓展部、现金部3个部门。并配备单证专员、国际理财师及经济管理硕士等专业人员。2010年，该支行网上银行业务、人民币信用证业务、本外币理财业务和代发工资业务得到迅速推广，开立借记卡数量在东亚中国全国各支行中排名第一。该支行充分利用粤港两地业务平台，大力发展贸易项下的各种产品和工具，成功开展华南地区东亚中国的首笔厂商银票据业务，并在跨境人民币结算方面取得较大突破。

（李池明）

**【中信银行广州开发区支行】** 中信银行广州开发区支行成立于2003年，是中信银行广州分行下属一级支行，自2005年迁址至广州科学城彩频路软件园以来，一直秉承“立足开发区、依托开发区、服务开发区”宗旨，以“与园区内企业共成长”为目标，重点扶持一批优质企业和上市公司，构建形成了开发区内金属、化工、电子、包装印刷四大优质信贷客户群及财政、烟草、IPO公司三大对公负债客户群。

该支行与园区企业展开银企双赢合作，2005年5月被广州分行授予汽车金融专营机构资格；2008年7月成立国际业务部，成为广州分行唯一授权可独立办理国际业务的同城支行；2010年4月被广州分行授予钢铁金融专营机构资格；是年10月，中信广州分行经报请总行审批，正式同意在该支行内成立“广州开发区小企业金融业务中心”，并转授权人民币1500万元的审批权限。这是在广州分行同城支行中唯一获得审批权限转授权的支行，也即凡符合中信银行小企业标准（年销售额1.5亿元以下或净资产1500万元以下）、符合授信条件的企业均可获得中信银行开发区小企业中心的资金扶持。是年，该支行与广州凯得投资担保有限公司签订合作协议，并积极尝试创新担保模式，在风险切实可控的前提下，将不局限于传统的足值抵押等担保方式，采取相对灵活的方式提供授信，以扶持成长型企业、培养忠诚客户。

截至2010年12月，该支行各项存款余额44亿元、各项贷款余额24亿元，完成国际业务量14亿美元，实现经济利润8620万元，人均经济利润高达246万元，同时保持贷款不良率为零的良好记录。

至2010年末，该支行内设机构有公司业务部、零售业务部、国际业务部、小企业金融业务中心、营业部、办公室；在职员工35人，均为本科以上学历；党员13人。

（张 强）

## 保险业

**【中国人民财产保险股份有限公司广州市经济技术开发区支公司】** 中国人民财产保险股份有限公司广州市经济技术开发区支公司成立于1987年，是中国人民财产保险股份有限公司广州分公司的分支机构。1991～2003年，公司与黄埔支公司合署办公，对外称为中国人民保险公司广州市开发区支公司。2003年7月从黄埔支公司分设出来；同期人保公司股改，公司更名为“中国人民财产保险股份有限公司广州市经济技术开发区支公司”。

2010年，支公司表结保费收入1.05亿元，同比增长52.54%；其中：车险完成保费收入7484万元，同比增长66.19%，非车险完成保费收入3058万元，同比增长27.01%。2010年完成实收保费1.04亿元，同比增长54.08%。其中：车险完成实收7474万元，同比增长63.12%，非车险完成实收2913万元，同比增长34.91%。在所有险种中，除意外险、房贷险保费有所下降外，其他主要险种保费均实现正增长。在所有险种中除货运险亏损，其他主要险种均实现盈利。

是年，中国审计机构进驻人保系统；支公司积极配合审计工作，支公司合法合规经营、没发现原则性问题。积极开展创先争优活动，在党员中开展“我为公司发展作贡献”的主题实践活动。全力配合亚运保险保障服务工作，支公司有6名员工是亚运志愿者、参加驻馆理赔工作。

是年、支公司组建全新的信用险专业团队，充分利用总公司授予开发区支公司“信用险华南区域中心”及地方政府对企业投保贸易信用险实施财政补贴的有利机会，大力发展“国内短期贸易信用险”，使该险种成为开发区支公司乃至广州分公司、广东分公司的标杆险种，并以此险种为依托，深入拓展参保企业其他险种业务。改革现有外勤激励制度，鼓励各团队以团队协作方式开展各项业务工作，改变现在以单兵作战为主的展业模式。支公司4个业务团队中有2个总公司标杆团队、1个省级标杆团队。

至是年末，支公司经理室下设有销售一部、销售二部、销售三部、销售五部，综合部、客户服务部、南岗营业部、第一营销服务部；公司员工54人。

（王竹仙）

## 上市公司

**【概况】** 2010年，广州开发区新增上市公司4家，累计达22家。

**【广州毅昌科技股份有限公司】** 广州毅昌科技股份有限公司（以下简称“毅昌科技”）成立于1997年，注册资本4.01亿元，总资产逾25亿元。公司总部位于广州科学城内，在全国拥有11家子公司，是中国最大的工业设计产业化集团。2010年6月1日正式在深圳中小板上市交易，成为中国工业设计第一股（毅昌股份：002420）。毅昌科技自成立以来发展速度十分迅猛，近5年来年均增长达30%，取得了良好的经济效益和社会效益。2010年，实现年销售收入186063万元，实现总利润16763万元。2010年1月，毅昌科技出资并协助广州开发区获得了国家工信部颁发的首个“国家新型工业化产业示范基地（工业设计）”称号。

作为国家认定的高新技术企业，毅昌科技依托国家企业技术中心、广东省工程技术研究开发中心，通过强化以工业设计为核心的综合能力，设计、生产出一批具有高技术含量的产品，得到国内外知名电视机整机厂的认可，具有很强的市场竞争力。

毅昌科技DMS发展模式对实现产业升级起到积极作用，引起了社会高度重视，国务院总理温家宝、国家副主席习近平、国务院副总理李克强、广东省委书记汪洋、广东省省长黄华华等领导多次视察该公司。2009年7月，中国平板电视结构标准工作委员会落户毅昌公司，聚集了包括奇美、TCL、长虹、创维、海尔在内的国内30多家龙头整机厂商和显示屏生产厂商参与，共同牵头制定国家平板电视结构7项国家/行业标准，形成国内、国外标准优势，占据行业高点。

## 2010年广州开发区上市公司情况一览表

| 序号 | 公司名称 | 上市时间 | 交易所名称 |
|---|---|---|---|
| 1 | 广州恒运企业集团股份有限公司（000531） | 1994年 | 深圳证券交易所 |
| 2 | 中国南方航空股份有限公司（600029） | 1997年；2003年 | 纽约和香港同步上市；国内上市 |
| 3 | 南方科学城发展股份有限公司（000975） | 2000年 | 深圳证券交易所 |
| 4 | 中远航运股份有限公司（600428） | 2002年 | 上海证券交易所 |
| 5 | 广州迪森热能技术股份有限公司（1523） | 2003年 | 新加坡交易所 |
| 6 | 京信通信系统控股有限公司（2342，HK） | 2003年 | 香港联交所主板 |
| 7 | 中山大学达安基因股份有限公司（002030） | 2004年 | 深圳证券交易所 |
| 8 | 广州金发科技股份有限公司（600143） | 2004年 | 上海证券交易所 |
| 9 | 美亚控股段份有限公司（1116，HK） | 2004年 | 香港联交所 |
| 10 | 广东省水电二局股份有限公司（002060） | 2006年 | 深圳证券交易所 |
| 11 | 粤首环保控股有限公司 （1191，HK） | 2007年 | 香港联交所 |
| 12 | 台一国际控股有限公司（1808，HK） | 2007年 | 香港联交所 |
| 13 | 广电运通金融电子股份有限公司（002152） | 2007年 | 深圳证券交易所 |
| 14 | 广州路翔股份有限公司（002192） | 2007年 | 深圳证券交易所 |
| 15 | 广州御银科技股份有限公司（002177） | 2007年 | 深圳证券交易所 |
| 16 | 广州达意隆包装机械股份有限公司（002209） | 2008年 | 深圳证券交易所 |
| 17 | 广东威创视讯科技股份有限公司（002308） | 2009年 | 深圳证券交易所 |
| 18 | 广州阳普医疗科技股份有限公司（300030） | 2009年 | 深圳证券交易所 |
| 19 | 广东高新兴通信股份有限公司（300098） | 2010年 | 深圳证券交易所 |
| 20 | 广州毅昌科技股份有限公司（002420） | 2010年 | 深圳证券交易所 |
| 21 | 广州海格通信集团股份有限公司（002465） | 2010年 | 深圳证券交易所 |
| 22 | 广州市香雪制药股份有限公司（300147） | 2010年 | 深圳证券交易所 |

【广东高新兴通信股份有限公司】 广东高新兴通信股份有限公司是国内监控领域领先的综合解决方案提供商及软硬件产品制造商，成立于1997年，注册资本6840万元，专注于动环监控、视频监控、智能视频分析、企业一卡通、多媒体信息发布、移动信息化、综合节能等产品的研发、生产和销售。

2010年7月28日，广东高新兴通信股份有限公司正式登陆创业板，在深圳交易所挂牌上市，股票代码为300098。广州市委常委、广州开发区党工委书记、管委会主任、萝岗区委书记凌伟宪与高新兴公司董事长、总经理刘双广共同敲响深圳证券交易所的交易大钟。至此，高新兴成为国内专业从事通信局站运维信息化的首家上市公司。

高新兴（300098）本次上市1368万股，该股发行价为36元/股，对应市盈率为44.72倍。公司本次发行股份数量为1710万股，发行后总股本6840万股。挂牌当日，高新兴高开于41.30元，最终报收于40.45元，上涨4.45元，涨幅为12.36%，高新兴融资净额5.7亿元。

此外，2010年自建的高新兴科技园大楼顺利落成，生产和办公分别于年初和年中顺利迁入，办公生产环境得到重大改善，具有前瞻性的环境可以满足公司未来扩张至20亿元以上的经营规模。

【广州海格通信集团股份有限公司】 该公司位于广州科学城，是520户国家重点企业集团、全国电子信息百强企业之一的广州无线电集团的主要成员企业，秉承其50多年的专业从事无线通信导航业务研发、生产和销售的底蕴，经过十年快速稳健发展，已由原来单一为海军提供舰用专装整机设备，发展成为陆、海、空、二炮、武警等全军各军兵种提供通信、导航装备，并集研发、制造、销售、服务于一体的高科技企业，处于行业领先地位。2010年8月31日，海格通信成功在深圳A股上市。

【广州市香雪制药股份有限公司】 该公司总部位于广州科学城，是一家专注于现代中药生产和研发，集生物医学工程与健康饮料于一体的现代化高新技术医药企业。成立于1997年，经过多年发展成为拥有自主创新，自主品牌与自有知识产权的现代化企业。公司主导产品香雪抗病毒口服液是公司首创的国家级新药。公司的“香雪”商标获评“中国驰名商标”，“香雪抗病毒口服液”获评广东省名牌和广州市名牌产品。香雪制药获评“《福布斯》中国成长企业潜力榜100强”前5名，香雪制药获评“广东省医药产业50强企业”和“广州2010年亚运会药品供应商”等。

2010年11月24日，中国证监会正式批准公司首次公开发行股票并在创业板上市；12月6日，公司完成网下与网上申购发行，本次公开发行3100万股新股，发行价格33.99元/股，募集资金总额为105369万元，所募集资金将全部用于公司现代中药制剂技术改造项目、中药提取生产线建设技术改造项目、区域营销中心建设技术改造项目、中药饮片标准化技术改造项目、工程技术研发中心技术改造项目和抗病毒口服液循证医学、药物经济学评价技术改造项目等6个项目以及其他与主营业务相关的营运资金项目；12月15日公司正式在深圳证券交易所上市挂牌。（林　骏）

广州市香雪制药股份有限公司外景。　姚广军 摄

# 环境保护与气象

# 环境保护

【概况】 2010年，广州开发区、萝岗区扎实推进循环经济国家示范园区建设，推动实施一批节能技术改造和循环经济重点项目。广州开发区国家生态工业园区建设顺利推进。鼓励企业清洁生产，推动公共部门带头节能减排，100家企业签订自愿清洁生产承诺书并启动清洁生产，23家重点能耗企业完成年度节能量42045吨标准煤，完成计划节能量162.8%。加强重点工业企业排污和机动车排气污染治理。全年主要污染物排放量继续下降，其中化学需氧量（COD）排放量7495.5吨，同比下降18.7%；二氧化硫（$SO_2$）排放5872吨，同比下降34.19%，完成广州市下达控制指标。

【建设项目环保管理】 2010年，区建设和环境管理局共审批环境影响评价文件683份，对5个由上级环保部门审批的建设项目环评文件进行初审，对105个拟立项项目进行环保会签。同意批准试车183宗，同意验收审批308宗，发放排污许可证326份，不同意批准试车2份，暂不同意批准验收3份。完成2010年90家企业的筹建任务。同时，加强与省、市环保部门沟通协调，促使区内重点项目的环保审批。

（罗子奕）

【ISO14000国家示范区建设】 广州开发区自2005年批准成为ISO14000国家示范区以来，一直坚持持续改进的工作理念，并严格执行体系的内审和外审制度。2010年初，对区ISO14000环境管理体系文件进行修订；开展ISO14000宣传工作，印刷宣传小册子2800份和500份海报，分发给区内贯标单位和区内企业，为下阶段的内审和外审工作营造良好的氛围。6月下旬，组织各贯标单位共60多人在南昆山参加ISO14000体系内审员培训，8月初，对区的体系运行情况进行全面内审，并及时对在审核过程中发现的问题进行整改。9月25～27日，顺利通过中环联合认证中心审核组专家对区ISO14000环境管理体系年审。12月9～10日，组织各贯标单位共60多人在从化文轩苑酒店召开ISO14000环境管理体系专项培训会议，强化各贯标单位专项应急预案修订工作。

（龙志艳）

【创建国家生态工业示范园区】 自2009年1月国家环保部、商务部、科技部批准广州开发区进行国家生态工业示范园区创建以来，该区以科学发展观统领全局，以生态工业理论和循环经济为指导，以创建国际生态新城区为目标，2010年，通过加大宣传教育、调整产业结构促进经济转型、治水治气、促总量减排、坚持循环经济、促节能减排、坚持绿色招商、促结构调整、全面推进环境综合治理，区内综合经济实力不断增强，产业结构趋于合理，产业链条逐步完善，园区整体环境质量日益好转。其中，治水方面，区提前1个月完成广州市《污水治理和河涌综合整治任务书》任务。治气方面，通过监察和监测联动，2010年全区空气环境质量得到明显改善，空气优良天数达348天。

推动开发区从过去单纯的工业园区建设形态转变为经济园区与“环境友好型、资源节约型”国际化生态新城区统筹建设。区生态工业示范园区创建工作计划2011年预验收评审。

（罗江良）

【环境监督管理】 2010年，区建设和环境管理局按照根据《2010年全国整治违法排污企业保障群众健康环保专项行动方案》，以及《2010年第16届亚运会广州空气质量保障方案》等工作方案的要求，加强对重金属排放单位、挥发性有机废气排放单位、燃煤小锅炉淘汰单位和饮食业污染扰民等重点整治对象的监管力度；完成市政府下达的九佛工业园挂牌督办工作。全年，区环保系统累计出动执法人员12664人次，检查企业4906家次以上，处理投诉件778件。检查过程中发现的违法行为，责令改正的105宗，进行行政处罚的51宗，其中责令停止生产或使用的36宗，责令限期治理的4宗，共罚款208.36万元，均无发生行政复议或向区人民法院提起诉讼的案件。

全年共征收排污费118.21万元，其中废水45.98万元、废气71.42万元、噪声0.81万元，为169家企业现场核定排污口。完成2009年全国污染源普查动态更新调查工作，完成工业源333家，农业源76家，污水处理厂3家的普查动态更新任务。

迎亚运期间根据亚组委和市环保局有关亚运会举办期间区域环境保障要求，对173家排放有机废气的企业进行整治，对16家市转办的饮食店进行专项重点整治，对36家有油烟治理设施的饮食店进行集中整治，完成27台小型燃煤锅炉淘汰、改用清洁能源的整治任务。

（周育纯 周绮云）

【环境监测】 2010年，广州开发区环境监测站（以下简称“区监测站”）对广州开发区、萝岗区空气、水环境、区域噪声和污染源企业开展环境监督监测工作。全年共出具监测报告902份（不含区域环境噪声和交通干线噪声监测），其中污染源监测426家（次），竣工验收监测166家（次），委托监测197家（次），其他监测（环保执法）63家（次），地表水监测50次。

开展环境空气自动监测。区环境空气质量采用空气质量自动连续监测系统进行监测。共设置西区、东区、科学城、萝岗中心区、永和、九龙镇6个监测子站。主要监测项目为可吸入颗粒物（PM10）、二氧化硫、二氧化氮、一氧化碳和臭氧。同时开展西区降尘和硫酸盐化速率的指令性大气常规监测。根据全年监测结果显示：该区5项主要空气指标年均值达到国家《空气环境质量标准》二级标准，区域空气质量较好。

**2010年广州开发区自动监测站主要空气指标统计表**

| 指标 | 全年平均值（单位：毫克/立方米） | | | | | |
|---|---|---|---|---|---|---|
| | 西区 | 东区 | 永和 | 科学城 | 萝岗中心区 | 九龙 |
| PM10 | 0.065 | 0.090 | 0.067 | 0.052 | 0.033 | 0.059 |
| $SO_2$ | 0.074 | 0.052 | 0.059 | 0.037 | 0.056 | 0.057 |
| $NO_2$ | 0.049 | 0.020 | 0.031 | 0.046 | 0.028 | 0.034 |
| CO | 0.590 | 0.390 | 0.550 | 0.510 | 0.540 | 0.330 |
| $O_3$ | 0.051 | 0.055 | 0.048 | 0.047 | 0.043 | 0.025 |

开展水环境质量监测。区监测站对永和河（瑶田河）、南岗河、乌涌、横滘河、凤凰河、金坑河、平岗河共7条内河涌流经萝岗区的河段进行水质监测（监测断面名称及位置见下表）。监测项目包括：水温、CO、CODcr、BOD5、LAS、氨氮、铜、锌、六价铬、铅、总氰化物、挥发酚、石油类、粪大肠菌群、汞、总磷等。

**2010年萝岗区地面水监测断面点位一览表**

<table>
<tr><th>河流</th><th>断面</th><th>采样点</th><th>调查时期</th><th>水质要求</th></tr>
<tr><td rowspan="2">永和河</td><td>W1新丰路与来安三街桥下</td><td rowspan="15">表层</td><td rowspan="15">平、丰、枯水期</td><td rowspan="5">Ⅲ类</td></tr>
<tr><td>W2永和水质净化厂下游桥下</td></tr>
<tr><td rowspan="3">南岗河</td><td>W3广深高速</td></tr>
<tr><td>W4宏光路桥下</td></tr>
<tr><td>W5南岗河华立颜料厂断面</td></tr>
<tr><td rowspan="2">乌 涌</td><td>W6神舟路与芳草甸路桥下</td><td rowspan="4">Ⅳ类</td></tr>
<tr><td>W7乌涌科林路桥下</td></tr>
<tr><td rowspan="2">横滘河</td><td>W8保盈大道桥下</td></tr>
<tr><td>W9新港派出所旁桥下</td></tr>
<tr><td rowspan="2">凤凰河</td><td>W10九佛医院门前桥下</td><td rowspan="6">Ⅲ类</td></tr>
<tr><td>W11添利公司下游</td></tr>
<tr><td rowspan="2">金坑河</td><td>W12金坑水库坝下，广汕公路处</td></tr>
<tr><td>W13九龙镇楼村卫生站桥梁处</td></tr>
<tr><td rowspan="2">平岗河</td><td>W14迳下村（棠下村）直入，桥梁处</td></tr>
<tr><td>W15新田村直入，桥梁处</td></tr>
</table>

监测结果显示，2010年各内河涌污染类型主要为生活型污染，并出现一定程度的工业污染。对比2009年，2010年各断面水质有所好转，重点完成了南岗河、墩头涌、笔岗涌的专项整治，水质有所改善。经统计，所有监测断面主要超标因子为COD、BOD5、氨氮等生活型特征污染物，而个别断面出现铅、汞等工业特征污染物超标，因此表明区内河涌污染以生活型污染为主，并伴随一定的工业污染。

开展噪声环境质量监测。区监测站从5月6日至5月14日，对区内保税区、开发区小学门口、普晖村东段、锦绣路段、亚美公司、恒运公司、东江宾馆、东辉广场、花城药厂宿舍区、萝岗街10个区域环境噪声监测点的昼、夜间噪声和2个交通干线昼间噪声进行监测。经监测，2010年区域环境噪声等效声级的平均值为53.5dB（A），整体比2009年高出0.2dB（A）；两条交通干线噪声等效声级的平均值为67.0dB（A），比2009年下降0.6dB（A）。

开展污染源监测。对西区、东区、永和水质净化厂和添利电子4家国家重点监控企业进行进出口水质、边界噪声每月监测；对9家省重点监控企业进行季度性监测；对区内纳入广州市环境统计的工业企业进行常规性监督监测。全年共监测排放废水单位285个，超标排放单位25个，超标率8.77%。监测废水排污口386个，超标排放污水排放口25个，超标率6.48%，监测频次364个次，取得监测数据5123个。全年监测废气排污单位27个，超标排放单位2个，超标率7.40%。监测烟囱28个，超排排放烟囱2个。监测频次27次，获得监测数据54个。对辖区内61个企业进行噪声监测，取得数据410个，边界噪声全部达标。

开展机动车尾气检测。利用高科技遥感检测技术，开展机动车遥感检测。采取传统道路抽检方式，开展机动车尾气检测。开展用车大户机动车专项整治，对用车大户进行上门抽检。2010年，抽检上路车辆2485台，其中超标456台，超标率18.4%；遥测车辆20.18万辆次。亚运期间（11、12月份）出动环保人员528人次，交警146人次，共遥测车辆99572台，其中超标1132台，超标率1.1%，劝返854台，劝返率75%。抽测车辆104台，其中超标57台，开出《责令限期改正通知书》57份，区交警大队扣留车辆行驶证57份。2010年共发放环保标志20205个。

开展亚运环境保障监测。为保障亚运环境质量，区监测站分别新开展了油气回收监测、r辐射剂量率辐射本底值监测、亚运场馆周边饮食业油烟监测，同时加大大气自动监测子站的监控力度。在全市各区（市）中第一个取得油气回收扩实验资质，并提前一个月完成区内加油站的油气回收验收监测。对广州开发区、天河区、番禺区内13家比赛场馆进行r辐射剂量率辐射本底值调查，出具监测数据3050个。对广州国际体育演艺中心亚运场馆周边饮食业油烟进行摸底监测，确保油烟废气均达标排放。组织技术人员对6个大气子站进行现场检查和仪器校准，确保大气子站正常运行。委派专人专职管理子站，每日核查监测数据，维护数据传输系统网络。在亚运会召开期间，全面实行24小时应急值班制度，对区内亚运场馆、重点监管企业、地表水和废气投诉较多生活小区进行监测巡查，确保亚运环境安全。值班期间累计出动756人次外出巡查、43人次处置亚运应急保障任务。　（张　骏）

**【环保宣传】**　2010年，萝岗区在中小学全面开设环境教育选修课，并确保师资、教材、课时、场地四落实，环境教育开课率100%。区内有市级或以上绿色学校27所。区建环局订购《珠江环境报》、《环境》等环境报刊共500余份，向区机关党委、企事业单位、各街道办及九龙镇等赠阅。向广州市环境保护宣教中心购买《全民节能减排手册》及环保宣传小折页共5000余份，以及其他环保书籍、光盘等，赠送各学校及社区居民。为主动宣传区环保建设成果，该局编印《广州开发区萝岗区环境保护宣传图册》、《水环境治理工程》和《迎亚运大气环境治理行动实践和指南》，宣传和展示区在大气和水环境整治方面的成果。2010年，东区社区顺利通过绿色社区评审，区共有2个绿色社区。

（伦永基）

**【城市环境卫生】**　2010年，区财政投入6185.85万元用于市容环境卫生维护费，其中为加快推进社区环卫作业城乡一体化，区财政安排专项经费2100多万元用于补贴社区环卫保洁，并明确社区保洁坚持属地管理的原则。2010年5月25日，印发《广州开发区、萝岗区街道社区环卫保洁长效管理机制方案》、《萝岗区社区（村）市容环境卫生检评方案》及《萝岗区街道社区环卫保洁专项经费管理暂行办法》，推动社区作业“专业化、标准化、市场化”的运作，有效促进市容环境卫生作业城乡一体化。投入600多万元用于城市生活垃圾清运，做到垃圾日产日清，清运垃圾89192.88吨，100%无害化处理。全年共开展环境整治行动112次，清理卫生死角3076处，清理河涌、河堤漂浮物7454.5吨；清理乱张贴、乱涂画等牛皮癣18万多张。计划投资7157万元在广州科学城、东区、永和、黄陂、九佛、镇龙新建垃圾转运站、保洁所一座，至是年底，东区垃圾转运站、保洁所，永和保洁所以及科学城中型垃圾转运站已建成并投入使用。科学城中型垃圾转运站是广州市日收集、转运垃圾规模最大的站点。黄陂、九佛、镇龙垃圾转运站正处于选址阶段。石桥、永和禾丰余泥渣土受纳场已建成投入使用。新（补）装废物箱共1493只。为迎接亚运会，购买单体移动水冲厕所28个，智能移动厕所2个，拖挂厕所车1个，巴士厕所车1台，自卸式垃圾车1台。

加强对环卫工人的管理。12月21日，在区总工会、建环局等部门及区内60多位环卫工人代表的见证下，6个环卫作业单位劳资双方签订为期一年的工资集体协议。这项举措在全市环卫行业尚属首例。同时，对环卫工作单位和个人进行表彰。

表彰区“环卫作业先进单位”1个、“环卫作业优秀班组”8个、“优秀城市美容师”30名。刘世文、吴茂珍、李玉英、彭正花4名环卫工人被评为市优秀城市美容师，环美中心钟艳芬被评为第四届广州市敬业道德模范。（麦剑锋 吴志浩）

**【环卫宣传】** 2010年，为配合广州市创建全国文明城市，萝岗区加大环卫宣传工作力度，成立环卫宣传教育工作领导小组。全年开展创文、迎亚运卫生清洁月及环卫知识进校园、进企业，垃圾分类、杜绝乱扔乱吐等专项整治主题大型活动共41场。在市、区媒体发表的新闻报道累计67篇。开展做好垃圾分类进校园等宣传活动6场，发放宣传资料7万多份，制作文明公约牌40个，给每个环卫工人配发印有标语的宣传伞帽。加强临街商铺门前市容环境卫生责任制管理，印发《萝岗区城市市容环境卫生责任区制度实施意见》，督促各街道落实与企事业单位、临街商铺签订《市容环境卫生责任区告知书》，签订率100%。（麦剑锋）

**【余泥渣土管理】** 2010年，萝岗区余泥渣土管理所（以下简称“区余泥所”）共办理建筑废弃物处置证（排放、受纳）18宗，零星余泥渣土排放通知书18宗，统筹管理建筑废弃物排放107.61万立方米。所属的石岭山、永和禾丰余泥渣土受纳场全年共受纳建筑废弃物3.96万立方米。推进建筑垃圾资源综合利用项目，对区拆违行动和亚运整饰工程实行加班加点全天24小时开放受纳服务。

区余泥所全年共清理（处理）零星余泥、建筑垃圾8.16万立方米。清理无主建筑废弃物撒漏污染路面1.84万平方米。调整110处630块石码封堵相关路口，遏制乱排倒余泥现象。网格化分片包干，拉网式巡查，全年累计出巡1100人次。巡查排泥工地830个次，查处违章工地150个次。通报批评60个违章排放、受纳建筑废弃物的建设工地，移交城管执法部门处理52宗。责成建设工地暂停排放余泥95起。受理、处理建筑废弃物管理类投诉76宗，满意率达到100%。联合区城管、交警、交通等部门开展专项整治行动36次、突击整治行动52次，较好地完成年度创文和亚运保障工作任务。（吴土富）

**【总量减排】** 2010年，广州开发区、萝岗区全力以赴落实市政府下达的减排目标责任，圆满完成“十一五”期间的主要污染物总量减排工作。

·主要污染物总量减排目标完成情况· COD排放情况。2010年全区COD排放增加765吨，减排项目新增削减量2372吨。全区2010年COD排放量7495.5吨，比2009年（9222.5吨）同期下降18.7%。2010年$SO_2$新增削减量主要为：恒运B厂两台5万千瓦机组关停结转；恒运C厂脱硫设施改造工程新增削减量；广州添利电子科技有限公司柴油发电机改接市政供电项目新增削减量，共3050吨。全区2010年$SO_2$排放量5872吨，比2009年（8922吨）同期下降34.19%。

·环境质量情况· 水环境质量。根据区环境监测站对区内主要河涌的监测，金坑河基本达Ⅲ类水要求，南岗河、永和河、平岗河丰水期COD指标可达到Ⅲ类要求，枯水期略为超标；凤凰河、横滘河、乌涌丰水期COD可达到Ⅳ类水要求，枯水期偶有超标。

大气环境质量。根据区6个大气环境监测子站的监测，2010年全区空气污染指数（API）在31～99之间，有效天数为365天，优良天数365天，其中属优42天、属良323天。优良天数比例为100%。

·2010年减排工程· 2010年6月30日前，全面完成西区水质净化厂扩建工程、东区水质净化厂扩建工程、黄陂水质净化厂、永和水质净化厂及103公里管网的建设任务；九龙镇长庚村农村截污工程治理、兴森快捷电路科技有限公司2200吨/日污水处理回用项目均已完成；恒运B厂4#、5#机组已于2009年11月17日关停，新增$SO_2$削减量1682吨；恒运C厂进行脱硫设施改造工程于3月开始试运行，7月通过广州市环保局验收。

“十一五”期间全区主要污染物排放量持续下降，其中：化学需氧量从10484吨削减至7495吨，净削减2989吨，削减率28.5%，年均削减率6.25%；二氧化硫从11289吨削减至5872吨，净削减5417吨，削减率48.0%，年均削减率11.32%。全面完成每年削减任务。（蒋仪玲）

**【污水治理】** 2010年，萝岗区污水治理和和农村截污工作全面铺开，顺利完成年度工作任务。

·全区污水处理系统基本建成· 至2010年5月31日，区累计投入12.8亿元，完成广州市《污水治理和河涌综合整治任务书》规定的西区水质净化厂扩建工程（4.5万吨/日），永和水质净化厂（5.5

万吨/日）、东区水质净化厂扩建工程（7.5万吨/日），建成黄陂水质净化厂（3万吨/日）、萝岗中心区水质净化厂（5万吨/日）、生物岛再生水厂（1万吨/日）；完成永和北泵站、天鹿北泵站、开源大道西泵站和103公里的配套管网建设；完成长庚村和黄田村的污水治理试点工程，新增污水处理能力26.5万吨/日。完成省政府下达的九龙中心镇污水处理系统一期工程的建设任务。

·农村截污工作全面铺开· 区先后制定《区村（居）治（截）污工程建设工作办法》、《区村（居）治（截）污工程建设资金管理办法》等文件，加强村（居）治（截）污工程建设的监督管理及资金管理。按照"先行试点，以点带面、逐步铺开"的建设思路，全面铺开各街镇的农村污水治理工作。东区街鱼塘截污（6个鱼塘）已完成验收，笔村截污工程已完成90%，永和街先行开展的（甘竹、贤堂、横迳）3个试点社的雨污分流工程已完工，九龙镇黄田村第7经济社、九楼村九岭社、大坦村边谭社、佛塱村、埔心村和长庚村第1、2、3社等6个社点已通过竣工验收；永和街其他15个社点的截污工程、萝岗街水西社区和萝岗社区截污工程、联和街的联和社区和黄陂社区的截污工程，以及九龙镇迳头村、九楼村、大坦村的雨污分流改造工程已全面启动。　　（龙志艳）

【水质净化】 2010年，西区水质净化厂、东区水质净化厂、永和水质净化厂、萝岗水质净化厂、黄陂水质净化厂、九龙水质净化一厂6个水质净化厂共处理污水4148万吨，COD消减量12605吨。在4月广东省环保局组织的环保信用等级评价中，西区水质净化厂、东区水质净化厂、永和水质净化厂被评为环保诚信企业（绿牌标示）。6月5日，永和水质净化厂被评为"广州市环境友好企业"。

【黄陂水质净化厂投产】 黄陂水质净化厂位于乌涌与广汕公路交接处西北角，厂区占地约2.5公顷，服务范围为天鹿湖和黄陂地区，总服务面积28.01平方公里。处理规模为每日3万吨，采用三级处理工艺：一级为常规预处理工艺；二级为改良型A2/O工艺；三级为活性砂过滤工艺，设计出水水质执行《城镇污水处理厂污染物排放标准》（GB18918-2002）一级A标准和广东省地方标准《水污染物排放限值》（DB44/26-2001）一级标准，出水作为景观补充水排入乌涌。该工程于2009年3月开工，2010年2月3日建成投产，采用半埋式池体加盖设计，与周边环境融为一体，最大程度降低对周围环境的影响。

【九龙镇长庚村和黄田村农村治污工程】 长庚村、黄田村农村治污工程是九龙镇农村污水治理项目，均于2010年2月建成，有效改善该村水环境质量。工程采用氧化塘处理工艺对农村生活污水进行处理。长庚村治污工程服务对象是长庚村第一、二、三经济合作社，惠及人口880人，污水收纳面积4.5万平方米；黄田村服务对象是黄田村第七经济合作社，惠及人口233人，污水收纳面积2万平方米。

【萝岗水质净化厂启用】 萝岗水质净化厂位于萝岗区瑞祥路1号，厂区占地9.5公顷，服务面积92.37平方公里，设计规模5万吨/日。于2009年1月开工，2010年2月建成，采用三级处理工艺：一级为常规预处理工艺；二级为CASS生化处理工艺，辅以化学除磷；三级为D型高效纤维滤池作为深度处理工艺。设计出水水质均达到国家和广东省规定的一级标准。该厂利用山体地势，采用两级平台布置，土方自我平衡，单位能耗最低；出水水质优于一级A标准，用于南岗河景观补水和产业中水回用；预留15万吨／日远期发展用地。

【西区水质净化厂二期工程】 西区水质净化厂位于志诚大道22号，厂区占地7.86公顷，服务面积16.30平方公里，一期设计规模3万吨/日，二期设计规模4.5万吨/日。二期工程2008年11月开工，2010年2月建成。采用二级处理工艺：一级在常规预处理基础上增加物化处理工艺，以增强环境风险防范能力；二级采用CASS生化处理工艺，辅以化学除磷。设计出水水质执行《城镇污水处理厂污染物排放标准》GB18918-2002一级B标准、广东省地方标准《水污染物排放限值》DB44/26-2001一级标准。

【九龙水质净化一厂揭牌】 该厂位于凤凰河上游、枫下村口，厂区占地2.7公顷，服务面积58平方公里，规划规模1.5万吨/日，一期5000吨/日，采用二级处理工艺，一级采用常规工艺，二级采用氧化沟工艺。设计出水水质执行《城镇污水处理厂污染物排放标准》（GB 18918-2002）一级B标准。2010年5月27日，该厂划归广州开发区、萝岗区管理、运营，名称由"九佛污水处理厂"改为"九龙水质净化一厂"。

【市政污水管网建设】 2010年，萝岗区建设市政污水管网129.74公里。其中西区6.23公里，建设路段为临江路、西区东基、西基截污工程、金华一街等；东区27.86公里，建设路段为东区二期规划五路市政工程、云埔工业区云舒路、云骏中路道路市政工程、东区宏远道路完善工程、云埔工业区云展道路完善工程、东区小坑村村路等；永和15.04公里，建设路段为永和大道（永和大道至岭头）、摇田河大街、永安大道（东段）市政道路工程、南水北调管线等；萝岗中心区42.93公里，建设路段为永顺大道西段（岭头-广汕公路）道路改造工程、伴河路、河东路、科学大道、1-22号路；科学城5.9公里，建设路段为新光西南环路、光谱东连水岗路；生物岛16.13公里，建设路段为环岛路；九龙镇6.5公里，建设路段为九龙大道改造工程；黄陂9.15公里，建设路段为广汕公路污水主管、沿乌涌主干管、联和东、联和南、天鹿北路。 （左展林）

## 气　象

**【气候特征】** 2010年，萝岗区主要气候特点是："暴雨频频强度大，台风虽少影响大，高温天气依旧多"。全年平均气温21.7℃，较常年平均值略偏高；年降水量2265毫米，较常年平均偏多2成左右，汛期开汛晚、雨量多，龙舟水偏少；热带气旋登陆少，但对萝岗影响频繁；阶段性高温过程明显，年头年尾遭遇寒潮天气过程。2010年总体气候属较好年景。

### 2010年萝岗区气候要素一览表

| 站名 | 平均气温（℃） | 降水量（毫米） | 雨日（天） | 日照时数（小时） |
|---|---|---|---|---|
| 萝岗 | 21.7 | 2265 | 164 | 1484 |

·气温偏高· 2010年，萝岗区年平均气温21.7℃，与常年同期相比略偏高。与常年相对，4月、6月和10月的平均气温偏低，其余各月均偏高。4月，降水过程较多，平均气温偏低2℃左右；6月，平均气温偏低1℃。而1～3月平均气温偏高幅度都在1℃以上，其余气温偏高月份月平均气温偏高幅度均在0.5℃左右。

全年逐月气温变化：2010年年极端最高气温为36.4℃，出现在7月4日和8月5日。年极端最低气温为-1.2℃，出现在12月17日。

·降水偏多· 2010年萝岗全区年降水量为2265毫米，较2009年多787.4毫米。与常年同期相比偏多2成左右。年内雨日为164天，年内暴雨及以上量级降水天数为7天，其中4月暴雨1天，5月大暴雨2天，6月暴雨1天，9月大暴雨2天，暴雨1天。

全年萝岗逐月降水量变化：1月、2月、5月、6月、9月偏多，3月、4月、7月、8月、10月、11月、12月降水偏少。非汛期降水偏少，其中3月降水偏少5成，10月降水偏少近6成，11月全月几乎无降水，仅录得2.4毫米的月累积雨量。前汛期降水偏多，各月变化正常。后汛期降水由于台风多集中在9月，达518.8毫米，使得该月降水远高于7月、8月，降水也较常同期偏多2倍。10月、11月、12月3个月降水显著偏少，出现较为明显旱情。

2010年4月22日全省开汛，较常年（4月14日）偏晚8天，广州地区也于当天入汛。全区汛期（4～9月）平均降水量为1977.9毫米，较常年偏多4成。

前汛期（4～6月）全区累积降水量为1154.5毫米，较常年偏多4成。"龙舟水"期间（5月21日至6月20日），全区累积降水量204.9毫米，较常年偏少近3成，属偏轻年景。后汛期（7～9月）全区累计降水量为823.4毫米，较常年偏多4成左右。

·日照偏少· 2010年，萝岗区日照时数为1484小时，与常年同期相比偏少约1～2成。而亚运期间，11月的日照时数达209.6小时，为近16年同期最多，较常年平均值多42.7小时，日照百分率达到63%。

·风力风向· 2010年，萝岗区全年平均风速为2.6米/秒，月平均风速最大值出现在10月为3.5米/秒，最小值出现在9月为2.0米/秒。年内3秒极大风速即最大阵风风速为19.5米/秒（8级），出现在3月9日。

2010年萝岗区2分钟平均风速年静风率为1.1%（风速V≤0.2米/秒为静风，风力等级为0级），轻风（0.3米/秒≤V≤1.5米/秒，轻风风力等级为2级）占比重最大，为42.5%。16方位主导风向为偏北风，次主导风向为东南风。

·相对湿度· 2010年萝岗区全年平均相对湿度为75%，属于较湿年份，其中2月、4月湿度较高，出现较为严重的"回南天"。

萝岗气象观测场内的风廓线雷达。 区气象局供稿

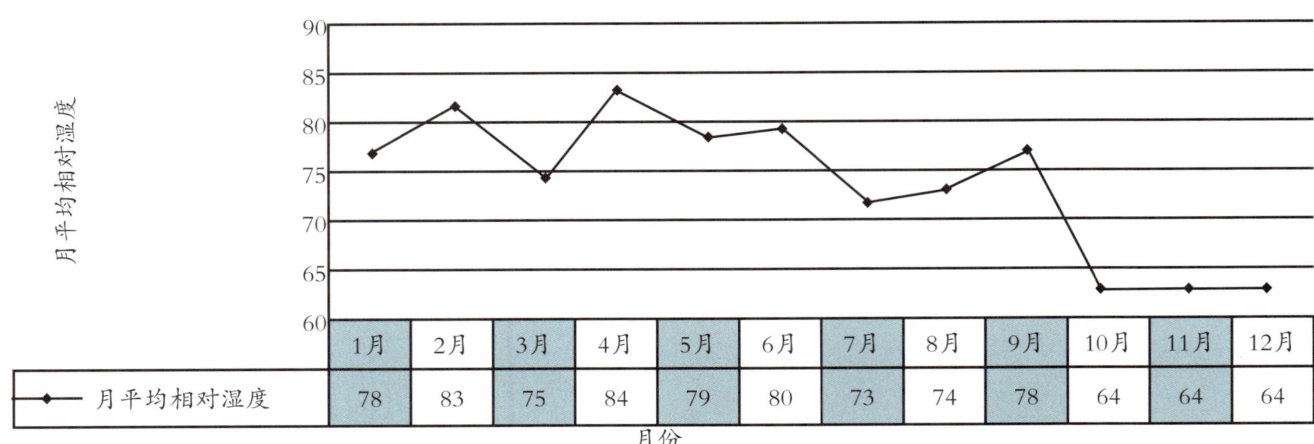


| | 1月 | 2月 | 3月 | 4月 | 5月 | 6月 | 7月 | 8月 | 9月 | 10月 | 11月 | 12月 |
|---|---|---|---|---|---|---|---|---|---|---|---|---|
| 月平均相对湿度 | 78 | 83 | 75 | 84 | 79 | 80 | 73 | 74 | 78 | 64 | 64 | 64 |

2010年萝岗区平均相对湿度趋势图

**【主要气候事件】** ·冷空气· 2010年，萝岗区冷空气活动频繁，共受18次冷空气过程影响，其中第一季度出现7次，第四季度出现11次。

第一季度冷空气分别出现在1月上旬中期、中旬前期和下旬前期；2月中旬；3月上旬后期、中旬中期和下旬中期。其中2月中旬的强冷空气过程具有降温幅度大、低温时间长、降水频繁的特点。冷空气12日开始影响萝岗区，全区气温大幅下降，24小时平均气温下降13.2℃。15～16日、17～19日两股较强冷空气补充影响萝岗区，低温天气长时间持续，萝岗区连续9天平均气温在12℃以下，连续5天最低气温在5℃以下。20日，萝岗区气象观测场录得过程最低气温3.3℃。21日后冷空气东移减弱，气温明显回升。此次冷空气过程降雨明显，12～22日萝岗区出现持续性降水，过程雨量43.4毫米。这次过程中，降温幅度达到寒潮标准，低温阴雨日数9天。11日15时10分萝岗区气象预警中心发布萝岗区寒冷黄色预警信号，16日16时10分升级为萝岗区寒冷橙色预警信号。

第四季度出现11次冷空气活动影响。10月主要受3次冷空气过程影响，分别出现在上旬前期、中旬中期和下旬后期，均无降水。上旬前期和中旬中期的冷空气较弱，下旬后期，受较强冷空气影响，气温下降明显，过程降温达7℃左右，过程最低气温出现在31日，萝岗广州观象台录得10.5℃。

11月主要受4次冷空气过程影响，分别出现在上旬前期、上旬末到中旬初、中旬中后期到下旬初以及下旬中期，冷空气活动虽频繁，但强度不强。月内冷空气过程最低气温出现在10日，萝岗广州观象台录得10.4℃。

12月主要受4次冷空气影响，分别出现在上旬后期、中旬中期，下旬中期以及下旬后期，月内，区气象局发布寒冷黄色预警信号3次、寒冷橙色预警信号3次。其中中旬中期，萝岗区出现寒潮天气：受强冷空气南下影响，出现大风降温天气并伴有明显降水，天气异常湿冷，其中15～16日普降小到中雨，气温显著下降，17日后天气由湿冷转为干冷，17日早晨，萝岗广州观象台录得极端最低气温-1.2℃，创历史同期以来最低。

·雾霾与"回南天"· 1～3月萝岗区雾霾天气明显，其中雾天44天，灰霾天数9天，第一季度雾霾天数占50%以上，1月28、29日连续2天出现严重大雾天气，萝岗区气象预警中心于29日7时40分发布区内2010年首个大雾黄色预警信号。2月上旬前期和下旬前中期以及3月中旬初至下旬初萝岗区也出现不同程度的大雾天气。出现雾霾天的主要原因是冷空气东撤，暖湿气流发展，其经过较冷陆面时易形成雾。雾霾天气造成能见度低，对区内交通造成一定程度的影响。

4月暖湿气流造成空气相对湿度大，区内出现严重返潮现象，"回南天"明显。不少室内墙壁上、天花板上冒出黄豆般大的水珠子，地板也是一片湿滑。由于空气湿度太大，一些老旧电器都因为受潮无法正常工作甚至损坏。

·降水频次高、强度大· 自4月22日开汛后，萝岗区降水呈现时段集中、频次高、强度大、雨量分布不均等特点。除后汛期主要受热带气旋影响带来强降水过程外，前汛期萝岗区出现6次强降水过程。

4月22日，萝岗区普降大到暴雨，其中萝岗区观测场录得最大日雨量54.7毫米。同时也标志着2010年汛期的到来。

5月7日，出现入汛以来最强降水过程，萝岗区普降大暴雨，此次大暴雨过程具有"三个历史罕见"的特点：一是雨量之多历史罕见；二是雨强之大历史罕见；三是范围之广历史罕见。其中玉树小学录得最大日雨量193.3毫米。此次降水过程区气象局严密监视暴雨云团的移动路径和变化情况，6日22时40分发布雷雨提示短信，7日00时05分发布雷雨大风蓝色预警信号和暴雨黄色预警信号，02时30分升级为暴雨红色预警信号，6时30分解除暴雨预警信号，7时解除雷雨大风蓝色预警信号。受此次强降水过程影响，区内部分街道出现较严重的水浸，其中东区街：火村（小塱社、枝山社）、刘村（刘村社、双井社）约800余户房屋受浸，最大水深1.3米；永和街：田心村、永岗、元岗约12户房屋受浸，最大水深1.2米；萝岗街：塘头村27户房屋受浸，最大水深0.8米；夏港街：墩头基（西基）15户房屋受浸，最大水深0.3米。

距离“5·7”强降水仅两天时间，5月9日傍晚开始，萝岗区再次出现较强降水和短时雷雨大风天气。全区普降大雨局部暴雨，最大日雨量出现在火村一带，为57毫米。10日早晨萝岗区雨势持续，普降中雨。

5月14日傍晚强降水再次袭来，萝岗区普降大暴雨。其中联和街八斗村录得最大日雨量为210毫米，而九龙镇政府所在地监测到最大日雨量为195毫米，均超过“5·7大暴雨”萝岗区的最大日雨量。本次强降水致使九龙镇受淹农田5200亩，房屋倒塌15间，受浸15间，鸡场倒塌600多平方米，猪场倒塌1000多平方米，天鹿湖社区、黄麻社区等地发生多处山体滑坡，永和河出现河堤溃口，共70多户、260多人的受困群众得到安全转移。

5月22日，萝岗区中部及北部出现暴雨降水过程，其中永岗小学录得最大日雨量85.2毫米。

6月21日起，萝岗区出现长达8天的持续性明显降水天气，其中28日全区普降大到暴雨，新港码头自动站录得最大日雨量81.2毫米。

·台风登陆少，影响频· 2010年萝岗区受多个热带气旋影响，分别是7月的“康森”、“灿都”，8月的“蒲公英”，9月的“狮子山”、“莫兰蒂”、“凡亚比”。

1002号台风“康森”于7月12日生成，13日凌晨加强为台风，16日晚上7时50分在海南三亚沿海地区登陆，登陆时中心最低气压968百帕，中心附近最大风力12级，风速达到35米/秒，17日晚上8时10分在越南北部太平省附近沿海地区再次登陆。“康森”具有“强度多变、路径稳定、移速较快”的特点。受其影响，15～18日全区普降小到中雨，萝岗区各地持续半个月的大范围高温天气得到有效缓解。

受1005号热带风暴“蒲公英”影响，8月24～26日，萝岗区出现明显降水，前期持续的炎热天气得到明显缓解。

1006号强热带风暴“狮子山”9月2日6：50登陆福建漳浦雷镇，登陆时中心附近最大风力9级（23米/秒），最低气压990百帕，3日08时在从化境内减弱为低气压，3日22时移出花都，在广州境内滞留14小时，给萝岗区带来特大暴雨的降水。其中3日20时至4日20时萝岗区气象观测场录得253.2毫米的特大暴雨降水。

1010号台风“莫兰蒂”9月10日3：30在福建省石狮市沿海地区登陆，登陆时中心附近最大风力12级（35米/秒），最低气压975百帕，登陆后以每小时20公里左右的速度继续向偏北方向移动，强度逐渐减弱，远离萝岗区。受“莫兰蒂”及其随后的残留云系、季风槽和低涡等相继影响，10日全区普降小到中雨。11日至12日，全区普降暴雨，局部大暴雨。

1011号超强台风“凡亚比”于9月19日8：40在台湾花莲县沿海登陆，登陆时中心附近最大风力有15级（50米/秒），中心最低气压为940百帕。9月20日07时在福建省漳浦县沿海再次登陆，登陆时中心风力12级（35米/秒），中心最低气压970百帕。21日05时在广州花都区境内减弱为低气压并停止编号。

受其环流影响，20日08时至21日08时，萝岗区普降中到大雨。随后，受其残留降水云团影响，21日08时至22日08时，萝岗区北部出现中到大雨，22日08时起，萝岗区降水减弱。

·高温· 7月广州市平均高温日数（最高气温≥35.0℃）为11.4天，比常年平均偏多7.4天，为近60年第四个多年，萝岗区高温日数为10天，月内最高气温出现在5日，为36.4℃。受副热带高压影响，上半月全区出现大范围持续高温过程，最强的高温时段是7月上旬前中期，其中5日是2010年以来萝岗区月内最热的一天。大范围高温天气直至15日受台风“康森”影响才得到有效缓解。

8月内主要出现3次高温天气过程。上旬前期受副高控制，萝岗区以晴热天气为主，气温较高，4～5日，出现持续高温天气（日最高气温≥35℃）。旬中后期，受东风波影响，出现小到中雨，气温略降。上旬末，由于受到副热带高压脊控制，9～10日，萝岗区高温天气再现。受副热带高压和热带气旋外围下沉气流共同影响，30～31日，萝岗区最高气温再次超过35℃。

9月，月平均气温26.9℃，与常年同期相比偏高。由于受热带气旋影响，月内仅8日为高温天气，最高气温达到35.6℃。

【气象宣传】 2010年，萝岗区气象局加强对辖区内群众气象知识的宣传。在汛期前结合萝岗地区雷电灾害频繁的特点，下发《关于进一步加强社区防雷安全科普宣传的通知》（穗萝气〔2010〕18

号），并为全区59个行政村（社区）发放防雷安全宣传挂画。按照“防雷六进”的要求，深入基层，深入企业、深入社区、深入学校、企业等开展防雷专题讲座。全年共开展气象防雷专题讲座6场，参加听课人数达1000多人次。

为迎接“3·23”世界气象日的到来，增加全区公众特别是中小学的气象灾害安全防御知识，区气象局开展“传道授课，气象知识进名校”、“开辟专栏，领导谈气象”等活动，时任广州市委常委，广州开发区党工委书记、管委会主任、萝岗区委书记薛晓峰为专栏作序并发表署名文章《气象工作，要为创建科学发展先行示范区作出新贡献》。科普基地作为世界气象日科普的第二阵地，萝岗区气象观测场先后迎来了长平小学、萝峰小学、广州市二中、九十一中近千名师生前来参观。活动期间共发放《2009年萝岗区气候公报》、《如何应对气象灾害》等宣传资料数千份。

【气象服务】 2010年，萝岗区气象局共为区委、区政府及相关部门报送《萝岗气象信息快报》24份、《气候公报》4份、《气象信息专报》4份。为领导决策提供了有效的科学依据。全年发布突发气象灾害预警信号95次，其中台风预警信号5次，暴雨预警信号30次，雷雨大风预警信号8次，高温预警信号22次，寒冷预警信号17次，大雾预警信号6次，森林火险预警信号7次。发挥区短信平台作用，是年，区气象局手机气象短信服务的总用户数约1100户，及时将决策气象服务信息发送至各级党政领导、三防责任人、教育系统安全责任人、村干部等领导手中。除每天在开发区网站、区政府网站、区局网站滚动发布最新天气预报信息外，年内向区电视中心提供萝岗区气象新闻稿件累计200余份。

·专题气象服务· 按照《2010年广州亚运会及残运会气象服务实施方案》结合本区实际，制定萝岗区亚运期间气象服务方案。成立萝岗区亚运气象服务团队，制定《突发气象灾害预警信号发布工作规范》，将预警信号发布加入行政质量管理体系。将广州国际体育演艺中心亚运服务团队所有成员手机号码加入萝岗区气象服务短信平台，建立亚运决策服务短信集群，从11月10日起开始进行气象决策短信服务。同时在区局网站嵌入最新亚运场馆逐3小时预报和未来天气趋势预报。为广州体育演艺中心运行团队、运动员、教练员及篮球观众提供贴心气象服务。

·防雷减灾服务· 2010年，区气象局坚持以建设低雷害城区为指导，致力做好防雷气象服务工作。严格按照行政审核的有关要求做好行政审批业务工作。区气象窗口进驻萝岗新行政服务中心一年来，实现了行政审批及行政审批案卷窗口进窗口出的真正对接。截至12月30日，区气象局共接收行政审批事项201项，完成行政审批201项，提供业务咨询500多人次，年度办结率100%，年度服务满意率100%。是年区气象局进行雷灾调查12宗，出具气象证明12份，以严谨科学的工作把企业的损失降低到最低程度。

·完善气象灾害应急体系建设· 鉴于萝岗区气象灾害种类多以及气象次生灾害种类复杂等客观原因，区气象局制定《萝岗区气象灾害应急预案》，多次组织业务人员开展此项目专题研讨会，同时也完成征求区属各相关部门意见，并对相关意见进行修改和沟通，在广泛征求各部门意见基础上报区政府，区政府于9月21日下发《关于印发萝岗区气象灾害应急预案的通知》（穗萝府办[2010]34号），进一步建立和完善萝岗区灾种齐全、响应及时、联动机制高效的重大气象灾害应急响应体系。

【气象基础设施建设】 2010年是区气象基础设施建设的重要一年。4月中旬，完成了观测设备的防雷接地，确保了2010年观测场区落雷840个的情况下，设备安然无恙。9月29日，萝岗区气象局、国资、质监站、省外建、恒茂监理5家单位参与萝岗区气象观测场整体终审验收会，标志着萝岗气象观测场土建工程正式完成。

在完成观测场相关项目建设的同时推动中尺度自动气象站的选址安装建设工作，全年完成萝峰小学（G3231）、联和小学（G3232）、永和贤江（G3233）、永和禾丰（G3234）、洋田蔬菜基地（G3328）的安装和数据传输工作。

配合做好亚运气象服务保障工作，8月底，建设完成在广州国际体育演艺中心（G3327）和广州国际羽毛球培训中心（G3235）2部亚运场馆气象自动站，全年度共安装气象自动站7个。

做好城市气象酸雨监测工作。广州市气象局配备的自动酸雨监测仪在区气象局业务人员的配合下顺利安装运行。配合广东省气象局做好在广州召开的第16届亚运会气象保障工作，防止因广州地区气象雷达出现故障无探测资料而影响气象预报的准确性，中国气象局大气探测中心车载天气雷达于10月31日开赴广州萝岗支援广州亚运气象保障工作。11月3日在区气象局观测站特种观测区完成安装调试，并投入正常运行。（王四化　陈　潇　池碧清）

# 农业 林业 水利

## 综 述

【概况】 广州市萝岗区农林水利局（以下简称“区农林水利局”）成立于2005年10月，主管全区农业、农村经济发展和林业、水利行政等工作。该局加挂中共萝岗区委农村工作领导小组办公室、萝岗区畜牧兽医局牌子。

2010年，该局内设办公室（审计室）、农业科（畜牧兽医科）、林业科、水利科4个科室，归口管理事业单位6个：林业管理中心（水利管理中心、林政监察大队、水政监察大队）、区农畜牧业管理综合执法大队（植物保护与农产品质量安全监督站、动物植物防疫监督所、农业技术管理所、动物兽医防疫监督所、动物疾病控制中心）、木榄水库管理所、水口水库管理所、金坑水库管理所、金坑林场（金坑森林公园管理处）。区防制重大动物疫病指挥部、绿化委员会、森林防火指挥部、集体林权制度改革领导小组、防汛防旱防风指挥部、水系建设指挥部、污水治理和河涌综合整治领导小组等议事协调机构的办公室、山林权属争议调处办公室设在该局。2月，局机关办公地址由萝岗区夏港街青年路17号搬迁至水西路12号执法综合楼A栋7楼。

是年，该局周密部署、狠抓落实，扎实推进全区农业、林业、水利和新农村建设管理工作，大力促进城乡经济社会发展一体化，全力保障全区动植物防疫安全、森林消防安全、“三防”安全，扎实做好亚运农产品质量安全和无规定马属动物疫病区建设工作，通过国家林业局“全国松材线虫病承包防治机制和方法试点县（区）”工程项目验收，成功创建省林业生态县（区），提前1个月完成河涌综合整治主体工程建设任务，该区治水工作（污水治理和河涌综合整治）通过广州市治水工作先进集体金奖公示。 （张仪良）

【萝岗区被省政府授予“林业生态县（区）”称号】 2010年，区农林水利局继续做好创建省林业生态区相关后续工作，在2月25日召开的全省林业工作会议上，该区被省政府正式授予“林业生态县（区）”称号。

近年来，该区贯彻落实《中共广东省委、广东省人民政府关于加快建设林业生态省的决定》精神，以建设国际化生态型新城区为目标，广泛动员和组织全社会力量，认真开展林业生态建设和国土绿化工作，强化森林资源保护和管理，打造“春有禾雀、夏有荔枝、秋有甜橙、冬有梅花”的生态美景，构建山、水、城、田和谐共融的生态系统和“城在林中、林在城中”的生态安全体系，取得明显成效。该区森林覆盖率、林木蓄积量、生态公益林功能等级、防护林建设、保护区体系、绿色通道、城区绿化、村庄绿化、林地保护管理、森林资源保护等10个方面指标全部达到和超过省林业生态区的验收标准，于2009年12月顺利通过省林业生态区验收组的检查验收。 （周益民）

## 农 业

【概况】 2010年，萝岗区有耕地面积3026.33公顷（4.5395万亩）、园地面积3244公顷（4.866万亩）、水面养殖面积776.67公顷（1.165万亩）。随着城市化进程的推进，耕地逐步减少，萝岗区的农业发展目标转变为“合理调整布局、生态休闲为先、鼓励土地流转、扶强扶大龙头、增创特色品牌”。

加强农业项目管理。是年，区农林水利局继续推进农田（鱼塘）标准化建设，有6个农田标准化建设项目完工，2个鱼塘标准化建设、1个农田标准化建设项目招投标，新立项2个农田（鱼塘）标准化建设项目。该局报区政府批准立项扶持2个产业化项目，区财政扶持资金合计121.3万元。办理和报区政府批准贷款贴息项目5个，总投资210.8万元。办理广州市财政农业企业贷款担保贴息40.8万元。贯彻落实强农惠农政策，强化农民收入保障机制，区财政向农户发放农资综合直补资金149.73万元，种粮直补资金177.23万元，良种补贴资金24.02万元，种粮大户（全年种植30亩以上）补贴资金6.35万元。及时兑现土地流转补贴资金，增强农户参与土地流转的积极性。成功举办第七届萝岗香雪荔枝文化节。 （常瑞品 江海潮）

【种植业】 ·水果种植· 2010年，萝岗区水果种植面积4446.33公顷（66695亩），品种以优质甜橙、荔枝、龙眼、香蕉、芒果、木瓜、菠萝为主，还有乌白榄、杨梅、杨桃、柿、李、黄皮、番石榴、果蔗、葡萄等。有萝岗街萝峰村、九龙镇蟹庄村2个水果专业村，分别以种植荔枝和甜橙为主。2010年萝岗区名优荔枝产量3782吨，比2009年增加737吨。6月份举办第七届萝岗香雪荔枝文化节，向社会推介萝岗荔枝，搭建荔枝销售市场，拓展荔枝销路，增加果农收入。继续保护萝岗甜橙品种，推广种植萝岗甜橙232公顷（3480亩）。

## 2010年萝岗区水果生产情况表

单位：亩、吨

| 指标 | 合计 | | 夏港街 | | 东区街 | | 萝岗街 | | 联和街 | | 永和街 | | 九龙镇 | |
|---|---|---|---|---|---|---|---|---|---|---|---|---|---|---|
| | 面积 | 产量 | 面积 | 产量 | 面积 | 产量 | 面积 | 产量 | 面积 | 产量 | 面积 | 产量 | 面积 | 产量 |
| 柑橘橙 | 3480 | 397 | | | | | 480 | 28 | | | | | 3000 | 369 |
| 香大蕉 | 3943 | 2290 | | | 80 | 80 | 2300 | 806 | 3 | 3 | | | 1560 | 1401 |
| 菠萝 | 290 | 19 | | | | | 290 | 19 | | | | | | |
| 荔枝 | 40074 | 3782 | | | 2480 | 225 | 10288 | 2923 | 1231 | 50 | 7705 | 155 | 18370 | 429 |
| 龙眼 | 11673 | 1039 | | | 915 | 138 | 1770 | 689 | 168 | 15 | 908 | 17 | 7912 | 180 |
| 柿 | 67 | 35 | | | | | | | | | | | 67 | 35 |
| 李 | 10 | 0 | | | | | | | 10 | 0 | | | | |
| 番石榴 | 153 | 133 | | | 3 | 4 | 20 | 28 | | | | | 130 | 101 |
| 芒果 | 510 | 187 | | | 160 | 57 | | | | | | | 350 | 130 |
| 杨桃 | 215 | 262 | | | 30 | 40 | 50 | 18 | 5 | 10 | | | 130 | 194 |
| 木瓜 | 232 | 452 | | | 30 | 40 | | | 2 | 2 | | | 200 | 410 |
| 枇杷 | 12 | 1 | | | | | | | | | | | 12 | 1 |
| 乌白榄 | 4004 | 572 | | | 150 | 10 | 2005 | 441 | 172 | 40 | | | 1677 | 81 |
| 杂果 | 2032 | 443 | | | 510 | 250 | 754 | 166 | 95 | 12 | | | 673 | 15 |
| 合计 | 66695 | 9612 | | | 4358 | 844 | 17957 | 5118 | 1686 | 132 | 8613 | 172 | 34081 | 3346 |

·花卉种植· 花卉生产是萝岗区种植业三大支柱之一。2010年全区花卉种植面积1292.2公顷（19383亩），总产值11573万元，占种植业总产值24.2%，主要种植面积分布在九龙镇。

九龙镇绿航花卉基地鸟瞰。 江海潮 摄

### 2010年萝岗区花卉生产情况表

单位：亩

| 指标 | 合计 | 种植情况 | | | | | |
|---|---|---|---|---|---|---|---|
| | | 夏港街 | 东区街 | 萝岗街 | 联和街 | 永和街 | 九龙镇 |
| 鲜花 | 1104 | | | 84 | 60 | | 960 |
| 盆栽植物 | 1545 | | | | | | 1545 |
| 草坪 | 80 | | | | | | 80 |
| 绿化苗木 | 8104 | | | 84 | 336 | | 7684 |
| 工业用香花 | 8550 | | | | | | 8550 |
| 总计 | 19383 | | | 168 | 396 | | 18819 |

·蔬菜种植· 蔬菜种植是萝岗区农作物种植主要品种之一。全区蔬菜常年种植面积1100公顷（16500亩），年种植面积达4684.3公顷（70265亩），2010年蔬菜总产量77082吨，总产值20864万元，居种植业榜首，占种植业总产值45%。其中汉华、庄记2个蔬菜基地面积185.33公顷（2780亩），年蔬菜产量5762吨，出口港、澳蔬菜1987吨，产值2019万元。

### 2010年萝岗区蔬菜生产情况表

单位：亩、吨、千克

| 指标 | 合计 | 种植情况 | | | | | |
|---|---|---|---|---|---|---|---|
| | | 夏港街 | 东区街 | 萝岗街 | 联和街 | 永和街 | 九龙镇 |
| 全年种植面积 | 70265 | | 5620 | 6182 | 900 | | 57563 |
| 总产量（吨） | 77082 | | 8181 | 5253 | 912 | | 62736 |
| 亩产（千克） | 1097 | | 1460 | 850 | 1010 | | 1090 |

·粮食种植· 2010年全区粮食种植面积3006.85公顷（45103亩），总产量14178吨。其中稻谷种植面积2171.39公顷（32571亩），产量9871吨；玉米种植面积89.73公顷（1346亩），产量659吨；薯类种植面积745.73公顷（11186亩），产量3648吨。

### 2010年萝岗区粮食作物生产情况表

单位：亩、吨

| 指标 | | 合计 | 种植情况 | | | | | |
|---|---|---|---|---|---|---|---|---|
| | | | 夏港街 | 东区街 | 萝岗街 | 联和街 | 永和街 | 九龙镇 |
| 稻谷 | 面积 | 32571 | | | | | | 32571 |
| | 产量 | 9871 | | | | | | 9871 |
| 玉米 | 面积 | 1346 | | | | | | 1346 |
| | 产量 | 659 | | | | | | 659 |
| 薯类 | 面积 | 11186 | | | 1832 | | | 9354 |
| | 产量 | 3648 | | | 832 | | | 2816 |

·油糖料种植· 萝岗区农村人多地少，而且山林地及丘陵地占大多数，油料、糖料类作物种植少，2010年种植面积67.27公顷（1009亩），其中花生52.93公顷（794亩），甘蔗14.33公顷（215亩）。

### 2009年萝岗区经济作物生产情况表

单位：亩

| 指标 | 合计 | 种植情况 | | | | | |
|---|---|---|---|---|---|---|---|
| | | 夏港街 | 东区街 | 萝岗街 | 联和街 | 永和街 | 九龙镇 |
| 花生 | 794 | | | | | | 794 |
| 果蔗 | 215 | | | | | | 215 |
| 其他经济作物 | | | | | | | |
| 总计 | 1009 | | | | | | 1009 |

【畜牧业】 2010年，萝岗区畜牧业总产值达4.74亿元，占农业总产值46%，全区规模以上养殖户有120户（规模户标准：牛饲养量200头，猪饲养量300头，三鸟出栏量1万只以上）。2010年末，生猪存栏量15.49万头，牛存栏1726头，羊存栏1452头，家禽存栏量138.53万羽，年产牛奶1785吨、禽蛋2028吨。

·牛、羊的饲养· 2010年牛、羊存栏量3178头。其中：水牛、黄牛976头、奶牛750头、羊1452头。2010年牛出栏量1057头、羊出栏1662头。

### 2010年萝岗区大牲畜饲养情况统计表

单位：头、吨

| 指标 | | 合计 | 夏港 | 东区 | 萝岗街 | 联和 | 永和 | 九龙镇 |
|---|---|---|---|---|---|---|---|---|
| 水牛、黄牛 | 存栏 | 976 | | | | 16 | | 960 |
| | 出栏 | 1057 | | | | | | 1057 |
| 羊 | 存栏 | 1452 | | | 152 | | | 1300 |
| | 出栏 | 1662 | | | 662 | | | 1000 |
| 奶牛 | 存栏 | 750 | | | | | | 750 |
| | 产奶 | 1785 | | | | | | 1785 |

·猪的饲养· 生猪饲养是萝岗区畜牧业的主要支柱，2010年末猪存栏15.49万头，全年出栏数22.09万头，总产值2.79亿元，占畜牧业比重59%，养殖规模多元化，年出栏3000头以上生猪的规模养殖场有7个，年出栏量10.4万头。

### 2010年萝岗区生猪饲养情况统计表

单位：头

| 指标 | 合计 | 夏港 | 东区 | 萝岗街 | 联和街 | 永和 | 九龙镇 |
|---|---|---|---|---|---|---|---|
| 猪存栏数 | 154905 | | | 9407 | 2000 | 498 | 143000 |
| 其中：能繁母猪 | 19950 | | | 750 | | | 19200 |
| 猪出栏数 | 220893 | | | 39223 | 10150 | 520 | 171000 |

·家禽的饲养· 家禽饲养在区畜牧业生产支柱中居第二位，2010年禽存栏数138.53万只，全年出栏量469.71万只，饲养户583户，年出栏10万只以上肉鸡、肉鸽的规模养殖场6家，年存栏1万只以上蛋鸡的规模养殖场2家，2010年总产值8990万元，占畜牧业总产值19%。

**2010年萝岗区家禽生产情况统计表**

单位：只、吨

| 指标 | 合计 | 夏港街 | 东区街 | 萝岗街 | 联和街 | 永和 | 九龙镇 |
|---|---|---|---|---|---|---|---|
| 禽类存栏数 | 1385314 | | 19700 | 218614 | 6000 | 6900 | 1134100 |
| 其中：鸡 | 1130114 | | 19700 | 213514 | 6000 | 6900 | 884000 |
| 鸭 | 9000 | | | 1000 | | | 8000 |
| 鹅 | 33200 | | | 4100 | | | 29100 |
| 鸽 | 213000 | | | | | | 213000 |
| 禽类出栏数 | 4697097 | | 110600 | 506997 | 22100 | 7100 | 4050300 |
| 其中：鸡 | 2973197 | | 110600 | 503397 | 22100 | 7100 | 2330000 |
| 鸭 | 73300 | | | | | | 73300 |
| 鹅 | 38600 | | | 3600 | | | 35000 |
| 鸽 | 1612000 | | | | | | 1612000 |
| 禽蛋产量 | 2028 | | | | | | 2028 |

【渔业】 2010年，萝岗区内养殖面积697.8公顷（10467亩），其中：池塘面积299.2公顷（4488亩），水库放养面积62公顷（930亩），山塘面积336.6公顷（5049亩）。养殖品种以罗非鱼为主，四大家鱼为次，兼养其他优质鱼类，总产量7787吨，总产值7225万元。区内有两家水产品初加工企业，以原料鱼的冷冻加工为主，全年水产品加工总量17980吨，实现初加工产值4.28亿元。

**2010年萝岗区水产养殖情况统计表**

单位：公顷、吨

| 指标 | 合计 | 夏港街 | 东区街 | 萝岗街 | 联和街 | 永和街 | 九龙镇 |
|---|---|---|---|---|---|---|---|
| 养殖面积 | 697.8 | | 34 | 32.9 | 59.3 | 15 | 556.6 |
| 总产量 | 7787.2 | | 466 | 377.0 | 525.0 | 240 | 6179.2 |

（常瑞品）

【农产品质量安全检测】 2010年，萝岗区农畜牧业管理综合执法大队与区内3个农产品规模种植场及18名农户签订《2010年广州市萝岗区农产品质量安全责任书》，健全和完善该区农产品质量安全制度，规范农户安全用药，保障农产品消费安全。全年配合广州市监测中心完成3次例行监测和1次亚运专项监测任务，共抽查蔬菜产品80份，平均合格率97.5%。畜禽产品150份，合格率100%；水产品100份，合格率100%。定性定量检测蔬菜300份，合格率99.3%。禽畜产品400份，合格率100%；水产品300份，合格率100%（此部分委托广州市监测中心完成）。区农畜牧业管理综合执法大队2010亚运预警监测农产品6299份，合格率99.9%；亚运赛时检查农产品6197份，合格率100%。

【植检植保与动物防疫】 ·植检植保· 2010年，萝岗区投入35万元， 出动防控人员2700多人次，使用防控药剂约6.5吨，防控总面积5.3万亩，扑杀红火蚁活动蚁巢约4.8万个；投放毒鼠谷2.42万千克，鼠迹指数逐年下降。在东区街、萝岗街、九龙镇建立监测点，对水稻、果树、蔬菜中的害虫、红火蚁、假高粱、豚草、地中海实蝇、蛀果虫等有害生物进行全面监测，以田间检查、诱捕为主。全年监测到红火蚁、蛀果虫在辖区内已有发生。未发现豚草、假高粱、地中海实蝇等检疫性新疫情。

·动物防疫· 狠抓重大动物疫病预防免疫工作，严格实施免疫和动物及动物产品监管，规范屠宰加工环节和产地检疫监管，2010年继续实现“无疫区”目标。全年投入重大动物疫病防控资金232

万元，免疫畜类35.56万头，禽类518.98万只。完成生猪屠宰检疫11.86万头，检疫率100%。全年完成市下达的动物产品监测任务1230份，总合格率超过99.5%。

【农畜牧综合执法】 区农畜牧业管理综合执法大队是全区农畜牧业管理综合执法主体，行政执法的主要内容有种子、农药、肥料、兽药、饲料等农业、畜牧业生产资料执法，植物检疫、动物检疫、动物防疫、农产品质量安全等维护公共安全的执法。2010年，该大队开展专项行动8次，出动执法车辆181次、执法人员724人次，农药残留监测点增加到4个，发放动物场地检疫合格证1.56万张，无害化处理生猪121头，检查肥料、农药经营店325家/次，兽药、饲料经营店、养殖场648家/次。

（温锐锋）

## 林 业

【概况】 2010年，萝岗区有林地面积19284.8公顷，森林覆盖率49%，主要分布在北部和中部地区；其中生态公益林面积12633.8 公顷（省级生态公益林3882.7公顷，市级生态公益林8751.1公顷），占林地面积的67%，经济林面积 6164.3.1公顷，占有林地面积的33%。林分多为人工林及少量的天然次生林，人工林主要树种有相思、桉树、松树和黎蒴等，天然次生林主要是壳斗科和樟科，树种有樟树、红椎、米椎、鸭脚木、荷木、黄牛木、梅叶冬青等；果树在该区占有很大的比重，主要树种有荔枝、龙眼、橄榄、杨桃等。灌木有山苍子、桃金娘等，草本植被主要是芒箕、芒草、茅草、蕨类、鹧鸪草等，藤本较为少见，主要有鸡矢藤、拔葜等。区内共有森林公园3个，分别为广东天鹿湖森林公园（省级）、金坑森林公园和九龙白兰花森林公园（市级）。有一支由121人组成的护林队伍，负责日常的森林防火、巡山护林等工作。严格执行森林采伐限额管理制度，重点办好中新广州知识城起步区项目和防火通道项目使用林地审核审批，全年共审核审批森林防火通道项目使用林地4宗11公顷，征占用林地18宗248公顷，办理林木采伐许可审批19宗、批准采伐林木蓄积0.92万立方米。

【青山绿地工程】 2010年，萝岗区组织义务植

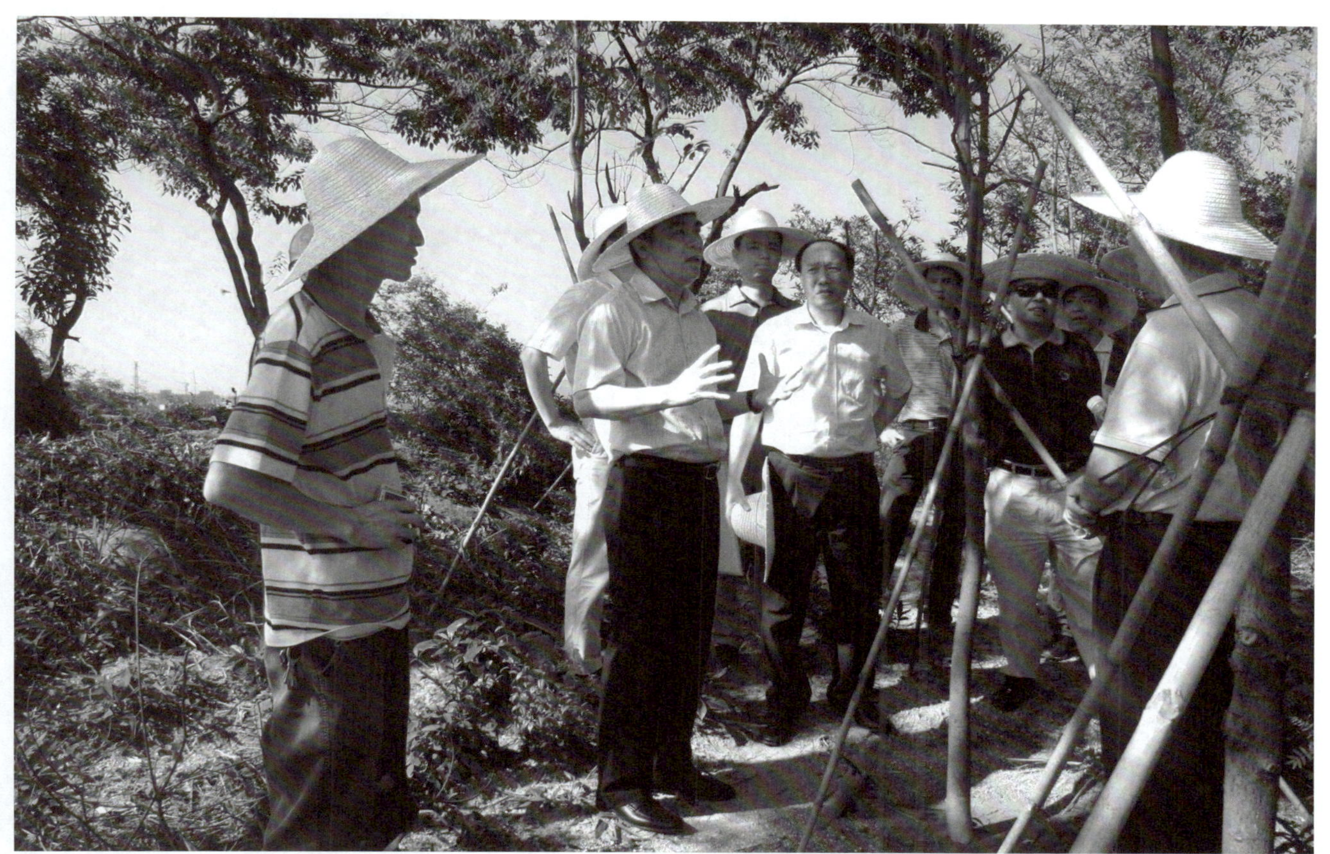

2010年5月25日，广州开发区党工委副书记、管委会副主任、萝岗区委副书记、区长石奇珠（左二）检查广州科学城山体风景林改造工程并植树。 杨爱国 摄

树活动10次，参加植树人员近2万人次，共种植乔木、灌木4万多株。完成低效林改造面积67公顷。投入500万元，在14个村（居）开展万村绿建设工程，绿化面积10公顷。投入50万元开展埔心村二期林中村绿化建设工作，绿化面积约5000平方米。完成科学城总部经济区的狮子岭、牛角岭、环山岭等10个山体约72公顷面积林地的风景林改造（总投资2100多万元），打造“一山一景”、“花开四季”的森林生态环境景观。

做好亚运场馆周边山体绿化景观升级改造。完成广惠高速萝岗立交绿化升级改造工程、萝岗区行政服务中心北侧山体绿化改造工程、尖峰山山脚局部（周边）复绿工程、萝岗区长岗岭绿化改造工程、华峰寺裸露山体复绿喷草种植工程。

**【生态公益林建设】** 2010年，区农林水利局加强生态公益林的日常管理和保护。抓住春季绿化的有利时机，开展低效林改造工作。依法严格开展征占用林地申请、林木采伐审批。按照省市补贴重点林33元/亩、一般林30元/亩、区配套补贴13.5元/亩标准，发放2010年度生态公益林补偿资金91.69万元。开展强农惠农资金（生态公益林效益补偿资金）专项清理和检查工作，确保资金发放及时、到位。

**【护林防火】** 2010年，区农林水利局强化森林防火预案，做好各项应急措施，严密做好森林防火工作，没有发生人员伤亡事故。重点确保广州亚运会、亚残运会期间的森林防火安全。进入秋季以来，有针对性地举行实兵实装演习，9月份组织本年度森林防火演练，并对2009年度森林防火工作先进单位和先进个人进行表彰，10月份组织区护林防火队参加市政府、市森林防火指挥部举行的“2010年广州市森林防火演练”，获得“组织优秀奖”。

多次就亚运会、亚残运会期间森林防火工作进行再动员、再落实，争取80多万元经费紧急拨付各镇街、林场，用于添置森林防火设备和补贴村居聘请人员、护林员，确保人员到位、防范有序。在亚运会、亚残运会期间没有发生森林火灾。

**【森林病虫害防治】** 萝岗区在2009年按计划完成全国松材线虫病承包防治机制和方法试点区三年治理期工作基础上，2010年继续做好后续相关工作以保持原有的良好防治效果，各项指标均完全达到验收标准，顺利通过国家林业局“全国松材线虫病承包防治机制和方法试点县（区）”项目验收。在开展试点工作过程中，该区建立区政府、林业部门、承包公司间责、权、利明晰的松材线虫病承包防治机制，摸索出由地方政府出资购买森林病虫害防治服务的新路子，治理后松材线虫病死树率为0.64%，松树保存率达到99.9%，平均每亩每年防治费用为30.07元，比省内其他地区的防治费用低30%。在非试点区域挂放诱捕器、设置诱木，并及时清理枯死树木，完成松材线虫病防治面积1966.67公顷（2.95万亩）。

起草全区防治薇甘菊工作方案，提出“条块结合，以块为主”的指导思想，成为全区性指导文件。指导、督促各镇街全面开展防治，消除薇甘菊的危害。同时，完成其他病虫害的防治工作。

**【集体林权制度改革】** 根据《广东省全面推进集体林权制度改革工作方案》要求，至2010年底，要基本完成明晰产权工作。萝岗区有24万亩集体林地，涉及5个街镇43个村居400多个经济社，需要经过2.8万户农户投票表决各村社方案，组织5方代表

2010年6月17日，副区长成潘流（中）主持召开萝岗区集体林权制度改革工作动员会议。 杨爱国 摄

上山勘界以完成确权主体工作。与周边区比，该区林地没有核发过林权证，林地开发激发的山林纠纷宗数多，面积大，难以调处，整个林改工作基础薄弱。根据《萝岗区推进集体林权制度改革工作实施方案》和林改操作指南，贯彻高位推动、三级书记抓林改的指导思想，实行层级责任制。区领导多次召开专题工作会议，先后20多次深入各街（镇）、村（居），督导推进林改工作。扎实开展宣传和培训工作，组织区各相关单位和各街、镇有关人员赴省、市林改试点县区参观学习2次，举办区级培训班3期，印发《萝岗区林改技术操作指南》900多套。主动和周边的白云、从化等5个区（市）林改办协调区县边界问题。林改工作人员分片挂钩街镇，经常深入到村社指导业务，多次组织村居骨干召开现场会，推广先进经验，鞭策落后村居，对有畏难情绪、进度滞后的村居还开小灶会。编发督导专报，每周将各单位动态、问题及建议编印发到村居。各有关街镇把林改工作作为重点工作，狠抓落实。

至12月底，林改票决完成率99%，外业勘界完成率95%，并按计划进行第二榜公示和发证前公示，实现年底前基本完成林改主体改革任务的目标。

（周益民）

## 水 利

**【概况】** 萝岗区有中型水库2座，小I、II型水库22座，山塘256口，河涌137.5公里。2010年圆满完成广州市委、市政府下达的河涌综合整治任务，该区污水治理和河涌综合整治工作通过广州市治水工作先进集体金奖公示。完成东晖广场堤围、四清河（一期）共2.1公里的整治。完成水利行政审批85项。发放大中型水库移民后期扶持资金225.42万元，做好移民稳定工作。征收水资源费64.69万元、水土保持费15.26万元，加大水资源监管力度，调查处理偷采、超采水资源等违法行为。按照采购规定确定南岗河、乌涌、永和河、乌涌左支等河涌的绿化管养单位，加强河涌绿化日常巡查管养。坚持“安全第一，常备不懈”的思想，实现水库不垮坝、堤防不垮堤的防汛目标。

**【河涌综合整治】** 2010年，萝岗区按照广州市政府工作部署和市污水治理和河涌综合整治任务书要求，于5月31日提前1个月完成主体工程建设任务。市政府下达河涌综合整治任务总投资7.2亿元，包括南岗河（独立高户至木榴水库、水星水库段）、墩头涌、生物岛堤岸、鹤子坦支涌堤围、笔岗涌等5条河涌20.79公里综合整治。此外，区还完成东晖广场堤围、四清河（一期）共2.1公里的整治。整治后，新增水域面积21.65万平方米，新增河涌两岸绿地面积51.1万平方米。南岗河、笔岗涌、鹤子坦支涌达到20年一遇防洪标准，四清河（一期）整治工程达到50年一遇防洪标准，墩头涌整治工程、生物岛堤岸整治工程、东晖广场堤围整治达到200年一遇的防洪（潮）标准。

河涌综合整治充分考虑自然生态、人水和谐。南岗河整治工程在沿岸边设临水区绿化地，散点布置水草类挺水植物，形成水波联碧、曲直共生的波浪形生态堤岸，在部分堤岸还利用现状自然地形，构筑凹入水体，融入景观水的活动功能，形成小面积湿地，使整条河道和谐流畅，充满自然生机，受到附近学生、群众的高度肯定，被誉为示范性河涌。墩头涌整治工程采用灌注桩+松木桩挡墙结构，有效解决当地淤泥深厚的问题，结合墩头基有赛龙舟风俗民情，墩头涌整治工程拓宽河道，在堤边设置亲水平台和看台，满足社区居民观看龙舟比赛的需要。在南岗河文教园区段下游设置一道滚水堰，在乌涌（香山路至黄云桥段）设置5座滚水堰，抬高河涌水位，增加水域面积，达到“水满”效果。对南岗河、乌涌重点地段进行清淤，共投入100多万元，改善了水质。

**【水利建设管理】** 2010年，萝岗区水利建设项目共44项，其中续建31项、新建1项、预备5项、紧急立项7个。水利质量安全监督技术人员加强巡查工程，对不能满足工程进度、质量要求的，发出督办通知33份，开展定期和不定期的安全、质量检查53次，对不符合质量、安全要求的发出整改通知12份，要求有关单位立即进行整改落实。开展工程建设领域突出问题专项治理排查工作，进一步规范水利工程招投标、行政审批、资金拨付、现场验收等的管理，并按要求落实工程领域信息公开工作，经对林水中心8个水利工程建设项目进行抽查，均未发现原则问题。

**【三防工作】** 2010年，萝岗区降雨量为2265毫米，比往年偏多2成。全区出现大面积强降雨且超过150毫米以上（24小时）有5次。区三防指挥部发布7次应急响应，共发出4500多条防御信息给相关部门、街（镇）、村（居）负责人员。先后派出区三防抢险队300人次，协助受灾街镇进行抢险。

5月7日，受北方雷雨云团影响，从7日零时至6时遭遇特大暴雨降雨并伴有强雷雨大风的极端天气，大部分站点录得雨量均超过150毫米。此次降雨造成区内部分企业受到影响，东区等3个街道出现较严重的水浸街现象，造成约850余户房屋受浸。5月14日，萝岗区普降特大暴雨，特别是中北部降雨较大，其中九龙镇降雨194毫米；造成北部地区、永和街、联和街出现受淹，其中九龙镇凤尾村、新田村、洋田村和均和村受淹较严重。9月4日，受强热带风暴“狮子山”影响，该区出现强降雨，平均降雨量220毫米，其中联和街八斗村最大降雨量289毫米，造成九龙镇汉华菜场近1000亩农田受淹。区领导及时赶赴现场指挥调度，三防办及相关部门反应迅速，抢险救灾处理及时，全年没有发生人员伤亡事故，群众情绪平稳。

【移民工作】 2010年，萝岗区完成九佛新村水库移民搬迁工作，解决九佛新村水库移民历史遗留问题，使移民住上崭新的楼房。向3058名大中型水库移民（含三峡移民80人、2007年补登80人）发放后期扶持资金225.42万元。深入听取移民意见，积极调处矛盾纠纷，全年移民情绪稳定，未发生越级上访事件。 （刘汉均）

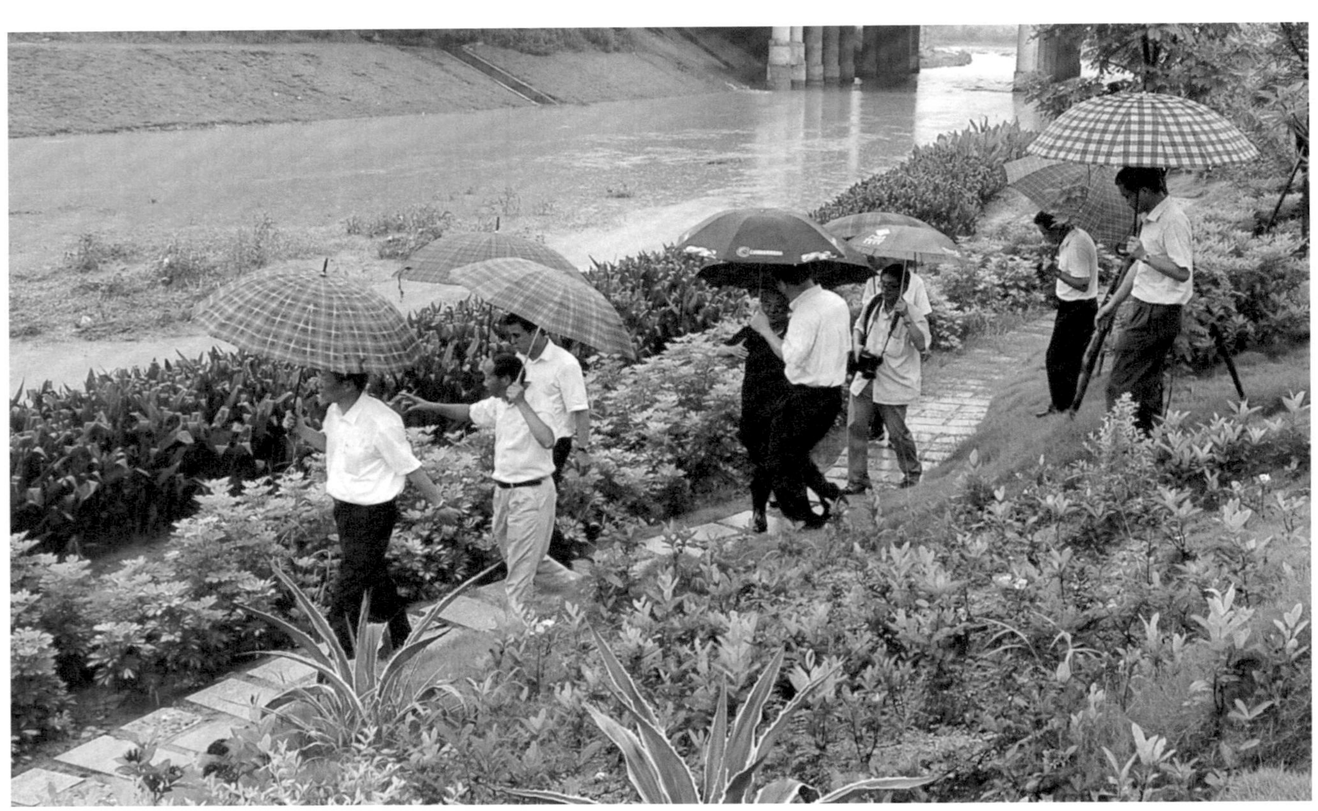

2010年6月28日，广州市委常委、广州开发区党工委书记、管委会主任、萝岗区委书记凌伟宪（左一）冒雨视察南岗河整治工程。 姚杰浩 摄

# 工业 商贸流通和服务业

## 工 业

【概况】 2010年，萝岗区以实施“双提升”战略为突破口，工业经济保持了又好又快发展。实现地区生产总值1381.64亿元，同比增长16.57%；完成工业总产值4011.39亿元，同比增长21%；实现工业增加值1056.92亿元，同比增长15.95%。在全区工业经济中，电子及通信设备制造业、化学原料及化学制品制造业、食品饮料制造业、金属冶炼及加工业、交通运输设备制造业、电气机械及器材制造业为排名前6位的行业，共实现工业总产值3373.6亿元，占全区工业总产值84.1%。

【化学原料及化学制品制造业】 2010年，萝岗区化学原料及化学制品制造业主要以国内市场为主，总体发展势头较为稳定，实现工业总产值885.07亿元，同比增长16.24%，占全区工业总产值22.06%。其中，龙头企业广州宝洁有限公司产值超300亿元、安利（中国）日用品有限公司生产稳定，产值超200亿元，销售在同行业中继续保持优势。广州金发科技股份有限公司、广州立邦涂料有限公司、安美特（中国）化学有限公司等企业也保持快速增长，增速均超30%。

【电子及通信设备制造业】 2010年，萝岗区电子及通信设备制造业实现快速发展，全年实现工业总产值1307.31亿元，同比增长25.41%，占全区工业总产值32.59%，成为区第一个产值规模超千亿元的行业。其中，以乐金显示（广州）有限公司为代表的液晶显示企业实现跨越式增长，乐金显示公司产值超400亿元，以广州盛科电子有限公司、旭丽电子（广州）有限公司为代表的传统IT加工装配企业行业也走出金融危机的阴影实现快速增长，而以京信集团为代表的通讯设备制造企业也实现平稳增长。

【金属冶炼及加工业】 2010年，萝岗区金属冶炼及加工业行业进入调整年，由于国内产能过剩，企业纷纷调整企业产品结构，取得不错的效果，行业全年实现工业总产值431.63亿元，同比增长27.02%，占全区工业总产值10.76%。其中，联众（广州）不锈钢有限公司产值增幅达55.93%，产值规模接近200亿元。广州联顺钢铁有限公司、广州日宝钢材制品有限公司、广州太平洋马口铁有限公司等企业产品结构优化后，占领产品高端市场，取得快速增长。

【食品饮料制造业】 2010年，食品饮料制造行业在经历了2009年的跨越式增长后，进入稳定期，全年完成工业产值383.6亿元，同比增长5.84%，占全区工业总产值9.56%。食品饮料制造业是萝岗区重要的支柱产业之一，积聚一批高端品牌企业。如：从事乳制品生产的美赞臣营养品（中国）有限公司、雅培（广州）营养品有限公司、广州光明乳品有限公司；休闲方便食品的有箭牌糖果（中国）有限公司、顶益食品、卡夫广通食品有限公司等；蒸馏水和茶饮料、碳酸饮料的有百事（中国）有限公司、康师傅集团、广州娃哈哈恒枫饮料有限公司等；食用油生产的有益海（广州）粮油工业有限公司、东马油脂（广州保税区）有限公司、广州南侨油脂有限公司。

【电气机械及器材制造业】 2010年，电气机械及器材制造业完成工业总产值112.6亿元，同比增长15.68%，占全区工业总产值2.8%。受益于低碳经济的发展趋势，广州松下空调器、松下·万宝（广州）压缩机、三菱电机（广州）压缩机有限公司等变频空调产品市场需求大，3家企业2010年增长均超30%。由于国内大规模的电网建设的接近尾声，广州西门子变压器有限公司产值出现负增长，一定程度上降低了行业的增长速度。

【交通运输设备制造业】 2010年，萝岗区交通运输设备制造业完成工业总产值253.36亿元，同比增长32.49%，占全区工业总产值6.37%。区交通运输设备制造业以汽车产业为主，拥有整车企业及齐全的汽车零部件企业群，企业超120家。其中，生产汽车整车有本田汽车（中国）有限公司，该公司产品主要销往欧美。主要汽车零部件生产企业有加特可（广州）自动变速箱有限公司、广州阿雷斯提汽车配件有限公司，生产汽车减震设备的广州昭和汽车零部件公司，生产车灯的广州斯坦雷电气公司等，汽车配件企业主要配套于广州本田、东风日产和广汽丰田三大整车厂。

【产业转移】 2010年，根据广州市委、市政府的部署和要求，萝岗区积极推动“双转移”（产业转移和劳动力转移）工作。加强与梅州、从化等对口转移基地的联动。在副区长庄凡夫的带领下，组织区招商公司及区联众、联顺、旺旺、立邦、康师傅等6家企业赴梅州工业园实地考察。同时全面梳理现有项目，积极推进“腾笼换鸟”，淘汰落后产能。以“提升产业竞争力、提升自主创新能力”为重点，对园区项目进行梳理，引导低端项目转移出区，加强用地管理，盘活低效用地和闲置土地。2010年回收15.4万平方米的闲置土地，引进了天然气管网项目、南方电网总部项目、神州数码总部项目等11家总部经济。服务外包项目也获突破，引进服务外包企业15家，服务外包合同额1.2亿美元。产业转移升级取得良好效果。（夏竞宾）

## 批发和零售业

**【概况】** 2010年，广州开发区实现社会零售消费品零售总额125亿元，同比2009年增长47.73%，其中，批发和零售业实现零售额115.2 亿元，食宿和餐饮业实现零售额9.8亿元，分别增长47.58%和49.47%。（邓泽林）

**【盐酒管理】** 2010年，广州开发区、萝岗区食盐和酒类专卖办（食盐和酒类稽查队）主要围绕“健康亚运”，开展食盐和酒类行业监管，制定《萝岗区亚运期间食盐和酒类质量安全保障工作实施方案》，并针对性地制定《萝岗区亚运期间食盐和酒类稽查“百日行动”工作方案》；成立专项整治小组，整治不规范的食盐和酒类经营行为，对重点区域和重点企业进行重点整治；举办“2010年萝岗区食盐和酒类稽查法律法规培训班”，对各街（镇）协管员进行业务培训，提高协管员的业务水平；宣传食品安全的相关法律法规，营造守法经营诚信兴商的有序市场经营氛围。全年共办理《广东省酒类零售许可证》141份，年审及变更《广东省酒类零售许可证》为303份及25份；出动执法人员375人次，查获假盐294包；酒类违法案件立案1宗，查获假酒54瓶。

**【打假工作】** 2010年，广州开发区、萝岗区打击生产和经销假冒伪劣商品违法行为领导小组办公室（以下简称“区打假办”），组织、协调全区各职能部门及街镇开展打假工作。落实区政府与相关职能部门及各街镇打假责任书的签订工作，推动街（镇）以管住村社出租地、物业和出租屋为目标，建立起村社物业及用地的管理制度。制定了《开发区、萝岗区行政执法和刑事司法相衔接联席会议制度》和《关于建立开发区、萝岗区行政执法和刑事司法相衔接工作机制的意见》，及时处置制售假案件。

2010年，区打假办组织各类整治专项行动130余次，出动人员6312人次，检查经营户9690户次，共立案132宗。流通领域假冒案件12宗，生产领域假冒案件10宗；查获假酒55瓶，没收假盐34吨，缴获淫秽色情报刊766册、盗版光碟1854张，游戏机、电脑49台。全区罚没入库29.03万元，涉案货值2200万余元。萝岗烟草分局稽查大队开展市场检查220次，出动检查人员1539人次，检查零售户4002户，清理无证户171户，立案108宗（其中：运输案4宗、生产仓储案4宗），共查扣违法卷烟13.9万条、78罐、半成品烟支307.6万支、烟丝6960千克、滤嘴棒162.5万支、卷烟纸1960千克、水松纸300千克、YJ-14卷烟机1台、YJ-23接嘴机1台、简易切嘴机3台、简易接嘴机1台、打码设备1套，抓获32人（刑拘人数6人、逮捕6人）。

**【整顿和规范市场经济秩序】** 2010年，广州开发区、萝岗区整顿和规范市场经济秩序领导小组办公室，落实市政府关于整顿和规范市场经济秩序工作要求，落实区政府与各职能部门和各街镇层级责任书的签订工作，加强成员单位之间的协作，组织联合专项行动，围绕“亚运安保”和“创文”工作重点，联合执法，开展“联合整治影响环境质量的无证照经营业户行动”。全年共取缔无证照经营243户，其中取缔黑网吧50家，引导办证照1027户，实现萝岗区亚运场馆周边业户100%持证照、亮证照和规范经营。

建立企业信用评估机制，开展诚信主题教育和实践活动，提高市民诚信观念和正确消费意识。开展主题宣传，增强群众辨别假冒伪劣商品的专业知识。实行流通领域经营台账制度，规定经营者要按标准做好进出货台账，认真履行商品自检、自查、索证、索票等一系列制度。通过采取行政手段定期指导、培训、检查，逐步建立和完善企业信用评估机制，树“标杆”企业。区共163户荣获“守合同重信用”企业称号，其中企业156户，个体工商户7户。

探索基层整规工作整治新机制。整规办推动九龙镇开展整治新机制试点工作，建立村（居）级联动执法工作站，立足基层一线，横向联系工商所、派出所、卫生、出租屋管理中心等职能部门，纵向由区政府统一领导，街镇政府直接管理。经过一年的实践，九龙镇整治试点工作突破以往部门联动执法的局限，把“联动执法”延伸到“联动服务”，为政府职能部门树立新形象。（黄晓亮）

**【家电下乡和家电以旧换新】** 家电下乡和家电以旧换新是2009年国家出台的两项重要惠民利民政策。至2010年底，萝岗区共审核家电以旧换新40万余笔，共发放补贴资金超过7000万元。

### 2010年萝岗区家电下乡和以旧换新备案企业名单

| 类别 | 企业名称 |
|---|---|
| 家电下乡备案企业名单 | 广州晶东贸易有限公司<br>深圳创维-RGB电子有限公司广州分公司<br>广州数码乐华科技有限公司<br>广州市萝岗区家诚电器商店<br>广州百佳超级市场有限公司 |
| 家电以旧换新备案企业名单 | 广州市国美电器有限公司<br>广州保税区三环国际贸易有限公司<br>广州数码乐华科技有限公司<br>广东苏宁电器有限公司开发东区店<br>深圳创维-RGB电子有限公司广州分公司<br>广州市萝岗区杰能电器店 |

（韩　晗）

【粮油管理】 2010年，区发改局积极开展粮油管理基础性工作，顺利完成粮油流通统计相关工作。加强沟通协调，适时督促跟进，按时完成2009年度社会粮食供需平衡调查、粮食流通统计月报、粮油加工业统计年报（半年报）以及其他各种粮食专项统计，并配合开展全国粮食统计执法大检查工作。牵头农业、财政、国土等相关部门，按照各自职责组织落实粮食安全责任届满前考核工作，将2008、2009年区粮食安全责任制情况书面上报。经市考核评定，萝岗区本届政府粮食安全责任届满前考核达标。同时，萝岗区被市评为2009年粮食工作达标单位，获奖金10万元。规范粮油应急保障网点管理，配合做好粮食应急保障设施扶持建设工作，同时深入开展粮食法制宣传教育工作，扎实推进依法管粮。配合做好广州市粮食流通业“十二五”发展规划编制工作。（卢伟勇）

## 物流业

【概况】 2010年，萝岗区限额以上物流（含运输、交通、仓储业）企业约100家，营业收入约32亿元，同比约增长19%。主要代表企业有广州兴翔伟业发展有限公司、原尚涩泽物流（广州）有限公司、广州夏晖物流有限公司、广州骏茵货运代理服务有限公司、广州宜联物流有限公司、广州捷飞物流有限公司等。全区已形成广州保税区和东晖广场为主的两大物流基地。（邓泽林）

## 中介服务业

【职业中介】 广州开发区、萝岗区劳动就业服务管理中心（挂人才劳动力市场、广州开发区职业培训中心牌子）（以下简称区就业中心）2010年共受理申办《职业中介许可证》8家，受理变更登记14家次，受理年审初审52家。截至2010年12月底，萝岗区共有职业中介机构58家。

12月10～30日，开展广州开发区、萝岗区“金秋行动2010”人力资源市场秩序清理整顿活动，对区内58家人力资源服务机构进行实地检查，检查覆盖率100%。

是年，在2009年度“优质服务单位”和“放心职介服务单位”评选活动中，该中心获评“优质服务单位”；另有9家职业中介机构获评2009年度广州市“放心职介服务单位”。（吴频频）

## 旅游业

【概况】 萝岗区北部多山地丘陵，南部为平原与丘陵相间。人文旅游资源基本保持原生状态，自然生态环境优良，生态旅游资源主要有：天鹿湖森林公园、萝岗香雪公园、丹水坑风景区、水果世界、谷丰园度假区等；历史文化旅游资源有：水西古村、圣裔宗祠、钟氏大宗祠建筑群、法雨寺、华峰寺、玄帝古庙等。近年来，萝岗区旅游节庆项目初具品牌效应。每年一度的“春有禾雀、夏有荔枝、秋有甜橙、冬有梅花”的节庆项目吸引众多游客。

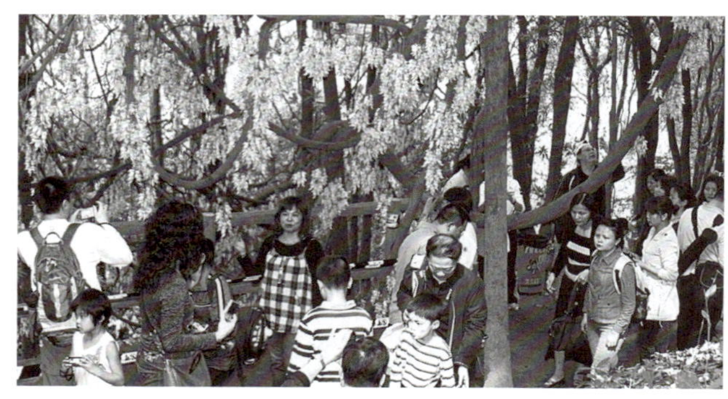

2010年3月30日，市民在天鹿湖森林公园观赏禾雀花。
创业导报供稿

【第七届萝岗香雪荔枝文化节】 2010年6月26日，由广州开发区管委会、萝岗区政府主办，区委宣传部、区农林水利局、区旅游局共同承办的“萝岗荔香迎亚运”第七届香雪荔枝文化节在区行政服务中心广场拉开序幕。本次荔枝文化节从6月26日开始，到7月15日结束，历时20天。

在荔枝文化节期间，为方便果农摆卖、帮助市民购买到正宗的萝岗荔枝，由区财政出资，于6月25日至7月15日期间在萝岗街、永和街和九龙镇搭建临时荔枝摆卖市场销售萝岗荔枝。同时，还鼓励果农采取园内采摘现卖、电话订购外卖、网上销售等形式，帮助果农广开销售渠道。

【第三届萝岗香雪文化旅游节】 第三届萝岗香雪文化旅游节以“踏雪赏梅玉兔迎春”为主题，萝岗香雪公园免费对外开放，近万株梅花吸引众多游客。在12月18日至26日期间，主办方还结合赏梅迎春的传统习俗和轻松有趣的时尚热点，穿插推出广东歇后语擂台赛、“萝岗香雪”名家名人画梅展、“金兔送福”文昌庙祈福、“Q兔Q宝”趣味摄影大赛、宠物兔T台秀等文化娱乐活动；而在农副产品一条街、萝岗风土人情文化展示长廊，市民还可以把萝岗橙、萝岗棕、萝岗蜜饯等萝岗特产带回家。据统计，在旅游节期间，香雪公园共接待游客40余万人次。

【举办开萝一日游】 2010年10～11月，由广州开发区、萝岗区旅游局和区旅游协会主办，广州天翔旅游有限公司承办，以参观区内工业科技企业、香雪公园、天鹿湖森林公园、广州国际体育演艺中心等地为目的，组织区内各机关、事业单位工作人员近千人分批次参观光明牛奶、益力多、白云蓝天医药机械制造厂、中一药业、香雪制药、环亚化妆品厂等企业，受到各界的好评。

·环亚化妆品博物馆·2006年，环亚集团投入巨资成立美容化妆品博物馆， 从史海回眸、技术春秋、产业注视、美的奉献、精华集萃、灿烂文化，全面、系统地展示中国美容化妆品行业历史发展的轨迹，据广州市有关文博专家考证，世界上“美容化妆品博物馆”仅国外有一家，环亚馆是第二家，可以宣称为世界第二馆，中国第一馆。

·广州益力多工厂·该厂位于永和街，占地面积2万多平方米。厂房严格按HACCP标准建设，生产线采用国外进口的先进设备，基本实现自动化。益力多所要求的是最优质的产品，不仅使用高品质的进口脱脂奶粉作为原料，在生产过程中还需要进行多达120项目的质量检验。工厂继2003年取得ISO9001质量管理体系及ISO14001环境管理体系的认证后，2004年顺利取得HACCP安全体系认证，2004年底益力多取得保健食品批号。2006年广州工厂通过保健食品GMP审核。

### 2010年萝岗区旅行社一览表

| 企业（机构）名称 | 地址 | 电话 |
|---|---|---|
| 广州天翔旅游有限公司 | 萝岗区天鹿南路28号 | 87090279 |
| 广州盛世君悦旅游有限公司 | 萝岗区科学城天泰路一号 | 22325689 |
| 泰乐之旅 | 萝岗区青年路东园2街14号 | 82220523 |
| 国之旅萝岗门市部 | 萝岗区荔红路91号101房 | 32284220 |
| 广州凤凰国际旅行社萝岗门市部 | 萝岗区青年路283号 | 82224275 |
| 广东国旅国际旅行社萝岗门市部 | 萝岗区青年路271号 | 22013381 |

### 2010年萝岗区星级酒店一览表

| 企业（机构）名称 | 地址 | 电话 |
|---|---|---|
| 广州翡翠皇冠假日酒店有限公司（待评） | 科学城凝彩路28号 | 88800999 |
| 威尔登酒店（待评） | 永和经济区永顺大道花轮1路 | 32226388 |
| 华夏国际商务酒店（四星） | 科学城揽月路1号 | 61022888 |
| 广州新港明珠大酒店（四星） | 开发区夏港大道721号 | 82226688 |
| 武警总队天鹿湖会议中心（待评） | 萝岗区天鹿南路 | 87219388 |
| 天鹿湖骑术俱乐部（三星） | 萝岗区联和街黄陂村 | 87265002 |
| 广州凤来仪商务酒店（待评） | 萝岗区玉树工业园富康西街10号 | 82019666 |

### 2010年萝岗区旅游景点一览表

| 企业（机构）名称 | 地址 | 电话 |
|---|---|---|
| 天鹿湖森林公园 | 萝岗区天鹿南路 | 87219977 |
| 艺术家村 | 萝岗区天鹿南路 | 87265183 |
| 香雪公园 | 萝岗区萝岗街萝峰村 | 32284602 |
| 丹水坑风景区 | 广州开发区东区 | 82237173 |
| 笑翻天乐园 | 广州开发区东区 | 82031966 |
| 天鹿湖骑术俱乐部 | 萝岗区联和街黄陂村 | 87265002 |
| 谷丰生态园度假区 | 萝岗区九龙镇谷丰园 | 82870708 |
| 广州水果世界 | 萝岗区九龙镇棠下村 | 87492066 |

【办理区人大一号议案】 2010年，区旅游局收到区人大、政协有关旅游的议案、建议共9份，其中，《加大力度打造我区旅游产业的议案》、《关于将九龙景点列入萝岗特色旅游的建议》、《关于开发油麻山旅游资源的建议》、《关于优化我区旅游线路的建议》、《关于整合资源，加快旅游业发展的建议》、《关于印制开发区地图并普及发放和销售的建议》等议案和建议由区旅游局负责办理。该局与发改局、规划国土局、财政局、农林水利局等部门多次研究、讨论，起草《关于加大力度打造我区旅游产业的议案的实施方案》，并顺利通过区政府常务会议和区人大第一届常委会第四十七次会议的审议。

【亚运惠民活动】 2010年是广州的亚运年，为配合第十六届亚运会的胜利召开，广州市政府公布10项亚运惠民项目，萝岗区积极配合，落实相关惠民措施。区旅游局协调区内天鹿湖森林公园、丹水坑风景区、谷丰园等景点亚运期间免费开放；水果世界亚运期间八折优惠。组织萝岗区户籍中签的近五千名市民，免费参加新广州一日游。配合市旅游局组织的市民免费参观亚运场馆活动，共接待十余万市民参观广州国际体育演艺中心。

【举办广州亚运美食文化节萝岗周活动】 2010年12月13日至19日，在广州保税区红酒一条街举办“广州亚运美食文化节萝岗周”活动，本次活动以“‘开’尽美酒，搜‘萝’美食”为主题，来自萝岗区的近200家红酒、餐饮及支柱食品企业纷纷拿出其特色食品，为广大市民带来为期一周的星级味觉和视觉享受。在传统美食展区，威尔登、翡翠皇冠、华龙锦轩、明珠大酒店等区内高档酒店，现场展示售卖各自的特色美食；而盈华、丹水坑、华辉度假村等特色餐饮酒家也拿出其独具乡土风味的红心番薯、糕点、菜干等小食，吸引市民品尝。据统计，美食周期间，共接待市民近20万人次。

【生物岛绿道】 生物岛绿道是广州开发区重点打造的绿道工程，为都市型绿道，包括堤岸绿道、绿轴绿道、公园绿道等，绕岛一周约6000米，人们骑自行车或步行可在广州国际生物岛欣赏岛上集生态与现代高科技于一体的优美园景。（韩 晗）

## 其他服务业

【总部经济】 2010年，广州开发区引进一批国内外知名企业总部项目落户，全年成功引进神州数码总部项目、七天连锁酒店总部项目、合景泰富投资性总部项目11个，其中外资项目3个，注册资本1.5亿美元，投资总额达2.8亿美元；内资项目8个，注册资本200亿元。（郭川舟）

【服务外包业】 2010年，广州开发区服务外包业主要依托创新大厦、创意大厦、广东软件园等场所，重点发展以承接客户信息系统的设计、开发、运营和维护为主的信息技术外包服务；为客户提供技术研发、金融后台服务、人力资源管理、供应链管理、数据处理及分析、商品检验检测、游戏动漫与创意设计、商务中介、后勤管理等业务流程外包服务。

经过近几年的发展，广州开发区在服务外包领域已经逐步形成以软件设计服务、研发与创意设计、商品检验检测、金融创新服务、咨询管理服务、创意产业服务、现代物流服务为主的7个优势行业。

2010年，服务外包业引进企业15家，其中，软件开发7家，技术研发2家，咨询管理4家，生物医药2家。

【检测认证服务业】 2010年，广州开发区共有各类商品检验、检测企业20多家，其中代表企业包括英国天祥公司（INTERTEK）、瑞士通用公证行（SGS）、德国莱茵集团（TÜV）、美国美华认证公司（UL）、中国电器科学研究院广州威凯检测技术研究所、日本岛津公司等国际知名检验检测企业，测试项目涉及汽车、信息技术设备、资讯设备、视听设备、家用电器、工业控制设备、医疗器械、食品微生物、石油化工、聚合物、纺织品、建筑材料等数十个行业。（钟 里）

【专业市场】 自2005年以来，广州开发区已启动专业交易市场的建设工作。煤炭交易中心于2007年开业试运营，2010年实现煤炭现货交易量341.65万吨，同比增长15%，交易金额21.12亿元，同比增长19%，在华南地区已形成煤炭价格标杆；广州钢铁交易中心于2008年3月份开业，是广州最大、交易品种最齐全的钢铁电子交易市场，可为来自世界各地的商户提供安全高效的钢铁网上交易、银行结算、物流加工、金融质押、资讯发布等全方位一体化服务，2010年实现交易量100.4万吨，同比增长43%，交易额45.2亿元，同比增长47%；在建的华南棉花交易市场是依托中央直属广州棉花储备库而建设的项目，它将把棉花贸易仓储这一传统产业与信息技术结合起来，成为既是华南地区棉花交易的电子商务平台，又是服务珠三角，辐射华南、华东，影响东南亚的棉花集散地，该市场建筑面积4万平方米，至2010年底，已建成标准棉库15个，库容100万担（5万吨）。（邓泽林）

# 交通 能源 信息业

# 交 通

【概况】 2010年，萝岗区加强交通建设与管理，完善公共交通系统，全年新增公交线路14条，优化调整5条BRT公交线路及10条公交线路的站点走向，推动3条公交线路车辆的更新，开通3条连接区内星际酒店的机场快线。在元旦、禾雀花旅游文化节、萝岗香雪梅花节、亚残运会等重要节假日，重大赛事活动采取开通专线、增加运力、定点投放出租车等措施疏导乘客。推进公共交通配套和基础设施建设，完成保税区公交站场的建设，推进广汕路金坑村李伯坳路段公交车车站的建设及过街人行设施的建设，解决龙光峰景华庭小区居民的出行需求，选定2000平方米的地块作为临时公交总站，并已完成用地手续的办理工作。推进萝岗中心区、科学城入口、天泰二路、科学城南部、东区等永久公交站场的建设工作，已完成萝岗中心区公交站场的建设。推进村村通公路工程，加强公路管理和养护，推动养护体制改革。完善交通运输安全生产应急管理，整治非法营运行为，加强机动车维修行业的摸查整治，规范辖区内社会停车秩序管理，加强停车场审批工作。 （罗青云）

【广汕公路长安收费站撤销】 广州市政府决定，从2010年11月1日零时起，广花、长安（位于萝岗区广汕路一路向南，距开创大道北路500 米处）、南新、雁塔桥、和平（原太和、太平收费站撤并合站）、龙潭以及新光快速路新滘南7个收费站停止收费，相关收费站债务按程序向省政府申报纳入年票制范围。11月6日17时起，萝岗区有关部门对广汕路长安收费站的收费亭及其建筑实施拆除。11月7日完成拆除道路修复，路面恢复正常，行车畅通无阻。

【全区公共交通优化】 ·完善公交线网布局，新开公交线路· 2010年，萝岗区新开公交线路14条，具体如下：新增459（火村—黄埔大沙地）、495（玉树新村—车陂）、快32（科学城管委会—火车东站）、534短线（万龙路—天平架）、566A（永和崇和花园—夏园）、571A（新塘客运站—火村）、571B（新塘客运站—西区）、940（康南路北—小塱村）、941（小塱村—创业公园）、942（永和街树吓村—禾丰新村）、943（萝岗—黄埔客运站）等11条线常规公交线路，新增九龙镇迳下村、埔心村、佛塱村等3条农村临时班车线路。

·开通机场快线· 为进一步提升区内星级酒店的服务配套，新开通连接威尔登酒店、翡翠皇冠酒店、华夏商务酒店至白云国际机场的机场快线。

·结合群众出行需求，调整公交线路· 配合广州市BRT系统的开通，结合区内群众出行需求，优化调整B4A（原224A）、B24（原513）、B28（原242和561合并）、B29（原572）、B31（原566）等5条BRT公交线路，使区内5个街道均享受到BRT快速公交系统的便利。

结合区的路网建设和改造，及时对部分公交线路进行调整，为加大公交线网的覆盖率，缩短群众乘车时间。调整了440、450、451、506、561、573快线、574、574A、576、580等10条公交线路的站点走向。

区交通局及时协调市交委和公交企业，延长了区内7条主要公交骨干线路的服务时间，普遍延长1至1.5小时，确保大多数居民夜间出行便利。

·推动公交企业更新车辆· 2010年，516路、506路、513支等3条公交线路的公交车已经更新为空调车。501路公交车也更新10辆非空调公交车。

【区域内重大活动公共交通保障】 ·筹备亚运交通保障工作· 2010年区交通局完成亚运临时配套公交站场的建设工作。协调市交委设置2条亚运公交专线，分别由广州国际体育演艺中心配套临时公交站场开往文冲地铁站和天河客运站。以公交短线的形式，开行506、B24、508快、573等4条公交短线，分别由亚运配套临时公交站场开往天河公交场、车陂、火车东站、东区、西区，方便观众观看赛事及散场的公共交通需求。在亚运场馆周边设置2个出租车停靠点。并协调各出租车公司做好运力保障工作。制定亚运赛事交通运输保障方案，配备应急运力。在广州国际体育演艺中心周边设置自驾车停车位约3040个。

·完成NBA中国赛的公共交通保障· 为NBA中国赛提供150辆公交车、300辆出租车的运力保障，圆满完成观众的疏散工作。

·做好萝岗香雪梅花节交通疏导工作· 2009年12月18日至2010年1月10日在萝岗街至香雪公园开通赏梅专线免费接送游客，并于元旦期间，组织区交管总站、公交企业到香雪公园疏导游客，利用公共交通疏导游客超过60万人次。

【公共交通配套设施建设】 2010年，区交通局为配合全区创文工作，完成西区主干道18个公交车站的港湾式改造工程；将B28、B29分离到青年路2号站点，并完成引导排队围栏的建设；为解决保税区通公交问题，协调区政府、黄埔海关、区保税业务局等，完成保税区公交站场的建设；积极推进广汕路金坑村李伯坳路段公交车车站的建设及过街人行设施建设的前期工作；为解决龙光峰景华庭小区居民的出行需求，结合广汕公路的改造，协调有关部门，选定2000平方米的地块作为临时公交总站，并已完成用地手续的办理工作；协调区建环局、区土地建设开发中心及各代业主单位，推进萝岗中心区、科学城入口、天泰二路、科学城南部、东区等永久公交站场的建设工作，已完成萝岗中心区公交站场的建设；积极与市、区各个部门协调，拟定区公交候车亭的改造方案，逐步对公交候车亭进行升级改造，改善群众候车环境。（叶伟昊）

【公路管理】 2010年，萝岗区管养的地方公路里程达313.42公里，其中管养县道1条，共3.11公里；乡道45条，共125.06公里；村道共185.24公里；公路桥梁共27座。全区地方公路实现市场化养护，提高了养护水平，进一步改善地方公路路况。全区地方公路分为香雪养护中心和九龙养护中心2个片区养护。2010年12月，九龙养护中心获广州市公路管理局"先进道班"称号。

【公路养护】 2010年"5·14"特大暴雨造成萝岗区内乡道Y194线、乡道Y106线、乡道Y195线等地方公路严重水毁，出现多处山体严重塌方、滑坡和路基塌陷，导致乡道Y194线、乡道Y195线交通中断，给居民出行和生命财产安全造成巨大影响。灾害发生后，区交通局立即启动应急预案，围蔽事故现场并对危险路段和地质灾害隐患点设立警示牌，全力开展清障、抢通等抢险工作。5月15日被中断的公路顺利抢通。10月份水毁路段修复完工。

（梁伟健）

【整治非法营运情况】 2010年，由交通执法人员和交警组成联合执法队伍，开展连续不间断的、全天候的打击非法营运的专项整治行动。行动中，采用与公安交警联合和邀请市交委稽查队参加的方式，在方法上采取固定设卡和流动巡查的方式，在上班前、下班后及中午和节假日非法营运突出的时间段予以整治，收到较明显的效果，全年度共开展联合行动47次，出动执法人员1300人次，共查扣非法营运车辆68台，在一定程度上遏制非法营运现象。

（陆　灵）

【运输企业管理】 2010年，萝岗区注册普通货运企业588家，其中，专业运输企业139家，非专业运输企业37家，单车单户412家；经营地址在区内的危险品运输企业13家。全年审核办理道路运输企业开业36家，办理变更业务企业16家。区内在册货运车辆共4426台，全年办理新增《道路运输证》1087个。年内共组织召开运输企业安全生产及会议8次；组织运输企业驾驶员开展面对面安全教育1次；共出动1116人次对辖区内运输企业进行安全生产检查，发出《限期整改通知书》11份，道路运输安全形势进一步好转，2010年区内道路运输企业车辆没有发生重、特大交通事故。

【维修企业管理】 2010年，萝岗区有维修企业47家，其中，汽车一类维修企业2家，汽车二类维修企业13家，汽车三类维修企业30家，摩托车维修企业2家。在册机动车驾驶员培训机构3家，在区登记备案的驾驶员培训分支机构23家。是年，办理机动车维修企业开业审批业务2起，变更业务6起，安全生产检查212家次。区交通部门联合行业协会联络处加大力度规范维修行业管理，年内共3家维修企业被市维管处评为"3A"企业，全区"诚优企业"增至12家，3家维修企业被市维修协会评为"诚信优质标兵单位"。（徐翠华）

## 能　源

【电力供应及供电设施建设】 广州萝岗供电局（以下简称"区供电局"）于2006年1月19日正式挂牌成立，是中国南方电网公司广州供电局属下的一个供电企业，下设综合部、配电部、营业部、规划建设部、广州农电发展总公司萝岗分公司及九龙供电所。主要负责对萝岗区进行供电。负责提供该地区电力负荷的变电站有华圃站、开元站、碧山站3个220千伏的变电站；有甘竹站、港前站、荷村站、九佛站、永和站、玉树站、高塘站、东圃站、南岗站、云埔站、中新站、加庄站、萝岗站、乌实站、北围站15个110千伏的变电站。至2010年12月31日，区供电局全年实现大平安，无发生考核事故，安全纪录1807天；完成供电量74.01亿千瓦时，同比增长21.67%，售电量72.89亿千瓦时，同比增长23.1%；实现线损率1.5%，同比下降1.14个百分点；当年电费回收率99.9956%，珠钢已交清所有欠费本金。供电可靠率99.954%，同比上升0.036个百分点，综合户平均停电时间为4.05小时/户，同比减少3.098小时/户。

是年，萝岗供电局获广州供电局先进集体表彰，20人获得省公司保供电先进个人等表彰，94人获得市供电局保供电先进个人奖等表彰。

·完成亚运保供电任务· 2010年，区供电局编制一系列保供电工作方案以及重要用户和涉亚保供电线路的事故演练方案以及应急预案，成立萝岗供电局亚运会保供电各阶段领导小组和工作小组，并于4月起每月定期召开亚运保供电工作例会，确保信息的快速有效传递。组织实施"精英团队，精彩亚运”等一系列亚运保供电系列活动。将供用电智能监控系统应用于亚运场馆的每一个监测点，对实时信息进行“可视化”的管理。利用互联网实现馆内实时数据、历史数据与图形曲线的远程访问。

·电网规划建设· 2010年，萝岗供电局调度中心大楼小型基建项目已取得南网公司的可研批复，完成设计招标，已开展初步设计工作。结合电网网架规划及20千伏配网规划成果，制定中新知识城电缆地下廊道规划，并将规划变电站布点、开关房设置及主配网电力通道落实在控制性详细规划中。

·打击电力设施偷盗· 由2009年12月26日至2010年12月25日止，电力设施偷盗案发47宗，同比下降67.36%；设备直接经济损失18.05万元，同比下降72.78%，被盗的全是农网配电低压线路。外力破坏事故下降趋势明显：从2009年的14宗下降至2010年的9宗，下降36%。

·需求侧管理试点· 2010年，区供电局通过安装于用户端带有供电部门引用接口的“企业用电综合管理系统”实现信息互通，共同构建电力需求侧管理服务平台。通过对数据的分析、诊断，为企业提供系统化用电管理解决方案及专业化托管服务。（何柳青）

【热力供应】 2010年，广州开发区西区供热用户41家，用热企业所产生的工业产值占西区全部工业总产值的80%以上，集中供热管网长度约19公里，供热管网基本覆盖整个西区。是年，广州恒运热力有限公司生产蒸汽63万吨，销售蒸汽60万吨，实现产值1.2亿元。

东区集中供热用户由2004年8月的2家发展到2010年的30家企业，集中供热管网长度24公里，基本覆盖整个东区。2010年生产蒸汽量90万吨，销售蒸汽83万吨，产值达1.68亿元。

【燃气供应】 2010年，萝岗区液化石油气供气量为18300吨，代天然气46万立方米，天然气5600万立方米。其中西区管道液化石油气供应量7100吨，代天然气供应量46万立方米，天然气24万立方米；永和区管道液化石油气供应量14500吨；联穗公司年供液化石油气量18万吨/年；九龙片区瓶装石油气1900吨。

2010年，西区设有供给能力35万吨/年的天然气高中压调压站一座，另外还设有一个开发区气站，气站设有100立方米埋地液化石油气储罐5个及10立方米埋地液化石油气储罐1个，最大储存量235吨。西区主要供应珠钢、三菱、荣鑫容器、安利、依利安达等企业。共供应工商用户69户，居民用户11342户。

东区设有一座液化气贮站及一座用于接收上游天然气的高中压调压站，总设计规模供气能力40万吨/年。永和区站内设有50立方米埋地液化石油气储罐3个，日供气能力近2万立方米。科学城片区、东区片区由高中压调压站提供气源，永和片区由液化气贮站提供气源。至2010年底，三个片区有工商用户160多家，小区居民签约用户近10900户，签约用气量10万吨/年。

九龙镇片区设有100立方米埋地液化石油气储罐4个，储罐容量为400立方米，主要覆盖萝岗区九龙镇和增城市的中新镇，供应人口约12万人。

2010年，政府物价部门批准的天然气价格为民用3.45元/立方米、工商户为4.31元/立方米。

（谢映望）

【自来水供应及供水设施建设】 2010年，萝岗区安全供水7953万吨（其中西区2264万吨、东区2510万吨、广州科学城1163万吨、永和区1706万吨、萝岗街24万吨、九龙镇286万吨），比2009年同期增长14.48%；发现管网水压力低于0.22Mpa时，1小时内启动加压，累计完成加压17520小时，其中科学城加压站加压（维护）1464小时，东区加压站加压（维护）7296小时，永和加压站加压8760小时。完成临时用水设计施工77项、永久用水接驳工程设计施工99项，企业筹建供水配套工程29项。完成市政供水管道管网冲洗消毒计划工程40项、室内供水工程验收74项、市政给水工程初验终验及保修期移交验收49项。

·完成丰乐路主水源冲管及并网工作· 历时6年的广州科学城第二主水源丰乐路输水管工程于2010年3月4日完成接驳。完成并网前的管道冲洗约5公里。丰乐路主水源的切换解决了困扰科学城用户多年的供水压力不稳定、供水水量不足等问题。

·开展阀门井盖的隐患排查· 根据市委、市政府关于强化井盖设施管理的指示精神，广州开发区供水管理中心（以下简称“区供水中心”）开展全区阀门井盖的隐患排查及统计工作，制订供水阀门编码规则，对全区7000多个阀门进行编码统计管理。至2010年底，阀门井铭牌钉制工作全部完成。

·解决黄陂部分用水难问题· 联和街天鹿湖社区原由黄蟠田水厂供水，由于该厂已无法满足该区域对水质、水量的需求，当地用户也多次向政府反映用水问题。区供水中心协调广州市自来水公司，接通市自来水公司天麓南DN200总水表。至2010年底，完成广东省城市建设技工学校，天麓南派出所，联和新村一、二期，黄陂水质净化厂，珍宝巴士公司，黄陂医院的总表接驳，转由区供水中心的市政管道供水。

·开展原镇龙水厂供水用户的水源切换工作· 由于镇龙自来水厂水源受污染、设备陈旧、工艺落后，已不能满足新的饮用水卫生标准，区政府决定关停镇龙水厂，转由增城水厂供水。区供水中心根据区委、区政府的要求，开展转换前的准备工作，铺设新供水管道，建成临时加压泵站。2010年9月21日起，即对镇龙片区村民开展水源切换工作。截至是年底，接到1600户村民的水源切换申请，已完成1500户水源切换工作。

·加强二次供水管理· 为保障亚运期间居民用水安全，区供水中心监督保洁队和物业单位对区内286个二次供水水池安装防锈锁，在亚运会开幕前顺利完成全区二次供水水池的全面清洗和消毒工作，并按上级要求，向全区30家物业单位派发《关于亚运会亚残运会期间加强居民住宅二次供水设施安全防范工作的通知》以及签订新的协议书，明确责任范围，并完成全区二次供水水池的贴封工作。

·启用科学城加压站· 为解决由于广州国际体育演艺中心附近区域用水量不均衡等原因造成的水质问题，区供水中心对科学城加压站加压设备及二次加氯装置进行全面调试，于2010年10月底成功启用。（杨思求）

2010年10月9日，区供水中心在广州国际体育演艺中心进行供水应急演练。 区供水中心供稿

## 邮政业

【概况】 广州开发区、萝岗区辖内邮政业务主要由广州经济技术开发区邮政局（以下简称“区邮政局”）承担，其前身为广州市邮政局夏港支局，成立于1989年。2000年，更名为广州经济技术开发区邮政局。2010年，区邮政局有局所5间：分别为开发区邮政局、黄埔东邮政所、开创邮政所、萝岗邮政所、香雪邮政所；速递业务经营部2间：开发区速递经营部、科学城速递经营部；邮政代办所4间：分别为：广川代办所、云埔代办所、旭丽代办所、岭头代办所。邮局服务设施有：在开发区内设置信箱（筒）46个，新型不锈钢信报箱群2.1万个。主要经营的邮政业务种类有：国内外的函件、包件、汇款、特快专递业务；YCC邮政物流配送广告、集邮业务、企业邮品、报刊订阅、代办交通违章、邮政储备、代发工资、信贷业务、储备对公业务、外币存款、缴费一户通等。2010年全年邮政业务收入约1841.3万元，同比增加600万元。邮政储备余额2.54亿元，同比增加1100万元。至是年底，区邮政局在职员工109人，其中，本科学历10人，大专学历35人，中专学历48人；党员8人。

【邮政网点设置】 至2010年，广州开发区、萝岗区辖内有11家邮政服务网点，其中，自办网点7家，邮政特许服务店4家。其中，香雪邮政所于2010年5月开业。

### 2010年广州开发区、萝岗区邮政服务网点一览表

| 名称 | 地址 | 电话 | 备注 |
|---|---|---|---|
| 广州经济技术开发区邮政局 | 广州开发区开发大道362号 | 82229899 | |
| 黄埔东邮政所 | 黄埔东路3521号 | 82248387 | |
| 开创大道邮政所 | 广州开发区东区开创大道252、254号 | 62955850 | |
| 萝岗邮政所 | 萝岗区萝岗街道萝岗街86号 | 82080675 | |
| 香雪邮政所 | 萝岗区香雪三路办证大楼第三铺 | 82113644 | 2010年5月开业 |
| 科学城速递经营部 | 广州科学城彩频路11号广东软件园G | 32032514 | |

（续上表）

| 名称 | 地址 | 电话 | 备注 |
|---|---|---|---|
| 开发区速递经营部 | 广州开发区开发大道362号 | 82209382 | |
| 广川邮政特许服务店 | 广州开发区西区广川公司旁 | 82228043 | 该店于2010年5月停业 |
| 云埔邮政特许服务店 | 广州开发区东区云埔工业区 | 32055019 | |
| 岭头邮政特许服务店 | 萝岗区永和大道 | 82259418 | |
| 旭丽邮政特许服务店 | 广州科学城旭丽电子厂内 | 82341465 | |
| 联和街邮政特许服务店 | 萝岗区联和街联和大道 | | 该店属五山支局管辖 |

**【邮政重点业务工作】** 2010年，区邮政局开展游越精彩、“自由一族”车管家联名卡、储蓄信贷业务、储蓄对公业务、积极发展储蓄VIP客户。成功开发区党政办、跨国企业、香雪公司等机关企事业单位的明信片，创收53万元。发放信贷业务200万元，开办储蓄对公业务120笔，为发展开发区信贷和储蓄对公业务打下较好的基础。 （郭福伟）

## 通信业

**【中国电信股份有限公司广州黄埔萝岗区分公司】** 中国电信股份有限公司广州黄埔萝岗区分公司是中国电信广州分公司属下的区域分公司之一。服务区域横跨广州开发区、萝岗区以及黄埔区等行政区。面积约为260平方公里，在广州电信12个区（县）分公司中，土地面积在市公司排第6位；人口排第12位；人口密度高于从化和增城，排第10位。

2010年，该公司管辖内完成ADSL累计放号10万多户；固定电话累计放号22万多户、“全家e”累计放号3万多户、“领航e”累计放号8000多户，实现业务收入5.83亿元。

2010年亚运会在广州召开，该公司辖区内的涉亚比赛场馆共10个，非比赛场馆1个，在亚运场馆建设方面各级领导相当重视，各专业员工全力付出，亚运建设从2009年10月开始，按时按质完成三大专业的基础建设（光纤专网、接入网、无线网室内分布）和三项专项建设（亚运公话专项、临时布线专项、通信保障车专项），开通光纤专网（高值业务）275条，新建接入机房7个，新建6个C网室分系统、38个AP 点。开通248台IC卡公话，8台多媒体，临时布线2804个信息点，并建成4个应急通信车配套光缆和取电点。

该公司由3个部门和5个中心组成，设立综合部、销售部、客响维护部3个部门，并按区域及客户性质分为黄埔、东圃、开发区、萝岗4个营销服务中心和1个政企客户服务中心，为5万政企客户、14万家庭客户提供电信服务。至2010年末，该公司有员工144名，其中硕士研究生5名，大学本科57名，大专35名；党员56名。是年该公司员工李森被评为2010年“广州市精神文明建设先进个人标兵（“十大标兵”）。

**2010年广州开发区、萝岗区中国电信服务网点一览表**

| 名称 | 级别（类型） | 地址 | 电话 |
|---|---|---|---|
| 萝岗营销服务中心 | 营服中心 | 萝岗区萝塱路65号 | 32209828 |
| 开发区营业厅 | 营业厅 | 广州市经济技术开发区志诚大道301号 | 82211234 |
| 万科城营业厅 | 合作厅 | 萝岗区开创大道3318号101室 | 32016134 |
| 荔红路合作厅 | 合作厅 | 萝岗区荔红路134号 | 82080198 |
| 开创大道合作厅 | 合作厅 | 开发区东区开创大道亨辉广场首层A22铺 | 82030240 |
| 沙步合作厅 | 合作厅 | 黄埔东路2882号 | 82243646 |
| 萝岗新城营业厅 | 连锁店 | 萝岗区香雪三路3号首层 | 32012988 |

（吴庆庆）

【中国移动广东公司广州开发区分公司】 中国移动广东公司广州开发区分公司（以下简称“开发区分公司”）是中国移动通信集团广东有限公司广州分公司（简称“广州移动”）精细化运营和区域化管理后，于2010年成立的分公司，辖管萝岗、黄埔两区移动通信市场，服务区域总面积510.83平方公里。该公司按“三部四微区域”，即“综合管理部、市场部、网络部”和“黄埔东微区域、黄埔西微区域、萝岗微区域、九永微区域”的管理模式运作。至2010年底，该公司有员工150名，其中硕士研究生5名、本科80名、大专57名、大专以下8人；其中，党员40人，团员95人。

2010年，开发区分公司与萝岗区教育局达成校讯通合作。该项目启动后，广州分公司校讯通产品将全面覆盖萝岗区87所学校，43000名学生，实现学校开通率100%，学生开通率100%。该项目具备两大亮点：一是创新三级管理模式；通过家校互动平台，实现以“教育局—学校”为管理主体，以“教师—学生—家长”为主要用户群的无线信息管理。并通过考勤报安平台，达到教育局、学校、老师、家长、学生之间的良好互动，提高管理效率。二是开拓政府统一付费新模式；改变以往每间学校的单一推广模式，由萝岗区教育局统一支付相关费用，实现政府买单，学校、老师、家长免费使用，三方受益。

开发区分公司积极配合萝岗区政府无线城市的建设，2010年12月21日，取得广州开发区重点公共区域70个无线城市热点覆盖网络服务租赁项目，这也是中国移动上年与萝岗区政府合作的《广州市萝岗区信息化办公室无线城市建设试点》的二期项目。

2010年8月21日，移动开发区分公司中小学运营团队走进校园。 开发区分公司供稿

是年8月29日，该公司在九龙镇福山村举行“百村千户”信息化帮扶爱心工程现场赠机仪式，为五保户们派送G3信息机。

### 2010年广州开发区、萝岗区中国移动沟通100服务营业厅一览表

| 服务厅 | 地址 |
|---|---|
| 青年路服务厅 | 萝岗区青年路124、126号 |
| 开创大道服务厅 | 萝岗区开创大道238号A1铺 |
| 萝岗服务厅 | 萝岗区萝岗圩荔红路51号 |
| 镇龙服务厅 | 萝岗区九龙镇镇龙大道185号（广汕公路即324国道旁） |
| 凯通楼服务厅 | 萝岗区香雪三路3号凯通楼 |

（胡楷丽）

## 信息化建设

【概况】 2010年，萝岗区信息化办公室（以下简称“区信息办”）围绕“信息广州”、“数字萝岗”建设目标，以推进电子政务建设、打造服务型政府、促进产业转型升级为核心，以需求应用为主导，以重点项目建设为驱动，推动区域信息化管理服务水平大幅提升。是年，萝岗区被认定为广州市两化融合示范区；广东省战略性新兴产业—广州物联网产业基地成功落户萝岗区。广州开发区、萝岗区政府门户网站连续6年获评市优秀政务网站，建设管理一直处于全市领先水平。办公自动化（OA）系统建设应用推向深入，功能覆盖区行政服务中心各职能部门及五街一镇。无线城市热点建设遍及全区各重

点区域，无线宽带让萝岗市民畅享网络服务更便捷。中新广州知识城“智慧城”建设规划拉开序幕，各项工作快速推进。亚运会期间，区信息办专门抽调6名技术骨干，圆满完成亚运场馆各项信息技术保障任务。

【区域信息化规划】 2010年7月，区信息办携手IBM公司共同实施《广州开发区、萝岗区信息化战略规划项目》（简称“信息化规划”），为萝岗区未来3～5年的区域信息化整体发展战略绘制蓝图。经深入走访调研，2010年9月中旬形成信息化战略规划咨询项目中期报告概要。11月，区信息办组织召开信息化战略规划专家研讨会，IBM公司听取各方专家意见和建议后对信息化规划进行修改完善，形成系列报告初稿。至12月底，该规划项目仍在征集意见阶段，待专家评审、完善后即可形成报告终稿。

信息化规划将萝岗区建设“智慧区”的目标分解成“活力萝岗”、“创新萝岗”、“生态萝岗”三大愿景，并建议分为两个阶段实现，其中第一阶段（至2015年），建成一批成熟的智慧应用体系，形成一批上规模的智慧产业基地；第二阶段（至2020年），将萝岗区打造成智慧应用水平领先，智慧产业集群发展，智慧基础设施比较完善，具有国际创新城市特色的智慧城市示范区。

在信息化战略规划的基础上，2010年11月，区信息办又着手进行《广州开发区、萝岗区国民经济和社会信息化“十二五”规划》的编制工作。截至12月底，已完成规划的初稿。

【信息基础设施项目建设】 ·萝岗中心区数字化、智能化系统项目建设·至2010年12月，萝岗中心区数字化、智能化系统建设完成终审验收，并投入使用。

大部分智能化系统基本完成安装调试工作，投入使用。其中，《中心区数字化系统城域网络工程项目》实施完毕，投入使用。《中心区数字化系统中心机房建设项目》于8月11日通过验收，广州开发区、萝岗区网络数据中心正式投入使用。《中心区数字化系统中心机房其他设备建设》所有设备安装调试完毕，通过验收后投入使用。

·无线城市建设·2010年，萝岗区无线城市顺利完成2011年度网络租赁项目招标工作。无线热点扩展到萝岗区法院、检察院、人武部、夏港街、东区街、萝岗街、联和街、永和街、九龙镇、中心医院、国际体育演艺中心、国羽中心、开发区第一体育中心、国际孵化器、创新基地、软件园、创意大厦、总部经济区、科技人员公寓、佳大公寓、少年宫等重点公共场所和区域。根据萝岗区无线城市发展规划，力争在2012年让无线宽带覆盖全区。

·区府网络设备维护·2010年，全年累计更新服务器补丁计200余个，中心机房累计值班6080小时。完成区管委会网络设备及政府办公电脑1556台、外设2275台的日常维护工作。全年累计接听维护电话23610人次，提供现场服务逾4000次。

·其他·《开发区邮件系统升级及移动办公平台建设》已完成验收，并投入使用。开发区新域名GDD.GOV.CN和新邮件系统、邮件Pushmail功能正式启用。其中的移动办公平台和区短信平台均投入使用。

【电子政务】 ·办公自动化（OA）系统·2010年，OA系统覆盖范围已扩展至包括人大、政府机关、公检法、部分企事业单位以及区下辖的五街一镇，实现系统客户端从室内向手机延伸。经统计，全年系统实现公文流转3.3万件，其中公文文件32322份，会议通知678份。

·广州开发区、萝岗区政府门户网站·2010年，广州开发区、萝岗区政府门户网站以政务公开和行政审批为重点，打造统一平台，实现资源共享，为市民和企业提供便捷的网上办事服务。政务公开深入推进，网上办事取得新进展。区政府门户网站纳入区内70多个部门网站，面向企业和市民提供510多个电子表格下载和550多项网上办事指南，并开设多个业务系统进行网上办事。截至12月31日，“热点新闻”、“政务要闻”、“社区动态”三大热点版块和各类公告栏目更新信息近4000条。开展区政务网站评估工作。自2007年起，连续四年对全区机关、街镇、群团的部门网站开展评估，网站群整体建设质量和管理水平不断提高，区内参评部门网站建站率在2010年达100%。2010年首次引入第三方专业评估机构进行独立评估。举办网站建设培训班，强化信息员队伍建设。3月底，召开2009年政务网站绩效评估总结暨网站工作培训会议。6月底，邀请第三方评估专家为区内参评单位开展政务网站评估指标体系培训。9月26日～27日，组织开展电子政务与政府网站建设培训班。科学规划改版，提升政府门户网站服务水平。2010年初，英文网站进行改版并投入使用，在原有25个栏目的基础上新增5个栏目共12个页面，在内容和功能上均进行完善和升级。邀请专业咨询公司编制网站规划，为区政府网站长远发展提出指导意见和建议。

·行政效能电子监察系统·2010年，萝岗区行政效能电子监察系统正式运行的有“行政许可审批监察”、“重点工作督办监察”两个模块。行政许可审批监察模块将全区21个部门保留的146项行政许可审批事项全部纳入监控范围，并实现与省、市电子监察系统并网运行。至12月底，萝岗区有146个行政许可项目的新承诺办理时限，比原承

2010年2月9日，广州开发区、萝岗区网络数据中心机房启用。　区信息办供稿

诺时限缩短401天，平均压缩2.75天；比法定办理时限缩短968天，平均压缩6.63天。重点工作督办监察模块可以实现重点工作督办任务网上分解、完成情况网上收集、网上监察。2010年确定的452项重点工作已全部纳入监察范围，截至12月底已办结359项。

·百项政府服务网上办理工程·2010年，区信息办以广州开发区、萝岗区政府门户网站为依托，以网络审批服务（综合）系统为支撑，协同区行政服务管理中心推进“百项政府服务网上办理工程”建设。围绕企业注册、年审、缴税、投资、环保和市民婚姻、住房、生育、报考、就业、社保等需求，不断强化网上办事功能，截至12月31日，萝岗区有26家共184项业务纳入网上服务大厅进行网上办理，其中有区属单位11家共103项实现全流程（办事指南、表格下载、网上咨询、网上申请、网上查询）网上办理，超额完成市下达的百项政府服务网上办理工程任务。2010年12月，由区信息办推荐参评，区政务服务中心“网上服务大厅”被评为2010年中国政府网站在线服务精品栏目。

【社会事业信息化建设】　·社会治安视频监控系统·2010年，根据广州市统一部署，萝岗区开展社会治安视频监控系统建设。萝岗中心区治安及交通视频监控——周边路段视频监控系统建设项目于2010年10月底完成，共建治安视频监控点38个，摄像枪96支。萝岗中心区交通管理视频监控系统——亚运场馆周边交通闭路电视监控系统建设项目于2010年10月底完成，在国际羽毛球馆及广州国际体育演艺中心周边等地建设48个前端监控点，配置48支智能快球、47支固定摄像枪。

在亚运期间，区信息办牵头为萝岗区两个食品供应场所重点部位、NBA球馆（广州国际体育演艺中心）临时停车场安装视频监控系统，为亚运安保提供了强有力的技术支撑。

2010年，萝岗区继续加大其他社会管理视频监控建设。城市管理视频监控系统完成“四个一”建设工作：在区城管分局建立一个现代化城管综合执法监控指挥中心；一套综合城管视频监控系统（包括建设51个视频监控点，接入58个已建的全区社会治安视频监控点；开发一套视频监控GIS应用服务系统）及一套GPS车载跟踪与监控系统（在35辆城管执勤车上安装车载GPS）。广州经济技术开发区环保视频监控系统工程二期建设项目，完成西区、东区、永和、科学城共30个监控点位，配置18支固定摄像枪、33支智能快球，于2010年12月15日完成验收投入使用。

·社区特色综合应用系统·2010年，广州市社会保障信息系统萝岗区配套项目完成了大社保特色应用服务系统建设。根据用户需求向市数据中心申请有关数据，建立萝岗区资源目录中心，创建社区局、夏港街、永和街、联和街、萝岗街、东区街、九龙镇7个单位的数据目录，从市数据中心获得的数据和社区户籍人口数据已充实到资源目录中。截至2010年12月31日，萝岗区数据中心共获取市地税局、市国税局、市公安局、市劳动保障局、市工商局、市人口计生局、市残联等单位的37个数据资源，合计获取数据490.66万条。

【农村信息化建设】 2010年7月，区信息办联合区农林水利局等单位赴五街一镇开展农村信息化建设现状调研，进一步完善萝岗区农村信息化建设项目方案，推进农村信息化建设。萝岗区启动广东农村信息直通车工程“现代都市农业示范区”项目，7月份完成该工程重点信息服务站建设项目中期检查，首批10家重点信息服务站建设顺利推进。区信息办会同广东农村信息直通车工程实施办、村村通公司合作编制《萝岗区“都市农业”信息化规划（2010～2012）》（征求意见稿）并通过专家评审。

【信息化与工业化融合工作】 2010年，萝岗区把推动信息化与工业化融合作为实现区域跨越式发展的重要战略举措。结合企业日益增长的信息化需求和发展实际，制定扶持政策并完善配套服务，加速信息化与工业化的融合，以信息化支撑支柱产业进一步做强做大。是年，区内毅昌科技、海格通信、威创视讯、京信通信、广电运通、方欣科技、粤晶高科、珠江钢铁等企业被广州市认定为两化融合试点示范企业。萝岗区获批为“广州市信息化和工业化融合示范区”。

【现代信息服务业专区项目】 2010年，区信息办通过与相关单位共同举办“广州开发区物联网产业发展论坛”、“两岸四地（广州科学城）卫星应用学术与产业高层研讨会”、“2010数字电视产业知识产权与标准论坛”、“2010年广州IT运维服务外包论坛”等，进一步加强现代信息服务业产业单位之间的交流和学习；通过搭建“萝岗区电子公交”、“E地图地理信息系统”、“广州科学城全数字宣传仿真系统”等公共技术平台，提升现代信息服务业公共技术服务水平。同时，现代信息服务业专区项目在政策制定、招商引资、公共服务平台建设等方面取得新进展，已形成集电子商务、检测认证、卫星应用、服务外包、创意设计、金融创新等“六位一体”的现代信息服务业产业群，呈现出现代服务业聚集发展的良好态势。是年，萝岗区现代信息服务业企业近600家（软件信息服务业，不包含咨询、中介类企业），2010年营业收入达200亿元。

（王丹丹）

2010年12月17日，广东农村信息直通车工程“萝岗现代都市农业示范区”项目验收会在九龙镇召开。

区信息办供稿

# 对外经济贸易

## 对外经济

【概况】 2010年，广州开发区新批外商直接投资项目99个，合同利用外资12.96亿美元，比上年下降35.72%；实际使用外资12.26亿美元，增长5.23%，占广州市实际使用外资30.8%。全年新引进投资总额1000万美元以上的项目55个，3000万美元以上的项目27个，5000万美元以上的项目16个。

·外资结构· 2010年，全区引进第二产业项目34个，合同利用外资7.3亿美元，比上年下降58.3%；第三产业项目64个，合同利用外资5.65亿美元，增长1.11倍，其中：房地产业占20.21%，租赁和商务服务业占6.24%，批发和零售业占7.45%，科学研究、技术服务和地质勘查业占5.76%，交通运输、仓储和邮政业占0.25%。

·外资国别· 2010年，在45个引资国别和地区中，引进前4位的国家和地区分别是香港、英属维尔京群岛、日本和韩国，引进合同外资10.81亿元，占全区合同利用外资的83.44%。其中，来自香港的合同利用外资8.12亿元，比上年下降22.66%，占全区合同利用外资的62.69%；来自日本和韩国的合同利用外资分别为0.82和0.58亿美元，占全区的6.3%和4.44%。实际使用外资中，来自香港的实际使用外资达6.55亿美元，占全区实际使用外资的53.39%。

（何淑清）

【招商引资活动】 2010年，广州开发区为引进一批总部项目，3月，到上海和南京密集走访几个重点项目，挖掘一批潜力项目，促成百事饮料在区设立制造业总部，增资5000万美元。为了更好地推介区招商新载体知识城和生物岛，招商工作中，把推荐知识城放在招商工作的首要位置。区领导带队在美国举办2场投资环境推介会，赴韩国、澳洲等地开展小分队招商；组织赴昆明、成都、重庆开发区进行工作调研；参加中国贸促会组织赴印度的招商等一系列宣传推介活动。

【外商投资企业】 2010年，广州开发区新批外商投资企业99家，累计现存外商投资企业2024家。新增世界500强投资项目4个，累计达109个。世界500强企业带动效应突出，乐金显示、拜耳材料、百事饮料、西门子变压器等纷纷增资，霍尼韦尔、三星电子、美赞臣等企业在区内投资设立新项目，合计增加注册资本外资1.53亿美元，带动区内电子产业、新能源新材料以及食品饮料产业发展。安利、箭牌、百事、国际香料等跨国公司增资规模较大。

（全贞顺）

## 出口贸易

【概况】 2010年，广州开发区抓住国际大环境不断回暖和后国际金融危机时期消费逐步增强的机遇，有效地促使全区外贸进出口呈现出发展势头好、出口业绩高的良好局面，整体出口形态恢复到2007年期间外贸出口高速增长的水平。全年完成进出口总额331.74亿美元，比上年增长48.11%，其中，实际完成进口194.97亿美元，增长60.67%；实际完成出口136.77亿美元，同比增长33.26%，创建区以来最好水平，并提前两个月完成广州市下达的出口预期目标，增速分别高于全市3.91个百分点（广州市是29.35%）和全国1.96个百分点（全国是31.3%）。

【一般贸易出口】 2010年，广州开发区一般贸易出口21.24亿美元，比上年增长19.4%。

【外商投资企业出口】 2010年，广州开发区外资企业出口总值达124.3亿美元，比上年增长34.99%，重点出口大户表现突出，成为全区出口的骨干力量。区内的乐金显示、捷普、盛科、广川科技等重点企业出口强劲，出口前30位的企业出口额累计达101.64亿美元，占全区出口总额的74.31%。其中，韩资的乐金显示（广州）有限公司出口额激增，现有的37条生产线全部开足马力，全年累计出口20.51亿美元，增长1.09倍，位居全区出口第一名，是迄今为止广州市单个企业出口额最大企业。全区出口超10亿美元的企业有3家；出口超1亿美元18家；超千万美元的出口企业达134家。

**2010年广州开发区出口前10名企业名单**

| 企业名称 |
|---|
| 乐金显示（广州）有限公司 |
| 捷普电子（广州）有限公司 |
| 广州盛科电子有限公司 |
| 建兴光电科技（广州）有限公司 |
| 旭丽电子（广州）有限公司 |
| 广州松下空调器有限公司 |
| 广川科技（广州）有限公司 |
| 本田汽车（中国）有限公司 |
| 联众（广州）不锈钢有限公司 |
| 广州添利电子科技有限公司 |

【加工贸易出口】 2010年，广州开发区加工贸易

出口108.83亿美元，比上年增长34.72%，占全区出口总额的 79.57%。其中，进料加工出口103.41亿美元，同比增长54.65%，顺利实现“十一五”规划的目标。

【外贸出口企业选介】 ·乐金显示（广州）有限公司·成立于2006年6月30日，由LG Display Co.，Ltd和创维电视控股有限公司投资经营，投资总额5.9亿美元，注册资本2.13亿美元，经营期限为50年。公司经营范围：研究、开发、生产新型平板显示器件系列产品及数字电视机，销售本公司产品并提供相关技术及售后服务，从事相关产品的批发、进出口、佣金代理业务（拍卖除外）和维修业务（涉及许可证管理、专项规定管理的商品按国家相关规定办理）及提供配套服务。

·捷普电子（广州）有限公司·成立于2001年1月16日，是由捷普电子广州（BVI）控股公司经营的外商独资企业，投资总额2.3亿美元，注册资本7860万美元，经营期限50年。捷普广州公司主要生产办公、通讯及互联网等高新科技电子产品。公司经营范围：生产大中型电子计算机、电子、通讯、网络、激光打印机、彩色打印机、ADSL宽频调解器、电话交换器、分路器及主板等电子产品。公司已通过ISO9001、ISO14001、OHSAS18001、TS16949、TL9000、ESD20.20 等体系认证。

·广州盛科电子有限公司·成立于2005年7月1日，是由FAVOR MEGA GROUP LIMITED公司投资经营的外商投资企业，经营期限15年。公司经营范围：开发、生产大容量光、磁盘驱动器及部件、数字摄录机、数字放声设备和数字影院制作、编辑、播放设备、片式元器件、敏感元器件及传感器、频率控制及选择元件、混合集成电路、电力电子器件、光电子器件、新型机电元件、高密度互连积层板、多层挠性板、刚挠印刷电路板及封装载板、便携式微型计算机、卫星导航定位接收设备及关键部件制造、第三代及后续移动通信系统手机，销售本公司产品，提供售后服务。公司已通过ISO9001、ISO14001标准认证。

·建兴光电科技（广州）有限公司·成立于2000年8月23日，是由建兴电子国际（香港）有限公司投资经营的外商独资企业。公司的投资总额为11500万美元，注册资本为4300万美元，经营期限50年。公司位于广州科学城光宝科技园内，属台湾光宝集团下属企业。公司经营范围:开发、生产、加工大容量光、磁盘驱动器及其部件、新型电子元器件、高画质激光视盘机及其零部件，销售本公司产品并提供售后咨询及服务。主要客户有Dell、HP、Sony、IBM联想等全球前十大电脑制造商。公司目前已获得ISO9001：2000、SONY GP、ISO14001：2004、OHSAS18001：2007，TS-16949：2002等国际认证。

·旭丽电子（广州）有限公司·成立于2000年8月，是由光宝电子（香港）有限公司投资经营的外商独资企业。投资总额9900万美元，注册资本3660万美元，经营期限50年，占地面积21万平方米。公司经营范围：开发、生产、加工接入网通信系统设备、新型打印装置（激光打印机等）、自动扫描输出入设备、接触型传感器、精冲模、精密型腔模、模具标准件及其相关系列产品；开发、生产、加工大容量光盘、磁盘驱动器及其部件、高密度数字光盘机用关键件；生产、组装新型电子元器件及电力电子元器件、光电器件、敏感元器件及传感器、电子专用设备；销售本公司产品，并提供相关的技术咨询及技术服务。该公司产品100%外销往欧美、亚洲等地区，为众多世界著名跨国公司提供完整的OEM、ODM专业设计及制造代工服务，公司还获得ISO9000认证。

·广州松下空调器有限公司·成立于1993年6月7日，由日本松下电器产业株式会社与广州万宝家电控股有限公司合资兴建，投资总额9528万美元，注册资本4190万美元，经营期限30年。公司经营范围：设计、开发、加工、生产各种空调器及空调器相关应用产品和压缩机以外的有关零部件，销售本公司产品，提供售后服务；非配额许可证管理、非专营商品的收购出口。公司获“外商投资先进技术企业”称号、通过ISO14001认证、获广东省地方税模范纳税人称号、海关实施AA类管理企业。

·广川科技（广州）有限公司·成立于1998年8月14日的外商独资企业，投资总额4240万美元，注册资本1700万美元，经营期限50年。公司主要经营：电脑主机、主机板、控制板、周边配件零组件及电脑软件之生产，年生产360万台主机板、180万台电脑主机。并提供维修、售后服务，国际贸易及保税仓储转运和自用物业之开发、租赁经营等。公司荣获“广州市高新技术企业”、“重合同、守信用企业”称号，通过ISO9000、ISO14000认证，是海关重点扶持企业。

·本田汽车（中国）有限公司·成立于2003年9月8日，由本田技研工业株式会社、广州汽车集团股份有限公司、东风汽车集团股份有限公司、本田技研工业（中国）投资有限公司共同投资兴办，投资总额1.25亿美元，注册资金8200万美元，合资年限30年。经营范围：轿车及其零部件的生产及出口销售（目前100%出口到欧洲）。 （黄 茵）

## 进口贸易

【概况】 2010年，广州开发区实现进口总额194.97亿美元，比上年增长60.67%，占广州市进口总额的35.19%。其中，一般贸易进口继续保持增长，全年累计进口61.03亿美元，增长33.65%。加工贸易进口115.88亿美元，增长80.24%。

【外商投资企业进口】 2010年，广州开发区外商投资企业进口总值160.59亿美元，比上年增长60.57%。

（黄 茵）

## 企业筹建

【概况】 2010年，广州开发区企业建设局（以下简称“区企业建设局”）以“保增长”为工作核心，通过拓展深化服务，制定实施扶持政策，帮助企业克服各种困难。全年筹建企业240家，顺利实现企业投产91家，试产19家，开工筹建企业76家，签土地合同企业54家。解决了企业建设过程中急需解决的一大批问题，保障了重点项目建设。是年，区企业建设局有行政编制17人，工勤编制1人，雇员实际在岗21人，下属事业单位行政服务管理中心事业编制7人，雇员编制5人，企业建设局党支部党员26人。

2010年12月21日，捷普电子（广州）有限公司向区企业建设局赠送感谢牌匾。 创业导报供稿

【筹建工作管理】 ·加大协调力度，解决影响筹建进展难题·2010年，区企业建设局通过走访企业现场办公，召开近200次协调会，形成会议纪要72份，及时协调解决斯坦雷永和工厂、速诚仓储公司、宝洁加工配送中心、赫普涂料公司、瀚阳钢铁、广州数控、创维平面科技二期等项目筹建中遇到的用地、用电、道路建设、防洪工程、工程纠纷等各类难题，有效加快企业筹建步伐。

·着力消除亚运限制施工因素对企业筹建的影响·“抢时间、赶进度”成为全年企业筹建工作的核心问题，区企业建设局一方面督促企业及早调整建设计划，加大投入力度，科学合理组织施工，抢工期赶进度加快建设；另一方面指导其做好绿化、围蔽、控制扬尘和噪音等措施，提前将装修材料运进工地内，配合亚运做好施工环境整治。全区150多个筹建企业工地均办理亚运期间施工许可证，运输车辆发放单双号通行证，使筹建企业在亚运期间可正常进行室内外装修或土建施工，将亚运对筹建企业的不利影响降到最低。

·进一步加快电力建设·区企业建设局积极协调省、市、区供电部门，全力推动区电力建设。争取省、市供电部门同意区作为市里唯一的区域维持10千伏电力配网原有建设和管理模式；协调变通企业建设10千伏供电配套工程初步设计、概算规定，缩短供电外缆建设周期半年；协调供电部门调整甘竹、永和变电站供电负荷解决永和地区用电紧张问题；加快推进科城、庙岭、镇龙、尖峰、企加、金发、迁岗、水西等变电站建设；专题研究加快园区开关房建设，避免电力建设滞后的现象。推动知识城电力专项规划于是年9月完成。

【重点项目建设】 2010年，区企业建设局继续加大对重点企业的贴身服务力度，全年促使加特可（二期）、斯坦雷永和工厂、东罐容器、赫普涂料、科汇中心、广州数控（二期）和速诚仓储项目等12家“三促进一保持”重点项目如期甚至提前建成投产。

全力保障龙头企业乐金显示公司协力厂富美斯、养志、井南、喜星电子的建设，及时解决了为乐金显示公司二期扩建后生产配套的上述协力厂建设遇到的规划方案报批、国土出让手续、施工用电、永久用电、场内道路建设等问题，使上述企业的永久用电按时接通送电，并在半年左右建成投产。

推动金发科技碳纤维项目顺利动工，及时协调解决其地块平整时遇到的国土执法检查、山坟迁移、养猪场迁移、建设用地及山林手续、施工便道建设等一系列问题，按时完成土地平整交付企业动工建设；提前做好乐金面板项目动工前期工作，包括永久供电工程建设、项目宿舍区的临水临电申报、开设临时路口、配套污水处理厂建设。

【投产验收】 2010年，区企业建设局以“保增长，保民生，保稳定”为工作核心，成功化解亚运因素对企业筹建、生产的影响，克服全球经济复苏疲软等不利因素，及时采取有效措施，加强与各验收部门沟通，全年共召开验收部门联席会议12次，针对各企业不同情况"对症下药"；加大联合验收力度，全年共组织开展联合验收13次，大大缩短验收时间；组织验收企业召开现场咨询会、专题验收会议共12次，现场高效解决企业问题；主动协调解决中科院生物所、福尔波、宝洁后加工、丰彩4家企业的施工纠纷，扫清企业验收中所遇到的障碍。

通过努力，超额完成管委会年初下达的投产任务，全年实现投产企业91家。 （易怀宇）

### 2010年广州开发区投产企业名单（91家）

| 序号 | 企业名称 | 投资总额（万美元） | 区域 | 产品名称 | 设计年产值（万元） |
|---|---|---|---|---|---|
| 1 | 广州丰泰美华电缆有限公司 | 1505.00 | 科学城 | 特种电线、电缆 | 90000 |
| 2 | 新谱电子有限公司 | 2998.00 | 科学城 | 电子配件 | 20000 |
| 3 | 广州香林电子产品有限公司（二期） | 900.00 | 科学城 | 电子配件 | 5000 |
| 4 | 广州市儒兴科技股份有限公司 | 275.00 | 科学城 | 保健食品、护肤品 | 5000 |
| 5 | 广州麦普数码科技有限公司 | 2998.00 | 科学城 | 打印装置 | 45000 |
| 6 | 广州康芬戴斯电子科技有限公司 | 620.00 | 科学城 | 涉频电子、标签 | 7000 |
| 7 | 网达（广州）电子科技有限公司 | 3600.00 | 科学城 | 监控系统 | 10000 |
| 8 | 广州蒙尔特应用复合材料有限公司 | 156.82 | 科学城 | 地板表面处理 | 18000 |
| 9 | 广州万孚生物科技有限公司（二期） | 800.00 | 科学城 | 全标诊断试剂 | 1000 |
| 10 | 广州市原子高科同位素医药有限公司 | 256.00 | 科学城 | 放射性药品 | 3000 |
| 11 | 广州中山医药科技有限公司 | 1120.00 | 科学城 | / | / |
| 12 | 广东高新兴通信股份有限公司 | 917.00 | 科学城 | 移动通信产品及服务 | 10000 |
| 13 | 广州市饲料研究所（二期） | 199.00 | 科学城 | 研发饲料添加剂 | 260 |
| 14 | 广州盈电电气有限公司 | 1691.48 | 科学城 | 供配电设备 | 10000 |
| 15 | 广州市卓宏电子设备有限公司 | 15.00 | 科学城 | 多媒体教学系统、视频展示台等 | 1000 |
| 16 | 广州三车电子科技有限公司 | 50.00 | 科学城 | 汽车摄像头 | 300 |
| 17 | 广州市布勒食品有限公司 | 760.00 | 科学城 | 食品添加剂 | 6000 |
| 18 | 广州日普电子有限公司 | 7.60 | 科学城 | 电子白板 | 300 |
| 19 | 广州巨人安信电子科技有限公司 | 15.00 | 科学城 | 智能高速球 | 200 |
| 20 | 广州安度测量仪器有限公司 | 85.00 | 科学城 | 测量仪器 | 1000 |
| 21 | 广州澳森环保科技有限公司 | 14.77 | 科学城 | 环保板书液 | 300 |
| 22 | 广州百富塑料有限公司 | 100.00 | 科学城 | 工程塑料 | 1500 |
| 23 | 广州市江海电子科技有限公司 | 0.44 | 科学城 | 计量电表 | 50 |
| 24 | 广州市新舞台灯光设备有限公司 | 30.28 | 科学城 | 舞台调光设备 | 1500 |
| 25 | 广州市信脉通信科技有限公司 | 500.00 | 科学城 | 功分器 | 400 |
| 26 | 广州迅力体育用品设计制作有限公司分公司 | / | 科学城 | 体育用品 | 800 |

（续上表）

| 序号 | 企业名称 | 投资总额（万美元） | 区域 | 产品名称 | 设计年产值（万元） |
|---|---|---|---|---|---|
| 27 | 广州美通管道设备技术服务有限公司 | 35.00 | 科学城 | 研究、开发测试管道设备并提供技术服务 | 200 |
| 28 | 广州大洋铝业有限公司 | 14.77 | 科学城 | 铝合金门窗 | 800 |
| 29 | 宁波大榭开发区综研化学有限公司广州分公司 | 13.70 | 科学城 | 普通胶带及高净化胶带 | 5000 |
| 30 | 广州计测检测技术有限公司 | 15.30 | 科学城 | 汽车零配件 | 80 |
| 31 | 广州衡创测试技术服务有限公司 | 7.60 | 科学城 | 家电、灯具检测 | 50 |
| 32 | 广州禾信分析仪器有限公司 | 137.50 | 科学城 | 在线气体分析仪 | 2500 |
| 33 | 广州裕立宝生物科技有限公司 | 458.40 | 科学城 | 生物科技 | 10000 |
| 34 | 广州丰彩纸制品有限公司 | 2500.00 | 科学城 | 纸制品加工 | 3120 |
| 35 | 广州海莎生物科技有限公司 | 733.40 | 科学城 | 生物医药 | 70000 |
| 36 | 广州市赛特电子有限公司 | 7.60 | 科学城 | H22机型电缆 | 200 |
| 37 | 广州市聚辉电子科技有限公司 | 14751.00 | 科学城 | 电子产品 | 24500 |
| 38 | 广州金钰海树电子技术有限公司 | 7.60 | 科学城 | 计量电表 | 100 |
| 39 | 广州汇信特通信技术有限公司 | 117.65 | 科学城 | 光纤收发器 | 1000 |
| 40 | 广州市弈晟电子科技有限公司 | 7.60 | 科学城 | 激光数码影印机 | 200 |
| 41 | 中科院广州生物医药与健康研究院 | 4584.00 | 科学城 | 研究开发 | 20000 |
| 42 | 广州易宇机电设备有限公司 | 15.20 | 科学城 | 雕刻机 | 300 |
| 43 | 广州市德而乐施电气科技有限公司 | 198.60 | 科学城 | 电热水器 | 200 |
| 44 | 广州广电运通金融电子股份有限公司（二期） | 2444.80 | 科学城 | 金融、研发 | 60000 |
| 45 | 广州历康电子科技有限公司 | 1000.00 | 科学城 | 电子产品 | 24000 |
| 46 | 广州市上腾电子科技有限公司 | 7.40 | 科学城 | 测漏仪器和设备 | 800 |
| 47 | 广州市华德新材料有限公司（二期） | 385.80 | 科学城 | 空调 | 6000 |
| 48 | 广州友田机电设备有限公司（二期） | 550.00 | 科学城 | 焊接自动化设备 | 8000 |
| 49 | 广东光泰激光科技有限公司 | 3208.80 | 科学城 | 陶瓷网纹辊（激光加工） | 12000 |
| 50 | 广州得实电子科技有限公司 | 2000.00 | 科学城 | 电子产品研发 | 5000 |
| 51 | 安美特（中国）化学有限公司PST车间 | 1000.00 | 永和 | 油漆生产 | 500 |
| 52 | 广州阿雷斯提汽车配件有限公司（第二工厂） | 5100.00 | 永和 | 铝合金、压轴件 | 9937 |
| 53 | 广州林骏汽车内饰件有限公司（三期） | 1700.00 | 永和 | 汽车内饰件 | 35000 |
| 54 | 广州嘉晋有色金属有限公司 | 500.00 | 永和 | 汽车尾气管道产品 | 5000 |
| 55 | 广州联茂电子科技有限公司 | 2800.00 | 永和 | 电路板 | 25000 |
| 56 | 东罐（广州）高科技容器有限公司 | 9900.00 | 永和 | 食品包装容器 | 30000 |

（续上表）

| 序号 | 企业名称 | 投资总额（万美元） | 区域 | 产品名称 | 设计年产值（万元） |
|---|---|---|---|---|---|
| 57 | 广州娃哈哈恒枫饮料有限公司（二期） | 580.60 | 永和 | 饮料 | 60000 |
| 58 | 阿波罗（中国）有限公司（二期） | 259.70 | 永和 | 淋浴房 | 700 |
| 59 | 广州帝东食品有限公司 | 73.00 | 永和 | 糕点 | 500 |
| 60 | 环亚（广州）环境科技有限公司 | 1600.00 | 永和 | 水处理设备 | 20000 |
| 61 | 广州常富机械工业有限公司（二期） | 45.80 | 永和 | 变速挡位杆 | 4000 |
| 62 | 广州九龙维记牛奶有限公司（二期） | 1000.00 | 永和 | 乳及乳制品、含乳饮料 | 23000 |
| 63 | 罗宾斯（广州）地下工程设备有限公司 | 18.30 | 永和 | 刮刀、滚刀泡沫系统 | 780 |
| 64 | 广东南洋超高压电缆有限公司（B5生产车间） | 2597.60 | 永和 | 电缆配电 | 10亿元 |
| 65 | 重庆提爱思塑料制品有限公司 广州分公司 | 180.00 | 永和 | 汽车坐垫及配件 | 10348 |
| 66 | 卡斯特（广州）橡胶制品有限公司（二期） | 300.00 | 永和 | 合成橡胶制品 | 700 |
| 67 | 阿雷斯提（广州）精密模具有限公司 | 1000.00 | 永和 | 模具 | 1500 |
| 68 | 广东南洋超高压电缆有限公司（B2生产车间） | 1833.60 | 永和 | 电缆 | 140000 |
| 69 | 广州建峰特纺五金制造有限公司（二期） | 514.50 | 永和 | 五金工具 | 30000 |
| 70 | 福尔波（广州）粘合剂有限公司 | 2000.00 | 永和 | 粘合剂 | 30000 |
| 71 | 广东天虹电缆有限公司 | 2000.00 | 永和 | 电线电缆 | 20000 |
| 72 | 广州腾龙电子塑胶科技有限公司 | 1300.00 | 永和 | 新型仪表元器件和LED应用产品 | 50000 |
| 73 | 百事饮料（广州）有限公司（五期） | 1300.00 | 永和 | 仓库 | / |
| 74 | 高砂香料（广州）有限公司（三期） | 800.00 | 永和 | 香精香料 | 3000 |
| 75 | 杰丽斯（广州）塑料五金制品有限公司 | 500.00 | 永和 | 美容化妆用品、家居用品 | 10000 |
| 76 | 广州保嘉乐器制造厂有限公司 | 2000.00 | 永和 | 中高档乐器 | 20000 |
| 77 | 广州市昊志机电有限公司 | 611.20 | 永和 | 电机主轴 | 20000 |
| 78 | 广东科灵化学清洗技术有限公司（一期） | 764.00 | 云埔 | 化学清洗产品 | 3000 |
| 79 | 广州数控设备有限公司（一期） | 5195.20 | 云埔 | 机床数控系统 | 50000 |
| 80 | 广州新域机电制造有限公司 | 280.00 | 云埔 | 家用电器 | 10000 |
| 81 | 广州华宝香精香料有限公司 | 1528.00 | 云埔 | 香料 | 7000 |
| 82 | 安利（中国）日用品有限公司（21号楼家居用品装配车间） | 22000.00 | 西区 | 空气净化器 | 16亿元 |
| 83 | 山崎马扎克机床（广州）有限公司 | 300.00 | 西区 | 机床展示 | / |
| 84 | 贝恩医疗设备（广州）有限公司（二期） | 1000.00 | 东区 | 血透产品 | 5000 |

（续上表）

| 序号 | 企业名称 | 投资总额（万美元） | 区域 | 产品名称 | 设计年产值（万元） |
|---|---|---|---|---|---|
| 85 | 广州恒嘉电子科技有限公司 | 51.40 | 东区 | 电子传感器 | 2000 |
| 86 | 霍尼维尔腾高（广州）电子系统有限公司 | 1100.00 | 东区 | 消防广播、公共广播 | 10000 |
| 87 | 广州金源行金属有限公司（二期） | 305.60 | 东区 | 碳钢 | 10000 |
| 88 | 广州速诚仓储有限公司 | 7000.00 | 东区 | 物流 | 40000 |
| 89 | 广州斗原钢铁有限公司（二期） | 150.00 | 东区 | 镀锌板 | 1000 |
| 90 | 广州永康包装材料有限公司 | 2000.00 | 东区 | 方便面容器 | 12000 |
| 91 | 广州宝洁有限公司广州分销中心 | 9900.00 | 东区 | 宝洁产品后加工 | 300000 |

注：表格中有单位的数字，以表格中单位为准，不受表头单位约束，下表同上。

## 2010年广州开发区进入试产企业名单（19家）

| 序号 | 企业名称 | 投资总额（万美元） | 区域 | 产品名称 | 设计年产值（万元） |
|---|---|---|---|---|---|
| 1 | 乐金液晶显示（广州有限公司）（二期） | 9500.0 | 科学城 | 平板显示产品 | 36亿美元 |
| 2 | 广州养志电子有限公司 | 600.0 | 科学城 | 注塑件 | 2000 |
| 3 | 富美斯（广州）电子有限公司 | 2000.0 | 科学城 | 电子配件 | 32000 |
| 4 | 广州达安临床检验中心有限公司 | 1680.8 | 科学城 | 临床检验、病理检验 | 5000 |
| 5 | 广州井南电子有限公司 | 1750.0 | 科学城 | 电子配件 | 35000 |
| 6 | 加特可自动变速箱有限公司（二期） | 6112.0 | 科学城 | 汽车发、动机 | 24万台/年 |
| 7 | 广州中谱能源科技有限公司 | 900.4 | 科学城 | 等离子、微电子技术产品 | 12000 |
| 8 | 广州联茂电子科技有限公司（扩建） | 2800.0 | 永和 | 履铜板 | 50000 |
| 9 | 广州晋亿汽车配件有限公司（二期） | 305.6 | 永和 | 仓库 | / |
| 10 | 广州大家乐食品实业有限公司 | 1200.0 | 永和 | 食品加工配送中心 | 20000 |
| 11 | 赫普（广州）涂料有限公司 | 2500.0 | 永和 | 化工产品 | 42000 |
| 12 | 广州市联柔机械设备有限公司 | 259.7 | 云埔 | 软家具机械设备 | 10000 |
| 13 | 联众不锈钢有限公司（炼钢厂二期） | 79348.0（总） | 东区 | 炼钢 | 1500000 |
| 14 | 中央直属广州棉花储备库（华南棉花交易市场） | 8700.0 | 东区 | 棉库 | 150000 |
| 15 | 广州立邦涂料有限公司（三期） | / | 东区 | 涂料 | 20000 |
| 16 | 广州市华侨糖厂 | 229.2 | 东区 | 精制糖 | 40000 |
| 17 | 广州联合冷热设备有限公司（二期） | 764.0 | 东区 | 冷热设备 | / |
| 18 | 美赞臣婴幼儿营养品研发中心（中国）有限公司 | 1785.0 | 西区 | 婴幼儿配方奶粉 | / |
| 19 | 益海（广州）粮油工业有限公司（油罐区） | / | 西区 | 植物油 | / |

（陈　卫）

## 保税业务

**【概况】** 2010年，广州开发区保税业务管理局（以下简称“区保税局”）主要负责广州保税区、广州出口加工区、广州保税物流园区的管理，全年突出保税特色，发挥政策优势，提升服务功能，加快园区产业结构调整步伐，从以保税加工为主导的加工制造业向以现代物流、国际商贸和展览展示等为主导的现代服务业转型升级，服务广州开发区、萝岗区，服务珠江三角洲地区。

**【广州保税区】** 至2010年底，广州保税区形成电脑及其零配件系统产品、生物医药、模具钢材加工、食用油加工、国际食品城、酒类交易中心为主导行业的支柱产业。2010年，完成固定资产投资1.76亿元，保税区引进项目62个，完成工业总产值78.2亿元，比上年增长6.67%；实际利用外资4265万美元，增长220%；实现进出区货值126.74亿美元，增长97.8%；税收总额10.4亿元，增长1.58%。

**【保税业务管理】** 2010年，区保税局采取全方位服务，加大企业走访、调研的力度，协调解决各类问题。累计召开企业座谈会5次，走访企业30余次，接待企业来访50余次。帮助企业解决打单权限和自主报关问题，协助德国格艾斯哈公司研究出口加工问题等。与黄埔海关共同召开“广州保税功能区域发展方向”研讨会，就广州保税区、出口加工区、保税物流园区三个海关特殊监管区域现状进行解读，探讨园区在“十二五”规划时期内，如何适应国际、国内新的经济形势，更好地为区域经济提供功能配套服务等问题，达成共识。做好保税区、保税物流园区视频监控系统管理工作，包括系统维护、资产管理、维护方案等，与海关、信息公司等相关部门多次召开协调会，保证区域管理正常运行。

解决保税区交通不便问题。引入4条公交线路进入保税区，连通西区到广州火车站、火车东站、东区、永和、鱼珠地区，方便区内企业、员工生产生活。

推进《关于促进地方经济发展合作备忘录》的贯彻落实。2009年底，广东出入境检验检疫局与广州开发区管委会达成《关于促进地方经济发展合作备忘录》，部分原属广东、广州出入境检验检疫局审批项目可在开发区内办理。区保税局协调黄埔检验检疫局，双方达成加强联系沟通、完善机制、定期召开联席会议的共识，以期在促进区内更多企业获得出口资格、区企业实验室认证工作、简化行政审批手续、红酒检测中心建设等诸多方面提供支持。

区政务服务中心保税业务窗口全年接待3533人次，受理审批事项1643批次。服务窗口全年收到表扬信4封，第1季度被评为“优质服务单位”，作为全区两个部门之一被评为广州市“巾帼文明示范岗”。

**【酒类交易市场】** 广州保税区国际酒类交易中心是广州开发区管委会、广东省酒类行业协会和澳企实业联合打造的，集进出口展示、贸易、仓储、物流、报关、报检于一体的进口酒类专业市场。2010年，交易中心吸引65家企业入驻，开业商铺106间，从业人数超过2000人。据海关不完全统计，2010年进口葡萄酒861万升，月平均进口96万瓶，货值3100万美元，税款近亿元，成为华南地区最大的进口葡萄酒集散地。是年，接待浙江宁波、山东青岛、广西钦州等地保税区或保税港区等考察团学习调研近20批次，法国、澳大利亚、东北地区、西南地区等国内外投资商、采购商前来洽谈300批次。

广州保税区国际酒类交易中心开展多种营销活动，打造高精端国际商品保税展示中心。在香港举办“广州保税区国际酒类交易中心政策推介及招商会”，进行全面的政策宣讲，出席会议的港澳客商100多人次，会后第二天，有20多位香港客商前来保税区红酒商业街实地考察。赴西班牙、法国开展葡萄酒招商，拜访两国三地政府，完成5场介绍会，参观包括法国波尔多地区、玛歌酒庄园在内的6个世界顶级葡萄酒庄及其生产、包装厂、酒瓶厂、葡萄酒物流公司，考察活动引起当地政府和媒体的关注，产生较大影响。组织酒商参加“萝岗香雪节”、全国糖烟酒会、广州名酒展、东莞美食节等各种展会，帮助企业扩大商机。特别是全国糖烟酒会，组织企业以“广州保税区国际酒类交易中心综合参展团”参加展会，统一名称，统一形象，统一设计，集中展示，成为整个红酒展馆的“热点”和“亮点”。

国家级食品安全重点实验室华南酒类检测中心于2009年落户保税区，该检测中心配备有国际最先进的红酒感官检测功能，其感官性状分析为交易中心提供方便快捷的红酒检测。2010年，黄埔检验检疫局检验进口红酒414批次，943个品种，355.1万支，货值941.6万美元，同比批次增长109%，货值增长93%。黄埔海关专门设立进口葡萄酒审价中心，在提升通关速度的同时，更准确及时反映通关情况，为政策实施提供数据保证。

**【广州保税物流园区】** 广州保税物流园区于2009年正式运作，在通关手段信息化、监控立体化、货物流动便捷化的管理模式下，2010年，保税物流园区实现进出区货值90.4亿美元，同比增长1.9倍。全年物流园区新增注册企业13家，注册企业达49家，园区业务范围到天津、山东、湖南、江西、福建、内蒙古等10多个省市，服务企业近2000家。其中广州开发区内企业使用保税物流功能的比例占26%，区内的依利安达、乐金显示等企业均通过保税物流功能减低运输成本和仓储压力。

是年，区保税业务局按照广州市加快推进广州建设成为亚洲物流中心的总体部署，结合区域特征和实际工作进展，开展规划研讨和政策推介。至2010年底，广州保税区、广州出口加工区和保税物流园区三个保税监管区域，成为广州地区政策功能最齐全、运作最成熟的保税物流区域。

**【第五届广东国际酒饮博览会】** 2010年7月16～18日，第五届广东国际酒饮博览会在广州保税区举行，这是区连续两届举办省酒类博览会。本届展会将酒类交易中心3层12个展馆全部开放，展出展位228个，承租率100%，共有来自法国、澳大利亚、德国、南非、英国、意大利、智利、西班牙等葡萄酒重要产出国和国内109家企业参展，其中专业酒类生产流通商100家、综合类商家9家。法国神父酒庄，全国、全省酒类流通企业龙头企业中外名酒专卖连锁有限公司、鼎澳酒业，高档红酒代理商香港丰盛酒业等，设计和搭建专业性强、观赏性大的5000平方米的特装展区，占总展出面积的50%以上。

展会期间，共组织8场丰富多彩的、专业程度高的主题活动，平均每天近3场，如“全省酒类行业秘书长会议”、“全省打假维权工作会议暨优秀企业表彰会”、“省检测中心放心酒生产示范企业授匾仪式”、“省酒协葡萄酒分会成立会议”、“第五届酒博会金奖产品评选”等。针对酒类交易中心的招商，组织召开“进口酒发展之保税机遇高峰论坛”，邀请专家、学者、行政部门领导和行业精英齐聚一堂，对交易中心建设发展提出意见和建议。

本届展会成交及意向成交总额达5200万元，近90%采购商表示会参加下届酒博会，20余家酒商意向进驻，达到通过举办酒博会，推动交易中心招商的目的。

**【广州亚运美食文化节萝岗活动周】** （参见“旅游业”P224）

**【2010年广州保税区食品展暨广州保税区—东盟十国进出口食品展览会】** 2010年7月2～4日，“2010广州保税区食品展暨广州保税区—东盟十国进出口食品展览会”在广州保税区举行。展会有180多家优质参展商参展，产品分别来自马来西亚、泰国、越南、菲律宾、韩国、美国、法国、意大利、西班牙、澳大利亚、日本、南非等30多个国家，全国食品行业的经销商、代理商、批发商、零售商和各大超市的采购商100多家300多人参会。至2010年底，广州保税区国际食品交易中心与美国、新西兰、意大利、波兰、印度、菲律宾、韩国、瑞士、英国、加纳、印度尼西亚等30多个国家的供应商建立联系，把1500种外国食品及饮料引进中国市场。（陈 坚）

2010年7月2日，广州保税区食品展览会暨广州保税区—东盟十国进出口食品展览会在广州保税区国际食品展示中心举行。 贾自豪 摄

## 出口加工

**【概况】** 2010年，广州出口加工区完成工业总产值22.3亿元，比上年下降11.87%。本田汽车共生产汽车20257辆，出口20518辆，实现出口额2.97亿美元，同比下降9.86%。

随着保税物流园区业务量的迅速增加，为进一步满足区内企业物流需求，缓解广州开发区西区的交通压力，抓住国务院批准全国出口加工区拓展保税物流功能这一契机，区保税业务局协调区商业发展总公司制订完善《广州出口加工区拓展保税物流功能建设方案》，项目总规划用地165019平方米，其中仓储区仓库9000平方米，货检服务综合楼15000平方米。出口加工区拓展保税物流功能试运作仪式于是年底启动。（陈 坚）

# 国有企业 民营经济

## 广州开发区工业发展集团有限公司

【概况】　2010年，广州开发区工业发展集团有限公司（以下简称“工业集团”）全系统正常营运企业86家（包括全资直属企业3家，控股企业2家，参股企业21家以及纳入统计的企业60家）完成工业总产值296.33亿元；集团公司参股的工业企业实现产值73.41亿元，比上年增长8.95%；参股企业盈利总额6.89亿元，下降19.32%。按集团公司在这些企业的股比计算，集团公司所占产值为6.31亿元，增长8.98%；所占利润为5032万元，下降35.45%。集团公司共回收企业分红3917万元。

是年，工业集团合并永和公司、黄陂公司报表，全年实现总收入1.04亿元，增长28%，完成年度预算指标的118.4%；净利润4657万元，同比增长11%；净资产11.96亿元，增长12%；总资产18.76亿元，增长8.1%。

是年，工业集团本部（不含全资、控股、参股和归口统计企业）全年平均在职职工人数78人，其中：研究生学历以上有22人，占28.2%；大学本科学历34人，占43.6%；大专学历7人，占9%；中专、中学学历17人，占21.8%。

是年，工业集团有党总支（支部）30个，党员290人（预备党员6人）。其中机关本部（含在职退休）、黄陂、永和有17个支部，党员191人；非公企业支部13个，党员99人。

【招商引资】　2010年，工业集团公司本部全年实现合同引进外资1.11亿美元（按注册资本计），实际利用外资为8484万美元，引进内资1.32亿元。其中，合同引进3个外资新项目、办理6个增资项目，成功引进6个内资高科技项目。获得开发区招商引资三块金牌奖。重点跟进的中国印钞造币总公司华南新厂项目于3月份基本确定选址广州科学城，12月初通过国家发改委的审批。

在引进现代服务业、总部经济、海外领军人才等新型项目方面。引进黄若磐博士的生物蛋白芯片项目列入开发区首批领军人才之首，美国亚特兰大王祥槐博士凭其生物酶造纸技术于6月进入区第二批领军人才行列，暨南大学药学院院长王玉强的生物制药项目被评为领军人才项目。跟进中新广州知识城、生物岛招商工作，在新产业领域开拓一批适合新区域发展的项目，如奥飞动漫文化创意产业园，拟投资8亿元，带动知识城动漫文化产业发展。IBM与省中医院合作的IBM中医临床研发机构，被列入生物岛首批签约项目。

【参与区域重大项目建设】　2010年，工业集团本部接受代业主业务委托累计总额21.06亿元，其中新增3.18亿元。2010年区发改局下达的年度投资额为2.83亿元，至年底实际完成资金拨付2.7亿元，完成率95.7%；实际回收代业主管理费1344万元。参与建设的亚运项目均如期或提前完成。政府重点工程广州国际生物岛项目中的绿道、景观工程得到省、市、区各级领导的高度评价，被市领导定位为广州第一“样板绿道”；生物岛标准产业单元项目完工，环岛路一标、二标绿化种植通过初验，进入养护阶段，山体公园已完工，水墨园建设项目荣获2010年度广州市园林绿化优良样板工程“公园类金奖”，生命广场和出入口广场2个项目进行前期报建工作。其他代业主工程：广州国际羽毛球培训中心项目和萝岗区人武部营院项目验收完毕，投入使用；永和河河涌整治、水口水库堤岸治理、联和东路北延线道路市政工程和黄陂小学东侧联和南路东延线道路市政工程等4个项目均展开前期工作。

【企业经营】　2010年，工业集团对广州开发区科技人员公寓进行试运营管理。在管理模式上，聘请世界著名的房地产服务运营商戴德梁行作为顾问，组建运营管理团队，主动与星级国际公寓接轨。公寓先后接待亚组委团队、亚运安保团队、中国篮球协会、湖南卫视跨年演唱会等团队宾客800多人次。全年通过适当调整租金、改善服务、加大推租力度等措施，实现物业租金收入3673.89万元（含威尔登酒店固定收益566万元），完成年初计划指标的104.97%。其中：西区租金收入1565万元，日晶公寓租金收入454万元，永兴轻工园租金收入379万元，保税区员工楼100万元，科技人员公寓125万元。加强参股企业管理，重点对环球自行车、恒运电厂、施耐德、添加剂、东区热力等参股企业进行调研。是年，工业集团累计收到参股企业分红款3917万元，劳务费198万元。

【企业管理与改革】　2010年，根据省、市、区有关“三旧（旧城镇、旧厂房、旧村庄）”改造的指示精神，工业集团于11月抽调人员成立“三旧”改造工作办公室（挂在工业集团策划部）。下半年，区政府提出要利用工业集团原锦绣路单层旧厂房建设餐饮中心，管委会和市“三旧”办批准工业集团提出的改造计划，成为广州开发区第一个正式实施的“三旧”改造项目。黄陂公司的“三旧”改造工作全面展开，黄陂公司辖内10条村全部纳入“三旧”改造范围，其中，北片8条村将由工业集团、黄陂公司自主改造。

2010年，管委会实施投融资体制改革，向工业集团注入资产6.64亿元，资产负债率由66%下降到36%。工业集团整合贷款资源，提升物业的抵押率，相同物业的评估值从2.5亿元增至2.84亿元，在不增加物业抵押的情况下，新增优惠银行贷款授信6000万元；整合现金资源，合理合规利用下属企业的资金，使集团公司增加授信额度，降低贷款利率。是年，转让和兴工业园一栋2.2万平方米的厂房，收回资金5790万元用于新项目投资，有效缓解资金紧张局面。

继续完善和坚持重大事项报告制度，坚持直属企业派出财务总监、经理例会制度和审计制度。2010年上报国资部门重大事项31项，得到区国资办的大力支持。共完成审计项目9个（含委托审计），提出问题和整改建议32项，要求被审计单位在规定时间内进行整改。为规范代业主工程管理，做好投资控制，工业集团统一和完善开发建设部门的月度管理、沟通例会、项目周报、月报制等制度，强化各项目现场例会会议的效率，提高执行力。

**【全资直属企业】** ·永和建设发展有限公司（下称永和公司）·2010年，永和公司全年实现经营收入3800万元，实现利润1100万元。实现合同引资1.15亿美元，实际引资8043万美元，引进内资1.17亿元，获得广州开发区招商引资三块金牌。代业主建设业务取得良好进展，新增代业主工程量12.19亿元，完成各项代业主工程5.23亿元。全年完成立项计划资金5.23亿元。征地拆迁完成1.73亿元，拆迁补偿工作取得较大突破，土地平整工作进展顺利，历史工程和胡子工程得到有效清理。代业主建设项目完成一批工程报验项目，包括：提前完成黄陂水质净化厂工程验收并投入试运行；永和街业务用房主体工程已完工；禾丰村新村公寓工程建设基本完工；甘竹山公园进入施工建设；广汕路工程完成全线约11公里污水接驳，2公里的供水管道安装；天鹿北路隧道和道路工程A标隧道基本完成主体结构。经营项目的投资管理方面：办公楼出租率90%；田心地块开发合作项目已落实；以土地参股与合作单位对黄瓦瑶地块进行开发，每年收取合作公司固定回报。5月，永和公司通过ISO质量管理体系的认证。

·国营黄陂农工商联合公司（下称黄陂公司）·2010年，黄陂公司全年实现营业收入2598万元，完成年度计划的164%；实现净利润388万元，完成计划的243%；净资产收益率23.8%。黄陂公司成立“三旧”改造工作机构，配备专职工作人员。是年，开展山下村、联和墟的房屋测量工作，签订《合作改造广州市萝岗区联和街山下村项目框架协议》，推进黄陂公司北片“三旧”改造的前期工作；配合马莎罗动漫城项目开展东社村、幕园村和水声下村的动迁工作；配合华标公司开展石马村房屋人员的摸查工作，完成石马村青苗的清点审核。在投资项目开发建设方面，“创业一条街”的基建工程已经完成，项目用地手续基本解决；收购恒发公司的农贸市场股权工作取得进展；学生公寓规划方案已完成，可行性研究报告正在编制；积极争取区财政资金138万元的支持，对天鹿湖森林公园林相、林分等项目进行改造，进一步优化辖区环境；成立天经物业管理公司和天翔旅游公司，拓展黄陂公司的服务业务。华辉度假村经营管理正式移交给黄陂公司，经营业绩与内部管理有较大提高。全年完成营业收入1882万元（不含科技人员公寓），实现净利润142万元。

**2010年广州开发区工业发展集团股份有限公司参股企业情况表**

| 企业名称 | 工总股比 | 注册类型 | 成立时间 | 企业经营 |
|---|---|---|---|---|
| 广州环球自行车工业有限公司 | 20% | 港澳台合资 | 1992.09 | 生产自行车 |
| 永丰余纸业（广州）有限公司 | 6.25% | 中外合资 | 1990.10 | 纸制品 |
| 铃木住电钢线制品（广州）有限公司 | 6.67% | 中外合资 | 1994.07 | 不锈钢丝 |
| 住轻（广州）金属制品有限公司 | 5% | 中外合资 | 1995.11 | 铜管 |
| 阿克苏诺贝尔太古漆油（广州）有限公司 | 10% | 中外合资 | 1992.01 | 涂料 |
| 仙妮蕾德（广州）有限公司 | 10% | 中外合作 | 1994.06 | 保健品、化妆品 |
| 欧文斯-科宁（广州）玻璃纤维有限公司 | 2.43% | 中外合资 | 1994.07 | 生产玻璃棉制品 |

（续上表）

| 企业名称 | 工总股比 | 注册类型 | 成立时间 | 企业经营 |
|---|---|---|---|---|
| 广州和氏璧工业化学品有限公司 | 30% | 港澳台合资 | 1995.03 | 制冷剂 |
| 施耐德（广州）母线有限公司 | 5% | 中外合资 | 1995.11 | 生产输配电设备 |
| 广州太平洋马口铁有限公司 | 7.50% | 中外合资 | 2004.12 | 生产镀锡马口铁 |
| 广州怡翔辉房地产有限公司 | 30% | 港澳台合资 | 2001.10 | 物业出租 |
| 广州怡华实业有限公司 | 40% | 港澳台合资 | 2001.10 | 物业出租 |
| 广州怡恒实业有限公司 | 30% | 港澳台合资 | 2004.01 | 物业出租 |
| 广州恒运企业集团股份有限公司 | 14.44% | 股份公司 | 1987.08 | 发电 |
| 广州恒运（东区）热力有限公司 | 30% | 国有控股 | 2003.05 | 生产蒸汽 |
| 广州食品添加剂有限公司 | 50% | 国有联营 | 1987.02 | 生产食品添加剂 |
| 广州百合添加剂有限公司 | 50% | 国有联营 | 2001.01 | 贸易 |
| 香港恒域实业有限公司 | 100% | 国有控股 | 1989.06 | 投资与经济信息咨询 |
| 广东威尔登酒店有限公司 | 30% | 港澳台合资 | 2009.12 | 餐饮、酒店 |

（马克莎）

## 广州开发区建设发展集团有限公司

【概况】 2010年，广州开发区建设发展集团有限公司（以下简称“建设集团”）全系统正常营运企业36家（包括全资直属企业8家，控股企业6家，参股企业18家以及纳入统计的企业4家），实现营业收入8.7亿元；上缴税金4566万元，实现净利润3275万元，净资产收益率10.95%。

是年初，经区国资委批准，建设集团与广州市国营岭头农工商联合公司实施联合重组，该公司正式成为建设集团下（直）属企业，建设集团在授权范围内对其实行全面管理。

是年末，建设集团在册员工335人，其中研究生26人，本科103人，大专117人，中专23人；各类专业技术人员161人，其中高级13人，中级82人，初级66人。

是年，建设集团有党总支（支部）17个，党员242人（预备党员4人）。其中本部、直属企业、离退休有党支部14个，党员212人；非公企业支部2个，党员30人。

【企业经营】 2010年，建设集团各项业务平稳发展，经济结构调整取得明显进展，经营状况整体向好。

房地产业务转变经营模式，推进首个限价房项目（宏康和园）建设。工程总承包业务积极拓展市场和资质，28天完成中新广州知识城展示厅建设，创下开发区工程建设新纪录。以BT模式（政府利用非政府资金来进行基础非经营性设施建设项目的一种融资模式）开展KXC-Q1-1（国税楼）项目建设并取得重要进展。代业主业务完成南岗河整治工程等区重点项目，以及市重点工程广汕路、中新广州知识城起步区等项目的拆迁工作。物业管理业务稳中求进，签订科城花园、萝岗区检察院物业管理合同，新增物管面积20万平方米，增幅达20%；签订中新广州知识城展示厅运营服务合同，业务领域得到延伸。岭头公司顺利完成与建设集团的重组成为二级企业。投资业务有效筹划，超额完成预算指标。多方开拓“三旧”改造项目，统筹协调企业资源，探索“三旧”改造的开发模式和运营方式。岭头地块成为区的首批试点项目，腾创地块实施自主改造得到黄埔区城改办批复，萝岗区线坑、长平等村的“三旧”改造达成合作意向。招商引资方面，合同引进外资3亿美元，实际利用外资

2.87亿美元，引进项目21个，其中1000万美元以上项目6个，引进广州雅恒房地产有限公司、百事饮料（广州）有限公司及七天四季酒店等大型项目。

是年，建设集团着力推进经济结构的调整优化。调整资产结构，资源向主营业务集中，适时转让发展空间受限的非主营业务运通公司和盈利能力低的水杯子公司股权，收购腾创公司股权和理顺房联公司股权，取得腾创地块和房联公司地块。调整业务结构，强化主营业务，以BT模式承接萝岗新区项目，加大项目清理力度，房地产处置历史项目工作取得突破；完善工程和资质管理体系，建设集团取得市政总承包资质，岭头公司取得城市园林绿化三级资质，拓宽相关业务渠道。不断优化调整收益结构，稳定收益持续上升。通过推动盘活高科大厦和东晖广场地块，新增2万平方米物业，物业出租总面积达6.6万平方米，年租金收入1700多万元；加大对优质项目的投资，年内投资项目6个，投资额9300万元。

**【企业管理与改革】** 2010年，建设集团围绕工作与管理模式的创新推动企业改革。总经理办公会形成例会制度，对重大经营事项进行充分讨论和民主决策，对重点业务的发展和重大项目的推进进行协调和督办；采取专项工作会议、重点项目督办等措施促进工作部署的落实，强化决策的执行力。本部部门职能调整初见成效，经营管理效能得到提升，在拓展业务资源、强化工程建设主营业务发展、统筹"三旧"改造等重大项目方面取得实质成果，提高了为经营工作服务的质量和效率。

是年，建设集团实现财务预算工作常态化，重点加强KXC-Q1-1等项目的财务预算工作，定期作出预算执行情况分析，建设集团内部统筹资金2.88亿元，提高整体资金运作和融通能力。创新审计工作手段，利用计算机和网络传输技术开展远程实时审计试点。强化绩效考核与人才统筹管理，对现有的绩效考核制度进行充实和完善，优化本部绩效考核、委派财务经理等考核制度。重点招聘和引进工程专业人员、工程财务人员，增强业务发展的策动力。

**【直属企业】** ·广州东进新区开发有限公司（以下称"东进公司"）·2010年，东进公司承接代业主项目184项（含附属工程），代业主建设及拆迁工作全面完成年度计划任务，完成财政项目投资约11.14亿元；开展总承包项目5项，完成工程产值6533.12万元。完成区法院、科技人员公寓（首期）等区重点项目及萝岗中心区水质净化厂等多个治水项目，完成岭头新村前期建设、宏远路等市政工程建设以及亚运整饰工程。永和水质净化厂项目成为全市第一个完工的治水项目，南岗河整治被评为"省示范河涌"，列入广州市治水示范性工程。拆迁业务承接知识城起步区等多个重点工程的拆迁，信息工程业务承担代业主项目18项。全年东进公司实现经营收入7702万元，净资产收益率为13.3%。

·广州宏康房地产有限公司（以下称"宏康公司"）·2010年，宏康公司转变经营模式，宏康五期及文昌雅居的存量物业销售取得突破，增加销售收入；全力推进工程项目建设，国税楼项目完成两层地下室工程，宏康六期项目年底前顺利建至地上四层，萝岗中心公交站场项目亚运前全面建成并移交使用。重点推进线坑村、腾创地块改造、宏康六期销售的准备等工作，签订总部经济区二期A9、A10办公楼项目。全年宏康公司实现营业收入8083万元，上缴税费750万元。

·广州开发区房地产物业有限公司（以下称"物业公司"）·2010年，物业公司取得科城花园、萝岗区检察院等物管合同，增加了优质管理面积，签订中新广州知识城展示厅运营服务合同。至年底，物业公司物业管理面积超过100万平方米。全年实现营业收入2253万元，完成年初预算的116.74%。

·广州市国营岭头农工商联合公司（以下称"岭头公司"）·2010年，岭头公司和建设集团顺利完成重组后，在妥善解决历史遗留问题善后工作的基础上，推进公司经营业务的转型，优化发展路径。"三旧"改造工作取得重要进展，列入市、区"三旧"改造规划和年度计划；开展招商和项目引进，资源的合理有效开发利用取得成效；获得城市园林绿化资质，积极申办物业管理及造林绿化资质，为拓展新业务和承接建设项目的配套工程打下基础。

·广州建康体育文化发展有限公司（以下称"建康公司"）·2010年，建康公司按照自主策划专项赛事的新思路，提高公司专业策划赛事能力，成功举办开发区"登路普、羽冠杯"羽毛球公开赛、"优畅杯"羽毛球团体邀请赛，恒运集团、体育局系列球类大赛、依利安达趣味运动会等大小赛事活动40多起。全年完成营业收入266万元。

（陶　颖）

## 广州开发区商业发展集团有限公司

**【概况】** 广州开发区商业发展集团有限公司（以下简称"商业集团"）成立于2006年6月8日，注册资本1亿元，是具有企业法人资格的国有独资企业，拥有全资、控股企业7家，合资合作企业11

家，其前身为广州经济技术开发区商业服务总公司，成立于1984年8月3日，2004年6月22日变更登记为广州开发区商业发展有限公司。

2010年，广州开发区商业发展集团有限公司系统年度实现工业总产值达117亿元，营业收入128亿元，实现利润14.82亿元。其中，商业集团直属及控股企业营业收入1.21亿元，实现净利润4619万元，净资产收益率超过20%。

是年末，商业集团共有员工228名，其中大专以上128名，具有高级职称4名，中级职称40名。

【招商引资】 2010年，商业集团招商引资对象主要包括医药、新能源、创意产业、电子产品等8个类别11个子项，年度引进外资项目14个，完成合同引进外资12748万美元，实际利用外资4112万美元，引进内资创新型高科技项目3个，引进总部及服务业项目4个。

【企业经营】 2010年，商业集团项目投资总额为5950万元，全部由自有资金解决。集团各项业务继续呈现良好的发展态势，投资收益、物业租金、代业主管理费成为集团收入的主要来源。

·口岸物流·2010年，商业集团下属广州东江口岸发展有限公司与广州穗航实业公司合作经营后业务量激增；控股企业广州开发区货检管理服务有限公司利润总额、净利润比上年均增长50%，创该公司历史新高；广州保税物流中心有限公司在2009年成为商业集团全资子公司后，2010年主要负责出口加工区保税物流园的开发运营工作。口岸物流板块在经过规划调整后，规模不断扩大，成为商业集团最大的主营业务板块。

·物业房地产·2010年，萝岗区喜市多便利店项目等商业网点铺设完成，光宝西商业街项目、东园商业中心与酒店式公寓项目正式启动，网羽中心配套设施主体工程的建设，多个商业服务项目的启动为商业集团物业房地产板块注入新的动力，投融资物业接管工作陆续完成，合作经营项目科城山庄建成销售。

·建设及代业主·2010年，商业集团承接代业主项目92项，其中11项为区“三促进一保持”十项重点工程建设项目。参与萝岗区“三旧”改造工作，与贤江社区、水西社区、刘村社区、黄麻社区进行洽谈。与工业集团、建设集团联合注资成立“广州智成置业投资发展有限公司”参与中新广州知识城建设。广州智城置业投资有限公司注册资本3亿元，首期完成注资6000万元，商业集团持股比例34%。

·对外投资·2010年，外商投资企业投资回报是商业集团收入的主要来源之一。美赞臣、埃尔夫、百佳超市、屈臣氏个人用品公司营业收入均实现增长，百佳超市、屈臣氏个人用品公司规模继续扩大，外商投资企业投资收益相对稳定。

【企业管理与改革】 ·组织工作·2010年，商业集团本部进行干部调整，钟夏阳任总经理助理，孙作述任行政中心主任，吴烈金任纪检监察审计室主任，黄芳任投资管理中心主任。

·财务管理·增加银行授信额度，确保项目资金的储备；加强资金使用分析和预测，保障资金安全；通过科学理财，盘活存量资金。

·纪检监察·完成上一年度经营情况、财务收支、人工成本等9个审计项目，并对财务预算进行审核分析和执行监管。

·党建宣传·顺利召开以“贯彻落实《党员领导干部廉洁从政若干准则》，切实加强领导干部作风建设”为主题的民主生活会；发展新党员2名，完成基层支部书记改选工作；按照市、区统一部署，开展创先争优第一、二阶段工作。

·其他·2010年，商业集团员工福利进一步提高，企业年金工作进入正轨，正式按月支付；制订新的离退休人员生活补助标准，离退休员工生活待遇得到提高。文秘、档案、安全生产、计划生育、综治维稳、统战等其他各项工作均有条不紊地开展。配合广州创建文明城市以及亚运会宣传工作。

【直属企业和参股企业情况】 ·广州商竣建筑工程管理有限公司·2010年，在建、新建代业主项目92项，属区“三促进一保持”十项重点工程建设项目共11项，其中横滘河鹤子坦支涌堤围整治工程、夏港墩头涌河涌整治工程、西区临江路改造工程于2010年建设完工。承接的另一区“三促进一保持”十项重点工程项目萝岗区网羽中心配套设施建设工程为商业集团第一个业主项目。

·广州商慧投资顾问有限公司·该公司2010年引进外资项目14个，完成合同引进外资12748万美元，实际利用外资4112万美元，引进内资创新型高科技项目3个，引进总部及服务业项目4个。

·广州经济技术开发区商建房地产公司·该公司2010承接商业集团东园宾馆改造工程、水西环路临时商业街项目以及商业集团在萝岗区“三旧改造”中的部分工作，同时负责东晖广场建设项目的开发。

·广州华南海物业管理有限公司·该公司2010年主要对融汇大厦、青年路肉菜市场、东西区员工楼等物业进行管理及租赁，同时配合萝岗区在管理范围内开展“创文明、迎亚运”工作。

·广州东江口岸发展有限公司·2010年，该公司主要对东江货运码头进行升级改造，完成卡口、安全岛等设施的建设，并通过海关验收，同时投入1500万元添置重箱堆高机等设备多台，编制《东江口岸货运码头升级改造实施方案》。2010年，东江口岸业务量激增，其中集装箱总量为64463标准柜，比上年增长169%，散货总量33110吨，增长230%。

·广州保税物流中心有限公司·2010年，该公司主要负责广州出口加工区保税物流基地的开发运营，拓展保税物流功能业务。12月23日，在出口加工区举行广州出口加工区拓展保税物流功能业务试运作启动仪式，保税物流功能业务正式运营。

·广州开发区货检管理服务有限公司·2010年，该公司进出口车流量为24.5万辆，比上年增长13%，成为广州开发区首家海关监管场所合格示范单位。同时配合商业集团推进出口加工区拓展物流功能项目，在广州出口加工区升级改造出口加工区货检场。（朱乔冲）

## 广州经济技术开发区国有资产投资公司

【概况】 2010年，广州经济技术开发区国有资产投资公司（以下简称“国资公司”）推进中新广州知识城中方公司组建，完成亚运会安保工程建设，深化国有企业改革、重组，加强基建项目业主管理、投资参股企业管理、物业管理、融资管理和财政债权追收，协调科城山庄项目建设，各项工作取得新成效。8月，国资公司被广州市国税局、广州市地税局评为2008～2009年度纳税信用等级A级纳税人。是年末，公司总资产176.76亿元，净资产58.90亿元。

公司内设办公室、计财部、投资管理部、工程管理部、资产管理部、工会。公司在职职工28人（含临聘人员3人）。其中，研究生学历9人，本科学历9人，大专学历10人；中高级职称15人；党员18人。

【中新广州知识城中方公司组建】 2010年6月25日，广州开发区管委会决定由国资公司出资5000万元成立广州知识城投资开发有限公司（以下简称“中方公司”）；中方公司与新（加坡）方公司合资成立中新合资公司，负责中新广州知识城项目建设。6月28日，中方公司工商登记完成。6月30日中新广州知识城项目奠基，中方公司参与签署中新合作框架协议。是年，中方公司通过公开竞拍受让知识城南起步区三块国有建设用地（共84.79万平方米）使用权，参与推进知识城项目立项报批和南起步区“一路三水”工程建设的前期工作。

【广州亚运会安保工程项目建设】 2010年，国资公司承担萝岗区亚运安保地理信息系统平台、亚运场馆周边交通闭路电视监控系统和亚运场馆周边路段视频监控系统等项目建设，总投资1312万元。项目按期完工交付使用，系统运行稳定，为萝岗区亚运安保工作提供有力保障。

【基建项目业主管理】 2010年，国资公司承担区财政投资基建项目140项（计划安排资金6.21亿元），其中续建项目114项、新建项目13项、预备项目13项；列入省、市重点工程1项，列入区“三促进一保持”十项重点工程建设项目3项。是年，项目完工15项，完成竣工验收15项，完成工程决算2项。省、市重点工程保税物流园区的14项基础设施建设项目全部建成交付使用，区重点工程均按节点计划推进。竣工验收的项目，工程质量全部达到招标文件要求。萝岗特勤消防站项目获得广东省建筑装修工程样板工程优秀奖，保税区轻工仓工程被评为广州市文明施工样板工地。

【投资企业管理】 2010年，国资公司新设投资企业1家（知识城中方公司）；经证监会批准，对万联证券公司增资8811.90万元；根据商务部的指示，对西藏中开藏域公司增资300万元。是年末，国资公司有18家投资企业，总投资102963.78万元。

是年，国资公司加快投资企业重组工作。广保集团重组工作稳步推进，经营业务逐步恢复，妥善解决下属企业职工欠薪问题；经协调，明珠大酒店资产由法院拍卖给新业主，336名员工全部得到妥善安置，酒店保持正常营业，维持开发区良好的投资环境。

是年，国资公司加强投资企业管理工作。康弘远创公司全面提升职业教育实力和水平；万联证券公司继续保持快速发展态势；科技风险投资公司开始进入投资收获期；国际企业孵化器公司进一步提高孵化能力和服务水平。是年，投资企业分红（含转增股本）合计5032.85万元。

【投资企业广州康弘远创投资有限公司】 公司职能是创办开发区职业教育基地，由国资公司和康大公司于2008年合资成立，总投资58204.40万元，国资公司持49%股权。教学园区占地约31.33公顷。

公司成立后，创办广州开发区技工学校并收购广州康大职业技术学院；2010年7月，公司投资的广州开发区职业技能培训学校挂牌。上述三家教学实体的功能涵盖中技、高职学历教育和职业技能培训。

2010年，公司按照“集中办学力量，扩大办学规模，提高办学效益”的原则，在合理调整布局、整合资源的基础上，加大教学设施和园区配套建设的投入；引进高端人才充实师资力量，设置新专业培育开发区急需人才。办学硬件和软件得到全面提升。是年末，技校学生有1557名，职院学生达6005名。

【投资企业万联证券有限责任公司】 2010年1月，中国证监会批准该公司增资扩股，国资公司出资额由5000万元增至13811.90万元，所占股比由10%增至11.01%。

是年，该公司贯彻“夯实基础，力促转型”的工作思路，在积极推进经纪业务转型的同时，开辟投资银行、固定收益等新的利润增长点；保荐业务IPO项目和债券主承销项目均实现零的突破。是年，该公司继续保持良好的盈利态势，实现营业收入118533.30万元，净利润43927.87万元。

【投资企业广州国际企业孵化器有限公司】 该公司为广州市中小创业型高新技术企业提供全方位孵化扶持服务，是国家高新技术企业服务中心、全国先进科技产业园和广州市和谐劳动关系工业园区。

2010年，公司第三期建设工程完工，孵化场地面积增至11.3万平方米。园区在孵企业190余家，其中外资企业25家，留学生企业45家；已上市和筹备上市企业各2家。园区已形成生物医药产业高度集聚的特色，共有生物医药（及高关联度）企业93家，其中4家被认定为广州开发区科技领军人才项目。在孵企业累计获得专利266项。

园区吸纳海内外一批高端研发人才，有博士后22名、博士75名和硕士130多名；其中4人入选中组部“千人计划”人才，1人入选广东省首批海内外领军人才。

【投资企业广州科技风险投资有限公司】 该公司职能是为广州市高新技术企业和技术创新企业提供风险投资。2010年，国家相继出台高新技术产业创投计划和设立创业投资基金试点政策。5月，公司牵头发起设立百德创业投资基金。6月，广州市设立创业投资引导基金，公司成为受托管理机构。

2010年，公司的投资进入收获期。投资项目中，杰赛科技上市获批，安达项目、科友项目、万孚项目等将申请上市，禾信项目和奇绩医药项目的企业估值大幅增长。是年末，该公司资产总额89878.51万元，净资产81814.50万元，实现净利润2669.01万元。

【物业管理】 2010年，国资公司加强物业管理工作。抓紧理顺产权关系，完成广保电厂等地块确权工作。探索盘活保税区内的闲置物业。物业出租率继续提高，全年实现租赁收入1644.86万元。

【国有企业监管和清算】 2010年，国资公司继续推进监管企业解散清算工作，依法依规办理多宗涉及亚运会工程拆迁的信访案件。

是年，国资公司抓紧办理托管企业的清理工作，通过产权交易所出让安顺公司股权，回收资金158万元上缴区财政；完成顺发公司清算工作，妥善处理原职工信访案件。

【融资与担保】 2010年，受国家清理政府融资平台政策的影响，国资公司基础设施项目融资工作遭遇较大的困难。国资公司开展调研，探索新的融资模式。2010年末，国资公司融资余额99.85亿元；为区属国企担保余额44.19亿元，妥善解决为原区国投公司向区农行贷款担保的历史遗留问题。

【开展区财政债权追收工作】 2010年，国资公司会同区相关专责小组成员单位开展区财政债权追收工作。终止华宫大厦1701-1708房使用权协议，收回资金12.84万元；回收明珠大酒店债权10550.94万元；继续查封资产一批。

【科城山庄项目建设】 2010年，科城山庄开发建设按计划全面展开。国资公司协调各项目公司，精心优化设计方案，依法依规实施工程招标，严格控制投资、质量和进度，加强施工现场管理，倾力打造具有岭南特色的精品商住区。是年，峻和小区主体结构封顶并开盘销售；锦泽小区基础工程开工建设；峻森小区建筑单体设计、报建等前期工作有序推进。 （简小方　方松坤）

## 广州凯得控股有限公司

【概况】 广州凯得控股有限公司（以下简称“凯得公司”）于1998年11月6日成立，注册资本3亿元。2010年末，公司总资产（合并数）为261.05亿元，净资产111.05亿元（其中归属母公司的净资产89.03亿元）。2010年完成合同引进外资2.95亿美元，实际引进外资1.65亿美元。累计合同引进外资19亿美元，实际引进外资10.5亿美元。至2010年底，连续第五年取得合同引进外资、实际引进外资双金牌。

【参与省、市相关重大项目】 ·推进设立广东科技发展银行的各项工作· 依托广州开发区设立“服务于自主创新国家发展核心战略”的广东科技发展银行，成为省、市、区金融创新促科学发展、先行先试落实《珠江三角洲地区改革发展规划纲要》和实施“双提升”的重要举措。经过两年多的积极准备和探索，申报的各项准备工作稳步推进，2010年2月3日，省政府向国务院上报《关于请求支持设立广东科技发展银行的请示》，请求正式批准设立广东科技发展银行或命名为岭南银行。国务院办公厅正式受理后指定由中国银监会牵头，征询中国人民银行和科技部的意见，申报设立工作正式进入国家审批程序。

·完成向广州知识城投资开发有限公司增资等工作· 根据广州开发区管委会由凯得公司向该公司增资7.5亿元的指示精神，完成增资工商变更等工作，使凯得公司成为广州知识城投资开发有限公司中方公司的主要股东。凯得公司与区国资公司一起制定公司日常管理制度、财务制度、投资管理制度等制度草案。按照中新广州知识城项目的开发规划，通过竞拍成功取得知识城第一、二、三期开发的近90万平方米的11幅地块，并准备第四期土地的竞拍工作。土地储备工作按节点顺利推进，为中新知识城合资公司的尽快成立和注资手续的完成创造条件。

·凯得科技公司代表区持股20%的乐金显示8.5代液晶面板项目顺利获国家批准· 2010年11月26日，经国务院批准，国家发改委核准乐金显示（中国）有限公司第8.5代项目申请报告。凯得公司在项目的参与过程中，前期配合管委会和相关职能部门做了大量的工作，提前完成签署投资协议事宜，以及凯得科技增资扩股和建章立制工作。

【融资和财政贴息工作】 至2010年12月31日，凯得公司累计为区经济建设融入资金126亿元，累计为区内单位提供担保78.55亿元，累计获得中央无偿财政贴息1.61亿元（其中2010年获得1315万元）。

2010年4月2日，收到中国银行间市场交易商协会的《接受注册通知书》，成功发行评级为AA+的24亿元中期票据（第一期17亿元，二期根据管委会部署择期发行），是全国开发区第一家和广州市第三家，有积极的示范和创举效应，开创区无担保直接债务融资的先河，有效降低融资成本、创新融资模式、提升企业形象，为区走出一条融资模式新路。

【金融服务与创新工作】 2010年，凯得公司及其下属企业开展金融服务与创新工作，成绩显著。担保公司成立两年来累计实现经营净利润3439万元，走访企业800多家，评审项目近400个，累计为阳普医疗科技股份有限公司等113家企业提供174笔贷款担保服务。创新投资公司经营情况良好，确定投资项目17个，包括种子项目10个和跟投项目7个，签订投资总额3148.51万元，已出资到位资金2148.51万元，带动投资资金9145.8万元。设立四支子基金，投资规模为61亿元，共投资18个项目，投资总额超过7.8亿元。科创公司全年实现投资收益1046万元，实现税前利润总额527.97万元。2010年在投项目20个（不含已退出项目），直接投资额1.81亿元（不含已退出项目），属行业投资标准制定单位8个，国家工程中心1家，国家技术发明一等奖1项。至12月31日，持有达意隆股份1464.75万股、博云新材料股份533.62万股、阳普医疗股份969.297万股，总市值超过6亿元，3家上市企业的价值回报是股本金3倍多。凯得公司作为广州高新区申报代办股份转让系统扩大试点园区工作小组成员，配合区经科局、申报小组，协助工作，并及时掌握跟进申报信息，联系券商、交易所，加快园区内企业股改进程。

【所属企业主要工作】 2010年，永龙公司推进科技企业加速器项目二至五期工程的建设，总部经济区一期、“四栋凯字楼”等四个项目的收尾工作，其中，总部经济区一期A1-A8栋全面完工；A9A10栋配套工程完成招标；四凯项目进入竣工验收结算阶段；加速器一期进行项目档案移交及竣工结算；加速器二期完成一、二、三标段的主体结构和装修施工；加速器三期完成基础施工；加速器四期完成现场施工围蔽、三通一平及临时用电线路。物业入驻企业总计342家，萝岗会议中心累计举办会议206场，物业管理水平明显提高。

广州凯得文化娱乐有限公司于2008年8月26日成立，注册资本7.6亿元，是经广州开发区管委会批准，由广州凯得控股有限公司出资设立的全资国有企业，总资产超过20亿元。2010年，该公司主要负责第16届亚运会篮球比赛的主场馆——广州国际体育演艺中心的运营和管理。2010年，广州国际体育演艺中心成功举办2010NBA中国赛、第16届亚运会篮球比赛、湖南卫视跨年演唱会等国际赛事和演艺活动。5月，参加第九届全国艺术节演交会展览，向全国的演出商经纪人展示该公司的场馆资源及品牌实力。在演交会上，收集了大量演出商经纪人信息和演艺项目资源信息，为今后节目资源的引进积累了信息源。公司还举办第14期篮球高级教练培训班、中国体育场馆协会第四届换届大会暨中国场馆建设与运营高峰论坛会议等。

2010年，广宽公司稳固城域数据传输市场占有率，谋求IT运维外包和系统集成新业务领域新发展，降低成本，实现经营减亏。全年实现营业收入6865.3万元，比上年增长66.77%。利润总额同比减亏132.22万元，完成年度经营指标。中标项目17

项，增长143%，中标金额合计3128.13万元。承担从化视频监控二期和公安专网等建设项目210个。公司由单一的“资源供应商”向多元化的“服务提供商”转型。

完成金鹏集团重组转让工作。重组工作历经签订重组协议、股权归拢、设立合资公司、股权挂牌转让以及股权交割过程，2010年7月15日，广州产权交易所出具《企业产权交易证明》，股权转让正式完成。

2010年，留创园公司主营业务收入约268万元，净利润约57万元。凯得物业主营业务收入约1183万元，净利润约达25万元。（丘乐乐）

## 广州恒运企业集团股份有限公司

【概况】 广州恒运企业集团股份有限公司（以下简称恒运集团）是国有控股的主营电力生产和集中供热的上市公司（股票代码000531，简称穗恒运A），位于广州开发区西区，拥有四台发电机组，总装机容量为102万千瓦，业务范围涉及发电、供热、金融、房地产、环保等产业。2010年末，恒运集团有在职职工760人，其中大专学历以上人员517人，中级职称以上人员433人，党员235名。是年，恒运集团被中国电力企业联合会评选为“全国电力行业优秀企业”，被国家电监会评为“广州亚运会亚残运会保电工作先进单位”，被第16届亚组委志愿者部、团市委等单位评为“广州亚运会、亚残运会志愿者工作贡献奖（集体）”；党委书记、董事长黄中发被《中国企业报》、《中国经济日报》联合评选为“中国经济十大创新人物”。

2010年6月18日，广州市人大常委会主任张桂芳率市人大常委会视察组视察恒运集团。　恒运集团供稿

【企业经营】 2010年，恒运集团实现上网电量62.36亿千瓦时，供热量144.15万吨，实现净利润2.65亿元，上缴各种税金3.36亿元。全年共采购煤炭338.48万吨，比直接在广州市场采购同热值煤种节约资金达3亿元。机组利用小时数达6563小时，在全省60家火力发电厂中排名第5位。

【企业管理与改革】 2010年，恒运集团全面实施标准化管理，对ISO9001，ISO14001，OHSAS18001的“质量、环境、职业健康安全”三标管理体系进行全面深入地监测与审核，使体系运作更加规范、精细、科学；以“节约年”为行动纲领，以“升炉效、升机效、降供电煤耗、降厂用电率（两升两降）”为目标，开展节能降耗、增收节支活动；深入推行综合计划管理，充分发挥综合计划管理在生产经营中的统筹、分析、协调和控制作用，建立PDCA循环，推动各项工作按计划平稳、有序开展；全面推行预算管理，制订全面预算管理制度，形成以预算编制、预算执行、预算调整、预算分析为主体的预算管理体系，严控办公费用和管理费用开支；开展精细管理等活动；加强人才队伍建设，做好招工培训工作，相继出台《员工招聘管理办法》、《干部岗位轮换制度》等规章制度，妥善安置B厂近百名人员；全面推动企业文化建设深入开展，制作《恒运集团“三和”企业文化理念体系》手册。

【企业发展】 2010年，恒运集团推进公司重大资产重组工作，重组方案于12月21日获得中国证监会审核有条件通过，这是恒运集团发展进程中的里程碑事件，标志公司主要发电、供热资产将实现整体上市；谋求低碳经济领域的发展机遇，正式上报中新广州知识城热电冷联供项目建议书，建议被纳入市政基础设施规划方案。推进科城山庄KXC-P6-2地块建设，实现全面开工。不断拓展集中供热、环保脱硫剂业务，逐步将其打造成为新的经济增长点。物业出租业务平稳发展，恒运大厦和广信厂房物业出租率100%。

【环保节能】 2010年，恒运集团完成C厂2台210兆瓦机组湿法脱硫改造、烟气脱硝改造以及#7炉电除尘器改造。三项工程完工，提高了公司的环保治理水平：脱硫率由65%提高到90%，适应煤种含硫率由0.8%提高到1.5%，年削减二氧化硫排放量2772吨；脱硝率提高到80%，年削减氮氧化物排放量5677吨。亚运会期间，恒运集团加大力度降低各项污染物排放，$SO_2$排放控制在50mg/Nm³，$NO_x$排放浓度控制在100mg/Nm³以下。是年，恒运集团在节能降耗方面取得明显成效：平均供电标煤耗为334.73克/千瓦时，比上年降低14.32克/千瓦时，超额完成省、市经贸委下达的节能目标。

3月17日，恒运集团作为广东省环保示范企业，在广东省环保厅组织召开的“第四届亚运会空气质量保护工作会议暨火电厂降氮脱硝现场会”上作经验交流，接受现场参观考察。6月18日，市人大常委会主任张桂芳率视察组到公司生产现场视察，召开“广州亚运环境空气质量保障工作汇报会”；8月5日，省人大常委会副主任陈小川率视察组到该公司生产现场视察，听取广州市环境保护局的工作汇报，并进行国家和省级三次环保在线监控系统（CEMS）有效性审查等专项活动。两个视察组均对公司的环保工作予以肯定和高度评价。

【直属企业和参股企业】 2010年，广州恒运热力有限公司推进西区管网改造，新建DN500替代主干管；广州恒运东区热力有限公司建设东区供热三期扩建一台75吨/小时循环流化床锅炉。是年，广州恒运热力有限公司和广州恒运东区热力有限公司销售蒸汽142.28万吨，实现净利润2120万元。

是年，龙门恒隆环保钙业有限公司在满足恒运集团生产所需脱硫剂的情况下，向外拓展市场，试销冶金活性灰1951.32吨，实现向市场迈出的关键步伐。全年销售消石灰7.6万吨，实现净利润530万元。在项目筹建方面，正式启动二期项目建设。

是年，广州证券取得良好效益，恒运集团实现投资收益近5000万元。

是年，广州锦泽房地产开发有限公司完成规划方案报批、资质证照办理、招标等各项工作，实现全面开工。（李德鑫　吴玉桃）

## 广州世星投资有限公司

【概况】 广州世星投资有限公司成立于2000年11月，是广州开发区管理委员会的全资子公司、指定招商项目服务机构。

2010年，该公司合同引进外资项目26个（含增资项目），合同引进外资（按注册资本计算）2.32亿美元，实际引进外资1.52亿美元；内资引进项目18个，引进资金3.23亿元。实际引资和引进内资均获得管委会颁发的金牌奖。继续参与协调阿普拉、美达王、中机实业等一批项目在用地、建设、筹建等方面的许多问题，使企业筹建比较顺利。

2010年，公司实现营业收入34.7万元，比上年增长4.82%；补贴收入578.7万元，下降102.76%；投资收益393万元，增长3.66%；净利润29.8万元，下降157.05%；上缴利税33.7万元，下降95.85%。

（吴鸿博）

## 广州国际生物岛科技投资开发有限公司

【概况】 2010年8月19日，根据《广州开发区管委会、萝岗区政府常务会议纪要》（穗萝府1届104次[2010]11号），成立广州生物岛科技投资开发有限公司（以下简称“生物岛公司”），由广州国际生物岛建设管理办公室主任兼任该公司董事长；建立职业经理人制度，面向全球招聘具有生物产业技术背景及管理经验的专业人士担任公司总经理。公司位于广州国际生物岛标准产业单元一期（以下简称“标产一期”），全面负责广州国际生物岛的投资开发、经营管理和招商引资工作。

生物岛公司是广州开发区管委会的全资国有企业，主管部门为广州开发区管委会、萝岗区政府。编设董事长1名，总经理1名，总经理助理1名，内设行政部、投资服务部、财务部3个部门。2010年定员36名，其中在职人员7名，中共党员2人，硕士研究生学历3人，本科学历3人，高中学历1人。

【招商引资工作】 2010年，生物岛公司接待前来考察的客户17批次，就生物岛的中长期发展、项目引进、宣传推广、招商引资等问题进行沟通和交流，并前往建智、凯德、广州生物工程中心等地进行调研，为2011年的招商工作打下基础。

12月1日，广州国际生物岛筹建办公室组织在生物岛召开“生物岛建设发展专家恳谈会”，广州市科协副主席、党组书记冯之，广州开发区管委会副主任蔡刚强出席会议。会议对生物岛建设成绩给予肯定，并对生物岛下一步建设开发提出建设性的意见和建议。如何保证广州开发区管委会“两城一岛”战略顺利实施，保障生物岛长期可持续发展，会议对此作了深入而广泛的探讨。广州市药学会会长金建忠、秘书长吴越，广东省药学院院长朱家

2010年12月1日，广州国际生物岛召开“生物岛建设发展专家恳谈会”。　生物岛公司供稿

勇、副院长张幼铎，威尔曼集团董事长孙明杰，区经济发展和科技局，区食品药品监管局，生物岛建设办和生物岛公司相关负责人等参加会议。

12月18日上午，诺贝尔奖获得者赫什科教授（Dr. Avram Hershko）及其夫人与华南生物芯片研究中心首席科学家郑文玲教授一行到广州国际生物岛，主要探讨未来在生物岛进行项目研发的可能性。

（童 玲）

## 民营经济

**【概况】** 2010年，萝岗区新增个体工商户1661户，累计12296户，注册资金44417.18万元；新增私人企业567户，累计4332户，注册资金104.06亿元；农民专业合作社13户，注册资金130.26万元。私营企业主要分布在批发和零售业、科学研究、技术服务和地质勘查业、制造业、租赁和商务服务业、交通运输、仓储和邮政业等行业。个体工商户所属行业前5名排名为批发和零售业、居民服务和其他服务业、住宿和餐饮业、农林牧渔业、制造业。

（康文斌）

**【广州金鹏集团有限公司】** 2010年，广州金鹏集团有限公司围绕“数字化城市”和“通信”两大核心业务稳健发展，各项业务均取得良好的发展，全年实现销售收入4.24亿元，实现利税总额4628万元。9月28日，召开战略重组会议，三胞集团正式成为绝对控股股东，标志着战略重组的完成。

5月，以1.86亿元中标武汉城市视频监控系统建设项目，并在湖北、江苏、陕西陆续中标平安城市、数字城管等大型数字化城市建设项目，标志着金鹏在全国市场的开拓取得突破性进展。全面参与第16届广州亚运会的安全保障建设和运维工作，承担总指挥部运行指挥信息中心、重要场馆、重要交通路段等76个涉亚功能区域3万个治安视频摄像头的视频监控建设和运维工作。

2010年，公司累计进行研发项目16项，获得国家、省、市及广州开发区各类项目立项15项，获得政府资助465万元，其中“基于智能无线互联技术的应急信息交换平台”获广州市科信局2010年度广州市科技计划项目立项，“物流综合调度管理系统”获广东省科技厅2010年度广东省科技计划产学研合作项目立项，“数字视频监控安全支撑系统”获广东省科技厅2010年度广东省科技计划项目立项，“危险品物联网监控平台的研究以及在平安城市中的应用”获广东省经信委2010年度广东省现代信息服务业战略重点领域招标项目立项，“城市视频监控综合管理和智能应用平台”获广州市科信局2010年广州科技亚运专项行动计划立项，“多级分布式校园报警监控及网上巡考联网视频管理平台”获广州开发区2010年区科技计划项目立项。工程中心全年有3个项目通过验收。工程中心研发产品投入生产产值4637万元。

是年，公司上榜广东省企业500强、广东省制造业企业百强，并荣获第五届中国安防百强企业称号。

（刘 静）

2010年10月28日，金鹏集团战略重组会议在金鹏公司举行。 贾自豪 摄

# 科学技术

# 科技工作

【概况】 2010年，广州开发区、萝岗区科技工作取得新进展。编制《广州高新技术产业开发区“十二五”发展规划》、《广州开发区、萝岗区科技发展“十二五”规划》，提出“十二五”期间区科技工作的主要思路和抓手。编制完成《广州国际生物岛产业规划》，为国际生物岛产业发展提供思路。高新技术企业上市取得新突破，全年有毅昌科技、海格通信、高新兴通信、香雪制药4家企业成功上市融资。推动战略性新兴产业发展取得良好开局，组织申报的新一代通信设备、物联网、平板显示3个基地被认定为全省首批战略性新兴基地，占全市基地数的四分之三。创新人才队伍建设效果显著，全年新认定区科技领军人才11名。全区高新技术产品产值达1785亿元，占工业总产值比重达42%。广州科学城实现营业总收入1900亿元，是2005年的5倍，年均增长40%。 （夏 坚）

【科技招商】 2010年，广州开发区、萝岗区科技招商围绕“建设创新型科技园区、迈向世界一流高科技园区”的发展目标，围绕“两城一岛”建设加大科技招商力度，优化科技创新、创业环境，支持企业提高技术创新能力，通过“招商引智”重点引进辐射作用强的儒兴科技、广州智光节能等龙头企业和高技术产业项目。全年新引进内资项目932个，同比增长21%，其中内资科技项目317个，同比增长20%；注册资本24亿元，同比增长17%。 （林 骏）

【自主创新体系建设】 2010年，广州开发区、萝岗区对接国家战略性新兴产业规划，抓住省部合作、省院合作机遇，加强与国家和省有关部门、科研院所及高等院校的沟通衔接，推动广州北航新兴产业技术研究院、中国科学院南方工业生物技术转移中心等项目落户。全面启动中新广州知识城开发建设，广州科学城和广州国际生物岛创新创业载体建设取得新突破，中山大学国际健康医疗研究中心、勤上光电研发中心等一批科技产业项目落户中新广州知识城起步区，广州科学城科技企业加速器一期和国际生物岛标准产业一单元建成，后续项目启动建设。 （夏 坚）

【广州火炬高新技术创业服务中心】 2010年，广州火炬高新技术创业服务中心（以下简称“广州火炬中心”）围绕直接管理、服务的广州科技创新基地、BC组团、广州科技企业加速器、总部经济区及广州开发区重大产业项目的引进任务等开展工作，做到招商与企业筹建服务两不误，洽谈意向进驻项目187个，引进项目122个，引进项目总注册资本人民币389757万元、美元16541.5万。广州火炬中心各园区在园企业总数达300家。

·投融资服务·2010年，广州火炬中心推进投融资平台建设，为企业提供投融资对接服务。开展“一对一”投融资项目对接50多次，举办小规模投融资对接会3次。成功为企业融资9207万元。

·科技资源共享·为降低企业的创业成本，广州火炬中心按产业化分工打造公共技术服务平台，实现创新资源共享。2010年，广州开发区仪器设备共享资源库当年新增入库仪器269项，累计入库仪器4292项，累计为企业提供各类科技研发和产品检测服务850次；协助16家企业申请2009年度仪器使用费补贴，申请金额14.9万元，累计实现补贴总额超过34万元。

·科技项目申报服务·2010年，广州火炬中心协助园区企业进行科技项目申报。全年广州火炬中心协助获得国家、省、市部门立项的园区企业申请区科技资金配套41项，金额1856万余元；受理广州市留学人员专项资金、留学人员科技活动项目择优资助申请11项，金额47万元；受理科技企业、创意产业企业场地补贴、注册资本奖励等26项，金额累计211.6万元。

·人才服务平台·2010年，广州火炬中心开拓和招聘网站合作的新渠道，为企业引进有丰富工作经验的实用型人才，为42家园区企业在前程无忧和智联招聘网站上发布招聘职位信息210项，招聘人数近500人。协助园区企业中的高层次人才入选各级人才计划，全年推荐20家园区企业申报国家中组部千人计划，推荐16家园区企业申报广州市创新创业领军人才百人计划。

·创业辅导工作·2010年，广州火炬中心根据已建立的具有广州开发区特色的创业辅导模式，进一步扩大被辅导企业队伍，扩大创业导师行动的影响范围，取得较好成效。全年举办12场创业导师专题研讨会，被辅导企业数达70多家，部分企业与导师所在企业建立合作关系；《创业导报》多次大篇幅报道创业导师行动，起到宣传推广作用。

建立多层次创业培训体系，面向企业中层管理人员举办财务、人力资源、销售等内容的“企业培训营”培训；面向企业高层管理人员举办管理、营销等方面的“企业大讲堂”培训。是年，广州火炬中心为100多家企业培训近1200人次。

2010年4月，广州火炬中心被国家科技部认定为首批国家级“大学生科技创业见习基地试点单位”，6月，获广州市就业工作领导小组颁发的“广州市创业（孵化）示范基地”。

·创新驿站·“广州开发区创新驿站”项目

被列为广州开发区、萝岗区2009年“三促进一保持”十项重点工程。广州火炬中心负责经办，各项工作按节点计划推进。2010年7月，广州开发区创新驿站成为首批中国创新驿站区域站点试点，是全国唯一的以高新区为建设单位的区域站点。

2010年，广州火炬中心主要推进“广州开发区创新驿站”区域站点网络平台和服务体系的建设。完成“广州开发区创新驿站”项目的公开招标并全面启动项目建设工作，完成需求分析、硬件采购与安装、创新驿站功能与服务体系设计、专家论证以及加入欧盟的前期沟通等工作。广州开发区创新驿站服务体系建设方案通过专家评审。召开“广州开发区创新驿站企业推介会”开展试点工作，组织相关专家走访试点企业16家，并初步促成对接、合作意向2项。

**【参展第十三届中国留学人员广州科技交流会】** 2010年12月20～22日，第十三届中国留学人员广州科技交流会（以下简称“留交会”）在广州白云国际会议中心举行。留交会开幕式结束后，中组部部长李源潮、广东省委书记汪洋等领导视察广州开发区展区。广州开发区管委会副主任、萝岗区区长石奇珠介绍区近年来吸引高科技人才的成果以及一系列扶持政策。李源潮等领导对区人才工作表示满意，赞扬广州开发区是人才硅谷。

作为留交会的发起单位和主要参与方，广州开发区在本届留交会主要承担留学人员报名、参会资格审查、现场接待、特装展制作、项目及人才对接、论坛举办、大会统计及组织入区参观等工作。广州火炬中心作为留交会广州开发区工作小组的具体落实单位和教育部“春晖杯”创新创业大赛的协办单位，借助这两个高端平台向参会的海外留学人员和海外社团展示广州开发区优越的创业环境，通过有效的对接和洽谈吸引大批优秀的海外人才创业项目落户广州开发区。

该届留交会共有来自30多个国家和地区的近2000名留学人员和高层次人才参加，高质量创业项目达600项以上。为加强对区创新创业环境的宣传，广州火炬中心从外观和内容两方面着手对区特装展进行精心策划，重点宣传区海外高层次人才创新创业基地建设情况及中新广州知识城、广州科学城和广州国际生物岛情况。为了吸引不同层次的优秀留学人员落户，广州开发区工作组分别组织“春晖杯”参赛人员、杰出青年留学人员和留交会参会留学人员入区参观考察和现场座谈，共有数百名海外高层次人才参加。留交会期间广州火炬中心接待意向入园咨询人员300多人次，签署入驻意向书55份。

广州开发区有安凯（广州）微电子技术有限公司、康盛生物科技有限公司、安特激光技术有限公司、关键光电子技术有限公司、朗圣药业有限公司、广东华智科技有限公司6家企业入选“中国留学人员创业园百家最具成长性创业企业”，并在留交会上进行成果展览展示。

广州开发区在此次留交会上获颁第十三届留交会最佳参展交流奖。

2010年12月20~22日，第十三届中国留学人员广州科技交流会上的广州开发区展位。 贾自豪 摄

**【留学人员广州创业园】** 留学人员广州创业园（以下简称“广州创业园”）是广州开发区留学人员创业的主要聚集地，1999年8月由广州开发区投资创办并与国家教育部、科技部合作共建。2001年8月被国家科技部、教育部、人事部和外国专家局联合认定为国家留学人员创业园建设示范点，是广东省唯一的国家级留学人员创业园。

在硬件环境建设方面，广州创业园形成资源互补、配套齐全的孵化网络，成为广州乃至华南地区最具规模的留学人员创业园。广州创业园不断加强特色化、专业化、精细化增值服务，为企业提供产学研合作、产业集群、创业辅导等多层次的创业服务，帮助企业迅速形成和提高核心竞争力。

至2010年12月，广州创业园各园区累计孵化留学人员企业491家；引进创办企业的留学人员688人，其中博士414人、硕士237人；毕业企业168家；产业化企业160家；15家企业购地建立产业化园区，总购地面积超过60万平方米。 （陈静韵）

**【研发机构】** 2010年，广州开发区、萝岗区新增研发机构50家。至年底，累计有研发机构376家，其中，电子信息类147家，生物医药类76家，光机电一体化类39家，新材料类36家，其他78家。

**【科技奖励】** 2010年，广州开发区、萝岗区科技成果获省、市科技进步奖18项（均为2009年度奖励）。其中省级奖励7项，市级奖励11项。

## 2010年广州开发区获各级科技进步奖一览表

| 广东省科学技术进步奖：7项 | | | |
|---|---|---|---|
| 年度 | 项目名称 | 承担单位 | 等级 |
| 2009 | 诱导多能干细胞机理与技术研究 | 中国科学院广州生物医药与健康研究院 裴端卿等 | 一等奖 |
| | 食品微生物安全快速检测与控制技术研究 | 广东省微生物研究所等 吴清平等 | |
| | 岭澳核电站工程设计关键技术研究和应用 | 广东省电力设计研究院 彭雪平等 | 二等奖 |
| | 大屏幕交互显示技术及其应用 | 广东威创视讯科技股份有限公司 卢如西等 | |
| | 基于实时操作系统的嵌入式车床数控系统 | 广州数控信息科技有限公司等 曾德勇等 | |
| | 高性能长纤维增强热塑性塑料生产技术 | 金发科技股份有限公司 姜苏俊等 | |
| | 毒品五项联合快速检测技术 | 广州万孚生物技术有限公司等 何小维等 | 三等奖 |

| 广州市科学技术进步奖：11项 | | | |
|---|---|---|---|
| 年度 | 项目名称 | 承担单位 | 等级 |
| 2009 | WCDMA移动通信直放站 | 京信通信技术（广州）有限公司 | 一等奖 |
| | 超短波高性能网络化传输新技术研究及应用 | 广州海格通信集团股份有限公司 | |
| | 蒸汽辅助注塑成型技术的开发与应用研究 | 广州毅昌科技股份有限公司 | 二等奖 |
| | 短波数字化抗干扰通信技术及应用 | 广州海格通信集团股份有限公司 | |
| | 直立式系列红外热像仪 | 广州飒特电力红外技术有限公司、广州飒特红外科技有限公司 | |
| | 天然气运行大型织带染色机取代电加热小型染色机项目 | 广州建峰特纺五金制造有限公司 | 三等奖 |
| | 大功率LED灯具综合特性测试系统 | 广州市光机电技术研究院 | |
| | 110kV级大型低损耗节能电力变压器 | 广州广高高压电器有限公司 | |
| | 清洁型三价铬镀铬工艺及新型阳极材料的研发 | 广州市二轻工业科学技术研究所 | |
| | 枸地氯雷他定片 | 扬子江药业集团广州海瑞药业有限公司、合肥医工医药有限公司 | |
| | 第三代真空采血系统的研制 | 广州阳普医疗科技股份有限公司 | |

（冯志炜）

**【科技交流工作】** 2010年，广州开发区开展对外国际科技交流活动，提高区内科技研发水平及提升产业链，推动区与国际兄弟科技园区的友好往来，广泛集聚科技资源。组织科技会议、成果展示、科技学术交流论坛等活动，有效地开展国际科技资源平台建设、项目引进及引智等工作。

开展和美国马萨诸塞州大学医学院的项目合作。项目由2006年诺贝尔生理学或医学奖获得者、美国马萨诸塞州大学医学院分子医学教授克雷格·梅洛教授为团队负责人。团队成员均是基因沉默技术产业内全球最知名的科学家和专家。项目拟在广州科学城建立以基因沉默技术为核心，建立生物技术、生物制药、绿色农业的产业化基地，吸引和培养科技骨干，打造国际领先水平的中国基因沉默技术产业旗舰。区科技部门和英国布拉德福德大学对接，合作开展“中英科技桥”创新活动。

【科技计划项目】 2010年，广州开发区获国家科技项目立项108项，其中国家863计划项目4项，国家973计划项目9项；获省级科技计划项目237项；获广州市级立项211项；区级立项93项。

**广州开发区获得2010年度国家科技计划项目情况表（108项）**

| 序号 | 项目名称 | 项目类型 | 承担单位 |
|---|---|---|---|
| 1 | 多模式多频段宽带无线通信射频前端SoC芯片开发 | 863计划 | 广州润芯信息技术有限公司 |
| 2 | GSM射频收发机关键技术研究 | 863计划 | 广州润芯信息技术有限公司 |
| 3 | 国际贸易区域经贸合作与流通促进平台 | 国家科技支撑计划 | 广州市尊网商通资讯科技有限公司 |
| 4 | 数字家庭互动服务模式研究及系统平台 | 国家科技支撑计划 | 广东拓思软件科学园有限公司 |
| 5 | 数字高清互动接口一体化产品研发及产业化 | 电子信息发展基金 | 广州毅昌科技股份有限公司 |
| 6 | 钞票高速鉴伪设备及关键传感器研发与产业化 | 电子信息发展基金 | 广州广电运通金融电子股份有限公司 |
| 7 | 重组人内皮抑腺病毒注射液的临床研究 | 国家重大新药创制 | 广州达博生物制品有限公司 |
| 8 | 蛋白质的微生物发酵与分离纯化技术 | 科技部“十一五”国家科技支撑计划 | 广州复能基因有限公司 |
| 9 | 抗肿瘤新药人源P53重组融合蛋白 | 国家重大新药创制 | 广州复能基因有限公司 |
| 10 | 新型抗脑胶质瘤药物——重组人BMP2/7缓释系统的研制 | 国家重大新药创制 | 广东暨大基因药物工程研究中心有限公司 |
| 11 | 重组促胰岛素分泌素（rExendin-4）的临床研究 | 国家科技重大专项 | 中山大学达安基因股份有限公司 |
| 12 | 传染病诊断试剂产品化 | 科技重大专项“十一五”计划 | 中山大学达安基因股份有限公司 |
| 13 | 高压差连续提取分离浓缩技术改造传统中药产业的技术平台 | 国家重大新药创制 | 广州泽力医药科技有限公司 |
| 14 | 华南综合性新药研究开发技术大平台 | 国家重大新药创制 | 广东华南新药创制中心 |
| 15 | 高性能医用诊断及工业检测超声换能器 | 科技型中小企业技术创新基金 | 广州多浦乐电子科技有限公司 |
| 16 | 气控气动全自动心肺复苏机研究开发 | 科技型中小企业技术创新基金 | 广州少恒医疗器械有限公司 |
| 17 | 高效节能纺织品脱水机产品中试 | 科技型中小企业技术创新基金 | 广州鼎昇机械有限公司 |
| 18 | 面向电子制造业的产品数据管理系统 | 科技型中小企业技术创新基金 | 广州普维科技有限公司 |
| 19 | 离散型制造业产品研发管理系统 | 科技型中小企业技术创新基金 | 广州三品软件科技有限公司 |
| 20 | 高端数字电视核心芯片及其应用平台的研发与产业化 | 科技型中小企业技术创新基金 | 广州市加信电子技术有限公司 |
| 21 | 病原微生物测试片 | 科技型中小企业技术创新基金 | 广州绿洲生化科技有限公司 |
| 22 | 辐照交联制造形状记忆聚氨酯材料及应用 | 科技型中小企业技术创新基金 | 广州市曼博瑞材料科技有限公司 |

（续上表）

| 序号 | 项目名称 | 项目类型 | 承担单位 |
|---|---|---|---|
| 23 | 基于知识管理技术的一大信息服务MKM-SaaS软件平台 | 科技型中小企业技术创新基金 | 广州畅途软件有限公司 |
| 24 | 白血病治疗药物——门冬酰胺酶（欧文氏菌产）开发机产业化 | 科技型中小企业技术创新基金 | 广州市微生物研究所 |
| 25 | 一种基于angiogenin检测的肿瘤筛查试剂盒的研制 | 科技型中小企业技术创新基金 | 广州华灿医药科技有限公司 |
| 26 | 蓄冷货柜 | 科技型中小企业技术创新基金 | 广州赛能冷藏科技有限公司 |
| 27 | 基于MFTC的多媒体计费软件 | 科技型中小企业技术创新基金 | 广州惠灵信息技术有限公司 |
| 28 | 弹塑性聚合物合金复合材料 | 科技型中小企业技术创新基金 | 广州市研理复合材料科技有限公司 |
| 29 | 生理条件下快速形成的外科封闭剂 | 科技型中小企业技术创新基金 | 广州圣谕医药科技有限公司 |
| 30 | 软交换信令协议分析系统 | 科技型中小企业技术创新基金 | 广州市贝讯通信技术有限公司 |
| 31 | 融智众包应用平台V2.0研制与应用 | 科技型中小企业技术创新基金 | 广州融智信息技术服务有限公司 |
| 32 | 基于智能组件库技术的氰化物水质自动分析仪 | 科技型中小企业技术创新基金 | 广州市怡文环境科技股份有限公司 |
| 33 | 风险补助 | 科技型中小企业技术创新基金 | 广州科技风险投资有限公司 |
| 34 | 风险补助 | 科技型中小企业技术创新基金 | 广州海汇投资管理有限公司 |
| 35 | 投资保障 | 科技型中小企业技术创新基金 | 广州鑫盛节能科技有限公司 |
| 36 | 技术中心创新能力 | 高技术产业化项目 | 金发科技股份有限公司 |
| 37 | 高黏附力发酵乳酸杆菌高技术产业化示范工程 | 高技术产业化项目 | 广州立达尔生物科技有限公司 |
| 38 | 彩色微球分子诊断技术及重大传染病系列诊断产品高技术产业化 | 高技术产业化项目 | 广州万孚生物技术有限公司 |
| 39 | 安全环保型真空采血管系统高技术产业化项目 | 高技术产业化项目 | 广州阳普医疗科技股份有限公司 |
| 40 | 出生缺陷体外诊断系统高技术产业化项目 | 高技术产业化项目 | 广州市丰华生物工程有限公司 |
| 41 | 人乳头瘤病毒分型及淋球菌实时荧光PCR和RDB检测试剂盒高技术产业化项目 | 高技术产业化项目 | 中山大学达安基因股份有限公司 |
| 42 | 病毒性肝炎系列诊断试剂盒高技术产业化项目 | 高技术产业化项目 | 中山大学达安基因股份有限公司、中国科学院广州生物医药与健康研究院 |
| 43 | 高致病禽流感等重大疫病疫苗高技术产业化示范工程 | 高技术产业化项目 | 广东永顺生物制药有限公司 |
| 44 | 新型超薄液晶电视结构产业化—LCM模组与整机外观融合产业化 | 高技术产业化项目 | 广州毅昌科技股份有限公司 |
| 45 | WOND2000型神经肌电图系统 | 科技型中小企业技术创新基金 | 广州市三甲医疗信息产业有限公司 |
| 46 | 心血管化学创新药JBTA | 科技型中小企业技术创新基金 | 广州市众为生物技术有限公司 |
| 47 | 手性分离材料和HPLC手性柱的研制 | 科技型中小企业技术创新基金 | 广州研创生物技术发展有限公司 |
| 48 | 肿瘤放射用真空固定袋 | 科技型中小企业技术创新基金 | 广州科莱瑞迪医疗器械有限公司 |

（续上表）

| 序号 | 项目名称 | 项目类型 | 承担单位 |
|---|---|---|---|
| 49 | 酶法制备葡甘露寡聚糖的工艺研制 | 科技型中小企业技术创新基金 | 广东碧德生物科技有限公司 |
| 50 | “神通一号战略通信卫星应用系统”通信技术产业化 | 科技成果转化资金 | 广州海格通信集团股份有限公司 |
| 51 | 新型阻燃热塑性树脂系列产品产业化 | 科技成果转化资金 | 金发科技股份有限公司 |
| 52 | 流感病毒适用的抗原快速诊断试剂盒（免疫层析法）的研制 | 863计划 | 广州万孚生物技术有限公司 |
| 53 | 二氧化碳共聚物合成专用催化剂的产业化研究 | 863计划 | 广州科梦催化材料有限公司 |
| 54 | 国迈科技保密移动存储介质及管理系统产业化 | 信息安全专项 | 广州市国迈科技有限公司 |
| 55 | 器官缺陷和异种移植医用猪的创建 | 973计划 | 中国科学院广州生物医药与健康研究院 |
| 56 | 诱导多能干细胞机理与应用合作研究 | 国际科技合作项目 | 中国科学院广州生物医药与健康研究院 |
| 57 | 不同组织与疾病来源iPS细胞全基因组表观遗传及转录本差异分析与机制研究 | 973计划 | 中国科学院广州生物医药与健康研究院 |
| 58 | 组织干细胞的表观遗传调控机制和成体细胞谱系重编程研究 | 973计划 | 中国科学院广州生物医药与健康研究院 |
| 59 | 雄性生殖细胞体外诱导分化的基因表达及调控机理研究 | 973计划 | 中国科学院广州生物医药与健康研究院 |
| 60 | 基于多能性差异机制的安全高效重编程及造血细胞定向分化新技术探索 | 973计划 | 中国科学院广州生物医药与健康研究院 |
| 61 | 肝脏细胞再生的关键启动因子和调控网络的研究 | 973计划 | 中国科学院广州生物医药与健康研究院 |
| 62 | 新发和突发传染病病原快速诊断和高通量监测技术平台建设 | 国家重大专项 | 中国科学院广州生物医药与健康研究院 |
| 63 | 用于牙再生的上皮与间充质细胞来源的研究 | 973计划 | 中国科学院广州生物医药与健康研究院 |
| 64 | III型包膜病毒的入侵机制 | 973计划 | 中国科学院广州生物医药与健康研究院 |
| 65 | 抗炎活性化合物筛选及优化 | 973计划 | 中国科学院广州生物医药与健康研究院 |
| 66 | 通过分子内C-H键官能化合成几类杂环化合物的新方法研究 | 自然基金项目 | 中国科学院广州生物医药与健康研究院 |
| 67 | Roseophilin的全合成 | 自然基金项目 | 中国科学院广州生物医药与健康研究院 |
| 68 | STAT3小分子抑制剂及其抗肿瘤机制研究 | 自然基金项目 | 中国科学院广州生物医药与健康研究院 |
| 69 | 以IPS作为供体细胞进行核移植后表观遗传学研究 | 自然基金项目 | 中国科学院广州生物医药与健康研究院 |
| 70 | 低氧诱导因子（HIF）在体细胞重编程过程中的作用 | 自然基金项目 | 中国科学院广州生物医药与健康研究院 |

（续上表）

| 序号 | 项目名称 | 项目类型 | 承担单位 |
|---|---|---|---|
| 71 | 基于诱导多能干细胞技术的I型神经纤维瘤疾病模型研究 | 自然基金项目 | 中国科学院广州生物医药与健康研究院 |
| 72 | 锌指核酸酶技术制备基因打靶猪的研究 | 自然基金项目 | 中国科学院广州生物医药与健康研究院 |
| 73 | CPT1在脂肪细胞分化成脂过程中的功能研究 | 青年科学基金项目 | 中国科学院广州生物医药与健康研究院 |
| 74 | 线粒体新型融合方式“kiss-and-run”的分子机制与功能研究 | 青年科学基金项目 | 中国科学院广州生物医药与健康研究院 |
| 75 | II型PI3K家族基因在斑马鱼血管和造血系统发育中的功能研究 | 青年科学基金项目 | 中国科学院广州生物医药与健康研究院 |
| 76 | β-地中海贫血患者iPS细胞中突变位点的原位修复研究 | 青年科学基金项目 | 中国科学院广州生物医药与健康研究院 |
| 77 | T淋巴细胞增强腺病毒感染CD14细胞的机制研究 | 青年科学基金项目 | 中国科学院广州生物医药与健康研究院 |
| 78 | 转基因表达肿瘤相关抗原MUC-1的减毒疟原虫感染治疗小鼠Lewis肺癌的实验研究 | 青年科学基金项目 | 中国科学院广州生物医药与健康研究院 |
| 79 | 铜催化的串联及多组分反应研究 | 青年科学基金项目 | 中国科学院广州生物医药与健康研究院 |
| 80 | 不同组织来源的人多能干细胞（iPS）及其衍生的神经前体细胞免疫原性比较研究 | 青年科学基金项目 | 中国科学院广州生物医药与健康研究院 |
| 81 | 蛋白磷酸酶PPM1E与NF-κB/p65的相互作用及其作为肿瘤治疗新靶标的研究 | 青年科学基金项目 | 中国科学院广州生物医药与健康研究院 |
| 82 | 癌症重大科学问题及防治新策略的研究（第一期） | 中国科学院创新工程重大项目 | 中国科学院广州生物医药与健康研究院 |
| 83 | 投资保障 | 科技型中小企业技术创新基金 | 广州奇绩医药科技有限公司 |
| 84 | 纳滤膜法纯化再利用牛仔布丝光废碱液装置 | 科技型中小企业技术创新基金 | 广州中科建禹水处理技术有限公司 |
| 85 | BASS-260基站智能门禁管理系统 | 科技型中小企业技术创新基金 | 广东高新兴通讯设备有限公司 |
| 86 | GM-SMP局域网文件保护系统 | 科技型中小企业技术创新基金 | 广州市国迈科技有限公司 |
| 87 | 大功率固体激光陶瓷腔 | 科技型中小企业技术创新基金 | 广州安特激光技术有限公司 |
| 88 | 白细胞介素12治疗和预防肿瘤患者放疗化疗后血象异常的药效学研究 | 科技型中小企业技术创新基金 | 广州市恺泰生物科技有限公司 |
| 89 | 1.2类新药银杏内酯B注射液 | 科技型中小企业技术创新基金 | 广州艾格生物科技有限公司 |
| 90 | 用做爆炸物品溯源与安检的稀土化学示踪体系 | 科技型中小企业技术创新基金 | 广州鑫誉蓄能科技有限公司 |

（续上表）

| 序号 | 项目名称 | 项目类型 | 承担单位 |
|---|---|---|---|
| 91 | 动态冰蓄冷中央空调产业化示范系统 | 科技型中小企业技术创新基金 | 广州市科控信息技术有限公司 |
| 92 | 天然气管网远程测控及预警应急决策系统 | 科技型中小企业技术创新基金 | 广州三则电子材料有限公司 |
| 93 | 微波多层片式陶瓷电容器的贱金属镍内部电极浆料 | 科技型中小企业技术创新基金 | 广州市智工机械智能控制科技有限公司 |
| 94 | 指控智能装置 | 科技型中小企业技术创新基金 | 安凯（广州）微电子技术有限公司 |
| 95 | 支持AVS/DRA多视音频解码的1080p全高清芯片的实现 | 科技型中小企业技术创新基金 | 广州吉必盛科技实业有限公司 |
| 96 | 疏水型气相二氧化硅 | 科技型中小企业技术创新基金 | 广州吉必盛科技实业有限公司 |
| 97 | 无菌生物护创膜 | 科技型中小企业技术创新基金 | 广东冠昊生物科技股份有限公司 |
| 98 | 广州科技型中小企业技术转移创新服务平台 | 科技型中小企业技术创新基金 | 广州技术产权交易所股份有限公司 |
| 99 | 400万居里辐照技术公共服务平台 | 科技型中小企业技术创新基金 | 广州华大生物科技有限公司 |
| 100 | 风险补助 | 科技型中小企业技术创新基金 | 广州海汇投资管理有限公司 |
| 101 | 风险补助 | 科技型中小企业技术创新基金 | 广州凯得科技创新投资有限公司 |
| 102 | 投资保障 | 科技型中小企业技术创新基金 | 海狸（广州）生物科技有限公司 |
| 103 | 投资保障 | 科技型中小企业技术创新基金 | 广州市恒力安全检测技术有限公司 |
| 104 | 车载指挥自动化系统联合研制及关键技术引进 | 中俄科技合作专项 | 广州海格通信集团股份有限公司 |
| 105 | 面向行业/领域的IT资源库关键技术及系统 | 科技型中小企业技术创新基金 | 广东拓思软件科学园有限公司 |
| 106 | 清热通腑方组方优化和降糖功效研究 | “重大新药创制”科技重大专项 | 广州中一药业有限公司 |
| 107 | 一种全新的抗恶性肿瘤候选药–新酪氨酸酶抑制剂COPEN | “重大新药创制”科技重大专项 | 广东中科药物研究有限公司 |
| 108 | 艾滋病毒诊断技术研究与产品研制 | 科技重大专项“十一五”计划 | 中山大学达安基因股份有限公司 |

## 广州开发区、高新区、出口加工区、保税区2010年度省科技计划项目（237项）

| 序号 | 项目名称 | 项目类型 | 承担单位 |
|---|---|---|---|
| 1 | 辅助降血糖保健食品糖脂欣口服液的研制与产业化 | 科技产业技术研究与开发 | 广州中一药业有限公司 |
| 2 | 高效节能纺织品脱水机产业化 | 科技产业技术研究与开发 | 广州鼎昇机械有限公司 |

（续上表）

| 序号 | 项目名称 | 项目类型 | 承担单位 |
|---|---|---|---|
| 3 | 环境友好汽车材料研发及产业化 | 科技产业技术研究与开发 | 金发科技股份有限公司 |
| 4 | 仿真模拟关键技术研究及产业化 | 科技产业技术研究与开发 | 广州欧竞信息科技有限公司 |
| 5 | 羊胎素系列产品的开发 | 科技型中小企业技术创新专项 | 广州市清博生物科技有限公司 |
| 6 | 基于云存储的在线备份系统及应用 | 科技型中小企业技术创新专项 | 广州摩高信息科技有限公司 |
| 7 | 反转录酶（M-MLV Rnase H）的国产化研制 | 科技型中小企业技术创新专项 | 广州莱德尔医疗仪器科技有限公司 |
| 8 | 酒店客房智能控制系统 | 科技型中小企业技术创新专项 | 广州信力德智能控制系统有限公司 |
| 9 | 高强度阻燃软光缆 | 自主创新产品 | 广州关键光电子技术有限公司 |
| 10 | Visionpro显示单元 | 自主创新产品 | 广东威创视讯科技股份有限公司 |
| 11 | digicom多屏处理器 | 自主创新产品 | 广东威创视讯科技股份有限公司 |
| 12 | 单张存款机芯 | 自主创新产品 | 广州广电运通金融电子股份有限公司 |
| 13 | 多功能存取款一体机 | 自主创新产品 | 广州广电运通金融电子股份有限公司 |
| 14 | 自动售票机 | 自主创新产品 | 广州广电运通金融电子股份有限公司 |
| 15 | 模锻钢制接头压接索具 | 自主创新产品 | 广州建峰特纺五金制造有限公司 |
| 16 | 无极环形钢丝绳铰接索具 | 自主创新产品 | 广州建峰特纺五金制造有限公司 |
| 17 | 塑料注射成型机 | 自主创新产品 | 广州博创机械有限公司 |
| 18 | 时间分辨荧光免疫分析仪 | 自主创新产品 | 广州市丰华生物工程有限公司 |
| 19 | 全自动蜂窝纸板生产线 | 自主创新产品 | 荷力胜（广州）蜂窝制品有限公司 |
| 20 | GSK DAP01 交流异步主轴伺服驱动 | 自主创新产品 | 广州数控设备有限公司 |
| 21 | GSK DA98B 全数字式交流伺服驱动 | 自主创新产品 | 广州数控设备有限公司 |
| 22 | 数控式全自动薄膜包装机 | 自主创新产品 | 广州达意隆包装机械股份有限公司 |
| 23 | 茶果蔬汁热灌装生产线 | 自主创新产品 | 广州达意隆包装机械股份有限公司 |
| 24 | PET瓶吹瓶机 | 自主创新产品 | 广州达意隆包装机械股份有限公司 |
| 25 | 乳核散结片 | 自主创新产品 | 广州中一药业有限公司 |
| 26 | 消渴丸 | 自主创新产品 | 广州中一药业有限公司 |
| 27 | 障眼明片 | 自主创新产品 | 广州中一药业有限公司 |
| 28 | 利多卡因（二甲醚）气雾剂 | 自主创新产品 | 广州市香雪制药股份有限公司 |

（续上表）

| 序号 | 项目名称 | 项目类型 | 承担单位 |
|---|---|---|---|
| 29 | 抗病毒口服液 | 自主创新产品 | 广州市香雪制药股份有限公司 |
| 30 | 板蓝根颗粒 | 自主创新产品 | 广州市香雪制药股份有限公司 |
| 31 | 妊娠类检测系列产品 | 自主创新产品 | 广州万孚生物技术有限公司 |
| 32 | 毒品检测系列产品 | 自主创新产品 | 广州万孚生物技术有限公司 |
| 33 | 传染病类检测系列产品 | 自主创新产品 | 广州万孚生物技术有限公司 |
| 34 | 集装箱板 | 自主创新产品 | 广州珠江钢铁有限责任公司 |
| 35 | 高强耐候钢 | 自主创新产品 | 广州珠江钢铁有限责任公司 |
| 36 | 普通碳素结构钢 | 自主创新产品 | 广州珠江钢铁有限责任公司 |
| 37 | 汽车用长玻纤增强聚丙烯 | 自主创新产品 | 金发科技股份有限公司 |
| 38 | 环保型耐候高流动阻燃高抗冲聚苯乙烯复合物 | 自主创新产品 | 金发科技股份有限公司 |
| 39 | 改性聚氯乙烯（PVC）合金 | 自主创新产品 | 金发科技股份有限公司 |
| 40 | 乳化焦浆（EGC/EGC-F） | 自主创新产品 | 广州迪森热能技术股份有限公司 |
| 41 | 强力分散ABS耐冲击色母/ET系列 | 自主创新产品 | 广州市波斯塑胶颜料有限公司 |
| 42 | EST-2004氨氮在线自动监测仪 | 自主创新产品 | 广州市怡文科技有限公司 |
| 43 | EST-2001BCODcr在线自动监测仪 | 自主创新产品 | 广州市怡文科技有限公司 |
| 44 | 环保型多功能合成切削液 | 自主创新产品 | 广州机械科学研究院 |
| 45 | 绿色水基切削液 | 自主创新产品 | 广州机械科学研究院 |
| 46 | 微生物检验培养基及快速检测试剂盒 | 自主创新产品 | 广东环凯微生物科技有限公司 |
| 47 | 碧康源 | 自主创新产品 | 广东碧德生物科技有限公司 |
| 48 | 液晶电视模组-整机一体化项目 | 自主创新产品 | 广州创维平面显示科技有限公司 |
| 49 | 液晶电视集成制造技术——高光泽、免喷涂新型平板电视机壳研发及产业化基地建设 | 自主创新产品 | 广州毅昌科技股份有限公司 |
| 50 | 液晶电视模组-整机一体化项目 | 平板显示产业专项 | 广州创维平面显示科技有限公司 |
| 51 | 液晶电视集成制造技术——高光泽、免喷涂新型平板电视机壳研发及产业化基地建设 | 平板显示产业专项 | 广州毅昌科技股份有限公司 |
| 52 | 液晶电视新型机壳用环保型阻燃工程塑料 | 平板显示产业专项 | 金发科技股份有限公司 |

（续上表）

| 序号 | 项目名称 | 项目类型 | 承担单位 |
|---|---|---|---|
| 53 | 基于开放式结构平板显示一体机技术研究与产业化示范 | 平板显示产业专项 | 广州毅昌科技股份有限公司 |
| 54 | 常见食源性致病菌分子检测与显色生化确证试剂盒 | 省科技型中小企业创新基金 | 广东环凯微生物科技有限公司 |
| 55 | 基于领域构件的流体机械制造行业精益化生产系统 | 省科技型中小企业创新基金 | 广州市天剑计算机系统工程有限公司 |
| 56 | 中小制造企业高级生产计划与排程优化软件（APS） | 省科技型中小企业创新基金 | 广州亿澳斯软件科技有限公司 |
| 57 | 基于基站定位的城市出租车智能电召LBS系统 | 省科技型中小企业创新基金 | 广州力擎网络科技有限公司 |
| 58 | 支持AVS/DRA多视音频解码的1080p全高清芯片的实现 | 省科技型中小企业技术创新专项资金 | 安凯（广州）微电子技术有限公司 |
| 59 | C/Ku频段多媒体卫星通信系统高技术产业化示范工程 | 产业化专项 | 广州海格通信集团股份有限公司 |
| 60 | 新型超薄液晶电视结构产业化—LCM模组与整机外观融合产业化 | 产业化专项 | 广州毅昌科技股份有限公司 |
| 61 | 高黏附力发酵乳酸杆菌高技术产业化示范工程 | 生物产业专项 | 广州立达尔生物科技有限公司 |
| 62 | 高致病禽流感等重大疫病疫苗高技术产业化示范工程 | 生物产业专项 | 广东永顺生物制药有限公司 |
| 63 | 基于可信、可控、可管理的终端安全保护系统 | 科技型中小企业技术创新专项 | 广东南方信息安全产业基地有限公司 |
| 64 | 纳滤膜法纯化再利用牛仔布丝光废碱液装置 | 科技型中小企业技术创新专项 | 广州中科建禹水处理技术有限公司 |
| 65 | 北斗卫星导航终端射频芯片专用套片的产业化 | 科技型中小企业技术创新专项 | 广州润芯信息技术有限公司 |
| 66 | 先进工模具PVD涂层技术开发及产业化应用 | 科技型中小企业技术创新专项 | 广州今泰科技有限公司 |
| 67 | 1.2类新药银杏内酯B注射液 | 科技型中小企业技术创新专项 | 广州艾格生物科技有限公司 |
| 68 | 高稳定性高传输速度的防水连接器 | 科技型中小企业技术创新专项 | 广州市恒吉电子科技有限公司 |
| 69 | 基于先进信息及专利技术的相册书生产平台 | 科技型中小企业技术创新专项 | 广东易美图数码影像科技有限公司 |
| 70 | 废旧聚乙烯塑料和废PCB粉复合改性研究与产业化 | 重大科技专项 | 广州市万绿达集团有限公司、华南理工大学 |
| 71 | 医用钛合金表面改性新工艺及其心血管支架植入器件的产业化 | 省部产学研合作重大项目 | 广州市今健医疗器械有限公司 |
| 72 | 安全农产品信息技术研发与应用 | 省部产学研合作重大项目 | 广东村村通科技有限公司 |
| 73 | TF32A09芯片产业化应用推广 | 省部产学研合作重大项目 | 广东南方信息安全产业基地有限公司 |
| 74 | 连续玄武岩纤维的制造及其在隔音/吸音领域的应用 | 省部产学研合作重大项目 | 广州华炫新纤维科技有限公司 |

（续上表）

| 序号 | 项目名称 | 项目类型 | 承担单位 |
|---|---|---|---|
| 75 | 2G/3G数字化多制式室内覆盖系统关键技术研发和产业化 | 省部产学研合作重大项目 | 京信通信系统（广州）有限公司 |
| 76 | 门冬氨酰酶（欧文）的产业化关键技术研究及临床应用 | 省部产学研合作重大项目 | 广州市微生物研究所 |
| 77 | PAN基高性能碳纤维及其复合材料产业化技术 | 省院合作重大项目 | 金发科技股份有限公司 |
| 78 | 基于数字电视的虚拟人手语播报系统关键技术及终端产品 | 省院合作重大项目 | 广东中大讯通软件科技有限公司 |
| 79 | 相变蓄冷中央空调关键技术研发及产业化 | 省院合作重大项目 | 广州鑫誉蓄能科技有限公司 |
| 80 | 便携式高通量快速定量HIV检测体系 | 省院合作重大项目 | 广州莱德尔生物科技有限公司 |
| 81 | 饲料级植物源性虾青素的研发及产业化 | 省院合作重大项目 | 广州立达尔生物科技股份有限公司 |
| 82 | 基于3G网络的个性化手写彩信即时通信技术及其应用 | 省院合作重大项目 | 广州市德山通信设备有限公司 |
| 83 | 相控阵超声换能器（探头） | 省院合作引导项目 | 广州多浦乐电子科技有限公司 |
| 84 | 半导体脉冲激光夜视监测系统 | 省院合作引导项目 | 北方光电科技股份有限公司 |
| 85 | 气相色谱毛细管手性柱的研制及在药物、石化分析中的应用 | 省院合作引导项目 | 广州研创生物技术发展有限公司 |
| 86 | 可降解纳米纤维防粘连膜的开发 | 省院合作引导项目 | 广东省医疗器械研究所 |
| 87 | 基于SVC的分布式多媒体协同转码系统 | 省院合作引导项目 | 广州视景显示技术研发有限公司 |
| 88 | 个性化动漫制作平台核心技术研究与开发 | 省院合作引导项目 | 广州乐庚信息科技有限公司 |
| 89 | 建筑及居住区综合安防信息管理平台 | 省院合作引导项目 | 广州睿慧新电子系统有限公司 |
| 90 | 公有云和私有云相结合的SaaS云备份软件的研究 | 省院合作引导项目 | 广州鼎甲计算机科技有限公司 |
| 91 | 喘可治的功效成分及其二次开发研究 | 省院合作引导项目 | 广州万正药业有限公司 |
| 92 | 工程机械（挖掘机）高压多路阀的研制和产业化 | 省院合作引导项目 | 广州市蕴泰精密机械有限公司 |
| 93 | 分子影像技术在GLP条件下的药物非临床评价研究中的应用开发 | 省院合作引导项目 | 广州中科恺盛医疗科技有限公司 |
| 94 | 基于协同优化和知识管理的定制型离散制造业信息化服务平台及其关键技术研发及应用 | 省部产学研合作引导项目 | 广州毅昌科技股份有限公司 |
| 95 | 基于视觉/运动集成控制的柔性电路板检测设备 | 省部产学研合作引导项目 | 广州兴森快捷电路科技有限公司 |
| 96 | 蒸发冷凝式热管空调产品研发 | 省部产学研合作引导项目 | 广州市华德工业有限公司 |

（续上表）

| 序号 | 项目名称 | 项目类型 | 承担单位 |
|---|---|---|---|
| 97 | 虚实融合的3G音视频协同工作环境关键技术与系统研发 | 省部产学研合作引导项目 | 广州乐庚信息科技有限公司 |
| 98 | 食品安全快速检测样品前处理关键技术及其配套仪器产业化与示范推广 | 省部产学研合作引导项目 | 广州达元食品安全技术有限公司 |
| 99 | 大型精密叠层模技术的研发与产业化 | 省部产学研合作引导项目 | 广州毅昌科技股份有限公司 |
| 100 | 高端绿色光源陶瓷金卤灯的关键技术及产业化 | 省部产学研合作引导项目 | 广州威理照明科技有限公司 |
| 101 | 高精度金属带材无毛刺分切加工关键技术及产业化 | 省部产学研合作引导项目 | 广州日宝钢材制品有限公司 |
| 102 | 基于RNA干扰技术的新型生物农业创制 | 省部产学研合作引导项目 | 广州市锐博生物科技有限公司 |
| 103 | 可控释耐高温微胶囊化香精制备及应用关键技术 | 省部产学研合作引导项目 | 广州华宝香精香料有限公司 |
| 104 | 高质量超低成本大功率LED的新型封装技术研发及产业化 | 省部产学研合作引导项目 | 广州光为电子科技有限公司 |
| 105 | 超高纯度液态环氧树脂的研发及产业化 | 省部产学研合作引导项目 | 宏昌电子材料股份有限公司 |
| 106 | 耐伽玛辐照高分子塑料聚丙烯（PP）的开发机产业化技术 | 省部产学研合作引导项目 | 广州洁特生物过滤制品有限公司 |
| 107 | 物流综合调度管理系统 | 省部产学研合作引导项目 | 广东金鹏移动通信有限公司 |
| 108 | 中国保税物流通关仿真实训平台 | 省部产学研合作引导项目 | 广州市东洋科技有限公司 |
| 109 | 柔性薄膜染料敏化太阳电池关键材料与技术的研发 | 省部产学研合作引导项目 | 菲迪薄膜科技（广州）有限公司 |
| 110 | 基于H.264的软交换视频通信系统关键技术研发及产业化 | 省部产学研合作引导项目 | 广州广哈通信有限公司 |
| 111 | 无线网络精细规划系统的研究与开发 | 省部产学研合作引导项目 | 广州市贝讯通讯技术有限公司 |
| 112 | 降钙素原和CRP双标记时间分辨免疫荧光检测试剂盒的研制及临床应用验证 | 省部产学研合作引导项目 | 中山大学达安基因股份有限公司 |
| 113 | 中药五类新药槐胡胶囊的临床前研究 | 省部产学研合作引导项目 | 广州加原医药科技有限公司 |
| 114 | 面向对象的通信机房精确制冷系统 | 省部产学研合作引导项目 | 广东高新兴通讯股份有限公司 |
| 115 | 广电运通ATM软件共性平台研发 | 现代信息服务业发展专项 | 广州广电运通金融电子股份有限公司 |
| 116 | 面向便携式在线高清视频播放器的低功耗SOC | 现代信息服务业发展专项 | 安凯（广州）微电子技术有限公司 |
| 117 | 危险品物联网监控平台研究以及在平安城市中的应用 | 现代信息服务业发展专项 | 金鹏电子信息机器有限公司 |
| 118 | 基于新一代移动通信的高铁无线覆盖关键技术开发和产业化 | 现代信息服务业发展专项 | 京信通信系统（广州）有限公司 |

（续上表）

| 序号 | 项目名称 | 项目类型 | 承担单位 |
| --- | --- | --- | --- |
| 119 | 基于物联网技术的城市环境监控平台 | 现代信息服务业发展专项 | 广东赛百威信息科技有限公司 |
| 120 | 协同工业设计制造系统建设 | 现代信息服务业发展专项 | 广州毅昌科技股份有限公司 |
| 121 | 企业智能营销平台（EIMP）的产业化推广 | 现代信息服务业发展专项 | 广州市欧克地理信息技术服务有限公司 |
| 122 | 基于手机“真知码”的商品追溯与智能监管服务系统 | 现代信息服务业发展专项 | 广州宽度信息技术有限公司 |
| 123 | 广东现代服务业研究院及广东现代服务业交易中心建设 | 高新技术产业开发区发展引导专项 | 广东津通商务服务发展有限公司 |
| 124 | 华南地区辐照技术科技创新服务平台 | 高新技术产业开发区发展引导专项 | 广州华大生物科技有限公司 |
| 125 | 广东软件测评公共服务平台 | 高新技术产业开发区发展引导专项 | 广东拓思软件科学园有限公司 |
| 126 | 用于DLP拼接墙的新型LED光源产业化关键技术 | 高新技术产业开发区发展引导专项 | 广东威创视讯科技股份有限公司 |
| 127 | 用于大气环境监测的气溶胶在线分析仪研制 | 高新技术产业开发区发展引导专项 | 广州禾信分析仪器有限公司 |
| 128 | 满足国Ⅲ、Ⅳ排放标准的发动机空气过滤材料 | 高新技术产业开发区发展引导专项 | 广州五维特种材料有限公司 |
| 129 | 双高效板管蒸发式冷凝热管热泵空调关键技术研发及产业化 | 高新技术产业开发区发展引导专项 | 广州市华德工业有限公司 |
| 130 | 物联网开放式智能监控系统开发与应用 | 高新技术产业开发区发展引导专项 | 京信通信技术（广州）有限公司 |
| 131 | 智能RFID终端及操作系统研制与产业化 | 高新技术产业开发区发展引导专项 | 广州市加信电子技术有限公司 |
| 132 | 面向物联网示范应用的北斗/GPS双模定位授时模组的开发 | 高新技术产业开发区发展引导专项 | 广州润芯信息技术有限公司 |
| 133 | 超净高纯乙醇的开发与应用 | 高新技术产业开发区发展引导专项 | 广州西陇精细化工技术有限公司 |
| 134 | AMOLED的材料及TFT基板设计研发 | 高新技术产业开发区发展引导专项 | 广州创维平面显示科技有限公司 |
| 135 | 面向物联网应用的中央空调末端无线传感智能控制系统 | 高新技术产业开发区发展引导专项 | 广州市德山通信设备有限公司 |
| 136 | 基于RFID的食品流通履历和追踪和食品安全管理信息平台 | 高新技术产业开发区发展引导专项 | 广州市光机电技术研究院 |
| 137 | 面向物联网应用的软件快速开发平台 | 高新技术产业开发区发展引导专项 | 广东赛百威信息科技有限公司 |
| 138 | 具有高绝缘性和高抗拉伸性的特种功能材料 | 高新技术产业开发区发展引导专项 | 广州慧谷化学有限公司 |
| 139 | 乳源性活性肽（抗菌肽、钙吸收肽、降血压肽）的研发与产业化技术 | 省部产学研合作引导项目 | 广州绿萃生物科技有限公司 |
| 140 | 新型化学示踪剂研发及产业化 | 省部产学研合作引导项目 | 广州金发溯源新材料发展有限公司 |

（续上表）

| 序号 | 项目名称 | 项目类型 | 承担单位 |
|---|---|---|---|
| 141 | 基于传感器网络的城市环境污染监控平台 | 省部产学研合作引导项目 | 广东赛百威信息科技有限公司 |
| 142 | 基于网页中图像和视频内容的图像搜索引擎及相关电子商务的实现平台 | 省部产学研合作引导项目 | 广州必视谷信息技术有限公司 |
| 143 | 抗体规模制备技术及肿瘤抗体药物Hercep-tin的研发 | 省部产学研合作引导项目 | 百奥泰生物科技（广州）有限公司 |
| 144 | 深部感染真菌早期诊断系列免疫检测试剂的研发与产业化 | 省部产学研合作引导项目 | 广州阳普医疗科技股份有限公司 |
| 145 | 教育E站通SaaS服务平台 | 省部产学研合作引导项目 | 广东中原迈达威信息科技有限公司 |
| 146 | 基于语言识别分析技术和现代语言测量技术的英语口语考试计算机自动评分系统 | 省部产学研合作引导项目 | 广东启明科技发展有限公司 |
| 147 | 新型抗老年痴呆症的先导物的优化和构效关系研究 | 广东省自然科学基金重点项目 | 中国科学院广州生物医药与健康研究院 |
| 148 | 广东农村信息直通车工程公共服务平台、资源建设与示范推广 | 产业技术研究与开发专项 | 广东村村通科技有限公司 |
| 149 | 骨形成蛋白用于脑胶质瘤的诱导分化治疗 | 产业技术研究与开发专项 | 广州莱德尔生物科技有限公司 |
| 150 | 大功率LED智能驱动电源研发及产业化 | 产业技术研究与开发专项 | 广州莱迪光电股份有限公司 |
| 151 | 新型生物膜在外科领域的临床应用研究 | 产业技术研究与开发专项 | 广东冠昊生物科技股份有限公司 |
| 152 | 广东省广州市果科所绿色番木瓜和番石榴健康农业科技示范基地 | 产业技术研究与开发专项 | 广州市果树科学研究所 |
| 153 | 质构大豆磷脂关键技术的研究及工业化 | 产业技术研究与开发专项 | 广州海莎生物科技有限公司 |
| 154 | 面向物联网的超高射频识别（RFID UHF）芯片 | 产业技术研究与开发专项 | 广州信源信息科技有限公司 |
| 155 | 面向电子政务及企业信息系统网络终端信息安全质量评价与测试的研究与实现 | 产业技术研究与开发专项 | 广州钧衡软件测评技术有限公司 |
| 156 | 低烟无卤阻燃模缩套 | 产业技术研究与开发专项 | 广州凯恒科塑有限公司 |
| 157 | 硅胶键合血清蛋白分离材料及生物手性柱的研制 | 产业技术研究与开发专项 | 广州研创生物技术发展有限公司 |
| 158 | 支持标识认证的高性能加密芯片 | 产业技术研究与开发专项 | 广东南方信息安全研究院 |
| 159 | 无卤素环氧胶系PET基材绝缘保护膜 | 产业技术研究与开发专项 | 广州宏仁电子工业有限公司 |
| 160 | 智能化太阳能LED照明现场测试平台 | 产业技术研究与开发专项 | 广州市光机电技术研究院 |
| 161 | 人体负重外骨骼系统结构设计分析与材料改进研究 | 产业技术研究与开发专项 | 广州东瑞计算机服务有限公司 |
| 162 | 基于手机的3D虚拟图像生成系统 | 产业技术研究与开发专项 | 广东赛百威信息科技有限公司 |

（续上表）

| 序号 | 项目名称 | 项目类型 | 承担单位 |
|---|---|---|---|
| 163 | TORCH时间分辨荧光免疫分析试剂盒的研制及产业化 | 产业技术研究与开发专项 | 广州市丰华生物工程有限公司 |
| 164 | 新型高效甘露寡糖的产业化技术开发 | 产业技术研究与开发专项 | 广州立达尔生物科技有限公司 |
| 165 | 智慧广东空间信息公共服务平台 | 产业技术研究与开发专项 | 广州瑞图信息技术有限公司 |
| 166 | 移动应用中间体研发和推广 | 产业技术研究与开发专项 | 广州乐庚信息科技有限公司 |
| 167 | 自体干细胞及基因修饰治疗脑血管病的应用研究 | 产业技术研究与开发专项 | 广州和竺生物科技有限公司 |
| 168 | 心脏标志物免疫荧光定量快速检测仪及试剂开发 | 产业技术研究与开发专项 | 广州万孚生物技术有限公司 |
| 169 | 环保型多功能缓控释肥的研制及推广 | 产业技术研究与开发专项 | 广东绿力生物科技有限公司 |
| 170 | 中药新药宫瘤消片的临床前研究 | 产业技术研究与开发专项 | 广州加原医药科技有限公司 |
| 171 | C/Ku频段多媒体卫星通信系统高技术产业化示范工程 | 高技术产业化项目 | 广州海格通信集团股份有限公司 |
| 172 | 高黏附力发酵乳酸杆菌高技术产业化示范工程 | 高技术产业化项目 | 广州立达尔生物科技有限公司 |
| 173 | 高致病禽流感等重大疫病疫苗高技术产业化示范工程 | 高技术产业化项目 | 广东永顺生物制药有限公司 |
| 174 | 新型超薄液晶电视结构产业化—LCM模组与整机外观融合产业化 | 高技术产业化项目 | 广州毅昌科技股份有限公司 |
| 175 | 段纺彩点纱纺纱设备的研究与开发 | 产业技术研究与开发项目 | 广州市纺织工业研究所 |
| 176 | 南亚热带名优水果种质资源库建设 | 产业技术研究与开发项目 | 广州市果树科学研究所 |
| 177 | 基于三维RFID技术的静态实体追踪定位仓储管理系统 | 产业技术研究与开发项目 | 广州市德山通信设备有限公司 |
| 178 | 用于环境监测的便携式现场气体监测仪研制 | 产业技术研究与开发项目 | 广州禾信分析仪器有限公司 |
| 179 | 大型实验动物（猴、犬）饲料标准化研究与应用 | 产业技术研究与开发项目 | 广州市饲料研究所 |
| 180 | Ⅱb Clinical Trials of TCFC and its Ointment Treating Psoriasis in USA | 产业技术研究与开发项目 | 广东海赛特医药器械技术开发有限公司 |
| 181 | 广东省工业设计工程技术研究开发中心 | 省科技专项 | 广州毅昌科技股份有限公司 |
| 182 | 广州市丰华生物工程有限公司科技特派员工作站 | 省部产学研合作企业科技特派员工作站 | 广州市丰华生物工程有限公司 |

（续上表）

| 序号 | 项目名称 | 项目类型 | 承担单位 |
|---|---|---|---|
| 183 | 广州立达尔生物科技有限公司科技特派员工作站 | 省部产学研合作企业科技特派员工作站 | 广州立达尔生物科技有限公司 |
| 184 | 金发科技股份有限公司科技特派员工作站 | 省部产学研合作企业科技特派员工作站 | 金发科技股份有限公司 |
| 185 | 新一代多制式电调型基站天馈系统关键技术开发和产业化 | 粤港关键领域重点突破项目 | 京信通信技术（广州）有限公司 |
| 186 | 三网融合终端产品研发及产业化 | 粤港关键领域重点突破项目 | 广东中大讯通软件科技有限公司 |
| 187 | 高性能碳纤维产业化关键技术 | 粤港关键领域重点突破项目 | 金发科技股份有限公司 |
| 188 | 面向新一代宽带移动通信应用的LTE射频芯片开发 | 粤港关键领域重点突破项目 | 广州润芯信息技术有限公司 |
| 189 | 生物医药检测技术国际化服务平台建设 | 粤港关键领域重点突破项目 | 广州金域医学检验中心有限公司、中国科学院广州生物医药与健康研究院、广东华南新药创制中心、广州复能基因有限公司、广州华银医学检验中心有限公司 |
| 190 | 生物基高分子材料—聚谷氨酸的微生物法制备 | 科技型中小企业技术创新专项资金 | 广东迪美生物技术有限公司 |
| 191 | 基于数字网络的移动数字报刊运营服务平台 | 省现代信息服务业发展专项资金扶持项目计划 | 广州金蟾软件研发中心有限公司 |
| 192 | 基于车载智能终端的集成管理系统 | 省现代信息服务业发展专项资金扶持项目计划 | 广州北斗大三通导航科技有限公司 |
| 193 | 食用菌烘焙制品安全生产关键技术研究与产业化 | 粤港关键领域重点突破项目 | 广东粤微食用菌技术有限公司 |
| 194 | 广东农村信息直通工程平台与资源建设和示范推广 | 广东省农村信息直通车工程专项 | 广东村村通科技有限公司 |
| 195 | DigicomXLAN服务器 | 省自主创新产品 | 广东威创视讯科技股份有限公司 |
| 196 | DigicomXLAN节点机 | 省自主创新产品 | 广东威创视讯科技股份有限公司 |
| 197 | Digicom Magic多屏处理器 | 省自主创新产品 | 广东威创视讯科技股份有限公司 |
| 198 | Digicom Ark多屏处理器 | 省自主创新产品 | 广东威创视讯科技股份有限公司 |
| 199 | 液晶显示单元 | 省自主创新产品 | 广东威创视讯科技股份有限公司 |
| 200 | 铁路客票自动售票机 | 省自主创新产品 | 广州广电运通金融电子股份有限公司 |
| 201 | 出钞器 | 省自主创新产品 | 广州广电运通金融电子股份有限公司 |
| 202 | 短波数字化抗干扰电台 | 省自主创新产品 | 广州海格通信集团股份有限公司 |

（续上表）

| 序号 | 项目名称 | 项目类型 | 承担单位 |
|---|---|---|---|
| 203 | 超短波高性能网络化电台 | 省自主创新产品 | 广州海格通信集团股份有限公司 |
| 204 | 车载式北斗用户机 | 省自主创新产品 | 广州海格通信集团股份有限公司 |
| 205 | 交互智能平板 | 省自主创新产品 | 广州视睿电子科技有限公司 |
| 206 | 乐庚移动应用中间件平台 | 省自主创新产品 | 广州乐庚信息科技有限公司 |
| 207 | 全自动数粒装瓶生产线 | 省自主创新产品 | 砝码珈（广州）包装设备有限公司 |
| 208 | 大型伺服节能注塑成型设备 | 省自主创新产品 | 广州博创机械有限公司 |
| 209 | 节能型多物料精密注塑成型设备 | 省自主创新产品 | 广州博创机械有限公司 |
| 210 | 中型伺服节能注塑成型设备 | 省自主创新产品 | 广州博创机械有限公司 |
| 211 | 油浸式电力变压器 | 省自主创新产品 | 广州广高高压电器有限公司 |
| 212 | 机箱一体式垃圾压缩机 | 省自主创新产品 | 广州广日专用汽车有限公司 |
| 213 | 压缩式垃圾车 | 省自主创新产品 | 广州广日专用汽车有限公司 |
| 214 | 桶装式垃圾车 | 省自主创新产品 | 广州广日专用汽车有限公司 |
| 215 | 织带染色机 | 省自主创新产品 | 广州建峰特纺五金制造有限公司 |
| 216 | 猪源纤维蛋白粘合剂 | 省自主创新产品 | 广州倍绣生物技术有限公司 |
| 217 | 胃乃安胶囊 | 省自主创新产品 | 广州中一药业有限公司 |
| 218 | 鼻咽灵片 | 省自主创新产品 | 广州中一药业有限公司 |
| 219 | 无菌生物护创膜 | 省自主创新产品 | 广东冠昊生物科技股份有限公司 |
| 220 | 胸普外科修补膜 | 省自主创新产品 | 广东冠昊生物科技股份有限公司 |
| 221 | 生物型硬脑（脊）膜补片 | 省自主创新产品 | 广东冠昊生物科技股份有限公司 |
| 222 | 胶原贴敷料 | 省自主创新产品 | 广州创尔生物技术有限公司 |
| 223 | 一次性使用套管穿刺器 | 省自主创新产品 | 广州迪克医疗器械有限公司 |
| 224 | 甲型流感病毒核酸诊断试剂盒（PCR－荧光法） | 省自主创新产品 | 广州华银医药科技有限公司 |

（续上表）

| 序号 | 项目名称 | 项目类型 | 承担单位 |
|---|---|---|---|
| 225 | 乙型流感病毒核酸诊断试剂盒（PCR−荧光法） | 省自主创新产品 | 广州华银医药科技有限公司 |
| 226 | 乙型肝炎病毒核酸定量和基因分型检测试剂盒（PCR−荧光法） | 省自主创新产品 | 广州华银医药科技有限公司 |
| 227 | 低温热塑板 | 省自主创新产品 | 广州科莱瑞迪医疗器材有限公司 |
| 228 | 医用智能汽疗仪 | 省自主创新产品 | 广州市今健医疗器械有限公司 |
| 239 | 免疫荧光定量监测仪及其配套试剂 | 省自主创新产品 | 广州万孚生物技术有限公司 |
| 230 | 生物基可降解高分子新材料 | 省自主创新产品 | 广东迪美生物技术有限公司 |
| 231 | 高强度伸缩牵引带 | 省自主创新产品 | 广州建峰特纺五金制造有限公司 |
| 232 | 换流阀水冷设备 | 省自主创新产品 | 广州高澜节能技术有限公司 |
| 233 | 风力发电变流器水冷却设备 | 省自主创新产品 | 广州高澜节能技术有限公司 |
| 234 | 环氧树脂干式变压器 | 省自主创新产品 | 广州广高高压电器有限公司 |
| 235 | 三相非晶合金全密封配电变压器 | 省自主创新产品 | 广州广高高压电器有限公司 |
| 236 | 全热回收节能空调柜机 | 省自主创新产品 | 广州市华德工业有限公司 |
| 237 | 板管蒸发式冷凝空调设备户用蒸气压缩循环冷水（热泵）机组 | 省自主创新产品 | 广州市华德工业有限公司 |

（郑君燕）

**【知识产权工作】** 2010年，广州开发区知识产权局贯彻执行《广州市2010年区、县级市知识产权工作指导意见》，围绕增强区域自主创新能力和区域核心竞争力来展开，在推动企业在知识产权创造、实施、保护和管理方面取得较为显著的成绩。是年，广州开发区专利申请4241件，专利授权2375件；萝岗区专利申请2206件，同比增长26%；专利授权1196件，同比增长81%；其中，发明专利授权230件，同比增长48.39%。强化专利申请资助工作，发掘专利申请新增长点。共审批区专利和计算机软件著作权资助申请1000余项，资助金额约400万元；加强知识产权企业重点培育，培育出一批知识产权工作先进企业。在第十二届中国专利奖评选中，区内企业广州达博生物技术有限公司董事长黄文林教授“一种人血管内皮细胞生长抑制因子的重组病毒”专利荣获由国家知识产权局和世界知识产权组织联合颁发的“中国专利金奖”（2010年广州市唯一一项），金发科技股份公司的“一种连续长纤维增强热塑性树脂的成型方法及其成型设备”、广州毅昌科技股份有限公司“电视机机壳（2280）”和广州飒特电力红外科技有限公司的“可拆卸式顶置遥控手柄热像仪”3项专利获优秀奖。毅昌科技、迪森热能、中一药业和吉必盛科技4家企业被认定为第五批省知识产权示范企业（广州市共7家），广州飒特电力红外技术有限公司等5家企业被认定为2010年省知识产权优势企业（广州市共12家）。

加大知识产权宣传培训与执法保护力度。“4·26”世界知识产权日期间，区知识产权局联合区工商分局在广州科技创新基地国际会议厅举办一次区知识产权讲座，邀请省知识产权服务中心及商标事务所的两位在专利和商标方面有丰富工作经验的专家进行授课。区知识产权示范企业、高新技术企业知识产权工作负责人，区驰（著）名商标企业、守合同重信用企业代表约140人参加讲座。7月22日，联合广州市知识产权局共同举办知识产权质押融资及知识产权管理运用培训班。区内60余家科技企业知识产权负责人参加培训。7月2日，区知识产权局联合落户区的广东省知识产权研究与发展中心在广州科学城创新大厦举办专利信息基础培训班，为区内企业专利工作人员提供专利检索知识及上机操作培训。12月31日，双方又在国际企业孵化器联合举办知识产权维权援助及专利信息基础应用培训班，有40余家中小企业参加培训。

利用区内企业和专利中介机构的资源，开展多项合作。与广州市光机电技术研究院联合举办一场专利文献撰写实务培训，并和广州市三环知识产权代理有限公司举办一场中欧专利保护实务专场讲座。

加强行政执法，护航企业发展。4月26日，区知识产权办公会议召集区知识产权局、工商分局、文化局、质监分局、药监分局、公安分局以及夏港街、联和街和九龙镇政府等单位开展一次知识产权联合执法行动。此次执法活动共派出3个执法小分队，共计24人，分别在夏港街、联和街、九龙镇等几个区域同时进行。主要对商品流通领域进行检查，重点是区内大型超市、药店等，检查大中型超市10余家，各类商铺100余家。区文化版权局联合区工商分局、公安分局等部门对企业开展软件使用正版化检查，检查区内2家企业。在检查中发现企业存在使用盗版软件情况，检查组与软件权利人进行沟通，敦促企业和权利人进行沟通，协商解决问题，促使企业完成软件正版化工作。

加强与省市知识产权部门联动。11月8日，区与广州市知识产权局联合在广州大厦五羊厅举行“2010第四届中国专利周广州知识产权高层论坛”。来自政府、广州知识产权示范企业、进出口优势企业、质押融资试点企业、高校、科研院所、风险投资机构、科技中介机构的代表130余人出席。论坛围绕专利技术转化、交易和实施主题，邀请知识产权融资交易领域的北京金融资产交易所董事长熊焰、广州交易所集团有限公司董事长李正希等国内著名专家，为完善广州知识产权交易市场、建设知识产权产业化链条献计献策。

**【专利产业化】** 2005～2010年度，广州开发区先后认定4批58家区知识产权示范企业，对其进行重点扶持与培育。至2010年底，知识产权示范企业成为区自主创新的主体和专利申请量的大户，创造出一批具有自主知识产权和市场前景广阔的产品，主导起草制定多项国际和国家标准。通过对知识产权示范企业的扶持，培育出如京信通信、威创视讯和金发科技等6家省知识产权示范企业。区专利技术产业化水平得到提升，2010年达到941亿元，同比增长30%。

**【广东知识产权服务中心启用】** 2010年2月25日，国家知识产权局和广东省人民政府在广州科学城举行知识产权高层次战略合作工作委员会第二次会议暨广东知识产权服务中心启用仪式。广东省副省长宋海主持会议。中纪委委员、国家知识产权局党组书记、局长田力普，广东省委副书记、省长黄华华，省政府副秘书长江海燕，广州市委常委、广州开发区管委会主任薛晓峰，广州市副市长曹鉴燎等领导出席。会议全面总结2009年知识产权高层次战略合作进展情况和成功经验，研究讨论2010年合作工作的主要工作和重要任务。省政府知识产权办公会议成员单位代表、各地级以上市知识产权局负责人和企事业单位代表100余人参加会议。

田力普和黄华华共同为广东知识产权服务中心启用剪彩。广东知识产权服务中心包括中国（广东）知识产权维权援助中心、广东省知识产权维权援助中心、中国专利技术（广州）展示交易中心和国家知识产权局专利复审委员会第一巡回审理庭第二审理室4个单位。 （冯志炜）

**【广东省知识产权研究与发展中心】** 广东省知识产权研究与发展中心是广东省知识产权局直属事业单位，原名广东省专利信息中心，成立于1996年，2009年更名为广东省知识产权研究与发展中心（广东省知识产权维权援助中心），公益一类事业单位。内设行政部、发展研究部、信息开发部、培训与合作部、维权援助部、司法鉴定所。

·成功申报国家级区域专利信息服务中心·为推进国家知识产权战略实施、加强全国专利信息公共服务体系建设，国家知识产权局提出在全国建设5个区域专利信息服务中心。广东省委、省政府、省知识产权局将位于广州开发区的广东知识产权服务中心列为申报对象上报。广东省知识产权研究与发展中心承担此次申报工作。从2010年1月起，广东省知识产权研究与发展中心开始研究和筹备区域专利信息服务中心的申报和建设工作，通过项目构思，领导考察、正式申报、修改完善、评审汇报等各个环节。11月，国家知识产权局明确广东省知识产权局作为全国首个试点单位入选国家知识产权局区域专利信息服务中心。广东省设立区域专利信息服务中心后，可直接通过国家知识产权局获取到权威、实时的涉及全球90多个国家、地区和组织近7000万的专利信息资源，可对国家知识产权局及区域内已建的专题专利数据库和多种先进应用系统进行整合、应用。

·开展知识产权宣传、教育与培训·2010

年，广东省知识产权研究与发展中心举办与协办17期培训班，累计培训2187人。特别是进驻广州开发区后，研究如何在开发区内开展知识产权服务，提升开发区内企业运用知识产权的水平和能力，通过调研、座谈等方式了解开发区知识产权状况以及需求，利用世界知识产权日等机会在开发区宣传、推广知识产权信息以及服务。全年组织或协助开发区举办知识产权培训班5次，开展区内企业知识产权问卷调查2次。

·开拓知识产权研究新领域·机构改革后，广东省知识产权研究与发展中心新增开展国内外知识产权发展动态研究等研究职能。2010年，主要开展亚洲知识产权发展动态、知识产权服务业发展状况等研究，并向广东省知识产权局、广东省科技厅等申报项目，其中成功在广东省知识产权局立项的软科学项目3个，知识产权专项中的研究课题3个，省科技厅立项的科技项目3个，各立项研究课题总经费达183万元。2010年，广东省知识产权研究与发展中心开展各项知识产权研究工作，基本完成《广东3G通信行业专利发展战略研究》、《广东生物医药行业专利态势分析》、《广东省专利失效原因分析》、《中外专利信息资源、专利信息应用系统比较研究》、《广东省知识产权宣传培训子平台建设方案研究》和《广东省知识产权法律援助子平台建设方案研究》报告。

·加快知识产权信息化建设新步伐·2010年，广东省知识产权研究与发展中心围绕“广东省知识产权公共信息综合服务平台”、“广东省产业发展专利信息综合应用服务平台”、“广东省重点产业、行业外观设计专利图像分析平台”等3个平台的建设，以推进应用系统开发深度和广度为重点，以新兴产业专题数据库的建设和服务为手段，以升级和维护现有系统和重点产业数据库为基础，推动专利信息化工作向纵深开展。

·知识产权维权援助工作迈向新里程·2010年，广东省知识产权研究与发展中心先后制定并颁布《广东省知识产权维权援助中心维权援助办法（试行）》、《广东省知识产权规定（试行）》。通过制定工作制度、工作人员守则、保密制度、用语规范制度等，搭建起维权援助工作的基本框架。建立拥有31家协作机构、122位专家的维权援助中心协作机构库与专家库，全面探索和建立具有广东特色的维权援助工作机制。开通“12330”维权援助与举报投诉公益服务热线。（丁长青）

2010年7月2日，广东省知识产权研究与发展中心举办广州开发区企业专利信息应用培训班。

广东省知识产权研究与发展中心供稿

【科技领军人才工作】 自《广州开发区吸引科技领军人才实施办法》颁布以来，区在科技领军人才引进方面不断取得新成绩。2010年，累计收到申报项目103个，回复邮件咨询约2010封，电话咨询约4320次。共报送32个通过资质审查的项目进入初审，15个项目的团队面评工作，其中12个项目通过团队面评，于7月和11月报区领军人才领导小组审定、公示并认定两批共11位领军人才，申请材料有待补充的项目16个。至2010年底，区引进科技领军人才累计20人。2010年引进的11个项目具备以下特点：所有项目的核心技术都拥有完全自主的知识产权，均属于区鼓励和发展的高科技领域，主要分布在生物医药、节能减排等领域，成为引领产业发展的创新源头；这些创业项目大都具有较高的成熟度，能够在短期内进行产业化生产并形成规模；这些创业项目的团队带头人均具有成熟的创业团队，领军人才的认定同时也是高层次创业团队的引进。

为进一步集聚顶尖科技领军人才，4月，由区管委会副主任蔡刚强带队，区委组织部和区经济发展和科技局组成“招才引智”小分队赴美国波士顿、亚特兰大和旧金山成功举办3场“广州开发区科技领军人才恳谈会”。现场收到创业计划书20余份。此次赴美所接触的海外高科技领军人才项目全部集中在国际国内高度关注的生物医药、能源、电子领域。普遍具备“用地少、创新多、空气好、能耗小、效益高”的特点。

【科技领军人才及项目介绍】 ·王玉强“抗糖尿病创新药物AL－1的开发以及治疗脑中风创新药物TBN的开发”项目·王玉强，1958年出生，1981年毕业于山东师范大学化学系，1983年赴美进入德克萨斯大学休斯敦生物医学中心和加拿大阿尔伯塔作博士后研究。自1993年起在美国硅谷的多家生物技术公司从事药物的研究与开发。2005年回国任暨南大学教授，药学院院长，现全职在国内工作。拥有6项美国专利，申请到国家及省市科研项目13项。

现有临床使用的降糖药物主要通过直接或间接降低血糖水平，但很少药物具有明显的胰岛β－细胞保护功能，而实现β－细胞保护才能达到从根本上治疗糖尿病的目的。项目筛选合成新型穿心莲内酯衍生物AL-1，实验证明AL-1不但具有很强的降糖作用，还能保护胰岛β-细胞，这两种作用能相互协同，与现有治疗糖尿病药物相比具有明显的优势。本项目获得国家重大创新药物临床前药物立项，广东省科技攻关计划中医药重大专项，广州市科技计划项目，国家自然科学基金。

·田军“低耗能蓝牙通讯技术软件及系统集成电路的开发及产业化”项目·田军，1970年出生，中科院计算机专业博士、美国佛罗里达大学无线通信专业博士。2008年至今，任美国Z—FOUS科技有限公司执行总裁。发表论文14篇，提交一项标准草案，获得中国发明奖2项，申请美国专利5项。是国际蓝牙技术联盟通讯专家委员会和低耗能蓝牙专家委员会委员。

项目掌握世界领先的低耗能蓝牙技术，通过整合低耗能蓝牙技术和其他无线通信网络，为用户提供无缝无限网络传输技术，拥有多项自主知识产权。主要市场包括体育、健身、医保设备、手机、计算机及附件、玩具、控制器能生产商及芯片提供商。产品技术世界领先，得到业界的普遍认可，已与4家企业达成合作协议、公司与合作伙伴于2009年10月举行新闻发布会，并在国际微处理器大会上展示世界第一款低耗能蓝牙原型系统。第一款产品正在与客户进行商务合作谈判，第二款、第三款产品正与合作伙伴联合开发。产品市场潜力巨大，预计3年后产值5000万美元，5年后可上市。

·王祥槐“聚能生物酶在造纸产业的应用”项目·王祥槐，1963年出生，1989年瑞典律勒欧大学化工博士，后赴美工作，发表论文40多篇。十余年领导开发多种高新产品和技术，帮助造纸工业解决生产和环保问题。北美造纸工业界应用生物技术开拓者，十年前首次将生物酶树脂控制技术成功用于中国造纸工业的领军人之一。

聚能酶TM纤维表面改性技术是瑞辰实达公司的原创性技术。通过用特殊性能的生物酶来选择性改变纤维表面的“惰性区”，保护、保存好的纤维表面。公司开发独特专有的高通量生物酶筛选技术，第一代纤维改性生物酶技术从2009年年初开始在美国工厂试验，在10多家纸厂获得长期的应用，取得非常好的技术效果。目标是在五年内发展成为中国造纸业的主要生物产品技术提供者和中国应用生物技术企业中领军者之一。

·李强“高产量重组蛋白药物生产的技术平台”项目·李强，1970年出生，2000年获英国威尔士阿伯里斯特威斯大学博士学位，2003年至2007年任加拿大阿尔伯特大学助理研究员。2007年在加拿大创建ATGCell公司，负责公司的运作、管理和研发工作，开发快速构建高产量工程细胞株和高密度细胞放大培养技术。利用上述技术成功表达200余种重组蛋白，其中包括人源化抗体。

该团队凭借全球独创的专利技术，突破重组蛋白和人源化抗体药物难以国产化的技术瓶颈，建立高产量重组蛋白药物生产的技术平台。主要包括：高效筛选和制备人源化抗体；快速构建高产量工程细胞株；自主研发的高密度细胞培养基和中试生产工艺。应用上述技术表达的抗体水平是目前国内最好的抗体药物生产企业—中信国健药业的2倍以上。经过8年的前期研发工作，开发用于治疗肿瘤和不孕症等重大疾病的7个高端生物产品，大部分产品均建立高效稳定的生产工艺，并拥有自主知识产权，其中一个产品已获sFDA临床批文。本项目计划在广州引进并实现其中2个产品的产业化，将来利用本技术平台可开发更多产品。

·朱托夫“重大和新发传染病的潜伏感染检测试剂盒，早期诊断、疾病进展、治疗成效评估和疾病复发控制的产业化研究”项目·朱托夫，1961年出生，1998年获得美国华盛顿大学医学博士。现任华盛顿大学博士生导师、副教授和教授董事、华盛顿大学医学院实验医学系艾滋病分子病毒学实验室主任、中山大学-华盛顿大学转化医学研究所所长。担任21项美国政府和其他基金会重要研究项目的主持人和共同主持人。担任11种国际知名科学杂志的编审工作、8种美国政府和其他基金会评审以及中国国家自然科学基金重点项目评审工作。作为第一作者在国际最知名刊物《Nature》和《Science》上发表论文3篇。

项目采用朱托夫博士新开发的超敏感HIV-1极低病毒载量检测技术及病毒测序分析技术，并在此基础上研究开发出“潜伏期感染超敏诊断技术”，用于各种传染病（结核病、乙肝、丙肝、艾滋病和流感等）的潜伏期感染检测和早期诊断。项目重点研究开发用于结核和肝炎等潜伏期诊断的超敏试剂盒，试剂盒使用巢式荧光定量PCR检测技术方法。项目主要目的是建立针对各种传染病包括结核病、乙肝、丙肝、艾滋病和流感等潜伏感染的检测诊断方法、并建立数据库和相应的现代快速诊断平台，为研发新的治病靶标、治疗方案和开发疫苗提供依据。

·贾鹏程“针对卫星通信等市场的微波单片集成电路及收发信机模块”项目·贾鹏程，1974年出生，1998年清华大学电子工程学硕士毕业，2002年获美国加州大学电机工程博士，2003年起在美国凯普无线通信公司先后任研究员、高级研究员和技术总监，全面负责公司的研发工作。国际电气与电子工程师协会（IEEE）高级会员、中国旅美科技协会总会副会长。

贾鹏程带领团队研发出高频大功率放大器模

块的空间功率合成技术、微波单片集成电路技术和新型封装多芯片模块等核心技术，用于生产高性能、低成本的微波硬件设备。项目将国际成熟领先的设计与生产技术和国内低廉的制造成本优势相结合，针对具有较大发展潜力的中国卫星通信市场，生产适合中国农村和偏远地区用户使用的卫星通信产品。项目的空间合成技术功率放大器等微波模块产品可应用于国防科技、测量仪器等方面。

·石岩峰“智能钻井测控集成系统的研发与产销”项目·石岩峰，1965年出生，1988年获得天津商学院商业企业管理学位。曾在山西省电力实业总公司工作十余年，历任办公室主任、总经理助理等职。2001年创建北京中天启明科技发展有限公司，出任董事长兼总经理。在北京中天启明科技发展有限公司承担的国家发改委、科技部和三大石油公司的“钻井随钻地层地质参数测量及配套技术研究”等十余个重大科研课题中，担任课题组长。

项目属于石油钻井自动控制及测量技术领域产品，是石油天然气钻井设备配套的专业定向和监控仪器的升级产品，广泛应用于石油、天然气等钻井行业，同时也应用于煤气田等钻采行业。智能钻井测控集成系统以石油钻井井下随钻测量装备（ZT-MWD、ZT-LWD、ZT-DGWD等）和旋转导向装备为基础，辅以地面智能控制系统和专家钻井系统分析软件，实现钻井的自动化测量和控制。可显著提高钻井作业的有效性和钻井效率，满足精确、快速钻井的要求。

·梁国锦“数模混合集成芯片系列的研发及产业化生产”项目·梁国锦，1962年出生，1991年获俄勒冈州立大学电子工程博士学位。具有20年硅谷从事芯片产品开发和项目管理经验。1999年创办Panstara公司，任首席技术官兼研发副总裁，2001年Panstara公司以1.3亿美元被Pixelworks公司并购，梁国锦任Pixelworks公司副总裁，主管模拟芯片产品的研发工作。2006年梁国锦创立Avontier公司，任总裁。在高速模拟电路接口方面申报9项美国专利，其中6项已授权。

项目是在开发完成的USB3.0物理层模拟集成电路技术的基础上，充分发挥并利用梁国锦在研发数模混和集成芯片的能力和经验，推出一系列USB3.0接口的应用芯片产品。首个目标产品是数模混和集成的USB3.0闪存主控芯片，该产品的量产将使国内的优盘产品全面进入USB3.0的时代。项目开发的新型专用USB3.0高速控制模块具有可支持200MT/s的高速NAND存储器和最新的ONFi2.x的标准、支持不同厂家的NAND存储器的标准、可同时支持SLC和MLC存储器的连接、支持不同的接口标准和存储器读写自动保护等功能。

·敖海“引领传感网和智慧城市的下一代智能UHF RFID核心技术——填补国内空白的自主超高频RFID标准和产业化”项目·敖海，1972年出生，1996年加拿大多伦多大学电器与计算机工程硕士研究生毕业，2004年美国斯坦福大学高速电子专业在职研究生毕业。曾担任美国美光科技有限公司（Micron Technology）高级架构师及项目经理、加拿大通信公司北方电信（Nortel）高级芯片设计师和芯片项目组长，现任武汉芯动科技有限公司CEO。

团队攻克世界主流物联网RFIC芯片技术瓶颈，推出优于EPC标准的中国自主产权超高频芯片和中国标准。项目将在城市智能交通、高铁管理、无限传感器、手机付费、仓储物流等物联网领域形成规模产业化，芯片研发完成，开始流片。

·徐小平“高温过滤与气体净化”项目·徐小平，1967年出生，1997年获美国密苏里大学化学硕士，2000年获得美国宾夕法尼亚州立大学材料科学与工程博士学位。2001年至2006年先后在美国著名的过滤器公司PALL任材料科学家和研发部经理，参与并主持数项美国自然科学基金和美国国家实验室高温过滤材料研发等合作项目。2006年归国并创立韶关市贝瑞过滤科技有限公司，任总经理兼任总工程师。2009年入选中组部引进海外高层次人才“千人计划”。

项目致力于研发并产业化技术领先、工艺可行的可应用于节能环保领域的新型过滤材料。团队成功开发出具有广泛商业应用价值的传统金属滤材系列产品，产品在技术水平上处于国内领先水平，部分产品达到或接近国际先进水平，并通过ISO9001：2008国际质量体系论证，成为国内数家大型国企的合格供应商。团队致力于高温除尘，脱硫脱硝和设备一体化技术的研发。利用其自身在高温除尘方面的技术优势，把国外脱硫脱硝最新的技术融合进去，形成这个领域中一个极具竞争力的新技术，具有广阔的市场前景和巨大的发展空间。

·叶建山“物联网中的微纳米环境监测系统”项目·叶建山，1967年出生，1999年获得香港科技大学博士学位和香港大学博士后，2001年至今先后任职新加坡国立大学高级研究员，华南理工大学教授、博导。拥有在微纳米材料的合成与表征、微纳米技术应用与微纳米传感器等领域20年研究经验，在国际著名SCI或EI索引的核心期刊及国际会议发表论文上百篇，获得多项发明专利。2007年回国之后，主持和承担科技部国家高新技术863项目和国家自然科学基金等重大项目。

团队研发生产的高精度便携式重金属检测系统，可以在线灵敏检测ppb 级别（十亿份之一）的重金属浓度，团队致力服务于国家高度重视的重金属污染防治工作，产品填补国内市场空白，技术具有世界领先水平。本项目以该系统和团队其他成熟的技术成果为平台，重点研发水体毒性检测仪器、COD 新型溶解氧仪等高端环境监测仪器及相应传感器，并且同步进行传感信息技术的研发以构建相应的传感网，预计在4年内完成全部目标产品研发和生产。

【李胜峰入选广东省首批海内外科研团队和领军人物】 2009年，李胜峰入选中组部第一批“千人计划”创业人才。2010年，李胜峰入选广东省“首批海内外科研团队和领军人物”，成为广州开发区唯一入选的高层次人才。

李胜峰先后获乔治亚大学微生物系分子生物学博士学位，耶鲁大学生物物理与生物化学系博士后。在人体基因组尚未开始研究、基因芯片还没有问世时，李胜峰就利用多方位报告基因整合技术来研究生物基因群体的功能（Functional Genomics），发表多篇有影响力的学术论文。他是最早利用酵母双杂交系统探索哺乳动物细胞分子之间的相互作用与信息传递的机理学者之一。他首先发现癌基因Raf激酶的多种调控蛋白质，研究成果发表于Nature、EMBO J和PNAS，其研究成果与技术登于EMBO J. 14期（1995）的全版封面。他所发现的信息调控蛋白14-3-3现已成为Gordon Research Conference 学术会议的一个专题。该成果与技术过去10多年来被广泛应用于细胞信息分子的研究与药物筛选。

李胜峰于1995年加入旧金山湾区生物科技药物研发行业，从事心脑血管的药物研发，参与抗血小板糖蛋白受体IIb/IIIa（GP IIb/IIIa）冠心病药物的研发全过程，直至美国FDA批准上市。他在研究GP IIb/IIIa上有多项成果，获多项国际专利。研发出高效药物筛选与优化技术，有多项专利发明（EP20020796396；EP20020761482；EP20020763414；巴替非班及其衍生物在中国的发明专利号为03112798.3）。

李胜峰创办美国HuMab Solutions， Inc，并在广州创办其全资子公司——百奥泰生物科技（广州）有限公司，担任首席科学官。公司位于科学城科技企业孵化器。他带领30多人的专业研发团队，主要从事医治心脑血管、癌症等重大疾病的生物技术新药的研究开发和产业化，为新型抗癌药物及新型心脑血管药提供技术支持及咨询服务。

百奥泰公司成功研发一种治疗心血管疾病的国家一类新药（百奥2094），并正在进行二期临床试验。以专有技术研究的抗肿瘤药物进入关键阶段。百奥泰在香港ChinaBio论坛（2009）上获得生物制药类唯一“最具发展潜力公司”奖，受到多家国际制药公司和风险投资基金的青睐。公司的研究课题先后获广东省、广州市和区科技主管部门的资金支持。 （段晓讷）

## 高新技术产业

【概况】 2010年，广州开发区高新技术产品产值、高新技术企业产值分别达1780.75亿元、1281.83亿元，分别同比增长28.44%以上、26.03%，增速分别高于全区工业总产值增速7.18个百分点以上、4.77个百分点。全年研发经费投入（R&D）达到58亿元，R&D占GDP比重达到3.6%，比广东省、广州市2009年比重分别高出1.95和1.73个百分点。2010年全区专利授权2375件，同比增长48.25%，其中发明专利授权数719件，同比增长41.26%。2010年，新认定高新技术企业52家，累计达180家。

【广东华南新药创制中心】 广东华南新药创制中心（以下简称“中心”）是广东省“创新药物的筛选与评价”重大科技专项的主要内容。2008年，在政府的引导下，由省内企业、高校、科研院所和省、市、区政府共同投资成立科技类民办非企业机构——广东华南新药创制中心。中心被国务院列入《珠江三角洲地区改革发展规划纲要》，成为珠江三角洲地区生物医药产业重点建设的三大创新平台之一。2010年7月，中心的功能定位发生重大转变，由初创期的主要从事新药创制的研究开发和公共研究服务调整为医药行业的加速器，为新药创新创制提供服务的机构，中心形成整合、集聚、转化、融合四大核心能力，向客户和社会提供政策服务和策划、设计、组织、管理等系列新药创制专业服务。至2010年底，中心一期建设基本完成，位于广州科学城国际企业孵化器三期，占地2公顷，建筑面积3.68万余平方米，其中实验室2.5万余平方米，建成实验室约1.25万余平方米。以中心实验场地为核心、整合资源、合作共建方式，建立包括特殊制剂中试平台、重大新药创制质量研究与分析测试平台、高产率哺乳动物细胞基因工程药物关键技术开发平台等在内的7个药物研发平台。中心引进大量优秀的专业技术团队，其中包括周明的基因疫苗开发团队、林硕教授（北大长江学者）等6名海外留学人员为领军的新药开发创新团队等专业技术型团队。在新药项目研发方面，中心开展重大新药创制品种的研究和开发工作，中心内部PI前期完成6个项目的前期研发工作，并获得阶段性的研发成果。中心与美国强生公司、美国Curis公司、美国Margan Lewis律所、美国华人生物医药协会、德国 Rifweger 医药顾问公司、美国 Achillion、上海 Chempartner、日本 protus 公司、日本 Interprotain 公司和英国葛兰素史克公司，以及法国诺贝尔奖得主 Monfagnier 教授、美国诺贝尔奖得主Sharpless教授等知名企业或知名专家开展良好的互动与合作。

（郑君燕）

**【产业基地建设】** ·电子信息产业基地·至2010年底，广州开发区电子信息产业集群集聚430家企业，信息技术产业2009年实现产值981亿元，2010年实现年产值1333亿元，占全区工业总产值的31.53%，成为全区第一个产值超千亿的产业集群。重点以海格通信、新邮通信等重点企业为龙头，加快建设广州新一代通信设备和终端制造产业基地；围绕海格通信、润芯电子，占领卫星导航产业制高点；依托广东省数字广东研究院、广州市光机电研究院等企业，打造广州物联网产业基地。（冯志炜）

·广州新材料产业国家高技术产业基地·广州开发区新材料产业发展以“新材料产业组团”为主要基地，在科学城产业发展规划中，规划面积4平方公里，建立新材料产业园区。重点发展技术密集型、资金密集型和环保型的新材料系列产品。建成一批科技创新基地、科技企业孵化器，为新材料企业新产品的开发、技术创新提供重要的技术支撑和服务。科学城“新材料产业组团”建立起较完善的环保新材料产业创新服务体系，形成较完整的新材料产业链，实现生产与应用的绿色化、环境优化以及高性能化、多功能化。在广州开发区新材料二期发展用地中重点引进新的环保新材料企业。新材料产业在汽车用材料、电子信息材料、电子化学品、高分子材料、能源新材料领域初步形成产业链。（徐曼）

·生物医药产业基地·广州开发区将生物医药产业作为新兴支柱产业和高新技术产业重点领域加以培育，通过科技创新和投融资体制创新、改善投资和创业环境等措施，为各类生物医药企业快速发展提供良好的产业环境。2006年，广州被国家发改委认定为“国家生物产业基地”，以广州科学城和广州国际生物岛为核心区，重点发展基因工程药物、现代中药、化学合成创新药物、海洋医药四大生物医药领域。

广州科学城聚集以中科院生物医药与健康研究院为代表的高水平生物技术研发集群，形成从生物技术研究、中试到产业化的完整产业链，其生物医药产业园聚集20多家医药生产企业，国际企业孵化器和创新中心在孵生物医药企业达100多家。广州国际生物岛是省、市重点项目，着力打造国际一流的生物医药研发和中试基地，至2010年底，全岛征地拆迁工作基本完成，4.2公里环岛路建成通车使用，过江隧道于2010年通车，标准产业单元一期建成，产业发展规划和招商计划正在加紧推进。

（郑君燕）

·液晶平板显示产业基地·广州科学城内的液晶平板显示产业基地，产业基础较好，门类齐全，产业配套完善，是广州市发展平板显示产业的重点区域，基地内集聚80%与平板显示产业相配套的企业。主要有乐金显示（广州）有限公司、台湾光宝集团、索尼、欧姆龙、金鹏集团、威创、京信通信、韩国LPL等大型的电子信息制造企业，瑞仪、捷普、长兴、3M、依利安达、金发、毅昌、汉成、新谱、创维等平板器件制造企业，方欣科技、广东软件园（国家级863软件孵化基地）等科技配套企业。至2010年，开发区液晶平板显示产值达527.24亿元，相关联企业的工业总产值991.47亿元，形成较大规模的产业集群。（徐扬）

**【2010年广州开发区、萝岗区新增高新技术企业名单（50家）】**

2010年广州开发区、萝岗区新增高新技术企业名单

| 序号 | 企业名称 | 主要产品 | 行业类别 |
|---|---|---|---|
| 1 | 广州朗圣药业有限公司 | 研发生产及加工电子用高科技化学品、高性能涂料、高性能复合材料 | 新材料 |
| 2 | 广州都盛机电有限公司 | 光电器件、传感器 | 光机电一体化 |
| 3 | 广州鸿琪光学仪器科技有限公司 | 高性能涂料及其相关产品的研究开发 | 新材料 |
| 4 | 广州凯恒特种电线电缆有限公司 | 高低压设备元件及相关附件生产、加工 | 先进制造 |

（续上表）

| 序号 | 企业名称 | 主要产品 | 行业类别 |
|---|---|---|---|
| 5 | 广州高大科技发展有限公司 | 组合式指示器 | 电子信息 |
| 6 | 瑞仪（广州）光电子器件有限公司 | 液晶显示器光电组件、精密光电导光板、背光板模块 | 电子信息 |
| 7 | 广州兴森快捷电路科技有限公司 | 可再生资源开发天然绿色清洁剂技术研究 | 环保 |
| 8 | 广州市贝佳软件开发有限公司 | 农村经营管理领域系统的专业软件 | 电子信息 |
| 9 | 波达通信设备（广州）有限公司 | 研究、开发、生产可替代人体病变组织的人工生物产品和医疗器械 | 生物医药 |
| 10 | 敦扬（广州）汽车电子有限公司 | 汽车电子控制模块、防盗器、LED车灯 | 电子信息 |
| 11 | 广州诺金制药有限公司 | 肝药、妇科药、风湿药、感冒清热解毒药、心脑血管药等 | 生物医药 |
| 12 | 广州立邦涂料有限公司 | 多样辅料工具、木器漆、墙面乳胶漆 | 先进制造 |
| 13 | 广州市锐博生物科技有限公司 | 常规化学合成siRNA、荧光标记siRNA、miRNAqRT-PCR引物、自爆组织分析试剂等 | 生物医药 |
| 14 | 奥特朗电器（广州）有限公司 | DSF463W系列即热式电热水器、DSF310系列即热式电热水器、DSF218系列小厨宝电热水器、LDSF202系列热水龙头等 | 先进制造 |
| 15 | 广州鸿森材料有限公司 | 锰酸锂、镍钴锰锂、钴酸锂等 | 新材料 |
| 16 | 广州柏胜健体设施发展有限公司 | 塑胶跑道，篮球场，网球场，人造草皮等 | 先进制造 |
| 17 | 广州诺诚生物制品股份有限公司 | 冻干人用狂犬病疫苗（Vero细胞微载体） | 生物医药 |
| 18 | 广州建峰特纺五金制造有限公司 | 钢丝绳、钢丝绳索具和吊带索具及配套产品等 | 先进制造 |
| 19 | 广州唯思软件股份有限公司 | 竞技游戏平台和竞技游戏软件 | 电子信息 |
| 20 | 贝恩医疗设备（广州）有限公司 | 血液净化装置的体外循环管路、穿刺针等 | 生物医药 |
| 21 | 广东暨大基因药物工程研究中心有限公司 | TP微丸、脑力键滴丸、抗HIV国家一类新药vMIP、痛风宝胶囊等 | 生物医药 |
| 22 | 广东启明软件开发有限公司 | 网上评卷系统、早生考试信息平台、英语口语考试系统、光控无线耳机系统、专业扫描机等 | 电子信息 |
| 23 | 广东赛百威信息科技有限公司 | Cyber内容管理夹、Cyber智能知识管理、客户关系管理等 | 电子信息 |
| 24 | 广东中科天元新能源科技有限公司 | 纳米与包埋技术开发 | 新材料 |
| 25 | 广上科技（广州）有限公司 | 电脑主板、微型电脑、无线路由器、车载DVD、GPS | 电子信息 |
| 26 | 广州保得威尔电子科技有限公司 | PW-XSS空气采样系统、PW-EFMS-DT8测温式电气火灾监控探测器、PW-EFMS-DC8剩余电流式电气火灾监控探测器、PW-EFMS-C128电气火灾监控设备JTW-LCD-PWR200可恢复式缆式线型定温火灾探测器等 | 电子信息 |
| 27 | 广州北斗大三通导航科技有限公司 | 卫星定位、卫星防盗、卫星导航、车载终端、道路车辆电子摄像、超速/超载提示系统等5个系列57型高技术产品 | 电子信息 |
| 28 | 广州多浦乐电子科技有限公司 | 工业超声产品、检测设备及探头、医用超声产品、超声探头 | 电子信息 |

（续上表）

| 序号 | 企业名称 | 主要产品 | 行业类别 |
| --- | --- | --- | --- |
| 29 | 广州广日专用汽车有限公司 | 混凝土搅拌运输车、车厢可卸式垃圾车、压缩垃圾车等 | 高新技术改造传统产业 |
| 30 | 广州瀚源电子科技有限公司 | 无铅焊接材料、电镀阳极材料等 | 新材料 |
| 31 | 广州宏信塑胶工业有限公司 | 印刷用胶布、建材装潢用胶布等 | 新材料 |
| 32 | 广州华灿医药科技有限公司 | 工具酶（试剂用酶）、医药用酶、食品用酶、饲料用酶和工业用酶 | 生物医药 |
| 33 | 广州华大生物科技有限公司 | 医疗用品辐照灭菌，中成药及部分西药制剂的辐照灭菌，食品辐照灭菌，包装材料及部分化妆品的辐射灭菌，水晶辐照着色，辐射交联电线、电缆、聚乙烯热收缩套管，食品检测服务等 | 高技术服务 |
| 34 | 广州华生网络科技有限公司 | 通信网络优化、设备安装调试、通信设备维护、通信软件开发 | 电子信息 |
| 35 | 广州环亚化妆品科技有限公司 | 各类膏霜、洗护、美容化妆产品 | 生物医药 |
| 36 | 广州洁特生物过滤制品有限公司 | 一次性过滤器、细胞培养瓶、移液管等一次性无菌制品 | 生物医药 |
| 37 | 广州金微软件技术有限公司 | 新型高效生物医学检测产品研发 | 生物医药 |
| 38 | 广州联合冷热设备有限公司 | 全数字宽动态COMS图像传感摄像机、野战光缆等 | 电子信息 |
| 39 | 广州飒特红外科技有限公司 | 160X120 高像素红外成像 | 高新技术改造传统产业 |
| 40 | 广州市德山通信设备有限公司 | 畜牧产品质量安全信息产品、基于WEB的交互式整合、移动促销系统、中文问答式检索系统、中国手势语言表达系统 | 电子信息 |
| 41 | 广州市红鹏直升机遥感科技有限公司 | 直升机航空摄影、摄像等业务服务 | 电子信息 |
| 42 | 广州市欧科地理信息技术服务有限公司 | 地理信息系统软件、测绘工程、数据处理的现代信息服务 | 电子信息 |
| 43 | 广州市赛乐通信科技有限公司 | 天线、无源器件、避雷器、通信天线、伪装天线、美化天线、3G天线、室内覆盖天线、基站天线、直放站天线、功分器、耦合器、5.8G天线、微波天线、2.4G天线、WLAN天线、3.5G天线 | 电子信息 |
| 44 | 广州视睿电子科技有限公司 | 交互智能平板，智能平板会议通，液晶触控一体机 | 电子信息 |
| 45 | 广州一道注塑机械有限公司 | PET塑坯注射系统 | 装备制造 |
| 46 | 广州优锐生物科技有限公司 | 电子产品测试系统开发 | 电子信息 |
| 47 | 海瑞克（广州）隧道设备有限公司 | 从事研究、开发、生产生物医药产品、诊断试剂、临床检验分析仪器；生物医药技术的开发及转让、技术咨询服务 | 生物医药 |
| 48 | 依利安达（广州）显示器有限公司 | 液晶显示器（LCD）及液晶显示器模块（LCM） | 电子信息 |
| 49 | 意力（广州）电子科技有限公司 | 薄膜按键开关和ITO透明触摸屏等产品 | 电子信息 |
| 50 | 中博制动系统（广州）有限公司 | 汽车整套液压基础制动系统 | 高新技术改造传统产业 |

（陈伟常　邓宜辉）

**【广州高新区获批为国家现代服务业产业化基地】** 2010年，国家科技部发布《关于认定2009年度国家高新技术产业化基地和现代服务业产业化基地的通知》，广州高新区获批成为“国家现代服务业产业化基地”，是科技部首次认定的“国家现代服务业产业化基地”。

广州高新区获批准成为“国家现代服务业产业化基地”后，将充分发挥广州地区在服务业领域的技术和人才优势，重点发展科技服务、服务外包、物流会展、商品检测认证、创意产业、金融、总部经济、专业市场“八位一体”的现代服务业产业集群。（林 骏）

**【两企业获“国家高技术产业化示范工程”授牌】** 2010年，在第十二届中国国际高新技术成果交易会（即深圳高交会）上，国家发展改革委员会向全国174个经济效益突出、运行情况良好的高技术产业化示范项目授牌。其中，由区内企业广州友益电子科技有限公司独立承担建设的“新型电力电子器件MOSFET封装测试国家高技术产业化项目”和金发科技股份有限公司承担的“平板显示器件关键材料高技术产业化示范工程”分别获国家发展和改革委员会批准，成为各自行业中的佼佼者。全年获此类殊荣的企业广东省仅7家，广州市的2家全部落户广州开发区。（郑君燕）

**【两企业入选广东十大创新企业】** 2010年12月5日，“双十”评选活动（即“广东十大创新人物”和“广东十大创新企业”）结果出炉，区内企业广东威创视讯科技股份有限公司、金发科技股份有限公司入选“广东十大创新企业”。

此次评选活动由省委宣传部于2010年4月启动，由广东各地各部门和普通群众通过各种形式推荐候选人物和候选企业。经评委会审核，评选出25名候选人、25家候选企业，于8月30日至9月23日向社会公示并接受投票，收到网络和手机短信投票500多万张。在群众投票评选的基础上，经组织考察和评委会评选，最终揭晓“十大”名单。除入选十大创新企业的两家企业外，区内企业中山大学达安基因股份有限公司、中国电器科学研究院获“广东十大创新企业”提名奖。

**【广州索答公司获中国创新创业大赛创新奖】** 2010年11月16日，位于广州科学城创新大厦的广州索答信息科技有限公司在第二届中国（深圳）创新创业大赛颁奖典礼上获颁“创新”奖。科技部副部长张来武和中国技术创业协会理事长马颂德等领导出席典礼并向获奖者颁奖。本届中国创新创业大赛是由科技部指导，中国技术创业协会和深圳市人民政府联合主办的一项全国性创业大赛。索答公司携“基于摘要式答案引擎的互联网消费决策系统（Goo5网）”参赛，与来自全国各地数以千计的项目角逐中脱颖而出，一举夺得“创新”奖，成为广州市唯一一家进入决赛并获得创新奖的企业。

Goo5网项目凭借索答公司独有的专利技术——摘要式答案引擎，对互联网上用户海量评论进行自动统计和分析，仅用一个很小的页面就能让用户了解某款商品在各个网站中的所有评论要点、在售商家、价格服务等信息。跨越单个站点和多个页面的限制，使用户仅需以往十分之一的时间，就能完成了解产品信息、决定购买对象、选择卖家这一系列过程，受到大赛组委会多位专家和投资机构的赞同和认可。

索答公司于2009年进入广州科学城创新大厦，是一家由7名留学北美的计算机博士创立的、具有自主知识产权的高科技互联网公司。区火炬中心将索答公司作为重点服务对象，获区种子基金和区科技项目立项扶持。（夏 坚）

**【中国首个ATM研究院成立】** 2010年11月1日，由广电运通金融电子股份有限公司筹备的中国首个ATM研究院——广电运通研究院在广州科学城正式成立。广电运通金融电子股份有限公司（股票代码：002152，以下简称“广电运通”），是国内规模最大的ATM（银行自动柜员机）供应商和最富成长力的AFC（轨道交通自动售检票系统）设备厂商。广电运通作为一家自主研发、生产、销售及服务的自主创新型高科技企业，自主开发的多项核心技术填补国内空白，引领中国钞票识别技术和出钞技术达到世界先进水平。广电运通成为世界各大银行的重要合作伙伴，向全球用户提供高端ATM产品。广电运通以拥有完全自主知识产权的“H68N（存取款循环一体式ATM）”，参与投标海外最大的循环机采购订单，击败美国、日本和德国等老牌行业巨头获得成功。

广电运通依托广电集团的国家级企业技术中心、博士后科研工作站，并得到中国科学院和中国工程院“两院”院士等指导与支持，并成功邀请到国内模式识别领域最权威专家戴汝为（钱学森大弟子）担任广电运通的首席科学家。

广电运通研究院下设研究院办公室、ATM研究所、基础研究所、通用研究所、ATM安全研究所、软件研究所、AFC研究所、检测中心等6所1室1中心，共18个研究部门，并在上海、北京设立研发中心，是国内本行业数一数二的企业研究机构。广电运通先后掌握钞票识别技术、高速钞票处理技术、硬加密技术、金融软件交易交换技术和票卡处理核心技术等一系列行业核心技术，成功研发H系列、HN系列等具有核心自主知识产权的自动柜员机产品，以及以M820、M810为代表的自动售检票系列产品。

广电运通是ATM国际行业协会和CEN/XFS组织的核心成员，全球首家通过EPP 加密键盘国际标准认证，全国首家通过EMV、PBOC和国家3C认证，钞票识别模块被列入2007年国家重点新产品，自动柜员机、自动售票机多次荣获省市、国家的重点新产品、高新技术产品、优秀新产品等奖项及荣誉称号。

至2010年12月，广电运通专利申请202项，获授权84项，其中发明专利26项，多项技术填补国内空白；公司获得软件著作权32项，进行软件产品登记22项。 （邓宜辉 广电运通公司）

广电运通金融电子股份有限公司外景。 姚广军 摄

【高新技术企业选介】 ·广州飒特电力红外技术有限公司·1998年7月，在国家科技部火炬高技术发展中心和广州市政府的批准和支持下，由国家级火炬计划项目《SAT红外热像仪》技术承担单位的北京飒特检测技术有限公司与广州市电力总公司等多家电力企业共同投资，创办广州飒特电力红外技术有限公司。2002年，在美国奥兰多国际光机协会展览会上，公司自主研发的HY6800测温型红外热成像仪首次为中国同类热像仪产品赢得国际声誉；2004年，与日本NEC公司签订OEM合作协议，代表中国红外技术发展水平的高科技产品 S160热像仪第一次成功地批量进入日本红外市场；2005年，由公司负责起草的国际首创的民用红外热像仪国家标准（GB/T19870-2005《工业检测型红外热像仪》）正式发布；2006年，推出全新飒特风格的直立式红外热像仪。

·广东省粤晶高科股份有限公司·成立于2000年，位于广州科学城，注册资本5000万元，是国有控股企业。作为专业的半导体封装测试企业，粤晶高科产品涵盖大、中、小功率晶体二、三极管。拥有多条国际先进水平的自动化生产线、300多台（套）机器设备，可生产20多个系列、500余个品种，30亿只以上的半导体分立器件和集成电路。2003年被认定为省高新技术企业，2004年被认定为集成电路生产企业，2005年荣获广东省名牌产品称号，2005、2006连续两年被评为中国最具有成长性的半导体封装测试企业，2007年被国家发改委、信息产业部、海关总署和税务总局联合评定为第一批国家鼓励的集成电路企业之一，成为中国晶体管质量公认十大知名品牌。

·广东冠昊生物科技有限公司·成立于1998年，是一家专业从事天然生物材料及人工器官产品研发与生产的生物再造工程领域的科技型企业，总部设在广州，在北京、上海设立分支机构。公司致力于为人类提供更多的高科技再造生物技术和产品，解决人类所面临的生物组织难题。公司专家团队具有世界领先的生化处理技术和蛋白质工程技术，能够将食用的动物组织制成性能优良的天然生物材料，进而制成可植入人体，替代病变组织的人工器官和组织替代品，这是人类寻求新的医疗手段的一个革命性的突破，具有广阔的医学应用前景，市场规模可达数百亿美元，冠昊生物开发的是能够填补世界医学空白的技术和产品。

（张 丹）

【区两个基地获广东省第一批战略性新兴产业基地授牌】 2010年8月26日，广东省促进高端新型电子信息产业发展现场会在佛山顺德召开，省委常委、常务副省长朱小丹，国家工业和信息化部副部长杨学山出席会议并作讲话，会议总结交流全省发展高端新型电子信息产业工作的经验和做法，部署下一步工作。会上举行广东省第一批战略性新兴产业基地授牌仪式。在授牌的14个基地中，广州市和深圳市各有3个基地，其中，广州开发区的广州新一代通信设备和终端制造产业基地、广州物联网产业基地获授牌。 （郑君燕）

# 教育文化

# 教育

## 综述

【概况】 2010年，萝岗区教育工作突出改革、服务、内涵、和谐四大主题，整合教育资源，加强现代学校管理，全面实施素质教育，贯彻落实国家各项教育惠民政策，改善办学条件。

2010年，萝岗区投入教育经费4.4亿元，保持持续稳定增长，其中校舍维修改造专项经费2000万元。学校教育装备专项资金1710万元，落实学校设备专项申请150余项。安排财政资金1600万元完善"以车代校"工作，核拨专项资金500多万元为区内所有学校增加配置安全保卫人员以及为家长免费开通学校安全"校讯通"业务，全区公共财政投入社会后勤化专项经费700万元以及捐资助学返还300万元，学校师生的学习和生活环境进一步改善。统筹安排外来务工人员子女在公办学校接受义务教育。全区共接收义务教育阶段外来务工人员子女8494名，其中公办学校接收6006名，占接收总数的70%。

2010年，萝岗区强化基础教育教学管理与监控，开展全区性教学突击大检查，促进全区学校的教育质量体系建设。积极推动学校开展德育工作绩效示范学校评估，多形式开展德育实践活动和教育活动。全面推进家长学校工作，开发区中学等4所学校被评为广州市"百优家长学校"。深化对新课程改革的统筹和指导，加强校本培训和校本教研的实效性，促进各学段学校不断提高教学管理水平和教学质量。深入推进特色学校、等级学校、示范性高中建设和品牌系列创建工作，推动学校申报或接受市级安全文明校园、交通安全示范校、绿色学校、依法治校示范校、百优家长学校以及省绿色学校、省体育特色学校的评估。广州市第83中学更名为"广州开发区外国语学校"，香雪幼儿园顺利通过"市一级幼儿园"评估，广州市第83中学、广州市第91中学顺利通过广东省高中教学水平评估，83中接受了市一级学校督导评估，玉岩中学顺利通过广东省国家级示范性普通高中初期督导评估。高效完成了新疆班场室改造，快速组建教师及管理队伍，确保新疆班如期顺利开学。

2010年，萝岗区深化校企合作机制，促成广东岭南职业技术学院与中兴通讯有限公司合作举办3G通讯学院，成功举办2011届广东高职院校毕业生广州开发区专场招聘会。社区学院和社区学校工作机制得到理顺，58个村居社区教育工作站全部建成，12个示范性社区教育工作站的阵地作用更加凸显。继续开展"社区教育大讲堂"活动，全年组织12场巡回培训，受众近3万人次，组织6期家长培训班，参与居民达3850人。

【素质教育和新课程改革】 2010年，萝岗区推进素质教育和新课程改革工作。以"亚运年"、创建文明城市和创建"平安和谐文明"校园活动为载体，深入开展以社会主义核心价值观为主线的各项专题实践教育和学生日常行为规范养成教育，提高学生道德素养和文明程度。加大德育队伍的培训，编印《萝岗区德育指导手册》、《班主任工作手册》和《班主任德育论文集》，推进德育工作的规范化和现代化进程。

普通高考再创佳绩，全区高考重点上线率以及本A、本B上线率连续第二年位列全市第一；专A、专B上线率由2009年的全市第三名上升到第二名；玉岩中学高考总上线率连续两年保持100%；中考成绩各高分段以及可上本区普通高中的人数均比2009年全面增长；"培优"工作效果显著，全区共有9人获全市单科成绩第一名，比2009年增长50%；玉岩中学初中中考总平均分700.5分，继续在全市初中学校名列前茅；全区初中毕业生选择本区高中就读比例大幅提升；小学校际学业成绩差距由原来的近70分缩小到20分。区义务教育阶段规范化学校达30间，规范化学校达标率85.7%。在广州市第25届青少年科技创新比赛上，全区师生共有48个作品获奖，其中有5个一等奖；2010年市科技周少儿活动专场中有11所中小学获奖；区参加"市青少年科技创新人才培养——千师万苗工程"的学生人数居全市十二个区县之首；有1600名师生参加2010年萝岗区中小学科技活动月启动仪式和集中展示活动；正式成立萝岗区青少年科技教育协会，已有18所学校的22个项目获批市级科技特色项目。

鼓励开展丰富多彩的校园体育艺术活动，促进学生全面发展。举行2010年萝岗区中小学生跆拳道、篮球、30人31足等10多项比赛。在12月的广州市中学生田径运动会上，区代表队比赛成绩取得重大突破，初中组获团体冠军，高中组获团体第四名。区一小亚运助威操代表队在广州市青少年东道主亚运助威操决赛中荣获特等奖。区少年宫正式揭牌，其主创的音乐剧《彩虹猪向前冲》夺得广州市中小学校音乐剧比赛金奖，并先后应邀参加文化部和世界音乐教育大会的演出。举办以艺术教育为主的各种比赛和培训活动，区少年宫成为区素质教育基地和校外教育活动基地。

以"提高教研活动的实效性，打造精品教研"为目标，完善"教研、科研、培训"相结合的三位一体教科研模式。区教科中心承担的广东省教育科学"十一五"规划课题《在课堂教学中实施素质教育的理论与实践研究》将区开展的新课程背景下的目标教学和"六要素"教学方式的运用进一步深化，全区所有学校、所有学科都参与到课题研究之中；立项2个省级课题、17个市级课题和33个区级课题。以国家课程计划、教学常规管理、师德建设、学生管理、第二课堂活动、学生课业负担等为重点，对全区36所中小学校开展为期2个多月的教学突击大检查，完成对区内42所民办教育机构2009年度办学情况的检查考核。

【教师队伍建设】 2010年，萝岗区在编教师2356人，其中，中级、高级教师1637人，本科以上学历1867人，占专任教师总数的79.2%。面向全国公开新招聘教师25名。继续关注教师的工资待遇和福利水平，全面执行在编教师绩效工资制度与退休教师生活补贴制度，完成事业单位人事制度改革岗位设置方案、确保全区教师队伍的基本稳定。通过对全区校（园）级领导的三年任期目标考核和制定实施《萝岗区教职员工考核指导意见（试行）》，完善教师队伍的考核机制。在玉岩中学试行中层干部竞争上岗，营造公平公正的用人选拔环境。年初，妥善解决代课教师问题。开展区本培训和校本培训，全年开展校长、教师培训314期，参训教师达19865人次。先后组织中小学教导主任、科组长146名参加广东省第五届教学管理培训，选拔各学科骨干教师299名参加省、市、区的专业化培训。

【教育基础设施建设】 2010年，萝岗区全面推动义务教育阶段规范化学校建设，缩小全区城乡之间、地区之间和学校之间教育差距。按照"满足需要、适度超前、长远规划、分期建设"的原则，处理好分散和集中布局的关系，合理整合教育资源，采取撤销、合并、保留分教学点等方式，利用新、改扩建工程，对全区公办学校稳步实施布局调整。至年底，全区公办学校由建区之初的56所整合为36所，全区教育用地累计约96.8万平方米，建筑面积约46.1万平方米，立项总投资逾13亿元。全区规范化学校建设基建工作取得阶段性成果，完成并交付使用的学校有12所，正在施工的学校有9所。通过新、改扩建工程建设，全区学校面貌焕然一新，办学条件进一步改善。 （马黎红）

【基础教育品牌建设】 2010年，区教育局按照科学性原则、实事求是原则、循序渐进原则、整体推进原则以及"一校一案"、"一科一案"、"一师一案"的推进办法，对全区中小学、幼儿园品牌创建工作实行看板式管理，对区基础教育系列品牌首批发展对象的94名教师、26个学科、13所学校（园）进行个性化指导，先后组织多次品牌学校建设专题研讨会、学科交流会、教师教学技能展示等活动，邀请专家作《学校品牌建设的理念与战略》、《校长的群体效能》等专题讲座，组织相关人员参加首都师范大学举办的全国"校长与学校品牌"高层研讨会等，加强对品牌学校建设相关理论的学习。完成对开发区第一小学、开发区第二小学和黄陂小学的品牌学校建设初期督导评估。全区有6所学校接受品牌学校建设初期督导评估，21名品牌教师培养对象和13个品牌学科发展对象接受考核。 （曾君娜）

2010年9月8日，广州市委常委、广州开发区党工委书记、管委会主任、萝岗区委书记凌伟宪（左六），区人大常委会主任赖新华（左五），区政协主席官展平（左七）等领导慰问玉岩中学教师。 贾自豪 摄

## 2010年萝岗区公办中小学领导名录

| 学校 | 职务 | 任职领导姓名 | 地址 | 备注 |
|---|---|---|---|---|
| 玉岩中学 | 校长、书记 | 孟纯初 | 笃学一横路1号 | |
| | 副校长、副书记 | 贺奎光 | | 8月调任区教育督导室主任 |
| | 副校长 | 黄永忠 | | |
| | 副校长 | 周志友 | | |
| | 副校长 | 姜庆新 | | |
| | 副校长 | 李大鹏 | | 8月起任 |
| 开发区中学 | 校长、书记 | 龙国明 | 夏港街友谊路66号 | |
| | 副校长 | 戴　亭 | | 11月离任 |
| | 副校长 | 邱绍德 | | 5月起任 |
| 九十一中学 | 校长、书记 | 印贤文 | 萝岗街萝平路79号 | |
| | 副校长 | 钟启枝 | | |
| | 副校长 | 吴　平 | | 11月离任 |
| | 副校长 | 易经华 | | 4月离任 |
| 东区中学 | 校长 | 周忠旺 | 东区街宏岗路2号 | |
| | 书记 | 刘飞翔 | | |
| | 副校长 | 梁超然 | | 4月离任 |
| | 副校长 | 符方军 | | 4月起任 |
| | 副校长 | 李寿强 | | 4月起任 |
| 华峰中学 | 校长 | 郭　明 | 永和街永顺大道中摇田河大街花轮2路 | |
| | 副校长 | 钟焕荷 | | |
| | 副校长 | 梁超然 | | 4月起任 |
| 一一七中学 | 校长 | 周志平 | 联和街广汕公路黄陂长安路段12号 | |
| | 副校长 | 易经华 | | 4月起任 |
| | 副校长 | 李寿强 | | 4月离任 |
| | 副校长 | 温永平 | | 3月离任 |
| 八十三中学 | 校长、书记 | 叶兰生 | 九龙镇凤凰下街29号 | |
| | 副校长 | 陈智慧 | | |
| | 副校长 | 诸业生 | | 4月离任 |
| 九佛中学 | 校长 | 何德财 | 九龙镇九佛建设路223号 | |
| | 副校长 | 陈振流 | | |
| | 副校长 | 诸业生 | | 4月起任 |
| 九佛二中 | 校长、书记 | 马炽开 | 九龙镇九佛育贤路 | |
| | 副校长 | 何桂新 | | |
| | 副校长 | 梁顺来 | | 11月起任 |
| | 副校长 | 符方军 | | 4月离任 |
| 镇龙一中 | 校长、书记 | 古金新 | 镇龙大道531号 | |
| | 副校长 | 何观明 | | |
| | 副校长 | 温永平 | | 3月起任 |
| 镇龙二中 | 校长 | 戴　亭 | 镇龙迳头路外1号 | 11月起任 |
| | 校长、书记 | 梁顺来 | | 11月离任 |
| | 副校长 | 罗洪波 | | |
| | 副校长 | 何保明 | | 8月离职 |
| | 副校长 | 黄成效 | | |
| 区一小 | 校长、书记 | 郭云海 | 青年路东园六街6号 | |
| | 副校长 | 周宇轩 | | 11月离任 |
| | 副校长 | 李　菲 | | 11月起任 |
| | 副校长 | 徐德兵 | | 11月起任 |

（续上表）

| 学校 | 职务 | 任职领导姓名 | 地址 | 备注 |
| --- | --- | --- | --- | --- |
| 区二小 | 副校长（主持全面工作）、书记<br>副校长 | 李悦新<br>董翠云 | 创业路66号 | |
| 东区小学 | 校长、书记<br>副校长 | 朱耀华<br>叶杏妹 | 笔岗村中南坊街30号 | |
| 火村小学 | 校长、书记<br>副校长 | 钟就辉<br>钟柳珍 | 东区街火村岗荔街50号 | |
| 刘村小学 | 校长、书记<br>副校长 | 刘满弟<br>陈汝强 | 东区街刘村光远路47号 | |
| 萝峰小学 | 校长、书记<br>副校长<br>副校长 | 钟琼香<br>周俊勇<br>夏淑平 | 萝岗街 | <br>11月离任<br>11月起任 |
| 香雪小学 | 校长、书记<br>校长、书记<br>副校长<br>副校长<br>副校长 | 孔玉华<br>何秀锦<br>钟裕棠<br>柏金城<br>李朝辉 | 萝岗街罗平路69号 | 6月离任<br>6月起任<br>8月离任<br><br>3月起任 |
| 长平小学 | 校长、书记<br>副校长<br>副校长 | 何秀锦<br>王雪辉<br>欧阳亮 | 萝岗街长平社区高田二巷1号 | 6月离任<br>6月起任，11月离任<br>11月起任 |
| 联和小学 | 校长、书记<br>校长<br>副校长 | 周艳宏<br>周　玲<br>钟健堂 | 联和街 | 6月离任<br>11月起任<br> |
| 黄陂小学 | 校长、书记<br>副校长<br>副校长 | 冷政新<br>王雪辉<br>何润齐 | 联和街黄陂新村 | <br>6月离任<br> |
| 玉树小学 | 校长、书记<br>副校长 | 刘大红<br>陈志东 | 联和街玉树新村 | |
| 新庄小学 | 校长、书记 | 黄红波 | 永和街新安路5号 | |
| 永岗小学 | 校长、书记<br>校长<br>副校长 | 黎汉彪<br>王雪辉<br>钟裕棠 | 永和街桑田一路 | 11月离职<br>11月起任<br>8月起任 |
| 贤江小学 | 校长、书记 | 黄金海 | 永和街贤江路 | |
| 禾丰小学 | 校长、书记<br>副校长 | 黄壬新<br>陈婵莲 | 永和街禾丰大道1号 | <br>11月起任 |
| 九龙一小 | 校长 | 张世杰 | 九龙镇九佛若园路 | |
| 九龙二小 | 校长、书记<br>副校长<br>副校长<br>副校长 | 陈成就<br>马结明<br>陈喜和<br>马钜昌 | 九龙镇镇龙府前路西 | <br>8月离职<br><br>8月起任 |
| 九龙三小 | 校长、书记<br>副校长<br>副校长 | 赵梅珍<br>黄伯深<br>陈润房 | 九龙镇镇龙友新路6号 | <br>8月起任<br>8月离任 |

（续上表）

| 学校 | 职务 | 任职领导姓名 | 地址 | 备注 |
|---|---|---|---|---|
| 九龙四小 | 校长、书记<br>副校长<br>副校长 | 范展新<br>廖志文<br>马钜昌 | 九龙镇洋田村洋田路4号 | <br><br>8月离任 |
| 福洞小学 | 校长、书记<br>副校长 | 温启供<br>黄和生 | 九龙镇福洞村 | |
| 金坑小学 | 校长、书记<br>校长<br>副校长 | 毛红书<br>周俊勇<br>何淦同 | 九龙镇金坑大道88号 | 11月离职<br>11月起任 |
| 汤村小学 | 校长、书记<br>校长<br>副校长<br>副校长<br>副校长 | 刘鉴文<br>李愫谦<br>黄伯深<br>陈润房<br>陈振华 | 九龙镇汤村教育路8号 | 11月离任<br>11月起任<br>8月离任<br>8月起任<br>11月离任 |
| 何棠下小学 | 校长、书记<br>校长<br>副校长 | 李愫谦<br>刘鉴文<br>陈振华 | 九龙镇何何棠下村棠上路253号 | 11月离任<br>11月起任<br>11月起任 |
| 枫下小学 | 校长<br>副校长 | 徐伟光<br>张敬华 | 九龙镇九佛枫下村枫贤路68号 | <br>1月起任 |
| 凤尾小学 | 校长<br>副校长 | 马国强<br>何武华 | 九龙镇凤尾路68号 | |

（龙 婕）

## 幼儿教育

**【概况】** 2010年，萝岗区学前三年幼儿入园率不断提高，办园条件明显改善，保教质量逐步提升，初步形成公办幼儿园为骨干和示范、社会力量办园为主体、公办民办相结合的发展格局。

全区有幼儿园30所，其中教育部门办园3所，民办幼儿园27所。全区入园在读幼儿7594人，其中公办幼儿园在园幼儿917人，幼儿教师86人；民办幼儿园在园幼儿6677人，幼儿教师416人。

区内幼儿园有省一级幼儿园2所，市一级幼儿园2所，区一级幼儿园4所。年底，香雪幼儿园通过广州市一级幼儿园评估，全面实现萝岗区公办幼儿园100%的优质学前教育学位的目标。

**【广州开发区第一幼儿园】** 2010年，广州开发区第一幼儿园在园幼儿343人，教职工在园人数60人。幼儿园积极组织开展各种示范科研活动，其中组织开展题为“幼儿自主性活动教学研讨现场会”的教科研示范基地开放日活动，接待来自区公、民办园教师80人；接待“美育奥福儿童音乐舞蹈国际教育机构暨穗港交流团”50人、并公开三个音乐教学活动；接待来自澳门同福会幼稚园观摩团40人的来访活动、并公开两个音乐教学活动；开设多元文化交流活动“中国·印尼儿童文化节”闭幕式活动，并向全区及广东省部分幼儿园公开。

在校本培训情况方面，该园第一次被评为2009年度校本培训优秀单位，培训教师255人次。

2010年，该园幼儿参加各级各类的比赛取得优异成绩。其中，代表广州市参加广东省舞蹈花会并获幼儿组金奖；参加第16届亚运会亚洲青少年绘画、写作、才艺大赛广州赛区才艺比赛决赛并获二等奖；参加成长的足迹2010年第七届全国幼儿创意美术大赛并获组织一等奖。

**【广州开发区第二幼儿园】** 2010年，广州开发区第二幼儿园在园幼儿283人，教职工在园人数45人。组织开展形式多样的示范科研活动，其中“幼儿混龄教育环境创设的实践研究”获广州市教育科学“十一五”规划面上重点课题，并多次示范公开教学活动；多次举办基地开放日活动；全新的混龄教育环境，丰富多彩的节日混龄主题课程及混龄游戏活动，吸引来自广州市的混龄教育姐妹园及全萝岗区的幼教同行来园参观学习。

该园组织多项形式生动的培训活动，其中幼儿园音乐课题组骨干教师前往华南师范大学参加快乐音符的培训；参加广州市第二幼儿园主办的天津–广州幼儿体育交流会；全体教师参加幼儿园简易材料创意游戏园内观摩活动；针对简易体育游戏园内观摩教研活动选用“协同反思”教研新模式；参加广州市武术协会、广州市幼儿武术体育研究会承办的“2010年广州市青少年武术公开赛暨第二届幼儿武术嘉年华”活动；幼儿园体育教师郑鸿辉带队的武术队获得幼儿组集体拳术二等奖；叶炜涛与余星辰两位小朋友获男子幼儿组五步拳三等奖；参加广州市健康宝宝大赛颁奖典礼，幼儿园获“健康宝宝摇篮奖”。

**【香雪幼儿园】** 2010年，香雪幼儿园在园幼儿291人，教职工在园人数43人。利用萝岗特有的资源“春花、夏荔、秋橙、冬雪”和传统节日，渗透教育活动，弘扬传统文化，开展主题教学，探索园本课程。如春季亲子种植活动、观赏禾雀花等；夏季摘荔枝、芒果、杨梅等；秋季结合传统节日开展中秋灯笼制作展、中秋月饼制作品尝会、认识萝岗橙、栗子等；冬季参观香雪公园，观赏梅花等。

香雪幼儿园注重教师专业培训，发挥公办园的示范作用，带动萝岗片区民办园教师专业发展，采取邀请园外优秀教师来园听课评课、委派骨干教师到名园跟班学习、参加市、区组织的学术交流、聘请专家来园讲座、组织省外参观等形式，拓宽教师视野。每学年面向片区公开乡土资源美术活动和体育活动，取得良好的效果。

1月，广州市学前教育体育研究会组织全市男体育骨干教师在香雪幼儿园进行“幼儿园体育教学交流研讨会”，徐银、刘肖霞老师展示的两个体育活动受到好评。3月，被评为萝岗区“安全管理先进单位”。6月，参加区卫生局、教育局举办的“参与亚运会，当好小主人，健康宝宝大赛”，荣获全区第一名。10月，荣获萝岗区第一届学校合唱节幼儿园组一等奖。12月，通过广州市一级幼儿园评估。

（罗志芳）

## 中小学教育

**【概况】** 2010年，萝岗区有公办中小学37所（含区辖学校广州市二中），其中高级中学（含完全中学）4所、初级中学8所、小学25所；在校学生31002人，其中普通高中学生6299人，初中学生9903人，小学生14800人。民办中小学5所，在校学生3220人。区属公办专任教师2356人，其中，中高级职称1637人，特级教师10人。高中教师学历达标率99.64%、研究生率11.55%，初中教师学历达标率99.5%、本科率90.57%，小学教师学历达标率100%。辖内公办学校中创建国家级示范性高中2所，省一级学校5所，市一级学校5所，区一级学校20所。

（许 逊）

**【广州市二中科学城校区】** 2010年，该校区高中部有54个班，学生2700名。在编教师178人，其中，专任教师147人，特级教师1人，全国优秀教师1人，多名教师获省、市各类优秀称号。高中部校区有高级教师43人，具有硕士学位的教师33人，教师学历按高中教师标准合格率为100%。

是年，高中毕业班工作获广州市一等奖，在广州市教育局局属学校中位居第二。高考理科重点率48.79%，文科重点率46.15%；学校被广东省科学技术协会、广东省教育厅、广东省科技厅联合授予第一批“广东省青少年科学教育特色学校（2010~2014年）”，被评为“广州市安全文明校园”。

**【玉岩中学】** 2010年，该校有初一到高三6个年级和新疆班，共65个教学班，学生3020名。在编教师245人，其中，专任教师225人，特级教师5人，全国优秀教师1人，接受国家级骨干教师培训2人，接受省骨干教师培训3人，省劳动模范2人，省、市优秀教师9人，广州市十佳教师3人，广州市骨干教师6人。高级教师90人，具有硕士学位教师43人，中共党员114人，教师学历按高中教师标准合格率为100%。

2010年中考中，七科总平均分700.5分，再次位列全市公办中学第二名，仅次于华师附中。700分以上考生180人，占考生总人数的56%，有6人获广州市单科成绩第一名。2010年高考，学校高三学生属于广州市第4生源组，共323名学生参加高考，上线率再次保持100%，其中，重点本科上线率8.98%，本科上线率74.61%，比2009年提升近7个百分点。廖诗画同学以总分675分的成绩位列全省文科总分第五名，被北京大学元培实验班录取，成为学校首位考取北京大学的学生。是年，该校再

玉岩中学远眺图。 蔡丹宁 摄

次荣获广州市高中毕业班工作一等奖。学校努力凸显科技创新特色教育，先后获得相应的国际级等各级各类奖161项。在文化学科竞赛等方面，仅2010年，在第十八届希望杯全国数学邀请赛等比赛中获得多个奖项。学校先后获得“全国德育示范基地”、“广东省普通高中教学水平优秀学校”等荣誉称号。

【广州开发区中学】　2010年，学校有24个教学班，在校学生1054人，专任教师68人。先后被评为“广州市义务教育规范化学校”、“广州市安全文明校园”、“广州市绿色学校”、“广州市心理健康教育示范学校”、“广州市科技教育特色项目学校”、“广东省安全文明校园”、“全国百强特色校”等，并拥有省特级档案综合管理单位、全国科研联合体成员学校、广东省校长培训基地等多项称号。

【广州市第九十一中学】　学校创办于1956年，位于萝岗新城区中心地带。学校占地面积76204平方米，建筑面积26119平方米。教学设备全部按照省一级学校标准配备。2010年，有教学班50个，在校学生2267人。在编教职工184人，其中高级职称20人，中级职称119人；专任教师学历达标率100%，其中研究生学历2人，研究生结业36人，教育硕士9人，在读研究生11人，本科学历以上174人，学校有省、市、区级骨干教师10人。

至2010年，学校成功申报国家、省、市、区四级科研课题18个，其中已结题5个，完成中期验收课题8个；申报校本科研课题20个，70%教师参与校本课题研究。师生参加各级各类比赛有470多人次获奖，在国家、省、市、区等刊物发表或获奖论文170多篇。先后被评为区一级学校、广州市绿色学校、广州市“学校民主管理工作三星级单位”、广州市心理健康教育示范学校、广州市安全文明校园、广州市“防震减灾科普示范学校”、广州市“科技特色项目学校”、被列为全国教育科学“十一五”规划课题《“四合一”教学模式的普适性研究》实验学校。2010年获广州市高中毕业班工作综合评价一等奖。4月，通过广州市高中教学水平评估；11月，通过广州市安全文明校园复评。

【广州开发区外国语学校】　该校创办于1964年，原名广州市第八十三中学，位于九龙镇。学校占地面积1.93万平方米，建筑面积8136平方米。有教学班17个，学生623人。在编教职工68人，其中专任教师61人，学历达标率100%，中学高级教师6人，特级教师1人，硕士研究生4人，20位教师研究生班课程结业，在读研究生2人，区品牌教师发展对象3人，区教育学会理事12人，区中学教学中心组成员10人；30人次被评为省、市、区级优秀教师。

2010年高考取得历史突破：上重点线1人，本科线以上19人，本科完成市指标率190%；专A以上69人，完成市指标率176.9%，以85.71%的大学上线率刷新学校记录，再次荣获广州市高中毕业班工作二等奖。2010年，学校被评为广东省高中教学水平优秀等级学校，广州市一级学校，德育示范学校；获得“广州市第四批青少年科技教育特色项目（天文）学校”、获得区教育系统体育工作受表彰单位，萝岗区中小学科技教育工作先进单位，区安全管理先进单位、优秀信息发布单位、首批区“健康促进学校”等荣誉。

【广州开发区第一小学】　2010年，该小学有教学班25个，在校学生1020人。专任教师65人，其中副高级职称1人，特级教师2人，小学高级教师49人。学校先后被国家教育部、文化部、宣传部等部委授予全国青少年文明礼仪教育示范基地；教育部重质量、讲诚信全国AAA级示范学校；教育部社会公认特色育人示范学校；教育部全国首届百佳特色学校；教育部教育信息化常务理事单位；教育部教育科研成果

广州市第九十一中学远眺图。　蔡丹宁 摄

一等奖；教育部教育科学“十五”规划课题实验学校；全国“十一五”重点规划课题实验学校；首届全国中小学校园文化建设十佳示范学校；全国小学语文发展与创新实验学校；全国小学生日常英语教学实验学校；全国青少年英语艺术十佳名校；广东省中小学校长培训实践基地；广东省现代教育技术实验学校；广州市红领巾示范学校；广州市爱国卫生运动模范单位；广州市学校民主管理工作星级考核评估三星级（最高级）单位；广州市科技教育特色项目学校；广州市绿色学校；广州市家长学校示范点；广州市在教学领域进一步深化素质教育试验点等。学校初步形成“广泛运用信息技术和英语教学、科技教育”的办学特色。

2010年9月28日，区人大常委会执法检查组在区内中小学检查《中华人民共和国义务教育法》和《法律援助条例》的贯彻实施情况。 焦婵娟 摄

【广州开发区第二小学】 2010年，该小学有教学班26个，学生1097名，教职工80余名，专业教师100%达大专以上学历，78%达本科学历，72%达小学高级教师职称，33%为中共党员。教师中，有1名国家级“百千万”名教师培养对象，2名省级优秀教师、2名省级名教师培养对象、1名市“百千万”名教师培养对象、6名市级优秀班主任、4名市级优秀教师、3名市特约教研员、4名市学科“十佳”教师，6名区学科“十佳”教师。学校先后获“中国青少年素质教育研究实践基地”、“全国科研兴教示范基地”、“全国文明礼仪示范校”等国家荣誉称号；“广东省一级学校”、“广东省绿色学校”等省级荣誉称号；“广州市优秀家长学校”、“广州市科技教育工作先进单位”等市级荣誉称号；萝岗区先进基层党组织、安全管理先进单位、先进集体等区级荣誉。

2010年，获由《今日财富报》、《中央电视台教育频道》等100多家单位联合举办的“2010中国基础教育品牌总评榜评选活动”的“2010中国基础教育品牌总评榜素质教育领先学校”称号。

【萝峰小学】 学校毗邻萝岗香雪公园，占地面积38847平方米，建筑面积20574平方米。有教学班26个，学生1101人，教师79人，专任教师学历达标率100%。2010年，成立“击剑队”、“古筝队”等近30个学生社团组织，营造学校特色。是年，通过“广东省安全文明校园”、“广州市绿色学校”、“广州市德育示范学校”的评估，荣获“第七届百所读报用报标兵和先进学校”称号、“广州市健康促进学校铜奖”；学校获区级以上荣誉16项，其中省级1项、市级8项；教师获区级以上奖励50人次，其中国家级2人次、省级3人次、市级9人次；学生获区级以上奖励217人次，其中国家级58人次、省级37人次、市级43人次。

【香雪小学】 香雪小学是一所集基础教育功能和青少年竞技体育发展功能于一体的学校。占地面积50124平方米，建筑面积14962平方米。2010年，有教学班21个，学生801人；有教师73人（含竞技体育教练2人，校医1人，图书兼档案管理员1人）；其中研究生学历1人，本科学历58人，大专学历11人，学历达标100%；有小学高级教师53人，市级骨干教师培养对象3人，区级骨干教师培养对象14人。坚持走全面发展的特色之路，开设醒狮队、无线工程等20多个兴趣小组。学校先后被评为“广州市体育传统项目学校”、“广东省体育特色学校”、“广东省第四批信息化实验学校”、“广州市绿色学校”等称号；获市级奖励151项，省级奖励16项，国家级奖励24项。 （区教育局供稿）

## 职业教育

【概况】 2010年，广州开发区、萝岗区与相关方谈成新加坡南洋理工大学知识城创新培训中心、新加坡国立大学管理学院广州知识城知识经济研究中心、知识城国际教育合作项目、知识城华侨中学合作项目4个项目。经协商谈判，4个合作项目均制定2011年行动计划，进入实操阶段；汇编《首届国家级开发区职业教育年会集萃》，总结经验，研讨职业教育下一步发展思路。

【广州开发区技工学校】 2010年，广州开发区技工学校招生507人，在校学生1500人，教职员工72人，外聘兼职教师17人，占地面积8.67万平方米，规划用地20万平方米，实验实训室105间，多媒体教室38间，图书100万册。开设有汽车检测与维修技术、电子技术应用、计算机应用技术、计算机网络技术、会计电算化、旅游与酒店管理、外贸英语与商务文秘、市场营销、汽车营销、室内装饰与环境艺术设计等10个专业。

**【广东岭南职业技术学院】** 广东岭南职业技术学院成立于2001年5月，是经国家教育部和省政府批准、面向省内外招收普通高等教育国家任务生，具有大专学历证书颁发权的一所全日制、综合性省属民办普通高等院校。

2010年，学院总面积46.42万平方米，校舍建筑面积29万平方米，教学仪器设备总值达7200多万元，有多媒体教室200间，校内实训和生产性实习场所136个，图书馆馆藏图书资料达110余万册，信息化条件达到国家二级标准。学院设有商学院、管理学院、现代制造学院、岭南香港铸业（高精密工业品技研）学院、电子信息工程学院、艺术与传媒学院、外语外贸学院、医药健康学院、岭南中兴通讯3G学院、星力量动漫游戏学院、博雅教育学院等11个二级学院，开设专业39个，在校学生17000余人。学院同时设有成人教育学院与培训学院，并先后与吉林大学、天津大学等院校分别合作举办远程教育和成人教育的本科教育。

学院坚持“产教融合”的办学理念，广泛开展校企合作办学、合作育人、合作发展、合作就业，先后与企业共建2个二级学院及27个订单班，实现校企深度融合。学院创建的岭南科技园（即国家软件产业基地广州天河软件园岭南园区）和岭南创业园（广东省大学生就业创业实训基地），进驻有30多家高新技术企业，为学生实习、就业创造机会。

2010年，学院先后被搜狐、网易、腾讯等知名网络传媒评选为“2010年中国十大品牌民办高校”。在《南方都市报》广东教育年度总评榜评选中，学院当选为“广东最具就业竞争力民办高校”。

**【广州康大职业技术学院】** 广州康大职业技术学院是经广东省人民政府批准，国家教育部备案、具有独立颁发学历证书资格的全日制综合性省属政企合办普通高等院校，由广州开发区管委会与广州康大工业科技产业有限公司联合出资兴办。

2010年，学院设有应用汽车工程系、自动化系、安管系、计算机系、经济系、会计系、管理系、外语系、艺术系等9个教学系，开设安全管理技术、商务英语等46个热门专业或专业方向。在校生人数6400多人，教职员工370多人，配备实验实训室105个，校企实训实习基地104 个，图书馆藏书80万多册，教学仪器设备总值2200多万元，校园内建有400米跑道田径场、游泳池、体操室及各种球类馆。

11月7日，学院团委书记刘永钦作为广州亚运会火炬手，参与亚运火炬在萝岗区的传递。12月，学院顺利通过教育部组织的人才培养工作评估。

**【华南师范大学增城学院】** 华南师范大学增城学院是由“211工程”国家重点建设大学华南师范大学申请，广州康大工业科技产业有限公司投资兴办的独立学院。学院创办于1998年，1999年开始正式招生，2002年开始招收本科生，是广东省最早开办本科教育的民办高校，学院于2004年经教育部批准成为首批本科独立学院。

2010年，学校共招生3326人，其中普通高考录取3202人，插班生录取124人。有在校学生9600余人，开设有经、管、文、法、工等学科近20个专业。

7月，学院荣获“全国先进独立学院”称号；11月，被评选为“2010年度广东最具就业竞争力独立学院”。

**【广州开发区培训中心（广州开发区电大）】** 2010年，广州开发区培训中心重点面向园区企业和基层社区开展教育服务。教育培训业务有了新发展。全年举办中央电大高等学历教育及各类职业技术教育培训班600多个，服务园区企业及村居社区群众5.8万余人次，其中，电大高等教育招收新生1200人，同比增长25%，使电大本科、专科在校生人数达到2000人以上的规模。是年，广州开发区电大被评为“广州市广播电视大学招生工作先进单位”，广州开发区培训中心被评为“广州市萝岗区职业教育先进单位”、“广州市萝岗区社区教育先进单位”。

在教育内涵与服务方式等方面有所创新和突破，与园区企业捷普电子合作建立“校企合作人才培养教育基地”；结合群众教育培训动态和实际需求，增加新项目新品种，可供选择的教育培训项目达到100多种；创造性地开展工作，把教学设备设施搬到基层村居，教师派到社区上课，为区内30多个村居开展送教下乡服务；突出教育培训的社会公益性原则，无偿开办社区培训工作，在夏港街开展迎亚运社区英语培训、在九龙镇开展农村基层财会培训等。（尹小毛）

## 社会教育

**【概况】** 2010年，萝岗区开办15期“社区大讲堂”活动，参与居民2000余人。加快村、居社区教育工作站建设，完善示范性社区教育工作站的设施建设，定期更换宣传橱窗，发挥社区教育阵地作用，使社区教育网络更加成熟、完善。

**【特殊教育】** 2010年，区教育局全面完成萝岗区特殊教育的前期调研工作，拟制《广州市萝岗区特殊教育十二五规划》；开设九龙第一小学、九龙第二小学两个特殊教育班和成立“广州市萝岗区教育局特殊教育工作指导中心”，建立起一支有近100名专、兼职教师的特殊教育师资队伍，逐步开展系统的、专业的培训；以培养学生树立自尊、自信、自强、自立的精神和社会适应能力为主要目标，以个别化教学为特殊教育教学改革的重点，全面提高教育教学质量。2010年，全区常住残障适龄人口教育机会系数达到98%以上。

**【民办教育】** 2010年3月，萝岗区对39所区属民办学校进行年检。组织区属民办学校参加广州市民办教育协会举办的《广东省实施（中华人民共和国民办教育促进法）实施办法》学习班，确保各项规定的贯彻落实，引导民办学校依法办学。 （黄 华）

# 文 化

## 综述

**【概况】** 2010年，萝岗区文化建设抓住“九艺节”和“亚运会”的契机，推动全区文化建设的全面发展。

群众文化活动丰富多彩。全年主办、承办、协办文艺演出87场次（其中主办文艺演出45场次、承办文艺演出24场次，协办18场次），组织参加国际、国家、省、市级文艺比赛9次，举办书画摄影展览4场次，举办培训班近40场次（社区广场舞蹈培训班、少儿舞蹈培训班、社区合唱培训班、社区治保人员培训班、消防安全培训班等），惠及群众约32万人次。开展“羊城之夏”暑期少儿活动与“全民阅读”系列活动。在5月落幕的中国第九届艺术节上，区选送的节目有2项获“群星奖”。《创业导报》制作8个版面的文化特刊全面报道建区5年来区文化工作取得的成绩。7月，香雪女声合唱团参加在浙江绍兴举行的第六届世界合唱节比赛，获带舞蹈表演组别金奖和女声组银奖，开创区业余文艺团队首夺国际级奖项的先例。亚运期间，举办彰显国画精髓的《风姿·颂》文化活动。“2131”工程继续推进，全年放映电影1096场，惠及观众近40万人次。

文艺作品多次在省、市获奖，提升新区文化品位。其中，区文化馆组织系列文艺节目获得金奖5项、银奖4项、优秀演出奖1项。

公共文化基础设施建设方面，萝岗街文化广场动工建设；夏港街电影院修缮工程竣工；安排专项经费134万元用于村居文化室的升级改造和设备购置，至年底，全区建成达标文化室33个；为墩头基社区、萝峰社区、玉树社区等6家“绿色网园”规范了制度与标识，确保该项目在广州市创文测评指数检查中顺利通过。区图书馆全年新建8个分馆。

区第三次全国文物普查实地调查阶段工作顺利通过省验收，普查工作质量获得省专家一致好评。文物保护单位保护规划编制工作稳步推进。启动萝岗历史文化八景评选工作。启动《萝岗风物》编印工作。

加大对文化市场的监管和执法力度。在2010年广州市创文迎检的历次评比中，网吧市场管理工作的得分多次排在全市第一名。宣传亚运版权保护工作，及时召开全区网吧工作会议，把维稳工作贯彻到文化市场管理工作之中。开展有线电视安全播出的监管工作，确保全年安全播出无事故。

2010年1月28日，区文化局正式搬迁至萝岗新城水西路12号4楼办公。 （毛丽丽）

**【群众文化】** 2010年，萝岗区投入60万元群众文化活动经费指导全区59个村（居）文化室开展活动。为全区的村居每月放映1场电影，并在国庆、元旦期间，为区内企业加播400场次，共1096场次。组织开展“情系岭南”百场优秀戏剧曲艺作品巡回演出、“舞动新精彩、快乐永相随”社区广场舞蹈邀请赛、第十六届亚运火炬传递展示广场文艺演出、广州亚残会火炬传递沿线舞蹈表演等。5月，区选送的音乐类节目《雨后彩虹》、舞蹈类节目《传》和戏剧类节目《局长家事》均入围中国第九届艺术节决赛，其中，《局长家事》和《传》分获戏剧类和舞蹈类“群星奖”。7月，香雪女声合唱团参加第六届世界合唱节比赛，夺得带舞蹈表演组金奖和女声组银奖。11月，亚运篮球赛事期间，邀请莫各伯、黄泽森、梁培龙、孙戈、李晓白、陈挺通等省内知名画家对亚洲各国篮球明星们进行国画创作，举办富有文化魅力彰显国画精髓的《风姿·颂》文化活动。12月18~26日，举办“第三届萝岗香雪文化旅游节”，重塑历史悠久的“萝岗香雪”文化品牌。

**【文化基础设施建设】** 2010年，夏港街电影院修缮工程竣工，投入使用。至年底，萝岗街文化广场动工建设，永和街、东区街文体活动中心完成方案设计。选取11个“绿色网园”示范点并安排20万元完成“绿色网园”、“农家书屋”建设点的电脑配送工作。制定《关于我区2010年村居文化室建设的实施方案》。安排专项经费134万元用于村居文化室的升级改造和设备购置。新建文化室1个，重点改造、扩建文化室（含文化站、文化广场）5个，为13个文化室配备文化设施。（李　静）

【区少年宫】 2010年1月25~29日，区少年宫借用香雪小学场室开办为期5天的“兴趣技能活动2010年寒假班（免费参加）”。为更好的掌握孩子们以及家长的需求，在活动期间发放并回收“教学意见反馈表”，在1月29日对家长进行开放活动。7月12~28日，借用香雪小学的场室开办“2010年暑期培训班”，并于7月25日面向家长开展课程汇报开放日活动。9月11日，借用香雪小学场室顺利开展“2010年秋季培训班（本部）”活动，并正式在九龙一小建立乡村少年宫，同时开展“2010年秋季培训班（九龙分部）”活动。10月22日顺利完成少年宫场室的交接工作；并于12月4~5日将秋季班课程培训从香雪小学迁出，首次进驻少年宫场室正式开课；在12月11~12日开展培训班进驻少年宫之后的首个“家长开放日”。

【文化队伍建设】 2010年，萝岗区文化馆加强区内文艺团队建设，香雪女声合唱团、红荔艺术团、自由电声乐队、香雪曲艺社等业余文艺团队在区内各文艺演出活动中担纲重要任务。

在“亚运歌曲大家唱”活动中，选送联和街合唱团、开发区医院合唱团参加由广州市委宣传部、市文明办、市文广新局、亚组委庆典和文化活动部共同主办的“亚运歌曲大家唱”决赛，分别荣获银奖；组织夏港街合唱团、开发区医院合唱团代表志愿者方阵参加“期待这一刻——2010广州亚运会倒计时100天文艺晚会”演出；举办“为亚运喝彩”——2010年萝岗区亚运歌曲大奖赛。

为培育和发展更多优秀文艺团队，区文化馆组织全馆专业干部、文化辅导员充分发挥专业特长，对街镇文艺骨干、社区文艺爱好者以及企事业单位文艺团队等开展文艺辅导近百次。（徐秋白）

【萝岗香雪女声合唱团】 2010年5月，香雪女声合唱团在“第九届中国艺术节暨全国第十五届群星奖”合唱决赛中，演唱《雨后彩虹》、《看秧歌》等三首曲目获优秀演出奖。7月，在第六届世界合唱比赛中，荣获带舞蹈表演组金奖和女声组银奖，该比赛是目前规格最高、规模最大、最具权威影响力和号召力的国际性合唱比赛，又称国际合唱节“合唱奥林匹克”。9月，在“迎亚运、师情飞扬”广州市第二届教师艺术节中，获一等奖。（谢荣波）

【公共图书馆管理与服务】 2010年，萝岗区图书馆馆藏图书20万册，年订阅报纸220种、杂志1100余种；全年无休向社会开放，累计接待进馆读者37万多人次，是公众学习、休闲、交流、研究的理想场所和全国文化信息资源共享工程区支中心，负责区共享工程服务，2010年在各基层服务点开展共享工程知识培训；对基层共享工程服务点进行有效的管理和辅导，使其掌握资源更新和运用。

为方便读者的需要，2010年新建益海粮油公司、铭祥汽车零部件公司、镇龙居委、明泰公寓、日晶公寓、辉柏嘉文具公司、联和街社区综合服务中心、海瑞药业等8个分馆，为9个分馆送书12382本、期刊合订本266本。

至是年底，区图书馆在全区范围内设立的分馆和流通点已达52个。

加强图书宣传推介活动。2月，以“我阅读我快乐”为主题，在区中小学中举行手抄报比赛，并将获奖优秀作品制成展板在全区学校中巡展；4月，开展系列宣传“423”世界读书日活动；5月，参加2010年广州地区公共图书馆服务宣传周活动、组织夏港街普晖社区的选手代表区参加由广州市文广新局主办的广州市农家书屋阅读讲演比赛，获二等奖；选拔开发区二小的吴若曦等5位同学代表区参加第九届中国艺术节群众文化活动之“书香岭南、魅力广州——岭南文化知识竞赛”活动，区图书馆获活动优秀组织奖；在九艺节开幕前，在图书馆门前的图书文化广场举办“缤纷九艺、书香萝岗”为主题的大型读书广场展示活动，有2000多人参加；成功举办区第31届“羊城之夏”青少年暑期活动，在全区中、小学内举行“喜迎亚运、放飞梦想”绘画比赛活动，让广大青少年读者以主人翁的意识参与到迎接亚运活动中来。由该馆选送的迎亚运征文分别获广州市初中组及小学组一等奖。活动结束后，区图书馆获广州市文化局颁布的“先进集体”称号。（刘　波）

【文物保护与开发利用】 2010年3月，萝岗区第三次全国文物普查实地调查阶段工作顺利通过省验收，普查工作质量获得省专家一致好评。区顺利转入第三阶段——整理汇总和研究利用实地调查资料阶段，完成查漏补缺、资料整改、档案整理、文物电子分布图制作、普查成果纳入城乡规划等各项工作。

经过反复论证修改，玉岩书院与萝峰寺保护规划成稿呈上级文物行政主管部门审批。同时还启动寅堂祖祠和圣裔宗祠两处市级文物保护单位保护规划编制工作。

2010年，区与市文化广电新闻出版局签订文物保护目标责任书，区文化广电新闻出版局与各街镇分别签订文物保护目标责任书，文物保护纳入各级领导责任制。区将各级文物保护单位、文物普查成果纳入区域控规中，并在“三旧”改造工作中落实文物保护责任。

利用文化遗产日、香雪文化艺术节等契机，对区第三次全国文物普查工作成果和非物质文化遗产项目进行广泛宣传。启动萝岗历史文化八景评选工作，发动全区干部群众评选出能代表区历史文化特点、能开发利用的历史文化景点，逐步树立区历史文化旅游品牌。启动《萝岗风物》编印工作，将区重要历史文化遗产和改革开放以来的发展成就撰文出版，推进区文物保护工作。

继续对区内重要文物单位开展白蚁防治工作，扩大防治范围，有30余处文物单位开展白蚁防治工作。对玉岩书院进行消防设施改造，加强书院消防能力。利用九艺节、迎亚运等契机，对外展示区貔貅舞、客家山歌、舞春牛等非物质文化遗产项目，带动保护传承工作开展。 （姜兆晖）

【文化产业】 2010年，区文化局继续推进区创意产业发展，引进广州势至网络科技有限公司、广东省北斗应用技术支持中心、广州拓欧信息技术有限公司等创意类项目共32个。其中，广州势至网络科技有限公司是集网络游戏引擎开发，网络游戏平台建设，网络游戏产品的研发、运营及服务于一体的动漫网游类项目，注册资本1000万元，自主研发出《幻想三国》、《英雄世纪》、《八仙WEB》等游戏软件。是年，广州开发区软件和动漫人才培养培训基地完成软件人才培训2546人次，动漫人才培训920人次。 （黄柳婵）

【文化市场管理】 2010年，区文化局检查文化市场588次，出动1777人次，检查文化经营单位1466家次（其中印刷复制企业58家次，音像经营单位63家次，书报刊经营单位331家次，有证网吧960家次，文化娱乐场所4家，营业性演出单位1家，卫星电视接收经营单位2家，其他文化经营单位47家次），收缴（暂扣）侵权盗版音像制品1868张；侵权盗版类图书、电子出版物、非法博彩类报刊、涉嫌淫秽图书、淫秽色情报刊及其他非法出版物810本（份）、处理举报案件3宗；取缔、查处无证照文化经营店、档81家（其中黑网吧3家，无证书报经营单位50家，无证音像经营单位27家、无证营业性演出单位1家）。收缴电脑主机24台、电脑显示器25台、游戏机6台。行政处罚案件1宗，罚款1万元。发出责令整改通知书16份，责令停止违法行为通知书1份。 （李世安）

【文艺创作】 2010年，区文化馆组织文艺精品节目参加国际、国内及省市级各类大赛，获2项群星奖、3项金奖、4项银奖、1项优秀演出奖。5月18日，“第九届中国艺术节暨全国第十五届群星奖”舞蹈决赛第三场和小品决赛第七场分别在广州中山纪念堂和广联礼堂开赛，由区文化馆选送的《局长家事》、《传》分别获该比赛“戏剧小品类”群星奖、“舞蹈类”群星奖（群星奖是文化部为繁荣群众文艺创作，促进社会文化事业的繁荣与发展而设立的政府社会文化最高奖）；香雪女生合唱团演唱《南国春雨》获“合唱类”优秀演出奖。7月19日，第六届世界合唱比赛颁奖典礼在浙江省绍兴市中国轻纺国际会展中心隆重举行，香雪女声合唱团荣获带舞蹈表演组别金奖和女声组银奖；9月10日，由广州市教育局、市教育局工会联合主办的“迎亚运 师情飞扬”广州市第二届教师艺术节中，区文化馆负责组织辅导的合唱《南国春雨》、舞蹈《碧波孔雀》获一等奖，古筝独奏《临安遗恨》、女声二重唱《幸福谣》、诗朗诵《我用残损的手掌》分别获二等奖。 （谢荣波）

【区文化馆】 2010年，区文化馆加强馆内硬件设施建设，固定资产18.26万元，文化活动面积3980平方米，免费开放功能室13个，其中包括休闲吧、老人活动室、多功能厅、乐队排练室、合唱排练厅、曲艺室、少儿活动室、少儿舞蹈室、成人舞蹈室、美术书法室、摄影室等，设立免费艺术服务项目13项，如声乐、钢琴、舞蹈、书法、摄影等免费培训项目，每周开放时间60小时。

2010年，区文化馆全年举办文艺演出87场次（其中主办45场次、承办24场次，协办18场次），组织参加国际、国家、省、市级文艺比赛9次，举办书画摄影展览4场次，举办培训班近40场次（社区广场舞蹈培训班、少儿舞蹈培训班、社区合唱培训班、社区治保人员培训班、消防安全培训班等），惠及群众约32万人次。 （徐秋白）

## 广播电视

【概况】 2010年，广州开发区、萝岗区电视中心（以下简称“区电视中心”）采编、制作电视新闻1682条，专题49个，公益广告107条，广州电视台新闻频道486条，创文稿件116条，迎亚运62条。

【电视新闻宣传】 2010年，区电视中心坚持新闻改革，改进领导人活动和会议报道，节目信息量大大增加。在区人大、政协的两会报道中，精心策划、制定全方位、多角度的报道工作方案，先后推出很多议案追踪的专题，使两会报道更生动、更具体、更及时。实现当天采访、当天编辑、当天播出。得到区人大和政协领导的肯定。区电视中心与区公安分局、广州开萝电视文化艺术团联合拍摄的10集防诈骗系列电视短剧在上半年播出，据区公安分局报道，该电视剧在全区播放以后，社会治安明显好转，并来函要求重播。在广东省检查广州开发区萝岗区依法治区的工作中，该电视系列短剧得到领导的肯定。这是区电视中心成立以来，尝试拍摄的首部电视剧。完成广州开发区萝岗区规模最大的消防演练全程拍摄和制作光盘；完成广州开发区萝岗区创建省林业生态区的拍摄和制作光盘；完成九龙镇党建工作专题片的拍摄和制作光盘；完成广州开发区萝岗区依法治区“四五”规划专题片的拍摄和制作光盘；完成区公安分局专题片参评全国获奖的拍摄和制作光盘；完成建设局关于环境片的制作；完成全区评选省双拥模范区介绍片的制作；完成组织部党委教育片的制作；协助完成《香雪烂漫》、《玉树，你听见了吗？》、《一起创业》等歌曲的后期制作工作。被评为广州市消防宣传工作先进单位（萝岗区4个：区政府、区公安分局治安大队、区安监局）。为配合亚运宣传活动，制作一系列的宣传方案，并保证每天都有关于亚运主题的宣传，同时为确保亚运期间的安全播出，制定24小时值班制度和“零报告”制度和亚运期间的应急预案，明确值班人员、时间，并要求值班人员24小时保持通讯畅通。（姚　霞）

## 《创业导报》

【概况】《创业导报》于2007年3月29日创刊，是广州开发区党工委、萝岗区委机关的内部刊物，由区委宣传部主办。2010年，《创业导报》全方位、多视角报道区经济社会发展亮点，全面记录区新一轮创业发展和转型升级历程，为广州开发区、萝岗区各项建设事业和发展营造良好的舆论氛围，得到区领导和全区各部门的肯定。全年刊登公益广告70多个。从10月下旬起，配合全区“创先争优”活动，开设《创先争优活动版面设计竞赛展示专版》，刊出各单位创先争优活动版面30多个。

【宣传报道】2010年，《创业导报》围绕区中心工作和重大活动组织一系列报道。出版133期（203-335期，1月至10月为周三刊，11月后改周二刊），增加《平安萝岗》、《导报人物》、《每周读报》等版面。全年配合全区重大事件及活动，提前策划，及时推出专栏、专版及跨版等多种报道形式，开设“看计划、对节点”、“创建全国文明城市”及“关注一线创文工作者”、“身边人身边事”等专栏，形成立体报道声势，部分报道引起较大反响。出版《2009年度广州开发区萝岗区十大新闻》、《萝岗法院特刊》、《萝岗历史文化特刊》、《平安电网特刊》、《依法治区特刊》、《萝岗治水特刊》等9个特刊及专刊。2010年，记者月均写稿2.8万字。（蔡丹宁）

## 档案工作

【概况】萝岗区档案局的牌子挂在区党政办公室，局长由广州开发区党工委副书记、萝岗区委副书记、区党政办公室主任陈小华兼任，区档案工作的具体事务由区档案馆承担，区档案馆与区地方志办公室合署办公。区档案馆有参公管理事业编制10名，政府雇员编制3名。2010年，新招录公务员1名，新调入工勤人员1名。年末，区档案馆有工作人员17名，其中参公管理事业编制10名（区创文办借调1名），工勤人员4名，政府雇员3名。

【档案综合管理达标升级】2010年，按照国家和省档案综合管理达标升级办法，经省、市、区档案管理部门的评审和考核，区内有7个单位实现档案综合管理升级或达标。区人大常委会、政策研究室、萝岗街道办事处3个单位晋升为省特级标准，团区委晋升为省一级标准，区教育局、区余泥渣土管理所、区市容环境卫生监督管理所3个单位达省一级标准。

至年底，区内有103个单位档案综合管理达标。其中，达国家综合档案馆二级标准1个，国家科技事业单位二级标准3个，国家企业二级标准4个；广东省机关标准省特级44个，省一级51个。

【档案检查指导】2010年，在广州市档案局、萝岗区人大常委会的具体指导下，区档案局、监察局、法制办组成联合检查组，对区委组织部、区委宣传部、区总工会、水质净化管理中心、九龙镇等5个单位进行档案执法监督检查。检查组在查找问题的同时，根据各单位的具体情况与单位领导分析原因，反复强调配备专人对档案进行集中统一管理的重要性，并一一下发整改通知书。

是年，区档案行政管理部门还对区信息办、机关事务管理局、农林水利中心、土地开发建设中心、房地产管理所、建设发展集团公司、工业发展集团公司等65个单位进行归档检查。全年，区档案馆领导和业务人员到区机关各部、局、室、院和事业单位、街镇及国有、私营企业等进行上门业务指导149人次。重点加强对林权改革档案以及社会主义新农村建设城乡一体化档案工作的指导和监督。

【档案接收利用】 2010年，区档案馆接收广州经济技术开发区国际经济贸易总公司、广州经济技术开发区能源总公司、广州经济技术开发区新技术开发总公司、广州经济技术开发区康海企业发展公司、广州经济技术开发区宜发实业公司、广州经济技术开发区国科产业公司、广州经济技术开发区顺发软土地基工程开发公司、广州经济技术开发区安顺实业发展有限公司、广州经济技术开发区南方高新科技实业公司等9个破产企业档案36380卷（件）。其中，文书档案17996件（永久：7157件，30年2428件，10年8414件），会计档案17937卷，基建档案145卷，实物档案302件。接收现行文件228件。

是年，接待查档人员143人次，查阅利用纸质档案1994卷（件），利用声像档案2601件，利用现行文件28件。

【档案信息化】 2010年，根据《广州市档案目录中心建设工作方案》的要求，区档案馆在原有区电子档案数据中心的基础上，配备一台专用服务器用于广州市电子文件档案资源管理中心的运行。完成广州市系统功能测试，两个系统之间的数据接口设计和测试，以及对广州市系统的批量数据导入测试。区档案馆馆藏档案电子目录可以同时在两个系统上查阅、利用。

【照片拍摄与声像档案工作】 2010年，区档案馆完成70次省部级以上领导视察区的拍摄任务；完成区内重大活动拍摄301次，归档照片2950张，拟写照片说明约15万字；征集照片14次103张。对馆内历史遗留的照片约1100张进行考证、扫描和录入，录入目录1700多条。 （彭丽玲）

## 地方志工作

【概况】 萝岗区于2006年5月成立区地方志编纂委员会，后根据有关机构人事变动情况作过多次调整。2007年6月5日，区档案馆（副处级）加挂“广州市萝岗区地方志办公室”牌子，增设综合部，设部长1名（不增加人员编制），地方志具体业务由区档案馆综合部负责。2008年8月18日，区编办批复区档案馆增设地方志编纂科。2010年，区地方志编纂委员会重新调整，广州市委常委，广州开发区党工委书记、管委会主任，萝岗区委书记凌伟宪任编委会名誉主任。区地方志编纂委员会的办事机构为萝岗区地方志办公室（以下简称“区志办”），与区档案馆合署办公。

2010年，区志办编纂出版《萝岗年鉴·2010》，编辑完成广州开发区、萝岗区大事记12份15万余字，印发约1200份；上报市档案局的区大事记摘要12份，约1.35万字；编印《薛晓峰工作大事记（2007.02～2010.06）》，约10万字，彩页18页，照片38张；完成2009年区大事记合订本整理装订；对区主要领导工作大事记进行汇编；分别向《广东年鉴》、《广州年鉴》提供广州开发区、萝岗区的年鉴稿4份，约1.6万余字；向《中国高新区年鉴》提供年鉴稿1份，3000多字；向《广州创新报告》提供稿件1份，约1万字；整理上报部分《广州亚运会志》资料。4月，接待武汉东湖新技术开发区到区考察经济技术开发区志编修情况；12月，到广州市花都区志办考察学习地方志书编纂、地方综合年鉴编纂、资料年报编纂经验。

是年，《萝岗年鉴·2009》在全国地方志系统第二届年鉴编纂质量评比和第一届广东省年鉴编纂质量评比中分别获县区级地方综合年鉴一等奖。区志办被广州市政府评为广州年鉴编纂工作先进集体，康文斌被广州市政府评为广州年鉴编纂先进工作者。12月，通过广州市人大、市地方志办公室联合检查组的地方志工作执法检查。

【编纂出版《萝岗年鉴·2010》】 《萝岗年鉴·2010》编纂工作于2009年12月底启动。2010年2月1日，区政府办公室印发《萝岗年鉴·2010》编写提纲及编写分工。3月5日，区地方志编纂委员会在广州科学城盈华酒家召开《萝岗年鉴·2010》组稿工作会议暨编写人员业务培训班。广州开发区党工委副书记、萝岗区委副书记、区党政办主任、区地方志编纂委员会副主任、《萝岗年鉴》主编陈小华作题为《突出特色，努力提高年鉴编纂质量》的动员讲话。区内109个单位173人参加会议。8月13日，年鉴正文送审稿编纂完成。10月21日，区地方志编纂委员会在区行政服务中心419会议室召开年鉴评审会。广州市地方志办公室主任王林生、副主任胡巧利，广东省人民政府地方志办公室年鉴工作处副处长刘波，中国版协年鉴研究会副会长、珠三角城市群年鉴编辑部主任、广州年鉴社原社长谭惠全，区党政办、宣传部、统计局、保密局、档案馆（区志办）有关人员参加会议。会议由区党政办副主任、《萝岗年鉴》副主编孙学伟主持。与会专家评审认为，该书框架设计科学，覆盖面广，时代特色、地方特色、年度特色非常突出，文字精练，编校质量明显提高，达到出版要求。该年鉴于12月由中华书局出版发行。全书90万字，篇目23篇，分目141个，条目909条；彩页48页，照片127张。该年鉴较上年新增社会组织管理、救助管理、上市公司、广州科学城北区和中新广州知识城建设等内容，新增广州市救助管理站、东亚银行广州开发区支行、广州农村商业银行开发区支行等供稿单位。

【编纂《广州市萝岗区地方志资料年报（2008年）》】　2009年底，区志办以《萝岗年鉴（2009）》和各单位报送的相关资料为基本资料，着手编纂《广州市萝岗区地方志资料年报（2008年）》。完成初稿后报市志办有关人员先行审看，后根据修改意见进行修改完善。正稿于2010年3月18日正式上报市志办。资料分为主体资料、大事记资料、专题资料、人物资料、附录资料和图片资料6个部分，约11万字，图片44张。

【升级改造区地方志网站】　2010年9月，区志办拟定区地方志网站的升级改造方案，由珠海泰坦软件系统有限公司负责实施改造。至12月初，网站基本改造完成，网址为http://lgdfz.getdd.gov.cn。网站设有地方志书、萝岗年鉴、大事记、通知公告、工作动态、政策法规、方志知识、在线留言等栏目。《广州经济技术开发区志（1984～1990）》、《广州经济技术开发区志（1991～2000）》、《广州保税区志》、《萝岗镇志》、《萝岗年鉴》等区地方志书籍和区大事记均可在该网站上浏览，其中部分旧志书重新扫描上网。（王杰烽）

2010年12月23日，广州市人大、市地方志办联合检查组对区地方志工作进行执法检查。　贾自豪 摄

# 卫生 体育

# 医疗卫生

【概况】 至2010年底，萝岗区有各类卫生机构125个，卫生技术人员1530人。其中，政府举办有7个单位，卫生技术人员1145人。其中卫生监督机构1个、人员17人，疾病预防控制机构（加挂区慢病中心、区健康教育所）1个、人员26人，妇幼保健机构1个、人员6人，医疗机构4个、人员1096人。另有社会医疗机构31个、从业人员172人。

2010年1月，全区卫生事业财政拨款1.29亿元（未含基建投入），其中：卫生监督经费608万元，疾病预防控制经费953万元，妇幼保健经费197万元，医疗卫生机构经费2954万元，基本公共卫生服务经费1891万元，医疗保障经费3197万元。全区各医院门急诊124.37万人次，住院1.94万人次，分别比2009年增长14.12%、14.53%；平均门诊费用118.15元，平均出院病人费用4314.81元，分别比2009年增加17.36%、23.17%。

2010年1月，萝岗区卫生局由广州保税区保盈大道国运大厦9楼搬迁至广州科学城水西路12号行政执法综合大楼A栋7楼。（黄　韵）

**2010年萝岗区卫生局及基层单位领导任职情况表**

| 单位 | 姓名 | 职务 | 任职起止 |
| --- | --- | --- | --- |
| 萝岗区卫生局（区爱卫办） | 刘　石 | 局长 | 2008.01～ |
| | 郭　杰 | 副局长 | 2008.03～ |
| | 林树明 | 副局长（兼区爱卫办主任） | 2005.10～ |
| 萝岗区卫生监督所 | 陆并满 | 所长 | 2004.12～ |
| | 黎建晖 | 副所长 | 2004.12～ |
| | 李健生 | 副所长 | 2007.06～ |
| 萝岗区疾病预防控制中心 | 罗　崴 | 主任、党支部书记、健教所所长 | 2004.12～ |
| | 彭明益 | 副主任 | 2005.12～ |
| | 张知光 | 副主任 | 2007.06～ |
| 广州开发区医院 | 李　汎 | 院长 | 2001.04～ |
| | 宋晓漪 | 副院长 | 2007.04～ |
| | 黄　舒 | 副院长 | 2007.04～ |
| 萝岗区中医医院 | 严庆文 | 院长 | 2010.07～ |
| | 张房伯 | 党支部书记 | 2009.02～ |
| | 张　良 | 副院长 | 2008.01～ |
| 萝岗区九龙镇中心卫生院（九佛医院） | 孙云伟 | 院长 | 2010.02～ |
| | 何玉梅 | 副院长 | 2002.02～ |
| | 刘曲汇 | 副院长 | 2005.06～ |
| 萝岗区康宁医院 | 吕建彪 | 院长 | 2009.03～ |
| | 胡　斌 | 副院长 | 2003.01～ |
| 萝岗区妇幼保健所 | 张丽颖 | 所长 | 2006.11～ |

【医疗管理】 2010年，区卫生局加强医疗机构监督管理。健全医疗机构校验管理制度，建立医疗机构校验信息登记和管理档案制度，增加电子档案资料。及时公示并记录医疗机构执业行为状况和校验结论，完善医疗机构退出机制的各项措施。对医疗机构管理软件系统进行升级改造，更新全区在册医疗机构数据库。依法完成行政审批63项，通过广州市对区的依法治区“四五”规划实施情况检查验收。贯彻落实《放射诊疗管理规定》，强化放射诊疗防护工作。开展麻醉药品第一类精神药品使用管理专项检查。对区内持《麻醉药品、第一类精神药品购用印鉴卡》的6家医院（疗养院）按照《广州市医疗机构麻醉药品、精神药品检查考核表》（100分）的评分标准进行监督检查，获市卫生局专项检查组的好评。完成医疗器械临床使用管理等多项内容的督导检查工作。组织医疗器械临床使用

管理、太平间管理、新生儿病室、血液透析管理及乙肝项目检测管理的综合督导检查。通过自查与督导检查相结合的方式，严格落实上级的工作要求。严格落实乙肝检测方面的禁止性规定。

完成各项医疗保障任务。制定2010年广州亚运会及亚残运会火炬传递等各种医疗保障工作方案和应急预案。组织各类医疗保障约60余次，出动医护人员500余人次、车辆200余台次，安全顺利地完成各项医疗保障任务。（蔡　兵）

**【社区卫生服务】** 2010年，区卫生局推进社区卫生机构一体化管理。针对社区卫生服务站存在不同的举办主体，根据社区居委会意愿，采取“中心”办中心管、社区办中心管、民办中心管三种一体化管理模式，鼓励社区卫生服务中心直接举办和管理社区卫生服务站。2010年新建或完成改造的16个社区卫生服务站全部实行一体化管理，其中“中心”举办的有9间，社区居委会举办的有3间，民办的有4间。社区居委会和民办的社区卫生服务站与社区卫生服务中心签订全区统一的《社区卫生服务机构一体化管理协议》，明确双方权利义务，对于社区卫生服务站承担的社区公共卫生服务工作，“中心”按居住人口每人5元的标准，给予“站”经费补助。规范社区卫生服务站管理，强化社区卫生服务中心的业务指导和检查的职能。从2010年12月27日起，在社区卫生服务机构（包括政府办和非政府办）全面实施国家基本药物制度，按规定配备和使用基本药物，实施基本药物零差率销售。

加强基层医疗卫生队伍建设。根据区卫生局、财政局、人事局《关于加强我区基层医疗卫生队伍建设的实施意见》，多策并举提升基层卫生人员素质。一是启动全科医师规范化培训。从2010年起，向社会公开招聘100名医学临床本科及以上毕业生送到暨南大学医学院全科医师规范化培训基地进行3年的全科医师系统、规范化的培训。学员培训考核合格后，成为社区卫生服务中心和镇医院正式事业编制职工。财政按每人每年3.6万元安排培训期间经费，包括学员的基本生活补助、社会保险和培训费。第一批招聘学员38名，9月1日培训班正式开学。二是建立村（居）卫生站经费保障机制。区财政按社区卫生服务站4～6人，每个村卫生站2人，每人每月3000元的标准，核拨村（居）卫生站人员经费。卫生局和财政局联合印发村（居）卫生站人员补助经费使用和考核办法，3000元中2000元作为基本工资和社会保险金，1000元作为绩效经费，经绩效考核后下拨。绩效考核与村（居）卫生站基本医疗和公共卫生服务质量、数量以及群众满意度挂钩。三是实行基层卫生机构人才优惠政策。凡是到基层医疗机构工作5年以上的本科学历的医务人员，财政给予补助。其中本科生一次性补助5000元，硕士生或中级职称的一次性补助1万元，高级职称的一次性补助2万元。

开展“卫生进社区”活动。深入社区开展各类保健知识讲座等健康教育活动87场次，参加人数5214人次；举行大型健康教育、咨询、义诊活动64场次，参加人数7695人次；提供上门服务37次；向居民发放健康教育资料22694份。

（周挹渊　黄　韵）

2010年6月3日，萝岗区卫生局、暨南大学第一临床医学院全科医师规范化培训签约仪式现场。　刘美华 摄

**【农村卫生服务】** 2010年，萝岗区推进农村卫生机构建设。投资8360万元将原康宁医院改造升级为区红十字会医院。在保留精神专科特色同时发展综合医疗服务，新建改造面积1.48万平方米，设备购置430万元；投资2548万元将九佛医院改造成九龙镇中心卫生院，新建改造面积4868平方米，设备购置300万元。区财政按每站2万元标准，为27间村卫生站安排基本设备经费。

实施镇村卫生机构一体化管理。区卫生局和九龙镇政府联合制定《萝岗区镇村卫生机构一体化管理工作方案》，镇医院全面接管27间村卫生站，将村卫生站作为镇医院的分支机构，由镇医院负责村卫生站人、财、物和业务工作的统一管理，统筹镇村两级基本医疗和公共卫生服务。选派有执业资格医务人员到村卫生站工作，对原村卫生站的乡村医生实施分流，参照村干部补贴标准给予分流补贴，为82名乡村医生发放分流补贴203.76万元。未达到退休年龄的乡村医生可继续在村卫生站工作，由镇医院聘用，按规定签订劳动合同，核发工资福利，购买各类社会保险。村卫生站人员编制纳入镇医院统一管理，每个站核定编制2人，财政按每人每月3000元给予经费补助（包括工资福利和社保费用）。

提升村卫生站管理水平。制定村卫生站的管理制度、工作规范和医疗工作文书并将制度规范上墙、编印成册，实施规范化管理。建立村卫生站考核和激励机制。对村卫生站基本医疗服务、农村公共卫生、合作医疗、日常管理和人员培训等四个方面进行量化考核，考核结果与财政补助补贴经费挂钩。推行药品统一配送和零差率销售。村卫生站药品由镇医院在阳光采购网采购后，零差价配送到各村卫生站，实施零差率销售。在燕塘等6间村卫生站设全科医生工作站。

实施村（居）卫生站减免收费。区卫生局、财政局联合制定《萝岗区村（居）卫生站减免收费实施方案》，从2010年8月起，对区内常住人口在村（居）卫生站看病免收诊金、挂号费和肌肉注射费（含一次性注射器费用），区财政按照每门诊人次补贴诊金、挂号费2元，每注射针次1元的标准给予补贴。至2010年底，累计减免收费15.46万人次，次均减免4.8元。

加大卫生支农力度。2010年，区卫生支农方案进行了补充完善，规定城区医疗卫生机构医生在晋升中高级职称之前要到农村服务一年以上，原则上晋升副高级职称的人员安排到镇医院，晋升中级职称的人员安排到各村卫生站和村改居社区卫生服务站，镇医院也把相关人员在村卫生站工作一年以上作为聘任主治医师的必备条件之一。

推进新型农村合作制度建设。2010年，全区5街1镇共有49个行政村（或村改居）参加合作医疗，参合人数13.49万人，参合率达99.99%，合作医疗筹资额为每人340元，共筹集合作医疗基金4586.94万元，其中区镇财政补助3544.95万元，区财政投入救助基金107.93万元。参加合作医疗人员最高报销累计10万元，报销比例根据医院级别分别为一级医院85%，二级医院75%，三级医院50%。五保、低收入优抚对象每年可报销的住院医药费用在合作医疗基金补偿后，个人支付累计仍超过5000元者，超出部分再按50%的比例给予救助，每年累计不超过5万元。2010年度，累计有129344人次享受合作医疗补偿，总补偿金额为3551.99万元，其中9350人次享受合作医疗住院补偿，补偿金额为3200.80万元，大病救助53人次，救助金额65.83万元。是年，区加大对合作医疗制度的财政补助力度，农民负担减轻。区、镇财政和集体补助占筹资总额的86.4%，其中财政补助占79.9%，个人缴费只占筹资总额的13.5%。（周挹渊　梁　杰）

【妇幼保健】　2010年，萝岗区有育龄妇女约4万人，0～6岁儿童约2.3万人。孕产妇保健管理率为98.81%，7岁以下儿童保健管理率为98.94%，孕产妇死亡率为零，婴儿死亡率为3.34‰，5岁以下儿童死亡率为5.25‰，均达到“两纲”的要求，婚前医学检查率为26.44%，比2009年提高10个百分点。低出生体重发生率为3.29%，比2009年降低1.28个百分点。新生儿疾病筛查率为98.43%，新生儿听力筛查率为95.95%。新生儿出生缺陷发生率比上年有明显下降，且无重度先天性心脏病和重度畸形儿的出生。全区产科质量有明显提高，其中围产儿死亡率为3.73‰，为全市最低，新生儿窒息发生率为0.90%，99%为轻度窒息。开展重大公共卫生项目包括农村住院分娩补助、农村妇女“两癌”检查、叶酸增补等3项工作。开展农村地区“两癌”检查，其中宫颈癌检查5336人，乳腺癌检查5345人，查出宫颈癌8例，均进行手术治疗。待孕妇女叶酸发放1767人，农村住院分娩补助808人，农村地区剖宫产率27.61%，比2009年的39.32%下降12个百分点；孕期艾滋病筛查率为100%。全年下基层督导检查28次，提出书面意见28份，提出整改措施80多条，开展妇幼保健健康宣传活动8场次，编印各类宣传册2万余册。举办以“参与亚运会，当好小主人”为主题的“广州市萝岗区健康宝宝大赛”及“完美孕妇、超级准爸爸大赛”等两个全区性活动；开发社区服务包信息系统，在各社区运用。继续免费为萝岗区妇女进行骨密度检测，共检测2318人。（毛新丽）

【医院建设与管理】　2010年，区卫生局全面开展“以病人为中心，以提高医疗服务质量为主题”的医院管理年活动。依据《萝岗区医院管理评价细则（试行）》，抽调51名专家分预检和复查两个阶段对5家医院进行督导检查。制定“医疗质量万里行”活动方案，完成活动初期的调查摸底工作。举办2010～2011年度医药卫生管理知识培训班并进行2个专题的培训，培训各医院中高层管理者40名。

根据《萝岗区创建平安医院活动工作方案》，与区综治办、公安分局等创建活动协调单位、共同成立检查组对区属4家医院“平安医院”创建活动考核验收。考核达标的广州开发区医院、区中医医院、区红会医院被授予“平安医院”称号。

2010年，全区在建卫生项目5项。至年底，萝岗中心医院完成主体工程和室外装饰工程，急诊、门诊楼交付使用。区中医医院、红十字会医院部分已投入使用，妇幼保健所、永和社区卫生服务中心主体工程完成。区域卫生信息化项目申请成为广州市试点单位，完成规划设计方案招标。

（蔡　兵　杜山鹰）

【广州开发区医院（中国医药生物技术协会南方生物诊疗中心）】　至2010年底，医院在册人员567人，专业技术人员523人，高级职称65人，中级职称126人。

是年，该院全年诊疗66.81万人次（包括“120”出车次数、妇产科“两癌”普查人次、新庄社区卫生服务站诊疗人次），同比上年增长

10.09%；门诊60.50万人次，同比增长10.27%；急诊5.54万人次，同比增长6.84%；体检14.50万人次，同比增长11.46%；出院1.01万人次，同比增长9.32%；业务收入1.26亿元，同比增长15.4%。

出色完成亚运期间医疗保障工作。作为第16届亚运会广州赛区定点医院，顺利完成院内亚运诊疗区及所负责的广州国际体育演艺中心、广州市第86中学曲棍球训练场馆的医疗保障工作。亚运期间，广州国际体育演艺中心医疗保障团队接诊297人次，86中曲棍球训练场馆医疗组接诊49人次，院内亚运诊疗区接诊3名涉亚人员，均得到妥善处置。

加强重点学科和二级专科建设。制定重点学（专）科建设实施方案，加大资金投入力度，重点学（专）科建设周期为3年，医院资金投入每学（专）科每年5万元。建立健全重点学（专）科建设工作责任体系，成立重点学（专）科管理工作小组，负责统筹管理学科建设工作，实行学科带头人为项目负责人制。开展重点学（专）科的申报、评选工作，正式确定内科内分泌专业、创伤外科、妇产科、儿科、耳鼻喉科、运动康复医学、职业健康监护科、检验科为该院未来8个重点学（专）科建设项目。为新建的传染病大楼全面配置医疗设备，重点发展以重症肝炎治疗为特色的传染病综合病房。

推进社区卫生服务中心的发展。该院属下的永和社区卫生服务中心正式接管新庄社区卫生服务站，东区街社区卫生服务中心正式接管笔岗社区卫生服务站，逐步完成"社区卫生服务中心（站）"一体化建设；完成科学城门诊部医保定点医疗机构的申报工作并获得广州市医保局的审批认定，开展医保业务。

整体提升科研水平。2010年，该院共立项市级、区级科研课题"探索分级管理模式在基层医院实施的研究"等9项。有3项市卫生局科研项目结题，分别是：《高危型人乳头瘤病毒E6/E7基因多态性与模序分析》、《家庭支持与老年高血压病人服药依从性及干预措施的研究》、《脑白质疏松与腔隙性脑梗死关系的CT和DTI研究》，有1项区科技局项目结题：《营养支持治疗心力衰竭恶病质的临床观察及相关机制探讨》。该院医生发表国家级和省级论文81篇，该院护士发表国家级和省级论文53篇，并投稿参加省、市护理学会论文大会交流40篇。

推进信息化建设。完成医院HIS数据库服务器迁移工作，完成HIS系统程序修改、医院物资及固定资产软件的流程改造。完成门诊挂号系统的设计、安装和调试工作，启用电子挂号系统。保障放射科CR和PACS系统的正常运行，实现放射科病人的基本影像信息数字化。完成笔村卫生服务站的网络布线、硬件配置、系统构建。（胡丽纯）

【萝岗区中医医院】 2010年2月8日，广州市萝岗区中医医院举行挂牌仪式，正式由"广州经济技术开发区红十字会医院"更名为"广州市萝岗区中医医院"。至2010年底，该院在册人员235人。其中，专业技术人员194人，高级职称13人，中级职称46人。2010年引进卫生专业技术人才13名，其中，中医专业2名，硕士研究生2人，高级职称1人。该院全年门诊18.49万人次，同比2009年增长11.72%。住院3051人次，同比增长4.49%。全年总收入4045万元，其中业务收入3174万元，同比增长21.33%。一期工程医技住院楼和后勤保障楼于2010年8月建设完毕并投入使用。加强重点学科和二级专科建设，开设儿科病区，加强康复科、健康管理中心和创伤外科的配套建设。全年发表医学论文12篇；其中在国家级核心期刊上发表医学论文8篇；申报医学科研项目4项，其中省级医学科研项目2项。

2010年，新增投入使用的主要设备有西门子AXIOM Aristos MX数字化拍片机（DR），西门子AXIOM Icons MD X射线诊断系统（MD），希森美康UF-500i全自动尿分析仪，奥林巴斯OTV-S7腹腔镜，HK-ESWL-109型碎石机，MEDICA EasyBloodGas血气分析仪等。

加强社区卫生服务中心建设。建立萝岗街属下黄登、黄麻、长平和水西4个卫生站，引进卫生专业技术人才9人，5人参加区卫生局举办的全科医师培训。（林文佳）

【萝岗区红十字会医院】 2010年2月8日，广州市萝岗区红十字会医院举行挂牌仪式，正式由"广州市萝岗区康宁医院"更名为"广州市萝岗区红十字会医院"。至2010年底，该院有在职人员215人。其中，专业技术人员190人，高级职称9人，中级职称19人。编制病床250张，其中150张为精神病床，100张为综合病床。是年，该院门诊量为15.89万人次，同比

2010年2月8日，萝岗区红十字会医院举行揭牌仪式。
区卫生局供稿

2009年增长31%，住院2465人次，同比增长64.5%；医院业务总收入2381万元，同比增长68%。

学科建设。3月底，对综合科进行合理分科，原综合科分为内儿科、外科、急诊科、门诊部4个部门；对原有三个病区的精神科各自独立的局面进行重新调整，定位为一个精神科，下辖三个病区统一管理。

科研教学。该院的《简易下牵引复位器辅助下微创治疗高龄骨质疏松髋部骨折的临床应用研究》被确认为市级科研项目立项；7月，韶关医学院护理专业的10名实习生到该院进行为期10个月的实习，这也是该院首次接收护理实习生。

亚运期间精神病人综治维稳工作。从2010年8月至9月17日启动开展精神病人登记造册及重症精神病人风险评估工作，本次萝岗区精神病人风险评估应评估人数627人，至2010年底，该院收治区内精神病人159名。

村卫生站建设。该院按照区卫生局的总体布置，实行镇村医疗机构一体化建设，将辖区内卫生站实行分片管理，设3个中心卫生站，中心卫生站又辖管所属卫生站，将公共卫生项目实行医院—中心卫生站—卫生站模式网格化管理。

基础设施建设。精神科住院大楼和后勤保障楼于2010年11月30日建设完成。精神科女区病人于11月搬进新精神科住院大楼，其余病人将在春节后相继搬进。12月份医院饭堂在后勤保障楼正式投入使用，解决该院职工2年来无饭堂就餐的“吃饭难”问题。

新增医疗设备情况。2010年，通过招标购进的设备有前列腺电切镜、液相色谱仪、呼吸机、五分类血球计数仪、腹腔镜、全自动生化仪、C臂X光机、DRX光系统。 （叶广富）

**【萝岗区九龙镇中心卫生院（区九佛医院）】** 至2010年底，该医院设13个科室，在职人员172名，其中，专业技术人员146名、高级职称的8名，中级职称的32名。中级以上人员占全院总人数23.26%。

医疗业务情况。全年总收入2496.63万元，其中财政拨款887.18万元，业务收入1609.45万元，同比2009年增长36%。门急诊13.67万人次，同比增长35.32%，住院1882人次，同比增长14.97%。《内镜下止血夹联合去甲肾上腺素治疗上消化道出血》和《座谈式健康教育在乡镇医院村民高脂血症患者中的应用》获广州市科研立项。

农村公共卫生工作情况。2010年8月，根据区卫生局的统一部署，由该院对九佛片区的14个卫生站的医疗、公共卫生、政务、财务、药品和人事安排等实行统一管理，17名乡村医生纳入医院管理。

（罗 华）

**【卫生体制改革】** 2010年，区卫生局从以下几个方面推进卫生体制改革。组织开展全科医生规范化培训，成为全省率先开展全科医师规范化培训三个地区之一。2010年起，向社会公开招聘100名医学临床本科及以上学历的毕业生进行3年系统化、规范化培训，取得全科医师资格证书后成为该区社区卫生服务中心和镇医院正式事业编制职工。加强基本公共卫生服务均等化建设。与区财局联合制定《萝岗区社区（农村）公共卫生考核和经费管理办法》，将城区、农村公共卫生服务经费按每人25元/年的统一标准给予补助。实施社区卫生服务网格化管理。在社区卫生服务站组建社区责任医师团队，其中包括全科医师、社区护士和公共卫生医师。2010年组建16个社区责任医师团队，共84人。团队人员作为社区卫生服务站的财政补助对象，每人每月补助3000元。社区卫生服务中心每季度对团队工作进行考核，考核结果与补助经费挂钩。区财政还按每个站2万元的标准，为社区责任医师团队统一配备出诊设备和交通工具。

**【行业作风建设】** 2010年，区卫生局组织局属各医院深入开展治理医药购销领域商业贿赂自查自纠工作。年初开展津贴补贴清查，开展“小金库”、违规医疗合作项目、“廉洁行医”、“阳光采购”等专项自查自纠工作。7月份在全区卫生系统铺开岗位廉政风险防范管理工作，下发《萝岗区卫生系统岗位廉政风险防范管理工作方案》并召开阶段工作专题会。将廉洁文化建设和党风廉政、反腐纠风工作结合起来，制订《萝岗区卫生系统2010年廉洁文化建设年活动方案》，通过组织讲座、文体竞赛、观看电教片等活动，运用网站、专栏等宣传媒介，进行廉政典型宣传教育。 （杜山鹰）

**【群众卫生团体（医学会）】** 2010年，萝岗医学会新发展会员144人，共有会员527名，有理事41名。全年共组织学术讲座16次，近1900人参加；开展义诊咨询活动和以预防传染病、慢性非传染病的防治为主题的健康宣教6次；开展卫生救护知识培训及普及，累计培训人数1523人次，其中亚运志愿者救护员培训457人。 （黄 韵）

**【万孚公司甲流试剂盒全省首家获准投产上市】** 2010年，广州万孚生物技术有限公司研制的甲型/乙型流感病毒抗原检测试剂盒（胶体金法）成功通过国家食品药品监督管理局注册审批（国食药监械（准）字2009第3401023号），获准投产上市。成为广东省首家获得国家批准生产甲流快速试剂盒的公司。

万孚“甲型/乙型流感病毒抗原检测试剂盒”

采用先进的免疫层析技术及联检分型技术，通过一步操作能够在5~10分钟内实现甲型/乙型流感病毒的快速、分型检测，无需任何仪器设备，是国内唯一获批能同时分别检测甲型和乙型流感的产品，能有效地满足各级防控机构特别是机场、海关、基层医疗卫生机构现场对于甲流患者的快速诊断及分型鉴别、现场排查的迫切需求，极大地缓解各级疾控中心和临床机构进行甲型$H_1N_1$流感病毒核酸实验室确诊时所面对的人力物力严重不足的压力。

国内多家权威临床机构的临床考核表明，该产品与国内外同类产品相比，具有更高的灵敏度和特异性，特别是在检测鼻咽拭子标本方面，与确诊2009流行的甲型$H_1N_1$病毒培养金标准方法比较，灵敏度为96.80%，总符合率为90.70%。能够直接实现甲型与乙型流感的快速分型，临床考核中分型准确率超过99%。（田　果）

## 爱国卫生工作

**【概况】** 2010年，广州开发区、萝岗区爱卫办组织各爱卫委员单位开展创文明、创星、病媒生物防制、控烟等各项整治工作。累计开展大型爱卫宣传咨询活动5场，派发爱卫知识宣传资料约88900份，制作大型创星宣传广告17块；开展全区性卫生大扫除行动20次，进行迎亚运病媒生物防制应急演练及消杀3次，安装防蚊闸板1282个、灭鼠屋2401个；成功创建2个“一星级卫生街道”、1个“二星级卫生街道”、1个“广东省卫生村”和3个“广州市卫生村”；完成农村卫生户厕改造586户，农村卫生户厕普及率达96.78%。萝岗区图书馆等6个单位被评为“广州市无烟单位”。

**【创建星级卫生街道】** 2010年，萝岗街、永和街作为萝岗区第三批申报创建一星级卫生街道，8月30日，被市爱卫会授予“一星级卫生街道”称号。截止2010年8月底，夏港、东区、联和、萝岗和永和5个街道全部完成一星级卫生街道的创建任务，提前2年完成市政府提出的创建目标。12月，夏港街被市爱卫会授予“二星级卫生街道”称号，成为广州市首批二星级卫生街道之一。

**【创建卫生村】** 2010年，萝岗街的南一社、永和街的井二社和九龙镇的麦村上角社被授予“广州市卫生村”称号，萝岗街的下中社被授予“广东省卫生村”称号。

**【控烟工作】** 2010年，区爱卫办开展第二十三个世界无烟日系列活动，举办“5月31日各商铺停售香烟一天”、“控烟征文”、“无烟青年拒烟宣誓”签名和“广州市无烟单位”创建、贯彻《广州市控制吸烟条例》等活动；结合创文明迎亚运，每月组织创文明控烟督导检查，检查商业大街禁烟标志情况、无烟环境情况；在9月迎“国检”期间，区爱卫办控烟督导巡查小组对商业大街进行守点、拉网式巡查，现场对吸烟者进行批评教育，并督促相关单位整改存在问题，跟踪问题整改结果，在2010年创文明工作考核中，区爱卫办承担的控烟工作均获得满分成绩。2010年，萝岗区图书馆、三元麦当劳有限公司、广州卓兴贸易有限公司、妇联、玉树小学、东区笔岗社区6个单位被市爱卫会授予“广州市无吸烟单位”称号。

**【病媒生物防治】** 2010年，区爱卫办累计在全区开展“第二十二个全国爱卫月”等环境卫生整治统一行动20次。在全区范围内开展蚊虫孳生地调查，坚持每月开展4～8次常规性的公共场所“四害”消杀和每季度1次的灭鼠行动。下拨各街镇灭蚊片369箱（共计73800片），天蟾0.2吨，10.5%多飞克杀虫微乳剂0.5吨，鼠谷2吨、粘鼠板1500张。制作派发2.5万份“迎亚运病媒生物防制套餐”，安装灭鼠屋2401个，使用鼠笼2025个，粘鼠板2597块，在亚运场馆周边安装防蚊闸板1282个，有效控制“四害”密度。全年，萝岗区无登革热等虫媒传染病的暴发和流行。

迎亚运病媒生物防制保障工作。区爱卫办通过与病媒生物防治机构签订协议，负责萝岗区涉亚场馆“广州国际体育演艺中心”2公里范围和“广州国际羽毛球培训中心”500米范围外环境，按亚组委以及市爱卫办的有关要求做好病媒生物防制消杀工作。协助凯得公司进行病媒生物防制应急演练及消杀3次。10月，对一名输入性登革热病例所在的万科城小区进行疫点应急处理。亚运期间，亚运场馆内及周边无蚊虫侵扰事件和相关投诉。

**【农村改厕】** 2010年，区爱卫办完成农村卫生户厕改造586户，农村卫生户厕普及率达96.78%，比2009年提高3.71%。（刘海清）

## 疾病预防控制

**【概况】** 萝岗区疾病预防控制中心（以下简称“区疾控中心”）是区卫生局属下的事业单位，与区健康教育所、区慢病中心合署办公，2010年增加编制1名，调整后共配编制31名，内设办公室、防疫科、综合卫生科、慢病科、检验科、健康教育科。2010年5月和7月，公开招聘录用职员各1名，2010年12月，实际在岗人员28人。

是年，区疾控中心全力做好第16届广州亚运会和2010年广州亚残会卫生保障工作。10月，顺利通过广东省卫生厅组织的集中空调通风系统资质认证。12月，通过广州市卫生局组织的对区（县）级疾病预防控制机构的工作绩效评估考核。推进新疾控大楼建设，基本完成办公楼内部装修，实验楼内部装修已开工。

2010年，该中心新增主要设备有定量采样机器人、六级筛孔采样器、空气生物采样器、空气浮游菌采样器、原子吸收分光光度计等，价值110.8万元。增加市卫生局统一配置的中天之星牌TC5036XJC卫生应急检测车1辆。（刘顺玉 钟秋颖）

【传染病防治】 2010年，萝岗区确诊的法定传染病报告2793例，死亡病例3例（肺结核2例，艾滋病1例），其中，甲类传染病报告0例，乙类传染病报告16种638例，丙类传染病报告6种2155例。处理疫情48起（手足口病聚集性疫情20起，急性出血性结膜炎聚集性疫情16起，输入性登革热病例1例，疑似登革热病例1例，水痘疫情2起，麻疹8起），处理并上报突发公共卫生事件5起（手足口病3起，水痘2起）。全年霍乱外环境监测1234宗，医院腹泻病人霍乱弧菌监测56人，均未检出霍乱阳性标本。发热肺炎病例监测15.58万人次；乙肝病原携带者监测全区共检测“乙肝两对半”5.81万人次；疟疾监测5例，镜检未发现疟原虫；登革热血清学监测172份；布鲁氏菌病监测血标本100份；肝吸虫病及土源寄生虫病监测粪便样本500份；鼠间鼠疫、流行性出血热、钩端螺旋体监测捕鼠112只；人间肾综出血热和钩端螺旋体病血清学监测100份；人禽流感监测血标本33份；医疗机构消毒效果监测652宗，新增对社会医疗机构消毒效果的监测；开展艾滋病咨询108人次，检测105人次，调整艾滋病高危行为干预工作队，干预高危人群3985人次，发放安全套7543个；完成四害密度、布雷图指数、不明原因肺炎等监测任务，未发现“不明原因肺炎病例”、“SARS预警病例”和“人禽流感预警病例”。举办重点传染病防控技术、医疗机构消毒效果监测技术及手足口病防控等培训班4期。开展网络直报单位法定传染病漏报调查2次，上半年法定传染病漏报率为1.79%，下半年漏报率为零，在市疾控中心组织的2010年度法定传染病漏报调查中，萝岗区医疗机构传染病报告管理总分名列全市第一，其中开发区医院、联和街社区卫生服务中心、永和街社区卫生服务中心的传染病报告管理分数分别列全市第一、二、四名。

【计划免疫】 2010年，萝岗区启用中国免疫规划监测信息系统报告免疫规划信息，免疫规划管理工作更加规范。全年累计下发疫苗19.07万针次（含糖丸），其中一类疫苗14.44万针次，二类疫苗4.63万针次，注射器9.55万支，国家常规免疫接种率继续保持98%以上的较高水平。组织免疫规划从业人员复训考试73人次，预防接种新上岗人员参加市预防接种专业培训考试17人次，组织5家接种门诊完成辖区内82家学校及托幼机构查验预防接种证及补种疫苗的工作。2010年11月，启动甲流疫苗接种工作，按“知情同意，自愿免费”原则先后为各类人群实施接种，累计接种21125人次，疫苗接种任务完成率100%，居全市首位。加强麻疹疫情处理，对8宗麻疹报告病例进行消毒处理，应急接种504人；开展麻疹疫苗强化免疫活动，在“知情、同意”原则下，为辖区8月龄至4周岁儿童免费接种一针麻疹疫苗，累计接种12368人，接种率97.5%。开展15岁以下儿童乙肝疫苗补种工作，累计接种9717针次，接种率98.6%，无接种异常反应报告。开展“4·25”儿童查漏补种活动，为散居儿童补种疫苗1154针次，在校学生补种1647针次。

（刘顺玉 钟秋颖 朱源浪）

【公共卫生监测】 2010年，区疾控中心新购食品中心温度计、食品洁净度测定仪等现场快速检测仪器，开展食品、餐具日常监测以及碘盐、食品污染物等专项监测，碘盐覆盖率97.2%，居民合格碘盐食用率96.9%。配备集中空调系统监测仪器，开展亚运场馆公共卫生专项监测。对九龙镇11所学校的教学环境、食品、餐具和生活饮用水等进行监测检验，自2008～2010年，完成辖区内全部学校（43所）的卫生监测。对13家存在职业病危害的企业进行卫生监测434个点，合格358个点，总合格率82.5%；为38个职业接触的劳动者提供职业健康咨询，为用人单位提供职业卫生相关咨询7起，对47个建设项目进行职业卫生预审核，其中有31个可能存在职业病危害因素。深入开展“健康促进企业”广东省试点项目，在完成国家职业健康促进试点企业——希世比科技电池（广州）有限公司一系列健康教育干预措施的基础上，将广州钜东娱乐用品有限公司、特普莱（广州）科技电池有限公司和广州中一药业有限公司3家企业纳入到职业健康促进企业试点单位，10月，对3家新试点单位612名员工进行健康促进需求评估调查。

全年累计接报疑似食物中毒事件5起，经核实食物中毒事件2起，中毒总人数17人。调查及时率100%，原因查明率100%。（刘顺玉 钟秋颖）

【慢性病防治】 2010年，萝岗区开展广东省结核

2010年8月6日，广州钜东娱乐用品有限公司举行“职业健康促进企业试点单位”挂牌仪式。区卫生局供稿

病控制项目、第五轮全球基金流动人口结核病控制项目和耐多药结核病控制项目，召开结核病管理工作例会3次、流动人口结核病防治培训1次，邀请市胸科医院的专家来区进行疑难肺结核病会诊2次，开展肺结核病防治季度督导检查3次。举办“世界防治结核病日”大型宣传活动1次，开展肺结核防治志愿者宣传活动2次。2010年，全区户籍人口发现可疑结核病患者385人，其中菌阳病人62人，菌阴病人89人；流动人口发现可疑结核病患者577人，其中菌阳病人52人，菌阴病人108人。全年需追踪疑似肺结核病人426人，到位350人，追踪率100%，总体到位率85.78%。开展重性精神病患者半年评估工作，加强对精神疾病患者管理，掌握患者病情变化动态，跟进治疗和管理措施，评估183人。抽调区红会医院精神病防治专家，会同各街镇综治办、社区民警、社区精防医生逐街逐村入户对全区精神病人进行全面评估，累计排查1102人，其中有586人评估为重性精神病人（0级343人，1–5级243人），按危险性评估分级，在已评估的586人中10人（4级8人、5级2人）为肇事肇祸精神病人，61人（2级55人、3级6人）为轻微滋事精神病人，172人（1级病人）为有潜在暴力倾向精神病人，343人（0级病人）为无打砸行为或暴力倾向精神病人。梳理有关评估信息，及时报送区综治办和区公安分局，对符合住院条件的重性精神病人进行分批收治，并采取措施，对精神病人实行分类管理。建立联动机制，形成快速收治肇事肇祸精神病人的绿色通道，加强亚运期间重性精神病人管治工作。加强精神卫生知识宣传，发放精神卫生知识宣教手册累计2500册，组织辖区各社区开展“世界精神卫生日”宣传活动。举办死因监测培训班1期，组织辖区人员参加市举办的死因监测及肿瘤患者随访培训班1次，开展专项工作督导检查2次，死因编码正确率同比有了很大提高；全年全区通过“中国疾病预防控制信息系统—死因登记报告系统”报告的死亡病例数为226例，审核226例，审核率100%。全区三个肿瘤网络报告监测点共报告肿瘤登记卡188张，同比增加157.5%，完成审核卡数188张，审核率100%。开展性病监测、防治工作，4月，对辖区内各医院及社区卫生服务中心开展2010年性病督导及漏报调查工作，调查未发现迟报、漏报现象。5月，举办首期性病、麻风病防治知识二级培训。

【健康教育】　2010年，区疾控中心按年度计划推进“健康亚运健康广州”、“卫生进社区”等专题工作。利用“3·24世界结核病防治日”、“4·25全国预防接种日”、“高血压防治宣传日”等专题卫生宣传日开展面向社区的健康教育宣传活动。开展职业健康干预与促进座谈活动，探讨企业员工心理危机干预的途径与方式，将广州钜东娱乐用品有限公司等3家企业列为职业健康促进企业试点单位。多渠道向市民宣传预防毒蘑菇中毒的有关知识，对历年竖在公园、山林主要出入口的已缺失或损坏的警示牌及时进行更换，共更换27块。成立“健康亚运健康广州——全民健康活动”萝岗区工作领导小组及其办公室，按《萝岗区健康亚运健康广州全民健康活动方案》，全面部署区开展“健康亚运 健康广州”全民健康活动。实施居民健康干预，开展免费派发限油限盐用具活动，共向全区53882个户籍家庭免费派发限盐限油用具。举办“健康亚运健康广州萝岗区健康大讲堂活动”2场次，吸引企业外来务工人员、区机关企事业单位干部职工近500人参加。启动萝岗区2010年健康教育周活动，以“健康亚运健康广州——运动、膳食与健康”为主题，组织全区各有关单位利用广播、录像、标语、横幅、小册子、展览、网络等多种形式开展一次有针对性的健康教育活动。举办网络健康亚运知识有奖竞赛1次，全区有700余人参加。举办健康教育培训班2期，组织区健康教育人员参加市级专题培训8次125人次。与区教育局联合开展健康促进学校评比活动，6家学校获市颁发的健康促进学校铜牌。编印《中医四季保健指导手册》、《居民健康指南手册》8000册，通过各种宣传活动免费向市民派发。与放映公司合作，每月在辖区各行政村播放健康教育系列宣传片1次，共放映宣传片8个专题627场次。出版卫生知识宣传栏12期。通过网站、《创业导报》、电视中心开展卫生知识宣传43次。制作发放健康教育光盘23张，派发各类宣传资料约2万份。完成《萝岗区农村健康教育状况调查与干预效果评价》项目结题验收及亿万农民健康促进行动《预防毒蘑菇中毒》工作项目问卷调查与分析。

（刘顺玉　钟秋颖　朱源浪）

2010年10月16日，2010年广州市第10届健康教育周活动萝岗区启动仪式在东区街举行。 区卫生局供稿

【亚运疾控保障】 2010年，区疾控中心加强霍乱、登革热、甲型$H_1N_1$流感等重点传染病监测与防控，开展传染病风险评估，启动区学校及托幼机构学生因病缺课症状监测与预警信息网络系统报告工作。至12月，进行学校症状监测并报告的学校有77家（共86家网络直报单位），启动率89.5%；晨检症状信息有9458人次，出现预警信息355条，处理率100%。开展亚运场馆虫媒监测、食品卫生、公共场所卫生和生活饮用水监测，布放诱蚊灯66个次，布放鼠笼1268个次，布放诱蝇笼21个次，布放粘蟑纸830张次；对广州国际体育演艺中心开展病媒生物控制效果评估工作3次；亚运场馆2套集中空调通风系统进行系统监测64宗93项次，及时完成该项目竣工验收卫生学评价报告；开展亚运场馆内空气监测74点次，二次供水、末梢水监测18宗，辖区涉亚场馆周边餐饮单位食品卫生监测571宗，辖区亚运供餐单位食品和环境相关卫生监测61宗；举办病原微生物实验室生物安全培训及现场演练和萝岗区突发公共卫生事件应急演练各1次；参加市、区两级各类亚运保障应急演练8场次。亚运赛事期间，选派3名专业人员进驻亚运场馆开展公共卫生保障，完成28餐次（合计3.1万份快餐）中心温度抽检工作，室内空气检测140个功能间820项次，生活饮用水检测21个点159项次，病媒生物危害情况巡查2.8万标准间（15平方米为一标准间）、3.3万米外环境，症状监测覆盖人数约3.9万人次，圆满完成亚运保障疾控任务。（刘顺玉 钟秋颖）

## 卫生监督

【概况】 广州市萝岗区卫生监督所（以下简称“区卫生监督所”）是区卫生局主管的副处级行政执法类事业单位。2010年1月，区卫生监督所由开发区西区建设大厦9楼搬迁至科学城水西路12号行政执法综合大楼B栋3楼。该所内设综合科、监督一科、监督二科，九龙分所。区卫生监督所九龙镇分所于2009年12月30日挂牌设立，办公地点位于九龙镇府前路21号2楼。至2010年底，该所在职26人，其中参照公务员管理的事业编制17人，政府雇员9人。其中硕士5人，本科15人，大专6人，中共党员17人。是年，区卫生监督所围绕全区中心任务，开展“涉亚场馆卫生保障”、“铁拳行动”、“食品卫生安全专项整治”、“禁烟”、“环保行动月”等专项行动16次，检查356家餐饮单位、166家公共场所；创建星级街道工作出动875人次，参加辖区街道办组织的联合行动10次。

【餐饮服务卫生监督】 2010年，区卫生监督所完成82家新、改、扩餐饮单位的厨房流程布局设计指导；根据市、区“创卫”、“创文明”、“创星级街道”相关要求，8月，出动260人次，开展为期一个月的“铁拳行动”，对辖区水声水库、天鹿湖周边、亚运场馆（广州国际体育演艺中心）周边半径1公里范围内及通往亚运场馆主干道周边半径500米范围内的无证经营餐饮服务单位实施专项重点整治。举办夏港街餐饮单位、工地食堂、学校食堂、重点食堂负责人食品安全知识培训班，300余名集体食堂及餐饮单位负责人参加培训。及时处理“汉成（广州）电子有限公司”、“华根包装材料有限公司”多名员工集体胃肠不适及“广州添利电子有限公司食堂”涉嫌使用私宰肉加工食品等群众投诉事件15宗，及时处理率和回复率均为100%。餐饮单位100%通过量化等级评定，100%能够亮证亮牌经营。新增3家餐饮单位获A级殊荣。至年底，有A级餐饮单位15间，其中餐饮店4间、集体食堂11间。

【职业卫生监督】 2010年，区卫生监督所对29个工业企业建设项目进行预、控评报告审核、卫生学设计审查和竣工验收，其中进行建设项目预评价报告审核17项次，控制效果报告审核9项次，工业企业建设项目卫生学设计审查2项次，现场竣工验收1项次。完成36家备案企业的职业卫生审核。对辖区内存在不同程度的职业病危害企业进行监督检查164家，出具限期整改《卫生监督意见书》83份，监督检查有害作业工人职业性健康检查7334人，受检率70.34%。协助市卫生监督所在该区开展电池行业、水泥制造、箱包加工、制鞋、家具制造等存在粉尘与高毒物品危害的中小企业进行监督检查，并开展监督监测10家，由市职业病防治院统一进行作业场所的监测与结果通报。受理“东成化工”等用

人单位员工有关职业卫生投诉24宗。依法处置24例疑似职业病诊断报告与9例职业病诊断报告。核实职业病危害的申报企业9家。

【医疗卫生监督】 2010年，区卫生监督所监督检查医疗机构13间次，《医疗机构执业许可证》校验年审32间，变更验收11间。派出人员参加区卫生局医院管理年检查活动，检查5间医疗机构。开展“太平间管理专项监督”、“医疗器械采购管理专项监督”等专项监督检查4次，检查社会医疗机构70间次、托幼机构9间，打击非法行医工作，查处关于永和来安市场永客隆百货附近一家无证口腔诊所等医疗卫生投诉3宗。对2间医疗机构使用非卫生技术人员从事诊疗活动的行为予以立案查处，分别给予5000元的行政处罚。对1名违法使用B超做非医学需要的胎儿性别鉴定的医师予以1万元的行政处罚，没收非法所得400元。监督检查诊所93间次，取缔无证诊所29间次。

【传染病卫生监督】 2010年，区卫生监督所出动82人次专项监督疾病预防控制中心、开发区医院等5间大型医院、企业医务室、学校等单位的甲型$H_1N_1$流感防控工作和不明原因发热的传染病疫情报告系统，检查75间次。开展“学校托幼机构手足口病防治专项监督”检查39间次。

【公共场所卫生监督】 2010年，区卫生监督所参加萝岗街、永和街的创一星级卫生街道的评审以及夏港街的创二星级卫生街道的评审。对公共场所监督检查489户次，出动1956人次，取缔13家，引导办证35家，对12家存在卫生问题的单位提出警告并限期改正。完成公共场所的量化分级评审73家，其中万科城游泳池通过市卫生局量化分级评审复审，获得A级单位。

【学校卫生监督】 2010年，区卫生监督所对辖区61所学校、学校托幼机构食堂食用油、饮用奶使用情况进行监督摸底。建议学校加强家校沟通联系，及时向家长传达“关注食品安全，不食用问题奶粉及其他问题食品”的信息。加大对学校食堂的监督检查力度，出动143人次，对辖区学校食堂及周边餐饮单位进行督导检查。62家被检食堂均建立校（园）长负责制和食品原料采购索证及台账制度，制定食物中毒等突发事件的应急处理预案，各项卫生管理制度较为完善，未发现超范围经营烧卤熟肉的现象。举办学校卫生法律法规知识培训，要求学校通过设置宣传栏，开设传染病防治知识课程以及给学生家长阅读的传染病防治宣传信函等多种方式，做好校内师生和学生家长的传染病防治知识教育。完成玉岩中学新疆班清真食堂的新建工作，保证清真食堂9月份开学如期投入使用。出动卫生监督员58人次，联合区工商局、教育局等职能部门对华南师范大学增城学院等学校周边餐饮单位进行为期10天的专项整治。

【卫生许可审批】 2010年，区卫生监督所接待来电来访4306人次，行政服务中心窗口受理餐饮业审图申请83件、公共场所卫生许可证申请68件、餐饮业服务许可证申请81件、建设项目设计卫生审查、验收申请14件，建设项目职业病危害与评价报告审核申请15件、建设项目职业病防护设施竣工验收申请8件和卫生备案申请48件。完成116家餐饮单位的许可审查工作（包括新、改、扩、注销），卫生许可现场监督检查率100%。对2家新建的涉亚体育场所建设项目进行卫生学设计审查，出具建设项目设计审查意见书与竣工验收。对163家提出申请换、发放卫生许可证的公共场所单位进行现场审查，其中157家经审查合格的已发放卫生许可证，对6家经审查不合格单位出具综合卫生学评价报告并发出不予发证意见书。发放公共场所卫生许可证244份、餐饮服务许可证298份、建设项目设计卫生审查意见书9份、建设项目竣工卫生验收意见书1份、卫生备案意见书36份、建设项目职业病危害预评价报告审核意见书17份和建设项目职业病防护设施竣工验收意见书9份。出具《职业卫生设计审查有关事项告知书》34份。

【重大社会活动卫生保障】 2010年，区卫生监督所出动626人次，完成元旦、春节、中秋节等食品安全检查专项行动，“2010年和谐开萝一家亲”端午节墩头基赛龙舟、第五届国际酒博会、工地食堂、NBA中国赛等14次重大社会活动的卫生保障。重点保障第16届亚运会在该区场馆的公共场所、餐饮卫生，成立“亚运维稳工作领导小组”、“亚运器材采购领导小组”，负责亚运公共卫生保障器材的采购。聘请专业人士对器材的使用进行技术培训，全所人员参训。组建广州和本健康食品有限公司（区唯一亚运快餐供应商）保障团队，从食品原料采购、加工、出厂全过程监督，亚运比赛期间，抽调3名业务骨干常驻篮球比赛场馆，随时解决公共卫生保障中遇到的各类问题。该所加强亚运场馆周边卫生监督，检查场馆周边公共场所57间次餐饮单位150户次。（李　凌）

# 体育

【概况】 萝岗区体育局于2006年4月28日挂牌成立，与区总工会（企业党委）合署办公，2008年11月与区教育局合署办公，在文化科加挂体育发展科牌子。2009年5月，经区编委同意单设体育发展科，配2名公务员编制。下设体育发展中心和区青少年业余体校（与香雪小学合署办公），作为区体育局下属事业单位，共有事业单位编制9名。2010年2月，办公地点从西区搬至广州科学城凯达楼A栋4楼。

【群众体育】 2010年1月，区体育局组织50人参加广州市体育局组织的“元旦万人健步行”活动。2月，有三支代表队参加市龙狮比赛，九龙镇枫下村的忠英狮艺馆和何棠下村武术龙狮团分别获传统群狮赛二等奖和三等奖。3月底至4月初，在广州市体育局举办的“市长杯”2010年广州市业余羽毛球系列大赛中，预赛参赛人数从2009年的1000人上升到1330人。在市决赛中，区政府代表队获机关企事业组第一名，成就萝岗区在该组别“四连冠”的殊荣，同时区教育文化体育局代表队获得机关企事业组第四名。

5月，举办第二届“市长杯”乒乓球百姓系列和谐赛萝岗区预选赛。预赛参赛人数由2009年的174人上升到500多人。6月26日、27日，在市总决赛上，区代表队获成年组第三名、青少年组第五名、公务员组第五名，并获组委会颁发的优秀组织奖。

6月26日，2010年广州国际龙舟邀请赛在中山大学北门广场（中大码头）至广州大桥之间的珠江河段举行。萝岗区卓兴企业传统龙队获传统龙决赛第一名，勇创四连冠佳绩；墩头基女队获标准龙组第六名。

2010年12月28日，萝岗街创建省体育先进街道汇报会现场。　龚美卿 摄

7月，在联和街、萝岗街开展国民体质监测活动，抽测对象涵括机关企事业单位职工、居民、在校学生、幼儿等各个年龄段的群体600多人。

7月15日、16日，组织2010年三级社会体育指导员培训班，聘请社会体育学专家对来自街镇、企业、机关的100多名学员，从社会体育理论、社会体育指导方法等方面进行培训。

7月23日下午2时，“爱护母亲河，治理水污染”——2010年广州横渡珠江活动在中大码头正式拉开序幕，区2个方队参加横渡珠江活动，这是自2006年以来萝岗区第四次参加横渡珠江的活动。

8月至10月，广州开发区、萝岗区迎亚运男子篮球赛暨广东省首届万村农民篮球赛萝岗分区赛在全区拉开序幕。经过五街一镇的激烈选拔，来自各街镇的24支队伍参加总决赛。其中机关企事业组的决赛、村居组的决赛，三、四名争夺赛在亚运场馆广州国际体育演艺中心进行。机关企事业组获前三名的队伍分别为九龙镇政府代表队、三菱电机代表队、玉岩中学代表队。村居组获前三名的队伍分别为萝岗社区代表队、火村社区代表队、笔岗社区代表队。

12月份，萝岗街获“省级体育先进街道（社区）”荣誉。

【竞技体育】 2010年，萝岗区投入70.93万元，为体校补充田径、击剑、举重、羽毛球、柔道、摔跤、拳击、跆拳道等8个项目的器材。投入98万元支持业余体校训练场馆改造工作，在香雪小学的香雪楼改造射击、击剑、跆拳道、摔跤4个场馆，在九佛二中、九龙三小分别改造跆拳道、举重场馆。

深入全区学校做好体校的项目定点和项目发展的可研工作，申报的课题《广东省青少年业余体校体育后备人才培养现状与对策研究》，获广东省体育局立项。各训练项目制定训练、竞赛计划和建立教练、运动员训练档案，突出重点项目狠抓寒暑假集训。通过用好区内学校专业运动员出身的体育教师，弥补教练员的不足并拓展训练项目，引进4名有潜力运动员，向伟伦体校输送9名集训队员。

在2010年广东省运动会上，区运动员取得跆拳道男子乙组第五名，摔跤男子第二名、第五名，散打男子两个第二名的好成绩。组织305名运动员参加市9个项目锦标赛，获得26枚金牌，1665.5分的可喜成绩，并有4.5枚金牌带入2011年市运会。

在市中学生田径运动会上，以业余体校运动员为骨干的代表队以9金、6银、1铜共148.5分获得团体总分第一名，其中3人打破市运会纪录；高中代表队以4金、3银、3铜共78.4分获得团体总分第四名。

【体育基础设施建设】 2010年6月，区体育局组织全区体育设施需求实地调研，制定年度群众体育设施建设计划，在全市率先实现村村有灯光篮球场的基础上，根据村居人口布局和用地情况，按照有利于群众锻炼为原则，在人口较为集中、能提供建设用地、建设积极性高的村（居），投入227万元建设27条健身路径、17个标准灯光篮球场，其中萝岗街道45万元，联和街道32万元，夏港街道20万元，东区街道58万元，永和街道36万元，九龙镇36万元。

【体育彩票管理】 2010年，萝岗区体育彩票销售2767867元。其中，电脑型销售额1858867元，即开型销售额909000元，总销售额比2009年增长42.77%，获广州市体育局颁发的“体育彩票销售突出贡献奖”。

【2010广州国际女子网球公开赛】 2010年9月12日至19日，广州国际女子网球公开赛在广州国际网球中心举行。比赛有18个国家和地区的60名运动员参赛，参加女单正选比赛的有32人、女双正选比赛有16对。来自印度的米尔扎、中国台北的张凯贞以及内地的韩馨蕴作为运动员代表出席本届赛事的抽签仪式。经过8天激烈角逐，澳大利亚选手格罗斯获女单冠军，罗马尼亚和印度的跨国组合加洛维茨和米尔扎获女双冠军。这是广州国际网球中心成立以来第二次承办此项国际大型体育赛事。

【ITF国际青少年网球巡回赛在区举行】 2010年1月23~30日，ITF国际青少年网球巡回赛在广州开发区国际网球学校举行，是区第二次申办此项青少年国际大型赛事。有20多个国家和地区的240名运动参与角逐男子单打、女子单打、男子双打、女子双打4项桂冠。（戴鉴雄）

## 广州亚（残）运会萝岗赛区工作

【概况】 广州国际体育演艺中心于2010年1月14日被正式确定为第16届亚运会篮球竞赛场馆，3月18日亚组委正式批准成立广州国际体育演艺中心团队。4月初，团队第一批工作人员进驻广州国际体育演艺中心办公。9月26日，在该场馆举行广州开发区、萝岗区迎亚运男子篮球赛暨广东省首届万村农民篮球赛前四名的比赛，检验场馆承受能力和广州国际体育演艺中心团队人员工作能力。

自11月16日开赛以来，广州国际体育演艺中心接待来自亚洲的13支参赛球队，于11月26日成功落幕，历时11天，进行21场篮球赛事。中国男、女国家篮球队分获男子、女子篮球赛金牌。

【亚运服务团队】 2010年3月18日，第16届亚组委正式批准广州开发区成立广州国际体育演艺中心团队。团队主要领导有主任石奇珠，执行主任潘史扬，常务副主任刘晓农，秘书长张作和，副秘书长孙礼平，竞赛主任白喜林，竞赛副主任裴伟民，安保副主任冯锦明，服务副主任杨兴龙，媒体副主任邹勇刚。

团队下设竞赛综合事务、竞赛技术运行、兴奋剂检测、团队综合事务、人力资源、新闻宣传、媒体运行、广播电视转播、礼宾与语言服务、观众服务、餐饮服务、信息技术服务、交通服务、安全保障、场馆安保、医疗服务、场馆保障、市场开发、体育展示、颁奖仪式等20个工作小组，分别负责各业务口工作，与亚组委各对应业务口联系和沟通。

广州国际体育演艺中心团队P类（带薪工作人员）人员100人，G类（政府支持人员）人员67人，场馆服务志愿者621人。其中，安保志愿者202人，电力保障工作人员80多人，场馆清洁工150多人。

【亚运筹备】 2010年4月12日，广州国际体育演艺中心团队在区行政中心凯通楼二楼C区专辟一块区域，用作“广州国际体育演艺中心团队总部”办公用地。

成立第16届亚运会广州国际体育演艺中心场

馆外围保障团队，区长石奇珠任团队主任，副区长潘史扬担任执行主任，其他副主任由相关职能部门分管领导担任。场馆外围保障团队下设8个子团队，分别负责安保、交通、市政通讯、环境整治、景观布置、商业整顿、社区关系、其他工作等外围保障方面工作。

### 2010年广州国际体育演艺中心第16届亚运会篮球赛程安排表

| 日期 | 时间 | 项目 | 对阵国家、比分 |
|---|---|---|---|
| 2010-11-16 | 19:15 | 男篮 | 中国 91-46 蒙古 |
| | 21:30 | 男篮 | 约旦 90-80 朝鲜 |
| 2010-11-17 | 19:15 | 男篮 | 朝鲜 62-98 中国 |
| | 21:30 | 男篮 | 韩国 95-49 约旦 |
| 2010-11-18 | 19:15 | 女篮 | 中国台北 127-23 马尔代夫 |
| 2010-11-19 | 19:15 | 男篮 | 中国 96-31 乌兹别克斯坦 |
| | 21:30 | 男篮 | 朝鲜 66-96 韩国 |
| 2010-11-20 | 19:15 | 女篮 | 日本 69-59 中国台北 |
| 2010-11-21 | 19:15 | 男篮 | 韩国 66-76 中国 |
| | 21:30 | 男篮 | 乌兹别克斯坦 63-68 约旦 |
| 2010-11-22 | 14:15 | 女篮 | 马尔代夫 19-143 日本 |
| | 19:15 | 男篮 | 中国 101-53 约旦 |
| | 21:30 | 男篮 | 蒙古 66-115 韩国 |
| 2010-11-24 | 19:15 | 女篮 | 日本 78-93 韩国 |
| | 21:30 | 女篮 | 中国 84-58 中国台北 |
| 2010-11-25 | 13:15 | 男篮 | 韩国 55-51 日本 |
| | 15:30 | 男篮 | 伊朗 65-68 中国 |
| | 19:15 | 女篮 | 日本73-61 中国台北 |
| | 21:30 | 女篮 | 决赛 韩国 64-70 中国 |
| 2010-11-26 | 16:45 | 男篮 | 日本 66-74 伊朗 |
| | 19:00 | 男篮 | 决赛 韩国 71-77 中国 |

**【亚运火炬萝岗站传递】** 2010年11月7日上午9时，广州亚运会火炬传递活动在广州开发区、萝岗区市民广场举行。广州市委常委，广州开发区党工委书记、管委会主任，萝岗区委书记凌伟宪将火炬交到第一棒火炬手——曾获得世界大学生羽毛球锦标赛混双冠军的梁永平手中，并宣布第16届亚洲运动会火炬传递广州开发区、萝岗区活动开始。亚运火炬传递以市民广场舞台为始点和终点，来自萝岗区各界的16名亚运火炬手接力绕跑亚运篮球比赛主场馆——广州国际体育演艺中心一周，全程1500米，火炬手各跑95米。最后，第16届亚运会组委会火炬传递运行中心领导向广州开发区、萝岗区赠送纪念品及证书。

### 2010年广州亚运会萝岗区火炬手名单

| 编号 | 姓名 | 推荐单位 | 备注 |
|---|---|---|---|
| 1 | 梁永平 | 区体育局 | 参加区内火炬传递组织活动 |
| 2 | 吴振鑫 | 区人大 | |
| 3 | 朱汉基 | 区政协 | |
| 4 | 钟思群 | 区卫生局 | |
| 5 | 唐　平 | 萝岗街 | |
| 6 | 龙妙娴 | 联和街 | |
| 7 | 汤镜明 | 九龙镇 | |
| 8 | 张泽兰 | 区妇联 | |
| 9 | 刘灿洪 | 永和街 | |
| 10 | 朱德兴 | 东区街 | |
| 11 | 何　玲 | 捷普电子有限公司 | |
| 12 | 蔡伟生 | 夏港街 | |
| 13 | 许嘉森 | 区经发局 | |
| 14 | 刘永钦 | 团区委 | |
| 15 | 邓小健 | 区公安局 | |
| 16 | 李红卫 | 区党政办 | |
| 17 | 朱　江 | 区妇联 | 参加市亚运火炬传递中心组织的传递活动 |
| 18 | 朱振威 | 社区局 | |
| 19 | 余锦豪 | 体育局 | |

**【亚残运会火炬萝岗站传递】** 2010年12月6日上午9点30分，亚残运会火炬传递活动在萝岗区科学大道绿轴广场举行。100名火炬手沿着科学大道–开泰大道–科丰路–水西路–香雪大道–萝岗区政府路线将亚残运会圣火手手相传，传递总里程9.47公里。首棒火炬手是中国残联爱心大使、广州亚残运会爱心大使南欣，最后一棒火炬手是广州市第二届十大杰出青年、广州市优秀残疾人员工特别奖获得者孙俊明。

### 2010年广州亚残运会萝岗区火炬手名单

| 编号 | 姓名 | 推荐单位 | 备注 |
|---|---|---|---|
| 1 | 王丰萍 | 萝岗区财政局 | 参加市亚运火炬传递中心组织的传递活动 |
| 2 | 王楚龙 | 团区委 | |
| 3 | 崔鸣文 | 发展和改革局 | |
| 4 | 李　玟 | 区委宣传部 | |
| 5 | 徐特辉 | 广州建智投资顾问有限公司 | 参加区内火炬传递组织活动 |
| 6 | 何玉青 | 夏港街 | |
| 7 | 郭锦炽 | 区残疾人联合会 | |
| 8 | 陈　霞 | 广东岭南职业技术学院 | |
| 9 | 唐庆钊 | 广州立朗废旧物资回收公司 | |
| 10 | 朱春泳 | 东区街 | |
| 11 | 田延辉 | 高露洁有限公司 | |
| 12 | 严嘉琳 | 玉岩中学 | |
| 13 | 崔　松 | 区体育局 | |
| 14 | 钟小星 | 区建环局 | |

（戴鉴雄）

【亚运安全保卫】 2010年，第16届亚运会、广州2010年亚洲残疾人运动会（以下简称“两个亚运”）期间，萝岗区进行比赛21场、训练86场，区公安分局出动场馆安保力量1.36万人次、安检人员27.6万人次、安检车辆5122辆次、接待观众16.2万人次，接待贵宾31批次716人次。全部实现“零发案、零事故、零投拆、零纠纷”目标。为确保区18家供亚食品、药品企业安全，出动安保力量1.37万人次，安检车辆7300辆次，安检人员5.6万人次，查缴危险物品2670件、其他禁带物品一批，确保夏晖物流、香雪制药等企业2870吨供亚食品（药品）的安全。为维护好社会治安秩序，社会面防控出动警力21.7万人次，组织社会力量2.56万人参与社会面防控工作；三道防线检查站检查车辆11.3万辆次，检查人员49万人次，查获违法犯罪嫌疑人267名；查获枪支22支、子弹55发、钢珠弹850颗、毒品36千克；收缴管制器具915件，其他非法物品4407件。“两个亚运”期间，全区警情下降76.3%、刑事治安案件下降31.6%。（胡中俊）

2010年11月10日，国务委员、公安部部长孟建柱（右二）到广惠高速萝岗检查站视察亚运安保工作。 杨南翔 摄

2010年10月16日，区委常委、区公安分局局长魏待征（右四）现场指挥亚运安保团队开展安检工作。 杨南翔 摄

亚运期间，区公安分局执勤民警驾驶自平衡车在广州国际体育演艺中心执勤。 杨南翔 摄

2010年8月3日起，区公安分局派特警在广惠高速萝岗检查站执勤。 杨南翔 摄

# 社会生活

# 计划生育

【概况】 2010年，萝岗区有常住人口210452人（数据统计时间为2010年9月，下同），流动人口328499人，常住人口出生2870人，出生率14.69‰；其中，政策内出生2745人，政策生育率95.64%；自然增长2033人，自然增长率10.4‰。与广州市委、市政府下达的任务相比，出生率低0.31个千分点，自然增长率低0.8个千分点，政策生育率高1.64个百分点，全面完成市委市政府下达的各项任务指标。与此同时，5个街道继续保持无政策外多孩出生，无政策外出生村居31个，比2009年增加2个。区被国家人口计生委授予2010年度“全国计划生育优质服务先进单位”称号。夏港街、东区街、联和街、永和街、萝岗街连续两年实现无政策外多孩出生，被市政府授予“两无”活动达标街。（注：2010计生年度指2009年10月至2010年9月）

2010年萝岗区常住人口计划生育情况表

| 项目 | 数据 | 项目 | 数据 |
|---|---|---|---|
| 全区出生人数（人） | 2870 | 已婚育龄妇女人数（人） | 41296 |
| 政策内出生人数（人） | 2745 | 节育率（%） | 85.91 |
| 计划生育率（%） | 95.64 | 女性初婚人数（人） | 2216 |
| 女性晚婚人数（23岁后）（人） | 1711 | 晚婚率（%） | 77 |

注:上述数据截至2010年9月

【人口计划生育管理】 2010年，萝岗区重视对人口计生工作的投入，区、镇两级财政共投入人口计生工作经费4247.5万元，其中区本级财政投入2859.7万元，九龙镇级财政投入1387.8万元。按全区总人口41.3万人计算，人均计生经费投入约103元。区财政投入各级流动人口计生服务管理专项经费695万元，同比增长47.6%。

·行政执法·是年，区计生办共下达社会抚养费征收决定书160份，征收470人（含历年）共计1166.97万元，征收金额创历史新高。其中，通过向法院提交强制征收社会抚养费的案件9例13人，征收标的为133.2万元，执行到位18.14万元。5月份，联合永和街计生办，处罚流动人口使用虚假计生证明1例。9月，联合区卫生监督所、东区街计生办，对东区街内某家诊所非法开展计划生育手术进行查处，并处以1.5万元的罚款，严厉打击非医学需要终止妊娠和胎儿性别鉴定非法终止妊娠。全年区人口计生系统共处理群众来访来电2494宗，其中求决966宗，举报80宗，咨询1447宗，建议1宗，均得到妥善处理。

·计划生育利益导向机制建设·2010年8月24日，区政府重新修订《萝岗区计划生育利益导向机制实施办法》，扩大受益对象，从只优待农村和“村改居”计划生育家庭拓展到全区所有计划生育家庭，受惠总人数近3万人；把原来只为独生子女购买的综合保险，改变为独生子女优待家庭统一购买的计划生育家庭综合保险（计划生育家庭综合保险是广州市计划生育协会联合中国人寿保险公司广州市分公司共同开发推出的险种，一家三口年保费300元，保额25.5万元，含有国家试行的意外伤害保障和新增十种重疾保障，更大化地保障计划生育家庭的利益），投入207.93万元，共为7888个独生子女家庭购买计划生育家庭综合保险。是年，将农村部分计生家庭奖励提高到与城镇独生子女父母奖励同等水平，即从每人每月100元提高到150元，累计发放奖励金33万元；发放“村改居”纯二女及无子女家庭利益导向奖励金23.2万元；发放城镇独生子女父母奖励金54万元；发放计划生育家庭特别扶助金2.3万元。上环一次性节育奖标准从200元提高至500元，发放上环、结扎“节育奖”75万元；减免计生优待对象参加农村合作医疗个人缴纳金额65万元。全年落实各计生利益导向奖励金725.31万元。

【流动人口计划生育管理】 2010年，萝岗区有流动人口328499人。其中已婚育龄妇女4.4万人。该年度，全区统计流动人口出生1804人，同比增长6.24%；政策内出生1696人，政策生育率94.01%，同比增加1.67个百分点。根据广州市《关于明确流动人口出生统计有关问题的通知》有关新统计口径的规定，区在广州市居住满半年的流动人口在本市生育344人，其中政策内出生325人，政策生育率94.48%。

·队伍管理·2010年，萝岗区街镇、村居有计生专职人员370人，其中街镇本级120人，村（居）250人。全区按出租屋数180：1的比例配备出租屋管理员608人，532个经济社也各配1名兼职计生信息员。全区计生专兼职人员总数1510人，按流动人口总数33万人计算，人员比例约1：219，达到《广东省流动人口计划生育工作双向考核方案》的配备要求。其中，区聘村居计生专职的工资待遇按照机关、事业单位临聘人员的标准执行，出租屋管理员给予每人每月80元的兼职补贴，经济社信息员给予每人每月500元的补贴。全年共组织流动人口计生业务培训2次，培训街镇、村居计生专干和出租屋协管员400余人次。

·专项清理整治活动·2010年，区投入60万元，集中计生专职、出租屋管理等力量对出租屋、建筑工地、窝棚、商铺、物业小区、市场等流动人口密集区域进行全面清理清查，取得实效。截至5月底，共清查出租屋、商铺、工厂、住宅小区等流动人口集中区域54681处；查验计生证明11964人次；在计生系统新建流入已婚育龄妇女信息卡1953张；在全员流动人口系统补录信息卡近9万人；对清理出的流动人口未查环查孕对象补检11251人次，落实长效节育措施114例，落实补救措施101例。

·推进计划生育工作区域合作·根据国家、省、市提出构建流动人口计生“一盘棋”管理工作的要求，2010年，萝岗区积极推进区域合作，先后与高要市、阳春市、博罗县、惠东县等9个流入该区人口较多的省内区、市签订《流动人口计划生育服务管理区域合作协议》，建立流入地和流出地“点对点”区域合作关系。并与广东饶平县、云安县、信宜市、海丰县、博罗县，湖南双峰县、慈利县、衡南县，重庆忠县，广西平南县，江西进贤县等地区协作处理社会抚养费11宗，打击“两非”1宗。

**【计划生育服务】** ·区计生服务站落成·2010年8月上旬，萝岗区新建的计划生育服务站正式投入使用，该站总投资432万元，建筑总面积945平方米，共三层楼。计生站首层安排男女生殖健康及优生优育咨询用房和温馨、典雅供育龄群众候诊休息的视听室，并安排约110平方米的用房作为区计划生育药具站药具库房。第三层安排一间总面积约120平方米的人口学校，可供80人左右的育龄群众同时接受新婚期教育及其他保健知识专题讲座。

·妇女健康服务·2010年，区计生办组织九龙镇育龄妇女进行妇科常见病免费普查，应查对象14261人，普查12250人次，普查率85.89%。对查出病情较轻的，现场免费派发治疗药物；病情较重的，及时联系医院给予入院治疗，并做好跟踪随访。向育龄群众提供咨询指导，全年接待咨询4265人次，随访18053人次，产后、术后随访服务率95%，避孕药具随访服务率100%。

·避孕药具管理·在2009年安装避孕药具免费自助发放机272台基础上，2010年，区再投入3.64万元新增不锈钢免费发放箱92台，并购买一批质量较好的避孕套：诗乐5760只，共计5520元；尚牌5760只，共计4800元，免费发放给育龄群众使用。

·孕前型管理服务工作·2010年，区计生服务站和九龙镇计生服务继续加强新婚期教育培训的组织。每间隔一周办班一次（节假日除外），每次2个学时，全年共开课24次。全区参加新婚期教育的学员共1052对，考试成绩在90分以上的达到92.5%，考试合格率100%。全年印发免费婚检宣传资料1.5万张，派发给各街镇服务所及婚姻登记处，由街镇下发给广大育龄群众，对出生缺陷干预进行宣传。全年，区免费婚检人数1030人次，婚检率26%，较2009年度提高10%。

·病残儿鉴定工作·全年为14个家庭提供病残儿鉴定服务，其中6个家庭经市级机构鉴定后获批准再生育一胎子女。 （李鉴才）

## 民 政

**【概况】** 2010年，萝岗区民政工作全面落实各项惠民政策措施，深入推进社会管理改革，加强专项社会事务管理，取得明显成效。社区服务、双拥共建、老龄、慈善活动等工作创出了新的亮点，区首次被评为“市双拥标兵区”，并被推荐参评“省双拥模范区”；学习新加坡家庭服务中心管理模式，率先成立广州市首个家庭服务中心。 （谢小江）

**【婚姻登记】** 2010年3月初，萝岗区民政局婚姻登记处被国家民政部授予“2009年全国婚姻登记规范化单位”称号，被区政务服务中心评为第一季度“先进窗口单位”。全年共办理结婚登记2356对，离婚登记410对。

**【救济救灾救助】** ·低保·根据广州市民政局、市财政局《关于提高我市城乡低保标准和低收入困难家庭认定标准的通知》精神，从2010年1月1日起，萝岗区将城镇低保救济标准提高到410元，农村低保救济标准提高到335元，农村散居五保供养标准为469元，其他以低保为基础的救济标准同步增长，均为全市各区最高，提前实现原定到2012年农村低保标准为城市70%以上的城乡一体化发展目标。至年底，全区低保对象1198户3610人，其中城镇267户765人，人均月补差228元；农村931户2845人，人均月补差197元，累计支出救济金890万元。

·救灾·2010年5月7日和14日，广州普降暴雨，造成萝岗区大部分地区受淹，其中东区街刘村、火村和九龙镇凤尾村、新田村、洋田村受淹较严重。区民政局及时启动应急预案，开展灾情检查统计工作，开放临时庇险场所，安置受灾群众，组织落实受灾群众的慰问工作。5月9日和15日，区长石奇珠两次率队走访慰问受灾群众代表。按照每户1000元的标准，下拨122万元临时救济慰问金和30万元救灾应急专项资金，对全区1220户房屋水浸受灾群众进行慰问安置。

·救助·2010年，萝岗区贯彻市困难群众医疗救助工作及资金筹集政策，上缴市医疗救助金617万元；资助3183名农村低保人群参加农村合作医疗，审核资助1374名城镇困难群体参加基本医疗保险。全年对困难群众发放物价补贴90万元。对1795名困难群众发放医疗救助金72.8万元，有效缓解困难群体看病难问题。区救助服务队出动182车次，指引流浪乞讨人员309人次，护送至市救助站52人次。

【拥军优属和安置工作】 2010年，区民政局组织节日拥军慰问座谈活动，先后召开2009年度退役士兵欢迎会、驻穗军级部队双拥联络员迎春座谈会、军队退休人员迎春座谈会和军政迎春座谈会，区长石奇珠带队慰问广州警备区机关。全年选送82名优秀青年到部队服役，接收安置退役士兵76人，为59名城镇退役士兵发放自谋职业补助金550万元，缴纳养老保险30万元，为330名优抚对象发放抚恤金211万元，发放义务兵家属优待金174万元，为275名参战涉核退役人员发放生活补助金113万元，全面落实各项优抚安置政策。

【首次荣获“广州市双拥标兵区”称号】 2010年，萝岗区按照《全国双拥模范城（县）考评标准》和广州市双拥办要求，开展一系列双拥模范区创建活动，落实各项优抚安置政策，支持驻区部队和共建部队建设。特别是168舰完成亚丁湾护航任务回国，首次访问广州期间，组织区领导上舰慰问、邀请168舰官兵来区参观、召开军政座谈会等活动，全年向该舰赠送慰问金和慰问品200多万元。11月，萝岗区双拥工作通过广州市双拥工作检查验收组的验收。被授予“广州市双拥标兵区”称号，并被广州市双拥办推荐参评“广东省双拥模范区”。

【成立广州市首个家庭综合服务中心】 2010年，萝岗区利用建设“中新广州知识城”的契机，多次派员到新加坡、香港等地学习先进社会管理和服务经验，重点学习家庭服务中心建设经验，确定在各街镇建设7个街镇家庭综合服务中心，为群众提供专业的社工服务。10月19日，广州市首个家庭综合服务中心“联和一家”正式挂牌成立，委托中山大学社会工作服务中心全权承办。这是国内首家由专业社工服务机构参与研发、设计、监理的社区家庭综合服务中心。该家庭综合服务中心由区政府免费提供场地，区财政投入150万元修建，占地面积1050平方米，具有社区居民康乐服务、老人服务、低保及低收入困难家庭服务、妇女儿童及青少年服务、残障人士及残障家属服务、外来流动人员服务、志愿者服务等12大服务功能110个服务项目的22个功能室，社区居民不出门就能解决生活中的种种难题。“联和一家”开办以来，接待超过100多批次的省内外和国外客人参观学习和交流。其他街道家庭服务中心建设选址都已落实，并对场地进行装修，计划2011年上半年正式投入使用。

【农村基层政权和社区建设】 2010年，萝岗区民政局开展第四批“六好”平安和谐社区检查验收，永和街新庄社区等10个社区顺利获省“六好”平安和谐社区命名表彰。确定九龙镇旺村村和福山村为农村社区建设试点村，高质量推进第二批试点村的试点工作。社工人才队伍建设试点取得初步成效，4月1日，广州市大同社会工作服务中心永和街社工站揭牌成立，正式启动社会工作人才队伍建设试点工作。永和社工站按照服务协议要求，重点在残障康复和低保救助两个领域开展一系列社工服务工作。6月，市民政局组织试点项目中期评估，项目进展情况获得评估团专家的肯定，取得优秀的评估成绩。

【地名管理】 2010年，区民政局推进区地名公共服务工程，完成区“有路无名”道路的摸查及备案申报工作。全年受理建筑物和住宅小区命名11宗，道路命名56条。

## 2010年萝岗区建筑物和住宅小区命名情况表

| 名称 | 地点 | 用地面积（平方米） | 总建筑面积（平方米） | 用途 | 批准时间 |
|---|---|---|---|---|---|
| 明森公寓 | 斗塘路以南、新安路东侧地段 | 12390.0 | 41400.0 | 住宅楼 | 2010.01.26 |
| 香悦山庄 | 科景路东侧、景山二街西南侧地段 | 63765.0 | 31305.0 | 住宅小区 | 2010.02.02 |
| 宏康和园 | 宏光路南侧、明悦居东侧 | 14304.0 | 84538.0 | 商住小区 | 2010.07.06 |
| 飞晟文汇广场 | 荔红一路西侧、荔红二路东侧地段 | 40000.0 | 113371.0 | 商业办公楼 | 2010.08.03 |
| 万象新天花园 | 广汕公路北侧地段 | 40000.0 | 58507.0 | 商住小区 | 2010.08.06 |
| 科技人员公寓 | 香雪大道中以北地段 | 39957.0 | 105322.0 | 住宅楼群 | 2010.09.15 |
| 万象新天花园（扩展） | 广汕公路北侧地段 | 13334.0 | 29245.0 | 商住小区 | 2010.09.09 |
| 天鹿花园 | 天鹿南路以东、惠联路以北地段 | 106220.0 | 287279.0 | 住宅小区 | 2010.10.26 |
| 禾丰新村 | 新丰路以西地段 | 410477.0 | 214170.0 | 住宅小区 | 2010.10.26 |
| 科城花园 | 水西路以东、萝平路西侧地段 | 363446.0 | 931626.0 | 住宅小区 | 2010.04.16 |
| 御湖名邸 | 金坑村内，水库以南、广汕公路西北面地段 | 225547.7 | 257108.0 | 住宅小区 | 2010.01.26 |

## 2010年萝岗区道路命名情况表

| 名称 | 起止点 | 长度（米） | 宽度（米） | 批准时间 |
|---|---|---|---|---|
| 智品一街 | 南起小区出入口，往北折向东，止于智品东街 | 160.000 | 7.0 | 2010.12.10 |
| 智品二街 | 西起小区车库出入口，东止智品东街 | 350.000 | 7.0 | 2010.12.10 |
| 智品三街 | 西起小区自编D栋住宅楼西北侧，东止智品东街 | 350.000 | 4.0 | 2010.12.10 |
| 智品东街 | 南起小区自编A1栋住宅楼东南侧，北止智品三街 | 170.000 | 7.0 | 2010.12.10 |
| 智品西街 | 南起小区自编C1栋住宅楼东南侧，北止智品三街 | 160.000 | 7.0 | 2010.12.10 |
| 丰彩街 | 北起广汕公路，往南折向东，再折向南，止于谷丰园 | 1070.000 | 5.5 | 2010.10.25 |
| 镇龙村竹园一巷 | 西起村内6米宽道路，东止向东顺数第9栋建筑物前 | 84.000 | 2.4—3.0 | 2010.06.17 |
| 镇龙村竹园六巷 | 西起“六郎家塾”北侧，东止向东顺数第3栋建筑物前 | 44.200 | 2.4—3.0 | 2010.06.17 |
| 镇龙村竹园七巷 | 西起“六郎家塾”南侧，东止向东顺数第6栋建筑物前 | 83.800 | 1.9—2.7 | 2010.06.17 |
| 镇龙村竹园八巷 | 西起该巷空地，东止“竹山西街” | 116.300 | 1.3—3.1 | 2010.06.17 |

（续上表）

| 名称 | 起止点 | 长度（米） | 宽度（米） | 批准时间 |
| --- | --- | --- | --- | --- |
| 宝龙二街 | 西起“华隆路一街”，东止金龙路 | 193.800 | 7.7 | 2010.06.17 |
| 健生街 | 北起广汕公路，南止萝岗区红十字医院东侧 | 84.100 | 3.4-4.4 | 2010.06.17 |
| 梅菁街 | 东起桃菁街，往北折向南，止于小区自编C067号楼东南侧 | 259.400 | 6.0 | 2010.06.11 |
| 兰菁街 | 西起菊菁街，往北折向南，止于小区自编号C068号东南侧 | 242.490 | 6.0 | 2010.06.11 |
| 菊菁街 | 北起赏湜街，往南折向西，止于小区自编号C097号西南侧 | 270.850 | 6.0 | 2010.06.11 |
| 竹菁街 | 北起美湜街，往南折向西，止于小区自编号C098号西南侧 | 231.740 | 6.0 | 2010.06.11 |
| 樱菁街 | 北起景湜街，往南折向西，止于小区自编号C118号西南侧 | 149.197 | 6.0 | 2010.06.11 |
| 桃菁街 | 西起梅菁街，往东折向北，止于春湜街 | 458.270 | 6.0 | 2010.06.11 |
| 红菁街 | 西起赏湜街，往东折向南，再往东折向北，止于夏湜街 | 606.850 | 6.0 | 2010.06.11 |
| 赏湜街 | 南起菊菁街，往北折向东，再往南折向东，止于美湜街 | 646.270 | 6.0 | 2010.06.11 |
| 美湜街 | 南起竹菁街，往北折向东，再往南折向东，再折向北，止于小区自编A区地下车库出口 | 1165.670 | 6.0 | 2010.06.11 |
| 景湜街 | 南起樱菁街，往北折向东，再往南折东，再折向北，止于小区自编A区人行出入口 | 1288.190 | 6.0 | 2010.06.11 |
| 春湜街 | 西起桃菁街，东止小区自编A033号楼南侧 | 100.130 | 6.0 | 2010.06.11 |
| 夏湜街 | 西起红菁街，东止小区自编A029号楼南侧 | 104.370 | 6.0 | 2010.06.11 |
| 秋湜街 | 北起冬湜街，往南折向西，再折向东，止于小区自编A021号楼东南侧 | 285.76 | 6.0 | 2010.06.11 |
| 冬湜街 | 北起美湜街，往南折向东，止于小区自编A016号楼东南侧 | 193.070 | 6.0 | 2010.06.11 |
| 湖柏街 | 南起小区自编D区人行出入口，北止小区自编DF9号电房东侧 | 200.310 | 6.0 | 2010.06.11 |
| 光柏街 | 南起清柏街，往北折向西，再往南折向西，再折向南，止于清柏街 | 876.360 | 6.0 | 2010.06.11 |
| 清柏街 | 东起湖柏街，往南折向北，再往西折向南，再折向西，止于秀柏街 | 1018.920 | 6.0 | 2010.06.11 |
| 秀柏街 | 西起晶石街与清柏街交汇处，往东折向北，再往东折向北，止于小区自编DF10号电房北侧 | 322.860 | 6.0 | 2010.06.11 |
| 晶石街 | 东起秀柏街与清柏街交汇处，往西折向北，再折向西，止于莹石街 | 854.730 | 6.0 | 2010.06.11 |
| 莹石街 | 南起晶石街，往北折向西，止于晶石街 | 701.550 | 6.0 | 2010.06.11 |
| 粤好西街 | 南起培养基生产中心西南角，北止穗中红街 | 320.000 | 5.0 | 2010.07.20 |
| 粤好东街 | 南起果艺品尝園的东北角，北止穗中红街 | 220.000 | 8.0 | 2010.07.20 |
| 穗中红街 | 东起20米宽规划路，西止5米宽规划路 | 680.000 | 5.0 | 2010.07.20 |
| 惠联路 | 位于广汕公路以北，西起天鹿南路，东止联华路 | 660.000 | 30.0 | 2010.04.03 |

（续上表）

| 名称 | 起止点 | 长度（米） | 宽度（米） | 批准时间 |
|---|---|---|---|---|
| 联华路 | 位于天鹿南路以东，南起广汕公路，北止惠联路 | 680.000 | 30.0 | 2010.04.03 |
| 天鹿一街 | 西起小区自编A1栋楼西北侧，东止小区自编D4栋楼东侧 | 169.000 | 7.0 | 2010.10.25 |
| 天鹿二街 | 西起小区主入口，东止小区自编D3栋楼北侧 | 292.000 | 7.0 | 2010.10.25 |
| 天鹿三街 | 西起小区自编A4栋楼西北侧，东止小区自编C3-3栋楼东北侧 | 271.000 | 5.5 | 2010.10.25 |
| 天鹿四街 | 西起小区自编A5栋楼西南侧，东止小区自编C2-4栋楼东北侧 | 251.000 | 5.5 | 2010.10.25 |
| 天鹿五街 | 西起小区自编A6栋楼西南侧，东止小区自编C2-4栋楼东南侧 | 327.000 | 7.0 | 2010.10.25 |
| 汇星路 | 西起水西路，往南折向东，止于香雪六路 | 2150.000 | 20.0 | 2010.04.27 |
| 丹水坑路（延长） | 南起宏达路，北止丹水坑风景区大门 | 480.000 | 12.0 | 2010.05.17 |
| 东勤路 | 西起枝山村，东止开源大道 | 1222.000 | 20.0 | 2010.09.09 |
| 来安北路六巷 | 来安北路五巷以北，西起来安北路，东止楼高4层的住宅楼东南侧 | 39.450 | 3.5 | 2010.07.20 |
| 东胜南街一巷 | 东胜南街二巷以东，西起东胜南街1号楼的西北侧，东止楼高3层的住宅楼东北侧 | 35.500 | 1.4 | 2010.07.20 |
| 贤顺街十一巷 | 北起该巷西侧楼高3层半的住宅楼东北侧，南止该巷向南顺数第2栋建筑物的东南侧 | 21.000 | 2.5 | 2010.07.20 |
| 贤顺街十二巷 | 北起该巷西侧楼高4层的住宅楼东北侧，南止该巷向南顺数第2栋建筑物的东南侧 | 21.000 | 2.4 | 2010.07.20 |
| 贤顺街十三巷 | 北起该巷西侧楼高2层半的住宅楼东北侧，南止该巷向南顺数第4栋建筑物的东南侧 | 44.100 | 2.6 | 2010.07.20 |
| 贤顺街十四巷 | 北起该巷西侧楼高3层的住宅楼东北侧，南止该巷向南顺数第4栋建筑物的东南侧 | 45.600 | 2.5 | 2010.07.20 |
| 贤顺街十五巷 | 北起该巷第1栋建筑物的东北侧，南止该巷向南顺数第4栋建筑物的东南侧 | 43.500 | 2.4 | 2010.07.20 |
| 香悦一街 | 南起香悦二街，往北折向东，止于景山二街西侧 | 102.000 | 5.0 | 2010.03.23 |
| 香悦二街 | 西起科景路，东止景山二街 | 251.000 | 5.0 | 2010.03.23 |
| 香悦三街 | 西起小区自编13号住宅楼南侧，东止景山二街西侧 | 251.000 | 5.0 | 2010.03.23 |
| 香悦四街 | 西起香悦三街，往东折向北，止于景山二街西侧 | 147.000 | 5.0 | 2010.03.23 |

**【老龄工作】** 2010年，萝岗区出台《关于给80岁至89岁老人发放长寿保健金和提高90岁至99岁老人长寿保健金标准的通知》，从1月开始为农村和城镇低收入的80至89岁老人每人每月发放80元保健金，在各区县级市中率先为80至89岁年龄段老人发放保健金。根据广州市有关文件，对其他80至89岁的老人，从7月开始，也按每人每月80元标准发放长寿保健金。全年为3100名老龄人发放长寿保健金345万元。

**【亚运会惠民项目】** 2010年，区民政局开展“迎亚运树新风”活动，做好对区内困难群体3～5级重症精神病患者的救助管控措施和信访维稳工作。做好广州市十大亚运免费惠民项目，组织亚运门票、文艺节目、电影票的派送；组织“广州一日游”和“场馆游”等活动，组织各街镇、村居做好门票抽签送票工作，为2.65万多户群众发放亚运比赛门票7.3万多张，组织有序，整体运作良好，未出现差错，得到市民政局和区政府的肯定。对全区4372名低保、五保、低收入、优抚对象等困难群众发放亚运特殊补贴219万元。

**【区首个社会工作站揭牌】** 2010年4月1日，广州市大同社会工作服务中心驻永和街社工站揭牌成立，标志着萝岗区社会工作试点项目正式启动。社会工作站按“政府购买服务+业务部门监督管理+社会组织实施”的“1+1+1”模式运作，在街道、社区居委会、工疗站、康复站、社区志愿者等各种资源协助下，立足社区，为低保、优抚、残疾人等困难群众提供专业完善的社工服务。该站配备7名专业社工，主要在社会救助及残疾人社区康复两项社工领域开展试点服务。（谢小江）

## 劳动和社会保障

**【劳动就业服务】** 2010年，广州开发区、萝岗区劳动就业服务管理中心（以下简称“区就业中心”）为用人单位推荐各类人员59896人，共开发工作岗位53503个，成功推荐17620人就业，其中推荐本区户籍人员面试10286人次，成功推荐就业的有6475人（包括农村富余劳动力1095人）。举办（协办）现场招聘会78场，设摊单位2126家，提供空缺岗位68794个，进场求职人数129469人，达成意向和现场录用15160人。

是年，区就业中心登记在册的萝岗区失业人员7297人，办理失业登记6288人，已就业5313人，就业率72.81%，“4050”就业率65.82%，特困失业人员、零就业家庭就业率100%；农村劳动力转移就业1095人；办理广州市户籍录用备案136813人次，办理流动人员录用备案130857人次，其中新签62627人、续签 18353人、解除49877人，掌握全区适龄劳动力104619人基本资料，其中农村劳动力36479人；审批区各项资助100308人次，审批金额约4901万元。（其中岗前培训45935人，审批金额约92万元；职业技能培训187人，审批金额约140万元；转岗培训约2.68万人，审批金额约2158万元；各类社保资助7086人次，审批金额约657万元）。审批市各项资助9194人次，审批金额约192万元。创建充分就业社区24个、充分就业村10个，创建率达100%。2010年档案管理业务受理2.5万人次。

是年，区就业中心针对各类人群，协助及组织举办“广纳人才、援企稳岗”大型现场招聘会，“真情关爱、促进就业”系列公益性现场招聘会，轻骑队“送岗位进村（居）现场招聘活动”，“一企一岗，互济共赢”促高校毕业生就业网络招聘活动，“校企合作，共促就业”暨广东省2011届高校毕业生就业供需见面会等，为就业困难群体搭建就业平台，减轻就业压力，缓解就业矛盾。利用职业中介平台，在4月、6月和9月分别与广州市仁豪人力资源信息服务有限公司、东区人力资源市场、新力人力资源市场和广州泰索斯人力资源有限公司等民办职介联合举办4场“真情关爱、促进就业”公益性现场招聘会。配合区劳动和社会保障局实施“走出去，迎进来”战略，组织区内企业招聘团分别于3月13～14日和6月2～5日分赴甘肃兰州和青海西宁参加“2010年兰州春季大型人才招聘会”及“2010年青海省大型现场招聘会”，并组织区内人力资源公司与青海省、兰州市和银川市劳动保障部门及三地职业院校举行校企、校校合作座谈；贯彻省委省政府双转移会议精神，于6月17～19日在广东省兴宁市举办一年一度的“广州开发区、萝岗区—兴宁双转移招聘会”，组织区内56家企业参会，提供空缺岗位2809个，达成意向791人，现场录用65人。

11月24日下午，区就业中心组织数十家企业的500多名农民工在夏港街社区影剧院参加“情系农民工，共筑南粤梦”农民工电影月省市联合启动仪式。省委常委、副省长肖志恒出席启动仪式并与农民工一起观看电影《所有梦想都开花》。

是年，区就业中心按市要求选取区内有一定代表性的行业和企业进行一系列调查：其中劳动力市场工资指导价格抽样调查完成23家企业（要求20家），企业人工成本情况调查完成130家（要求100家）；配合市就业中心开展失业动态重点监测工作，及时报送区监测企业的相关报表；配合市场中心选取区内几十家使用流动人员较多的企业，完成企业春季用工需求和农村外出务工人员就业情况调查工作。开展人力资源市场供求信息调查分析评估工作，并按照要求按时上报季度报表和做好各项调查调研工作，为上级各部门就业工作的实施提供决策依据。

**【就业培训】** 2010年，萝岗区劳动就业培训中心完成全区户籍人口职业技能培训11467人（含创业培训7085人，本区户籍农民工技能培训6598人），比2009年增长12.1%，本区户籍就业指导培训25人，流动人口岗前培训49233人，外省劳动力技能培训10082人，其他项目培训9608人。完成各类鉴

2010年1月5日，广州开发区、萝岗区第一届校企合作联席会议暨技能人才培养与就业导向高层论坛在华南师范大学增城学院举行。 贾自豪 摄

定20458人次，比2009年增加57.3%，合格率91%，开设考核工种18个，其中商品营业员、营销员和插花员是该年度新开设的鉴定工种。本年度，该中心一方面结合企业的实际情况，积极开展“送教进厂”服务，截至该区暂停转岗培训政策出台时，完成企业员工转岗培训14794人次；另一方面，配合省政府提出的劳动力“双转移”政策，培训本省农村劳动力8320人，职业技能考证通过率93%，就业率80%。在师资队伍的建设上，聘请一批理论修养深厚，实践经验丰富的“双师型”人才任教，共有“双师型”教师20名。

是年，该中心挂牌成为“国家653工程现代标准化知识更新培训广州开发区示范基地”，还荣获“广州市2009年度职业教育研究与改革先进单位”、“广州开发区、萝岗区2009年度就业工作先进单位”、“广州市2009年度安全生产宣传教育先进单位”、“青年文明号”等称号。

**【以创业促进就业】** 2010年，区就业中心开展多形式创业服务，推进区自主创业工作的开展。通过对区适龄劳动力系统进行升级，开发出自主创业子系统，对创业人员数据进行实名化动态管理，全面记录创业人员姓名、身份证号、户口性质、学历、联系电话等基本资料及创业情况、享受各项政策扶持情况等信息。实现区—街镇—村居三级联网并要求街镇村居就业平台工作人员定期对创业单位进行跟踪扶持，掌握创业者经营情况，并将经营现状及带动就业情况及时录入系统即时更新。发挥创业数据在政策制定和创业扶持工作中的基础作用。制定和完善区自主创业扶持、小额担保贷款等一系列政策。

11月1～4日，区就业中心开展小额担保贷款便民服务活动周，活动现场发出宣传信息近千条，现场咨询人数近700人，现场办理失业登记180人、办理用工备案160人，贷款初审通过120人，按8万元贷款额度计算，初审贷款金额960万元。

配合市就业中心做好创业项目征集工作。征集创业项目7个，达到每季度征集不少于3个创业项目的要求，超额完成任务。初审小额担保贷款104人，申报创业项目20个，创建市级创业基地6个，区级创业基地6个。 （吴频频 陈振华）

**【劳动争议仲裁】** 2010年，广州开发区、萝岗区共处理劳动争议案件1617宗，其中立案审理1239宗，比2009年下降2%；集体案件9宗涉及567人，分别比2009年下降30%，增长80%；全部案件结案率91.8%。是年，全区仲裁案件调解率50%。

**【劳动信访】** 2010年，萝岗区劳动信访接访力量得以加强。8月，区综治维稳中心揭牌，对区劳动信访进行资源整合，将劳动信访并入区综治维稳中心业务前台工作，并通过为信访工作人员配备电脑、增加咨询热线等措施，加强劳动信访工作。是年，区劳动信访共接访9294批次、6052人次。与2009年同期相比，批次下降12.19%，人次下降18.5%。

**【构建和谐劳动关系】** 2010年，萝岗区构建和谐劳动关系工作再上新台阶。广州宝洁有限公司、广东威创视讯科技股份有限公司获广东省“劳动关系和谐企业”称号。截至2010年底，区先后有40家企业被评为市级劳动和谐企业，其中A级企业19家，AA级企业10家，AAA级11家；联和、夏港2个街道以及萝岗、火村2个社区被评为市级“和谐劳动关系示范区”；359家企业被评为区级劳动关系和谐企业。

**【工资集体协商】** 2010年，深圳、南海等地相继发生一些引起社会关注的劳资纠纷事件，工资问题成为劳资双方争议的焦点。萝岗区协调劳动关系三方及时部署推进工资集体协商工作。5月31日，在全市率先召开工资集体协商要约行动动员大会，全区企业500多名代表参加。《创业导报》、《广州日报》、《信息时报》、《南方都市报》、南方网、中国时报网等国家、省、市、区的主流媒体进行报道。区劳动和社会保障局通过组织业务培训、开展执法检查等方式，推动区工资集体协商工作的深入开展。6月以后，区内多次出现以员工增加劳动报酬为主要诉求的群体性劳资纠纷事件。区劳动和社会保障局将处理群体性劳资纠纷与推进工资集体协商相结合，引导劳资双方将自发无序的劳资矛盾变成自主有序的工资集体协商，按照法定程序签订“言之有物、切实可行”的工资专项集体协议。

2010年，区工资专项集体协议备案23份，涉及职工9306人；工资专项集体协议备案数同比2009年增长22倍。（何懿甫）

【退休职工管理】 2010年，区退休职工管理办公室以退管精细化管理为切入口，规范探访登记表和活动表格，督促各街道、镇退管部门完善各项台账，协助其查漏补缺，提升服务水平。开展“三农”老人社会化管理服务调研活动，全面掌握区“三农”人员在社会化服务方面的需求、意见。2010年，夏港街青年社区退管站、墩头基社区退管站、东区街笔岗社区退管站成功创建市级4A达标单位。区共培育9个市级（4A）达标单位，1个省级示范单位。

开展重大节日慰问工作。全年该单位慰问退休人员4817人次，发放春节、中秋慰问金及茶话会费补贴51.4万元，共组织召开退休人员茶话会、座谈会共14场，区、街（镇）退管部门走进特困老人家中，为老人赠送慰问金和应节慰问品；上门慰问孤寡、独居、精神病等“十一类人员”914人次，发放食用油等应节慰问品914份。加大孤寡、独居人员的服务力度。共为55名退休老人免费安装平安钟，为8名退休人员办理居家养老手续。对孤寡、独居、边缘独居老人每周探访见面3次，其余时间电话跟踪服务4次，落实探访内容。开展老年文化活动，满足退休人员精神文化需求。2010年，组织社会化管理退休人员代表参加“岭南风貌一日游”活动、时事政治学习活动、金秋敬老游园会、重阳登白云山活动、乒乓球、太极拳、健身操运动会、文艺比赛、健康体检、疾病预防控制保健教育等共计3019人次。

【公费医疗】 2010年，萝岗区公医办审核并办理特殊审批421人次，办理零星报销128人次，重大疾病36人次，新办医疗证550个，办理退休、单位调动、更改医疗点、补办医疗证、注销、延期等1860个，完成记账单的录入21.6万张。管理定点医疗机构96家，其中大医院26家，小医院39家，专科医院31家。

**2009～2010年萝岗区公费医疗享受人员门诊住院情况表**

| 类别＼年度 | 门诊次数（人次） | | | 住院人次（人次） | | | 住院天数（天） | | |
|---|---|---|---|---|---|---|---|---|---|
| | 在职干部 | 离退休 | 家属 | 在职干部 | 离退休 | 家属 | 在职干部 | 离退休 | 家属 |
| 2009年 | 536900 | 589000 | 88900 | 293 | 200 | 121 | 3353 | 2646 | 1125 |
| 2010年 | 899300 | 761600 | 263700 | 422 | 301 | 182 | 4720 | 4215 | 1698 |
| 增长率 | 0.2% | 0.9% | −1% | −5% | 7% | −3% | 10% | 0.3% | −3% |

（李晓芳 邓志华 李景红）

【社会保险】 2010年，萝岗区社会保险覆盖面进一步扩大。随着社会保险费由区地税局全责征收工作的全面启动，社保部门在调整工作重心的同时，继续稳步推进各项保障和改善民生工作，建立覆盖城乡居民的社会保障体系。截至12月底，各项社会保险待遇核发累计71878人次，其中养老保险59672人次、7024.01万元，工伤保险2175人次、1408.11万元，失业保险3477人次、345.99万元，生育保险6554人次、4229.4万元，核发金额累计13007.51万元，办理社会保险无障碍转移业务2589笔，接待来人来电咨询业务2万多人次。

**2010年广州开发区社会保险费分险种征收情况表**

| 险种 | 入库金额（亿元） | 参保人数（人） |
|---|---|---|
| 养老保险 | 18.65 | 256844 |
| 医疗保险 | 8.71 | 274422 |
| 失业保险 | 0.26 | 279234 |
| 工伤保险 | 0.36 | 285320 |
| 生育保险 | 0.76 | 247497 |
| 合计 | 28.74 | 1343317 |

（数据来源于区地税局）

【全面推行新型农村社会养老保险】 广州市2010年11月1日起实行新型农村社会养老保险办法，萝岗区委、区政府高度重视此项工作，安排农村社会保险工作组深入基层开展宣传发动工作，不断扩大新型农村养老保险覆盖面。至2010年12月底，新型农村养老保险参保19451人，农转居参保15069人，城镇居民医疗参保13760人，城镇老年居民养老参保1053人，6253人领取农村老年津贴，社会保险惠民政策得到全面落实。 （缪小丽）

【农民工积分入户工作启动】 2010年11月4日，萝岗区就业中心根据《印发关于广州市农民工及非本市十城区居民户口的城镇户籍人员积分制入户办法实施细则（试行）的通知》要求，自实施即日起设立积分制入户申请受理窗口，统一受理积分制入户申请与咨询服务。根据区实际制定《广州开发区、萝岗区农民工积分制入户工作方案》，成立区农民工积分制入户工作领导小组，由区劳动就业服务管理中心具体负责开展工作。同时组织工作人员认真解读相关政策，熟悉积分制入户办法，并在专窗为申请人员提供咨询、办理等一条龙服务。 （吴频频）

## 劳动监察执法

【概况】 2010年，萝岗区劳动保障监察大队检查区内用人单位 1760 次，涉及员工24.61万人次。针对个别违规用人单位的劳动用工行为，发出监察询问通知书178份，限期整改指令书88份，发出行政处罚警告8次，进行行政处罚4次。劳动监察立案376宗，同比2009年下降27.6%，涉及人数894人，同比2009年下降65.3%，涉案金额353.65万元，同比2009年下降50%；群体性劳资纠纷事件196宗，同比2009年增长19.5%，涉及人数18538人，同比2009年增长115.1%，涉及金额6040万元，同比2009年增长20.5%，其中建筑工地群体性劳资纠纷事件96宗，同比2009年增长2.1%，涉及人数2764人，同比2009年下降42.9%，涉及金额5077.5万元，同比2009年增长22.6%。劳动保障监察案件结案率100%。被评为综治工作先进单位。

【编制机构调整】 2010年，根据广州市萝岗区机构编制委员会《关于区劳动保障监察大队增加内设机构等问题的批复》（穗萝编办〔2010〕27号），区劳动保障监察大队增加4名事业编制。调整后，区劳动保障监察大队配事业编制15名。为加强对劳动纠纷的排查防控工作，同意区劳动保障监察大队增设3个中队，各街镇劳动监察中队与街镇的综治信访维稳中心整合。调整后，区劳动保障监察大队设7个中队。

根据广州市萝岗区机构编制委员会《关于区劳动保障监察大队增加雇员指标问题的复函》（穗萝编办〔2010〕144号），区劳动保障监察大队增加政府雇员编制6名。调整后，区劳动保障监察大队配雇员17名。

【亚运期间全区劳资关系稳定】 2010年，区劳动保障监察大队采取多项措施，确保亚运期间全区劳资关系稳定。

通过“企业不稳定因素排查、派遣企业用工检查、迎亚运专项执法检查”等行动，突出重点，对大型劳动密集型企业、亚运场馆周边企业、重要交通道路附近企业等463家用人单位进行用工检查，涉及员工人数101789人。通过“政企劳资关系形势调研交流活动”走访重点大型企业37家，涉及员工人数63900人。为落实亚运期间维稳工作的要求，劳动保障监察大队要求重点企业成立“亚运期间企业内部维稳应急临时工作团队”，涉及用人单位145家，涵盖员工人数40667人。由分管人力资源的副总经理以上领导挂帅，主要负责亚运期间企业劳资关系维稳应急工作。结合亚运期间建筑行业管理工作要求，开展“建筑工地农民工工资支付专项行动”，与区建管部门密切合作，对区内174个在建建筑工地的农民工工资支付情况进行全面检查，涉及建筑工人14941人，涉及工资总额2.12亿元。其中，按要求清退工人11246人，发放工资总额1.94亿元；留守建筑工人3695人，未到支付周期的工资总额为0.18亿元。有针对性地开展亚运期间停产减排企业用工情况检查。全区有15家需停产减排企业，涉及员工总数为14112人。

6～8月，受富士康，南海本田员工停、罢工事件的影响，区内部分企业陆续爆发以“提高薪资、改善福利待遇”为主要诉求的员工停工、罢工事件54宗，参与员工人数8838人，涉及总人数25780人。在区劳动保障监察大队的调处下，停工、罢工得到迅速圆满的解决。

【用人单位劳动保障年审】 2010年，由于区劳动保障监察大队办公地址的变化，为方便区内企业进行年审申报，2010年用人单位劳动保障年审时限延长到5月底（正常是到3月底）。截至5月31日，审查各类型用人单位1830家，一审通过率99.5%，比2009年增长0.1%。41家用人单位由于资料不齐全、未足额参加社会保险或未全员办理劳动用工手续等原因，进行资料补充后通过年检。参加年审的用人单位涉及经济类型28种，其中有限责任公司714家，国外投资222家，港、澳、台投资285

家，私有企业449家，股份公司40家，国有企业40家，集体企业14家。参加年审的用人单位用工总数为173732人，其中本市城镇户籍34196人，外省户籍职工109523人，省内非本市职工30446人，女职工68830人，未成年工1917人，外籍与港、澳、台籍650人，退（离）休返聘人员499人，借用外单位人员27372人，技术工种21477人，已备案流动人员97068人（省内已备案流动人员12761人，外省已备案流动人员84307人）。依法签订劳动合同170440份，劳动合同签订率98.10%，比2009年增长1.17%。职业中介机构、劳务公司全年介绍就业人数35429人，其中省内4921人，省外30508人。

通过劳动年审，督促有关企业补签劳动合同2121份，督促12家企业缴纳社会保险，补缴社会保险2121人。下达劳动保障整改指令书11份。协助有关单位督促企业办理按比例安排残疾人就业年审、组建工会等工作共121家。

【建筑领域农民工工资支付保障金管理】 2010年，萝岗区内有174个在建建筑工程项目，办理工资支付保障金的工程项目149个，占在建工程项目总数的85.63%。工资支付保障金累计缴纳总额4966.33万元，退回保障金总额3613.52万元，至年底，保障金余额1352.81万元。2010年在区办理工资支付保障金的建筑工程项目7个，缴纳保障金总数413万元，完成2010年工作目标。

【用人单位劳动管理信息联络员制度建设】 至2010年12月31日，区劳动保障监察大队在区内重点企业发展566名劳动管理信息联络员，其中生产型企业530名，建筑行业36名。提高劳动管理信息联络员法律法规水平，开展48期信息联络员业务培训，培训2359人次。其中，在亚运会期间专门开展9期“亚运维稳信息沟通特训班”，对大型企业、亚运场馆周边企业、重要交通道路附近企业等重点企业内部的信息员进行培训，实行亚运期间24小时信息专线沟通制度，及时掌握这些企业在亚运期间的劳资关系动态。通过信息员提供的信息，区劳动保障监察大队在亚运期间成功化解包括食品添加剂、环美中心、白云水泵厂、康宁医院、西美化工工地、市残联康复基地工地、拓恩鞋业等17宗劳资隐患。其中，九龙镇的市残联康复基地工程，由于及时得到信息员提供的信息，迅速解决涉及110多名建筑工人约30万元工资的劳资隐患。

【用人单位劳动用工诚信等级评定工作】 2010年，区劳动监察大队根据用人单位劳动年审情况和上年劳动用工情况，对用人单位从高到低分为A、B、C、D四个等级进行评定，区内有1040家用人单位参加劳动用工诚信等级评定，通过初评、复查、终评三个环节，评定A级诚信等级用人单位438家，B级诚信等级用人单位316家，C级诚信等级用人单位285家，D级等级用人单位1家。并根据评定结果对部分用人单位进行重点监察。

（万志国　谢惠玲　林晓旭）

## 人才交流服务

【概况】 广州开发区人才交流服务中心（以下简称“区人才交流服务中心”）于1988年12月成立。1995年8月1日与劳动、保险合并成立广州开发区人才劳动保险服务管理中心。2008年12月，广州开发区、广州市萝岗区人才劳动保险服务管理中心拆分为区人才交流服务中心、区社会保险基金管理中心、区劳动就业服务管理中心。区人才交流服务中心为参照公务员法管理的事业单位，按副处级规格管理，行政主管部门为区人事局；区人才交流服务中心人员按岗位管理，配事业编制5名，其中设主任1名，副主任1名，另配雇员7名。2010年10月，办公地址搬迁至广州科学城科学大道162号创意大厦一楼。

【人才引进与服务】 ·人才引进·2010年，区人才交流服务中心办理外地引进调入人才137人，调档176人，办理调入广州市内人员627人，调出人员827人，办理人事代理160人，应届毕业生转正定级手续278人，开具户口迁出、迁入证明829人次，接收应届毕业生1560人。

·档案管理·全年接收档案1332份，转出档案3962份；接收补充归档资料、补录档案信息2000多份；出具各类档案证明材料1800余人次。至年底，中心档案室存放、管理人事档案2.9万份。

·职称申报·2010年，共受理职称认定及评审3452人次，同比增长12.6%，审核专业技术人员继续教育验证材料384人次，对1.5万多条继续教育信息进行验证，发放相关证书及通知683份，并对351家企事业单位的系统账号进行核对。

·招才引智·2010年3月27日，举办第二届“广州开发区企业高校人才专场招聘会”，65家参会企业提供1600余个职位，800多名人才与企业当场达成意向。10月30日举办第二届“魅力开萝、金秋之约”大型支柱产业招聘会，172家参会企业提供2800余个职位，吸引2000余名毕业生到场应聘，1700余名人才与企业当场达成聘用意向。10月中旬，分赴西安、成都等地高校延揽人才。12月24日，组织区内30余家企业参加第七届“全国国家级经济技术开发区高校毕业生网络招聘会”。

【高层次人才服务】 ·设立高层次人才服务区·广州开发区高层次才服务区于2010年11月19日揭牌启用，市、区领导凌伟宪、李志昌、石奇珠等出席揭牌仪式，并为服务区揭牌。高层次人才服务区位于广州科学城创意大厦B2座首层，设在区人才交流服务中心内，实用面积近千平方米，分为人才综合服务区、高级人才测评区、人才工作宣传展示区和人才交流培训区四个功能区。服务区为高层次人才提供“一站式”服务。

·成立高层次人才协会·2010年11月19日下午，广州首个高层次人才协会——广州开发区、萝岗区高层次人才协会成立，广州市委常委、广州开发区党工委书记、管委会主任、萝岗区委书记凌伟宪出席协会成立大会。会议通过选举产生8名名誉会长，7名名誉理事，16名常务理事，22名理事，并首批吸收会员91名，其中“千人计划”人才8名，科技领军人才20名。

·组织高层次人才活动·1月，开展企业“博士后联谊活动”，7月15日，举办“广州开发区萝岗区企业（学校）聘请外国专家（外国教师）政策说明会”，8月，组织区内科技创新创业人才开展“激扬世博、开创未来”世博行活动；9月17日，召开“广州市‘1+10’政策宣讲会”，11月和12月分别举办开萝人才讲坛第一讲、第二讲，12月，举办“广州开发区萝岗区高层次人才协会会员‘手拉手、庆亚运’羽毛球联谊赛”。（张 平 余东波）

## 救助管理

【概况】 广州市救助管理站于2003年8月1日挂牌成立，隶属于广州市民政局，是列入参照公务员法管理的处级事业单位，位于广州市萝岗区果园五路9号，总占地面积70.8万平方米，总建筑面积4.47万平方米。功能区域划分为办公区、救助区、儿保中心、宿舍区，设救助床位630个，其中救助区350张，儿保中心280张。至2010年，有编制320个，在职276人，大专以上216人，占全站人数74%，医务人员19人。该站内设办公室、政工科、财务科、生活服务科、医务科、救助管理一科、救助管理二科7个科室；下设广州市救助保护流浪少年儿童中心（副处级单位），中心内设中心办公室、宣传教育科、救助保护一科、救助保护二科、救助保护三科5个科室。

是年12月，市救助管理站党委不再统筹市救助管理站市区分站党建工作，按独立基层党组织建制，市救助管理站和市救助管理站市区分站党组织分开设立，均由广州市民政局直接管理。撤销中共广州市救助管理站总支部委员会。

2010年，市救助管理站救助受助人员1.41万人次，其中职业流浪乞讨人员3954人次、流浪未成年人1254人次（其中儿保中心救助保护679人次）；办理出站1.41万人次，其中购票离站7996人次。

是年12月，市救助管理站被国家民政部评为

2010年11月19日，广州开发区、萝岗区高层次人才协会成立大会暨高层次人才服务区揭牌仪式在广州科学城创意大厦举行。 余东波 摄

2010年上海世博会广州亚运会亚残运会举办期间救助管理工作先进单位。

【救助工作】 ·亚运救助· 2010年，广州亚运救助管理工作开展以来，市救助管理站开展救助服务、站内管理和应急救助工作，接收求助对象7267人次，协助7244名救助对象返乡。制定《2010年广州市救助管理站亚运会救助管理工作具体实施方案》、《实战演练方案》、《教育工作方案》、《跨省协作具体实施方案》和《大批量求助人员救助应急预案》等方案。承办全市亚运救助管理业务培训班、自由裁量权培训和安全救助培训。每季度召开一次两站业务分析会和全市流动救助服务队座谈会，加强协调沟通。9月29日，举行2010年广州亚运会救助管理应急演练，进行大批量求助人员求助应急处置、受助人员群体治安事件应急处置、流浪未成年人聚集性发热应急处置3个科目的演练。自民政部召开亚运救助管理工作会议以来，有38个省市单位协助接回68批次、299人次；护送和协助接回流浪精神病人114批次、457人次。对职业乞讨人员延长留站教育时间平均9天以上；对20名长期滞站人员和30名智障未成年人进行临时安置；对29名非法传销人员与公安部门联合管理。

·保护救助· 2010年，市救助管理站开展流浪未成年人救助保护工作。建立社会实践基地，鼓励志愿者队伍、高校学生、义工协会、社工组织等参与救助保护工作，联合20个单位（团体）开展33次慰问、专题教育活动。继续与萝岗区教育局合作开展特殊教育，全年有义务教育老师142人次到特殊教育基地开展242节课程，流浪未成年人7740余人次接受教育。在2010度“中秋寻亲圆梦行动”中，9月15~22日《新快报》连续7天刊登54份寻亲档案、13篇个案和5次救助保护流浪未成年人工作情况专题报道，成功帮助6名未成年人找到家人。至2010年底，市救助管理站与广东新快报社合作举办五年“中秋寻亲圆梦行动”，共刊登130名流浪未成年人寻亲信息，成功帮助65名流浪未成年人回归家庭。

·应急救助· 2010年，市救助管理站完成三项应急救助任务：7月11日，紧急保护10名未成年人；7月15、16、31日，先后对市刑警支队护送进站的19名新疆籍人员（10名妇女、5名儿童、4名婴幼儿）实施临时救助；11月11日，救助长期在天河区卖艺乞讨的潘洪明、潘纬父子，于13日成功劝返。该站积极储备救助物资、关爱特殊救助对象、坚持24小时救助热线畅通、派员派车到重点地段开展流动救助服务，做好高温、寒冷特殊天气、重大节日和重大活动举办期间等特殊时期的应急救助工作。

·规范化建设· 2010年，市救助管理站按照民政部救助管理机构等级评审的要求，加强规范化建设。加强制度管理。编印《救助管理工作标准》、《救助管理制度汇编》、《救助行为学》、《救助管理财务工作手册》、《救助医疗工作指南》；制订《流浪乞讨人员救助管理岗位标准》、《流浪未成年人救助保护岗位标准》、《医务工作岗位标准》以及《行政岗位职责》等岗位职责。拓展服务职能。9月16日，挂牌成立广州市反家庭暴力庇护中心，为遭受家庭暴力侵害而无处立身的妇女儿童提供必要的临时庇护、人身保护和救助服务；积极配合公安机关打击拐卖妇女儿童，接收并临时安置被解救的妇女儿童；协助公安机关对救助的暂时找不到监护人的未成年人进行采血，检测DNA数据，全力配合公安机关的调查、取证和解救工作。促进环境建设。在受助人员饭堂加强抽风设备、修建救助区雨棚；在受助人员活动室配备图书、报刊、杂志、棋牌、电视等，配置拐杖、轮椅、老花镜等生活必需品，安装蹲便器、座便设备、辅助扶手、冲刷设备等；在老弱病残居住的生活区域铺设无障碍通道，安装冷暖空调。

（刘 杰）

2010年9月29日，2010年广州亚运会救助管理应急演练在市救助管理站举行。
市救助管理站供稿

# 街道镇

# 夏港街道

【概况】 萝岗区夏港街道位于珠江主干流与东江主干流交汇处，北以横滘河为界，东南至东江，西南至珠江。于1989年1月设立，由黄埔区管辖。2003年5月，划入广州开发区管理；2005年萝岗区成立后，更名为广州市萝岗区夏港街。街道下辖青年、丽江、普晖、金碧、墩头基5个居委会和1个社区综合管理服务中心，管辖面积8.99平方公里。2006年10月1日，根据2005年广州市行政区划调整精神和萝岗区政府下发的《关于做好东晖广场等地块对口交接的通知》，将东晖广场、保税区地块划入夏港街管辖。管辖面积增至14.54平方公里。2007年，新成立东晖社区居委会。街道为广州开发区西区所在地，形成以工业为龙头，以港口物流为辅助的经济发展格局，辖区拥有各类企业2382家，其中宝洁、安利、箭牌、三菱等世界500强企业有58家。

夏港街道办事处办公楼地址位于广州市萝岗区青年路东园三街1号。街道办内设党政办、计划生育办、社会事务科、城市管理科、综治办、安监科6个科室。街道下辖青年、丽江、普晖、金碧、墩头基、东晖6个居委会和社区综合管理服务中心。

至2010年底，夏港街道有户籍人口2.23万人，流动人口8.26万人。

是年，夏港街道获得广州市首个“全国安全社区”称号、“广东省第二次全国经济普查先进集体”等称号，全街6个社区均达到广东省“六好”平安和谐社区标准。

【党群工作】 2010年，夏港街道发展党员10人，预备期满转正4人，其中“两新”组织（新的经济组织和新的社会组织）党员3人。培训入党积极分子22人，考核合格率100%。至2010年底，夏港街党工委下辖党组织23个，其中机关支部1个，机关退休党支部1个，社区管理综合服务支部1个、城管执法队支部1个、社区（总）支部6个，非公有制企业支部11个、流动党员党支部1个，共有党员437人。看望特困党员42人，发放慰问金2.29万元，慰问退休老党员，发放政府补助共计1.44万元。街道党工委制定《夏港街党工委领导班子挂钩基层联系点制度》、《流动党员管理制度》，初步形成《全球化视角下的西区现代基层组织建设方案》，细化《流动党员管理服务考核办法》，完善《夏港街党务公开制度》，全面铺开创先争优活动。借助博客、e-mail、qq、msn等网络资源，建立流动党员管理台账和信息库。流动党支部有流动党员47名；组织非公党建摸查，实地走访街辖区企业740家，并分类建立档案，建有11家非公企业党组织。

2010年，夏港街道团工委设有团支部12个（含机关、中心、社区），团员42人。是年选派一名党建指导员兼任街道团工委副书记。街道共设6个妇代会。街道工会和女职委组织机关女职工开展庆祝“三八”节活动，在街道广场举行妇女群众拔河比赛及联欢晚会，组织街、社区女干部开展“学法律、讲文明、保和谐三八维权周”活动，并在各社区出维权专栏。公开招募组建社区女性组成巾帼创文督导队，已有90多人。接访感情纠纷或家庭暴力8宗，成功调解6宗。每月组织会员开展一次户外活动。配合区总工会动员30多家企业组建工会，并顺利完成青年社区工会联合会的筹备和组建工作及各种数据收集、表格统计上报工作。团工委举办“志愿服务月”主题活动，指导各社区结合实际开展文明交通出行“大拇指行动”、“扶老助残献爱心”、“关爱外来工”、“节水抗旱”、“防震减灾，幸福常在”、“走访重度残疾人暨送康复上门活动”、“中秋敬老主题活动”以及环保宣传等实践活动。

【社区管理与服务】 至2010年末，夏港街有低保户19户，2010年累计发放低保金11.17万元、发放基本医疗救助金1.1万元，为困难户发放临时性物价补贴8100元，临时救济金1.3万元，各类优抚对象发放优抚金15.22万元。春节、端午节、中秋节期间，走访慰问各类民政对象、困难群众45户，发放慰问金2.74万元。支付政府购买服务的居家养老服务费1800元，为3户患病困难家庭申请区慈善救助，获批慈善款4万元。为各类民政对象、残疾人发放亚运补助金7.9万元。建立社区空巢老人台账，并组织志愿者对生活困难的老人进行一对一“结对帮扶”。全年为61位80至89岁年龄段的老人共发放4.96万元长寿保健金，为2位90周岁以上的老年人共发放3000元长寿保健金。

是年，街道制定《广州市萝岗区夏港街第六次全国人口普查总体方案》，成立以街道办事处主任彭乃满为组长的全街人口普查工作领导小组，选聘61名普查指导员、253名普查员；并划分为6个普查区，253个普查小区。开展普查各阶段培训工作5次，在各社区大小广场等人口密集的地方张贴32条横幅，出动宣传车8次，发放宣传海报600张，发放《致群众的一封信》5万余份。12月，通过广州市普查工作质量验收。

是年，街道走访慰问部队官兵，发放慰问金2.1万元。组织夏港街青年、东晖社区与驻街消防中队、武警海关监管部队举行“迎亚运，双拥共建友谊篮球赛”。

【劳动就业】 2010年，夏港街开发工作岗位1293个，成功推荐就业90人，全街在册失业人员有321人，实现安置就业223人；“4050”人员就业率100%，下岗失业人员就业率100%，新生劳动力4人，就业率100%，无特困人员，无零就业家庭人员，享受资助人员总数113人，其中市资助77人16.9万元，区资助36人7.4万元。全年夏港街道申请自主创业135户，其中119户领取营业执照，44名创业人员申请到市级自主创业人员一次性资助13.3万元，8名申请到区级自主创业人员税（费）补贴申请2.02万元。连续4年获评广州开发区、萝岗区“就业工作突出贡献单位”称号。

【社会治安综合治理】 2010年，夏港街道辖区刑事立案174宗，治安发案278宗，同比大幅下降，无一起群体性事件发生。街道综治中心受理群众来访、咨询457宗，答复、办结率100%。是年，街道党工委注重资源整合，与辖区6个社区各企事业单位签订373份维稳综治目标责任书。辖区有综治协会成员单位245个，联络企业安全主任477人，联络企事业单位安保力量980人，专兼职信息员队伍325人。至年底，全街有社区警务力量137人，联动大队、协防队伍、出租屋协管队伍等辅助力量1698人，社会义务防控力量2000多人；治安复杂地区、重点部位和场所设有治安视频监控设备近5000个，在220家铺面、家庭安装有防盗报警系统。辖区平安社区创建率100%。街道信访调处、平安亚运、劳资纠纷应急、流动商贩管理等方面创新成果被上级宣传推广，“两年零越级上访”、“推动实施亚运安保模块体系”、“特色开展企业劳资纠纷应急演练”、“开辟小商贩集中摆卖点”等经验分别被市《穗府信息》、广州有线等媒介作报道。省政法网专题刊登该街道亚运前夕强化督查、政企联合保障亚运和主动下访解决问题等工作信息。

【人口与计划生育】 至2010年9月30日，夏港街道户籍人口中有育龄妇女5629人，流动人口中有育龄妇女4722人，全街常住人口出生人数489人，其中户籍人口出生403人，人口自然增长率15.19‰，政策生育率97.02%，流动人口出生86人，政策生育率97.67%，检查常住已婚育龄妇女4171人，查环查孕率97.9%，流动人口查环查孕6500人次，查环查孕率97.1%。组织免费婚检342人，利益导向奖励16人共5万元。办理各类计生服务证件、登记、审批1522人，开具各类证明1188份。开展流动人口管理专项活动，查验6128人，新建育龄卡1436张。落实“四术”295例，其中促落实上环162例，落实补救措施100例，结扎33例。

追回户籍人口外逃外躲30人，处理欲在本辖区超生、躲生育检查151例。征收社会抚养费28人205.9万元。印制计生宣传资料2万余份。街道举办活动4次，各社区举办活动23次，举办专题讲座2次，积极向国家、省、区有关媒体投稿，宣传新政策、报道新动态，被区以上媒体采用稿件45篇，其中《中国人口报》1篇、省《人口快讯》4篇。

【出租屋与流动人口管理】 至2010年12月，夏港街道登记出租屋995栋1.79万套，登记流动人员8.26万人，出租屋合格率98.7%，代征收出租屋综合税527.8万元，同比增长11%。是年，开展出租管理专项整治行动12次，检查出租屋3.35万套次，及时消除安全隐患684处，现场整改乱拉乱接电线500余处，配置灭火器235个，收缴电热棒80支，更新流动人员信息2.56万条，及时注销流动人员信息2.89万条。全年录入居住证资料6.23万份，出证5.64万个，发证4.39万个，至此，夏港街进入流动人员居住证管理时代。编印《出租屋管理法律法规汇编》、《出租屋管理员220题》，印发出租屋、流动人员管理服务宣传资料6万余份，组织开展现场咨询宣传活动6次，开展交通专题巡回宣传活动31场次，现场咨询200余人次。

【城市管理】 2010年，夏港街道处理信访投诉件208宗，办结208宗，办结率100%，全年实际完成案宗数616宗，罚款2.1万元。整治和教育各类市容环境卫生违章行为2万宗，限改476宗，处罚各类违章648宗，处罚金额2.12万元。拆除墩头基村民违法建设6宗，拆除面积560平方米。亚运期间教育劝离乱摆卖5000余宗，占道经营4400余宗，责令整改乱拉挂、乱张贴、乱涂写、乱搭建等违法行为3200余宗。

街道联合城管部门每月整治“六乱”6次，开展全民爱卫清洁活动30次，整治环境污染、油烟污染问题13单。制定《夏港街创文迎“国检”环卫工作应急预案》，加强各社区环境卫生巡查，开展清理卫生死角大行动，派发宣传单张和物品3万多份，出版《创二星级卫生街道考核标准》、《垃圾分类知识》、《预防甲型$H_1N_1$流感知识》宣传栏11期、66版。将辖区内6.8万平方米范围内的公共环境病媒生物防制分别交由3个有资质的消杀服务公司实施，以市场化的运行模式推动“四害”消杀工作。8月中旬，顺利通过市爱卫办病媒生物防制考核检查。

推进墩头涌整治工作，完成前期的征地拆迁、补偿、清理、三通一平、基础下挖、两岸主体建设、排污设施铺设等各项工程。已有135户村民签订房屋补偿协议书，处理办结墩头基村民信访47件，完成700多幢房屋的外业确权。旧厂房改造已初定10个改造点，占地面积20万平方米。是年，夏港街被评为萝岗区“农村环境整治工作一等奖”，连续三年全区第一。

【打造西区升级版】 2010年，打造西区升级版项目取得新进展。推进青年社区休闲公园修建，完成可研报告及立项转正、勘察设计招标、规划方案和项目环评审批。完成临江路升级改造，解决夏港桥底河水倒灌问题。开展墩头基二次改水工程，工程内容包括墩头基0.19平方公里范围内的供水管网更新改造，为东基、西基铺装供水管和水表。加大环卫基础设施建设，修建凉亭4个，安装长凳130张；为各物业小区配置垃圾桶、果皮箱等环卫设施，果皮箱110个、垃圾桶64个、垃圾车26部；东基和西基垃圾间增配30个垃圾桶和30个环保桶；整修普晖绿苑楼临时垃圾间；完成新建公共厕所选址方案。对内街内巷基础设施进行改造，完成青年社区内街内巷升级改造，包括青年小区全部街巷路面升级改造、胜记大排档后门地板及下水道盖板重新改造铺设、创氏大厦后广场地面平整硬化，总投入250万元；完成普晖社区内街内巷路面升级改造，投入约75万元。地下排水管网改造于7月份全部完成，包括清疏检测管道约900米，并对60米下沉、破损管道进行改造，工程费用约45万元。完成275个市政基础设施的整改，完成金晖苑小区的一户一表改造工程。墩头涌河涌整治工程于6月30日前顺利完成。

【创文工作】 2010年，夏港街道制定《夏港街道2010年创建全国文明城市工作方案》，建立“一把手”总负责，辖区内全部力量联动创建的工作格局。对辖区6个社区共8万余户居民户进行逐户沟通、宣传并登记每户基本情况。定期组织大规模的清洁路面、冲洗楼道、清除牛皮癣等全民大扫除行动。实行社区挂点责任制，建立共建协调机制，将辖区内25家职能单位、30家物业公司和39家重点企业纳入创文成员单位。细化包片巡查机制、“台账”管理机制、自查抽查机制、问题公布机制、整改督办机制、创建奖惩机制和灵活规范的经费使用机制。开通7条创文工作热线。4月以来，召集创文研究部署会议30余次，整改存在各类问题635个，为街道6个社区划拨创建专款30余万元。全年更换社区宣传栏30期，张贴创文宣传画和海报近200张，派发各类创文宣传单张和宣传小册子20余万份，组织社区文明论坛6场，开展创文宣传活动100余次，印制入户调查问卷、致居民群众的一封信10万余份，出动2000余人次，开展文明督导活动328次，并将各类创文信息通过手机短信的方式，发送到千家万户。在硬件设施上，投入330万元，升级改造青年社区、普晖社区内街内巷，开展各社区楼道粉刷、沙井盖增设、公共设施的零星修补等一系列惠民工程，配置更新果皮箱110个、垃圾桶64个、垃圾车26台、扫把、垃圾夹、手套等卫生清扫工具人手一份。安排创文巡查员每天对辖区不间断开展巡查，发现问题578起，整改578起，整改率100%，拆除违法广告牌、占道设置广告牌、指示牌、灯箱等425宗，拆除面积达852平方米，共教育乱摆卖、占道经营、乱堆放等市容“六乱”违章行为9409宗。入户测评成绩分别于4月和7月位居全市第一、有5个月位居全区第一。

【精神文明建设】 2010年，夏港街道组织“邻里一家亲，和谐亚运人人享”、“亚运创造新生活，幸福家园齐共享”、“亚运广州行”等主题活动，开展迎“三八”拔河比赛、“五一”第四届书画集邮展、“六一”儿童节游园庆祝活动、“七一”红歌竞唱、“八一”军民鱼水情篝火晚会、中秋猜谜等文化活动，举办“迎亚运，双拥共建友谊篮球赛”以及跳绳比赛、社区老年人乒乓球赛、全民健身钓鱼活动等体育活动。举行“盛世萝岗、百舟竞渡”墩头基第四届民间传统龙舟文化节；街道合唱团在区群众歌咏比赛中夺得金奖。举办运动会、征文比赛、文明家庭等专题活动，并派发给各社区居民亚运大礼包6135张免费门票。开展读书及经典诵读活动，夏港街金碧社区获评“广州市书香社区”称号。是年全街道6个社区均达到广东省“六好”平安社区标准，创建成功率100%。

【夏港街道获“全国安全社区”称号】 2009年4月，夏港街道作为广州市3个试点街道之一，启动全国安全社区创建工作。该街拥有58家世界500强企业，辖内有各类企业2382家，其中生产性企业248家，是典型的工业园区型街道，工厂区、企业区面积占全街总面积接近90%。街道建立6个安全园区，组织安全生产专题研讨会、培训会、消防演练等活动，建立消防安全日常巡查制度，企业安全生产管控得到强化。先后投入1.76亿元用于路面升级、河涌整治等社区基础设施，辖区所有主干道上的18个公交站全部改为“港湾式”公交站，辖区道路安全及水上安全得到极大改善。依托综治信访维稳中心平台，整合辖内协防队、辅警大队、出租屋协管队等6支队伍，组建由1454人组成的防控联动大队，深入开展治安重点地区整治，严厉打击各类刑事犯罪，辖区刑事立案和治安案件立案每年以2位数下降。出租屋管理机制得到强化，流动人员进行分类管理，出租屋登记率和租住人员登记率均达100%。建立应急指挥信息平台，制定《夏港街劳资突发事件处置应急预案》、《夏港街安全生产

2010年12月15日，广州市创建“全国安全社区”授牌大会在夏港街举行，中国职业健康安全协会副理事长兼秘书长伊烈（左二）向夏港街颁授“全国安全社区”牌匾，广东省安全监管局局长杨富（右二）向夏港街颁发“全国安全社区”证书。　区安监局供稿

事故应急救援预案》等一系列专项应急预案，组建多支专项应急救援队伍，防灾减灾应急安全做到常态运作。该街探索建立学校、社区、家庭“三位一体”的校园安全共建机制，组建“爱心敲门”志愿服务队，设立2个残疾人康复站、1个工疗站和“心灵驿站”，开通萝岗区内首个安全社区网页，设立首个户外气象电子显示屏，建立首家安全社区培训学校。至2010年，街道没有发生重大安全事故，连续获评萝岗区平安街镇，辖区6个社区成为广东省“六好”平安和谐社区，2009年被国家民政部授予全国和谐社区建设示范街道。2010年，夏港街成为广州市首批唯一通过“全国安全社区”考评验收的街道，也是全国唯一一个获得“全国安全社区”称号的工业型街区。（陈菊芳）

## 萝岗街道

**【概况】** 萝岗区萝岗街道位于萝岗区中部，东邻永和街，西连联和街，南接东区街的火村、刘村社区，北靠九龙镇的镇龙地区和白云区太和镇的穗丰、兴丰地区，中心地理坐标为东经113° 30′，北纬23° 10′。广深高速公路、北二环高速公路、广汕公路贯穿辖区。该街道前身为白云区萝岗镇。2003年1月23日，萝岗镇辖内的岭头居委会和联和居委会移交广州开发区管委会管理。2003年3月21日，萝岗镇撤镇建街，设立白云区萝岗街道办事处，辖有11个村委会和3个居委会，总面积140.2平方公里。2003年5月，萝岗街辖内行政事务移交广州开发区管委会管理。2004年3月17日，广州开发区下发《关于我区街道设置及管辖范围的通知》，实际上是大体将原萝岗街道分拆为萝岗、联和、东区3个街道。划分后的萝岗街管辖萝峰村、萝岗村、水西村、长平村、黄麻村、黄登村、萝岗社区（2005年3月更名为“荔红社区”）、岭头社区，管辖面积80.1平方公里。2005年6月7日，萝岗村等6个村委会的“撤村改居”工作全面完成。萝岗区成立后，该街道办于2005年12月改为萝岗区萝岗街道办事处，内设党政办、计划生育办、社会事务科、城市管理科、安监科、综治办6个科室，属下事业单位有萝岗街道社区综合管理服务中心和萝岗街道计划生育服务所。该街道为广州开发区管委会、萝岗区政府所在地。

2010年，萝岗街有户籍人口3.03万人，流动人口3.49万人；经济总收入为10.43亿元，同比增加1.38亿元、增长15%。其中，第三产业发展迅速，约3.51亿元，同比增加2.94亿元，所占经济比重达33.6%，居民人均收入16461元，同比增加2319元、增长16.4%。是年，萝岗街被评为广东省第七批体育先进社区、广州市一星级卫生街道、广州市第32届“羊城之夏”青少年暑期系列活动先进集体。

**【党群工作】** 2010年，萝岗街发展党员28人，转正49人，培养入党积极分子41人，发展成立非公党组织3个。该街党工委在“创先争优”活动中把落实党建工作责任制、无职党员设岗定责和建设学习型党组织等3项党建重点工作作为活动重要载体，制定《萝岗街基层党建目标管理及述职考核方案》、《萝岗街无职党员设岗定责工作方案》。7月，举行基层党建专项述职评议汇报会，专题听取辖内8个社区党组织书记履行基层党建目标管理情况述职，该创新做法先后被市政府网站、大洋网、《组工通讯》和中国共产党新闻网宣传报道。开展“有职党员岗位奉献，无职党员设岗定责”活动；

逐步建立党员教育管理与社区教育、社区建设大融合的学习教育模式；在街道和8个社区两委办公地点设置廉洁从政专题宣传栏，在祠堂设立廉政文化宣传点。

2010年，萝岗街建立党员联系团员青年制度和团员联系青年制度；在8个社区建设“党团员之家”，统一标识，统一挂牌，统一制度上墙；打造“青年学堂”品牌，开办两场“青年学堂”，对青年党员进行区情街情和励志教育。青年志愿者服务队伍开展创文、交通宣传、迎亚运等多种形式志愿服务活动。4月，街道妇联联合多部门举办“与亚运同行、建文明家庭”亲子趣味运动会，来自社区、机关的百户家庭300多人参与竞赛。萝岗社区被评为全国妇联基层组织建设示范单位，全市仅有9个社区获此殊荣。

**【社区管理与服务】** 2010年，萝岗街组织居民参与亚运惠民抽签活动，先后为900多人发放亚运补助金共45万多元，发出亚运会赠票7223张。新办、续办低保户96户，发放救济金近70万元、重大医疗救助金2万元、重残补助金34.1万元、优抚金37万元，慈善资助学生28名。全面开展“人人有康复服务”创建活动，为6户残疾人实施居家无障碍改造。加大新型农村合作医疗和居民医疗保险宣传工作，全街有2.35万名居民参加新农合医疗，参合率98%以上。是年10～11月，第六次全国人口普查工作在街道开展入户摸查和正式登记。街道林权改革4234.2公顷（63513亩）占全区总面积57.51%，改革方案票决率100%、林权外业勘界率99%。辖下的岭头社区、黄麻社区、长平社区被评为广东省“六好”平安社区，至此，萝岗街8个社区全部评为“六好”平安社区。

**【劳动就业】** 2010年，萝岗街开展“春风行动”招聘会、“轻骑队招聘”等各项活动促进劳动就业。全年举办培训班29期、培训2003人，在册失业人员实现就业1212人，就业率87.95%，资助78人自主创业，带动就业81人；“4050”人员实现再就业238人，就业率79.87%。萝岗社区率先由集体经济出资成立合心意家政服务公司，为辖区妇女无偿提供培训和就业信息，成为萝岗区首个妇女创业就业示范基地。

**【社会治安综合治理】** 2010年，萝岗街建立亚运防护期领导24小时值班备勤制度，成立一支100人的应急处突分队，对34宗突出矛盾纠纷实行街道领导包案制。通过各种渠道广泛发动社会防控力量4358人，比区下达的指标多1148人（其中辅助力量966人、社会义务力量3392人），实现亚运会亚残会期间无群体性事件发生、无重大刑事案件发生、21场篮球赛事圆满举办等平安亚运目标。是年，街辖内刑事案件同比下降5.2%，“双抢”、“两盗”案件同比分别下降56%、39%，未发生影响恶劣的特大刑事案件。

建立四级信息员队伍，由街道、社区、经济社、企事业单位组成，逐社区、逐单位开展滚动式、拉网式排查梳理，做到底数清、情况明。街道发挥人民调解、行政调解、司法调解相结合调处模式作用，对突出问题实行街领导班子成员挂点包案制度。

**【萝岗街综治信访维稳中心揭牌】** 2010年1月8日，萝岗街综治信访维稳中心正式挂牌成立，区委常委、政法委书记赵伟国，区委常委、区公安分局局长魏待征等出席揭幕仪式。该中心设在罗坎新村内，建筑面积约420平方米，分接访大厅、调解区、办公区三大功能区。该中心组成部门有综治办、派出所、司法所、信访办、劳动监察中队、纪监、党政办、社会事务科、城管科、劳动保障就业中心、武装部、法庭、城管中队、工商所、出租屋管理中心、文化站、联防大队等17个部门及8个社区综治信访维稳工作站，其中综治办、司法所、信访办、劳动监察中队实行人员集中办公。

综治信访维稳中心建立街道领导接访和干部下访制度，中心领导和信访工作人员每周不少于两天深入社区开展矛盾纠纷排查调处，将下访与调研、排查、调处、督查督办相结合，及时掌握社情民意，在重大敏感时期和亚运安保期主动约访重点上访人员，做好社会矛盾化解工作。是年，街道综治信访维稳中心受理群众来访113宗，办结111宗，办结率 98%，群众满意率90%以上。各社区综治信访维稳工作站自6月挂牌成立以来受理群众来访39宗，成功办结36宗，调处办结率92.3%。

2010年1月8日，萝岗街综治信访维稳中心揭牌成立。
罗伟智 摄

【人口与计划生育】　2010年，萝岗街计划生育率95.49%；人口出生率12.5‰，人口自然增长率7.99‰；已婚育龄妇女节育率85.87%，流动人口计划生育率92.8%，同比上升0.35%。在创建“两无”活动中，街道为“无政策外多孩出生街道”，长平、黄麻、荔红、岭头4个社区为“无政策外出生”居委。街道计生办修订街道和社区两级计生协会章程和文件，落实协会活动场所。至年底，建有街道计生协会1个，社区计生协会8个，企业计生协会1个，协会会员1104人。8月，街道把计划生育政策宣传和亚残运宣传结合起来，制作1万条花样围裙免费发放给辖区群众。

【出租屋与流动人口管理】　2010年，萝岗街登记在册出租屋1899栋1.35万套，备案率84%，其中新增出租屋1563套，比上年出租屋总套数增长17.06%；登记在册流动人员3.49万人，办理居住证3.18万张，居住证办证率91.3%；登记流动人口已婚育龄妇女3708人，流动人口出生125人，同比增加19人，其中政策内出生116人、政策外出生9人，流动人口符合政策生育率92.8%，同比上升0.35个百分点。居住半年以上流动人口计划生育率90.91%。征收出租屋综合税 139.26万元，同比增长28.43%，税收征收率88%；征收个体工商零星税6.2万元，纳入个体工商零星税协管户876户，清理漏管户1227户，向流动人员派发亚运大礼包1.2万份。

街道开展“人屋车场”综合治理工作，先后组织消防安全整治行动32次，整治不合格出租屋750套、捣毁违法废品店1家、拆除“三合一”和清除乱拉电线现象120处。开展迎亚运专项整治，清查出租屋420栋1605套，清查厂企、工地16间，发出整改通知书112份，告知书68份，现场清理“三合一”场所20间，无牌经营商铺11间。办理居住证2.85万个，超额完成3704个。

【创文工作】　2010年，萝岗街以“迎亚运、创文明”主题实践活动为牵引，举办各具特色文体活动，先后举办9场社区居民论坛和4场父母学堂讲座，开展13场社区文化活动、22次创文主题日活动。在每月市公共文明指数测评中，萝岗街8个社区入户调查成绩基本上都位列全区前两名。加强社区文化阵地建设，先后建成13个社区灯光篮球场和9条健身路径，建立水西和黄麻社区2个文化室。

街道和各社区组建200多人环卫队伍，实行分组分片定岗责任制 “网格化”环卫保洁模式，建立创建工作常态化、制度化管理长效机制。街道增购垃圾桶250个、印有“萝岗环卫”垃圾小桶2500个，垃圾手推车50台，改造水塘5处，硬化覆盖污水沟1600米。 8条社区道路水泥硬地化建设正在推进，萝岗、水西社区治（截）污工程建设完成申报立项，进入招投标阶段。萝峰社区5个经济社投入200多万元拓宽内街巷、修建鱼塘围栏，街道给予资金支持40万元。街道获得市“一星级卫生街”，萝岗社区的下中社获得省卫生村称号、南一社获得市卫生村称号。

【城市管理】　2010年6月，萝岗区城管分局在萝岗街设立城管执法队，该执法队接受区城管分局和街道办事处双重领导，实现城市管理重心下移目标。街道依法开展国土管理工作，建立社区两委和经济社干部严控“两违”责任考核机制，组建16人专门队伍加强日常巡查、及时监控，组织城管、国土、安监等部门联合执法，做到“两违”用地早发现、早制止、早拆除、早复绿。开展拆违行动37次，拆除违章建筑92处面积约4.62万平方米、其中猪鸡棚9处面积约1.43万平方米，查处违法用地22宗，制止各类违法建设297宗。

“2010年迎春花市”在萝岗街顺利举办。街道配合区有关部门做好香雪梅花节后勤管理服务工作。配合区国土局开展房屋普查和鉴定工作，派发《危房督修通知》650份，完成地质灾害风险评估125处，11月在黄麻小学举办“地质灾害知识宣传活动”。妥善处理“5·17”特大暴雨、台风“鲶鱼”预防、应急和事后处理工作，及时处理黄麻道路塌方、萝岗塘头水淹问题。在各社区建立森林防火储水池，全面维护辖内防火林带。

【精神文明建设】　2010年，萝岗街协助区政府做好第十六届亚洲运动会火炬传递（萝岗站）仪式活动，450名观众在现场助威，街道党工委副书记唐平是其中一名火炬手。街道举办多场广场文体活动，“社区文化月”文艺巡演、迎春游园活动、醒狮拜年活动、“亚运广州行”志愿服务日启动仪式、第三届残疾人趣味活动、全民阅读活动等17场大型文化体育活动。在各社区举办 “2131”农村电影放映活动，放映电影96场，观看群众2.88万人次。广州图书馆萝岗分馆一年内借阅图书2.91万册，外借图书1.48万人次，接待读者3.59万人次，办理借书证287个；开展“送书下乡”活动，先后为水西、猛田、大塱、萝峰等社区和经济社文化活动室赠送书籍3000多本。组织群众参与广州市“市长杯”乒乓球百姓系列和谐赛（萝岗赛区），萝岗街获得老年组的第六名、成年组的第一名、家庭组的第五名；8人参与广州横渡珠江活动。街道加强文化市场监督，对辖区内网吧、书店、音像店等文化娱乐经营场所检查300多次，责令场所整改35次，教育场所负责人及管理员80多人次。民间文化团体活跃，代表街道参与市和区各项文化展演活动屡次获奖。

2010年4月24日，萝岗街在萝峰小学运动场举行“与亚运同行、建文明家庭”家庭亲子趣味运动会。

莫 兴摄

【农村工作】 2010年，萝岗街道对辖内6个经济联社、57个经济社进行资产清查核对工作，加强农村财务人员业务培训，完善三资管理制度和档案管理。召开涉动物防疫工作会议，部署动物疫情防控工作，组织属下畜保员、猪场养殖专业户参加区口蹄疫防范培训，加强宣传教育，做好《萝岗街畜禽养殖场备案表》、《广东省规模化畜禽养殖场基本情况调查表》、《畜禽养殖业污染源调查表》完善建档资料。加强对蔬菜安全生产，规范农药销售及使用，保障辖区蔬菜食用安全，组织农科员、种植户及农药店主参加区蔬菜安全生产培训工作。开展香蕉细菌性软腐病、红火蚁、农田灭鼠除害等普查和统一灭杀工作，督导开展春季农区灭鼠工作，发放毒鼠谷1700千克。开展暴雨抗灾工作，先后到萝岗（塘头、石桥）黄麻、黄登等受灾较重的社区进行实地查看，及时收集掌握居民受灾情况，统计上报农业受损情况。开展农田水利建设工作，是年3月，完成长平社区东风经济社水圳清淤工作。

（张锦虹）

## 联和街道

【概况】 联和街位于萝岗区西部，东邻萝岗区萝岗街，南面、西面与天河区接壤，北接白云区太和镇，中心地理坐标为东经113° 41′，北纬23° 21′。下辖黄陂、暹岗、玉树、天鹿湖、联和、金峰园6个社区，总面积62.18平方公里。2004年3月17日，广州开发区印发《关于我区街道设置及管辖范围的通知》，设立广州经济技术开发区联和街道办事处；2006年3月31日，更名为广州市萝岗区联和街道办事处；同年6月8日，萝岗区人民政府联和街道办事处揭牌。至2010年12月31日，全街有户籍人口1.95万人，流动人口8.03万人。2010年11月8日，金峰园社区党支部、居委会正式揭牌成立。

（李课书）

【党群工作】 至2010年底，联和街辖内有21个党组织，包括6个社区党组织（党委1个、党总支1个、党支部4个）；12个“两新”（新的经济组织和新的社会组织）党组织；另有2个机关支部、1个社区中心支部和1个退休支部。全街现有党员713人，包括预备党员17人。2010年，街道党工委开展创先争优活动，加强学习型党组织建设、党员队伍建设。对所辖684家企业的党组织建设和党员情况进行集中走访摸查调研，发放“非公党建调查表”700 余份并全部收回，走访企业（50人以上）202间。新组建广州汇信特通信技术有限公司、广州博冠企业有限公司、广东华强制衣厂和广州白云蓝天医疗器械有限公司等4个党组织。积极开展新社区的党建工作，成立金峰园社区党支部。2010年，全街发展党员10名，考察审批15名预备党员转正，培训入党积极分子33名。严格推进“党务公开”工作。每月指派考核监督小组对社区党务公开工作进行巡查，发出月通报10份。

是年新组建广州市凌凯汽车职业培训学校团支部、广州市食品工业研究所团支部2个非公团组织。3名团干被评为“广州市优秀团员”。组织团员青年参加“青春越野庆五四，健康快乐迎亚运”开萝青年定向越野活动，获小组赛三等奖；街道团工委与街文明办、城管科、义工协会、各社区联合举办“争做好市民，当好东道主”——“亚运广州行”文明行动日群众文化活动暨“环保行动月”宣传咨询活动。结合创文工作组织各社区每月开展4次以上志愿者服务活动。是年，该街被广州市妇女联合会评为“创先争优 服务亚运”竞赛活动先进集体及“巾帼文明岗”；暹岗社区家长学校被评为广州市优秀家长学校。

（李课书 林 萍）

【社区管理与服务】 2010年，联和街规范低保工作程序，对低保人员实行动态管理，取消2户，新办、续办低保户44户，低收入家庭13户。支出低保、低收入家庭救济金、临时物价补贴43.42万元，优抚对象生活补助金22.28万元，重大医疗救助金5.22万元，基本医疗救助金3.55万元，节日慰问金9.32万元，现役士兵家属优待金24万元。向10名自谋职业退役士兵发放一次性安置补助金90.48万元。为17名贫困学生申请慈善助学金4.4万元。开展“广东扶贫济困日”和“向青海玉树地震灾区捐款活动”，共筹得捐款8.9万元。推进残疾人

“人人享有康复服务”工作创建活动，为29户残疾人困难户申请低保、低收入家庭保障，发放重残补助金508人次22.36万元，开展残疾人就业和技能培训135人次，推荐130名残疾人就业，发放扶残助学资金24名1.34万元。举办各类健康教育活动、讲座，派发相关资料约5000份。开展第六次全国人口普查工作，获“2010年度统计工作先进集体”称号。至2010年12月底，全街参加新型农村合作医疗1.08万人，参合率99.6%，参加城镇居民医疗保险465人，参加城镇老年居民养老保险16人。是年，该街被中共广州市委员会、广州市人民政府、广州警备区评为“拥政爱民标兵单位”，联和社区被评为“广东省六好平安和谐社区”。

2010年，联和街完成社区干部任期经济责任财务审计工作以及5个经济联社、5个居委会及26个经济社共36个核算单位的账务处理，出具财务公开报表。引导各居委会对街道下拨的专项经费按照规定的渠道和程序使用，严禁超支和截流。

（李惠玲）

**【联和街金峰园社区揭牌】** 2010年11月8日，联和街金峰园社区揭牌成立，成为萝岗区成立后第一个全部由新开发楼盘小区组成的新社区。广州开发区管委会副主任郭粤明，区委常委、区委政法委书记赵伟国及区社区管理局、联和街道办负责人一起为金峰园社区党支部、居委会揭牌。金峰园社区党支部、居委会负责万科城、万科新里程、龙光峰景华庭、保利林语山庄4个小区楼盘的日常行政事务管理，集社区党建、综治维稳、治保、调解、民政、城市管理、安全生产、计生、工会、共青团、妇女工作等功能于一体，并与警务室、劳动和社会保障服务工作站、出租屋管理服务站、计生服务站等多机构联署办公。地址为开创大道北万科新里程B6栋一楼。金峰园社区管辖区域面积1.2平方公里，有住户6364户，入住4100户共1.39万人。（李课书）

**【联和街社区综合服务中心揭牌】** 2010年10月19日，联和街社区综合服务中心——“联和一家”揭牌成立（2011年3月更名为联和街家庭综合服务中心）。面积1050平方米，设置22个功能室，对接黄陂、联和、暹岗、玉树、天鹿湖、金峰园6个社区服务中心，与6个社区的劳动和社会保障服务工作站、出租屋管理服务站、卫生服务站、文化阅览室、星光老人之家、残疾人康复站和庇护所等社区服务设施，形成1个中心、6个社区服务点、45个基层服务站的多层次网格化服务体系。具有社区居民康乐服务、一站式便民利民服务、劳动就业服务、老人服务、低保及低收入困难家庭服务、妇女、儿童及青少年服务、残障人士及残障家属服务、外来流动人员服务、志愿者服务、社区社会组织孵化培育服务、品牌特色服务、综合服务共12大服务项目。包含老人爱心饭堂、妇女健身舞蹈、青少年课后辅导、家庭能力建设、残疾人康复、民间社团组织孵化等共110个服务项目，可满足不同服务对象的服务需求。该中心以政府购买服务的形式，由中大社工服务中心提供以“社区为本，家庭为重”的社工服务，采用TQM（全面品质管理）模式。地址为联和街黄陂新村东二街14栋。

**【联和街综合服务大厅】** 2010年2月1日，联和街综合服务大厅正式对外办公。该大厅为联和街下设的便民办事服务窗口，位于联和街黄陂新村东二街15栋1楼，设有6个业务办理窗口，为居民办理征收出租屋综合税、房屋租赁备案、就业失业手册、城镇居民医疗保险、房屋报建、流动人员用工备案计生审核等业务。从接待咨询、领取表格到受理、核发证，采取“一站式、一条龙”服务。服务大厅工作人员严格按照《联和街综合服务大厅服务规范》的要求，统一上下班时间、统一着装、统一考勤、统一文明用语。2010年7月，被评为“萝岗区青年文明号”。

**【劳动就业】** 2010年，联和街组织就业技能培训690人，安置失业人员就业1093人。举办现场招聘会7场，提供岗位1693个，现场达成就业协议135人。办理广东省就业失业手册731人。扶持自主创业人员272人，带动就业673人。自主创业申请区一次性资助70人，扶持自主创业人员小额贷款352万。辖内的岭南学院和黄陂员工楼申报自主创业基地，周忠民、刘铧金、沈小霞被广州市萝岗区就业工作领导小组办公室评为自主创业之星。

（许丽璇）

**【社会治安综合治理】** 2010年，联和街受理案件126宗，成功调处率95.24%，当场调解成功率80%。刑事案件191宗，同比下降3%；“两盗”案件48宗，同比下降11.1%；“两抢”案件22宗，同比下降42.1%；“三电”案件14宗，同比下降50%。6月28日，国务委员、公安部部长孟建柱视察联和街综治信访维稳中心，充分肯定该街维稳综治工作成效。

**【联和街综治信访维稳中心揭牌】** 2010年1月8日，联和街综治信访维稳中心举行揭牌仪式，广州开发区党工委副书记、管委会副主任、萝岗区委副书记、区长石奇珠，开发区党工委副书记、萝岗区委副书记、党政办主任陈小华，开发区党工委委员、萝岗区委常委、政法委书记赵伟国，开发区党工委委员、萝岗区委常委、区公安分局局长魏待征出席仪式，并为综治信访维稳中心揭牌。同日，联和街治安联防大队成立。

该中心位于联和街黄陂新村东二街16栋，面积为1350平方米，设有接待群众来访受理大厅、矛盾纠纷联合调解室、联席会议室、集中办公区、档案室和学习活动室，并在候访区安置电视和DVD设备，供宣传咨询使用以及作为应急事件处理平台。中心整合综治办、信访办、司法所、劳动保障监察中队、人大接访室、社区戒毒（康复）办公室、治安联防大队、应急管理办公室和城市精细化管理指挥中心、出租屋及流动人员服务管理中心等10个部门联署办公，功能齐全。2010年业务情况：立治安案件557宗；共破获刑事案件108宗；抓获各类违法犯罪嫌疑人484人，其中刑事拘留99人、行政拘留223人、强制隔离戒毒14人、行政罚款93人17500元、教育55人；破"黄赌毒"案件69宗；查扣非法摩托车570辆。

【人口与计划生育】 2010年，联和街常住人口出生377人，政策生育率97.35%；流动人口出生134人，政策生育率96.27%，同比提高1.53%。街道与各社区签订计生目标任务书5份，与驻街单位及各企事业单位签订责任书211份，出租屋计生责任书签订率100%。强化计生例会制度，坚持工作讲评，完善人口计生工作预报、预警机制，及时兑现奖惩；开展"婚育新风进万家"活动，举办预防肺癌、乳腺癌等疾病的知识讲座，制作6000多份计生宣传小礼品，免费派发入户；落实广州市萝岗区计划生育利益导向机制，组织参与幸福工程宣传筹资系列活动，主动上门关心慰问家境困难的育龄对象；开展打击"两非"专项整治活动。加大社会抚养费征收力度，全年征收社会抚养费 112.7万元。全街无政策外多孩生育，辖内暹岗、天鹿湖、玉树3个社区当年无政策外出生。是年，被广州市政府评为 2010年度"两无"活动（街镇无政策外多孩出生、村居无政策外出生）达标街。（罗婉纯）

【出租屋与流动人口管理】 2010年，联和街办理居住证7.76万张，流动人口办证率96.5%，比市下达任务超出6.5%。截至12月底，全街登记在册流动人员8.03万人，其中一般管理类7.96万人、跟踪管理类761人、高危类0人；登记出租屋3276栋2.89万套，其中住宅类2.43万套，非住宅类3871套，出租屋合格率100%。放心类2.74万套、关注类1459套、严管类7套、禁租类0套。新办租赁备案6285宗，登记备案率100%。签订消防、治安、计生、综合责任书9620份，签订率100%。代征出租屋综合税收264万元，征收率99%。代征个体零散税14.84万元，纳入征收管理总户数782户。开展出租屋计生、卫生、消防等清查行动346次，出动人员5130人次，做好亚运期间重点区域防控工作，全年未发生任何消防和治安安全事故。

是年，联和街升级广州市流动人员示范点建设，整合原有的科学城出租屋工作站、科学城社区工作站、黄陂出租屋工作站共同办公，面积扩大222平方米，并延长服务时间。是年，该街被评为广州市流动人员和出租屋管理工作先进单位，《萝岗区联和街创新流动人员和出租屋管理模式取得良好成效》被《穗府信息专刊》报道。

（许丽璇）

【创文工作】 2010年，联和街玉树、黄陂、联和社区代表区迎接市创文考核，街道领导带领包村工作组分布一线工作，街道创文巡查督导组滚动式暗访、巡查督办创文成效，街文明督导队、志愿服务活动常态化。街道200余人创文突击队，定期进行滚动式突击整治。较好的完成迎接市创建办实地考察任务。开展"礼仪推广月"、"友爱互助月"和"我为社区管理献一计"社区千人论坛等11个主题活动，举办"社区论坛"20场次，举办迎国庆、贺中秋主题文艺晚会7场次；发放创文知识宣传资料6万多份。全年街道创文办自行组织开展入户调查12次，配合市创建办开展入户调查6次。2010年8月，天鹿湖社区以97.31 的高分位居全区入户调查成绩冠军。

（周锦高）

【城市管理】 2010年，联和街推进"三旧"改造和主干道两旁迎亚运整饰工程。高压控违治乱，开展市容"六乱"专项整治行动252次；拆除各类户外广告牌招牌、指示牌3295.75平方米；拆除各类违章建筑3.11万平方米；制止新生违建804宗（4.49万平方米）。辖内水环境工程、绿道工程、联和创

2010年7月29日，联和街暹岗社区举行"三旧"改造动员大会。　联和街供稿

业一条街、天鹿花园、广州地铁六号线（二期）、天鹿北路改造工程、马莎罗动漫城工程及广河高速工程等重点项目建设按节点推进。全年无发生火灾事故和重特大安全事故。

2010年，联和街开展交通安全宣传教育活动26次，派发交通宣传资料7万余份，放映DVD交通安全宣传碟片6场次、受教育2.8万人。完善道路交通设施50处，增设道路交通标志牌65块，温馨提示牌12块，减速带2000平方米，警示灯22个。设置路内外临时停车位150多个，经营性停车位269个，辖区年度交通事故同比下降41%。在禾雀花盛开期间联合各方力量优化旅游交通，增设接驳公交车452专线，增加449线路班次，方便市民赏花。（杨伟荣）

**【精神文明建设】** 2010年，联和街加大对社区文化基础设施的投入。为各社区文化活动室订阅16种90多份报纸杂志，投入4万元为暹岗、黄陂、联和社区文艺团队增配灯光、音响设备。为暹岗社区增配1000册图书，为玉树和黄陂社区配置9台新电脑开展“绿色网园”服务，为黄陂社区添置1张桌球台。是年，被广州市科学技术协会、广州市精神文明建设委员办公室评为“科普进社区示范街道”。

扶持文艺团体发展。组织开展社区节日主题活动、广场舞蹈活动8场次，代表街道、萝岗区参加各种交流演出活动等12场次。在市、区“亚运歌曲大家唱”歌咏比赛中，联和街合唱队均荣获银奖。开展群众文化活动，全年举办文艺演出16场次、文化活动20个，观众约8万人次。实施农村电影“2131”工程，播放电影123场，观众3.79万人；3月初，禾雀花开花期接待游客约6万人次。组织开展黄陂社区群众歌咏比赛活动、联和地区“树文明习惯、促文明行为、迎亚运盛会”书香全民读书朗诵比赛活动、玉树社区“喜迎亚运盛会、共建文明城市”群众文化广场演出晚会、“亚运广州行”群众文化演出活动等；与区文化部门共同举办第九届中国艺术节联和街群众文化广场专题晚会、“乐声悠扬、璀璨萝岗”爵士浪漫露天音乐晚会。

推进体育基础设施建设，开展全民健身活动。完成联和、黄陂、天鹿湖社区3个灯光篮球场和3个健身路径建设。完成黄陂社区、万科城、龙光峰景华庭等小区楼盘8条健身路径建设。组织参加2010年广州“市长杯”乒乓球萝岗区赛、第四届广州市“市长杯”羽毛球萝岗区赛、广州市横渡珠江活动。举办2010年联和地区“联和杯”乒乓球比赛、2010年运动会暨“联和杯”男子篮球联赛。做好亚运会、亚残运会萝岗火炬传递会场表演及2000名文明观众组织工作。（万　霞）

## 东区街道

**【概况】** 萝岗区东区街位于萝岗区南部，东邻增城市新塘镇和黄埔区荔联街，西、南与黄埔区大沙街、穗东街、南岗街相交，北连萝岗街，管辖面积54平方公里。下辖笔岗、火村、刘村、东区4个社区居委会，55个经济社。辖内广深铁路、广深高速公路、广园东路和其他市政道路纵横交错。该街是广州出口加工区所在地。2004年3月17日，广州开发区下发《关于我区街道设置及管辖范围的通知》，设立广州开发区东区街道办事处。同年5月26日，东区街道办事处挂牌成立。2005年12月13日，萝岗区机构编制委员会下发《中共广州市萝岗区东区街道工作委员会、广州市萝岗区东区街道办事处职能设置、内设机构和人员编制规定》，东区街道办事处成为萝岗区政府派出机关。至2010年底，东区街有户籍人口2.43万人，流动人口8.49万人。是年，东区社区获评广州市绿色社区。

**【党群工作】** 2010年，东区街发展党员25人，预备期满转正33人，培养入党积极分子25人。新成立非公企业党支部2个（广州市珠江物资公司党支部，广州市南洋电缆公司党支部）；非公企业团支部3个（宏元公司、缘和公司、万绿达公司支部委员会），团员69名。12月20日，万绿达党团员之家揭牌，成为萝岗区首个非公企业党团员之家。至年底，东区街道党工委下辖党组织49个，有党员753人。

2010年，东区街全面开展创先争优活动，各社区和非公企业党组织活动各显特色。街道关工委、工会、团工委、妇联围绕“创文明、树新风、迎亚运、促和谐”工作，开展各种主题活动。街团工委、文明办、文化站联合广州铁路职业技术学院“三下乡”大学生，在笔岗社区剧场举办“激情迎亚运携手促和谐”东区街迎亚运志愿服务活动暨创文明“友爱互助月”活动；街道工会、团工委、妇联预防青少年违法犯罪，强化未成年人思想道德教育，133次对学校周边环境整治，取缔18间黑网吧，禁毒活动覆盖4个社区、6所中小学、5000多名学生。

**【社区管理与服务】** 2010年，东区街发放低保、低收入户救济金171.94万元，发放重残补助金26.11万元，发放高龄老人长寿保健金47万元。审核重大疾病医疗救助5人，发放救助金19.8万元。为21名孤寡老人开展居家养老服务，支付服务经费6.08万元。为低保家庭中小学生、低保边缘的困难家庭大学新生、在读残疾人学生申请发放各类助学金1.98万元，重大节日慰问品价值12.17万元。居民办理农村合作医疗报销人数1.15万人次，报销医疗费686.52万元。落实亚运抽签免费惠民项目工作，向494位低保户、残疾人、优抚对象发放特殊人群亚运补助金24.7万元。组织392名普查员和72名指导员，对全街进行第六次全国人口普查登记。

【劳动就业】 2010年，东区街登记在册失业人员222人，实现就业168人，就业安置率75.7%；零就业家庭就业率100%；特困失业的低保劳动力安置率100%；特困失业人员、“4050”人员就业率93%；刑释解教人员6人，安置率100%；参加技能培训的城镇失业人员和农转居人员1020人；100%完成辖内女55岁、男60岁以上的农转居人员基本养老保险参保任务；创建充分就业社区3个，刘村、火村、东区100%达标。举办大型招聘会2次、企业进社区招聘会4次，参加招聘企业59家，提供岗位978个。

【社会治安综合治理】 2010年，东区街受理刑事治安警情1340起。其中，受理刑事警情562起，立刑事案件264宗，“两抢”案件69宗。破刑事案件104宗，抓获犯罪嫌疑人884人，刑事拘留122人、行政拘留299人，强制戒毒21人，行政罚款52人，查扣无牌无证摩托车1076辆。受理各类矛盾纠纷和信访案件153宗，按期办结150宗，调解成功率98%；现场办结107宗，现场办结率70%。妥善处置企业群体性、突发性罢工事件18宗、200人以上居民投诉事件1宗、意外伤亡索赔事件6宗。该街没有发生一起影响恶劣的群体性事件、群体性越级上访事件。

【人口与计划生育】 2010年，东区街常住人口已婚育龄妇女5582人，流动人口已婚育龄妇女1.43万人。全街户籍人口出生323人，其中一孩出生277人，政策内出生277人，二孩出生46人，政策外出生9人，政策生育率97.21%。女性全年新婚237人，落实“四术”251例，查环查孕率97.3%。全街流动人口出生722人，政策生育率93.35%，落实“四术”804例，查环查孕率75.7%。在办证和咨询方面群众满意率100%。向政策外生育人员发出征收社会抚养费决定书7份，共征收94.81万元。截至10月，为1870户家庭办理“计划生育优待证”，对首次自觉落实长效措施育龄对象发放奖励金额4.11万元，完成1489户居民参加计划生育家庭综合保险登记工作，审核通过城镇独生子女父母奖励对象60名，奖励总金额11.28万元；申报利益导向奖励金9.27万元，申报计划生育家庭特助奖励金8800元。街、村（居）、企业计生协6个，共有会员1300人。东区社区、笔岗社区继续保持“双无”社区称号。

【出租屋与流动人口管理】 至2010年12月底，东区街登记在册的出租屋4216栋3.79万套，出租屋总合格率98.1%。其中，放心类3.58万套，关注类2138套，严管类28套，没有禁租类出租屋。办理租赁备案1.6万宗，登记备案率99.47%。流动人员8.49万人，流动人口登记率99.58%，其中一般管理类的8.47万人，跟踪管理类的173人，无重点管控类的高危人群。办理居住证9.68万张，办理总量居全区第一。全年征缴出租屋综合税407.83万元，清理漏征漏管户524户，缴纳税单2494张，收取税款8.75万元，入库增长率超过20%。

【创文工作】 2010年，东区街创建全国文明城市顺利通过国检。投入153万元创文经费，每月市检出动督导380多人次，全年累计出动1.3万人次，劝导教育群众2000多人次，清理垃圾死角600多处；成立街道市民文明督导站，95名督导员督促各社区对临聘的清洁人员实行守段定点负责制。安装35个总长280米的自行车停放架，增设39个果皮箱、52张休闲石椅和3张石桌。街道4个社区分别接受市文明办组织的入户调查，刘村社区以99.33高分取得全市第一名，笔岗、火村取得全区第二名。该街的创文工作接受每月市检取得4次第一名、3次第二名的好成绩。

【城市管理】 2010年，东区街推动“三旧”改造工作，笔村改造率先进入具体实施，笔村改造面积50.06公顷，涉及2500栋房屋、7657名居民。刘村社区的“三旧”改造启动规划测量工作，与开发商广物地产公司进入实质性谈判阶段。火村社区成立改造领导小组，进行改造方案初步设计，居民改造动员深入进行。

2010年12月22日，区长石奇珠到东区街笔岗社区视察“三旧”改造工作。 姚海斌 摄

该街参加市安监局举办的安全生产岗位业务比赛，获得二等奖；组织安全标准化培训1次、安全生产知识宣传活动2次，消防演练习30余次，安全技能竞赛活动1次，发放消防安全宣传资料1800份、消防小册子1000份，安全主任新培训170名，安全主任继续培训308名，主要负责人新培训98名，完成区安委会下达的培训指标。

【精神文明建设】 2010年，东区街完善文体设施，投入58万元建设灯光篮球场5个、健身路径5条，投入8.2万元用于社区文化室设施建设，投入2.6万元用于购置青少年之家图书、球类、棋类等，开展各类文体活动20余次，送电影到社区48场，举办易筋经培训班4期、摄影培训班1期、社会体育指导员培训班1期。在“市长杯”乒乓球百姓系列和谐赛（萝岗赛区）中获“优秀组织奖”、乒乓球儿童组第2名、家庭组第2、3、4名，在萝岗区迎亚运篮球赛中笔岗社区、火村社区分别获得第2、4名，在“舞动新精彩、快乐永相随”社区广场舞蹈邀请赛中刘村社区舞蹈队获得第2名。

（姚海斌　曾献阳）

## 永和街道

【概况】 萝岗区永和街位于萝岗区东部，东、南与增城市接壤，西连萝岗区萝岗街，北接九龙镇，辖区总面积32.96平方公里。该街是经省政府批准和命名的广州台商投资区，截至2010年底，有投产企业260多家。2005年8月，在永和经济区基础上，根据广州市行政区划调整，永和片区工作组接管原属增城市新塘镇的新庄、永岗、禾丰、贤江4个行政村，37个经济社。2006年4月19日，永和街道办事处正式挂牌成立。2007年12月，贤江等4个村的“撤村改居”工作全面完成。至2010年底，永和街有户籍人口1.36万人，流动人口5.81万人。

2010年，永和街集体经济总收入2.3亿元，同比增长11%，居民人均收入1.33万元，同比增长14%。

【党群工作】 2010年，永和街有6名预备党员转正，吸收预备党员3名，确定入党积极分子44名。先后统计流动党员360名，新增非公企业党支部6个，总数14个。开展创先争优活动，抓好党员干部学习教育。举办社区综合管理服务中心党支部揭牌暨“创先争优”党员公开承诺誓言签名仪式。3月，组织党员收看“沈浩同志先进事迹报告会”。8月，举办大型纪律教育学习讲座，邀请区检察院相关人员讲解《中国共产党党员领导干部廉洁从政若干准则》。落实党员干部现代远程教育工作，各社区按照要求配备兼职管理员，添置投影机、DVD机、电脑等电教设备。党管武装工作得到较好落实，完成13个专业，共240人的民兵整组工作；组织28名应急分队人员参加广州市警备区组织的亚运安保备勤力量集训；完成11名征兵任务。

2010年，永和街新组建非公企业工会10家，工会联合永和街篮球协会，举办首届“企业杯”男子篮球赛。街道团工委成立8家非公企业团支部和1家社会组织团支部。团工委以“迎接亚运会、创造新生活”为主题，开展一系列志愿服务活动。重阳节期间，为辖区50多名行动不便的老人赠送不锈钢伸缩拐杖。街道妇联成立巾帼志愿者服务队。

【社区管理与服务】 2010年，永和街发放低保金40.09万元，优抚金66.82万元，老年人长寿保健金23.76万元，困难群众临时物价补贴4.38万元。组织节日慰问活动，发放慰问金17.95万元，慰问品价值6万多元。为达到退休年龄的1749人申领养老待遇，受理235人参加城镇医疗保险。辖内各社区全面推行“三公开”和民主管理工作，实施“四规范、一创新”工程，取得良好效果，9月，区委组织部组织全区后备干部考察组到新庄社区参观学习“三公开”工作。街道以“深化服务促发展”为主题，建立对外办事窗口“迎亚运，创五优”制度。举行低保青少年暑期兴趣班、工疗站“开心俱乐部”、残疾人康复服务专题讲座等一系列活动。4月，永和街大同社工站挂牌成立，标志着永和街社会工作试点正式启动。

【劳动就业】 2010年，永和街举办2场大型招聘会、4场进村居招聘活动及多场特需招聘活动，联系企业100多家，开发岗位近900个，向企业推荐辖内户籍失业人员599人次，成功安置失业人员就业440人。引导129名初中毕业生报读广州开发区技工学校。全年共有219人自主创业成功，发放一次性自主创业资助金20.4万元，为141户成功创业人员申领区资助金42.3万元。成功创建充分就业社区3个，完成区下达的各项指标任务。

【社会治安综合治理】 2010年，永和街辖区刑事立案254宗。市挂牌整治的新庄社区、区挂牌整治的永岗社区，各类案件同比大幅下降。街道综治信访维稳中心逐步实现规范化运作，全年受理各类矛盾纠纷154宗，全部调处成功。为做好亚运维稳安保工作，该街编制防控岗位228个，防控力量3040人，实施“包干到片，责任到人”制度。是年，辖区企业发生劳资纠纷38起，均得到及时控制。年终，该街代表市、区接受省综治委专项考核，获得满分。是年，该街4个社区全部被评为广东省“六好”平安和谐社区。

【人口与计划生育】　至2010年9月30日，永和街有户籍人口1.34万人，已婚育龄妇女2762人；流动人口5.39万人，已婚育龄妇女1.11万人；全街出生594人，其中户籍人口出生206人，政策生育率100%；流动人口出生388人，政策生育率96.39%；居住半年以上流动人口出生41人，政策生育率100%；完成计划生育手术979例，同比增加183例；户籍已婚育龄夫妇节育措施落实率86.8%，流动人口已婚育龄夫妇节育措施落实率84.39%。全街实现“两无”目标，完成上级下达的计划生育指标。

【出租屋与流动人口管理】　2010年，永和街登记备案出租屋2953栋3.45万套，办理流动人员居住证4.87万个，查验及核发流动人口婚育证明2.23万次（本），办理流动人口用工备案8730人次、用工企业840家次，审核出具《临时经营场所证明》896份。征收出租屋综合税310.8万元，同比增长17.86%，征收个体工商户、零散税源税8.42万元。全年无一例安全责任事故发生，6次利用登记信息为公安机关破获案件提供重大线索，抓获通缉犯5人，获得区综治委群防群治奖金4次。是年，发动出租屋主安装电子门禁，辖区入户盗窃警情同比下降81%。

【创文工作】　2010年，永和街道成立市民文明督导站，各社区成立市民文明督导分队，共开展督导活动2000余次。开展大规模入户创文宣传2次，发放宣传单张1万余份；在各社区公共场所添置创文宣传石凳400条。8月，街道和社区工作人员分阶段在辖区主要交通路口开展维护交通秩序、纠正不文明行为等志愿服务活动。纠正不文明行动成效明显，共劝导不文明行为2227宗，开具罚单323宗，教育及处罚36人。是年，该街“企社结对”活动扎实推进，至2010年底，与经济社签订协议的企业88家。该街举办“助弱扶贫，奉献爱心”公益活动捐赠仪式，多家企业高管为30名残疾人捐助6000元，并赠送价值1.1万元的物品。建立居民自治管理网络，聘请32名思想觉悟较高的社区居民担任创文卫生监督员。先后开展80余次创文专项整治行动，9月，对新庄二路开展专项整治。

【城市管理】　2010年，永和街城市基础建设进一步完善，华峰寺机动车道工程完工并通过初次验收；村村通公路二期工程完工；田心社、布岭旧村、九岭社等地防洪沟清淤工程以及摇田河大街排洪沟修建工程完工，社区村外排污口合流式截污工程通过初验，共建设溢流井29座、雨水检查井24座、铺设污水管约886.5米，铺设雨水管约866米；村内雨污分流改造工程完成试点工程。该街全年处置违法用地5宗，处置违章搭建和加层124宗、抢建28宗，面积1.46万平方米，对61宗污染环境的违法建筑进行集中清拆，面积2.06万平方米，拆除违章广告招牌288块。组织开展市容环境专项整治行动40多次，环境改造面积5.09万平方米，开展“环境卫生大清洁”等为主题的全民卫生大扫除活动18场次。该街探索建立长效管理机制，制定《永和街社区市容环境卫生管理长效机制方案》，定期组织开展社区市容环卫考核。组织开展主题宣传活动11场次，向辖区居民群众和外来务工人员派发各类宣传资料4.5万多份。7月，永岗社区井二社通过市、区检查考核，获得广州市“卫生村”称号。9月，该街通过广州市星级街道评审，获得“广州市一星级卫生街道”称号。

【安全生产】　2010年，永和街安全检查工作出动600余人次，检查企业238家、“三小”场所500多家次，查处安全生产隐患674处，发出指令改正告知书51份，检查覆盖率100%，整改率85%以上。查处并纠正安全生产违法行为12宗，罚款5.42万元。辖区全年没有发生重特大安全生产事故。企业安全生产状况得到有效改善，有21家企业通过广州市工业企业安全生产标准，13家企业通过机械行业安全生产国家二级标准。

【精神文明建设】　2010年，永和街禾丰中心村完成篮球场和健身路径建设。为新庄、贤江、永岗社区各配置5台电脑并下拨专款用于书屋建设。成立永岗永星文化表演队、新庄星光风华表演队、贤江社区贤荔文化表演队。先后组织参加广州市百人方块横渡珠江、广州市第十届推广普通话宣传周活动，举办第五届“永和杯”男子篮球赛、首届“企社结对N+1，激情和谐迎亚运”卡拉OK比赛。实施电影“2131”工程，全面开展公益性数字电影流动放映，40多家企业5000多人受益。　（郭海辉）

## 九龙镇

【概况】　九龙镇位于广州市东北部，萝岗区北翼。毗邻帽峰山东麓，东连增城市中新镇，西临白云区钟落潭镇，南接萝岗区永和街，北靠从化市太平镇。主要河流有金坑河和凤凰河，均呈东西走向，九佛片水系呈叶脉状分布，镇龙片水系呈扇形分布。2005年8月，根据广州市行政区划调整，原白云区钟落潭镇九佛片和原增城市中新镇镇龙片合并为九佛镇龙片区，归广州市萝岗区管辖。2006年3月29日，中国共产党广州市萝岗区九龙镇委员会成立；4月12日，广州市萝岗区九龙镇人民政府成立。2006年9月15日，九龙镇被批准成为广东省中心镇。该镇辖3个社区，28个行政村，338个经济合作社。2010年底，全镇有户籍人口7.84万人1.85万户，农业总人口6.97万人1.59万户。

2010年，九龙镇实现地区生产总值24.28亿元，实现财税总收入2.24亿元，同比增长14.02%；工业总产值44.55亿元，同比增长6.92%；农业总产值9.65亿元。

【党务工作】　2010年，九龙镇有直属党（总）支部53个（8月5日，撤销1个，剩下52个）、党员2436名。开展创先争优活动，举办基层党组织书记、村委主任、党务干部培训班6期，450人次参加。建立农村困难党员信息库，加强困难帮扶，为414名农村老党员发放生活补贴75万元；为433名困难党员发放党内关爱扶助金。改善党员队伍的年龄、学历结构，培养入党积极分子155名、吸收预备党员80名、审批预备党员转正77名。新组建九龙镇基层服务站党支部1个，全镇非公企业党组织增至13个，其中新建西美电器、花语化工、晶科电器、飞达按摩器材公司等4个非公企业党支部。为全镇32个远程教育终端站点配备配齐电脑、投影仪、摄像头、音箱、耳机、电教片等硬软件。每村由1名村级后备干部负责远程教育终端点管理。创建九佛社区、埔心村、迳头村、康耐登公司等4个党建示范点，投入30万元改造何棠下村、均和村、枫下村、迳头村等4个党员活动中心。加强对全镇干部职工的廉政教育，筑牢拒腐防变的思想防线。查处镇、村、社干部利用职务之便在工程建设中索贿受贿、在土地征用、转让、拆迁等环节中以权谋私的案件。2010年镇纪委立案查办党员干部违法违纪案件9宗12人。

【九龙镇人民代表大会主席团工作】　2010年，九龙镇人大主席团分别组织镇代表开展集中视察和分团调研活动，召开主席团会议3次。组织代表视察新农村建设、九龙大道沿路景观建设和中新广州知识城中区安置区一期工程建设情况，组织代表参加区人大举办2010年区各级人大代表奖学助学金颁发仪式；组织代表开展向原选举单位选民代表述职活动。配合区人大对镇域执行《义务教育法》、《法律援助条例》等法律法规的情况进行检查。组织区人大代表举办接访选民群众日活动，26位区人大代表接访来访群众56人次，受理案件14宗，做到宗宗有回复。听取中新广州知识城规划筹建情况报告、镇政府2010年度重点工作开展及镇有关部门工作情况报告，并现场视察情况。审查通过镇政府2009年预算执行情况和2010年预算调整草案报告。对区一届人大七次会议建议12件和2010年以来镇人大建议（含议案转建议）19件的承办部门进行交办和督办，代表满意率81%，基本满意率19%。依法补选人大代表2名。

【九龙镇一届人大六次会议】　九龙镇第一届人民代表大会第六次会议于2010年3月30日在九龙镇党校会议室召开，83名代表参加会议。会议听取和审议九龙镇2009年政府工作报告、人大主席团工作报告、财政预算执行情况报告和2010年预算草案报告。区人大常委会主任赖新华，区政协主席官展平，区人大常委会副主任葛振亭、朱志超，副区长、九龙镇党委书记周军等出席会议。

【群团工作】　2010年，九龙镇总工会补选工会副主席1名，新建企业工会15家；组织干部职工、离退休人员进行健康检查。至2010年末，九龙镇团委有36个团支部，在册团员1776名，团委委员11名，其中专职书记1名，兼职副书记2名。已建立非公企业团支部3个。围绕“迎亚运”的主题，组织开展

2010年3月30日，九龙镇第一届人民代表大会第六次会议在九龙镇党校会议室召开。
创业导报供稿

“亚运广州行”排队日活动、“九龙镇青年体育文化节”等系列文体活动。结合“创文”活动，全年组织志愿者参加志愿活动19次，参与的志愿者超过500人次。组织团员为玉树灾区筹得款项5315元。配合做好青年劳动就业培训工作，培训超过2000人。协助华南农业大学珠江学院“三下乡”师生开展“农村信息化建设”调研活动，与埔心村达成“农村信息化基地”共建意向。慰问孤儿、贫困家庭儿童代表、单亲特困母亲代表78名，为玉树地震捐款4780元。联系法国—广东协会会长黄国平捐赠一批书籍、文具和玩具，向每位孤儿发放800元慰问金，并现场助养一名12岁孤儿。帮助5名贫困先天性心脏病儿童到广州市妇女儿童医疗中心治疗，其中2名儿童接受了手术。调解出嫁女分田分红维权、家庭矛盾等信访案件40宗。协助区评选出“平安家庭”13户。选送舞蹈《走进新时代》参加萝岗区2010年“庆三八、迎亚运”妇女健身活动展示大赛，荣获三等奖。

【工业】 2010年，九龙镇工业总产值44.55亿元，同比增长6.92%；实现食宿餐饮业营业收入5.75亿元，同比增长8.09%；实现社会服务业营业收入6.9亿元，增长11%。2010年累计清退产能落后的企业7家，腾出土地面积约7.73公顷（116亩）。全年排查各类生产经营单位、“三小”场所、建筑工地和出租屋1031间次，发现隐患794处，完成整改786条，整改率98.99%。查处走私和打击制售假冒伪劣产品，办理行政处罚简易程序案件28起。全镇发生生产安全（含建筑业）、道路交通事故和火灾39宗，造成7人死亡，受伤46人，直接经济损失44.72万元。事故起数、死亡人数和受伤人数同比分别下降18.75%、50%和4.17%，直接经济损失同比增长46.55%。完成第六次全国人口普查工作，完成2.49万个住户、153家企业、约12万人的普查工作。引导镇龙水厂做好水源切换工作，为1700多户群众免费更换水表，保障镇龙片区群众的饮水安全。2010年12月，九龙镇专职消防员陈志文被广东省公安消防总队评为“2010年度专职消防队执勤岗位练兵先进个人”。

【农业】 九龙镇有耕地2824.87公顷（42373亩），全镇农业总人口6.97万人1.59万户。2010年，全镇农业总产值9.65亿元，同比增长7.69%，农村集体经济总收入约10.59亿元，同比增长15%，农民人均年收入约9880元，同比增长15%。引进优质水稻、番薯等品种并推广种植86.67公顷（1300多亩）。农业产业化的项目建设取得较大突破，澳洋水产、园林鸡场、民丰水产、联兴鸡场、泽兴鸽场、穗龙鲜花、汉华菜场、谷丰园等农业项目完成验收。完成9项冬修水利工程，完成洋田、佛塱、新田、埔心等4个村273.33公顷（4100亩）农田标准化改造项目。在“5·14”和“9·3”两场特大暴雨中，及时转移和安置群众，没有出现一例伤亡报告。全年注射禽流感疫苗34.38万只，牛羊口蹄疫疫苗5744头次，狂犬病疫苗20941只。发放禽流感疫苗451万头份，口蹄疫疫苗78万头份，猪瘟疫苗81万头份，高致病性蓝耳疫苗27万头份，消毒水1.09万千克。发放农业机械补贴金额100多万元，补贴机具1300多台（套），受益农户600多户。完成2009～2010年度埔心村绿航项目土地承包经营权流转及洋田村汉华项目土地承包经营权流转工作，发放土地流转专项资金223.08万元。成立土地承包流转中心，对全镇村、社共2322份农村土地承包合同开展整理汇总和分析梳理。加快推进广东农村信息直通车工程“现代都市农业示范区”项目建设，青怡食品（广州）有限公司等10家单位被授予首批示范信息服务站称号。设立30个科技信息服务站点，发展村村通集群网用户90个，基本建立起农村信息科技工程的联系网络。

【城乡建设】 2010年，九龙镇内重点基础设施建设项目顺利完成节点计划。大岭山重大快速消费品生产项目完成156公顷（2340亩）征地，钟太路和碳纤维项目完成征地62公顷（930亩），其中7.5公顷（112.47亩）完成全部青苗补偿及土地平整等工作，并交地施工。广汕公路完成约15.07公顷（226亩）的征地拆迁任务。永龙隧道北出口完成58.54公顷（878亩）征地，其中北出口征地完成56公顷（840亩）土地出让协议签约，达到87.5%的进度，涉及道路市政配套工程的2.54公顷（38亩）征地已完成补偿协议签约、土地分界与测量等前期工作。指导红卫、均和、金坑等村制定“三旧”改造方案，并与开发商签订意向书。红卫村“三旧”改造项目成为知识城北安置区的重要项目之一。镇龙圩场市政改造项目完成方案设计。

【社区管理与服务】 2010年，九龙镇有6232名60岁以上老人享受免交保险费和每月每人80元老年生活津贴的待遇。做好扶贫济困、向灾区募捐、派发亚运大礼包、发放特殊人群亚运补助金等工作。进行危破房改造，筹资159万元为25户低保户和残疾人重建或修缮家园。扩大农村新型合作医疗覆盖面，参合率99%，免费为49名白内障老人做复明手术。全年发放低保金、五保金、儿童福利（孤儿救济）金专项救济款830多万元，发放优抚退伍兵、军属补助金180多万元。与新加坡德教太和观签署《关于家庭服务中心运作管理的合作备忘录》，为今后与新加坡先进社区服务机构合作开好局。选取两个地点用于建设社区家庭服务中心，加快引入新加坡的成功社区管理体系，推进社区服务改革工作。

【九龙镇行政执法办公室挂牌】 2010年1月20日，九龙镇行政执法办公室挂牌成立。副区长成潘流，副区长、九龙镇党委书记周军为执法办公室揭牌。区编委、九龙镇相关领导及九龙司法所等驻镇单位负责人参加揭牌仪式并参加九龙镇行政执法工作第一次联席会议。执法办公室挂牌后，做好城管执法队、国土所的下沉移交工作，整合各驻镇单位的行政执法资源，形成联合执法平台，开展行政执法综合改革试点工作。

【劳动就业】 2010年，九龙镇推荐及安置农村劳动力转移就业1895人。城镇登记失业人员484人，已就业422人。组织招聘会15场，开发就业岗位2325个，登记求职608人，安置就业421人。新增自主创业396户，带动就业人数约427人，发放自主创业专项资金118.8万元，各类创业资助款39.31万元。举办技能培训班153期，培训学员1.16万人次。参加新型农村养老保险6819人，其中267人按第一至第七档分别缴费参保。参加被征地农民养老保险1493人，参加城镇老年居民养老保险314人，参加城镇居民医疗保险644人；参加农转居养老保险63人。

【社会治安综合治理】 2010年，九龙镇刑事立案336宗；治安案件459宗，同比下降50.5%；盗窃破坏“三电”案件75宗，同比下降24.2%；侦破毒品案件9宗。全镇没有发生重大恶性案件，各类刑事案件明显下降。受理信访案件815宗1698人次。亚运期间实现零越级上访，到镇信访量下降50%，继续保持企业用工零纠纷的良好局面。开展平安镇、平安社区（村）、无毒社区（村）创建工作，覆盖率100%。建立30个村级综治信访维稳工作站。开展法治宣传，联合组织综治维稳、司法、国土、城管、派出所等部门进行社区法治宣传活动。全镇有27个村被授予区“平安村（社区）”称号。镇社会治安综合治理工作涌现出一批先进集体和个人。

【人口与计划生育】 2010年，九龙镇已婚育龄妇女1.68万人。全年完成计划生育“四术”661例，出生1162人，出生率14.27‰；死亡392人，死亡率4.81‰，人口自然增长率9.45‰，其中政策生育率93.46%，同比增加0.44个百分点，比区下达的年度任务指标高出1.76%。全年平均查环查孕率99.01%。是年九龙镇政府与各村（社区）、单位签订人口与计划生育目标管理责任书，实施镇村（社区）工作人员计生奖惩措施。全面落实人口与计划生育层级动态管理责任制，推进人口与计划生育工作重心下移，全面开展创建“双无村”，“双无”村比上年增加1个，增至15个村。

【出租屋与流动人口管理】 2010年，九龙镇建立出租屋分级管理机制，简化居住证办理程序，登记在册出租屋2075栋1.23万套，出租屋登记率和纳管率均达97.5%。流动人口登记率97.6%，基本消除外来人口无证在辖区居住现象。办理居住证1.72万张，办证率96.2%以上，超额完成区下达的任务。对出租屋进行巡查11.52万套次、口头责令整改752次、发出消防整改通知书 425份、整治电线乱拉乱接一批，整治消防隐患1634处，新购灭火器482个，开设安全逃生口57 个。出租屋内没有发生刑事案件，消防火灾等事故。加强使用流动人员调配费、暂住人口治安联防费、出租屋综合税和个体工商户代征税的征收力度，2010年“两费”、“两税”共收到165.39万元。派发流动人员“亚运”大礼包8715份。

【创文工作】 2010年，九龙镇组织开展“文明交通行动计划活动”等系列主题活动及创文明城市迎国检宣传工作，发放宣传单张1万多张，宣传手册1万多册。开展乱张贴、乱涂写、乱钉挂等专项整治行动，发现“六乱”3086宗，违章广告445块，给予违章广告中出现的电话号码予以停机处理46宗，罚款2000多元。拆除乱拉挂横幅75幅，约450平方米。整治乱摆卖1275宗；教育劝导占道经营693宗，查处乱堆放34宗。在镇龙市场外围设立2处自产自销摆卖区，2处季节性水果（荔枝）售卖区，规范管理，深得群众好评。完成麦村村等文明村的共建交流活动。埔心村作为萝岗区唯一的文明示范村候选单位顺利通过验收。

【城市管理】 2010年，九龙镇以中新广州知识城启动建设为契机，加强环境卫生治理和市政设施维护。完成九龙大道绿道示范带建设和约6.2万平方米的绿化升级改造。开展6次环境卫生综合整治行动。山龙村、大坦村和莲塘村及麦村上角社先后被评为广州市卫生村。与村（社区）及有关职能部门签订防控“三抢”工作责任书，组成联合巡查队，在全镇范围内进行网格化巡查，通过勤巡、快控，清拆违法乱搭乱建建（构）物，拆除未经许可的户外广告、指示牌和不规范设置的灯箱广告。2010年对知识城起步区和九龙大道两侧实施重点整治，对231宗违法建设实施强拆，拆除总面积2.1万平方米，把以获取不合理补偿为目的的违建行为制止在萌芽状态。对在建的25个工地办理施工许可证和余泥排放证情况进行排查141次，发出《责令限期改正通知书》50份。

【精神文明建设】 2010年，九龙镇有公办高中1所、初中4所、小学10所、成人文化技术学校1所；民办高等教育院校3所、民办一体化学校1所、民办幼儿园6所；镇教育基地7个、镇社区学校1所、村（居）社区教育工作站31个。全镇适龄儿童入学率100%，小学升学率100%。区立项投资9.39亿元用于改建、扩建、新建学校及购置部分教学设备，教育基础设施得到极大的改善。开展群众性的文体活动，组织合唱队参加“爱国歌曲大家唱暨亚运歌曲大家唱萝岗区群众歌咏比赛”获银奖，武术舞狮队在2010年广州市南狮锦标赛中获得群狮第三名，大坦村貔貅舞被列为广东省非物质文化遗产。组织亚运文明观众观参加亚运系列活动，参加人员2450人次。配合区体育局建成6个标准灯光篮球场、3条健身路径，扶持凤凰曲艺社及其他4个民间曲艺社。邀请粤剧名家倪慧英、组织镇曲艺社送戏下乡10场。建成31个村（社区）文化室。

【社会主义新农村建设】 2010年，九龙镇投入资金800多万元，建设埔心村社会主义新农村示范点，完成棠埔东路绿化改造工程、腰坑灌渠引水工程、埔心村水环境整治工程、埔心村二、三号塘环境整治工程、富营养化水体修复试验工程、埔心村中心区房屋整饰和周边环境整治工程、埔心村恒运商业街建设工程等项目，村容村貌焕然一新。开展水环境治理，建成长庚村、黄田村等4处农村治污工程。完成改厕575户，农村卫生厕所普及率96.78%。建设完善山龙移民新村，配足各项生活配套设施，有31户入住新居，为每户一次性发放生活补贴5000元。跟进三峡移民村工作，协调解决三峡移民多次反映的劳动力就业、房屋质量等问题；协助区开展对三峡移民村进行原地重建工作。

【林权改革】 九龙镇林地面积约9460公顷（14.19万亩），2010年，九龙镇推进林改工作，成立以镇主要领导为组长的林改工作机构，制定九龙镇集体林权制度改革实施方案，明确山林产权，完成勘测定界1229宗8666.67公顷（13.01万亩），占全镇林地面积的93.4%。各村的人口情况和山林经营管理现状于6月30日前进行第一次公示。严格执行森林限额采伐，没有发生乱砍滥伐森林、乱捕滥猎野生动物的案件。

【中新广州知识城项目征地拆迁工作】 2010年，中新广州知识城起步区、安置区完成征地800公顷（1.2万亩）。在知识城南起步区展示大厅建设过程中，完成知识城奠基仪式展厅187.67公顷（2815亩）征地工作。南中北三个安置区已完成地上附着物的补偿结算工作。知识城首批被征地农民590人成功参加社会养老保险，其中107人已领取养老金。

（陈柳华）

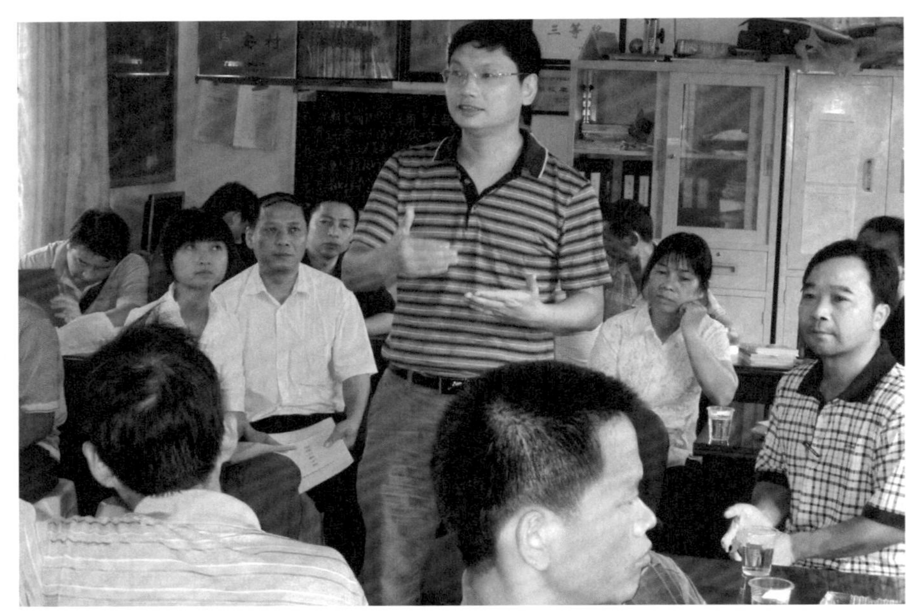

2010年9月19日，副区长、九龙镇党委书记周军（中）向村社干部提出做好林权改革工作的具体要求。 姚小东 摄

# 部分驻区口岸单位

## 综 述

【概况】 萝岗区位于广州市东部，穗港澳黄金三角洲中心地带，背靠华南地区最大的对外贸易港广州港。区内有黄埔海关〔下设黄埔新港海关、黄埔海关驻广州开发区办事处（广州保税区海关）〕、广州海关驻萝岗办事处，黄埔出入境检验检疫局（下设黄埔出入境检验检疫局新港办事处、黄埔出入境检验检疫局广州开发区办事处、黄埔出入境检验检疫局穗港办事处），新港海事处，新塘海事处、广州开发区出入境边防检查站、新港出入境边防检查站等口岸查验单位。口岸经营单位有12家，主要有广州集装箱码头有限公司、广州港集团新港港务分公司、广州港集团西基港务分公司、广东中外运东江仓码头有限公司等。区及周边共有本港码头泊位81个，万吨以上泊位17个，岸线长度9374米。2010年有国家一类口岸3个，分别是新港码头、广州集装箱码头和益海粮油码头。其中，新港码头有2个7万吨级、3个3万吨级散货及杂货泊位，拥有大型仓库11座，库场面积20多万平方米，货物堆存能力超过40万吨。广州集装箱码头共有6个专用集装箱泊位，每周都有国际班轮直达红海、东南亚、日本、韩国等重要港口，通过南沙、香港、新加坡可中转至世界各地。益海粮油码头是企业自用型码头。有国家二类口岸5个，分别是东江集装箱仓码头、广保通码头、省物资码头、东江口码头和中外运东江仓码头。有2个出入境货运车辆场。

（周　韬）

## 黄埔海关

【概况】 中华人民共和国黄埔海关前身系清朝政府于康熙二十四年（公元1685年）在广东设置的粤海关挂号口。1950年10月，中华人民共和国黄埔支关成立，隶属广州海关。1952年9月，黄埔支关改为黄埔分关（科级），仍隶属广州海关。1980年7月，中华人民共和国黄埔海关（正处级）成立，直属海关总署领导，1988年8月升格为副厅局级海关，2000年12月升格为厅局级海关。黄埔海关是广东省内7个直属海关之一，关区范围包括广州市天河区（一部分）、黄埔区、广州经济技术开发区、萝岗区（一部分）、广州高新技术产业开发区、广州保税区、广州出口加工区以及增城市、东莞市，辖区总面积约4440平方公里。开展除国际邮包、国际航班监管业务外的所有海关业务。该关总部驻广州保税区内保金路36号。

2010年，黄埔海关征收税款694亿元。黄埔海关统一区域执法取得实效。对外与广州海关深化“一关通”合作、加强企业信用互认，与深圳海关共同推进陆路卡口系统跨关区联网工作；对内重点开展东莞地区海关规范统一执法工作，简化并规范行政执法手续，出台联席会议、专题协调会议等5项制度，形成东莞地区海关联系配合工作机制，解决商品编码审核认定、多头下厂等多个实际问题。

是年，黄埔海关在各个业务现场设立广州亚运专窗，为亚运物资和人员提供优质便捷通关服务，快速验放涉亚物资和亚运会比赛用品，中央电视台亚运专题摄制组到该关业务现场采访报道亚运物资快速通关及亚运安保情况。该关获得广州亚组委“快速通关，服务亚运”牌匾，并被评为广东省内海关唯一的“广州亚运会安保情报信息工作先进单位”。

是年该关统计监测预警文章获中央领导批示6篇次；与广州开发区、萝岗区建立联席会议制度；12360海关统一服务热线顺利开通。东莞海关被评为“全国海关2010年政务公开示范点”；系统内涌现出“广东省五四红旗团委”、全国先进工作者王锐全等一大批先进集体与个人。

至年末，该关下设有11个处级隶属海关、办事处：驻开发区办事处（广州保税区海关）、老港海关 、新港海关、新塘海关、东莞海关、驻凤岗办事处、太平海关、新沙海关、驻常平办事处、驻沙田办事处，其中新港海关、驻开发区办（广州保税区海关）办公地点在萝岗区辖内。机关设20个处（室、局）：缉私局、办公室、法规处、审单处、监管通关处、关税处、综合统计处、加工贸易监管处、政治部办公室、人事处、教育处、思想政治工作办公室、稽查处、风险管理处（风险分中心）、企业管理处、财务装备处、技术处、监察室、督察内审处、关务保障处。

【税收征管】 2010年，黄埔海关健全税收征管质量抽样检查、审价作业标准化、重点商品规范申报等14项制度规程，发挥价格、归类和减免税3支专家队伍作用，全年解决9项涉税执法疑难问题，规范税收征管工作。2010年税收入库694亿元，同比增长48.52%。

【海关监管】 2010年，黄埔海关探索建立与保税贸易实际生产过程相适应的监管体系。围绕促进东莞加工贸易转型升级，广泛开展调研，制定支持措施；上线运行全国海关首个加工贸易管理三方联网系统，并开通全国海关首本加工贸易“三方联网”手册；东莞保税物流中心正式封关运作。2010年

2010年7月19日，黄埔海关与广州开发区管委会、萝岗区政府举行建立联席会议制度备忘录签订仪式暨第一次联席会议。 韦志军 摄

关区内加工贸易企业内销额177.3亿元，同比增长11.18%；内销征税36.2亿元，同比增长15.32%。

**【打击走私】** 2010年，黄埔海关完善反走私工作联席会议制度，建立绩效评估制度，探索执法联动机制。继续保持打击走私高压态势，成功查获走私橡胶线（案值3.7亿元）、走私金属硅案、走私海洛因案等重大案件。

**【分类通关改革】** 作为海关总署确定的分类通关试点改革首批推广单位，黄埔海关于2009年6月和8月先后启动出口分类通关、进口分类通关改革试点。2010年9月完成全关区海运、陆运进出口货物的分类通关改革工作。改革后，海运现场超过72%的出口报关单和23%的进口报关单可享受到“低风险快速放行”的优惠待遇，陆运现场87%的出口报关单和80%左右的进口报关单实现快速放行。与关区内15家诚信企业签订备忘录，集中提供无纸通关、单证暂存、属地管理等9项优惠措施。探索风险式审单模式，提高通关效率，通关时效跻身全国海关先进行列；同时坚持“违法惩戒”，强化实际监管，开发应用查验流程管理系统，将武警协助查验作业纳入计算机系统管理。 （尹晓飞）

## 黄埔新港海关

**【概况】** 黄埔新港海关原为黄埔海关驻新港办事处，成立于1976年3月，1997年8月正式成立黄埔新港海关，行政级别为正处级。监管范围为4个一类码头，即广州港新港码头、广州集装箱码头、广州珠钢码头、广州益海粮油码头；3个二类码头，即广东中外运东江仓码头、广州市东江口码头、全通秀丽码头。

至年末，新港海关下设有16个科室：办公室、法规科、通关科、集司码头监管科、东江口监管科、货运机检科、物流监控科、统计科、综合业务科、监察内控室、人事政工科、稽查科、风险管理科、财务装备科、技术科、后勤管理科（新港分中心）。在职干部职工202人，其中关员（干部）187人，职工15人；大学本科以上学历145人，占77.54%，专科32人，占17.11%；党员148人。

是年该关向政府机关、企业聘请15名海关特邀监督员和政务公开义务监督员；与萝岗区人民检察院签订《在预防职务犯罪工作中加强联系配合的备忘录》；与执勤武警部队签订“三共协议”，互聘廉政监督员；召开进出口企业、报关企业负责人座谈会，定期向企业收集《海关关员服务态度评议表》，启用电子行风评议系统。是年，新港海关被广州市评为“广州亚运共建文明口岸活动先进单位”，1人被评为“广州亚运共建文明口岸活动先进个人”。全年有3个集体分别荣获二等功、三等功、集体通报表扬，1人荣获一等功，6人荣获二等功，12人荣获三等功，60人受到嘉奖，9人受到通报表扬，29人年度考核优秀；5人获得“岗位标兵”、2人获得“业务能手”称号。

**【海关业务】** ·税收征管· 2010年，黄埔新港海关实现税收入库134.97亿元，同比增长13.98%。

·海关监管· 该关以风险管理为先导，建立通关、稽查、缉私的联系配合机制，实现信息共享，形成现场监管与后续管理形成合力的管理机制，严密实际监管。作为涉亚物资海运进出口主要口岸之一，成立亚运安保工作领导小组，制定亚运安保细化工作实施方案和通关现场突发事件应急处置预案，举行亚运安保突发事件应急处置演练；加大对涉亚商品的风险分析、布控和审核力度，加大对来自敏感地区的进口货物的查验力度，加大对监管场所、进出境船舶的检查力度；实行涉亚货物预约通关制度，在业务现场设立亚运专窗，为亚运物资和人员提供优质便捷通关服务。亚运会及亚残运会前后，该关共验放亚运比赛物资13批，总价值67.42万美元。

· 海关统计 · 黄埔新港海关年内报送统计分析文章103篇，其中被总关采用99篇，总署以上采用38篇次，其中《海关要情》采用34篇次，中共中央办公厅、国务院办公厅采用14篇次。

· 打私工作 · 查获走私违规案件195宗，案值1.09亿元，涉税326.38万元，查获走私案件6宗，案值3369.45万元，偷逃税款251.07万元，罚没入库204.37万元。查获走私出口金属硅案及走私进口不锈钢焊丝大案一批。

【业务改革】 2010年，新港海关承担黄埔海关的1项业务改革试点工作任务。9月17日"查验流程管理系统"在新港海关东江口监管科试运行，11月29日新港海关正式启用。（第五纪红）

2010年广州亚运前夕，黄埔新港海关举行亚运安保突发事件应急处置演练。 新港海关供稿

## 黄埔海关驻广州经济技术开发区办事处

【概况】 1989年2月，海关总署决定在广州经济技术开发区设置海关办事处，即黄埔海关驻广州经济技术开发区办事处。1990年11月该处正式对外办理海关业务。1996年，海关总署批准在广州保税区成立海关，即广州保税区海关。2003年1月20日，黄埔海关驻广州经济技术开发区办事处与广州保税区海关进行机构整合，成立黄埔海关驻广州经济技术开发区办事处（广州保税区海关）。其监管区域包括广州经济技术开发区、广州保税区、广州出口加工区、广州科学城等。

至2010年末，该关有内设机构22个，分别为办公室、人事政工科、监察内控室、财务装备科、技术科、风险管理科、综合业务科、统计科、通关科、保税监管内勤一科、保税监管内勤二科、单耗管理科、查验科、物流监控科、稽核科、企业管理科、广保通码头监管科、穗港码头监管科、卡口监管科、科学城监管科、出口加工区监管科、机关服务分中心。

是年，该办驻广州开发区、萝岗区政务服务中心科室连续4个季度被该区政务服务中心评为先进集体，并获得全年先进集体第1名，5个参评窗口共21人次获得"十佳优质服务窗口"称号；1名码头科关员被中共广东省直属机关工作委员会评为"社会主义精神文明先进个人"。

【海关业务】 · 税收征管 · 2010年黄埔海关驻广州经济技术开发区办事处全年税收实际入库47.58亿元，同比增长19.97%。

· 海关监管 · 2010年，该关总体业务实现较大增长。全年监管进出口货物201.6万吨，货值199亿美元，同比增长50.4%；办理进出口报关单33.8万份，同比增长37%。特殊监管区域发展迅猛，广州保税物流园区全年进出口货运量133.7万吨，货值89.99亿美元，同比增长175.95%和199.17%。广州保税区全年货值36亿美元，同比增长10%。

· 海关统计 · 2010年，该关统计分析上新台阶，共撰写统计分析90篇，被总关采用63篇，被总署以上载体采用39篇次，其中《海关要情》采用25篇次，中共中央办公厅和国务院办公厅采用11篇次，被中央领导批示2篇次。

· 打私工作 · 2010年，该关注重社会影响，在保持打私高压态势的同时，正确处理好打击走私和支持地方经济发展的关系，在案件处理过程中坚持快速办案并做好沟通解释工作，最大限度地减少对企业正常生产的影响。对涉及A类、AA类企业的案件严格请示汇报制度，在办案过程中，主动走访企业，倾听企业诉求。对不作处理的现场案件，坚持由科长通知企业负责人的做法，防止不法中介和报关员从中谋利。全年打私成效显著，共立案调查行政违法案件147起，案值2.90亿元。涉税956.34万元，审结案件158起，审结率99.37%；执行案件156起，执行率100%。罚没入库1003.93万元，缉私补税193.32万元。向侦查部门移送案件2起，已刑事立案1起。（李东红）

## 广州海关驻萝岗办事处

【概况】 广州海关驻萝岗办事处的前身——广州海关驻石牌办事处成立于1987年1月1日。2004年1月10日搬迁到“广州市萝岗出入境货运车辆检查场”，并更名为广州海关驻萝岗办事处，为正处级单位。主要业务：办理广州市区来往港澳货柜车及其所载进出口转关运输货物的通关监管业务；为萝岗区（部分）、广州高新技术产业开发区区内的外商投资企业和国内企业技术改造项目办理进口特定减免税货物的审批、加工贸易及保税仓库货物监管。

2010年，广州海关驻萝岗办事处监管进出口货物37.1万吨，同比增长8.7%；监管进出口车辆5.4万辆，同比增长6.1%；审核进出口报关单11.9万张，同比增长7.7%；监管进出口货物总值28.8亿美元，同比增长9.7%；累计入库3.2亿元。

至2010年末，该办内设办公室、人事政工科、通关管理科、监管科、风险管理科、稽查科、加工贸易监管科、综合业务科、统计管理科9个科室。在职人员123人，其中研究生学历3人，本科学历76人，大专学历 28人；党员74人。

2010年，该办开展“支部树旗帜，党员树形象，强化基层建设和基础建设”主题活动。年内广州海关奖励三等功3人，嘉奖23人，嘉许个人126人次，集体4个；党内表彰党员12人，支部2个；收到锦旗8面、感谢信22封（面）。有22人被评为先进个人。

【海关业务】 ·通关管理· 2010年，广州海关驻萝岗办事处积极融入大监管体系，配合广州海关启动出口分类通关改革。加强对各项税收指标监控分析，对异常指标及时跟进分析。加强窗口咨询和电话咨询工作质量，注重文明礼仪。

·海关监管· 是年，继续推广卡口联网通关业务。结合亚运安保工作，组织开展应对紧急突发事件处置演练和消防演练。设立加工贸易货物内销快速审批窗口，指定专人专岗，提供内销审批一条龙服务。通过对内销保税货物数量核定、归类、价格、原产地、税率和汇率适用等情况的执法自查，完善工作程序、规范审批程序。

·税收征管· 是年，该办全年税收入库3.2亿元，同比下降3.6%；其中，关税0.4亿元，同比增长53.6%；进口环节税2.8亿元，下降8.7%。

·海关统计· 是年，该办注意围绕广州海关支持广东开放型经济发展的各项措施，加大对广东特色商品的进出口动态对比分析力度，与综合统计处合写共编发《广州市进出口公平贸易简报》4期，统计监测分析报告49篇次，其中《穗关要情》采用42篇次，总署《海关要情》采用15篇。

（方健明）

## 黄埔出入境检验检疫局

【概况】 黄埔出入境检验检疫局（以下简称“黄埔局”）成立于1999年11月26日，由原黄埔进出口商品检验局、黄埔动植物检疫局、黄埔卫生检疫局、新港卫生检疫局合并组建而成，是国家设在黄埔口岸的出入境检验检疫分支机构。负责广州

2010年4月27日，广州海关驻萝岗办事处召开2010年关企座谈会。 方健明 摄

市萝岗、黄埔辖区内的18个一、二类口岸出入境人员、货物、集装箱、船舶、货柜车的检验检疫、鉴定、认证和监管职能，业务辐射20多个省市区。黄埔局下设新港、开发区、老港、庙头、穗港5个副处级办事处，内设12个科室以及事业性质的综合技术服务中心。该局局本部位于广州开发区创业路17号，新港、开发区、穗港3个办事处亦设在广州开发区、萝岗区辖内。至2010年末，全局在编干部职工182人，其中博士3人，硕士研究生29人，本科82人，大专38人，中高级以上职称74人。

2010年受理报检21.32万批，货值143.85亿美元；检验检疫出入境货物6.11万批，货值92.38亿美元；检出不合格进出口货物3491批次，不合格货值12.09亿美元。黄埔局承担亚运物资进境、复出境检验检疫等任务，为此专门设立“绿色通道”。在亚运物资检验检疫中，共受理申报入境的亚运物资32批次，货值470万美元。黄埔局监管的广州酒家黄埔分店承担着2个亚运比赛场馆的供餐任务。从11月3日至11月26日，共监管供餐6万份，做到亚运食品安全保障工作“零断供、零事故、零投诉”。

从2010年7月份开始，局党组成员和管理科室的干部职工每周1天、办事处领导每周2天下基层一线；8月份与黄埔区人民检察院建立“检检联动机制”。是年，黄埔局获得广东局检验检疫系统检疫查验先进单位、2008～2010年度检务先进集体、“科技兴检”先进集体、亚运亚残会保障工作先进集体、广州市亚运口岸共建活动先进集体等称号，通过广州市文明单位复评审。该局职工林应太获得广东省五一劳动奖章，并当选亚运圣火传递火炬手；全局有46人次立功或获通报表彰。

【口岸卫生检疫监管】 2010年，黄埔局检疫集装箱160.49万个标箱，船舶2.52万艘次。检出不符合要求的木质包装421批。截获动植物疫情7747批次，其中检疫性有害生物415批次；检出问题集装箱4.83万个标箱；截获医学媒介生物842批次。完成传染病监测体检4401人，完成艾滋病监测4162人；其中检出澳抗阳性289人，非传染性疾病2697人，肝炎24人，性病（梅毒）10人，进行霍乱预防接种188人。

【进出口商品检验监管】 2010年，黄埔局继续把安全、健康、卫生、环保和反欺诈作为重点，突出抓好进口废物原料、矿产类等大宗重点敏感商品的检验监管。全年完成出入境商品检验6.17万批次，货值92.39万美元；完成入境废物原料检验检疫7135批次，涉及货值近7亿美元，总重量203.65万吨；检出不合格1095批次，涉及货值9373.6万美元；退运6批次，涉及货值17.28万美元。

【进出境动植物检验检疫】 2010年，黄埔口岸进口动物及其产品3066批次，货物总量51.7万吨，检出疫情20批，分别是鱼粉沙门氏菌阳性10批，肉骨粉沙门氏菌阳性7批，冻水产品检出副溶血弧菌1批，冻肉产品检出沙门氏菌、金黄色葡萄球菌各1批。完成进境的植物及其产品检验检疫2194批次，货物总计323.39万吨，总货值9.91亿美元；检出有害生物4098批次，其中检疫性有害生物270批次；从24批次大豆中检疫出菜豆夹斑驳病毒；检验发现品质不合格58批次，包括24批苜蓿草、10批大豆、11批大麦、8批小麦、4批豌豆硒超标和1批圆环克不合格，总重量35.86万吨，货值1.02亿美元。

【检管模式改革】 2010年，黄埔局在检验检疫实践中进一步总结完善应用“风险分析+分类管理+电子监管+重点查验”的口岸监管模式，建立健全对风险信息的收集、分析、评估、分级、预警与快速反应管理工作机制。与广东外运仓码公司合作，委托广东出入境检验检疫局信息中心开发的“广东外运检验检疫大通关平台”项目已试运行。由广东局信息中心开发“保税物流园区检验检疫电子监管系统”。

【科技兴检】 黄埔局检测中心从事饲料、冻品、粮谷、水果、种苗、原木、食品、化肥、石油、煤炭等农、化、矿产品及医学媒介昆虫检验检疫。在华南地区享有盛誉。其下分设理化检验实验室、植物检疫实验室、微生物实验室和医学媒介生物实验室4个专业实验室。2010年，检测中心检出不合格410项次（理化项目、微生物项目），鉴定确认检疫性有害生物269种次，鉴定确认医学媒介生物170种次。其中，植检实验室取得多个首次鉴定或检出：3月份首次鉴定（截获）植物检疫性有害生物——椰子缢胸叶甲；4月下旬首次鉴定（截获）植物有害生物——窄吉丁属（非中国种）；近五年来，首次鉴定发现活体植物检疫性有害生物——菜豆象。

【服务外贸】 2009年12月，黄埔局正式进驻广州开发区政务服务中心。一年来，在广州开发区政务服务中心组织的每月、每季度的测评中，均获得100%的满意度，有4个月被评为优质服务窗口，2个季度被评为优质服务先进单位。在广州保税区进口红酒检验监管方面，该局量身定做“入仓查验、允许在保税区内贴中文标签、风险分析集中统筹取样，以及集中检验、分批出证核销”等6项便利措施，简化办事程序，节省企业成本。协调上级部门，将广州开发区列为“出入境生物材料检验检疫改革试点园区”，已报国家出入境检验检疫局审批。

2010年签发惠普制产地证2998份，货值1.16亿美元；区域性优惠产地证3299份，货值9701.6万美元；一般原产地证2228份，货值8208万美元；新注册企业37家，年审企业156家。

【基础建设】 2010年，黄埔局完成酒类检测中心感官实验室建设，向广州开发区争取扩展了400平方米的实验室用房，使酒类检测中心使用面积达到3300平方米；落实广州出口加工区货检场改造扩建及扩展物流功能工程项目中检验检疫办公用房事宜；局办公楼顺利通过国家质检总局的总验收。

（丁　迎）

## 黄埔出入境检验检疫局新港办事处

【概况】 黄埔出入境检验检疫局新港办事处（以下简称“新港办事处”）于2000年1月1日成立，主要负责广州集装箱码头有限公司码头、新港码头的出入境交通工具、人员、货物检验检疫和口岸卫生监管工作。该处为副处级建制单位，隶属黄埔出入境检验检疫局，下设4个科室：查验一科、查验二科、查验三科和集司码头监管科。至2010年末，在职员工26人。

【业务工作】 2010年，新港办事处完成出入境货物检验检疫5.39万批次，涉及货值72.71亿美元；检疫进出境集装箱23.42万个标箱；检疫查验出入境船舶9854艘次；检出不合格货物1227批次。

（丁　迎）

## 黄埔出入境检验检疫局开发区办事处

【概况】 黄埔出入境检验检疫局开发区办事处（以下简称“开发区办事处”）成立于1999年11月，由原驻开发区的商检、卫检、动植检3个中央驻区机构合并而成，主要承担广州经济技术开发区、保税区、出口加工区、高新技术产业开发区和保税物流园区出入境货物的检验检疫监管工作。该处为副处级建制单位，隶属黄埔出入境检验检疫局，下设3个科室：综合科、查验科、保税区监管科。至2010年末，在职员工21人。

【业务工作】 2010年，开发区办事处完成进出境目录内法定检验检疫货物3万批，比上年增加40%；完成进境木包装检疫4463批，进境货物口岸查验4560批，入境集装箱检疫1.23万批，卫生处害处理143批。检出163批进境木包装不合格，同比增长27%；进境集装箱检疫中发现6批次共11个标箱不合格，检出有害生物39批次，进境机电产品查验中发现10批次产品货证不符，出口货物货证不符不予出境2批次。检出173个品种进口红酒不合格并作检验检疫监督处理，其中6个品种作退运处理，1个品种作销毁处理。定期对辖区内葡萄酒进口企业的中文标签张贴、整改等情况进行监督核查，涉及7家企业，50多个葡萄酒品种。

对于信誉好、遵纪守法的诚信企业，在进出广州保税区大宗低风险货物时，实行集中查验，分批核销、放行的做法，加快企业的通关速度。对海瑞克（广州）隧道设备有限公司出区目的地为广州的，符合监管条件的货物试行入区集中检验、出区分批核销的检验模式。定期参加广州开发区、萝岗区局长接待日活动，为企业答疑解惑。支持开发区管委会和相关单位7月份举办广州国际酒饮博览会和东盟进口食品展览会。支持地方新建扩建货检场。

（丁　迎）

## 黄埔出入境检验检疫局穗港办事处

【概况】 黄埔出入境检验检疫局穗港办事处（以下简称“穗港办事处”）于2006年底成立，2007年初正式运作，主要负责广州经济技术开发区内东江沿岸码头（含广保通码头、东江口码头、省物资码头、穗港码头、东江仓码头和益海码头等）的出入境交通工具、人员、货物检验检疫和口岸卫生监管工作。该处为副处级建制单位，隶属黄埔出入境检验检疫局，下设3个科室：广保通码头监管科、东江口码头监管科和东江仓码头监管科。至2010年末，在职员工26人。

【业务工作】 2010年，穗港办事处完成进出境检验检疫4.76万批次，货值13.01亿美元，同比分别增长19.43%和48.57%；检疫进出境集装箱33.3万个标箱，同比增长30.46%；检疫出入境船舶5954艘次；实施木包装检疫1.9万批，同比增长34.1%；检出不合格情况265 批次，检出疫情91批次。（丁　迎）

## 广州新港海事处

【概况】 中华人民共和国广州新港海事处（以下简称“广州新港海事处”）为交通运输部海事局派出机构，直属广州海事局，2001年2月8日正式挂牌成立，行政级别为副处级。该处位于萝岗区夏港街港前路，管辖范围从广州港74号浮到75号浮约5海里（9公里），是船舶进出黄埔、内港、佛山、东江、西江、沿海的必经之路。新港口岸、集装箱口岸是国家一类开放口岸，东江口岸为国家二类开放口岸。辖区有万吨级以上码头泊位13个，5000吨级石油码头泊位2个、穗港码头有1000吨级码头泊位3个，5000吨级码头泊位1个；横涌驳船作业码头泊位7个、1万吨级以上系船浮筒7个，调头区2个，防台锚地6个和危险品码头3座。辖区有年吞吐量2000万吨的华南地区最大的西基电煤码头、年吞吐量130万个标箱的集装箱港务公司以及年吞吐量1300万吨的广州港新港港务分公司、年吞吐量300万吨的广州港石油化工港务分公司、年吞吐量200万吨的广东省石油公司和东江口岸发展有限公司等；开通有国际航线4条、港澳航线10条。2009年2月，增开海峡两岸海上直航班轮。

该处实行层级管理，分设监管科、执法大队、办公室和船队4个部门；外设东江口水上现场管控点1个，穗港码头和石化码头签证点2个；拥有海事专用码头1座，海事巡逻执法车2辆，巡逻船2艘、巡逻快艇1艘，水上管控工作趸船1艘。至2010年末，全处有干部职工39人，其中研究生学历2人，本科学历7人，大专学历21人；高级工程师3人，工程师4人，助理工程师12人；党员16人。

2010年11月和12月，海事部门承担广州亚运会水上交通安全保障及珠江花船巡游调度指挥工作。广州新港海事处采取“开展内部培训，掌握亚运管控情况；制定工作指南，明细各岗位和人员的具体工作；建立联动机制，确保各项专项检查无缝链接”等十项安全措施，圆满完成广州亚组委和广州海事局交办的亚运水上交通安全管控任务。

是年，该处实行半军事化管理。2月，被广东海事局评为“文明执法示范窗口”。

2010年，广州新港海事处开展“我为亚运添光彩”活动。 广州新港海事处供稿

【业务工作】 广州新港海事处辖区虽小，但进驻港航企业数量多，船舶通航密度大，特别是航道弯曲、狭窄，转向点、交叉点多等不安全因素，容易发生船舶搁浅、碰撞等事故或险情。因此，现场安全监管任务十分繁重。2010年，该处通过加强对重点水域、重点船舶和重点环节的安全监管；邀请资深引航员到辖区进行隐患排查；组织港航单位召开安全信息通报会；免费发放《船舶安全劝告书》；联合广州海事局指挥中心、交管中心和督察处人员，共同分析研究辖区事故和险情以及积极开展区域联合行动、专项整治和定期夜巡等有效措施，有效地保证辖区水上交通安全形势的持续稳定。是年，该处共出动海事执法人员2352人次，巡航1138航次，巡航里程1.2万海里；现场检查船舶1992艘次，纠正船舶违法违章行为419宗次，查处行政违法案件85宗；为大型船舶清道护航109艘次；办理船舶进出港签证手续4.91万艘次、口岸查验5070艘次、危险货物审批6620艘次，船舶清理残油、污油水作业审批68艘次。 （罗旭晖）

## 广州经济技术开发区出入境边防检查站

【概况】 中华人民共和国广州经济技术开发区出入境边防检查站（以下简称“开发区边检站”）于1997年1月成立，隶属于广州出入境边防检查总站黄埔出入境边防检查站。开发区边检站主要担负开发区东江口穗港码头、广保通码头等装卸点的出入境船舶及其员工的出入境边防检查任务和巡查监护任务及口岸的安全维护工作。

开发区边检站为副处级建制单位，下设2个正科级业务队。至2010年末，共有民警60人，全部为大专以上学历，均为中共党员。

【业务工作】 2010年，开发区边检站把上海世博会和第16届广州亚运会安保工作作为全年工作重心，切实加强口岸安全管理，继续加强文明规范执勤，全面提升边检对外窗口服务水平。在开展上海

世博会和广州亚运会安保工作的8个月时间里，开发区边检站制定多项安保措施，严格贯彻落实24小时船舶随到随检便民措施和24小时港区驻守制度，并积极走访地方各安全部门和口岸各联检单位，携手共同建立联防合作机制，同时获得地方政府和口岸办领导的大力支持和配合。维护开发区口岸的安全稳定和正常的出入境秩序，顺利完成“平安世博”、“平安亚运”的工作目标。

是年开发区边检站检查出入境船舶3305艘次、员工2.36万人次，圆满完成上级交给的各项工作任务。（陈淑兰）

## 广州港集团有限公司新港港务分公司

【概况】 广州港集团有限公司新港港务分公司（以下简称“新港港务分公司”）是国有企业广州港集团有限公司的下属企业，于1973年动工建设、1975年12月26日简易投产。公司位于广州经济技术开发区西区宝石路1号，地处广州市东南的珠江与东江交汇处。港口铁路专用线直接与广深铁路连接，可以直通京广线、京九线以及省内的三茂铁路、广梅汕铁路；水路可通达国内、国际的主要口岸；各项港口设备设施完备，是国家一类开放口岸、广州保税物流园区的重要组成部分。公司主要在港区内从事货物装卸、仓储经营（易燃易爆危险化学品除外）、代办中转、码头设施经营，以及港口机械、设施设备租赁、维修业务经营、代办货物报检、场地租赁、室内水电安装、技术咨询和技术服务。该公司拥有2个7万吨级、3个3万吨级散货及杂货泊位，锚地浮筒10多个，另有港作泊位6个，岸线总长1316.5米。拥有库场面积20多万平方米、大型货物仓库11座，库场总容量超过51万吨，其中散装粮食货物存储专用筒仓一批，堆存能力近16万吨。货物集疏可以采用水路、铁路、公路等方式，月最高疏运能力超过95万吨，其中2010年该公司疏运量达897.1万吨。配备各种生产专用装卸机械近200台（套）。码头前沿门吊最大起重能力25吨、后方机械的最大起重能力50吨，另有最大起重能力达110吨的汽车吊一台、通过能力1000吨/小时的岸吊两台。前沿门吊、桥吊的综合通过能力1200万吨左右，后方流动机械配备合理、完全适应前沿最大通过能力的要求。

该公司于1999年建立ISO9002质量管理体系并通过认证，2002年整合形成质量与职业安全卫生管理体系通过认证，一直按体系要求运行，2009年通过换版审核认证。2004年6月18日获得交通部颁发《港口设施保安符合证书》。2010年，新港港务分公司连续第6年获得“全国用户满意企业”称号，连续第8年获得“广州市用户满意企业”称号，并被评为2010年度广东省创建学习型企业先进单位；2010年8月，该公司工会被中华全国总工会授予“全国模范职工之家”称号。

至2010年末，新港港务分公司内设职能部门14个，在岗职工1083人，劳务工778人。其中，研究生学历5人，本科学历130人，大专学历138人；高级职称5人，中级职称56人，初级职称120人；党员385人。

2010年11月24日，在广州港集团2010年岸边集装箱起重机操作技术比武暨劳动竞赛总结表彰大会上，广州市人大常委会副主任、市总工会主席陈伟光（左）为新港港务分公司员工颁奖。 张汉忠 摄

【业务工作】 2010年，新港港务分公司根据“做大做强粮食、钢材货类，打造机电设备出口基地”的战略目标，重点做好粮食、钢材、杂货等业务。全年完成吞吐量1239.3万吨，其中粮食货类576.4万吨，钢材货类189.6万吨。是年7月15日，散粮泊位系统改造项目通过工程竣工验收而进入正式运营，新港口岸粮食货类的

通过能力从原设计160万吨/年增加到340万吨/年；7月20日，新开通与顺德乐从码头合作的内贸钢材“水上巴士”项目；7月7日，该公司邀请全国各地22家粮食客户、合作港口企业和粮食产业链的相关方共40多名代表，召开粮食客户座谈会，拓宽合作平台。（文玉萍）

## 广州港集团有限公司西基港务分公司

【概况】 广州港集团有限公司西基港务分公司（以下简称“西基港务分公司”）是广州港集团有限公司下属的分公司。该公司位于广州市萝岗区金碧路171号，地处珠江东北岸，珠江与东江汇合处，港区内建有专用铁路与广深铁路相连，水陆交通方便，毗邻恒运电厂和黄埔电厂。码头陆域面积26万平方米，堆场面积12.7万平方米，卸船泊位码头长527米，装船泊位码头长400米，拥有7万吨级卸船泊位2个。码头于1987年3月22日正式投产营运，为华南地区最大的现代化煤炭装卸专业码头之一，是华南地区重要的煤炭集疏中转地。码头拥有2台800吨/小时、2台1000吨/小时、1台1250吨/小时的桥式卸船机，2台500吨/小时的门式卸船机，4台堆、取能力分别为2000/1000吨/小时和4台堆、取能力分别为2000/1500吨/小时的斗轮堆取料机，2台1000吨/小时的装船机，1台1000吨/小时的装卡机，7台推土机，24台推扒机，8台斗车，以及相关的皮带系统、流动设备、洒水除尘系统、污水回收处理系统、通信等配套设施，并建有较为全面的现场电子监控、生产作业控制、货运业务、设备管理、物资管理、办公自动化等计算机管理系统，码头的自动化、信息化程度以及装卸效率在国内同行中处于领先水平。

至2010年末，西基港务分公司内设职能部门14个，其中2010年新增市场营销部。在册职工567人，劳务工233人，其中：研究生学历6人，本科学历118人，大专学历101人；高级职称6人、中级职称52人，初级职称102人；党员206人。该公司建有质量与职业健康安全管理体系，形成较为完善合理的层级组织机构和科学规范的管理机制。

【业务工作】 2010年，西基港务分公司码头实现煤炭接卸量1453.2万吨，为原设计能力400万吨/年的3倍多，本港吞吐量1946.5万吨，船舶在港作业停时间1.74天。在作业效率上，5万吨以上船舶年平均卸船时间48.04小时，4万至5万吨级船舶年平均卸船时间37.92小时，4万吨级以下船舶年平均卸船时间28.09小时，装卡作业平均时间1.7小时，装驳船年平均时间5小时，装车待装时间0.46小时。（钟 莉）

## 广州集装箱码头有限公司

【概况】 广州集装箱码头有限公司（以下简称“GCT”），是由广州港集团和新加坡国际港务集团共同投资经营的专业化国际集装箱码头，于2001年7月1日成立，位于广州经济技术开发区黄埔新港路1号，其前身为1983年成立的黄埔集装箱公司，是中国最早的三大集装箱码头之一。GCT管理和经营新港集装箱码头共4个集装箱泊位，码头岸线810米，集装箱年通过能力达100万个标箱（TEU）。每周都有国际班轮直达日本、韩国、东南亚、红海等重要港口，通过香港、新加坡可中转到地中海、美加、欧非等世界各地。GCT拥有完善的珠三角中转网络，每天都有密集的趸驳船穿梭于GCT、香港和珠三角各港口之间，与国内几十个港口直接通航。

GCT不仅可提供集装箱装卸与堆存、集装箱装拆、火车卡装卸、散货驳船汽车装卸等业务，而且对于冷藏箱、危险品箱的作业处理具有丰富的经验，在码头内可直接提供集装箱清洗、维修、熏蒸等配套服务。2004年，GCT获得“中国港口十强集装箱码头”称号和由《劳氏亚洲海运》杂志颁发的劳埃德亚洲海事奖之2004年度最佳新崛起集装箱码头奖。2005～2008年，公司连续4年获得“中国港口前五强内贸集装箱码头”称号。

至2010年末，GCT内设有工作部门9个，分别为：总经理办公室、财务部、信息部、行政人事部、安全保障部、业务发展部、操作部、技术部、物流管理部。在职员工425人，其中：研究生学历1人，本科学历72人，大专学历109人；中级职称12人，初级职称2人，助理职称10人；党员100人。

【业务工作】 2010年，GCT成功摆脱金融危机带来的影响，努力引进内贸业务，开辟外贸航线，精心做好码头操作服务，并积极加强公司内部管理，推进口岸工作，提升港口功能，全年累计完成集装箱吞吐量96万个标箱（TEU），实现营业收入2亿多元，上缴各种税收约1600万元，创造利润约3500万元。（翁妙贤）

# 人物与荣誉

# 人 物

**【全国劳动模范毛新平】** 毛新平，男，1965年6月出生，原籍湖南常德，生于湖北鄂州，工学博士，教授级高级工程师，广州珠江钢铁有限责任公司副总经理、总工程师，享受国务院特殊津贴，广州市杰出青年。2010年4月，获得全国劳动模范称号。其事迹详见《萝岗年鉴·2009》“荣誉榜”分目。

**【中央“千人计划”人才】** 2010年3月，经中央人才工作协调小组批准，上年9月广州开发区、萝岗区推荐申报第三批中央“千人计划”人选中，许嘉森、韩蓝青、张必良、周治明4人成功获选。此次广东省共有9名创业人才入选第三批中央“千人计划”，其中广州市共有4人入选，均来自广州开发区、萝岗区。这是该区“国家海外高层次人才创新创业基地”建设取得的又一新成果。加上此前第二批入选的周振和李胜峰，该区共有6人入选“千人计划”。中央“千人计划”入选者将被授予“国家特聘专家”称号，享受相关优惠待遇，并由中央财政给予每人100万元的资助经费。广州开发区、萝岗区按照《国家级海外高层次人才创新创业基地建设方案》给入选者提供工作和生活方面的配套扶持。

许嘉森，男，广州益善生物技术有限公司总裁，并出任公司董事长。是公司创始人之一，负责公司的运营、战略规划以及商业发展，指导产品研发。在耶鲁大学完成博士后研究，在香港大学获博士学位。许嘉森是中国个体化医疗产业的开拓者和倡导者，他带领团队申请国际国内发明专利50余项，其全球首创的“肿瘤个体化医疗靶标检测系统方案”曾获“中国侨界贡献奖”。2010年入选国家“千人计划”。

韩蓝青，男，清华大学工程学士、加拿大麦吉尔大学工程硕士、加拿大女王大学工商管理硕士。现任赛业生物董事长，海狸生物CEO。曾涉及电子、精密仪器以及生物技术等多个领域，拥有多项专利，开发和推广很多成功的科技产品，并参与创办和管理数个成功企业。他于1999年受聘于法国电讯公司阿尔卡特加拿大分公司从事硬件设计与项目管理，在5年中参与和领导多个项目，其中包括当时世界上容量最大、速度最快的Internet骨干网交换机核心部分的开发。2006年回国创办赛业生物，目前公司已有百多种科研用细胞及相关产品上市，并为国内外客户开展干细胞、基因构建和转基因动物等研发服务，销量稳步上升，已成为国内最大的科研用干细胞供应商和转基因小鼠服务商。2010年底，赛业生物进入生物信息领域。2010年初韩蓝青参与筹建海狸生物并任CEO，海狸生物的宗旨是开发一系列自组装肽链在生命科学研究和医学上的应用。2010年入选国家“千人计划”。

张必良，男，1998年9月获美国哥伦比亚大学有机化学博士学位，毕业后在美国科罗拉大学化学系从事博士后研究。自1998年起，在美国麻省大学医学分子医学系和生物化学与分子药理系任教，曾任美国麻省大学医学院分子医学系研究室主任，博士生导师；2004年至今，任中国科学院广州生物医药与健康研究院研究员；2004年7月，创建广州市锐博生物科技有限公司。张必良主要从事于化学与生物学之间的交叉领域的研究，用化学合成的方法、生物化学、分子生物学以及细胞生物学的方法探讨和研究重要的生物医药问题。利用组合化学和RNAi的手段进行功能基因组学、治疗学研究和新药研发。曾在Nature，chemistry & biology，JACS等国际核心杂志上发表多篇论文。2010年入选国家“千人计划”。

周治明，男，高分子材料专家，海聚高分子材料科技（广州）有限公司董事长。1990年公派留学英国攻读博士学位，1994年前往美国麻省大学攻读高分子材料博士后。2005年回国创业。2008年获得广州新侨回国创业杰出贡献奖。同时任广州留学生商会副会长和广州市第十一届政协委员。2010年入选国家“千人计划”。

**【广州市道德模范人物】** 2010年1月，广州市文明委、市委宣传部命名表彰50名“第四届广州市道德模范”，并于2月8日晚在广州电视台演播厅举行表彰颁奖典礼。萝岗区选送的17名道德模范候选人中有4人获得“广州市道德模范”荣誉称号。其中，刘桦入选助人为乐类道德模范，罗成波入选见义勇为类道德模范，肖炎富入选诚实守信类道德模范，钟艳芬入选敬业奉献类道德模范。

刘桦，女，33岁，中共党员，萝岗区火村小学老师、辅导员。3年多来坚持不懈地到广州市救助保护流浪少年儿童中心进行义务支教活动，组织开展“共建同心园”植树、“千年树”文学社等各项有意义的少先队活动。其事迹受到中央电视台、广东电视台、广州电视台、南方电视台、《广州日报》、《羊城晚报》、《现代小学生报》等多家媒体的报道。

罗成波，男，35岁，萝岗区治安联防支队西区大队中队长。参加治安联防工作以来，先后参与抓获各类犯罪嫌疑人40多名，协助公安机关破获各类案件10余起。2006年7月，3名男青年在一网吧对1名男青年实施抢劫，罗成波见义勇为、挺身而出。在与歹徒搏斗过程中，他被歹徒用小刀刺中小腹，鲜血直流，伤口深度长达8厘米，但他不顾个人安危，仍紧紧抱住其中1名歹徒不放，直至警察赶来将3名歹徒抓获归案。曾被评为2006、2007年度广州市见义勇为十佳好市民。

肖炎富，男，52岁，中共党员，广州开发区公安分局机关服务中心主任。其负责管理的广州开发区保安服务公司连续6次获评“A级纳税人”，是全国保安行业中纳税率最高的公司之一。公司研建了三大技防系统，所有安装该公司报警系统的客户没有发生一宗盗抢案件。公司管理规范，合同履约率100%，并为全部员工办理养老保险。公司设立的“保安互助基金”先后资助23名患病或家庭困难的保安员，资助总额在20万元以上。2003年被中共广州市委评为优秀共产党员，2007年被评为广东省保安工作先进个人。

2010年2月8日晚，第四届广州市道德模范评选表彰颁奖典礼在广州电视台演播厅举行。图为刘桦、钟艳芬、罗戍波、肖炎富和全国道德模范黄来女（由左至右）在颁奖现场。 郭哲涵 摄

钟艳芬，女，48岁，广州开发区环卫美化服务中心保洁所队长。在平凡的环卫工作岗位上，兢兢业业，任劳任怨，22年如一日。从一名普通的环卫工人一步一个脚印走上队长岗位。她在任队长期间，坚持每周到作业现场进行互检互评，使环卫班组作业员工中形成“比学赶帮超”的良好氛围；她以身作则，多次带病坚持工作，哪里活最脏最重，她就出现在哪里。在2009年创文工作中，她带领环卫工人清理卫生死角18万平方米。曾多次获得“优秀城市美容师”及“市劳动模范”称号。

（王杰烽）

**【逝世知名人物】** 江宁理（1946.09～2010.01.09） 广州经济技术开发区、广州高新技术产业开发区、广州出口加工区、广州保税区原党委委员、管委会副主任。广东揭阳人，1963年8月参加工作，1968年8月加入中国共产党。1963年8月至1965年12月任广东揭阳炮台粮食管理所业务员；1965年12月至1966年6月任中国人民解放军第41军12师363团战士；1966年6月至1969年12月任广州军区外语训练大队学员；1969年12月至1978年8月任广州军区技术侦察支队侦察员、司令部情报参谋；1978年8月至1991年12月历任广州外贸中心商场部管理员、进出口部经理、副总经理、总经理；1991年12月至1997年5月历任中国出口商品交易会、中国对外贸易中心党委委员、副秘书长、常务董事、副总经理；1997年5月至2002年7月任广州经济技术开发区党委委员、管委会副主任；2002年7月至2003年7月任广州经济技术开发区、广州高新技术产业开发区、广州出口加工区、广州保税区临时党委委员、管委会副主任；2003年7月至2006年11月任广州经济技术开发区、广州高新技术产业开发区、广州出口加工区、广州保税区党委委员、管委会副主任。2006年11月经中共广州市委同意办理退休。

赵太杰（1931.11～2010.10.28） 中共广州经济技术开发区委员会原委员、纪委书记。广东新兴人，1949年11月参加工作，1953年4月加入中国共产党。1949年11月至1950年12月在广东省新兴县稔村乡政府从事宣传工作；1951年1月至1954年1月任广州警备司令部政保队战士、副班长；1954年2月至1955年10月任广州市市长朱光的警卫员；1955年10月至1968年9月先后任广州市人民委员会办公厅人事科办事员、科员、副科长；1968年10月至1969年11月任广州市“五·七”干校排长；1969年12月至1973年11月任广州市革委会103队、市专案办排长、副指导员；1973年12月至1983年12月任中共广州市委组织部副县（科）级干事、正县（科）级组长；1983年12月至1985年3月任中共广州市纪律检查委员会副处级纪律检查员；1985年3月至1986年7月任中共广州市纪律检查委员会纪律检查二处副处长；1986年7月至1989年10月任中共广州经济技术开发区纪律检查委员会副书记；1989年10月至1991年12月任中共广州经济技术开发区委员会委员、纪委书记；1992年5月经中共广州市委同意办理退休。

杨富强（1962.03～2010.06.28） 广州开发区、萝岗区建设工程质量检测中心原主任。湖南长沙人，1982年1月参加工作，1997年6月加入中国共产党。1982年1月湖南长沙大学自控专业大专学习毕业后，任湖南长沙木材公司技术员；1984年11月至1988年9月任湖南人造板厂助理工程师；1988年9月至1992年9月任广州开发区南洋木材工业有限公司部门经理、工程师；1992年9月至2000年8月任广州开发区自来水公司科长、工程师；2000

年8月至2004年5月任广州开发区污水处理厂技术科科长、工程师，期间2002年12月受聘为高级工程师；2004年5月至2007年6月任广州开发区、萝岗区水质净化厂总工程师；2007年6月至2009年8月任广州开发区、萝岗区水质净化厂副厂长；2009年8月至2010年6月任广州开发区、萝岗区建设工程质量检测中心主任。2010年6月28日，他不幸在公务途中因交通事故殉职，享年48岁。杨富强在广州开发区工作18年，获得过多项荣誉称号：2003年被评为广州开发区优秀共产党员；2005年被评为萝岗区先进工作者；2009年4月被评为广州开发区萝岗区2006～2008年度先进劳动者；2007～2009年连续三年考核优秀。2010年11月2日，广州开发区党工委、萝岗区委常委会一致通过，决定追授杨富强为区优秀共产党员。

何永根（1976.02～2009.09.19） 广州市萝岗区治安联防支队原队员。广州市白云区钟落潭镇良田村人。2003年9月加入广州市白云区治安联防队伍，2005年6月转入广州市萝岗区治安联防支队工作。担任治安联防队员期间，因工作成绩突出，于2005～2008年连续4年被萝岗区辅警支队评为优秀治安联防队员。2009年9月19日，他在萝岗区九龙镇处置治安警情时，为保护人民群众的利益，与犯罪嫌疑人英勇搏斗，壮烈牺牲，年仅33岁。2010年2月1日，国家民政部批准何永根为革命烈士，他是萝岗区成立以来的第一位革命烈士。 （钟梓坚）

# 荣誉榜

【概况】 2010年，广州开发区、萝岗区内一批先进单位和先进个人获得上级表彰。据不完全统计（统计时间为2010年1～12月），全区及区内各单位获中共广州市委、市人民政府以上表彰共计70项，其中，获国家部委级表彰18项，获省厅局级以上表彰69项。个人获中共广州市委、市人民政府以上表彰共计25项，其中，获得国家部委级表彰14项，获得省厅局级以上表彰24项。

## 2010年广州开发区、萝岗区获省级以上表彰情况表

| 颁奖时间 | 获奖单位 | 荣誉名称 | 颁奖单位 | 奖品种类 |
|---|---|---|---|---|
| 2010.01 | 萝岗区 | 全国残疾人社区康复示范区 | 国家民政部、卫生部、中国残疾人联合会 | 牌匾 |
| 2010.02 | 广州开发区 | 国家新型工业化产业示范基地 | 国家工业和信息化部 | 牌匾 |
| 2010.02 | 萝岗区 | 林业生态县（区） | 广东省人民政府 | 牌匾 |
| 2010.03 | 萝岗区 | 广东省2009年度人口与计划生育先进单位 | 广东省人民政府 | 牌匾 |
| 2010.05 | 广州高新技术产业开发区 | 国家现代服务业产业化基地 | 国家科技部 | 牌匾 |
| 2010.11 | 萝岗区 | 全国计划生育优质服务先进单位 | 国家人口和计划生育委员会 | 牌匾 |
| 2010.11 | 广州高新技术产业开发区管理委员会 | 火炬统计工作先进单位 | 国家科技部火炬中心 | 证书 |

## 2010年广州开发区、萝岗区内单位获市级（含）以上表彰情况表

| 获奖时间 | 获奖单位 | 荣誉名称 | 颁奖单位 | 奖品种类 |
|---|---|---|---|---|
| 2010.01 | 区财政局 | 2009年度农村财会人员财政支农政策培训工作先进单位 | 广东省财政厅 | 通报 |
| 2010.01 | 区教育局 | 广东省一级档案综合管理单位 | 广东省档案局 | 标牌 |
| 2010.01 | 萝岗街道办事处 | 广东省特级档案综合管理单位 | 广东省档案局 | 标牌 |
| 2010.02 | 广州珠江钢铁有限责任公司 | 2008年度广东省节能先进单位 | 广东省人民政府 | 通报表彰 |

（续上表）

| 获奖时间 | 获奖单位 | 荣誉名称 | 颁奖单位 | 奖品种类 |
|---|---|---|---|---|
| 2010.02 | 广州恒运企业集团股份有限公司 | 2008年度广东省节能先进单位 | 广东省人民政府 | 通报表彰 |
| 2010.02 | 广州顶津食品有限公司 | 2008年度广东省节能先进单位 | 广东省人民政府 | 通报表彰 |
| 2010.02 | 联众（广州）不锈钢有限公司 | 2008年度广东省节能先进单位 | 广东省人民政府 | 通报表彰 |
| 2010.03 | 区政府门户网站 | 2009年中国政府网站绩效评估暨第四届中国特色政府网站评选“服务创新奖” | 中国社会科学院信息化研究中心、国脉互联政府网站评测研究中心 | |
| 2010.04 | 区污普办 | 第一次全国污染源普查先进集体 | 国务院第一次全国污染源普查领导小组办公室 | 通报表彰 |
| 2010.04 | 广州宝洁有限公司 | 2009年度广东纳税百强企业 | 广东省国税局、广东省地税局 | 通报 |
| 2010.04 | 安利（中国）日用品有限公司 | 2009年度广东纳税百强企业 | 广东省国税局、广东省地税局 | 通报 |
| 2010.04 | 箭牌糖果（中国）有限公司 | 2009年度广东纳税百强企业 | 广东省国税局、广东省地税局 | 通报 |
| 2010.04 | 中国南方航空股份有限公司 | 2009年度广东纳税百强企业 | 广东省国税局、广东省地税局 | 通报 |
| 2010.04 | 南方电网超高压公司 | 2009年度广东纳税百强企业 | 广东省国税局、广东省地税局 | 通报 |
| 2010.04 | 百事（中国）有限公司 | 2009年度广东纳税百强企业 | 广东省国税局、广东省地税局 | 通报 |
| 2010.04 | 美赞臣营养品（中国）有限公司 | 2009年度广东纳税百强企业 | 广东省国税局、广东省地税局 | 通报 |
| 2010.05 | 广州开发区企业建设局 | 广东青年五四奖章集体奖 | 共青团广东省委员会、广东省青年联合会 | 奖牌 |
| 2010.05 | 夏港街道经济普查办公室 | 广东省第二次全国经济普查先进集体 | 广东省第二次全国经济普查领导小组 | 通报表彰 |
| 2010.06 | 区龙舟队卓兴企业传统龙舟队 | 2010年广州国际龙舟邀请赛传统龙舟赛 | 国家体育总局社会体育指导中心、中国龙舟协会、广州市人民政府 | 奖杯 |
| 2010.06 | 广州恒运企业集团股份有限公司 | 《环境》宣传支持单位 | 广东省环境保护宣传教育中心 | 奖牌 |
| 2010.06 | 萝岗街萝岗社区下中社 | 广东省卫生村 | 广东省爱卫办 | 奖牌 |
| 2010.07 | 萝岗街萝岗社区 | 全国妇联基层组织建设示范单位 | 中华全国妇女联合会 | 奖牌 |
| 2010.07 | 萝岗香雪女声合唱团 | 第六届世界合唱比赛舞蹈表演民谣组金奖和女声组银奖 | 第六届世界合唱比赛（2010中国绍兴）组委会 | 证书 |
| 2010.07 | 广州开发区创新驿站 | “中国创新驿站”首批试点省（市、区） | 国家科技部火炬中心 | |

（续上表）

| 获奖时间 | 获奖单位 | 荣誉名称 | 颁奖单位 | 奖品种类 |
|---|---|---|---|---|
| 2010.07 | 广州益善生物技术有限公司 | 2010年广东省“知识产权优势企业” | 广东省知识产权局 | |
| 2010.07 | 金发科技股份有限公司 | 2008～2009年度广东省百强民营企业（制造业和服务业） | 广东省人民政府 | 通报表彰 |
| 2010.07 | 广州毅昌科技有限公司 | 2008～2009年度广东省百强民营企业（制造业和服务业） | 广东省人民政府 | 通报表彰 |
| 2010.08. | 广州港集团有限公司新港港务分公司工会 | 全国模范职工之家 | 中华全国总工会 | 奖牌、证书 |
| 2010.08 | 广州开发区广州新一代通信设备和终端制造产业基地 | 广东省第一批战略性新兴产业基地 | 广东省经济和信息化委员会 | 牌匾 |
| 2010.08 | 广州开发区广州物联网产业基地 | 广东省第一批战略性新兴产业基地 | 广东省经济和信息化委员会 | 牌匾 |
| 2010.08 | 共青团萝岗区委员会 | 广东省一级档案综合管理单位 | 广东省档案局 | 标牌 |
| 2010.09 | 广州开发区地方税务局西区税务分局 | 广东省青年文明号 | 广东省地方税务局、共青团广东省委员会 | 奖牌 |
| 2010.09 | 区余泥渣土管理所 | 广东省一级档案综合管理单位 | 广东省档案局 | 标牌 |
| 2010.09 | 区政策研究室 | 广东省特级档案综合管理单位 | 广东省档案局 | 标牌 |
| 2010.10 | 区人民法院 | 司法公开示范法院 | 最高人民法院 | 通报 |
| 2010.11 | 夏港街 | 全国安全社区 | 国家安全生产监督管理总局、中国职业安全健康协会 | 奖牌 |
| 2010.11 | 广州港集团有限公司新港港务分公司 | 全国用户满意企业 | 中国质量协会 | 奖牌 |
| 2010.11 | 永和街贤江社区 | 广东省“六好”平安和谐社区 | 广东省社区建设工作领导小组 | 奖牌 |
| 2010.11 | 永和街新庄社区 | 广东省“六好”平安和谐社区 | 广东省社区建设工作领导小组 | 奖牌 |
| 2010.11 | 永和街禾丰社区 | 广东省“六好”平安和谐社区 | 广东省社区建设工作领导小组 | 奖牌 |
| 2010.11 | 永和街永岗社区 | 广东省“六好”平安和谐社区 | 广东省社区建设工作领导小组 | 奖牌 |
| 2010.11 | 萝岗街岭头社区 | 广东省“六好”平安和谐社区 | 广东省社区建设工作领导小组 | 奖牌 |
| 2010.11 | 萝岗街黄麻社区 | 广东省“六好”平安和谐社区 | 广东省社区建设工作领导小组 | 奖牌 |
| 2010.11 | 萝岗街长平社区 | 广东省“六好”平安和谐社区 | 广东省社区建设工作领导小组 | 奖牌 |
| 2010.11 | 区地方志办公室 | 《萝岗年鉴·2009》在全国地方志系统第二届年鉴编纂质量评比获地方综合年鉴一等奖 | 中国地方志指导小组办公室、中国地方志协会 | 奖牌 |
| 2010.12 | 广州市救助管理站 | 2010年上海世博会广州亚运会亚残运会举办期间救助管理工作先进单位 | 国家民政部 | 文件通报 |

（续上表）

| 获奖时间 | 获奖单位 | 荣誉名称 | 颁奖单位 | 奖品种类 |
|---|---|---|---|---|
| 2010.12 | 广州恒运企业集团股份有限公司 | 全国电力行业优秀企业 | 中国电力企业联合会 | 文件 |
| 2010.12 | 区行政服务管理中心 | 中国政府网站在线服务精品栏目 | 国家工信部电子政务理事会 | 奖牌 |
| 2010.12 | 区市容环境卫生监督管理所 | 广东省一级档案综合管理单位 | 广东省档案局 | 标牌 |
| 2010.12 | 区人大常委会 | 广东省特级档案综合管理单位 | 广东省档案局 | 标牌 |
| 2010.12 | 区建设和环境管理局 | 广东省环保系统广州亚运会亚残运会环境质量保障工作先进集体 | 广东省环境保护厅 | 奖牌、证书 |
| 2010.12 | 区地方志办公室 | 《萝岗年鉴·2009》在第一届广东省年鉴编纂质量评比中获县区级地方综合年鉴一等奖 | 广东省人民政府地方志办公室 | 奖牌 |
| 2010.12 | 广州珠江钢铁有限责任公司 | 2009年度广东省节能先进单位 | 广东省人民政府 | 通报表彰 |
| 2010.12 | 广州恒运企业集团股份有限公司 | 2009年度广东省节能先进单位 | 广东省人民政府 | 通报表彰 |
| 2010.12 | 联众（广州）不锈钢有限公司 | 2009年度广东省节能先进单位 | 广东省人民政府 | 通报表彰 |
| 2010.12 | 广州顶津食品有限公司 | 2009年度广东省节能先进单位 | 广东省人民政府 | 通报表彰 |
| 2010.12 | 广州恒运东区热力有限公司 | 2009年度广东省节能先进单位 | 广东省人民政府 | 通报表彰 |
| 2010.12 | 广州添利电子科技有限公司 | 2009年度广东省节能先进单位 | 广东省 人民政府 | 通报表彰 |
| 2010.12 | 金发科技股份有限公司 | 广东“十大创新企业” | 广东省委宣传部主办，省科技厅、南方报业传媒集团等20个单位联合组织 | 奖牌 |
| 2010.12 | 广东威创视讯科技股份有限公司 | 广东“十大创新企业” | 广东省委宣传部主办，省科技厅、南方报业传媒集团等20个单位联合组织 | 奖牌 |
| 2010.12 | 中山大学达安基因股份有限公司 | 广东“十大创新企业”提名奖 | 广东省委宣传部主办，省科技厅、南方报业传媒集团等20个单位联合组织 | 奖牌 |
| 2010.12 | 中国电器科学研究院 | 广东“十大创新企业”提名奖 | 广东省委宣传部主办，省科技厅、南方报业传媒集团等20个单位联合组织 | 奖牌 |
| 2010.12 | 区地方志办公室 | 广州年鉴编纂工作先进集体 | 广州市人民政府 | 奖牌 |

## 2010年广州开发区、萝岗区内个人获市级（含）以上表彰情况表

| 获奖时间 | 获奖个人 | 所属单位 | 荣誉名称 | 颁奖单位 | 奖品种类 |
|---|---|---|---|---|---|
| 2010.01 | 王瑞珍 | 区安监局 | 全国安全生产监管监察先进个人 | 国家安全监管总局、国家煤矿安全监察局 | 证书 |
| 2010.01 | 陈伟青 | 区卫生局 | 2010年广东省精神文明建设先进工作者 | 中共广东省委、广东省人民政府 | 证书 |
| 2010.01 | 李胜峰 | 百奥泰生物医药有限公司 | 广东省首批“海内外科研团队和领军人物” | 广东省人才工作协调小组 | |
| 2010.01 | 梁柏谦 | 区发展和改革局（统计局） | 2010年广东省城镇住户抽样调查工作先进个人 | 国家统计局广东调查总队 | 证书 |
| 2010.02 | 杜丽霞 | 区政府 | 第二次全国经济普查国家级先进个人 | 国家统计局 | 证书 |
| 2010.02 | 崔鸣文 | 区发展和改革局（统计局） | 第二次全国经济普查国家级先进个人 | 国家统计局 | 证书 |
| 2010.02 | 刘　力 | 区发展和改革局（统计局） | 第二次全国经济普查国家级先进个人 | 国家统计局 | 证书 |
| 2010.02 | 卢宇强 | 区发展和改革局（统计局） | 第二次全国经济普查国家级先进个人 | 国家统计局 | 证书 |
| 2010.02 | 连友明 | 东区街道办事处 | 第二次全国经济普查国家级先进个人 | 国家统计局 | 证书 |
| 2010.02 | 林加源 | 区企业建设局 | 2008年度广东省节能先进个人 | 广东省人民政府 | 通报表彰 |
| 2010.03 | 许嘉森 | 广州益善生物技术有限公司 | 第三批中央“千人计划”人才 | 国家中央人才工作协调小组 | |
| 2010.03 | 韩蓝青 | 赛业（广州）生物科技有限公司 | 第三批中央“千人计划”人才 | 国家中央人才工作协调小组 | |
| 2010.03 | 张必良 | 广州市锐博生物科技有限公司 | 第三批中央“千人计划”人才 | 国家中央人才工作协调小组 | |
| 2010.03 | 周治明 | 海聚高分子材料科技（广州）有限公司 | 第三批中央“千人计划”人才 | 国家中央人才工作协调小组 | |
| 2010.03 | 朱应池 | 区工商分局 | 广东省人民满意的公务员 | 广东省人民政府 | 证书 |
| 2010.04 | 毛新平 | 广州珠江钢铁有限责任公司 | 全国劳动模范 | 中共中央、国务院 | 证书 |
| 2010.05 | 唐曼丽 | 永和街道办事处 | 2009～2010年度广东省优秀共青团员 | 共青团广东省委员会 | 证书 |
| 2010.07 | 朱　平 | 区经济发展和科技局（知识产权局） | 全国城市和园区知识产权试点示范先进工作者 | 国家知识产权局 | 证书 |
| 2010.11 | 芦镇华 | 广州港集团有限公司新港港务分公司 | 金锚奖 | 中国海员建设工会 | 证书 |
| 2010.12 | 谢　雄 | 广州恒运企业集团股份有限公司 | 2009年度广东省节能先进个人 | 广东省人民政府 | 通报表彰 |
| 2010.12 | 康文斌 | 区档案馆（区地方志办公室） | 广州年鉴编纂先进工作者 | 广州市人民政府 | 证书 |
| 2010.12 | 李应生 | 区环境监察大队 | 广东省环保系统广州亚运会亚残运会环境质量保障工作先进工作者 | 广东省环境保护厅 | 证书 |
| 2010.12 | 邓晓英 | 区环境监察大队 | 广东省环保系统广州亚运会亚残运会环境质量保障工作先进工作者 | 广东省环境保护厅 | 证书 |
| 2010.12 | 陈志文 | 九龙镇专职消防队 | 2010年度专职消防队执勤岗位练兵先进个人 | 广东省公安消防总队 | 证书 |
| 2010.12 | 姚继锋 | 永和街道办事处 | 广东省军区支援亚运、亚残运会工作先进个人 | 中国人民解放军广东省军区 | 证书 |

（王杰烽）

# 附录

# 经济社会统计资料

## 2010年萝岗区国民经济和社会发展统计公报

（区统计局供稿）

2010年，在萝岗区委、区政府的正确领导下，全区上下团结一致，以科学发展观为指导，深入贯彻落实《珠江三角洲地区改革发展规划纲要》，全力加快结构调整和发展方式转变，提升自主创新能力，增强产业发展竞争力，经济社会呈现又好又快的发展局面，全年主要经济社会发展目标超预期完成，实现了“十一五”规划圆满收官。

### 一、综合经济

#### 经济总量

全区经济保持较快增长。全年实现地区生产总值（以下简称GDP）1381.64亿元，按可比价格计算，比上年增长16.57%，增速继续保持全市各区县首位。“十一五”期间GDP年均增长17.5%，比“十一五”规划目标高出1.5个百分点。分产业看，2010年第一产业增加值6.07亿元，与2009年持平；第二产业增加值1096.41亿元，增长16.25%；第三产业增加值279.16亿元，增长18.24%。全年三次产业结构的比例为0.44：79.36：20.20，其中，第三产业增加值占GDP的比重较上年提高0.32个百分点，比2005年提高9.02个百分点。

#### 财政收支

财政收入超额完成全年目标。全年实现财税收入388.56亿元，完成年度预算计划的102.25%，比2009年同口径增收77.15亿元，同比增长24.78%。其中：税收收入完成316.26亿元，比上年增收48.61亿元，增长18.16%。财政收入中国税收入242.80亿元，增长15.93%；地税收入70.60亿元，增长23.49%。全区实现财政一般预算收入80.24亿元，增长8.18%。区财政一般预算支出84.68亿元，增长2.19%。其中，商业服务业等事务支出22.7亿元，增长91.3%；基建计划支出9.78亿元，下降59.96%；一般公共服务支出7.63亿元，增长16.96%；公共安全支出4.5亿元，增长31.07%；教育支出3.84亿元，增长9.34%；社会保障和就业支出3.04亿元，增长27.86%。

#### 固定资产投资

固定资产投资快速增长。全年完成全社会固定资产投资313.12亿元，比上年增长24%。其中，基础设施投资107.4亿元，同比增长6.11%，工业项目投资128.6亿元，同比增长17.57%，房地产开发完成投资13.52亿元，同比下降52.81%。

重点建设项目进展顺利。2010年，我区纳入全市重点建设项目13个，累计完成投资额80.18亿元。年投资额在1000万元以上的重点项目11个，年投资额在5000万～1亿元之间的项目1个，年投资总额1亿元以上的项目有8个。其中：萝岗中心区建设配套工程完成投资18.72亿元；汽车产业基地（永和）基础设施完成投资4.98亿元；九龙大道改造工程投入1.69亿元；东区道路工程投入1.06亿元。

### 二、主要行业

#### 农业

农业生产平稳发展。全区实现农林牧渔业总产值11.15亿元，按可比价格计算，比上年增长1.34%。其中，农业、林业、牧业、渔业、农林牧渔服务业分别完成产值4.71亿元、0.27亿元、3.89亿元、0.64亿元、1.64亿元，分别同比增长8.93%、–3.1%、–1.41%、–25.4%、4.98%。其中九龙镇全年实现农林牧渔业总产值9.6亿元，同比增长7.43%，占全区的86.5%。

#### 工业

工业经济实现新突破。全年实现工业增加值1056.92亿元，首次突破1000亿元，同比增长15.95%。完成工业总产值4011.39亿元，增长21.04%，首次跨上4000亿元新台阶，其中规模以上工业企业总产值3977.7亿元，增长21.1%。

六大支柱行业支撑作用明显。2010年，六大支柱行业规模以上企业完成工业总产值3373.6亿元，同比增长21.15%，占全区规模以上工业总产值

## 2010年萝岗区规模以上工业六大支柱行业主要经济指标

| | 行业名称 | 工业总产值 | | | 工业利润总额 | | |
|---|---|---|---|---|---|---|---|
| | | 总量（万元） | 同比增长（%） | 占全区规上比例（%） | 总量（万元） | 同比增长（%） | 占全区规上比例（%） |
| 一 | 通信设备、计算机及其他电子设备制造业 | 13073104 | 25.41 | 32.87 | 444331 | 24.18 | 14.53 |
| 二 | 化学原料及化学制品制造业 | 8850663 | 16.24 | 22.25 | 1432008 | 3.74 | 46 |
| 三 | 金属冶炼及压延加工业 | 4316297 | 27.02 | 10.85 | −56940 | −387.11 | 81 |
| 四 | 食品饮料制造业 | 3836309 | 5.84 | 9.64 | 404644 | 8.28 | −1.86 |
| 五 | 交通运输设备制造业 | 2533608 | 32.49 | 6.37 | 307379 | 40.33 | 13.23 |
| 六 | 电气机械及器材制造业 | 1126033 | 15.68 | 2.83 | 796024 | 37.05 | 10.05 |
| | 合计 | 33736013 | 21.15 | 84.81 | 2607446 | 8.37 | 85.24 |

的84.81%，对全区工业增长的贡献率达到89.88%。其中：电子及通信设备制造业、化学原料及化学制品制造业、金属冶炼及加工业、食品饮料制造业、交通运输设备制造业、电气机械及器材制造业完成的产值分别增长25.41%、16.24%、27.02%、5.84%、32.49%、15.68%，占全区规模以上工业总产值的比重分别为32.87%、22.25%、10.85%、9.64%、6.37%、2.83%。

工业经济效益持续提高。2010年，全区规模以上工业企业实现利税总额440.61亿元，增长13.3%；实现利润总额305.90亿元，增长14.4%。

### 建筑业

建筑业稳步发展。2010年，全区资质以上建筑业企业实现总产值15.76亿元，增长1.02倍；其中建筑工程产值14.05亿元，安装工程产值1.63亿元，分别增长1.28倍和2.63%，其他产值0.08亿元，增长7.1%。实现工程结算收入 17.7亿元，增长79.64%；实现利润总额 0.56亿元，增长15.78%。

### 批发零售贸易业

消费市场繁荣活跃。2010年，全区社会消费品零售总额125.01亿元，增长47.73%；其中住宿餐饮业、批发零售贸易业分别实现零售额9.81亿元、115.2亿元，分别同比增长49.47%、47.58%。

商品流通规模逐步扩大。2010年，全区实现商品销售总额1192.46亿元，比上年增长39.79%，其中批发业1055.31亿元，增长36.34%。全区年销售额超亿元商业企业有82家，实现销售额 1002.63亿元，增长38.18%。

### 住宿餐饮业

住宿餐饮业不断发展。全年住宿餐饮业实现营业额 11.33亿元，其中住宿业实现营业额 1.91亿元，餐饮业实现营业额9.42 亿元。

### 房地产业

房地产销售持续收紧。2010年，全区商品房施工面积149.78万平方米，增长28%；商品房竣工面积16.5万平方米，增长2.34倍；商品房销售面积12.7万平方米，下降41.95%；商品房销售金额13.06亿元，增长17.35%。

### 其他服务业

其他服务业快速增长。2010年，我区其他服务业实现营业收入299亿元，同比增长24%，成为我区经济增长最具活力和潜力的行业之一。其他服务业企业中，营业收入前四位的行业依次为：租赁和商业服务业、科技研究和技术服务业、仓储业、计算机服务业和软件业。

现代服务业比重进一步提升。以租赁和商业服务业和科技研究和技术服务业为主的现代服务业迅速发展，全年完成营业收入245亿元，同比增长25.79%，占其他服务业营业收入的81.92%，比重比上年提高1.08个百分点。

## 三、对外经济

### 对外贸易

对外贸易增势强劲。全区实现海关进出口

总额331.74亿美元，增长48.11%；其中进口总额194.97亿美元，增长60.67%；出口总额136.77亿美元，增长33.26%。出口总额中，加工贸易出口108.83亿美元，机电产品出口112.67亿美元，高新技术产品出口83.43亿美元，分别比上年增长34.74%、32.47%和64.79%。出口份额较大的地区和国别为香港和美国，分别出口39.08亿美元和26.76亿美元，占全区出口总额的28.6%和19.6%。

### 招商引资

招商引资平稳增长。2010年，全区新批外商直接投资项目88个，全区合同利用外资12.57亿美元，下降33.31%；其中，三产项目合同利用外资5.34亿美元，同比增长1.2倍。2010年，全区实际使用外资12.25亿美元，增长5.6%，占全市实际使用外资的30%；其中，工业项目实际使用外资8.45亿美元，同比增长6.02%。

## 四、城市建设与管理

### 生活环境

新城区建设突飞猛进。广州国际体育演艺中心、区人武部办公营院、区法院办公楼、生物岛堤岸整治工程、联和新村二期等23个项目完工。科学大道下穿大观路隧道、云溪路、科韵北路延长线、珠吉路与广园东联络匝道、丰乐北路路面改造、黄云西延长线、广汕公路（沙河立交至大观路）路面改造及长安收费站搬迁等项目相继完成，对外交通条件得以明显改善。中新广州知识城道路系统和安置区已动工，征地拆迁和土地出让工作稳步推进。

人居环境全面改善。全年总投资约2.1亿元，超标准完成市下达的15项人居环境整治任务。对科学城主干道沿线及约10个重要路口进行了景观照明改造。完成了义务植树公园、香雪公园、创业公园、玉树公园等园内设施的完善和改造，新建完成科学广场景观工程、后山公园、F组团入口公园等。建成绿道141公里和20个驿站。获得省政府授予“林业生态区”称号。

### 环境保护与治理

环境整治取得显著成效。2010年萝岗区工业废水排放总量2650.31万吨，增长24.55%，排放达标率96.2%；工业固体废物产生量127.61万吨，增长27.98%，综合利用率87.43%。全年投入7.2亿元开展河涌综合整治工作，完成南岗河、墩头涌、生物岛堤岸、鹤子坦支涌堤围、笔岗涌等5条河涌20.79公里综合整治任务，新增水域面积21.65万平方米，新增河涌两岸绿地面积51.1万平方米。在全市治水综合考核评比中，荣获治水先进单位金奖。

### 节能降耗

节能降耗顺利完成目标任务。2010年，全区认真落实节能减排目标责任制和考核制度，全面推进节能降耗工作，优化结构，加大投入，扎实做好节能降耗各项工作。2010年萝岗区万元GDP能耗降幅超过4%，“十一五”期间全区万元GDP能耗降幅达到20%，圆满完成“十一五”规划的节能降耗任务。

### 安全生产

安全生产形势总体稳定。2010年，全区亿元GDP各类安全事故死亡率为0.03304人/亿元，同比下降21.78%。工矿商贸企业从业人员生产安全事故死亡率为1.344人/10万人，同比下降38.9%。道路交通万车死亡率为3.8人/万车，同比下降9.5%。

### 社会治安

平安和谐萝岗建设成效显著。2010年我区进一步强化维稳机制，全区治安保持低发案态势，以优异成绩通过平安亚运大考。全年刑事立案1598宗，同比下降6.17%，“两抢”案件下降39.4%；入屋盗窃案件下降11.4%；盗窃机动车案件下降40.7%；刑事案件当年破案数879宗，破案率提高1.03个百分点，公众安全感居全市前列。“平安和谐示范区”建设取得新成果，“平安街镇”创建达标率为100%，“平安社区（村）”创建达标率91%。

## 五、社会事业

### 教育

教育事业健康推进。至2010年底，全区共有小学27所，在校学生16819人，普通中学13所，在校学生14568人，其中普通高中在校学生3635人。全区共有幼儿园29所，幼儿园在园人数6795人，幼儿教师326人。全区有省一级学校7所，市一级学校65所，区一级学校25所。中小学校专任教师2392人。小学适龄儿童入学率为100%，小学升学率为100%，初中升学率为95.99%，高中升学率为96%。2010年，全区普通高考成绩再创佳绩，高考重点上线率以及本A、本B上线率连续两年位列全市第一；玉岩中学高考总上线率连续两年保持100%。中考成绩各高分段以及可上本区普通高中的人数均比2009年全面增长；9人获全市单科成绩第一名；玉岩中学初中中考总平均分700.5分，名列全市公办学校第二位，仅次于华师附中。

### 科技

自主创新能力进一步提升。2010年，全区财政安排科技发展专项资金2.5亿元。新批准内资科技项目317项，同比增长20%。新增6名中央“千人计划”创业人才，累计达到8人。广州市入选“千人计划”创业人才全部落户我区，占全省总数的42%；新增领军人才11名，累计20人。新增企业博士后工作站2家，累计达13家。全区经认定的省级研发中心14家，占全市21%；市级研发中心32家，占全市26%；省级企业技术中心15家，占全市的16%；市级企业技术中心13家，占全市的32%。专利申请量2206件，同比增长26.3%；专利授权1196件，同比增长81%。获得1项中国专利金奖，累计达3项，占广州市的50%。

文化

文化事业欣欣向荣。2010年，全区创新开展"社区大讲堂"活动，组织6期家长培训，参与居民达到2850余人。区选送《局长家事》、《传》2个节目分获中国第九届艺术节戏剧类、舞蹈类"群星奖"，成为全市获该届艺术节群星奖最多的区。香雪女声合唱团参加 2010年第六届世界合唱比赛锦标赛突破性获得民谣组别金奖和女声组别银奖。

卫生

卫生保健服务水平继续提升。至2010年底，全区有各类卫生机构125个，卫生技术人员1530人。其中，区政府成立的卫生机构7个，包括卫生监督机构1个，疾病预防控制机构1个，妇幼保健机构1个，医疗机构4个，卫生技术人员1145人。另有社会医疗机构31个，从业人员172人。2010年全区新农合参合率达到99.69%，新农合筹资每人每年340元。全年获得新农合补偿的群众共计134910人次，受惠率95.87%，平均每个住院病人报销3423.32元，平均住院实际报销比例为43.19%。住院报销最高封顶额从2009年的5万元提高到10万元。

体育

体育事业蓬勃发展。我区大力发展群众体育，加快群众体育设施建设。2010年，我区承办了广州亚运会篮球赛事，在广州国际体育演艺中心共举行21场亚运篮球赛，国内外13支运动员队伍参赛，吸引观众29.4万人次，圆满完成亚运赛事任务。顺利组织开展2010广州国际女子网球公开赛、NBA季前赛、萝岗区迎亚运男子篮球赛暨广东省首届万村农民篮球赛萝岗分区赛等体育活动。参加广州市"市长杯"羽毛球赛和广州国际龙舟邀请赛均夺得"四连冠"。

社会保障和福利

社会保障体系日趋完善。2010年末，全区参加养老保险人数25.68万人；失业保险27.92万人；工伤保险26.53万人；生育保险27.44万人；城镇居民基本医疗保险（不含新农合）1.38万人。农转居参保1.51万人，新型农村社会养老保险（新农保）参保1.95万人。

社会福利事业持续发展。2010年，全区农转居养老保险15069人，新农保19451人，九龙镇领取老年生活津贴村民6253人。城镇和农村低保救济标准分别提高到410元和335元，农村散居五保供养标准达469元/月，其他相关救济标准同步增长，均达全市各区最高水平。全区共有低保对象1198户3610人，累计支出救济金890万元。永和街新庄社区等10个社区顺利通过省第四批"六好"平安和谐社区验收。

## 六、就业、人民生活

就业

就业形势日趋稳定。2010年末，全区单位从业人员34.38万人，增长8.37%。其中第二产业单位从业人员28.85万人，增长9.16%；第三产业单位从业人员5.50万人，增长21.43%。全区城镇登记失业人员再就业率达72.81%，特困失业人员和零就业家庭就业率达100%。全年共开发岗位53503个，成功推荐17620人就业，其中户籍人员6475 人（其中农村富余劳动力1095人）。共举办招聘会78场，进场求职人数129469人，达成意向和现场录用15160人。

人民生活

城乡居民收入继续提高。2010年，全区城镇居民年人均可支配收入及农民人均纯收入继续保持两位数增长。全年城镇职工年平均工资52569元，比上年增长10.9%。城镇居民年人均可支配收入3.14万元，增长11.1%。农民人均纯收入1.46万元，增长14.9%（按现行价格计算）。

注：1.本公报中综合统计数据为年报数据，部门统计数据均由其他部门提供。

2.公报中地区生产总值、各产业产值、增加值绝对数按当年价格计算，增长速度按可比价格计算。

# 2010年暨"十一五"期间广州开发区国民经济和社会发展统计公报

（区统计局供稿）

2010年，广州经济技术开发区、广州高新技术产业开发区、广州出口加工区、广州保税区（以下简称全区）在中共广州市委、广州市人民政府和广州开发区党工委、管委会、广州市萝岗区委、区政府的正确领导下，全区上下团结一致，深入贯彻落实《珠江三角洲地区改革发展规划纲要》，积极实施“双提升”战略，坚定不移调结构、脚踏实地促转型，着力推进经济发展方式转变，巩固和扩大应对国际金融危机成果，抓住亚运机遇，全区经济保持了又好又快发展势头，超额完成全年工作任务和“十一五”规划预期目标。

## 一、综合

经济总量：2010年，全区实现地区生产总值（下简称GDP）1617.83亿元，比上年（下同）增长18.6%，比广州市增长速度高出5.4个百分点，占广州市GDP的15.1%。

“十一五”规划期间，全区GDP年均增长19.42%，超出“十一五”规划目标3.42个百分点。

产业结构：2010年，第二产业实现增加值1197.1亿元，增长16.85%；第三产业实现增加值420.73亿元，增长24.27%。三次产业结构由上年的0：74.92：25.08调整为0：73.99：26.01，第三产业比重比上年比重提高近1个百分点。三次产业对经济增长的贡献率分别为0、70.93%和29.07%。

“十一五”规划期间，三次产业年均分别增长0、17.9%和24.72%。三次产业结构由2005年的0.21：79.3：20.49调整为2010年的0：73.99：26.01，2010年第三产业增加值所占比重比2005年提高5.52个百分点。

财政收支：2010年，全区实现财政收入388.56亿元，增长24.78%。其中，国税部门组织的收入242.8亿元，增长15.93%；地税部门组织的收入70.6亿元，增长23.49%。全年实现税收收入316.26亿元，增长18.16%。全年地方一般预算财政收入80.24亿元，增长8.18%，占广州市比重为9.19%。其中，营业税9.40亿元，增长18.61%；增值税34.14亿元，增长1.61%；企业所得税19.89亿元，增长53.82%。全年一般预算财政支出84.68亿元，增长2.19%。其中，科学技术、教育、文化体育和传媒、社会保障和就业支出分别为10.57亿元、4.29亿元、2.93亿元、3.16亿元，分别下降13.44%、10.93%、24.45%、36.81%。

“十一五”期间，财政收入和税收收入累计分别达到1381.67亿元和1171.89亿元，分别是“十五”时期的1.79倍和1.65倍。

经济效益：2010年，按从业人员计算，全区实现人均GDP46.52万元、人均财政收入11.17万元、人均税收收入9.09万元，分别比2009年增加3.43万元、1.02万元、0.36万元。2010年，平均每出让1平方米土地产生GDP4049元、财政收入973元，税收收入792元；平均每出让1平方米工业用地产生工业总产值14099元、工业增加值3865元；5项指标分别比上年提高521元、142元、78元、2212元和546元。

“十一五”期间，按从业人员计算，全区人均GDP年均增长3.34%。2010年人均GDP比2005年高出6.68万元。

节能减排：2010年全区单位GDP能耗下降4.16%，“十一五”期间累计下降近20%，超额完成“十一五”规划下降16%以上的目标任务。

从业人员：2010年末，全区单位从业人员34.78万人，比上年末增加4.1万人，其中，第二产业从业人员28.74万人，增长12.8%；第三产业从业人员6.04万人，增长16.1%。单位从业人员年平均工资为57096元，增长7.2%；单位职工年平均工资为56149元，增长7.0%。

## 二、主要行业

### 工业

2010年，全区实现工业总产值4227.52亿元，增长21.26%，全年新增工业总产值789.73亿元。

“十一五”时期，全区工业总产值年均增速达到21.32%，比规划目标提高1.32个百分点。

轻重工业比重：2010年，全区重工业完成工业总产值2507.06亿元，增长30.35%；轻工业完成工业总产值1720.47亿元，增长9.68%；重工业增速比轻工业高出20.67个百分点。轻重工业的比重由上年的45.22：54.78调整为40.70：59.30，重工业比重比上年提高4.52个百分点；比2005年提高3.2个百分点。

工业经济效益：2010年，全区实现工业增加值1159亿元，占全区GDP的71.64%，工业对GDP增长的贡献率达到68.76%，拉动全区GDP增长12.79个百分点。全区规模以上工业企业实现利润总额315.87亿元，增长14.5%，盈利企业占工业企业比重达到78.79%。全年工业企业经济效益综合指数为370.92%。规模以上工业企业产品销售率达到97.04%。

六大支柱产业：2010年，六大工业支柱产业实现工业总产值3491.38亿元，增长21.5%，占全区工业总产值的比重为82.59%，对全区工业增长的贡献率为87.61%。其中：电子及通信设备制造业、化学原料及化学制品制造业、金属冶炼及加工业、食品饮料制造业、交通运输设备制造业、电气机械及器材制造业产值分别实现工业总产值1319.72、885.07、449.5、383.63、253.36和200.1亿元，分别占全区工业总产值的31.22%、20.94%、10.63%、9.07%、5.99%、4.73%；分别实现工业增加值257.35、400.4、73.64、117.85、76.43和50.46亿元，分别占全区工业增加值的22.2%、34.55%、6.35%、10.17%、6.59%和4.35%。

高新技术产业：2010年，我区实现高新技术企业产值、高新技术产品产值分别为1281.83亿元、1780.75亿元，分别增长26.03%、28.44%。高新技术企业全年实现利润总额61.21亿元，增长19.22%，比全区工业利润总额增速高出4.72个百分点。

龙头工业企业：2010年，工业总产值排名前50名的工业企业合计完成工业总产值2912.99亿元，占全区工业总产值的68.91%。其中：产值100亿元以上的企业有5家；产值50亿元以上的有16家，分别比上年多出1家和2家；产值超亿元的有331家，比上年增加51家，共完成产值4003.99亿元，占全区产值的94.71%，实现工业增加值1109.33亿元，占全区工业增加值的95.71%。

工业产品产量：2010年，规模以上工业企业统计的106种主要工业产品中，产品产量比上年增长的有85种，占产品总数的比重为80.2%。其中，排前三位的是："光电子器件"同比增长44.81%、"乳制品"同比增长34.36%、"软饮料"同比增长27.43% 。

第三产业

2010年，第三产业增加值达到420.73亿元，同比增长24.27%，比第二产业和全区GDP增速分别高出5.67个、7.42个百分点，占全区GDP的比重达到26%，比上年比重提高近1个百分点。第三产业增加值居前三位行业是：交通运输邮电业、其他服务业、批发零售业，分别占第三产业增加值的44.57%、33.48%和18.49%。现代服务业增加值229.52亿元，增长26%，占全区GDP的比重达到14.19%。占第三产业增加值比重达到54.55%。

交通运输业：2010年，全区交通运输业实现营业收入844亿元，同比增长35%；实现增加值187.5亿元，同比增长22.69%，比全区第三产业增加值增速低1.58个百分点。

批发零售业：2010年，全区批发零售业实现增加值77.79亿元，增长26.34%。全区批发零售业企业及个体户实现销售额1426.52亿元，增长28.26%，其中批发业销售额1230.29亿元，增长26.22%，占销售总额的86.24%；零售业销售额196.23亿元，增长42.71%，占销售总额13.76%。2010年销售额增长速度排前三位的商品分别为：种子饲料类、木材及制品类、电子出版物及音像制品类，分别增长1.8倍、1.38倍和94%；销售额居前三位的商品分别为石油及制品类、金属材料类、化工材料及制品类，分别占全区限上批发零售业商品销售总额的30%、27%和6%。

房地产业：2010年，我区房地产开发建设项目27个，科城山庄、科汇金谷、万科新里程、龙光峰景华庭、宏康花园等房地产项目投资额达到13.52亿元。2010年，全区商品房屋建设面积149.34万平方米，增长27.62%；商品房屋销售面积12.7万平方米，同比下降41.95%；商品房销售金额13.06亿元，同比增长17.35%。

其他服务业：第三产业中除批发零售业、交通运输业、房地产业等以外的其他行业均属于其他服务业范围。2010年，其他服务业实现增加值140.88亿元，增长26.4%，占全区第三产业增加值的33.5%，比上年所占比重提高3.2个百分点。其他服务业企业中，营业收入排前四位的行业依次为：租赁和商业服务业、科技研究和技术服务业、仓储业、计算机服务业和软件业。

## 三、对外经济

### 招商引资

外资总量：2010年，全区新批外商直接投资项目99个，合同利用外资12.96亿美元，下降35.72%；实际使用外资12.26亿美元，增长5.23%，占广州市实际使用外资30.8%。当年新引进投资总额1000万美元以上的项目55个，3000万美元以上的项目27个，5000万美元以上的项目16个。截止到2010年底，共引进世界500强企业105家。

外资结构：2010年，全区共引进第二产业项目34个，合同利用外资7.3亿美元，下降58.3%；第三产业项目64个，合同利用外资5.65亿美元，增长6.9%，其中：房地产业占46.34%，租赁和商务服务业占14.31%，批发和零售业占17.08%，科学研究、技术服务和地质勘查业占13.21%，信息传输、计算机服务和软件占8.49%，交通运输、仓储和邮政业占0.57%。

外资国别：2010年，在我区45个引资国别（地区）中，引进资金前四位的国家（地区）分别是香港、英属维尔京群岛、日本和韩国，共引进合同外资10.81亿元，占全区合同利用外资的83.44%。其中：来自香港的合同利用外资8.12亿元，下降22.66%，占全区合同利用外资的62.69%；来自日本和韩国的合同利用外资分别为0.82和0.587亿美元，占全区的6.3%和4.44%。实际使用外资中，来自香港的实际使用外资达到6.55亿美元，占全区实际使用外资总额的53.39%。

### 对外贸易

进出口总量：2010年，实现进出口总值331.74亿美元，增长48.11%。其中，出口总值136.77亿美元，增长33.26%；进口总值194.97亿美元，增长60.67%。

出口结构：2010年，高新技术产品出口总值83.43亿美元，增长64.79%，占全区出口总值的61%；机电产品出口总值112.67亿美元，增长32.47%，占全区出口总值的82.38%。

出口国别：2010年，我区前三大出口国别（地区）分别是：香港、美国和欧盟，分别实现出口总值39.08、26.76和16.32亿美元，占全区出口总值比重分别达到28.58%、19.57%和11.93%，比上年分别增长37.59%、20.03%和19.13%。

## 四、固定资产投资

投资结构：2010年，全区完成固定资产投资317.81亿元，增长20.12%，其中：基础（公共）设施投资107.41亿元，增长6.11%。从产业投向看，第二产业完成投资128.88亿元，增长17.14%，其中工业项目投资128.62亿元，增长17.57%；第三产业投资188.93亿元，增长22.24%，比全区固定资产投资增速高出2.12个百分点，二、三产业投资额的比例从上年的41.58：58.42调整为40.55：59.45。从投资主体看，国有经济投资167.02亿元，增长20.7%；民间投资47.05亿元，下降1.94%；港澳台、外商经济投资103.74亿元，增长32.59%。

重点建设项目：2010年，科学城完成基础设施建设投资53.62亿元，增长10.46%，截至2010年底，累计完成基础设施投资320.9亿元；生物岛完成基础设施建设投资4.85亿元，下降21.14%，截至2010年底，累计完成基础设施投资23.54亿元。2010年区重点基础设施建设项目投资：萝岗中心区建设配套工程完成投资18.72亿元；广州国际体育演艺中心建设完成投资14.75亿元；汽车产业基地（永和）基础设施完成投资4.98亿元；九龙大道改造工程投入1.69亿元；东区道路工程投入1.06亿元。工业投资项目中投资超亿元的企业达到了25家。排名前三位的分别是电子及通信设备制造业、交通运输设备制造业、化学原料及化学制品制造业，分别完成投资32.76、25.35和12.72亿元，分别占工业项目投资总额25.47%、19.71%和9.88%。

“十一五”期间，全区完成全社会固定资产投资1092.01亿元，是“十五”时期的1.7倍，五年间年均增长20%。其中，累计完成基础设施投资386.87亿元，是“十五”时期的1.36倍，五年间年均增长20.49%；累计完成房地产开发投资95.29亿元，五年间年均增长36.63%。

## 五、科技

2010年，全区累计认定的高新技术企业180家，其中：全区累计认定的高新技术工业企业为123家，实现工业总产值1281.83亿元，增长26.03%，占全区工业总产值的30.32 %。2010年当年认定的高新技术企业为52家。

科技园区建设：2010年，广州高新技术产业开发区实有科技企业1929家，实现营业总收入3413.80亿元，增长27.86%，实现工业总产值2689.45亿元，增长43.04%。天河科技园、黄花岗科技园、民营科技园、南沙资讯园等特色产业化园区发展迅速，2010年，四园区实现营业总收入967.93亿元，增长19.07%，占高新区营业总收入的28.35%。广州科学城实现营业总收入2033.79亿元，增长42.78%，占高新区营业总收入的59.58%。

科技经费和人员：2010年，全区科技活动人员合计25307人，增长41.38%。其中，研发人员18807人，增长11%。科技活动经费支出67.27亿元，其中研发经费支出58.25亿元，比上年增加8.47亿元，增长17.03%，占科技活动经费支出比重达到86.59%，占全区GDP的比重为3.6%。

科技创新成果：当年专利申请数量4241件，同比增长26.71%。专利授权数2375件，同比增长48.25%，其中发明专利授权数719件，同比增长41.26%。

注：文中地区生产总值、各产业的产值、增加值绝对数按当年价格计算，增长速度则按可比价格计算。

### 2010年萝岗区社会事业主要指标情况表

| 项目 | 单位 | 实绩 | 比上年增长（%） |
|---|---|---|---|
| 科学技术财政投入（剔除基本建设一次性支出） | 亿元 | 5.28 | 0.76 |
| 获奖科技成果 | 项 | 18 | — |
| 教育事业财政投入（剔除基本建设一次性支出） | 亿元 | 3.84 | 9.34 |
| 各类学校（含成教） | 所 | 83 | — |
| 文化事业财政投入（剔除基本建设一次性支出） | 亿元 | 0.61 | 34.72 |
| 图书馆藏书 | 万册 | 20 | — |

（续上表）

| 项目 | 单位 | 实绩 | 比上年增长（%） |
|---|---|---|---|
| 体育事业财政投入（剔除基本建设一次性支出） | 亿元 | 2.16 | 4.45 |
| 卫生事业财政投入（剔除基本建设一次性支出） | 亿元 | 1.49 | 36.90 |
| 医疗机构 | 个 | 125 | — |
| 卫生技术人员 | 人 | 1530 | 9.60 |
| 送戏下乡 | 场次 | 87 | — |
| 送电影下乡 | 场次 | 996 | — |

（区志办编）

## 2010年广州开发区单位从业人员情况表

| 分组目录（开发区） | | 单位从业人员 | | 在岗职工 | | 职工平均工资 |
|---|---|---|---|---|---|---|
| | | 合计 | 其中女性 | 合计 | 其中长期职工 | |
| 单位 | | 人 | 人 | 人 | 人 | 元 |
| 总计 | | 347802 | 154810 | 341034 | 330566 | 56149 |
| 按产业分 | 第一产业 | 0 | | | | 0 |
| | 第二产业 | 287365 | 118583 | 281256 | 274952 | 51093 |
| | 第三产业 | 60437 | 36227 | 59778 | 55614 | 72894 |
| 按注册类型分 | 国有单位 | 31522 | 17289 | 30821 | 29456 | 84569 |
| | 集体单位 | 2611 | 1286 | 2605 | 2577 | 26513 |
| | 其他单位 | 313669 | 136235 | 307608 | 298533 | 48577 |
| | 其中：内资企业 | 41833 | 16554 | 41244 | 39856 | 42365 |
| | 港澳台商投资企业 | 88699 | 38982 | 88453 | 86662 | 44229 |
| | 外商投资企业 | 183137 | 80699 | 177911 | 172015 | 49811 |

（区统计局供稿）

## 2010年萝岗区国民经济主要指标情况表

| 指标 | 单位 | 总量 | 增速（%） |
|---|---|---|---|
| 地区生产总值 | 亿元 | 1381.64 | 16.57 |
| 工业增加值 | 亿元 | 1056.92 | 15.95 |
| 农业总产值 | 亿元 | 11.15 | 1.34 |
| 工业总产值 | 亿元 | 4011.39 | 21.04 |

（续上表）

| 指标 | 单位 | 总量 | 增速（%） |
|---|---|---|---|
| 外贸出口总额 | 亿美元 | 136.77 | 33.26 |
| 实际使用外资 | 亿美元 | 12.25 | 5.6 |
| 一般预算收入 | 亿元 | 80.24 | 8.18 |
| 固定资产投资总额 | 亿元 | 313.12 | 24 |
| 税收总额 | 亿元 | 316.26 | 18.16 |
| 粮食总产量 | 吨 | 14178.00 | —3.08 |
| 城镇居民人均可支配收入 | 元 | 31362.00 | 11.1 |
| 农民人均纯收入 | 元 | 14593.00 | 14.9 |

（区志办编）

## 2010年广州开发区国民经济主要指标情况表

| 指标名称 | 单位 | 历年累计 | “十一五”时期 | | 2010年 | |
|---|---|---|---|---|---|---|
| | | | 总量 | 年均增长（%） | 总量 | 同比增长（%） |
| 一、地区生产总值（GDP） | 亿元 | 8554.13 | 5817.02 | 19.42 | 1617.83 | 18.60 |
| 第一产业 | 亿元 | | – | | – | – |
| 第二产业 | 亿元 | | 4411.77 | 17.90 | 1197.10 | 16.85 |
| 工业 | 亿元 | | 4289.87 | 17.80 | 1159.00 | 16.72 |
| 建筑业 | 亿元 | | 122.43 | 22.34 | 38.10 | 21.46 |
| 第三产业 | 亿元 | | 1403.77 | 24.72 | 420.73 | 24.27 |
| 二、工业总产值 | 亿元 | 21508.22 | 15065.31 | 21.32 | 4227.52 | 21.26 |
| 三、进出口总额 | 亿美元 | 1614.92 | 1109.65 | 19.19 | 331.74 | 48.11 |
| 出口总额 | 亿美元 | 732.12 | 503.70 | 16.95 | 136.77 | 33.67 |
| 进口总额 | 亿美元 | 882.81 | 605.94 | 20.92 | 194.97 | 63.31 |
| 四、财政收入 | 亿元 | 2074.96 | 1381.67 | 19.91 | 388.56 | 24.78 |
| 税收收入 | 亿元 | 1795.81 | 1171.89 | 16.66 | 316.26 | 18.16 |
| 五、地方可支配财力 | 亿元 | 909.84 | 575.76 | 21.16 | 160.45 | 28.46 |
| 地方财政支出 | 亿元 | 836.11 | 534.80 | 21.52 | 151.25 | 29.03 |
| 六、新批外商投资企业 | 家 | | 663 | | 99 | – |
| 合同利用外资额 | 亿美元 | 190.53 | 97.17 | −0.87 | 12.96 | −35.72 |

（续上表）

| 指标名称 | 单位 | 历年累计 | “十一五”时期 | | 2010年 | |
|---|---|---|---|---|---|---|
| | | | 总量 | 年均增长（%） | 总量 | 同比增长（%） |
| 实际利用外资额 | 亿美元 | 114.47 | 51.45 | 12.48 | 12.26 | 5.23 |
| 七、固定资产投资 | 亿元 | 1802.11 | 1092.01 | 20.00 | 317.81 | 20.12 |
| 其中：基础（公共）设施 | 亿元 | 606.97 | 386.87 | 20.49 | 107.41 | 6.11 |
| 工业项目投资 | 亿元 | 941.05 | 503.60 | 9.57 | 128.62 | 17.57 |
| 八、城镇居民人均可支配收入 | 元 | | – | – | 31362 | 11.10 |
| 九、农民人均纯收入 | 元 | | – | – | 14593 | 14.91 |

注：地区生产总值、工业总产值绝对额按现价计算，增长速度按可比价计算。（区统计局供稿）

## 2010年萝岗区常住户口及人口情况与人口自然变动情况表

| 街镇 | 全区常住人口总数（人） | 出生人数（人） | 出生率（‰） | 死亡人数（人） | 死亡率（‰） | 自然增长人数（人） | 自然增长率（‰） |
|---|---|---|---|---|---|---|---|
| 夏港街 | 25424 | 403 | 17.48 | 34 | 1.47 | 369 | 16.00 |
| 萝岗街 | 34451 | 399 | 12.50 | 144 | 4.51 | 255 | 7.99 |
| 东区街 | 27722 | 323 | 12.61 | 129 | 5.04 | 194 | 7.57 |
| 联和街 | 21954 | 377 | 19.66 | 74 | 3.86 | 303 | 15.80 |
| 永和街 | 14908 | 206 | 14.57 | 64 | 4.53 | 142 | 10.04 |
| 九龙镇 | 85993 | 1162 | 14.27 | 392 | 4.81 | 770 | 9.45 |
| 合 计 | 210452 | 2870 | 14.69 | 837 | 4.28 | 2033 | 10.41 |

注：上述数据截至2010年9月。（区社区局供稿）

## 2010年萝岗区流动人员情况表

| 街镇 | 人数（人） | 已婚育龄妇女人数（人） | 出生人数（人） | 政策生育率（%） |
|---|---|---|---|---|
| 夏港街 | 63946 | 4722 | 256 | 97.27 |
| 萝岗街 | 33632 | 3724 | 125 | 92.80 |
| 东区街 | 84131 | 14280 | 722 | 93.35 |
| 联和街 | 75599 | 5173 | 134 | 96.27 |
| 永和街 | 53892 | 11111 | 388 | 96.39 |
| 九龙镇 | 17299 | 1808 | 179 | 86.03 |
| 合计 | 328499 | 43818 | 1804 | 94.01 |

注：上述数据截至2010年9月。（区社区局供稿）

## 2010年萝岗区卫生局机关及基层单位人员队伍情况表

单位：人

| 单位名称 | 人员编制 | | 实有人员 | 其中 | | | | | | | | | | | | 退休人员 |
|---|---|---|---|---|---|---|---|---|---|---|---|---|---|---|---|---|
| | | | | 卫生技术人员 | 其中 | | | | | | | | 行政管理人员 | 其他专业技术人员 | 后勤人员 | |
| | | | | | 按职称分 | | | 按执业类别分 | | | | | | | | |
| | 事业/行政编制 | 临工/雇员编制 | | | 高级职称 | 中级职称 | 初级职称 | 执业（助理）医师 | 注册护士 | 检验人员 | 药剂人员 | 其他人员 | | | | |
| | A1 | A2 | A3 | A4 | A5 | A6 | A7 | A8 | A9 | A10 | A11 | A12 | A13 | A14 | A15 | A16 |
| 区卫生局机关 | 15 | 12 | 27 | | | | | | | | | | 27 | | | 1 |
| 区卫生监督所 | 17 | 9 | 26 | | | | | | | | | | 26 | | | 2 |
| 区疾病预防控制中心 | 27 | 1 | 28 | 23 | 2 | 7 | 14 | 14 | 0 | 6 | 0 | 3 | 3 | 1 | 1 | 6 |
| 开发区医院 | 520 | 0 | 567 | 481 | 62 | 111 | 308 | 169 | 204 | 20 | 26 | 62 | 42 | 0 | 44 | 19 |
| 萝岗区中医院 | 175 | 0 | 235 | 187 | 10 | 43 | 134 | 71 | 87 | 11 | 18 | 0 | 11 | 12 | 25 | 46 |
| 九佛医院 | 115 | 0 | 172 | 146 | 8 | 32 | 106 | 53 | 46 | 6 | 8 | 33 | 2 | 13 | 11 | 31 |
| 萝岗区红十字会医院 | 211 | 0 | 215 | 182 | 8 | 18 | 156 | 62 | 82 | 7 | 15 | 16 | 8 | 12 | 13 | 23 |
| 区妇幼保健所 | 10 | 3 | 9 | 6 | 5 | 1 | 0 | 5 | 1 | 0 | 0 | 0 | 0 | 2 | 1 | 0 |
| 合计 | 1090 | 25 | 1279 | 1025 | 95 | 212 | 718 | 374 | 420 | 50 | 67 | 114 | 119 | 40 | 95 | 128 |

注：统计人员范围为本单位在编人员、与单位签订聘用合同人员或虽没签定合同但按合同人员管理使用人员、退休人员。

行政管理人员是指各单位中层以上不从事临床工作的人员（中层以上人员凡有技术职称并有从事相应技术工作的纳入相应技术人员类统计；区卫生局机关人员全部纳入“行政管理人员”类，以便统计）。

表内关系：A3=A4+A13+A14+A15，A4=A5+A6+A7=A8+A9+A10+A11+A12。

## 2010年萝岗区卫生局各单位固定资产及经营业务收入情况表

| 单位名称 | 单位地址 | 占地面积（平方米） | 建筑面积（平方米） | 房屋归属 | 固定资产（万元） | 编制床位 | 实际开放床位 | 门急诊人次 | 住院人次 | 病床使用率（%） | 总收入（万元） | 其中 | | | | | | |
|---|---|---|---|---|---|---|---|---|---|---|---|---|---|---|---|---|---|---|
| | | | | | | | | | | | | 财政拨款补助（含市区及卫生局下拨） | 业务收入 | 其中 | | | 其他收入 | |
| | | | | | | | | | | | | | | 门诊收入 | 住院收入 | 药品收入 | 金额 | 说明 |
| 区卫生局机关 | 水西路12号行政执法综合大楼A栋7楼 | 468 | 468 | 国有 | 157.9 | | | | | | | 8084.90 | | | | | | |
| 区卫生监督所 | 水西路12号行政执法综合大楼B栋3楼 | 570 | | 国有 | 308.4 | | | | | | 660.1 | 660.10 | | | | | | |
| 区疾病预防控制中心 | 创业路92号 | 800 | 2400 | 国有 | 1211.0 | | | | | | 1179.8 | 1179.30 | | | | | 0.50 | 利息收入 |
| 开发区医院 | 友谊路196号 | 42630 | 38781 | 区国有资产投资公司 | 27551.0 | 300 | 250 | 660346 | 10163 | 84.88 | 14376.0 | 1743.00 | 12546 | 4638.00 | 2695.0 | 5213.00 | 87.00 | 培训、利息等收入 |
| 中医医院 | 公路街212号 | 30141（1期） | 21624 | 国有 | 3413.0 | 120 | 200 | 184935 | 3051 | 76.91 | 4045.0 | 870.00 | 3174 | 779.00 | 788.0 | 1429.90 | 29.10 | 利息收入等 |
| 九佛医院 | 九佛中路1306号 | 10237 | 6138 | 国有 | 988.0 | 45 | 65 | 136743 | 1841 | 69.36 | 2496.6 | 887.18 | 1609 | 989.35 | 615.3 | 823.09 | 4.86 | 利息、社保转入等 |
| 区红十字会医院 | 镇龙大道429号 | 25346 | 20204 | 国有 | 2488.00 | 250 | 284 | 158854 | 2455 | 95.53 | 3421.0 | 1041.0 | 2353 | 513 | 1002 | 838 | 27 | |
| 区妇幼保健所 | 友谊路196号 | 约500 | 300 | 国资局（区医院） | 84.26 | 0 | 0 | 0 | 0 | 0 | 205.6 | 205.6 | 0 | 0 | 0 | 0 | 0 | |

注：统计时间截至2010年12月31日。

## 2010年萝岗区儿童计免建卡及六苗接种情况表

| 年份 | 查册人数 | 卡介苗 | | 小儿麻 | | 百白破 | | 麻疹 | | 乙脑 | | 乙肝 | | 四苗全程 | |
|---|---|---|---|---|---|---|---|---|---|---|---|---|---|---|---|
| | | 接种人数 | 合格率% | 接种人数 | 合格率% | 接种人数 | 合格率% | 接种人数 | 合格率% | 接种人数 | 合格率% | 接种人数 | 合格率% | 接种人数 | 合格率% |
| 2010年 | 5175 | 5525 | 99.75 | 4233 | 99.18 | 4191 | 98.96 | 4254 | 98.11 | 4016 | 98.02 | 4263 | 99.21 | 4191 | 100 |

## 2010年萝岗区四害密度监测情况表

| 年份 | 蚊年密度（只/灯） | 蝇年密度（只/笼） | 鼠年密度（只/笼） | 蟑螂年密度（只/盒） |
|---|---|---|---|---|
| 2010 | 10.92 | 1.44 | 7.31 | 0.49 |

注：现行“四害”密度监测已采用新的方法进行监测，计算单位不再使用旧单位，如蚊密度已采用“只/灯”，不计算“只/人工·小时”；蝇密度采用“只/笼”，不计算“只/笼/旬”。

## 2010年萝岗区中小学生健康体检情况表

| 学年 | 学校类型 | 体检学校数（所） | 体检总人数 | 男生人数 | 女生人数 | 体检无异常率（%） | 营养不良检出率（%） | 肥胖检出率（%） | 视力不良检出率（%） | 龋患率（%） | 沙眼检出率（%） | 低血红蛋白检出率（%） | 粪蛔虫卵检出率（%） |
|---|---|---|---|---|---|---|---|---|---|---|---|---|---|
| | 中学<br>小学 | 4<br>3 | 7038 | 3589 | 3449 | – | 54.20 | 10.60 | 90.50 | 23.40 | 0.40 | 7.50 | – |

注：每年上报上一学年的数据，如2010年年报是2009年9月至2010年6月的数据。按市要求，学校学生健康体检资料仅统计由广州市中小学卫生保健所开展体检的数据。

## 2010年萝岗区传染病发病情况表

单位：人

| 年份 | 艾滋病 | 甲肝 | 乙肝 | 丙肝 | 戊肝 | 肝炎（未分型） | 甲型$H_1N_1$流感 | 麻疹 | 出血热 | 痢疾 | 肺结核 | 伤寒 | 新生儿破伤风 | 淋病 | 梅毒 | 钩体病 | 疟疾 | 流行性感冒 | 流行性腮腺炎 | 风疹 | 急性出血性结膜炎 | 其它感染性腹泻病 | 手足口病 | 总计 |
|---|---|---|---|---|---|---|---|---|---|---|---|---|---|---|---|---|---|---|---|---|---|---|---|---|
| 2010 | 0 | 7 | 34 | 83 | 6 | 3 | 1 | 3 | 2 | 20 | 319 | 3 | 0 | 34 | 118 | 1 | 0 | 38 | 105 | 2 | 519 | 339 | 1152 | 2789 |

## 2010年萝岗区常住人口肺结核病控制项目业务情况表

| 年份 | 可疑者检查 | | | 新发+复发+其他涂阳 | | | | 新发涂阴 | | | |
|---|---|---|---|---|---|---|---|---|---|---|---|
| | 任务数 | 完成数 | 完成率（%） | 任务数 | 完成数 | 完成率（%） | 2009年治愈率（%） | 任务数 | 完成数 | 完成率（%） | 2009年完成疗程率（%） |
| 2010 | 253 | 385 | 152 | 67 | 62 | 92.5 | 89.0 | 67 | 82 | 123.0 | 95.0 |

## 2010年萝岗区食品卫生监督管理情况表

| 年份 | 监测数（宗） | 监测合格数（宗） | 合格率（%） |
|---|---|---|---|
| 2010 | 573 | 486 | 84.8 |

## 2010年萝岗区公共场所卫生监测情况表

| 年份 | 行业分类（间） | | | | | | 监测项次数 |
|---|---|---|---|---|---|---|---|
| | 旅业 | 娱乐场所 | 理发美容 | 泳场 | 商场 | 其它 | |
| 2010 | 4 | – | 6 | 6 | – | 2 | 136 |

## 2010年萝岗区生产环境有害因素测定情况表

| 年份 | 总体情况 | | | | | | | | 生产性噪音 | | | 粉尘 | | | 金属烟尘 | | |
|---|---|---|---|---|---|---|---|---|---|---|---|---|---|---|---|---|---|
| | 监测企业（间） | 监测次数（次） | 样品总数（宗） | 合格数（宗） | 合格率（%） | 项目总数（宗） | 合格数（宗） | 合格率（%） | 监测数（宗） | 合格数（宗） | 合格率（%） | 监测数（宗） | 合格数（宗） | 合格率（%） | 监测数（宗） | 合格数（宗） | 合格率（%） |
| 2010 | 13 | 23 | 434 | 358 | 82.5 | – | – | – | 256 | 211 | 82.4 | 35 | 28 | 80 | 14 | 14 | 100 |

## 2010年萝岗区饮用水卫生管理情况表

| 年份 | 监测频率（次/月） | 末梢水卫生监测 | | | | | 二次供水卫生监测 | | | | |
|---|---|---|---|---|---|---|---|---|---|---|---|
| | | 抽检点（个） | 检验项目（个） | 抽检数（宗） | 合格数（宗） | 合格率（%） | 抽检点（个） | 检验项目（个） | 抽检数（宗） | 合格数（宗） | 合格率（%） |
| 2010 | 1 | 8 | 13 | 91 | 70 | 76.9 | 6 | 16 | 71 | 35 | 49.3 |

## 2010年萝岗区各类卫生监督情况表

| 监督类别 | 监督对象间数（间） | 其中：新发证间数（间） | 从业人员数（人） | 监督间次数（间次） | 处罚间次数（间次） | 金额（元） |
|---|---|---|---|---|---|---|
| 职业卫生 | 147 | – | – | 88 | 0 | 0 |
| 传染病防治监督 | – | – | – | 114 | 0 | 0 |
| 医疗卫生 | 83 | 10 | 1396 | 94 | 3 | 20000 |
| 学校卫生 | 66 | 9 | 1452 | 141 | 0 | 0 |
| 食品卫生 | 1412 | 221 | 14702 | 4310 | 0 | 0 |
| 公共场所卫生 | 392 | 117 | 1174 | 1284 | 0 | 0 |

（区卫生局供稿）

## 2010年萝岗区民办教育机构名册

| 办学机构名称 | 学校类型 | 办学地址 |
|---|---|---|
| 华南师范大学增城学院 | 本科 | 萝岗区九龙镇康大教育园 |
| 广州康大职业技术学院 | 专科 | 萝岗区九龙镇康大教育园 |
| 华澳国际会计学院 | 本科 | 萝岗区九龙镇康大教育园 |
| 广州开发区技工学校 | 中技 | 萝岗区九龙镇康大教育园 |
| 广东岭南职业技术学院 | 专科 | 广州科学城大观路492号 |
| 广东岭南现代技工学校 | 中技 | 广州科学城大观路492号 |
| 广州市凌凯汽车职业培训学校 | 中技 | 萝岗区广汕公路华侨段18号 |
| 广州市萝岗区南方中英文学校 | 小学、初中 | 萝岗区萝岗街长岭路83号 |
| 广州市萝岗区宏岗学校 | 小学、初中 | 萝岗区东区街笔岗社区宏岗路7号 |
| 广州市萝岗区洋城学校 | 小学 | 萝岗区萝岗街长岭路83号 |
| 广州市萝岗区嘉洲小学 | 小学 | 萝岗区联和街八斗村八旺街1号 |
| 广州市二中苏元实验学校 | 初中 | 萝岗区开创大道水西环路 |
| 广州市萝岗区东区中心幼儿园 | 幼儿园 | 萝岗区东区笔岗社区 |
| 广州市萝岗区小天使幼儿园 | 幼儿园 | 萝岗区青年路210号东盛楼二楼 |
| 广州市萝岗区童星幼儿园 | 幼儿园 | 萝岗区萝岗街线坑社十巷10号 |
| 广州市萝岗区黄陂幼儿园 | 幼儿园 | 萝岗区联和街黄陂社 |
| 广州市萝岗区南方中英文幼儿园 | 幼儿园 | 萝岗区萝岗街长岭路83号 |
| 广州市萝岗区童真幼儿园 | 幼儿园 | 萝岗区萝岗街荔红路8号 |
| 广州市萝岗区普晖托儿所 | 幼儿园 | 萝岗区普晖大街115号 |
| 广州市萝岗区南村幼儿园 | 幼儿园 | 萝岗区东区街南村新南街三街3号 |
| 广州市萝岗区岗贝幼儿园 | 幼儿园 | 萝岗区东区街刘村岗贝中路39号 |
| 广州市萝岗区宏岗幼儿园 | 幼儿园 | 萝岗区东区街笔岗社区宏岗路36号 |
| 广州市萝岗区蓝天幼儿园 | 幼儿园 | 萝岗区九龙镇银龙东路东莲街1号 |
| 广州市萝岗区岭头幼儿园 | 幼儿园 | 萝岗区萝岗街岭福路1号 |

（续上表）

| 办学机构名称 | 学校类型 | 办学地址 |
|---|---|---|
| 广州市萝岗区红卫幼儿园 | 幼儿园 | 萝岗区九龙镇九龙第三小学内 |
| 广州市萝岗区镇龙幼儿园 | 幼儿园 | 萝岗区九龙镇高车路11号 |
| 广州市萝岗区昱星实验幼儿园 | 幼儿园 | 萝岗区永和街永岗村树吓新街1号 |
| 广州市萝岗区东基幼儿园 | 幼儿园 | 萝岗区东基村靖南路23号 |
| 广州市萝岗区小天使西基幼儿园 | 幼儿园 | 萝岗区夏港街西基村育才大街6号 |
| 广州市萝岗区九佛中心幼儿园 | 幼儿园 | 萝岗区九佛墟若园路 |
| 广州市萝岗区洋紫荆保利林语山庄幼儿园 | 幼儿园 | 萝岗区科学城开创大道北林语路2号 |
| 广州市萝岗区小太阳幼儿园 | 幼儿园 | 萝岗区九龙镇镇龙农村信用社旁 |
| 广州市萝岗区童真联合幼儿园 | 幼儿园 | 萝岗区联和街联和社区石嘉三巷9～11号 |
| 广州市萝岗区红太阳幼儿园 | 幼儿园 | 萝岗区萝岗街三级地62号 |
| 广州市萝岗区花城幼儿园 | 幼儿园 | 萝岗区九龙镇若园路48号 |
| 广州市萝岗区中大附属（万科城）幼儿园 | 幼儿园 | 萝岗区开创大道东侧万科城尚山一街1号 |
| 广州市萝岗区宏康幼儿园 | 幼儿园 | 萝岗区东区春晖四街38号 |
| 广州市萝岗区迁岗幼儿园 | 幼儿园 | 萝岗区迁岗八街35号 |
| 广州市萝岗区刘村幼儿园 | 幼儿园 | 萝岗区刘村8号刘村小学旁 |
| 广州市萝岗区阳光课外学习中心 | 培训学校 | 萝岗区青年路240～242号东鸿楼二楼 |
| 广州市萝岗区智能教育培训中心 | 培训学校 | 萝岗区夏港街东园八街244～246号二楼西侧 |
| 广州市萝岗区夏港社区艺术培训中心 | 培训学校 | 萝岗区夏港街东园八街244～246号二楼东侧 |
| 广州市萝岗区恩斯益外语培训中心 | 培训学校 | 萝岗区志诚大道302号融汇大厦509 |
| 广州市萝岗区德立教育培训中心 | 培训学校 | 萝岗区东区街春晖四街26号开发区第二员工大厦内 |
| 广州市萝岗区华澳教育培训中心 | 培训学校 | 萝岗区九龙镇华师康大教育园内 |
| 广州市萝岗区汇和电脑培训中心 | 培训学校 | 萝岗区神舟路87号7栋204（自编） |
| 广州市萝岗区岭南教育培训中心 | 培训学校 | 萝岗区科学大道岭南职业学院内 |
| 广州市萝岗区通意职业培训中心 | 培训学校 | 萝岗区永和街新庄二路2号商业综合楼 |
| 广州开发区瀚文培训学校 | 培训学校 | 萝岗区萝岗街水西村 |

## 2010年萝岗区公办学校等级及规范化学校、幼儿园情况表

| 学校 | 等级情况 | 规范化情况 | 学校 | 等级情况 | 规范化情况 |
|---|---|---|---|---|---|
| 玉岩中学 | 省一级 | 通过 | 黄陂小学 | / | 通过 |
| 91中学 | 市一级 | 通过 | 长平小学 | / | 已评 |
| 83中学 | 区一级 | / | 新庄小学 | / | 通过 |
| 开发区中学 | / | 通过 | 永岗小学 | / | 通过 |
| 东区中学 | / | 通过 | 禾丰小学 | / | 已评 |
| 华峰中学 | / | 通过 | 贤江小学 | / | 通过 |
| 117中学 | / | 通过 | 金坑小学 | / | 已评 |
| 镇龙一中 | / | 已评 | 福洞小学 | / | 通过 |
| 镇龙二中 | / | 已评 | 九龙二小 | / | 通过 |
| 九佛中学 | / | 通过 | 九龙三小 | / | 通过 |
| 九佛二中 | / | 通过 | 九龙四小 | / | 通过 |
| 开发区一小 | / | 通过 | 汤村小学 | / | 已评 |
| 开发区二小 | / | 通过 | 何棠下小学 | / | 通过 |
| 东区小学 | / | 通过 | 九龙一小 | / | 通过 |
| 火村小学 | / | 通过 | 枫下小学 | / | 通过 |
| 刘村小学 | / | 通过 | 凤尾小学 | | 通过 |
| 玉树小学 | / | 通过 | 开发区一幼 | 省一级 | / |
| 萝峰小学 | / | 通过 | 开发区二幼 | 省一级 | / |
| 香雪小学 | / | 通过 | 香雪幼儿园 | 省一级 | / |
| 联和小学 | / | 通过 | | | |

注：小学、初中不参加等级学校评估，高中、幼儿园不参加规范化学校评估。

## 2010年萝岗区幼儿园基本情况表

| 项目 | 数据 | 项目 | 数据 |
|---|---|---|---|
| 全区有幼儿园（所） | 30 | 省一级幼儿园（所） | 2 |
| 市一级幼儿园（所） | 2 | 区一级幼儿园（所） | 4 |
| 公办幼儿园（所） | 3 | 民办幼儿园（所） | 27 |
| 公办幼儿园在园幼儿（人） | 917 | 民办幼儿园在园幼儿（人） | 6677 |
| 公办幼儿园在园教师（人） | 86 | 民办幼儿园在园教师（人） | 416 |

## 2010年萝岗区学前教育情况表

| 年度 | 3～6周岁本地幼儿数（人） | 3～6周岁在园幼儿数（人） | 3～6周岁本地在园幼儿数（人） |
|---|---|---|---|
| 2010 | 5548 | 7594 | 5261 |

## 2010年萝岗区绿色学校情况表

| 类别 | 学校名称 |
|---|---|
| 广东省绿色学校（含幼儿园） | 开发区二小、开发区一幼、开发区二幼、火村小学 |
| 广州市绿色学校（含幼儿园） | 九佛中学、枫下小学、开发区一小、刘村小学、玉树小学、开发区中学、九龙一小、九龙二小、九龙三小、香雪幼儿园、东区中心幼儿园、联和小学、九十一中、南方中英文学校、东区小学、金坑小学、黄陂小学、萝峰小学、香雪小学、九龙四小 |

## 2010年萝岗区各类学校基本情况表

| 项　目 | 数　据 | 项　目 | 数　据 |
|---|---|---|---|
| 公办中小学、幼儿园（所） | 40 | 公办高级中学（所） | 4 |
| 公办初级中学（所） | 8 | 公办小学（所） | 25 |
| 公办在校学生（人） | 31002 | 公办幼儿园（所） | 3 |
| 民办中小学（所） | 5 | 公办在园幼儿（人） | 917 |
| 民办幼儿园（所） | 27 | 民办在校学生（人） | 3220 |
| 省一级学校（所） | 7 | 民办在园幼儿（人） | 6677 |
| 区一级学校（所） | 24 | 国家示范性高中（所） | 2 |
| 省市绿色学校（所） | 24 | 市一级学校（所） | 7 |
| | | 等级学校比率（%） | 53 |

（区教育局供稿）

## 2010年广州开发区、萝岗区政务服务中心各入驻单位审批事项一览表

| 公安局（治安） | | | |
|---|---|---|---|
| 序号 | 受理事项 | 承诺时间（按工作日计） | 备注 |
| 1 | 印章许可证的申请 | 即时 | |
| 2 | 民用爆炸物品购买、运输许可 | 即时 | |
| 3 | 公章刻制业、特种行业许可证申请 | 2 | |
| 4 | 二、三类易制毒化学品购买备案 | 3 | |
| 5 | 三类易制毒运输方案 | 3 | |

（续上表）

| 公安局（治安） | | | |
|---|---|---|---|
| 序号 | 受理事项 | 承诺时间（按工作日计） | 备注 |
| 6 | 废旧金属收购行业备案 | 3 | |
| 7 | 养犬登记证申请审核 | 15 | |
| 8 | 旅业特种行业许可证申请 | 20 | 业务咨询 |
| 9 | 大型群众文体活动安全许可证申请 | 7 | 业务咨询 |
| 10 | 娱乐场所营业执照备案 | 5 | 业务咨询 |
| 11 | 设立内部保安组织申请 | 20 | 业务咨询 |
| 12 | 典当业特种行业许可证的申请 | 10 | 10天后报市局、市局10日内审核完毕 |
| 13 | 大型集体游行、示威许可审批 | | 业务咨询 |
| 14 | 布告、通告、重大活动工作证、通行证、在社会上流通使用的票证等特种印制品准印审批 | | 业务咨询 |
| 15 | 从事爆破物品押运、保管、爆破、安全监督人员从业许可审批 | | 业务咨询 |
| 16 | 从事爆破作业单位许可 | | 业务咨询 |
| 17 | 城市、山景名胜区和重点工程附近实施爆破作业许可初审（爆破工程审批） | | 业务咨询 |
| 18 | 大型活动烟花爆竹燃放许可 | | 业务咨询 |
| 19 | 烟花爆竹的道路许可 | | 业务咨询 |
| 20 | 金融机构营业场所、金库安全防范设施建设方案审批及工程验收 | | 业务咨询 |
| 21 | 邮政局（所）安全防范设施设计审核及工程验收 | | 业务咨询 |
| 22 | 互联网上网服务营业场信息网络安全审核 | | 业务咨询 |
| 23 | 《匕首佩戴证》、《特种刀具购买证》的审核 | | 业务咨询 |
| 24 | 受理配置猎枪、麻醉、注射枪申请 | | 业务咨询 |

| 公安局（消防） | | | |
|---|---|---|---|
| 序号 | 受理事项 | 承诺时间（按工作日计） | 备注 |
| 1 | 建设工程消防设计审核 | 20 | |
| 2 | 建设工程消防验收 | 20 | |
| 3 | 建设工程消防设计备案检查 | 30 | |
| 4 | 建设工程竣工验收消防备案检查 | 30 | |
| 5 | 公众聚集场所投入使用、营业前的消防安全检查 | 10 | |
| 6 | 领取消防批文 | 即时 | |
| 7 | 备案凭证盖章 | 即时 | |
| 8 | 领取消防宣传资料 | 即时 | |
| 9 | 消防投诉 | 待调查定 | |
| 10 | 消防业务咨询 | 即时 | |

（续上表）

| 公安局（出入境） | | | |
|---|---|---|---|
| 序号 | 受理事项 | 承诺时间（按工作日计） | 备注 |
| 1 | 办理往来港澳通行证及个人旅游签注（G） | 15 | |
| 2 | 办理个人旅游签注（G） | 10 | |
| 3 | 办理往来港澳通行证及团队旅游签注（L） | 15 | |
| 4 | 办理团队旅游签注（L） | 10 | |
| 5 | 办理往来港澳通行证及探亲签注（T） | 15 | |
| 6 | 办理探亲签注（T） | 10 | |
| 7 | 办理往来港澳通行证及商务签注（S） | 15 | |
| 8 | 办理商务签注（S） | 10 | |
| 9 | 办理往来港澳通行证及逗留签注（D） | 15 | |
| 10 | 办理逗留签注（D） | 10 | |
| 11 | 办理往来港澳通行证及其他签注（Q） | 15 | |
| 12 | 办理其他签注（Q） | 10 | |
| 13 | 办理往来台湾通行证及签注 | 15 | |
| 14 | 办理往来台湾签注 | 10 | |
| 15 | 办理内地居民赴港澳定居 | 60 | |
| 16 | 港澳永久性居民在内地所生中国籍子女赴港澳定居 | 60 | |
| 17 | 办理因私护照 | 15 | |

| 公安局（户政） | | | |
|---|---|---|---|
| 序号 | 受理事项 | 承诺时间（按工作日计） | 备注 |
| 1 | 出国留学人员来穗入户 | 当日 | |
| 2 | 办理分户 | 15 | |
| 3 | 工作调动人才引进入户 | 当日 | |
| 4 | 大中专院校（技校）毕业分配入户 | 当日 | |
| 5 | 户口迁出市外 | 当日 | |
| 6 | 新生婴儿重姓名查询 | 当日 | |
| 7 | 办理遗失补领《户口迁移证》 | 15 | |
| 8 | 办理遗失补领《户口准迁证》 | 15 | |
| 9 | 办理遗失补领居民户口簿 | 15 | |
| 10 | 申领第二代居民身份证 | 2个月 | |
| 11 | 换领第二代居民身份证 | 2个月 | |
| 12 | 补领第二代居民身份证 | 2个月 | |
| 13 | 办理临时身份证 | 3 | |
| 14 | 领取身份证 | 当日 | |

（续上表）

| 公安局（户政） | | | |
|---|---|---|---|
| 序号 | 受理事项 | 承诺时间（按工作日计） | 备注 |
| 15 | 办理招工、招干入户 | 当日 | |
| 16 | 报失居民身份证 | 当日 | |
| 17 | 本市知青等人员回市入户 | 15 | |
| 18 | 蓝印户口人员申办入常住户口 | 50 | |
| 19 | 市内户口迁移投靠父母 | 当日 | |
| 20 | 市内户口迁移夫妻投靠 | 当日 | |
| 21 | 市内户口迁移投靠子女 | 当日 | |
| 22 | 市内户口迁移因住房调整 | 当日 | |
| 23 | 市内户口迁移因离婚投靠亲友 | 15 | |
| 24 | 市内户口迁移因房屋被屋主收回投靠亲友 | 15 | |
| 25 | 因单位变动迁出单位集体户投靠亲友市内迁移 | 15 | |
| 26 | 驻穗办集体户口工作人员市内户口迁移 | 15 | |
| 27 | 福利院集体户口迁移 | 15 | |
| 28 | 监外执行人员市内户口迁移 | 15 | |
| 29 | 死亡注销户口 | 当日 | 没死亡证注销户口需15个工作日 |
| 30 | 服兵役注销户口 | 当日 | |
| 31 | 出国（境）注销户口 | 当日 | |
| 32 | 变更文化程度 | 当日 | |
| 33 | 变更职业、服务处所 | 当日 | |
| 34 | 变更婚姻状况 | 当日 | |
| 35 | 变更出生地 | 当日 | |
| 36 | 变更籍贯 | 当日 | |
| 37 | 变更姓名 | 15 | |
| 38 | 变更出生日期 | 15 | |
| 39 | 变更民族 | 15 | |
| 40 | 变更性别 | 15 | |
| 41 | 回国要求恢复户口 | 15 | |
| 42 | 刑释解教人员恢复户口 | 15 | |
| 43 | 失踪（死亡）重新出现恢复户口 | 15 | |
| 44 | 转业、复员、退伍要求恢复户口 | 当日 | |
| 45 | 本市生源回市复户 | 当日 | |
| 46 | 符合计划生育小孩出生入户 | 当日 | |
| 47 | 特殊情况小孩出生入户 | 50 | |

（续上表）

| 公安局（户政） | | | |
|---|---|---|---|
| 序号 | 受理事项 | 承诺时间（按工作日计） | 备注 |
| 48 | 申办夫妻投靠入户 | 50 | |
| 49 | 申办缴纳个人所得税入户 | 50 | |
| 50 | 申办老人来市投靠子女入户 | 50 | |
| 51 | 申办小孩来市入户 | 50 | |
| 52 | 随军家属申办入户 | 50 | |
| 53 | 本市农业户口人员“农转非” | 15 | |
| 54 | 收养小孩入户 | 50 | |
| 单位楼层位置：二楼A区2A01~2A12号窗口<br>咨询电话：82112277 | | | |

| 婚姻登记处 | | | |
|---|---|---|---|
| 序号 | 受理事项 | 承诺时间（按工作日计） | 备注 |
| 1 | 结婚登记 | 资料齐全当场发证 | |
| 2 | 离婚登记 | 资料齐全当场发证 | |
| 3 | 补办结婚登记 | 资料齐全当场发证 | |
| 4 | 补领结婚登记 | 资料齐全当场发证 | |
| 5 | 补领离婚登记 | 资料齐全当场发证 | |
| 6 | 结婚纪录证明 | 资料齐全当场发证 | |
| 7 | 离婚纪录证明 | 资料齐全当场发证 | |
| 8 | 无婚姻登记纪录证明 | 资料齐全当场发证 | |

单位楼层位置：二楼A区202室
咨询电话：82112103，杨柳、张振琴

| 档案局（馆） | | | |
|---|---|---|---|
| 序号 | 受理事项 | 承诺时间（按工作日计） | 办理流程 |
| 1 | 设置个人档案馆备案 | 15 | 1.单位或者个人向区档案局或政务服务档案窗口提出备案申请；<br>2.区档案局或档案窗口接受申请材料，根据依据确定是否受理；<br>3.确定受理后，区档案局对申请的理由进行审核。<br>4.发出受理通知书后15个工作日内，由区档案局出具并由档案窗口发出备案审批意见书，申请备案材料归档。 |
| 2 | 成立档案中介服务机构备案 | 15 | 同上 |

（续上表）

| 档案局（馆） | | | |
|---|---|---|---|
| 序号 | 受理事项 | 承诺时间（按工作日计） | 办理流程 |
| 3 | 档案工作机构，档案工作人员和收集档案范围的备案 | 15 | 同上 |
| 4 | 乡镇综合档案馆设置审批 | 15 | 1.单位或者个人向区档案局或政务服务档案窗口提出许可申请；<br>2.区档案局或档案窗口接受申请材料，根据依据确定是否受理；<br>3.确定受理后，区档案局对申请的理由进行审核；<br>4.发出受理通知书后15个工作日内，由区档案局出具并由档案窗口发出行政许可决定书（不予许可决定书），申请许可材料归档。 |
| 5 | 重大项目、国家和省级重大科研项目档案的验收、鉴定 | 15 | 同上 |
| 6 | 对出卖、转让、赠送集体所有，个人所有以及其他不属于国家所有的对国家和社会具有保存价值的或者应当保密的档案的审批 | 15 | 同上 |
| 7 | 利用、公布属于国家所有的未开放的档案的审批 | 15 | 1.单位或者个人向区档案局或政务服务档案窗口提出审核申请；<br>2.区档案局或档案窗口接受申请材料，根据依据确定是否受理；<br>3.确定受理后，区档案局对申请的理由进行审核；<br>4.发出受理通知书后15个工作日内，由区档案局出具并由档案窗口发出行政审核意见书，申请审核材料归档。 |
| 9 | 已公开现行文件查阅利用 | 即时 | |
| 10 | 区情资料查阅 | 即时 | |
| 11 | 档案业务咨询 | 能即时办理的，即时办理。不能即时办理的，在三个工作日内将有关处理意见反馈给服务对象。法律、法规、规章对办理时限有明确规定的，按规定时限办理。 | |

单位楼层位置：二楼B区201室

咨询电话：82118603，游楚红

（续上表）

| 社会保险基金管理中心 | | | |
|---|---|---|---|
| 序号 | 受理事项 | 承诺时间（按工作日计） | 备注 |
| 1 | 单位新投保 | 即办 | |
| 2 | 单位资料变更 | | |
| 3 | 社会保险异地转出 | | |
| 4 | 视同缴费年限维护 | | |
| 5 | 按月领取养老待遇 | | |
| 6 | 一次性退休 | | |
| 7 | 在职死亡 | | |
| 8 | 退休死亡 | | |
| 9 | 在职出国定居 | | |
| 10 | 农转居人员养老保险、被征地农民养老保险、农村农民养老保险待遇的核发 | | |
| 11 | 农保类人员基金合并 | | |
| 12 | 生存认证 | | |
| 13 | 失业保险金核定和申领 | | |
| 14 | 一次性失业生活补贴 | | |
| 15 | 失业死亡待遇 | | |
| 16 | 失业保险金结转 | | |
| 17 | 军转干部失业待遇申领 | | |
| 18 | 失业人员验证 | | |
| 19 | 军转干部验证 | | |
| 20 | 男女职工生育保险待遇 | | |
| 21 | 女职工生育备案申报 | | |
| 22 | 工伤人员新增 | | |
| 23 | 工亡人员新增 | | |
| 24 | 领取工伤津贴人员死亡减员 | | |
| 25 | 一至四级工残人员达到退休年龄办理退休 | | |
| 26 | 工伤人员信息变更 | | |
| 27 | 遗属人员信息变更 | | |
| 28 | 被征地农民、农村农民老年生活津贴的核发 | | |
| 29 | 城镇居民医疗保险参保的审核 | | |
| 30 | 城镇居民养老保险参保的审核 | | |
| 31 | 城镇居民养老保险待遇核发的审核 | | |
| 单位楼层位置：二楼B区1~7号窗口<br>咨询电话：82118620、82118622，张小丹、钟沛权 | | | |

（续上表）

| 经济发展和科技局（企业成立、变更） | | | |
|---|---|---|---|
| 序号 | 受理事项 | 承诺时间（按工作日计） | 备注 |
| 1 | 国家、省、市外经部门审批成立并在广州开发区、萝岗区注册的外商投资企业成立及一般变更 | 转报：10<br>转发通知：8 | |
| 2 | 国家鼓励发展的外商投资项目确认书初审程序 | 1 | |
| 3 | 合资企业项目成立 | 10 | |
| 4 | 外资企业项目成立 | 10 | |
| 5 | 外资企业一般变更 | 10 | |
| 经济发展和科技局（酒类许可证） | | | |
| 序号 | 受理事项 | 承诺时间（按工作日计） | 备注 |
| 1 | 酒类零售许可证申请 | 9 | |
| 2 | 酒类零售许可证变更 | 9 | |
| 3 | 酒类零售许可证年审 | 1 | |
| 单位楼层位置：三楼A区1~2号窗口<br>咨询电话：82113387，崔芸、叶健恒 | | | |
| 发展和改革局 | | | |
| 序号 | 受理事项 | 承诺时间（按工作日计） | 备注 |
| 1 | 企业投资项目核准 | 4 | 如需征求相关部门意见则9个工作日内办理完毕 |
| 2 | 社会投资基本建设项目登记备案 | 符合规定:3 | 5个工作日（不符合规定） |
| 3 | 循环经济专项资金申请审批 | 1、30万元以下的贴息、配套和奖励类项目缩短为15个工作日；<br>2、30万元以上的贴息、配套和奖励类项目且报管委会为20个工作日；<br>3、资助类项目需要组织专家论证的，经专家论证后由区发改局初审并报区管委会审批，时间为30个工作日。 | |
| 4 | 粮食收购资格审批 | 5 | |
| 5 | 民办非学历教育收费备案 | 3 | |
| 6 | 广东省收费许可证审批 | 3 | |
| 7 | 机动车停放保管服务收费核准 | 3 | |
| 8 | 蒸汽价格补贴审批 | 5 | |

（续上表）

| 发展和改革局 | | | |
| --- | --- | --- | --- |
| 序号 | 受理事项 | 承诺时间（按工作日计） | 备注 |
| 9 | 旅游参观门票价格审批 | 5 | |
| 10 | 热力出厂价格审批 | 5 | |
| 11 | 广州市宏观经济数据采集 | | 该项业务属于为方便企业上报的数据采集直报 报平台，不涉及审批事项。 |
| 12 | 广州市统计业务 | | 该项业务属于为方便企业上报的数据采集直报平台，不涉及审批事项。 |
| 13 | 企业专项价格补贴审批 | 5 | |
| 14 | 校服价格审批 | 5 | 需临时委托其他单位进行成本监审的时间另计 |

单位楼层位置：三楼A区3号窗口
咨询电话：82118628，周文

| 企业建设局 | | | |
| --- | --- | --- | --- |
| 序号 | 受理事项 | 承诺时间（按工作日计） | 备注 |
| 1 | 外商投资企业一般贸易进口原材料审批 | 即办 | |
| 2 | 加工贸易业务批准证办证审批 | 3 | |
| 3 | 外商投资“五类”企业进口减免税设备备案 | 5 | |
| 4 | 加工贸易保税进口料件内销审批 | 即办 | |
| 5 | 加工贸易生产能力证明审查 | 5 | |
| 6 | 外商投资企业旧机电产品进口初审 | 即办 | |
| 7 | 外商投资企业自动进口许可证商品初审 | 即办 | |
| 8 | 外商投资企业易制毒化学品许可证初审 | 5 | |
| 9 | 外商投资企业暂时进口物资备案 | 即办 | |
| 10 | 联网监管企业加工贸易审批 | 5 | |
| 11 | 加工贸易进口不作价设备审批 | 即办 | |
| 12 | 企业迁出审批 | 7 | |
| 13 | 企业提前终止审批 | 7 | |
| 14 | 投资总额内进口设备及零配件备案 | 即办 | |

单位楼层位置：三楼A区5号窗口
咨询电话：82113383，吴筱妍

| 保税业务管理局 | | | |
| --- | --- | --- | --- |
| 序号 | 受理事项 | 承诺时间（按工作日计） | 备注 |
| 1 | 企业加工贸易合同批准证审批 | 2 | |
| 2 | 企业加工贸易合同变更审批 | 1 | |
| 3 | 企业加工贸易合同核销审批 | 1 | |

（续上表）

| 保税业务管理局 | | | |
|---|---|---|---|
| 序号 | 受理事项 | 承诺时间（按工作日计） | 备注 |
| 4 | 企业加工贸易料件退运 | 即办 | |
| 5 | 企业接受委托加工贸易业务备案审批 | 2 | |
| 6 | 企业接受委托加工贸易业务备案变更审批 | 1 | |
| 7 | 企业海关备案 | 即办 | |
| 8 | 内资企业海关备案变更审批 | 2 | |
| 9 | 内资企业开展保税业务审批 | 2 | |
| 10 | 企业保税仓库备案 | 2 | |
| 11 | 企业不作价设备审批 | 1 | |
| 12 | 企业不作价设备变更审批 | 1 | |
| 13 | 广州保税区企业自购国产料件合同变更 | 1 | |
| 14 | 企业自购国产料件加工贸易业务备案审批 | 2 | |
| 15 | 企业进口自用物资征免税证明审批 | 2 | |
| 16 | 企业内销补税审批 | 1 | |
| 17 | 企业加工生产能力证明审批 | 2 | |
| 18 | 外商投资项目立项备案 | 3 | |
| 19 | 新批准企业申领《外商投资企业批准证书》 | 1 | |
| 20 | 已成立企业换领《外商投资企业批准证书》 | 1 | |
| 21 | 已成立企业补发《外商投资企业批准证书》 | 1 | |
| 22 | 在保税区成立外商独资企业审批 | 7 | |
| 23 | 在保税区成立合资、合作企业审批 | 7 | |
| 24 | 外商投资企业迁入保税区审批 | 13 | |
| 25 | 外商投资企业迁出保税区审批 | 7 | |
| 26 | 外商投资企业股权转让审批 | 7 | |
| 27 | 外商投资企业合同章程非实质性变更审批 | 7 | |
| 28 | 外商投资企业变更企业性质审批 | 7 | |
| 29 | 外商投资企业变更经营范围审批 | 7 | |
| 30 | 外商投资企业延长经营期限审批 | 7 | |
| 31 | 外商投资企业增资审批 | 7 | |
| 32 | 外商投资企业减资审批 | 7 | |
| 33 | 外商投资企业提前终止章程审批 | 办理批复：7<br>清算报告备案：1 | |
| 34 | 外商投资企业延期入资审批 | 7 | |
| 35 | 外商投资企业设立分支机构审批 | 7 | |
| 36 | 外商投资企业增加分销经营业务及其它变更事项 | 7 | |

（续上表）

| 保税业务管理局 | | | |
|---|---|---|---|
| 序号 | 受理事项 | 承诺时间（按工作日计） | 备注 |
| 37 | 成立外商投资商业企业审批 | 7 | |
| 38 | 保税区、保税物流园区企业开具临时经营场所使用证明 | 3 | |
| 39 | 保税物流园区企业备案审批 | 3 | |

单位楼层位置：三楼A区4号窗口
咨询电话：82113396，李玉秋、王翠平

| 教育局 | | | |
|---|---|---|---|
| 序号 | 受理事项 | 承诺时间（按工作日计） | 备注 |
| 1 | 营业性演出批准文件核发 | 3 | |
| 2 | 占用非营业性演出场所举办营业性演出活动审批 | 3 | |
| 3 | 音像制品经营许可证（零售、出租业务） | 15 | |
| 4 | 印刷经营许可证核发 | 15 | |
| 5 | 出版物经营许可证（报纸、期刊、图书零售）核发 | 15 | |
| 6 | 营业性演出许可证核发 | 20 | |
| 7 | 临时占用体育设施许可 | 15 | |
| 8 | 设立、变更娱乐场所经营单位的核发 | 25 | |
| 9 | 网络文化经营许可证核发 | 15 | |
| 10 | 对未核定为文物保护单位的不可移动文物进行修缮的审批 | 45 | |
| 11 | 非国有不可移动文物由当地人民政府出资帮助修缮的审批 | 45 | |
| 12 | 非国有文物收藏单位和其他单位举办展览需借用国有馆藏文物的审批 | 45 | |
| 13 | 电影放映经营许可证核发 | 60 | |
| 14 | 改建、拆除电影院或者放映设施的审批 | 60 | |
| 15 | 民办学校办学许可证的审批核发 | 30 | |
| 16 | 民办学校重要事项变更审批 | 30 | |
| 17 | 教师资格的审查、认定 | 不符合认定条件的：当即退回，中止受理；符合认定条件的：30个工作日 | |

单位楼层位置：三楼A区11号窗口
咨询电话：82118607，黄华

| 卫生局 | | | |
|---|---|---|---|
| 序号 | 受理事项 | 承诺时间（按工作日计） | 备注 |
| 1 | 公共场所单位卫生许可证核发 | 20 | |
| 2 | 集中式供水单位卫生许可证核发 | 20 | |
| 3 | 职业病危害预评价报告 | 10 | |
| 4 | 职业病防护设施设计卫生审核 | 10 | |

（续上表）

| 卫生局 | | | |
|---|---|---|---|
| 序号 | 受理事项 | 承诺时间（按工作日计） | 备注 |
| 5 | 建设项目职业病防护设施竣工卫生验收 | 10 | |
| 6 | 《餐饮服务许可证》核发 | 20 | |
| 7 | 医疗机构设置审批 | 10 | |
| 8 | 医疗机构执业注册 | 10 | |
| 9 | 医师执业注册 | 7 | |
| 10 | 母婴保健技术执业许可注册 | 10 | |
| 11 | 母婴保健技术考核合格证 | 10 | |
| 12 | 护士执业（延续、变更）注册合格证 | 20 | |
| 13 | 乡村医生执业注册 | 7 | |
| 单位楼层位置：三楼A区9号窗口<br>咨询电话：82113391，马少华 | | | |

| 农林水利局 | | | |
|---|---|---|---|
| 序号 | 行政许可受理事项 | 承诺时间（按工作日计） | 备注 |
| 1 | 兽药经营许可证核发 | 30 | |
| 2 | 动物诊疗许可证核发 | 20 | |
| 3 | 种畜禽生产经营许可证核发 | 10 | |
| 4 | 农作物种子经营许可证核发 | 15 | |
| 5 | 农作物种子生产许可证核发 | 15 | |
| 6 | 水域滩涂养殖证核发 | 30 | |
| 7 | 水产苗种生产许可证核发 | 30 | |
| 8 | 动物防疫合格证核发 | 20 | |
| 9 | 林木、毛竹采伐许可证核发 | 15 | |
| 10 | 木材运输证核发 | 3 | |
| 11 | 区级森林公园的总体规划及建设项目定点和设计的审核 | 20 | |
| 12 | 临时占用林地的审批 | 15 | |
| 13 | 林地征（占）用审批 | 15 | 按林分类型及面积计费 |
| 14 | 木材经营许可证核发 | 20 | |
| 15 | 林木、林地权属变更登记审批 | 90 | |
| 16 | 种子经营许可证核发（苗木类） | 15 | |
| 17 | 种子生产许可证核发（苗木类） | 15 | |
| 18 | 设立区级森林公园审批 | 18 | |
| 19 | 占用农业灌溉水源及灌排工程设施审批 | 20 | |
| 20 | 水利工程开工审批 | 10 | |
| 21 | 水利基建项目初步设计文件审批 | 20 | |

（续上表）

| 农林水利局 | | | |
|---|---|---|---|
| 序号 | 行政许可受理事项 | 承诺时间（按工作日计） | 备注 |
| 22 | 建设项目水资源论证报告书审批 | 20 | |
| 23 | 河道管理范围内建设项目的工程建设方案审批 | 20 | |
| 24 | 取水许可证审批 | 10 | |
| 25 | 河道采砂许可证审批 | 15 | |
| 26 | 水土保持方案审查 | 20 | |
| 27 | 在大坝管理范围内修建码头、鱼塘的审批 | 20 | |
| 28 | 改变大坝原设计运行方式的审批 | 20 | |
| 29 | 在江河、湖泊新建、改建、扩大排污口的审查 | 自收到申请材料之日起5个工作日内向申请人发送受理（或补正材料）告知书，自受理之日起20个工作日内作出审批决定。 | |
| 30 | 水工程建设方案是否符合防洪要求审查 | 20 | |
| 序号 | 行政备案受理事项 | 承诺时间（按工作日计） | 备注 |
| 1 | 畜禽养殖场养殖小区备案 | 20 | |
| 2 | 公共绿化工程（山体）实物验收（初验）备案 | 5 | 组织现场验收后算起 |
| 3 | 公共绿化工程（山体）实物终验移交申报 | 10 | 组织现场验收后算起 |
| 4 | 公共绿化工程（山体）设计审查备案 | 10 | |

单位楼层位置：三楼A区12号窗口
咨询电话：82118630，谢惜芬

| 安监局 | | | |
|---|---|---|---|
| 序号 | 受理事项 | 承诺时间（按工作日计） | 备注 |
| 1 | 建设工程项目竣工（投产）安全生产验收 | 7 | |
| 2 | 安全生产守法证明 | 3 | |

单位楼层位置：三楼A区6号窗口
咨询电话：82113385，屈振翀

| 气象局 | | | |
|---|---|---|---|
| 序号 | 受理事项 | 承诺时间（按工作日计） | 备注 |
| 1 | 防雷装置设计审核和竣工验收 | 设计审核：10<br>竣工验收：3日内现场验收，验收合格后7个工作日批复 | |

单位楼层位置：三楼A区10号窗口
咨询电话：82113392，吴佳欣

（续上表）

| 食品药品监督管理局 | | | |
|---|---|---|---|
| 序号 | 受理事项 | 承诺时间（按工作日计） | 备注 |
| 1 | 《药品经营许可证》筹建 | 30 | |
| 2 | 《药品经营许可证》申请 | 15 | |
| 3 | 《药品经营许可证》变更 | 15 | |
| 4 | 《药品经营许可证》换证 | | 有效期满前6个月提出申请 |
| 5 | 《药品经营许可证》注销 | | |
| 6 | 《药品经营质量管理规范认证》申请 | 收到认证申请之日起三个月 | |
| 7 | 《药品经营质量管理规范认证》变更 | | |
| 8 | 《药品经营质量管理规范认证》换证 | | |
| 9 | 广州市国产非特殊用途化妆品备案 | 即办 | |
| 单位楼层位置：三楼A区7号窗口<br>咨询电话：82118627，李力 | | | |

| 规划国土局（国土） | | | |
|---|---|---|---|
| 序号 | 受理事项 | 承诺时间（按工作日计） | 备注 |
| 1 | 办理《商品房预售许可证》 | 15 | |
| 2 | 土地使用权划拨 | 7 | |
| 3 | 国有土地使用权招标、拍卖、挂牌 | 15 | |

| （规划用地） | | | |
|---|---|---|---|
| 序号 | 受理事项 | 承诺时间（按工作日计） | 备注 |
| 1 | 办理《建设用地规划许可证》 | 28 | |
| 2 | 分解核发《建设用地规划许可证》审批 | 28 | |
| 3 | 建设项目选址审批提供规划设计条件 | 30 | |
| 4 | 《建设用地规划许可证》延期使用申报 | 40 | |
| 5 | 变更建设用地单位名称审批 | 40 | |
| 6 | 调整或确认建设用地规划设计条件审批 | 40 | |
| 7 | 调整建设用地红线审批 | 40 | |
| 8 | 调整建设用地性质审批 | 40 | |
| 9 | 调整修建性详细规划（用地规划设计方案）审查 | 40 | |
| 10 | 换发《建设用地规划许可证》审批 | 40 | |
| 11 | 建设项目选址变更申报 | 40 | |
| 12 | 历史用地补办《建设用地规划许可证》 | 40 | |
| 13 | 调整或确认建设用地规划设计条件 | 40 | |
| 14 | 修建性详细规划（用地规划设计方案）审查 | 40 | |

（续上表）

| （规划工程） | | | |
|---|---|---|---|
| 序号 | 受理事项 | 承诺时间（按工作日计） | 备注 |
| 1 | 农村居民住宅报建审批 | 7 | |
| 2 | 市政管线工程规划许可证审批 | 30 | |
| 3 | 申领《建设工程规划许可证》审批 | 10 | |
| 4 | 申领《建筑工程规划验收合格证》审批 | 10 | |
| 5 | 市政管线工程规划验收申报 | 10 | |
| 6 | 建筑工程报建调整 | 15 | |
| 7 | 市政管线工程规划设计条件审批 | 20 | |
| 8 | 建筑工程报建审批 | 20 | |
| 9 | 市政管线工程设计方案审查 | 40 | |
| （交通管理） | | | |
| 序号 | 受理事项 | 承诺时间（按工作日计） | 备注 |
| 1 | 停车场经营许可 | 8 | |
| （人防） | | | |
| 序号 | 受理事项 | 承诺时间（按工作日计） | 备注 |
| 1 | 防空地下室易地建设报建 | 5 | |
| 2 | 防空地下室易地建设费减（减半）免（全免）报建 | 5 | |
| 3 | 修建防空地下室报建 | 5 | |
| 单位楼层位置：三楼B区1~6号窗口<br>咨询电话：82113382，邓亚菲 | | | |
| 建设和环境管理局（工程督办） | | | |
| 序号 | 受理事项 | 承诺时间（按工作日计） | 备注 |
| 1 | 《建设工程代业主委托申请表》申报指南 | 9 | |
| （市容环卫） | | | |
| 序号 | 受理事项 | 承诺时间（按工作日计） | 备注 |
| 1 | 户外临时宣传品设置审批办事指南 | 3 | |
| （环境保护） | | | |
| 序号 | 受理事项 | 承诺时间（按工作日计） | 备注 |
| 1 | 污染防治设施暂停使用、闲置、关闭或拆除审批办事指南 | 设施停用：15<br>设施拆除：20 | |
| 2 | 危险废物收集经营许可证核发办事指南 | 20 | |
| 3 | 排放污染物许可证审批办事指南 | 10 | |
| 4 | 建设项目环境影响评价文件审批办事指南 | 登记表：10<br>报告表：15<br>报告书：25 | |
| 5 | 建设项目竣工（投产）环境保护验收 | 10 | |

（续上表）

（建设管理）

| 序号 | 受理事项 | 承诺时间（按工作日计） | 备注 |
|---|---|---|---|
| 1 | 《绿化工程开工证明备案表》申报指南 | 7 | |
| 2 | 招标投标活动投诉指引 | 不符合投诉处理条件决定不予受理的：5<br>符合投诉处理条件但不属于本部门受理的：5<br>符合投诉处理条件决定予以受理的：30 | |
| 3 | 《财政投资基本建设项目概算审批》申报指南 | 5 | |
| 4 | 《财政投资基本建设项目建设内容及投资调整申请表》申报指南 | 5 | |
| 5 | 《财政投資基本建设项目立项建议书》申报指南 | 5 | |
| 6 | 《广州开发区建筑行业诚信手册申请表》办事指南 | 7 | |
| 7 | 提前打桩申报指南 | 5 | |
| 8 | 《建设工程业主自行监理登记表》办事指南 | 7 | |
| 9 | 《房地产开发建设项目手册》年审申报指南 | 20 | |
| 10 | 《建设工程施工分包登记表》办事指南 | 5 | |

（市政园林）

| 序号 | 受理事项 | 承诺时间（按工作日计） | 备注 |
|---|---|---|---|
| 1 | 萝岗区城市公园报建 | 报建：15<br>验收：15<br>变更：10 | |
| 2 | 申请移动、改建市政设施办事指南 | 20 | |
| 3 | 申请超重、超高、超宽车辆通行办事指南 | 5 | |
| 4 | 申请占用市政设施、设置杆、牌、架、亭办事指南 | 14 | |
| 5 | 申请挖掘城市道路办事指南 | 5 | |
| 6 | 损坏市政设施赔偿办事指南 | 3 | |
| 7 | 申请临时占用道路办事指南 | 7 | |
| 8 | 申请企业厂区道路排水排污设施验收及生产性企业投产市政审查办事指南 | 5 | |
| 9 | 申请开设临时路口临时排水排污接网办事指南 | 5 | |
| 10 | 申请开设永久路口永久排水排污接网办事指南 | 5 | |

（劳动保险金）

| 序号 | 受理事项 | 承诺时间（按工作日计） | 备注 |
|---|---|---|---|
| 1 | 劳保金返拨办事指南 | 10 | |
| 2 | 劳保金缴款办事指南 | | |
| 3 | 广州市建设项目劳动保险金统一收拨管理细则 | | |

单位楼层位置：三楼B区11~13号窗

咨询电话：82113381、82113386，彭艳萍、杨玉琴

（续上表）

| 供水中心 | | | |
|---|---|---|---|
| 序号 | 受理事项 | 承诺时间（按工作日计） | 备注 |
| 1 | 临时用水申报 | 审批：即时<br>现场勘测：3 | |
| 2 | 永久用水申报 | 审批：3<br>现场勘测：5 | |

单位楼层位置：三楼B区14号窗口

咨询电话：82113390，邓雯珺

| 供电局 | | | |
|---|---|---|---|
| 序号 | 受理事项 | 承诺时间（按工作日计） | 办理流程 |
| 1 | 客户新装申请业务 | 审批时间：居民用户为3个工作日，低压用户为7个工作日，高压单电源用户为15个工作日，高压双电源用户为30个工作日。 | 时限全按照萝岗供电局拿到申请资料后计算 |
| 2 | 永久减容、增容申请业务 | 审批时间：居民用户为3个工作日，低压用户为7个工作日，高压单电源用户为15个工作日，高压双电源用户为30个工作日。 | 时限全按照萝岗供电局拿到申请资料后计算 |
| 3 | 更名过户、改类申请业务 | 居民用户为2个工作日，专变用户为5个工作日 | 时限全按照萝岗供电局拿到申请资料后计算，业务流程完成时间居民用户为2个工作日，专变用户为5个工作日，但实际生效需下月电费发票中才能体现 |
| 4 | 临时用电拆除申请业务 | 1个工作日 | 时限全按照萝岗供电局拿到申请资料后计算，客服班将在收到客户资料后一个工作日内进行用户资料流转处理 |
| 5 | 用户暂停或暂时减容业务 | 5个工作日 | 时限全按照萝岗供电局拿到申请资料后计算，用户需提前五个工作日提交业务资料 |
| 6 | 永久用电拆除申请业务 | 1个工作日 | 时限全按照萝岗供电局拿到申请资料后计算，客服班将在收到客户资料后一个工作日内进行用户资料流转处. |

（续上表）

| 供电局 | | | |
|---|---|---|---|
| 序号 | 受理事项 | 承诺时间（按工作日计） | 办理流程 |
| 7 | 电缆沟加瓩申请业务 | 1个工作日 | 时限全按照萝岗供电局拿到申请资料后计算，客服班将在收到客户资料后一个工作日内进行用户资料流转处理 |
| 8 | 电费银行划账业务 | 1个工作日 | 当天完成用户银行划账 |
| 9 | 用户退临时接电费业务 | 2个月 | 时限全按照萝岗供电局拿到申请资料后计算。在萝岗供电局缴交临时接电费的用户，在用户交清全部欠费后的两个月内退还用户临时接电费。在广州市供电局缴交临时接电费用户，萝岗供电局在7个工作日内答复用户申请，再由用户交到市局进行退费。 |
| 10 | 用户电表验换表业务 | 1个工作日 | 时限全按照萝岗供电局拿到申请资料后计算，客服班将在收到客户资料后一个工作日内进行用户资料流转处理 |
| 11 | 用户报竣工业务 | 1个工作日 | 时限全按照萝岗供电局拿到申请资料后计算，客服班将在收到客户资料后一个工作日内进行用户资料流转处理 |
| 12 | 错房号申请更改业务 | 7个工作日 | 时限全按照萝岗供电局拿到申请资料后计算。 |
| 13 | 用户烧表、赔表、验表业务 | 7个工作日 | 时限全按照萝岗供电局拿到申请资料后计算。 |
| 单位楼层位置：三楼B区17~18号窗口<br>咨询电话：82118632，陈咏仪、谢碧燕 | | | |

（续上表）

| 劳动就业服务管理中心 | | | |
|---|---|---|---|
| 序号 | 受理事项 | 承诺时间（按工作日计） | 备注 |
| 1 | 劳动者就业登记 | 即办 | |
| 2 | 户籍失业人员失业登记 | 5 | |
| 3 | 流动人员失业登记 | 即办 | |
| 4 | 失业登记续期 | 5 | |
| 5 | 退出失业登记 | 即办 | |
| 6 | 台港澳人员就业（就业许可申请、登记、延期、变更和注销） | 5 | 延长就业许可决定期限在10个工作日内办理 |

单位楼层位置：三楼C区1~3号窗口
咨询电话：82118635，陈钜威、顾楚红

| 人才交流服务中心 | | | |
|---|---|---|---|
| 序号 | 受理事项 | 承诺时间（按工作日计） | 备注 |
| 1 | 人才引进 | 受理后3个工作日上交到上级主管部门 | |
| 2 | 应届毕业生接收 | 受理后3个工作日上交到上级主管部门 | |
| 4 | 专业技术资格初次认定 | | 每月月初将材料提交到上级主管部门 |
| 5 | 评审专业技术资格 | | 按上级安排提交 |

单位楼层位置：三楼C区9~10号窗口
咨询电话：82113397，邓丽霞

| 国税局 | | | |
|---|---|---|---|
| 序号 | 受理事项 | 承诺时间（按工作日计） | 备注 |
| 1 | 税务设立登记 | 即办 | |
| 2 | 税务变更登记 | 13 | |

单位楼层位置：三楼C区11~12号窗口
咨询电话：82113991，李景焰

| 地税登记分局 | | | |
|---|---|---|---|
| 序号 | 受理事项 | 承诺时间（按工作日计） | 备注 |
| 1 | 新办、变更企业税务登记 | 即办 | |
| 2 | 跨区涉税业务登记 | 即办 | |
| 3 | 临时税务登记 | 即办 | |
| 4 | 个人社保登记 | 即办 | |
| 5 | 企业社保登记 | 即办 | |

单位楼层位置：三楼C区15~16号窗
咨询电话：82113992，陈蕴祥

（续上表）

| 工商分局 | | |
|---|---|---|
| 序号 | 项目名称 | 承诺时间（按工作日计） |
| 1 | 内资企业名称预先核准登记 | 1 |
| 2 | 公司设立登记 | 5 |
| 3 | 公司变更登记 | 5 |
| 4 | 公司注销登记 | 5 |
| 5 | 公司撤销变更登记 | 5 |
| 6 | 公司备案登记 | 5 |
| 7 | 预先核准企业名称延期申请 | 1 |
| 8 | 分公司设立登记 | 5 |
| 9 | 分公司变更登记 | 5 |
| 10 | 分公司注销登记 | 5 |
| 11 | 合伙企业设立登记 | 5 |
| 12 | 合伙企业变更登记 | 5 |
| 13 | 合伙企业注销登记 | 5 |
| 14 | 合伙企业分支机构设立登记 | 5 |
| 15 | 合伙企业分支机构变更登记 | 5 |
| 16 | 合伙企业分支机构注销登记 | 5 |
| 17 | 外商投资的公司申请股权出质撤销登记 | 10 |
| 18 | 非公司企业法人开业登记 | 5 |
| 19 | 非公司企业法人变更登记 | 5 |
| 20 | 非公司企业法人注销登记 | 5 |
| 21 | 非法人分支机构开业登记 | 5 |
| 22 | 非法人分支机构变更登记 | 5 |
| 23 | 非法人分支机构注销登记 | 5 |
| 24 | 非公司企业法人改制登记 | 5 |
| 25 | 个人独资企业设立登记 | 5 |
| 26 | 个人独资企业变更登记 | 5 |
| 27 | 个人独资企业注销登记 | 5 |
| 28 | 个人独资企业分支机构设立 | 5 |
| 29 | 个人独资企业分支机构变更登记 | 5 |
| 30 | 个人独资企业分支机构注销 | 5 |
| 31 | 内资股权出质设立登记 | 10 |
| 32 | 内资股权出质变更登记 | 10 |
| 33 | 内资股权出质注销登记 | 10 |
| 34 | 内资股权出质撤销登记 | 10 |
| 35 | 农民专业合作社设立登记 | 10 |
| 36 | 农民专业合作社变更登记 | 10 |

（续上表）

| 工商分局 | | |
|---|---|---|
| 序号 | 项目名称 | 承诺时间（按工作日计） |
| 37 | 农民专业合作社注销登记 | 10 |
| 38 | 证照管理事务 | 10 |
| 39 | 港、澳、台湾居民个体工商户设立登记 | 10 |
| 40 | 港、澳、台湾居民个体工商户变更登记 | 10 |
| 41 | 港、澳、台湾居民个体工商户注销登记 | 10 |
| 42 | 外商投资企业名称预先核准登记 | 10 |
| 43 | 外商投资的公司设立登记 | 10 |
| 44 | 外商投资的公司变更登记 | 10 |
| 45 | 外商投资的公司注销登记 | 10 |
| 46 | 外商投资的公司撤销变更登记 | 10 |
| 47 | 外商投资的公司分公司设立登记 | 10 |
| 48 | 外商投资的公司分公司变更登记 | 10 |
| 49 | 外商投资的公司分公司注销登记 | 10 |
| 50 | 外商投资的公司申请股权出质设立登记 | 10 |
| 51 | 外商投资的公司申请股权出质变更登记 | 10 |
| 52 | 外商投资的公司申请股权出质注销登记 | 10 |

单位楼层位置：四楼A区1~14号窗口

咨询电话：82113059、82113388，陈辉、童玲

| 黄埔海关 | | |
|---|---|---|
| 序号 | 项目名称 | 承诺时间（按工作日计） |
| 1 | 《报关员证》遗失补发 | 20 |
| 2 | 加工贸易保税货物结转计划备案（转出地海关）许可 | 1 |
| 3 | 经营范围电子账册备案（变更）许可 | 2 |
| 4 | 联网监管电子账册核销许可 | 6 |
| 5 | 加工贸易保税货物余料结转许可 | 1 |
| 6 | 跨关区报关企业分支机构注册登记许可 | 40 |
| 7 | 联网监管企业资格申请许可 | 3 |
| 8 | 电子化手册的资料库备案（变更） | 2 |
| 9 | 报关企业跨关区分支机构注册登记许可延续 | 40 |
| 10 | 报关员注册 | 10 |
| 11 | 便捷通关电子账册备案（变更）许可 | 3 |
| 12 | 加工贸易保税货物结转计划备案（转入地海关）许可 | 1 |
| 13 | 报关员注册变更 | 10 |
| 14 | 报关员注册注销 | 10 |
| 15 | 电子化手册后续管理（核销）许可 | 6 |

（续上表）

| 黄埔海关 | | |
|---|---|---|
| 序号 | 项目名称 | 承诺时间（按工作日计） |
| 16 | 报关企业注册登记许可办事指南 | 40 |
| 17 | 报关企业注册登记许可延续 | 40 |
| 18 | 电子化手册通关备案许可 | 2 |
| 19 | 出口企业办理形式出口结转报关许可 | 1 |
| 20 | 报关员注册延续 | 10 |
| 21 | 报关企业注册登记 | 5 |
| 22 | 转入企业办理形式进口结转报关许可 | 1 |
| 23 | 电子化手册通关备案变更许可 | 3 |
| 24 | 报关企业注册登记许可变更 | 40 |
| 单位楼层位置：四楼B区1~10号窗口<br>咨询电话：82118609，黄国华 | | |

| 黄埔出入境检验检疫局 | | | |
|---|---|---|---|
| 序号 | 受理事项 | 承诺时间（按工作日计） | 备注 |
| 1 | 产地证业务 | 15 | |
| 2 | 旧机电产品备案 | 20 | |
| 3 | 免于办理强制性产品认证 | 3 | |
| 单位楼层位置：四楼C区1~10号窗口<br>咨询电话：82118647，娄宝方 | | | |

| 质量技术监督管理局 | | | |
|---|---|---|---|
| 序号 | 受理事项 | 承诺时间（按工作日计） | 备注 |
| 1 | 特种设备施工告知 | 5 | |
| 2 | 特种设备使用登记 | 15 | |

| 质量技术监督管理局 | | | |
|---|---|---|---|
| 序号 | 受理事项 | 承诺时间（按工作日计） | 备注 |
| 3 | 特种设备使用登记变更 | 15 | |
| 4 | 企业产品执行标准登记、变更和注销 | 4 | |
| 单位楼层位置：四楼C区11~12号窗口<br>咨询电话：82118649，司徒茵娜、周金花 | | | |

| 标准化院 | | | |
|---|---|---|---|
| 序号 | 受理事项 | 承诺时间（按工作日计） | 备注 |
| 1 | 商品条码胶片制作 | 5 | |
| 2 | 商品条码证书新办 | 20 | |
| 3 | 商品条码证书变更 | 30 | |

（续上表）

| 标准化院 | | | |
|---|---|---|---|
| 序号 | 受理事项 | 承诺时间（按工作日计） | 备注 |
| 4 | 商品条码证书续展 | 30 | |
| 5 | 组织机构代码申办——备案 | 即办 | |
| 6 | 组织机构代码申办——年检 | 即办 | |
| 7 | 组织机构代码申办——新办 | 2 | |
| 8 | 组织机构代码申办——赋码 | 即办 | |
| 9 | 组织机构代码申办——换证、变更 | 2 | |

单位楼层位置：四楼C区13~14号窗口
咨询电话：82113393、82113395，吴静、王巧云

（区行政服务管理中心供稿）

# 新闻选载

## 广州开发区：从这里看广东未来

本刊记者 鄂璠 广州报道

汪洋曾说“广州科学城代表广东的未来”。广州开发区及其所在的行政区萝岗，当地人称之为“开萝区”，三年间这里发生的变化，浓缩了广东的嬗变之路。

“占地多、有污染的项目一概不要，通通要拿走！产业转型升级，我们首先要把笼子腾空，把小麻雀放出去，再引来金丝鸟，最好是腾笼换凤。”

薛晓峰所说的“小麻雀”，包括一些合同金额超亿元的项目，这些在很多城市很可能是抢手“香饽饽”，但在广州开发区，在决策者权衡种种利弊之后，痛下决心，“甩”了出去。

薛晓峰，广州市委常委、广州开发区党工委书记、管委会主任、萝岗区委书记，从2007年开始，他忍痛扔掉了一些“香饽饽”，自然有新的打算。“九龙工业园新安排进来的项目投资密度达到了每平米700美金，而转移走的20多个项目，每平米投资密度不足100元人民币，从100元人民币到700美金，这是多少倍的提升啊？”

“50倍。”广州开发区管委会、广州市萝岗区区委政策研究室主任沈奎在一旁插话说。

但在九龙工业园，萝岗区的一个区级工业园，还有许多制鞋制袜项目。开发区的决策者们果断转移走二十多个旧项目，被安排进来的新项目虽只有七八个，数量下降了一半多，但其产值效益翻番增长。

从2007年开始的“腾笼换鸟”、“腾笼引凤”，让广州开发区近3年来新引进的项目，投资密度从500美金提高到1000多美金，整整提高了一倍多。到2009年年底，广州经济开发区和萝岗区的“米产”，也就是薛晓峰常常挂在嘴边的土地产出效益，达到每平方米创造的工业产值超万元，GDP超3000元，税收收入800多元，同比达到两位数增长。去年高新技术产业产值比增40%多，现代服务业增加值比增30%以上。“广州开发区是广东省‘双转移’战略的最直接受益者，下一步要把开发区打造成为全省‘双提升’的核心载体。”薛晓峰说。

### “送嫁妆”与“加减法”

最初的转变并非如此轻描淡写，而是相当艰巨。

三来一补、加工制造业起步，实施外向带动，广州经济开发区成立之初的发展路线，跟全国54个开发区一样，是单一的工业园区。

2006年，经济开发区的第二产业占到经济总量80%，而三产所占比重仅有20%。广州开发区20年发展创下了骄人业绩，但随着国家政策的调整，“抱着单纯的工业一条腿走路”的方式已经难以为继，薛晓峰说，土地支撑不了，环境容量支撑不了，人口结构越来越失衡了，这一切都使原来的发展模式遭遇“天花板效应”。

于是，薛晓峰带着开发区的同事们到国内国外的开发区四处考察。“白天看，晚上开会，”薛晓峰说：“不看不知道，一看吓一跳。”原来广州经济开发区还算是师傅，结果现在徒弟不仅把师傅的东西拿过去了，还推陈出新。这让大家颇受刺激，回来后大家就在短时间内讨论出了40条对策，开发区的转型升级由此开始。

当年，广东省提出了“双转移”政策，广州开发区则闻风而动，更进一步。当广东省提出“腾笼换鸟”之策时，广州开发区自我加压，提出要“腾笼引凤”。“就是把鸟腾出去以后，把凤引进来，围绕‘腾笼引凤’的核心问题是在土地上做文章，抓住土地这个发展的命根子来调整产业结构。具体讲就是三句话：提升开发区制造，推进开发区创造，拓展开发区服务。”薛晓峰说。

之后的三年里，广州开发区做了一道“加减法”。

“加法”的例子如宝洁公司，开发区的办法是，提升其核心制造环节，开发区与宝洁签订了一个战略合作协议。在没有新增一寸土地的情况下，新引进20多个高附加值的品种，把核心的制造环节引进来后，还新设了研发中心。坐落在广州开发区的宝洁公司，成了宝洁王国在世界各地布点中搞得最好、最有竞争力和效益最高的地方。

加法的答案是：此举相当于五年后再造了一个宝洁。宝洁现在的产值约为300亿，五年以后要形成600个亿的产值规模。而宝洁占用的工业土地还是20万平方米，没有新增一寸地。

这样的“加法”延伸至在经济开发区里落户的105家世界五百强企业，“我们追求的是头脑灵光，四肢发达，心脏起搏有力的产业结构。所谓心脏起搏有力就是要发展总部经济，我们要求这些企业设总部，起码是华南总部，乃至于中国总部，亚太总部，另外还要把研发环节放进来。包括索尼公司等，索尼华南总部和研发中心都成立了。”薛晓峰说。

### 与“加法”相对应的则是“减法”。

从2007年到2009年将近三年时间，开发区把有史以来全部的2000多个项目梳理了一个遍，高端项目促其锦上添花，低端项目逐步转移出去，清理的项目达到了100多个。减法并不容易，原来很多项目也是通过招商进来的，开发区的做法是“送嫁妆”，“你再去找一个更适合发展的地方吧，我们制订相应的政策支持企业转移，好离好散，这样成本就低了很多。”

这一通加减法算了整整三年，在没有新增土地的情况下，盘活了2.5平方公里的土地。薛晓峰发明了“米产”这个词，算每一平方米的经济容积率，他说，“搞开发，这个是核心指标”，2009年，开发区的项目投资密度从3年前每平方米500美元增加到每平方米1000美元。开发区的现代服务业增长比重首次超过制造业，去年为GDP增长贡献率达到30%。

加减法的效果相当明显，广州开发区以不足广州1%的面积，产生了广州约1/7的国内生产总值、1/4的工业产值和1/3的工业利润，在54个国家级经济技术开发区中，拿到了六项第一：GDP第一，工业增加值第一，工业利润第一，财政第一，税收第一，外商投资企业的效率第一。

### 变“非洲”为“亚洲”

有人称萝岗区“一边是欧洲，一边是非洲”。一方面，广州开发区作为全国最先进的开发区之一，2007年人均GDP达到40多万元，接近发达国家水平；另一方面，近在咫尺的农村，各方面发展状况又落后于广州市平均水平，萝岗区刚成立时，农民的年人均收入比当时广州市的平均水平低3000多元。要想实现对未来生活的憧憬，摆在萝岗区面前的首要难题是，如何实现“非洲”与“欧洲”的统筹发展，首先要把非洲变亚洲。然后再朝着“欧洲”的方向发展。

2007年刚到任时，有两件事情让薛晓峰深有感触。位于萝岗区北翼的九龙镇有一个村子，村里的孩子们想当兵，却年年都在征兵体检上栽跟头，而原因竟然是水质有问题，地表水受到了污染。在调研过程中，薛晓峰了解到全区还有5.9万人喝不上安全的饮用水。于是，利用半年时间，区里投资5000多万元，解决了近6万人世世代代没有解决的饮水问题。

另一件事情和住房有关，2007年狂风暴雨多，可是每逢雨季，薛晓峰就提心吊胆，因为害怕危破房屋坍塌。恰逢那年七一，他去一个村子访问困难老党员，看到一对老年夫妇住在一间七八平方米的小屋子里，因为漏雨，屋内搭起了一个塑料帐篷，生活条件非常艰苦。后来经过调查，他了解到全区有500多户人家还住在这样的危破房里，于是，又花了半年的时间，给每家补贴4万元钱，全部建起了新房。

沈奎说，开发区还制定了“六增两减”政策，在六个方面增加农民收入，在两个方面减少农民支出，从总体上提高农民收入。

在2009年底完成的一项权威统计中，萝岗区的农民年人均收入已达12000元，达到了广州市的最高水平。“基本上过渡到了亚洲。”

2008年底以来，愈演愈烈的国际金融危机对外向度较高的广东经济影响尤为明显，而作为广州产业高地的广州开发区、萝岗区却“风景这边独好”，形成了“东边不亮西边亮”、“此消彼长、少消多长”的格局。

2008年4月18日，汪洋考察萝岗区时指出，广州开发区路子是对的，广州科学城代表广东的未来。

### 破解“空城计”

下一步，在萝岗区的北部，将崛起一座以知识经济为核心，集聚着高端产业和人才、高品质工作生活环境、美轮美奂的世界一流新城区——广州知识城。

然而，从目前的现状来说，这还只是理想。

萝岗的交通和生活配套设施目前还不完善。从市区打车到萝岗，司机会沿着开创大道一路前行，这是萝岗区最靓丽的路段，是外来人看开发区的“窗口”，而目前，这条大道还没有明显的标志性建筑。尽管有60多个国家和地区的客商在此投资设厂，投资项目达到2500多个，其中世界500强跨国公司投资项目105个。但大部分“开萝人”下班后便搭乘有限的几班公交或班车返回市区，因此整个开发区入夜便唱“空城计”。

这并不是憧憬中的萝岗未来，也并不能代表未来的广州乃至广东。

如何破解“空城计”？薛晓峰巧妙地打了个比方：“未来萝岗新城，不仅要让老板满意，还要让老板太太和小孩满意，要让全体老百姓满意！”让老板太太满意，同样要解决一个“欧洲”和一个“非洲”的问题。

开发区提高自主创新能力比以往任何时候都更为迫切，为此，他们要吸引一百名科技领军人才，一千名科技骨干人才和一万名技能人才，形成一个人才“金字塔”。而为人才提供合适的“凤巢”计划也列入规划之中。

“罗马不是一日建成的。”对于未来，薛晓峰信心满满，他相信，现在之萝岗，是广州最年轻的一个区，是广州重点建设的新城之一。未来之萝岗，将是一座创新之城、宜居之城、生态之城、文化之城、服务之城。

（原载2010年2月1日《小康》杂志）

# 用地少 环境好 耗能低 创新多 效益高<br>广州开发区转型升级迈出新步伐

本报记者 庞彩霞 通讯员 章金生

2009年，在全国54个国家级开发区中，广州开发区不仅夺得地区生产总值、财政收入、税收收入、工业增加值、工业利润、涉外税收收入6项桂冠，而且多项主要经济指标增长都在20%左右，增速名列第一。

面对转变经济发展方式这一时代命题，广州开发区在应对国际金融危机中捕捉到了推进科学发展之“机”，成功实现了弯道超越。

据统计，广州开发区工业总产值每增加1亿元，“九五”期间需要新增建设用地5.24公顷，“十五”期间需要新增建设用地3.3公顷，而2006年至2009年期间，只需要新增建设用地1.2公顷。2008年8月，广州开发区成为广东省土地节约集约利用示范区。

近3年来，通过对引进的全部2700多个项目逐一梳理，助高端项目增资扩产就地升级，促低端项目淘汰转移出区，共清理低端项目100多个，盘活低效使用的土地2.5平方公里。每平方米项目投资密度，由3年前不到500美元增长到现在超过1000美元。

“我们是把一寸土地当一尺土地来用，用‘米产’计算土地效益，用‘米产精神’抠出土地的最大产出。”广州市委常委、广州开发区党工委书记、管委会主任薛晓峰说。2009年，广州开发区每平方米出让土地创造工业总产值11887元；产出GDP3528元、财税总收入831元、税收收入714元，分别比2008年提高315元、86元、87元，均实现较大幅度增长。

广州开发区制造业发达，内外资项目合起来近7000个，工业高速发展与环境容量有限是一个巨大的矛盾。为避免走“先污染后治理”的老路，广州开发区严格实行“规划先行，环境优先”战略，实施“青山绿地、蓝天碧水”工程，扎实推进水环境、空气环境治理，推进环境绿化、美化、亮化、艺术化，建设体现岭南山水特色的绿带、绿道，形成城在林中、林在城中的花园城市形态。目前，广州开发区绿化覆盖率超过50%，人均绿地面积超过20平方米。

“绝不以牺牲环境为代价换取经济增长。”薛晓峰说。去年以来，即使是在保增长压力最大的国际金融危机影响下，他们依然坚持一票否决。去年因环境考量毅然否决了20多个项目，其中有一个项目产值高达50亿元、税收5亿元。

监测数据显示，广州开发区2009年空气质量优良天数达到362天，比例为99.2%，可吸入颗粒物（MP10）每立方米平均为0.07毫克，比2008年同期下降了10.26%，臭氧浓度每立方米平均为0.037毫克，比2008年同期下降了35.09%。

经济持续快速发展的同时，广州开发区污染物总排放呈持续逐年下降趋势。近3年来，在原来能耗就比较低的基础上，保持了万元GDP能耗每年下降4%；该区较广州市下达的排放总量控制任务，多减排了化学需氧量（COD）1546.5吨，二氧化硫4547.6吨，与计划相比，减排比例都在10%以上，为广州市节能减排控制做出了贡献。

“近几年，我们着力围绕推动绿色增长，大力发展低碳经济和循环经济，提高区域的可持续发展能力。”薛晓峰说。

据了解，广州开发区大力发展新能源、节能环保等“绿色”战略性新兴产业，已经成为国家火炬计划环保新材料产业基地；该区每年都安排循环经济专项资金，采用无偿资助、贴息、配套、奖励等方式支持循环经济项目，重点资助和奖励循环经济重点项目建设，目前已推动建成省市循环经济重点示范企业100余家；将“能耗大户”作为清洁生产的发动对象，以落实污染物总量控制为重点，将节能目标分解到各个企业；同时大力建设水质净化厂、中水回用工程、农村污水治理，提高污水收集率，成为广州市治水治污进度最快的地区。

广州开发区生态环境良好，成功创建了广东省第一个荣获“ISO14000国家示范区”称号的工业园区，2008年经国务院批准成为国家循环经济试点单位。2009年1月份，生态工业示范园区的创建获得国家三部委的联合批准，标志着该区正朝着更高的环境保护目标迈进。

2009年，广州开发区发明专利申请量1954件，同比增长48%，其中发明专利授权量200多件，同比增长113.8%。更为重要的是，在创新量增的同时，创新的质量也有大幅提升。在2009年度国家科学技术奖励大会上，广州开发区威创视讯、广东汇香源生物等3家企业获得国家科学技术二等奖。在2009年广东专利奖表彰中，威创公司和珠江钢铁分别荣获2009年广东专利金奖，广州开发区专利金奖数量占到全市的三分之一。

创新行为量多质优的支撑，是广州开发区制定出台的“1＋10”的创新政策体系，该政策体系总含金量高达23亿元。区财政对科技项目设立的资金资助，2006年仅为1000万元，2007年激增为1亿元，2008年为3亿元，2009年达到5亿元。以解决科技投融资问题为突破口，他们还专门设立了10亿元的创业投资引导基金，带动近百亿元社会资本投入科技创新；设巨资支持和奖励高新技术企业上市。仅去年以来，先后又有5家高科技企业上市，使上市公司总数达到21家。去年高新技术产品产值首次超千亿元，达1386亿元，占工业总产值比重40.32%。

企业创新行为得益于广州开发区的科技政策，而众多创新型企业的成长，也使广州开发区受益，创新正成为区域发展的主要驱动力。过去的一年里，广州开发区科技创新引人注目：被科技部批准成为首批国家创新型科技园区之一，被中组部批准成为国家海外高层次人才创新创业基地，获得广东省2008年度惟一科技进步特等奖，在广东各区县科技进步考核中名列第一……

统计数据显示，2009年，广州开发区地区生产总值1321.8亿元，同比增长17.9%；人均地区生产总值达到43万元，比2008年提高1.5万元（按从业人员计算）；工业总产值3437.8亿元，同比增长18.9%；完成财政收入311.41亿元，同口径增长23.1%。

薛晓峰表示，2010年广州开发区将在成功经验的基础上，抢抓后危机时代的发展机遇，继续以实施“双提升”战略为突破口，以坚定不移调结构、脚踏实地促转型为主线，着力推进经济发展方式转变，努力将广州开发区建设成为广州市乃至广东省科学发展先行示范区。

（原载2010年2月24日《经济日报》）

## 吴资政：中新知识城将成为广东经济升级和环境转型的典范

**联合早报讯** 中新知识城将成为广东经济升级和环境转型的典范和催化剂，新加坡会尽量与广东分享自身的发展经验，并争取今后与广东共同增长。

国务资政吴作栋昨午在中新知识城奠基仪式上致辞时，提出了以上观点，并表示中新知识城会是新加坡和广东双边合作关系的一个新高点，将为广东下一阶段的增长作出贡献。

在奠基仪式前，吴资政与广东省委书记汪洋进行了长达45分钟的会谈，话题主要围绕中新知识城。他们都表示，中新知识城从概念的形成至昨天的奠基仪式只用了约一年的时间，速度之快非常难得，也显示了新加坡和广东双方对此项目的重视。

汪洋还说，由于中新知识城采用的是“企业先行，政府支持”的模式，因此在其筹划过程中，可以避开很多体制上的束缚，这个项目若是由双方的政府来执行，从概念的形成至奠基仪式至少要用上两三年。

此前的天津生态城和苏州工业园区均由双边政府先提倡，然后再由企业执行。

汪洋指出，若中新知识城最终做得很成功，他会认真总结“企业先行，政府支持”的模式，以作为今后其他地区发展时的学习对象。此外，他也希望这个模式今后能够与天津生态城和苏州工业园的发展模式进行比较，看看哪个比较适合中国。

他也说，下一步工作是进一步为中新知识城争取国家的认可，并扩大其影响力，而由于中新知识城采用了“企业先行，政府支持”的模式，它不会给中央政府带来额外的压力，也不需要中央政府特地为它设立领导机构，汪洋现在只希望向中国总理温家宝争取赋予中新知识城那些天津生态城和苏州工业园所享受的优惠政策。

吴资政在会谈中则强调了我国政府对中新知识城的重视和支持，并表示若负责该项目的星桥国际（Singbridge International）在任何方面需要政府的支援或投入，各个政府部门必定不遗余力。而也因为对中新知识城的重视，我国也委任了两名部长直接协助星桥国际，他们分别是我国新闻、通讯及艺术部代部长吕德耀和贸工部兼人力部政务部长李奕贤。吕德耀同时也是新加坡－广州合作理事会的联合主席。

吴资政也表示，中新知识城不是一个100米的短跑项目，也不是一个漫长的马拉松项目，因此星桥国际和其合作伙伴广州开发区管委会不应急于求成，但也不能过于缓慢，必须在两者之间取得一个可持续的发展步伐，并力争使中新知识城成为各中国城市，甚至是海外城市，学习的典范。

在致词时，吴资政也说，新中双边关系由来已久，甚至在1990年正式建交前就有密切往来。

“我们相信，一个强劲和经济成功的中国对新加坡和本区域有利，而支撑新中关系的要件之一就是双边密切的经济联系，例如彼此的紧密贸易和投资联系。”

吕德耀在致词时说：“中新知识城将是一个充满活力、环保的城市，具备了吸引和培养人才、技术人员和知识型产业的优越条件。”中新知识城的定位是广东产业升级和可持续增长的典范和催化剂。

在昨天的奠基仪式上，星桥国际通过其子公司知识城私人有限公司与广州各方签署了共同投资和发展中新知识城的协议。

根据协议，面积为123平方公里的中新知识城将由知识城私人有限公司和广州开发区管委会子公司广州知识城投资与发展公司共同成立的50：50合资公司来分阶段发展。星桥国际预计将在合资公司里投资20亿元人民币（4亿1000万新元）。

昨天签署总体协议的是星桥国际主席林子安、广州市长万庆良，以及广州开发区管委会主任凌伟宪。总体协议的签署由吴资政和汪洋见证。

除了总体协议外，昨天的奠基仪式上也签署了中新知识城的执行协议，以及另外33份谅解备忘录，签署谅解备忘录的企业除了星桥国际外，也包括其他新加坡企业和机构，以及中国企业和公共研究组织。

（原载2010年7月1日《联合早报》）

# 广东与新加坡合作的战略性标志项目取得重大突破性进展

# 中新广州知识城“起飞”

马正勇 林艳 叶国

12月25日，中新广州知识城管委会揭牌，十大项目签约仪式同时举行。此前，知识城安置区暨道路系统顺利开工。这标志着广东与新加坡合作的战略性标志项目——中新广州知识城建设取得了重大突破性进展。

中新广州知识城项目，是广东扩大对外开放的新平台、广东创新发展的新标杆、粤新合作的新典范，是引领广州开发区、萝岗区未来20年发展的重要载体和开发建设的“头号工程”。

**“头号工程”树立新标杆**

自今年6月30日知识城奠基仪式以来，在中共中央政治局委员、广东省委书记汪洋和新加坡国务资政吴作栋的倡导和大力推动下，粤新双方团队真诚、高效的合作，知识城项目建设高歌猛进、捷报频传，进入发展新阶段。广州市专门成立推进中新广州知识城项目建设领导小组，先后出台了加快推进知识城开发建设的系列政策，批准设立了知识城管理委员会，从规划、国土、投资、公共设施、环保、建设、外资管理等方面赋予知识城管委会市一级管理权限。中新广州知识城投资开发有限公司合资合同正式签署。

据悉，中新广州知识城管委会主任由广州开发区管委会主任（党工委书记）兼任，管委会下设知识城项目办、建设办和社会事务办三个办事机构。知识城范围内的社会事务工作由萝岗区政府负责，党务和组织人事工作由广州市委委托广州开发区党工委承担。

目前，知识城起步区开发建设取得新突破，知识城起步区控制性详细规划已完成公示，正在修改完善；知识城概念性总体规划环评报告通过广东省环保厅审查。起步区已出让三批共计11宗84.79公顷用地。

6月30日知识城奠基仪式上首批33个签约项目落地，确定了奥飞动漫硅谷、中山大学国际健康医疗研究中心等首批开工建设的龙头项目。在加快推进南起步区建设的同时，先行启动北起步区的建设与项目引进工作，首个落地的金发科技碳纤维项目建成后，预计年产2000吨高性能PAN碳纤维，产值约100亿元，年税收5000万元。12月25日新签约的十大重点项目包括京东商城华南总部、勤上光电研发中心和销售总部、万全集团华南总部、海航知识城国际商贸城等一批重量级项目。

**统筹城乡协调发展**

知识城规划建设11个征地农民安置区，实行政府主导、先安置后拆迁、集中建设的模式，既充分考虑农民的高品质安置需求，又着眼于加快推进城乡一体化，让利于民，造福于民，实现发展成果由人民共享。

实现居住房屋产权化、财富化，是知识城农民安置区的一大特色。近年来，广州乃至全国多数转制居民新村安置房都是在集体土地上建设，房屋产权不能交易。知识城安置区土地通过国有建设用地划拨的形式实现房屋产权自有化，在过渡期结束后只需补齐相关土地款项即可实现自由买卖。

安置区设计致力居住与生活城市化，把城市文化引入乡村；居住环境社区化，借鉴新加坡经验，实行安置居民与外来居民按照3：7的比例混合居住；房屋管理物业化，由村社集体负责缴纳物业维修基金；房屋建筑绿色生态化，按照国家二星绿色建筑标准建设，全面推广太阳能利用、中水、光导、雨水收集与利用、“三网合一”、垃圾分类及真空垃圾收集等成熟的新型生态节能技术。小区生活配套一应俱全。设有社区公共配套服务楼、社区服务中心、文化活动站、老年人服务站点、社区居委会、卫生站、托儿所、银行、公交等配套，实行社区智能化管理，包括电子巡逻、火灾自动报警、停车场管理、水电煤气自动计费系统等。

**园林化交通造福于民**

知识城全面启动轨道交通、高快速路、主干路建设，构建现代化的交通路网体系，以路网建设推动知识城开发，以路网建设推动项目引资，以路网建设改善民生福祉。广州开发区党工委副书记、萝岗区委副书记、区长石奇珠表示，要高效率、高效果、高效益地推动知识城安置区和道路系统建设顺利进行，打好知识城开发建设“第一炮”。

目前，知识城主要道路有九龙大道、九太公路、龙马路、佛秋公路和九龙工业园道路等。知识城组团内部路网充分吸取新加坡先进经验，采用“环+网格”结构形式，与“井”形快速路有机形成“引导型”整体路网。知识城外围道路系统拟建6条道路，使知识城“井”形快速路网与跨市快速路更快捷衔接。

知识城道路系统建设实现园林化设计和低碳型技术应用相结合。优先尊重自然山水，顺应山势及水体，崇尚原生态人文景观，灵活运用分离式路幅，按实际地形设置两至三层式路幅和弧形边坡，使道路藏于绿化景观中，减少光和噪音污染；中央绿化带采用花坛式侧石装饰，让驾驶者宛如在画卷中行驶。南部快速路主线全线不设信号灯，节点外的人行过街通过绿廊通道解决，使社区居民更加便利地亲近大自然。

知识城路网建设积极探索低碳节能新路子。引进新加坡路网“服务带”理念，在机动车道外侧设置3米左右的服务带，将部分常需维修改动的管线设在服务带上，便于开挖；采用碟形边沟雨水收集技术，消除路面井盖，有效提高道路排水标准。综合管沟集中规划布置各种管线，减少二次开挖；大量推广使用清洁能源，在综合管沟的变配电站设置光伏发电系统，促进新能源产业发展。采用“分质供水”设计理念，道路设置高质水、回用水两套供水系统，提高水资源利用率。

（原载2010年12月27日《人民日报》）

## 打造“两城一岛” 探索发展新路

广州市委常委、广州开发区党工委书记、萝岗区委书记 凌伟宪

经过26年的创业发展，广州开发区已经具备了较强的经济实力和良好的产业基础，经济总量和主要效益指标在国家级开发区中名列前茅，具备了加快转变经济发展方式的条件，也面临着前所未有的机遇。国家和省、市层面对我区发展给予了大力支持，广州高新区、科学城北区建设、国家级开发区创新发展模式试验、广州国际生物岛、华南新药创制中心等6个重大项目明确写进了《珠江三角洲地区改革发展规划纲要》，还有一大批项目纳入省、市的《纲要》实施方案。这些不仅给我们带来了一批影响深远的重量级项目，而且也带来了科学发展、先行先试的重大机遇。当前，我区正紧紧围绕这些项目的组织实施，以点带面地推动加快经济发展方式转变。

我们加快转变发展方式的总体思路是：以贯彻珠三角规划纲要为主线，牢牢抓住国家发展战

略性新兴产业和广州建设国家创新型城市的历史机遇，突出创新驱动，聚焦重大项目，重点建设中新广州知识城、广州科学城、广州国际生物岛“两城一岛”，着力打造高端平台、高端产业和高端智力三大支撑，大幅度提高区域自主创新能力和科技综合竞争力，争当珠三角乃至广东省转型升级先行区、科学发展示范区。

第一，建设中新广州知识城，打造产业高端发展新引擎。加快推进与新加坡合作规划建设中新广州知识城，规划面积123平方公里，计划2015年完成首期10平方公里，力争建设成为一个引领广州、广东以至中国产业高端发展尤其是知识经济发展的新引擎，成为汇聚全球精英人才、具有国际一流水平的生态宜居新城。

我们将全力加快知识城建设，并在建设中突出知识城的特点：在指标体系建构上，知识城将制定知识经济技术指标体系，突出创新发展；在产业结构上，知识城将重在发展知识密集型服务业，突出知识经济特征；在知识创造费用投入上，知识城将突出资源优先配置在创新驱动上；在人才智力配置上，知识城将以高级人才为主，突出人才支撑；在管理创新上，知识城将遵循“企业先行、市场运作、政府推动”原则，充分利用政府与市场的力量，突出国际合作；在宜业宜居条件建设上，知识城将产业与生活并重，突出宜业宜居。

第二，提升广州科学城，建设国际一流生态科技园区。力争用3至5年时间，按世界一流高科技园区标准，优化提升广州科学城，全力打造高新技术研发与产业化平台，加快集聚和培育创新企业，大力引进国家重大创新成果在科学城转化，将广州科学城建设成为一个具有较强国际竞争力和影响力的高新技术产业聚集地和科技创新基地。

近期，我区在广州科学城启动建设了23万平方米的科学城自主创新产业园区，加快引进一批发展强劲的中小型企业，将园区打造成为科技发展的示范园区。加快推进科学城科技企业加速器二、三期工程及配套设施建设，未来两年将形成100万平方米的科技企业加速器集群，引进一批高成长性企业。我们还将进一步完善创新服务体系，围绕国家战略性新兴产业，加快集聚和培育创新企业，重点推进中科院生命健康研究院、华南新药创制中心、卫星导航等重点创新项目的建设工作，做大做强乐金显示、金发科技等一批龙头企业项目，形成先进制造业的产业链。同时，我们将以科技投融资为突破口，加快推进广州金融创新服务区建设，为科技创新营造良好的金融环境。继续完善商贸、居住等配套设施，优化科学城宜业宜居城市环境。

第三，开发广州国际生物岛，打造生物医药自主创新新高地。广州国际生物岛将聚焦高端产业环节、建设高端创新环境、探索高端管理体制。生物岛主要产业发展方向为新药创制、干细胞与组织工程、生物农业、基因工程与蛋白质工程和海洋生物资源利用。生物岛规划主要分为产业孵化区、研发创新区、产业服务区、生活服务区、综合管理区、绿化广场公共活动系统六个功能组团。在汇聚高端产业、集聚高端人才的同时，注重通过体制的创新，适应生物产业发展的需要。

生物岛管理体制方案总体思路是，采取“政府管理+企业运营”的管理模式，建立专业公司，负责生物岛的开发建设和提供创新服务，该公司将面向全球招聘熟悉科技园区开发、生物产业发展的管理人才，致力于为入驻企业提供高端的运营管理与服务。

（原载2010年12月27日《人民日报》）

# 文献法规选载

## 萝岗区自主创业扶持资金管理办法

穗萝府办〔2010〕1号 2010年2月6日印发

**第一章 总则**

**第一条** 为贯彻落实省第十次党代会关于“全民创业”的要求，推进和谐萝岗建设，根据《关于加快社会主义新农村建设的实施意见》（穗萝字〔2006〕4号）、中共广州市萝岗区委办公室《印发萝岗区社会主义新农村建设配套政策文件的通知》（穗萝办〔2007〕2号）等文件的规定，结合我区的实际，制定本办法。

**第二条** 本办法所指的自主创业扶持资金主要用于萝岗区户籍、有创业愿望的劳动适龄（男16~60周岁，女16~55周岁）城镇失业人员和农村富余劳动力在区内自主创业时的一次性自主创业资助、示范街（示范点）的改扩建、租金补贴、未持再就业优惠证自主创业人员的税收补贴和行政事业性收费补贴、自主创业奖励等费用。

前款规定人员在区外创业的可根据本办法享受一次性自主创业资助，享受标准和申领办法与区内创业人员相同。

**第三条** 自主创业资金的使用应遵循公正合法、安全高效的原则，通过科学的监管机制，保障资金使用能起到最大的绩效。

**第二章 资金的来源**

**第四条** 区自主创业扶持资金由区财政在区劳动和社会保障局年度预算中安排。

**第三章 资金的管理**

**第五条** 本区设立自主创业工作领导小组办公室（以下简称区创业办，所涉业务由区就业工作领导小组办公室代章）负责自主创业资金的日常管理工作，包括每年所需资金预算编制、资金申报工作的组织、实施和管理工作。

各街道办事处、镇政府根据要求，配合区创业办开展相关工作。

**第六条** 由区创业办会商区财政局，通报区自主创业资金的使用情况，研究、协调并解决业务运作中的问题。区其他有关部门根据各自职责做好该项资金的监督管理。

**第七条** 根据本办法获得资助和补贴的单位或者个人，应当将资助和补贴用于自主创业，并按国家有关规定进行财务处理，并接受相关部门监督检查。

**第八条** 任何单位或者个人以欺骗、提供虚假材料获得资助或者补贴的，将停止其各项资助或者补贴；已经实际获得资助或者补贴的，将追回已拨付的资金，并取消其三年期限内的再申请资格。

申请人不按规定使用资金的，责令其退回；情节严重的追究其相关责任。

**第四章 资金申请的条件**

**第九条** 申请本区自主创业资金资助或补贴的人员除了必须满足本办法第二条限定的户籍、年龄等条件外，申请人员在申请之日时，必须已经依法领取工商营业执照、且领取资金时仍正常依法依规经营。

**第十条** 申请一次性自主创业资助的人员必须自领取工商营业执照至提交申请之日止已经连续开业3个月以上。

**第十一条** 申请税收补贴的人员应是未持有《再就业优惠证》的人员（持《再就业优惠证》的人员按相关规定直接减免），创业的性质属于个体经营，申领补贴时必须提供有效纳税凭证。

**第十二条** 申请行政事业性收费补贴的人员应是未持有《再就业优惠证》的人员（持《再就业优惠证》的人员按相关规定直接减免），创业的性质属于个体经营，申领补贴时必须提供有效缴费凭证。

**第十三条** 申请“自主创业之星奖”的人员必须自领取工商营业执照至提交申请之日止已经连续

开业一年以上，其经营规模必须为10人以上，且聘用本区户籍人员比例达50%以上；与聘用员工依法签订一年以上劳动合同，且本人及员工要依法按时足额缴纳社会保险。

当年获奖企业不得参加第二年的“自主创业之星奖”的评比。

**第五章 资金申请和拨付的程序**

**第十四条** 示范街（点）创建经费申领程序：

创建经费由各街（镇）向区创业办申报，具体申报程序如下：

（一）申请。

在区规划国土部门的配合下，各街（镇）每次确保辖内自主创业示范街（点）建设的门面、档口不少于50个后，集中向区创业办提出创建经费申请，并递交以下资料：

1. 填写《广州市萝岗区自主创业示范街（点）创建资金申请表》。

2. 示范街（点）的创建方案（包括各示范街（点）的创建起止时间、分布位置、经费的详细使用说明等）。

（二）审核。

区创业办对各街（镇）提供的材料给予审核并出具初步审核意见。对材料齐全且符合创建条件的街（镇），按申报创建示范点的个数以1万元/个给予核定；对资料不全或不符合创建条件的街（镇），不予资金核定，并说明原因和理由，同时要求其限期提出合适的示范街（点）。

对于第二次以后（含第二次）开始申报的，区创业办要对前期示范街（点）创建的落实情况给予检查，对没有按申报方案履行创建工作的街（镇），要督促落实，并暂缓申报。

（三）审批。

区自主创业工作领导小组组长对申报材料给予审批。对审批不同意的，由区创业办退回原街（镇）。

（四）资金划拨。

经区自主创业工作领导小组组长审批同意的，各街（镇）按照批复意见和批复金额到区资金拨付经办机构办理资金划拨事宜。

**第十五条** 一次性自主创业资助的申领程序：

（一）自愿申请。

自主创业人员本人（或合伙经营项目的负责人）向户口所在街道（镇）提出申请，并递交以下资料：

1. 填写《广州市萝岗区自主创业人员一次性自主创业资助申请表》（一式四份）；

2. 申请人的《户口簿》、《身份证》原件和复印件；

3. 正式《营业执照》副本的原件及复印件；

4. 吸纳安置本区户籍人员3人以上的，还需提供被安置人员签订的劳动合同、就业登记手续、缴纳社会保险记录证明等相关证件的原件及复印件。

（二）街道（镇）审核。

各街道（镇）应在5个工作日内完成对申请人资格和申请资料的核对确认，并组织人员实地考查，对考查合格、资料齐全的自主创业人员报区创业办；对不符合条件的人员给予回复并说明理由。

（三）区创业办审批。

区创业办对各街道（镇）上报的申领材料给予审批，并在7个工作日内出具审批意见。对审查合格的人员，按照以下补贴标准给予补贴：

吸纳安置本区人员3人以下（不含3人）的，一次性资助3000元；吸纳安置本区人员3~5人的，一次性资助5000元；吸纳安置本区人员6~10人的，一次性资助1万元；吸纳安置本区人员11~20人的，一次性资助2万元，吸纳安置本区人员20人以上（不含20）的，一次性资助3万元。

对审批不予同意的人员，给予回复并说明理由。

（四）资金拨付。

对审批同意的自主创业人员，申请人凭批复意见到区资金拨付经办机构办理资金拨付事宜。

**第十六条** 税（费）补贴的申领程序：

（一）自愿申请。

创业人员本人（或合伙经营项目的负责人）向户口所在街道（镇）提出申请，并递交以下资料：

1. 填写《广州市萝岗区自主创业人员税（费）补贴申请表》（一式三份）；

2. 申请人的《户口簿》、《身份证》原件及复印件；

3. 正式《营业执照》副本、《税务登记证》副本的原件及复印件；

4. 已向有关部门缴纳且需要申请补贴的税收、行政性事业收费的有效凭证的原件及复印件。

（二）街道（镇）审核。

各街道（镇）应在5个工作日内完成对申请人资格和申请资料的审核。对审查合格的自主创业人员的申报材料向区创业办上报；对资料不全的，要申请人限期补齐资料；对不符合条件的申请人给予回复并说明理由。

（三）区创业办审批。

区创业办对街道（镇）推荐的自主创业人员的申报材料给予复核和审批。对审批同意的人员，按照实际缴纳的税（费）给予补贴，但税收补贴的最高限额为4000元/户.年；对审批不同意的人员给予回复并说明理由。

（四）资金拨付。

税（费）补贴经审批同意后，申请人凭批复意见到区资金拨付经办机构办理资金拨付事宜。

**第十七条** “自主创业之星”奖励的评审办法：

（一）评审机构。

每年由区创业办组建“自主创业之星”评审小组，负责当年的自主创业之星评审。

（二）评审程序。

每年评出不少于20名“自主创业之星”，每个街（镇）的名额由区创业办统筹考虑。各街（镇）根据对辖内自主创业状况的调查结果填写《广州市萝岗区“自主创业之星”推荐表》，并严格按照本办法第（十三）条确定的标准，按1：3的比例向区评审小组推荐。评审小组根据各街（镇）提供的推荐材料，采取集中讨论、实地考察等形式从推荐名单中确定获奖名单，并报区创业工作领导小组会议讨论。

（三）奖金发放。

对区创业工作领导小组会议讨论通过的获奖人员，给予2万元/人的奖励。获奖人员凭领奖通知和本人身份证到区创业办领取奖金和奖牌。

**第十八条** 自主创业专项活动经费申领程序：

（一）申请。

各街（镇）每年根据当年的自主创业专项活动计划，向区创业办提出创建经费申请，并递交以下资料：

1．填写《广州市萝岗区自主创业专项活动经费申请表》；

2．专项活动的详细工作方案和预算。

（二）审核。

区创业办对各街（镇）提供的材料给予审核并出具初步审核意见。原则上每年给予各街镇不超过10万元的自主创业专项活动经费。

（三）审批。

区自主创业工作领导小组组长对申报材料给予审批。对审批不同意的，由区创业办退回原街（镇）。

（四）资金划拨。

经区自主创业工作领导小组组长审批同意的，各街（镇）按照批复意见和批复金额到区资金拨付经办机构办理资金划拨事宜。

**第十九条** 创业培训资助、技能培训资助、社会保险补贴等的申领标准和申领办法按《关于印发〈广州开发区、萝岗区就业专项资金补贴、奖励项目和标准〉的通知》（穗萝就〔2007〕2号）执行。

**第六章 附则**

**第二十条** 本办法自发布之日起施行，有效期三年，有效期届满将根据实施情况予以评估修订。《广州市萝岗区自主创业扶持资金管理办法（试行）》（穗萝府办〔2007〕30号）予以废止。

# 萝岗区社会抚养费征收奖励机制实施办法

穗萝府〔2010〕3号　　2010年3月9日印发

为进一步加大对违法生育对象的社会抚养费征收力度，有效解决当前我区社会抚养费征收难的问题，增加政府对基层计生工作经费投入，调动基层工作积极性，参照本市其他行政区的做法并结合我区实际，制定本办法。

**一、指导思想**

以邓小平理论和“三个代表”重要思想为指导，全面贯彻落实科学发展观，以《中华人民共和国人口与计划生育法》、《广东省人口与计划生育条例》和《广东省社会抚养费征收管理办法》为依据，以“收支两条线”管理为原则，采取政府奖励的方式，由区财政按每年征收入区国库的社会抚养费的一定比例安排经费给区人口计生部门，主要用于社会抚养费的征收奖励及补充基层计生工作经费，从而调动基层工作积极性，提高社会抚养费征收到位率，更有效地遏制政策外生育，为建设和发展和谐萝岗、全面建设小康社会创造良好的人口环境。

**二、主要目的**

（一）解决我区目前社会抚养费征收率低的问题。征收社会抚养费是国家推行人口和计划生育工作的一项必要的经济限制措施，它对于有效控制政策外生育、确保人口计划顺利实施和维护计生家庭的合法权益具有重要意义。目前我区的社会抚养费征收到位率较低，历年应征未征社会抚养费库存量大。大量的社会抚养费未征收到位，既是对广大遵守计划生育政策的群众不公平，也是对依法行政的一种削弱。因此，必须加大力度解决社会抚养费征收难的问题，充分发挥经济手段制约政策外生育的作用。

（二）补充村（居）计生工作经费。村（居）是落实计生工作重心下移最关键、最重要的一级组织，随着户籍人口与流动人口人数不断增加，计生管理的难度越来越大，村（居）开展计划生育日常管理、完善基础设施建设和追查外逃外躲超生对象等方面都需要投入大量资金。通过建立社会抚养费征收奖励机制，可以进一步加大对村（居）计生工作的投入力度，不断完善基础设施，提升为育龄群众的服务水平。

三、实施办法

（一）经费来源和划拨方式。

社会抚养费征收奖励经费由区财政从当年征收入区国库的社会抚养费数额中按一定比例划拨，划拨比例根据区年度人口计生工作任务以及社会抚养费征收情况确定，经区政府批准后实施，并纳入区人口和计划生育局年度部门预算。具体划拨方式为：每年7月份按当年上半年实际征收社会抚养费数额，每年1月份按上年度下半年实际征收社会抚养费数额，由区财政分两次划拨给区人口和计划生育局，区人口和计划生育局按比例统筹后划拨给各街道。

（二）经费用途。

使用原则：主要用于人口与计划生育事业的经费补充，加强基层基础设施建设以及村（居）开展计划生育日常管理和服务，兑现街道、村（居）完成年度计生任务和征收工作人员的有关奖励，注重效益和专款专用。

1. 区统筹的经费主要用于全区范围内的计生宣传、补充基础设施建设、补充人口计生业务经费和完成上级组织的专项活动等；

2. 街道统筹的经费主要用于基层基础设施建设、补充街道人口计生工作经费，奖励工作成绩突出的村（居）以及兑现社会抚养费征收工作人员的奖励等；

3. 村（居）的社会抚养费奖励经费主要用于开展户籍人口计划生育日常管理、基层基础设施更新改造、追查外逃外躲对象、弥补人口计生工作经费不足、改善工作环境和兑现社会抚养费征收工作人员的奖励等。

（三）经费分配比例。

1. 区人口和计划生育局根据区财政局划拨的资金，安排20%作为统筹经费后，其余80%的经费下拨街道使用；

2. 区人口和计划生育局用于解决基层基础设施建设费用总额不低于区人口和计划生育局统筹部分的25%；

3. 街道用于奖励村（居）的总额不低于街道统筹部分的30%，主要参照关于“无政策外出生”村（居）的指标完成情况进行考核，重点奖励当年无政策外出生的村（居）；

4. 街道对有社会抚养费征收任务的村（居），要以村居在征收过程中发挥的作用为依据兑现奖励经费：凡是村（居）在征收工作中起到重要作用，主动上门调查取证，收集被征收人的资料，提供准确的财产状况，积极配合法院强制执行的，街道应将每例征收到的金额按不低于本例街道统筹部分50%的比例进行划拨奖励经费。村（居）没有发挥作用或作用不大，未能提供被征收人任何信息，不清楚被征收人目前去向、财产状况，甚至在上级部门通报前，不知道被征收人违法生育，征收工作主要由区、街道协调完成的，街道划拨的奖励经费每例不得超过15%；

5. 街道、村（居）奖励社会抚养费征收工作人员的相关条件和标准：

（1）有当年征收任务的，必须完成当年应征总额的50%以上，方可获得奖励，奖励不得超过当年奖励划拨部分的20%；

（2）有历年征收任务的，必须完成历年应征未征总额的30%以上，方可获得奖励，奖励不得超过历年奖励划拨部分的20%。

（四）经费管理。

严格按照“收支两条线”管理规定，街道、村（居）要建立社会抚养费的征收和奖励经费支出台账，严禁私分和挪作他用，并努力提高资金的使用效率。

1. 职责分工：区人口和计划生育局是奖励经费的主管部门，负责经费的管理、使用指导、审核、检查，制定下拨奖励经费计划；区财政部门负责提出每年经费奖励划拨比例、按时划拨奖励经费、监管经费使用情况；审计部门负责对资金进行审计监督；各街道负责制定本级资金的使用计划、审核村（居）奖励经费用途，办理经费下拨手续；村（居）负责制定本级的资金使用计划上报街道。

2. 资金使用情况报告：村（居）每季度向街道提交资金使用情况报告；街道每半年向区人口和计划生育局提交资金使用情况报告；区人口和计划生育局向区委、区政府提交年度资金使用情况报告，评价社会抚养费奖励机制对计生事业的影响和作用。

3. 资金使用考核检查：区人口和计划生育局每半年对街道组织一次经费使用情况考核，重点检查经费的用途、发放标准是否符合规定要求。

4. 资金使用违规责任：在资金使用、管理中，滥用职权、徇私舞弊、玩忽职守造成损失的，由所在单位或上级部门给予行政处分；构成犯罪的，移交司法机关依法处理。

**四、适用范围**

本《办法》适用于区本级和各街道，九龙镇要参照本《办法》的有关规定制定相应的社会抚养费征收奖励制度。

**五、实施时间**

本办法自发布之日起实施，有效期三年。有

效期届满后将根据实施情况予以修订。《印发萝岗区社会抚养费征收奖励机制实施办法的通知》（穗萝府〔2007〕26号）予以废止。

# 广州经济技术开发区 广州高新技术产业开发区 广州出口加工区 广州保税区鼓励发展金融产业办法

穗开管〔2010〕7号 2010年3月25日印发

**第一条** 为优化广州经济技术开发区、广州高新技术产业开发区、广州出口加工区、广州保税区（以下简称开发区）金融发展环境，促进开发区金融业发展，加快“广州金融创新服务区”建设，根据广州市《关于大力发展广州金融业的意见》（穗府办〔2005〕16号），参照其他地方的有关做法，制定本办法。

**第二条** 开发区管理委员会（以下简称管委会）设立“金融业发展企业扶持金”（以下简称企业扶持金），纳入开发区年度财政预算，用于支持开发区金融业发展。

**第三条** 开发区经济发展和科技局（金融服务办公室，下同）是企业扶持金的主管部门，负责企业扶持金的管理、审核、审批和发放。开发区财政、审计等部门按职能对企业扶持金使用进行指导、检查和监督。

**第四条** 本办法的鼓励对象。

第一类：金融机构总部类。

（一）总部：注册地址在开发区、经营场地在“广州金融创新服务区”（首期设在广州科学城中心区）内的银行业金融机构、证券公司、保险公司、基金管理公司、期货公司、金融资产管理公司、企业集团财务公司、信托投资公司、金融租赁公司、汽车金融公司、货币经纪公司等机构，以及创业投资公司、担保公司等金融服务机构。

（二）地区总部：经营场地在“广州金融创新服务区”内的银行业金融机构、证券公司、保险公司、基金管理公司、信托投资公司的一级分行（分公司）。

第二类：资本市场类。

经营场地在“广州金融创新服务区”内的证券交易所、期货交易所、外汇交易所、大区域产权交易所等。

第三类：金融机构后勤业务总部。

直接隶属于法人机构的金融机构业务总部、营运总部、资金中心、研究中心以及数据中心、清算中心、备份中心、银行卡中心、培训中心、风险管理中心等金融机构后勤业务总部。

**第五条** 对新设立或新迁入的金融机构给予一次性资金奖励。

（一）对新设立或新迁入的金融机构总部，注册资本在10亿元（含10亿元，人民币，下同）以上的，奖励2000万元；注册资本在5亿元（含5亿元）以上10亿元以下的，奖励1500万元；注册资本在1亿元（含1亿元）以上5亿元以下的，奖励800万元；注册资本在5000万元（含5000万元）以上1亿元以下的，可酌情给予500万元以内的奖励。

（二）对新设立或新迁入的金融机构地区总部，给予一次性500万元的资金奖励。

（三）对新设立或新迁入的资本市场类机构，给予一次性2000万元的资金奖励。

（四）对新设立或新迁入的金融机构后勤业务总部，注册资本在10亿元（含10亿元）以上的，奖励1000万元；注册资本在5亿元（含5亿元）以上10亿元以下的，奖励800万元；注册资本在1亿元（含1亿元）以上5亿元以下的，奖励500万元；注册资本在5000万元（含5000万元）以上1亿元以下的，可酌情给予300万元以内的奖励。

**第六条** 对新设立或新迁入的金融机构给予购置办公用房优惠。

（一）属于本办法第四条中第一、二类金融机构，注册资本在1亿元以上的，因业务发展需要新购置自用办公用房的，享受每平方米1000元的一次性优惠，优惠面积不超过10000平方米。

（二）属于本办法第四条中第三类金融机构，因业务发展需要新购置自用办公用房的，享受每平方米500元的一次性优惠，优惠面积不超过10000平方米。

**第七条** 新设立或新迁入的重要金融机构需要购地自建办公用房的，经管委会批准，参照《广州开发区、萝岗区促进产业优化升级的指导意见》（穗开管办〔2010〕2号），酌情给予区产业优化升级奖励。

**第八条** 新设立或新迁入的金融机构因业务发展需要，租用“广州金融创新服务区”内区属物业作为办公用房从事金融业务的，经管委会批准可给予租金优惠，租金标准参照广州科学城孵化器的优惠租金执行，优惠期3年。

**第九条** 对金融机构的经营管理团队给予一次性100万元至200万元资助。

**第十条** 加大对金融机构设立博士后科研工作站支持力度，参照《广州开发区关于促进高新技术产业发展的若干措施》（穗开管办〔2004〕80号），对于进站的博士后给予一次性5万元的项目研究启动经费。

**第十一条** 申请使用企业扶持金30万元以下的，由区经济发展和科技局审批；申请使用企业扶持金30万元（含30万元）以上至100万元（含100万元）的，由区经济发展和科技局审核，报区分管领导批准；超过100万元的，由区经济发展和科技局审核，经区分管领导复核，报区主要领导批准。

**第十二条** 符合高新技术企业认定条件的金融机构，可申请认定为广州市高新技术企业，可享受高新技术企业相关优惠政策。

**第十三条** 区科技人员公寓，优先出租给金融机构的中、高级管理人员周转使用。

**第十四条** 区教育部门对本办法第二十二条所列的金融机构高级管理人员子女入学方面给予支持，区教育部门根据学位情况统筹安排其子女就近入读公办学校。外籍人士子女在我区就读的，可直接向国际学校或相关普通中小学申请学位，并按规定到教育部门及公安部门办理相关手续。

**第十五条** 区人事、外事部门应当简化办事程序，为金融机构的技术和管理人员赴国（境）外培训提供便利；区人事、公安部门应当为金融机构高级管理人员在办理调入、人才引进和家属随迁手续、人才居住证、家属就业等方面提供便利。

**第十六条** 享受本政策优惠的金融机构在区内经营年限不得少于5年。少于5年的，需向管委会归还相应资助、优惠和奖励金。

**第十七条** 已享受购置、自建和租赁办公用房优惠的办公用房5年内不得对外租售。新入驻金融机构购置或租赁其他已兑现房屋优惠金融机构办公用房的，不再享受优惠。

**第十八条** 符合条件的金融机构可同时享受开发区关于鼓励发展总部经济的相关优惠政策。对于同时符合开发区多项政策优惠的，按照从高不重复的原则执行。

**第十九条** 本办法第四条范围外的其他金融机构，达到相应条件并经区管委会批准，可参照本办法执行。

**第二十条** 金融机构提供虚假材料获取企业扶持金的，由区经济发展和科技局责令限期归还，情节严重构成犯罪的，移送司法机关依法追究刑事责任。

**第二十一条** 本办法所称的金融机构是指经中国银监会、中国证监会和中国保监会等国家金融监管部门批准的金融企业，所称的创业投资公司、担保公司等是指在国家发改委备案管理或批准设立的企业。

**第二十二条** 本办法所称的金融机构高级管理人员是指获得中国银监会、中国证监会和中国保监会等国家金融监管部门资格认定，并在金融机构担任董事长、副董事长、总经理（行长）、副总经理（副行长）、监事长等职务的主要负责人。

**第二十三条** 本办法自公布之日起施行，有效期至2010年12月31日，有效期届满将根据实施情况予以评估修订。《广州经济技术开发区、广州高新技术产业开发区、广州出口加工区、广州保税区鼓励发展金融产业暂行办法》（穗开管〔2007〕27号）予以废止。

# 广州开发区萝岗区政务服务中心管理办法

穗开管办〔2010〕10号 2010年3月31号印发

## 第一章 总则

**第一条** 为提高我区行政审批服务水平，提供高效、优质、公开、廉洁的行政服务，推动依法行政，规范办事程序，改善投资环境，促进经济又好又快发展，根据有关规定，制定本办法。

**第二条** 广州经济技术开发区、广州高新技术产业开发区、广州出口加工区、广州保税区管理委员会及萝岗区政府（以下简称管委会及区政府）设立为企业和群众服务的政务服务中心（以下简称中心），区行政服务管理中心是政务服务中心的管理机构。

**第三条** 行政服务管理中心主要职责：

（一）组织协调有关单位进入中心开设服务窗口，办理行政审批、行政服务、行政性收费等事项；

（二）联络、协调重大项目的联审和窗口单位之间的业务衔接；

（三）利用信息化管理系统，对受理项目办

理情况进行督促、检查；

（四）负责对窗口工作人员的管理、培训和定期评比；

（五）受理对窗口工作人员违规违纪行为的投诉；

（六）督促协调入驻中心的各单位行政审批制度改革，分析改革中遇到的问题，及时向区政府报告情况，提出建议；

（七）制定与实施中心管理运作的具体制度；

（八）为公众提供政务服务办事指引和咨询；

（九）提供中心办公场所、设施设备运行等方面的保障和服务；

（十）政府决定由行政服务管理中心行使的其他工作职责。

**第二章 政务服务**

**第四条** 中心遵照“一门受理、统筹协调、规范审批、限时办结”的方式运作。

**第五条** 经管委会及区政府批准并已对外公布在中心受理和办理的事项，应在中心受理和办理。

各项行政审批服务事项应集中到中心统一收案，经管委会及区政府批准独立设立办理大厅的窗口单位，应同时在中心受理和办理。

**第六条** 进驻单位应将本单位的行政审批事项及审批流程优化整合，将行政许可权限相对集中后入驻中心。

**第七条** 进驻单位应将公开承诺事项的名称、办理程序、办结时限以及需要提交的全部材料目录和申请书示范文本等在窗口和中心网站公示。各单位承诺办理时限按《行政许可法》的要求，无特殊原因不超过20个工作日，已压缩办理时限并公开承诺的，按压缩后时限执行。

**第八条** 办事窗口实行首问首办责任制。申请人来电或来访咨询、申办、投诉等有关事项时，首个接待的工作人员或办事窗口应尽其所能予以热情耐心准确的解答、办理、转交或引导。

**第九条** 办事窗口对申请人提出的业务申请，应当场审核受理材料，根据下列情况分别作出处理：

（一）申请事项不属于窗口单位受理范围的，应及时做出不予受理的决定，并告知申请人向相关单位申请；

（二）申请材料存在可以当场更正的错误，应允许申请人当场更正；

（三）申请事项属于窗口单位的受理范围，申请材料齐全、符合法定形式，或申请人按照窗口单位要求提交全部补充申请材料的，应受理其申请；

（四）申请材料不齐全或者不符合法定形式的，应当场或者五个工作日内一次性书面告知申请人需要补充和完善的全部内容，超过五个工作日不告知，自收到申请材料之日起即为受理；

（五）凡申请材料齐全、程序正确的事项，窗口工作人员不得不予受理或退案。

**第十条** 窗口单位受理的业务分为即办件和限时件。申请人提交的申请事项，窗口工作人员能够当场做出答复的为即办件。

申请人提交的申请事项，不能当场做出答复，需经详细审核、取样论证、现场勘察、会议讨论等程序后才能做出决定的为限时件。

**第十一条** 窗口工作人员当场对申请人提交的申请材料进行审查后决定受理，应立即在中心电子行政审批系统中登记该受理事项，并按照即办件和限时件进行分类处理。办理结束后注意提示申请人对服务做出评价。

对于即办件，窗口工作人员应当场受理，当场出具书面的批准决定给申请人，同时将结果录入中心的电子行政审批系统。

对于限时件，窗口工作人员受理后应在公开承诺的时限内将办理结果书面答复申请人，同时将结果录入中心的电子行政审批系统。限时件事项按照以下程序办理：

（一）窗口工作人员受理申请事项后，出具《受理通知书》等相关受理凭据。

（二）同一申请事项涉及多个窗口单位协作办理的，实行并联审批。由该申请事项所涉及的第一个单位受理，并由其负责协调其他相关单位，做出决定后，由其统一答复申请人。

（三）申请事项办理过程中，受理窗口单位负责答复申请人对办理情况的查询。

（四）申请事项符合法律、法规及有关政策规定，或者经现场勘察、调查核实，符合批准条件的，依法做出批准的书面决定；申请事项不符合批准条件的，受理单位应做出不予批准的书面答复并说明理由。

（五）受理窗口单位在承诺时限内通知申请人凭相关受理凭据到中心相应窗口签收领取批复材料。

**第十二条** 对重大投资项目，实行绿色通道制。行政服务管理中心派专人负责项目审批的全程协调、跟踪和督办。各审批单位实行专人负责、优先办理、同步审批、超时问责。

**第十三条** 除法律、法规规定外，各单位实施行政审批事项不得收取任何费用。依法依规收取的行政事业性收费，应严格按照相关规定办理。

**第十四条** 窗口单位受理的行政审批信息资源应通过中心的电子行政审批系统实现联网共享。中心逐步实现网上受理、网上许可、审批工作，并利用系统将许可、审批决定等信息及时通知申请人。

**第十五条** 区信息化办公室负责保障中心网络的正常运作，协助做好中心信息化管理系统的开发应用及维护管理工作。

**第三章 进驻人员**

**第十六条** 凡进驻中心的窗口单位，其正职领导是该单位在中心工作窗口的主要负责人，同时指定一名代表本单位负责窗口行政审批事务的首席代表。

**第十七条** 首席代表按权限负责对本单位在中心办事窗口行政审批（核）事务的协调和监督；负责对入驻窗口及工作人员的管理。

**第十八条** 窗口工作人员应时刻维护政府的形象。

（一）窗口工作人员由各入驻单位选派，经本单位培训，熟悉窗口业务后才能上岗。窗口单位应保证派驻工作人员的数量和素质，确保工作高效开展。对不胜任窗口工作的工作人员，行政服务管理中心有权要求所在窗口单位对工作人员进行调整。

（二）窗口工作人员应相对固定，在窗口连续工作时间不应少于一年。窗口人员名单实行报备制度，统一报行政服务管理中心，以便做好后勤保障工作。

（三）窗口工作人员无特殊情况不得缺岗，因所属单位工作确需暂离的，须及时通知行政服务管理中心并安排好备岗人员后方可离开。因无人替岗影响公众服务以及政府形象的，追究当事人及其领导的责任。

（四）窗口工作人员办理窗口业务，应严格遵守法律、法规和中心的各项规章制度，如服务规范、考勤、着装、计算机使用、固定资产管理、安全卫生、会议、培训、投诉处理、考评制度等。

（五）窗口工作人员在办事窗口工作期间的表现，由行政服务管理中心组织考评，考评意见应作为派出单位确定办事窗口工作人员年度考核、晋职、晋级的重要依据。

**第四章 考评和奖励**

**第十九条** 中心对窗口服务实行考评机制，激励和表彰先进单位和个人。

**第二十条** 考评工作由行政服务管理中心组织，并制订具体考评细则，由行政服务管理中心和各入驻单位共同实施。

**第二十一条** 考评分月度、季度和年度考评。考评内容包括服务质量、工作纪律、考勤、信息报送等方面，具体按考评细则执行。

**第二十二条** 考评优秀的单位和个人将予以表彰，考评结果报区机关工作目标考核小组备案。同时每季度将窗口人员考评结果通报各单位，作为工作人员季度工作目标考核依据之一。

**第五章 效能监督**

**第二十三条** 中心的效能监察工作由区机关工作作风建设领导小组办公室和区监察局以及行政服务管理中心共同组织实施。

**第二十四条** 区监察局负责效能监察工作的部署、管理和监督，对重大违规违纪事件进行查处。

**第二十五条** 行政服务管理中心负责对窗口工作人员服务态度和质量、依法履行职责、按时办结事项、受理业务数量等情况进行检查、统计和通报。

行政服务管理中心对申请事项在到期前一个工作日仍未办结的发出催办通知；对申请事项超期未办结的发出督办通知，同时通报监察机关和直属机关党委，窗口单位必须在三个工作日内书面解释未办结的原因。

**第二十六条** 行政服务管理中心设立投诉受理部门，受理在中心办理的行政审批事项的投诉举报，接受社会监督。

**第六章 责任追究**

**第二十七条** 进驻单位违反本办法规定，有下列情形的，由其上级主管单位或区监察机关给予批评教育并责令改正；情节严重的，可对直接负责的主管人员和其他直接责任人员依法给予行政处分：

（一）应当进入中心办事窗口办理的事项拒不进入或进入中心办理后仍在办事窗口以外进行办理的；

（二）进驻单位没有派驻合格的窗口工作人员，或随意更换窗口工作人员，造成不良后果的；

（三）并联审批过程中，相关单位相互推诿、延误办理期限的；

（四）违反规定擅自收费，或未按照规定将收费缴入收费专窗（户）的。

**第二十八条** 窗口工作人员违反本办法规定，有下列行为的，由其上级主管单位或区监察机关给予批评教育或责令作出书面检查，并可依法给予行政处分：

（一）违反工作程序，应当直接办理或在法定期限内办结而拖延不办理的；

（二）违反首问责任制规定，对负责办理的事项敷衍塞责的；

（三）工作纪律散漫、服务态度恶劣的；

（四）索取或者收受他人财物或者谋取其他利益的。

**第二十九条** 行政服务管理中心或管理人员违反本办法规定，有下列行为的，由主管单位责令改正；情节严重的，由区监察机关对直接负责的主管人员和其他直接责任人员依法给予行政处分：

（一）对办事窗口管理松懈、监督不力，造成不良后果的；

（二）在管理活动中滥用职权、玩忽职守、徇私舞弊的。

**第七章 附则**

**第三十条** 驻区单位窗口适用本办法。

**第三十一条** 本办法自公布之日起施行，有效期2年，有效期届满将根据实施情况予以评估修订。

# 索 引

## 说 明

1.本索引分为条目索引和表格索引两个部分。
2.本索引采用主题分析方法，按主题词汉语拼音顺序排列。
3.本书的大事记、特载等篇目的部分内容未作索引。
4.索引主题词后面的数字表示内容所在页码，数字后面的拉丁字母a、b分别表示该页左右栏。

## 条目索引

# 表格索引